Let's
Big Data
R-Programming

R 프로그래밍 코딩기술 습득과
빅데이터 분석가로 나아갈 수 있는 길잡이

예제로 배우는

정병호 지음

R 빅데이터분석,
프로그래밍

초판1쇄 인쇄 2021년 10월 22일
초판1쇄 발행 2021년 10월 29일
지은이 정병호
기획 김응태
감수 박영식
표지·내지디자인 서제호, 서진희, 조아현
제작 조재훈
판매영업 김승규, 권기원

발행처 ㈜아이비김영
펴낸이 김석철
등록번호 제22-3190호
주소 (06728)서울 서초구 서운로 32, 우진빌딩 5층
전화 (대표전화) 1661-7022
팩스 070-4014-0797

ⓒ ㈜아이비김영
이 책은 저작권법에 따라 보호받는 저작물이므로 무단복제를 금지하며,
책 내용의 전부 또는 일부를 이용하려면 반드시 저작권자의 서면동의를 받아야 합니다.

ISBN 978-89-6512-142-8 13000
정가 28,000원

잘못된 책은 바꿔드립니다.

머리말

빅데이터는 우리 실생활에 녹아있습니다. 왜냐하면 스마트폰을 통한 우리의 행동을 통해서도 다양한(GPS, 이메일, 모바일뱅킹, 라이브쇼핑 등)형태의 데이터가 생성되기 때문입니다. 이렇게 생성된 빅데이터는 데이터의 전처리 과정을 통해 정제가 되며 새로운 관점과 인사이트 도출에 재료가 되기도 합니다. 지금도 일상에서 엄청난 양의 빅데이터가 실시간으로 만들어지면서 사회 전반적으로 빅데이터 분석의 관심은 높아져 가고 있습니다. 기업들 또한 빅데이터 분석으로 은행, 부동산, 택시, 자동차 산업에 진출하고 있으며, 여러 산업을 융합시키면서 기업 경쟁력을 높이고 있습니다. 정부도 국민이 제공한 민원 데이터를 분석하여 대국민 지원 서비스를 고도화시키고 있는 상황입니다. 이렇듯, 빅데이터는 하나의 유행으로 지나가는 키워드가 아닌 사회문화적으로 정착하고 있습니다. 이제는 IT 전문가가 아니더라도 일반인 모두에게 빅데이터는 중요한 키워드로 자리매김하고 있는 것입니다. 그래서 본 도서는 R 프로그래밍의 기초 문법을 쉽게 전달하고자 기초 문법부터 설명하고 있으며, 빅데이터 방법론마다 필요한 프로그래밍 문법 설명도 상세하게 설명하였습니다.

첫째, 본 도서는 해외사례 데이터가 아닌 국내사례 데이터를 기반으로 빅데이터를 분석하고 해석하는 것을 중점으로 내용을 구성하였습니다. R 프로그래밍에서는 기본적으로 해외사례 데이터를 제공하고 있지만, 빅데이터를 처음 접하는 입문자들이 해외사례 데이터로 공부하면 해당 데이터의 쓰임새나 해석을 명확하게 이해하는데 한계점이 있습니다. 그 이유는 해외사례 데이터는 한국 사람들이 일상생활에서 경험하지 못한 내용이 다수라서 빅데이터를 분석하더라도 빅데이터 코딩과 해석에는 큰 도움이 되지 못하는 경우가 종종 발생합니다. 그래서 빅데이터를 시작하는 입문자에게 국내사례 데이터를 실습 내용으로 제공하여 빅데이터의 쓰임새와 해석을 익힐 수 있도록 내용을 구성하였습니다.

둘째, 본 도서는 초반 내용부터 후반부까지, 모든 빅데이터 방법론에서 동일 사례 데이터를 기반으로 실습할 수 있게끔 내용을 구성하였습니다. 빅데이터 방법론마다 실습 데이터를 변경하는 것이 아니라 도서의 처음부터 끝까지 하나의 실습 데이터로 다양한 방법론을 공부할 수 있도록 빅데이터 실습내용을 마련한 것입니다. 이에 독자분들이 국내사례 데이터를 초반부터 후반부까지 계속 사용하여 빅데이터 방법론을 공부하고, 데이터의 쓰임새도 파악할 수 있는 일거양득의 효과를 제공하였습니다.

셋째, 본 도서는 각 빅데이터 분석에 필요한 R 프로그래밍 코딩 문법뿐만 아니라 빅데이터 분석으로 나온 결과도 해석하는 데 주력하였습니다. 독자분들이 R 프로그래밍 빅데이터 코딩 기술도 습득하고, 빅데이터 결과를 통찰력 있게 해석할 수 있는 역량이 형성되도록 도서 내용을 구성하였습니다.

본 도서는 빅데이터의 다양성 가치를 이론으로만 공부하는 것이 아니라 실습 경험을 통해서 빅데이터 지식을 학습할 수 있도록 도서를 기획하고 내용을 작성하게 하였습니다. 즉, R 입문자와 중급자들에게 다양한 빅데이터 분석 방법론뿐만 아니라 해석 역량도 다질 수 있도록 내용을 구성한 것입니다. 이에 기술이 빠르게 변화하는 빅데이터 시대에 본 도서가 독자 여러분의 여정에 함께 하기를 기원합니다.

저자 정병호

목차

PART 1 R 프로그램 설치와 기초실습

1 R 프로그램 개요와 설치 ·········· 16
1. R 프로그램 특징
2. R 프로그램 설치
3. R Studio 설치
4. R과 R Studio 설치 시 유의사항
5. R Studio 환경설정

2 R 명령문 기초실습 ·········· 29
1. R 프로그램 입력 및 출력
2. 연산자 실습
3. 데이터 출력 함수
4. 불완전한 명령문 실행
5. 단축키로 명령문 실행
6. R 프로그램 코딩 내용 저장

3 종합 연습문제 ·········· 35

PART 2 R 프로그램 변수 유형

1 R 프로그래밍의 변수 유형 ·········· 38
1. 변수와 변수 타입
    - 1.1 변수 이름 작성 규칙
    - 1.2 변수 타입
2. Vector 데이터 구조
    - 2.1 Vector 객체 생성
    - 2.2 Vector 데이터 처리
3. Matrix 데이터 구조
    - 3.1 Matrix 데이터 객체 생성
    - 3.2 Matrix 데이터 처리
        – apply( ) 함수
        – 행과 열의 이름지정 함수
        – 행과열의 데이터 결합함수

4. Array 데이터 구조
5. Data.Frame 데이터 구조
    - 5.1 Data.Frame 객체 생성
    - 5.2 Data.Frame 객체 처리 함수
6. List 데이터 구조
    - 6.1 List 객체 생성
    - 6.2 List 객체 처리 함수
7. Factor 객체

2 데이터 객체 타입 확인과 변환 ········ 72
1. 데이터 객체 타입 확인
2. 데이터 타입 변환

3 종합 연습문제 ········ 76

PART3 데이터 입력 및 확인하기

1 데이터 입력 함수 ········ 80
1. Scan( ) 함수
2. Edit( ) 함수

2 데이터 가져오기 및 저장 ········ 82
1. 공공 빅데이터 제공 홈페이지
2. 작업 폴더의 위치 설정 및 확인
3. CSV와 TXT 파일 가져오기
4. 엑셀 파일 가져오기
5. 외부 파일로 저장하기

3 데이터 확인하기 ········ 91
1. 사고유형별 월별 교통사고 통계(2018) 공공데이터 확인
2. 불법 주정차 단속현황 공공데이터 확인

4 종합 연습문제 ········ 97

목차

PART 4 데이터 전처리

1 빅데이터 전처리 의미 ·········· 100

2 R 패키지 ·········· 101
    1. R 패키지 설명
    2. R 패키지 설치 및 사용
        2.1 R 패키지 설치
        2.2 R 패키지 사용
    3. R 패키지 업데이트 및 제거

3 dplyr 패키지를 이용한 데이터 전처리 ·········· 106
    1. dplyr 패키지의 함수 소개
    2. dplyr 패키지 전처리 실습 – 사고유형별/월별 교통사고 데이터
    3. dplyr 패키지 전처리 실습 – 불법 주정차 단속현황 데이터

4 reshape2 패키지를 이용한 데이터 전처리 ·········· 121
    1. reshape2 패키지의 함수 소개
    2. reshape2 패키지 전처리 실습 – 사고유형별/월별 교통사고 데이터
    3. reshape2 패키지 전처리 실습 – 불법 주정차 단속현황 데이터

5 제어문 ·········· 126
    1. 조건문
        1.1 IF문
        1.2 switch문
        1.3 which문
    2. 반복문
        2.1 for문
        2.2 while문
    3. 사용자 정의 함수

6 종합 연습문제 ·········· 135

PART 5 차트 시각화

1 단일 데이터 시각화 ········· 140
  1. 막대차트 시각화
  2. 도트 플롯 차트 시각화
  3. 원형 차트 시각화
  4. 히스토그램 시각화

2 복합 데이터 시각화 ········· 146
  1. 막대차트 시각화
  2. 박스 플롯 시각화
  3. 산점도 시각화
  4. 산점도 행렬 시각화

3 차트 시각화 응용 - 사고유형별/월별 교통사고 데이터 ········· 151
  1. 단일 및 복합 데이터 시각화 응용
  2. lattice 패키지를 이용한 시각화 응용
  3. ggplot2 패키지를 이용한 시각화

4 종합 연습문제 ········· 176

PART 6 기술 및 추론 통계분석

1 통계학의 의미 ········· 182

2 기술통계 분석 ········· 184
  1. 데이터 종류
  2. 빈도분석
      - 2.1 빈도분석 실습 - 사고유형별/월별 교통사고 데이터
      - 2.2 빈도분석(결측치 제거 후 계산) 실습 - 사고유형별/월별 교통사고 데이터
      - 2.3 빈도분석 실습 - 불법 주정차 단속현황 데이터
      - 2.4 빈도분석(결측치 제거 후 계산) 실습 - 불법 주정차 단속현황 데이터

3 추론통계 분석 ········· 200
  1. 가설검정 의미

목차

    2. 평균 차이 검정
        2.1 정규성 검정의 의미
        2.2 단일 모집단 검정
            – 단일 모집단 검정 실습 – 스마트폰 판매 데이터
            – 단일 모집단 검정 실습 – 사고유형별/월별 교통사고 데이터
        2.3 독립표본(두 모집단) 평균 비교 검정
            – 독립표본 실습 – 스마트폰 판매 데이터 1
            – 독립표본 실습 – 스마트폰 판매 데이터 2
            – 독립표본 실습 – 사고유형별/월별 교통사고 데이터
        2.4 대응 분석(종속 표본)
            – 대응분석 실습 – 동영상교육 전후 성적변화 데이터
            – 대응분석 실습 – 판매교육 전후 판매량 데이터

    3. 세 집단 분석(분산분석)
        3.1 분산분석의 의미
        3.2 분산분석 및 사후검정 실습 – 스마트폰 판매 데이터
        3.3 분산분석 및 사후검정 실습 – 사고유형별/월별 교통사고 데이터

4 교차분석과 카이제곱 분석 ······ 238
    1. 교차분석 및 카이제곱 실습 – 한국소비자원 소비자 피해구제 데이터
    2. 교차분석 및 카이제곱 실습 – 2021 한국프로야구 롯데팀 홈런기록 데이터

5 종합 연습문제 ······ 248

PART 7 상관분석과 회귀분석

1 상관관계 분석 ······ 252
    1. 상관관계 분석 이해
    2. 상관관계 분석 실습 – 불법 주정차 단속현황 데이터
    3. 상관관계 분석 실습 – 사고유형별/월별 교통사고 데이터
    4. 상관관계 분석 실습 – 혁신제품 만족 데이터

2 선형 회귀분석 ······ 266
    1. 회귀분석 이해
    2. 단순 회귀분석 실습 – 스마트폰 판매 데이터
    3. 단순 회귀분석 실습 – 사고유형별/월별 교통사고 데이터
    4. 다중 회귀분석 실습 – 사고유형별/월별 교통사고 데이터
    5. 다중 회귀분석 실습 – 혁신제품 만족 데이터

3 종합 연습문제 ·········· 287

PART 8 빅데이터 분석 및 시각화 : 지도학습과 분류분석

1 지도학습과 분류분석의 이해 ·········· 290

2 로지스틱 회귀분석 ·········· 292
 1. 로지스틱 회귀분석의 의미
 2. 로지스틱 회귀분석 실습 – 사고유형별/월별 교통사고 데이터
 3. 로지스틱 회귀분석 실습 – 혁신제품 만족 데이터

3 의사결정 트리 분석 ·········· 313
 1. 의사결정 트리 분석의 의미와 종류
 2. 의사결정 트리 분석 실습(tree) – 사고유형별/월별 교통사고 데이터
 3. 의사결정 트리 분석 실습(party) – 사고유형별/월별 교통사고 데이터
 4. 의사결정 트리 분석 실습(rpart) – 사고유형별/월별 교통사고 데이터
 5. 의사결정 트리 분석 실습(tree) – 혁신제품 만족 데이터
 6. 의사결정 트리 분석 실습(party) – 혁신제품 만족 데이터
 7. 의사결정 트리 분석 실습(rpart) – 혁신제품 만족 데이터

4 앙상블 기법 ·········· 356
 1. 앙상블 기법의 의미와 종류
 2. Bagging 실습 – 사고유형별/월별 교통사고 데이터
 3. Boosting 실습 – 사고유형별/월별 교통사고 데이터
 4. Random Forest 실습 – 사고유형별/월별 교통사고 데이터
 5. Bagging 실습 – 혁신제품 만족 데이터
 6. Boosting 실습 – 혁신제품 만족 데이터
 7. Random Forest 실습 – 혁신제품 만족 데이터

5 인공신경망 ·········· 396
 1. 인공신경망의 의미
 2. 인공신경망 실습 – 사고유형별/월별 교통사고 데이터
 3. 인공신경망 실습(역전파) – 사고유형별/월별 교통사고 데이터
 4. 인공신경망 실습 – 혁신제품 만족 데이터
 5. 인공신경망 실습(역전파) – 혁신제품 만족 데이터

6 종합 연습문제 ·········· 432

목차

PART 9 빅데이터 분석 및 시각화 : 비지도학습과 분류분석

1 비지도 학습의 이해 ·· 436

2 군집분석 ·· 437
    1. 군집분석의 이해
    2. 계층적 군집분석
        2.1 계층적 군집분석의 의미
        2.2 계층적 군집분석 실습 - 음식점 점수 데이터
        2.3 계층적 군집분석 실습 - 공항철도 역간거리 데이터
    3. K-means (비계층적) 군집분석
        3.1 K-means (비계층적) 군집분석의 의미
        3.2 비계층적 군집분석 실습 - 음식점 점수 데이터
        3.3 비계층적 군집분석 실습 - 혁신제품 만족 데이터

3 연관규칙 분석 ·· 462
    1. 연관규칙 분석의 의미
    2. 연관규칙 실습 - 영화시청 데이터
    3. 연관규칙 실습 - 한국소비자보호원 소비자 피해구제 데이터
    4. 연관규칙 실습 - 2021 한국프로야구 롯데팀 홈런기록 데이터

4 종합 연습문제 ·· 490

PART 10 텍스트마이닝

1 텍스트마이닝의 소개 ·· 494
    1. 텍스트마이닝의 소개
    2. 텍스트마이닝 분석 이전에 주의사항

2 stringr 패키지를 활용한 텍스트 데이터 전처리 ··· 496
    1. Stringr 패키지 설명
    2. Stringr 함수 실습

3 웹 데이터의 수집 ········· 503
1. 네이버 영화 평점 크롤링
2. 네이버 영화 – KoNLP와 워드 클라우드
3. 네이버 뉴스 크롤링
4. 네이버 뉴스 – KoNLP와 워드 클라우드
5. 음원사이트 댓글 크롤링 – Selenium 활용
6. 음원사이트 댓글 – KoNLP와 워드 클라우드

4 종합 연습문제 ········· 535

PART 11 시계열 데이터 분석

1 시계열 데이터 분석의 의미 ········· 538
1. 시계열 분석의 의미
2. 정상 시계열과 비정상 시계열
3. 비정상 시계열 데이터의 요인
4. 시계열 분석 시 고려사항
5. 시계열 데이터의 정상성 확인
6. 시계열 데이터의 요소 분해
7. 시계열 데이터의 분석 모형
8. 시계열 데이터의 예측오차와 평가

2 시계열 데이터의 시각화 및 예측실습 1 ········· 548
3 시계열 데이터의 시각화 및 예측실습 2 ········· 568
4 시계열 데이터의 시각화 및 예측실습 3 ········· 588
5 종합 연습문제 ········· 607

01

R programming

R 프로그램 설치와 기초실습

학습배경

- 최근 빅데이터는 국가, 기업, 개인들에게 사회문화와 경제에 긍정적인 도움을 제공하고 있다. 빅데이터 분석은 과거와 현재를 이해시켜주고, 미래를 예측하는 등의 객관적인 통찰력을 제공해준다. 특히, 빅데이터 분석에 도움을 제공하는 여러 프로그램이 존재하지만, 이중 일반인들에게 쉽게 접근할 수 있는 빅데이터 프로그램은 R 프로그램이 대표적이다. R 프로그램은 통계와 빅데이터 분석이 가능한 도구로 전 세계적으로 인기 있는 프로그램이다. R 프로그램은 간단한 코딩을 통해서 빅데이터 분석을 도와주며, 여러 빅데이터 분석 방법이 가능하도록 기능적인 측면에서 계속 업데이트되고 있다. 그래서 본 장에서는 R 프로그램을 컴퓨터에 설치하고 동작시킬 수 있도록 R 프로그램 설치와 R Studio를 설치하는 방법을 소개한다. 또한, R 프로그램의 기초 명령문과 자주 사용하는 단축키도 실습할 것이다.

학습목표

- 분석자가 컴퓨터에 R 과 R Studio를 설치할 수 있다.
- R 프로그램 기초실습으로 간단한 명령문을 작성할 수 있다.
- R 프로그램 작성에서 필요한 단축키를 사용한다.

학습구성

1. R 프로그램 설치와 개요
   ① R 프로그램 특징
   ② R 프로그램 설치
   ③ R Studio 설치
   ④ R과 R Studio 설치 시 유의사항
   ⑤ R Studio 환경설정

2. R 프로그램 설치와 개요
   ① R 프로그램 입력 및 출력
   ② 연산자 실습
   ③ 데이터 출력 함수
   ④ 불완전한 명령문 실행
   ⑤ 단축키로 명령문 실행
   ⑥ R 프로그램 코딩 내용 저장

3. 종합 연습문제

CHAPTER 1. R프로그램 개요와 설치

1. R 프로그램 특징

R 프로그램은 1993년 뉴질랜드의 오클랜드 대학교에서 개발된 통계 및 그래프 작업을 위한 인터프리터 방식의 프로그래밍 언어이다. R 프로그램은 통계와 데이터 마이닝, 차트 등의 분석을 도와주는 프로그래밍 언어로서 무료로 사용할 수 있는 오픈소스(공개용) 소프트웨어로 제공되고 있다. R 프로그램을 빅데이터 분석으로 선호하는 이유는 컴파일 과정이 필요 없는 스크립트 언어이기 때문에 컴파일 과정없이 프로그래밍 코딩을 바로 실행하여 결과를 확인할 수 있다는 장점이 있다. 그래서 C 프로그램과 JAVA 언어보다 쉽게 느껴질 수 있다.

또한 R을 많이 선호하는 이유는 전 세계적으로 빅데이터를 공부하고자 하는 사람들에게 다양한 빅데이터 예제를 제공하기 때문이다. R 프로그램은 이해하기 쉬운 코딩 문법과 강력한 통계 기능을 제공하기 때문에 학술 연구용뿐만 아니라 많은 기업에서도 사용하고 있다. 그래서 통계와 빅데이터를 다루기 위해서는 필수적으로 R을 학습할 필요가 있겠다. R 프로그램에서 사용 가능한 최신 통계분석과 빅데이터 분석기법도 수시로 추가 및 업데이트되고 있어서 기능 측면에서도 매우 많이 강력해지고 있다. 특히, SAS, SPSS 빅데이터 분석 프로그램은 비싼 비용을 지불하고 사용해야 하는 유료 프로그램이라서 빅데이터 분석을 공부하는데 일반인들에게 비용적인 부담으로 접근하기 어렵지만, R 프로그램은 무료로 사용할 수 있어서 빅데이터 분석을 손쉽게 진행할 수 있다는 장점이 있다.

2. R 프로그램 설치

R 프로그램은 [https://www.r-project.org/] 홈페이지에서 다운로드를 받을 수 있다. R 프로그램을 분석자의 컴퓨터로 다운로드를 받기 위해서는 우선 [https://www.r-project.org/]에 접속하면 된다. R 프로그램을 다운로드 받을 수 있는 홈페이지에 접속하면 The R Project for Statistical Computing의 메인 홈페이지를 확인할 수 있다. 메인 홈페이지 메뉴에서 왼쪽에 위치한 Download [CRAN]을 클릭하면 각 나라별로 손쉽게 다운로드 받을 수 있도록 정보를 제공하고 있으며, CRAN Mirrors 웹페이지에서 Korea 항목의 링크를 클릭하면 된다.

R 홈페이지에서 Mirrors 사이트를 운영하는 이유는 전 세계 빅데이터 분석자가 하나의 사이트에서 파일을 다운로드 받을 경우 서버의 과부화와 속도 저하를 가져올 수 있기 때문이다. 그래서

R 프로그램을 빠르게 다운로드 받을 수 있도록 분석자의 지리적 위치를 안내하여 별도의 서버를 운영하고 있다.

● R 홈페이지와 설치 방법 1

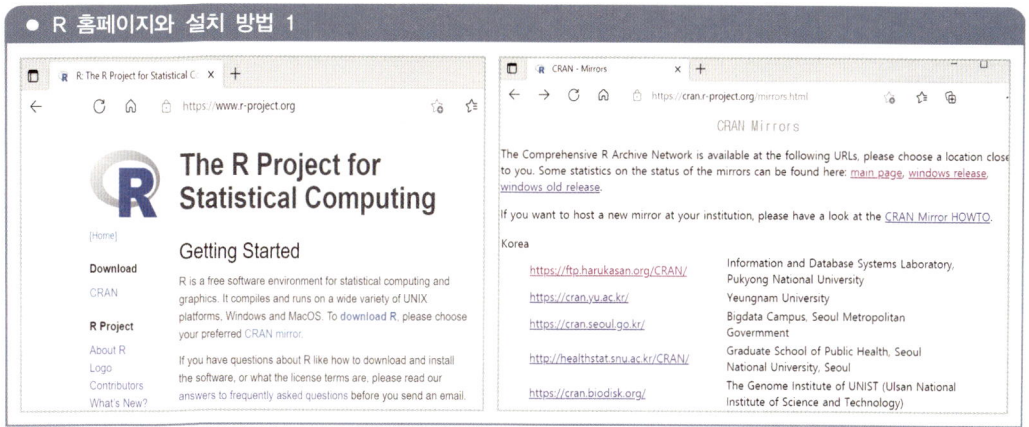

그림과 같이 The R project for Statistical Computing의 메인 홈페이지에서 download R을 클릭하면 CRAN Mirrors 페이지가 나타난다. 여기서 Korea를 찾아서 [https://ftp.harukasan.org/CRAN/] 클릭하면 다운로드할 수 있는 웹페이지로 전환된다. CRAN Mirrors 웹페이지에서 Korea를 찾고, [https://ftp.harukasan.org/CRAN/] 클릭하면 프로그램을 다운로드할 수 있는 웹페이지로 바로 전환된다.

● R 홈페이지와 설치 방법 2

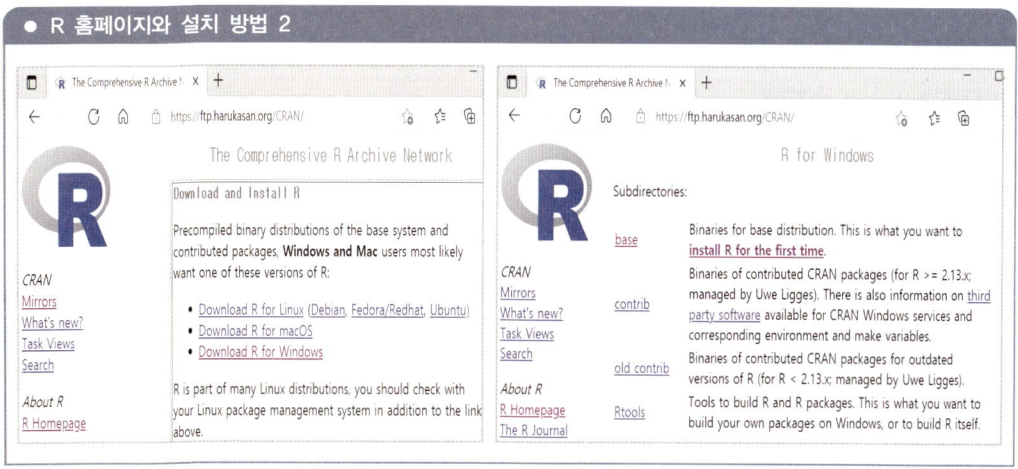

[The Comprehensive R Archive Network] 웹페이지에서 운영체제가 Windows라면 Download R for Windows를 클릭한다. 그 다음 R for Windows 페이지에서 [base] 또는 [install R for the first time]을 선택한다. 여기서 Download R 4.1.1 for Windows를 클릭하면 R프로그램 설치 파일을 분석자의 컴퓨터로 다운로드 받을 수 있다.

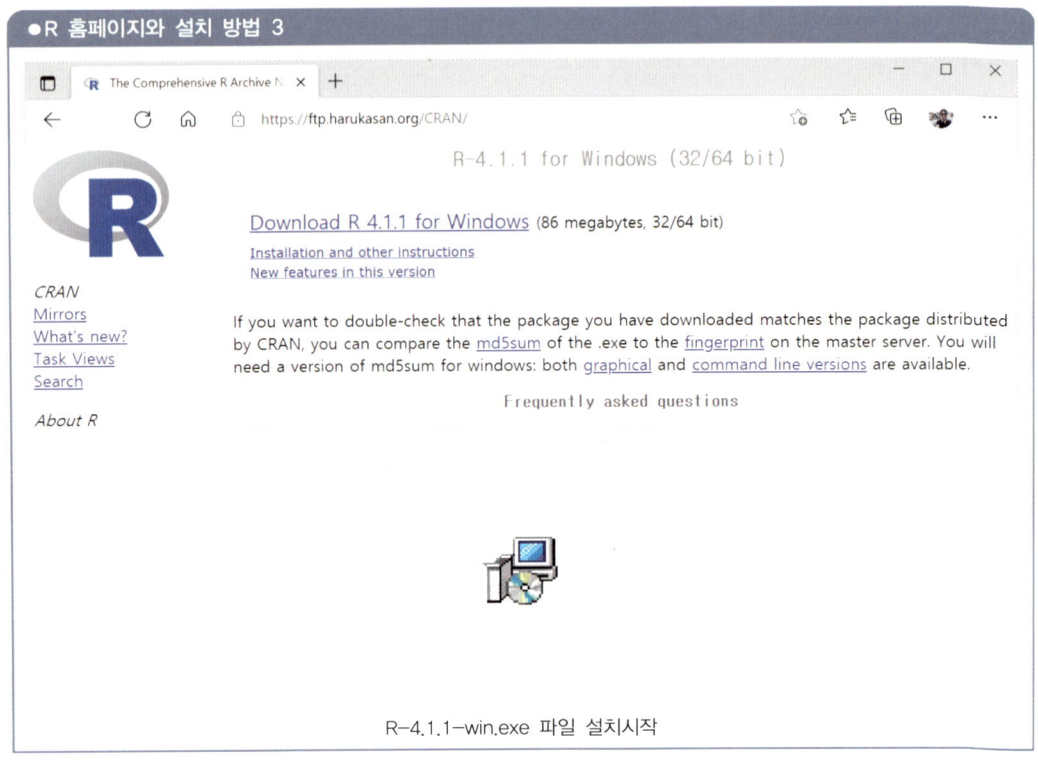

3. R Studio 설치

R Studio는 R 프로그램을 분석자가 쉽게 사용할 수 있도록 GUI 인터페이스를 제공한다. R Studio를 사용하는 가장 큰 이유는 작업 편의성을 높여주기 때문이다. 빅데이터 프로그래밍 작성할 시 메모리에 저장된 변수를 쉽게 확인할 수 있고, 변수 타입이 무엇인지도 분석자가 쉽게 이해할 수 있도록 도와준다. R Studio는 R 스크립트를 쉽게 Word 문서처럼 제공하기 때문에 분석자가 작성하는 R 프로그램 명령문의 작동과 오류를 신속하게 확인시켜주는 장점을 가지고 있다.

R Studio를 다운로드 받기 위해서는 [https://www.rstudio.com/products/rstudio/download/] 홈페이지로 접속한다.

메인 홈페이지의 RStudio Desktop Free에서 Download를 선택하면 R Studio Desktop 버전으로 다운로드를 받으면 된다.

RStudio-1.4.1717.exe

● R Studio 홈페이지와 설치 방법

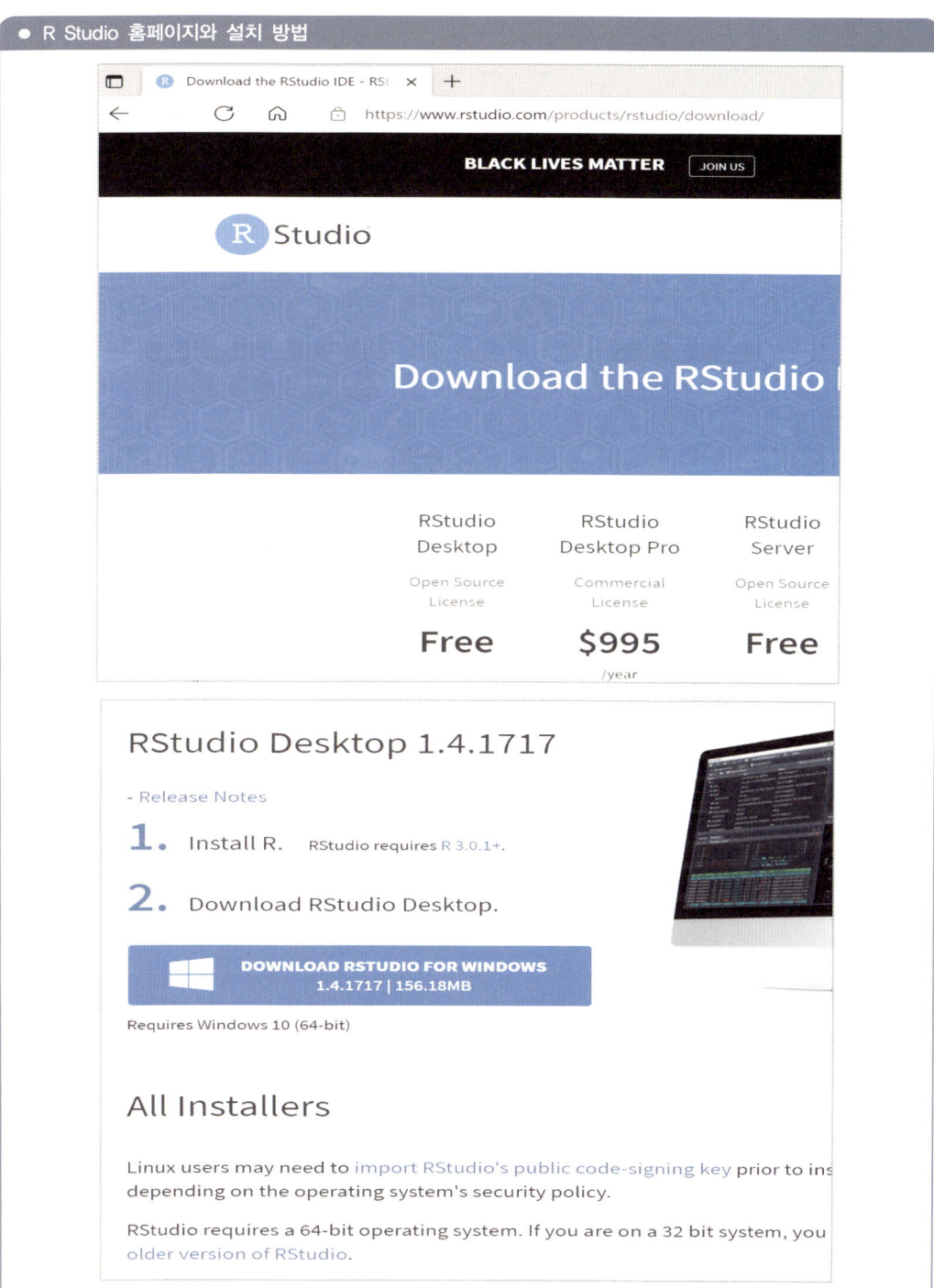

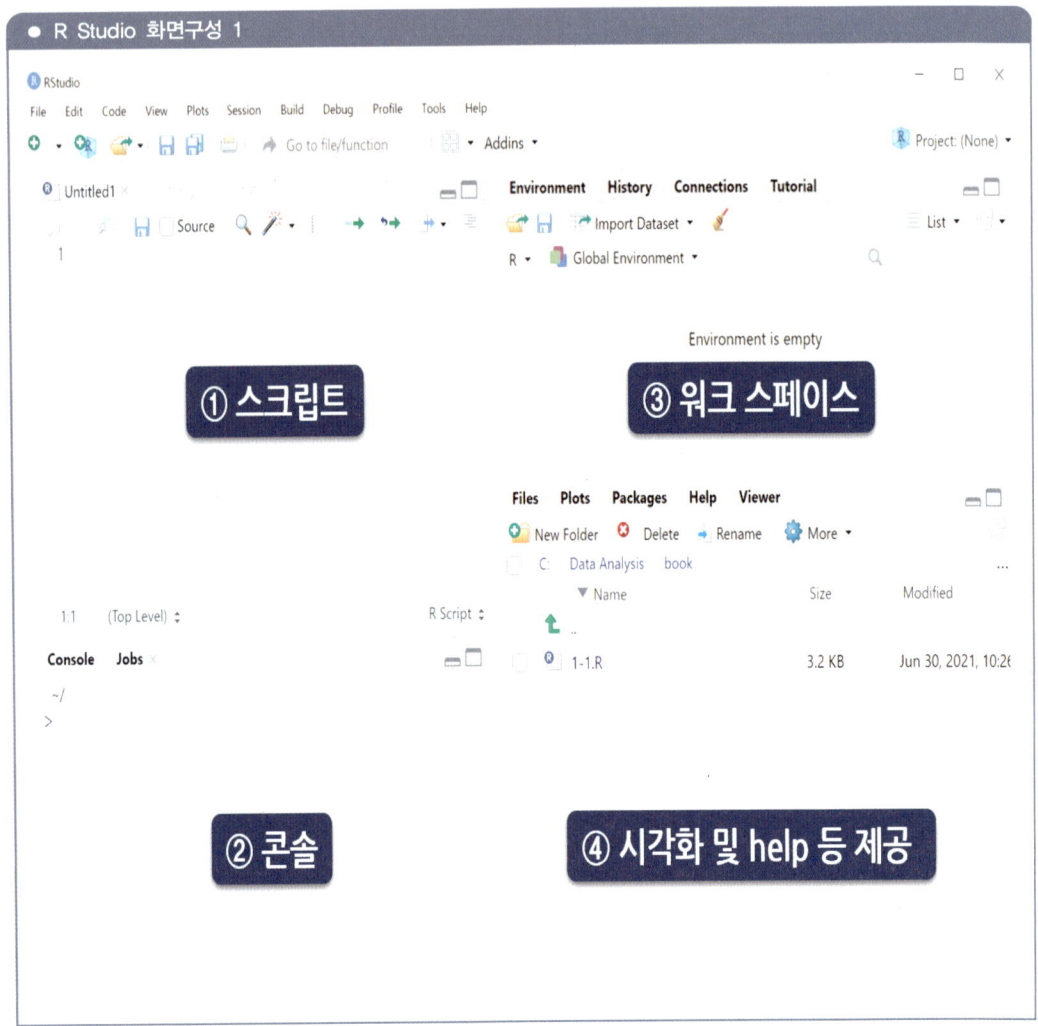

분석자는 R Studio에서 스크립트 창에 R 프로그램 명령문을 작성하고, 실행 결과는 콘솔에서 확인하며, 워크 스페이스에서 분석자가 저장한 변수 등을 확인할 수 있다.

① **스크립트** : R 프로그램 명령문을 입력하는 창이다. 스크립트 창은 R 명령문을 작성하고 실행하는 영역으로 메모장 또는 워드프로세스와 같은 문서 편집기와 유사하다. 스크립트 창에는 코딩(명령문)을 입력해도 바로 실행하지 않고, 스크립트 창에 실행버튼(→ Run) 을 클릭해야만 작성된 코딩이 콘솔창을 통해서 실행된다. 또한, ②에 해당하는 콘솔 창에서 분석자가 명령문을 직접 입력하면 변수와 명령문들이 직접적으로 컴퓨터 메모리에 저장되지 않으므로 명령문을 재실행할 수 없다. 따라서, 항상 스크립트 창에서 코딩을 작성하여 명령문을 저장해야 한다.

② **콘솔** : 콘솔창(Console)은 스크립트 창에서 실행한 명령문이 실행되는 것을 볼 수 있으며 실행 결과도 확인할 수 있는 영역이다. 명령문의 오류가 있으면 콘솔 창에서 에러 메시지가

출력되며 분석자는 에러가 무엇인지 확인할 수 있다.

③ **워크 스페이스** : 분석자가 생성한 변수와 데이터를 확인하는 곳이다. 환경창(Environment)은 R 명령문이 실행되는 동안 분석자에 의해 만들어진 각종 변수나 데이터 구조의 형태를 확인하는 영역이다. 히스토리(History)는 R Studio에서 실행한 명령문, 결과, 패키지 설치, 오류 등에 대한 작업 내용을 보여준다. 연결 창(Connection)은 R과 데이터 관리를 위한 서버를 연결하는 창이다. 튜토리얼 창(Tutorial)은 R 프로그램 이전 버전부터 R을 따라 배울 수 있도록 도와주는 창이다.

④ **시각화 및 help 등 제공** : 시각화, 설치된 패키지, help 등을 볼 수 있다. 파일 창(Files)은 윈도우의 파일 탐색기와 유사하게 R 스크립트에서 작성한 파일의 위치 폴더를 확인할 수 있다. 플롯 창(Plot)은 R 스크립트에서 작성한 차트와 지도 등 시각화가 표시되는 영역이다. 패키지 창(Packages)는 내 컴퓨터에 설치된 R 패키지들의 목록을 확인할 수 있고, 필요하다면 새로운 패키지를 다운로드하여 설치할 수 있다. 도움말 창(Help)은 특정 함수에 대한 도움말을 찾을 수 있다. 뷰어 창(Viewer)은 분석의 결과가 숫자가 아닌 이미지 형태일 때 웹브라우저에서 결과를 출력하는 경우가 있는데 그런 경우 뷰어 창에 표시된다.

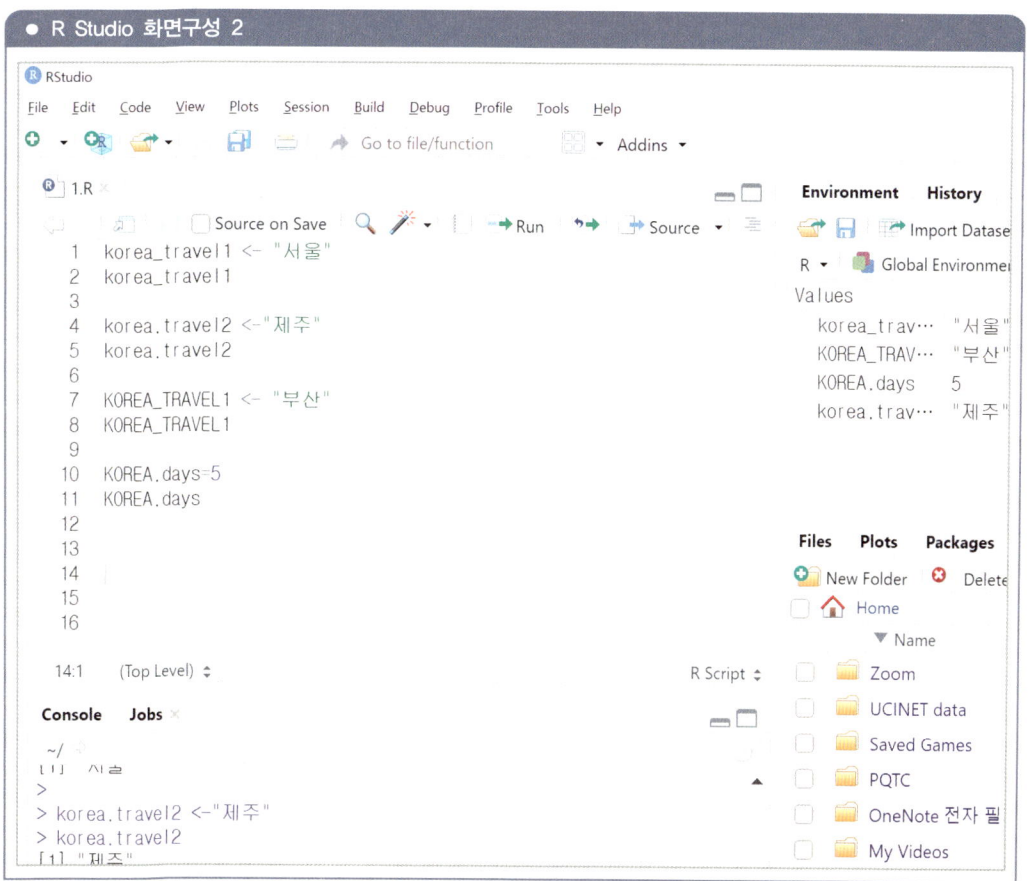

● R Studio 화면구성 2

4. R과 R Studio 설치 시 유의사항

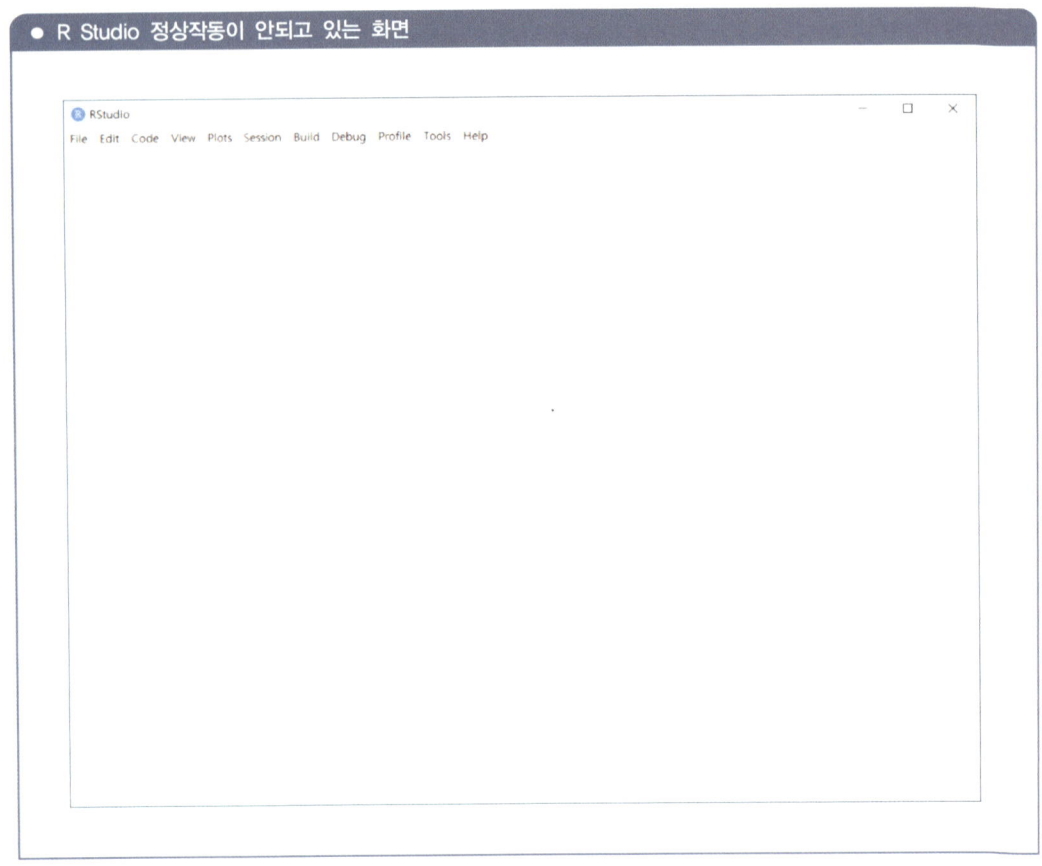

만약 분석자가 R과 R Studio를 컴퓨터에 설치하였음에도 실행이 안 되거나 프로그램 화면이 하얗게 나타나게 되면 R 프로그래밍을 사용할 수 없다는 것이다. 이러한 현상이 발생하는 분석자라면 분석자 계정 이름이 '한글'로 되어 있거나 설치한 폴더 이름이 '한글'로 되어 있기 때문이다. 이는 R 프로그램과 R Studio가 외국 프로그램으로 한글 코드를 정확히 인식하지 못하게 되면서 발생하는 오류이다.

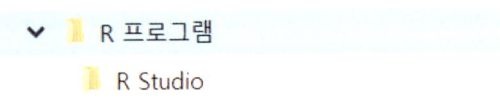

위 폴더 그림과 같이 폴더 이름이 [R 프로그램]이라는 한글 명칭을 사용하게 되면 프로그램 실행이 되지 않을 수 있다. 또한 설치되더라도 R 프로그래밍이 정상 작동되지 못하는 경우가 높다. 그리고 환경변수 중에서 TMP와 TEMP를 선택하고, 두 개 모두 C:₩TEMP로 변경한다.

● 시스템 환경설정 변경

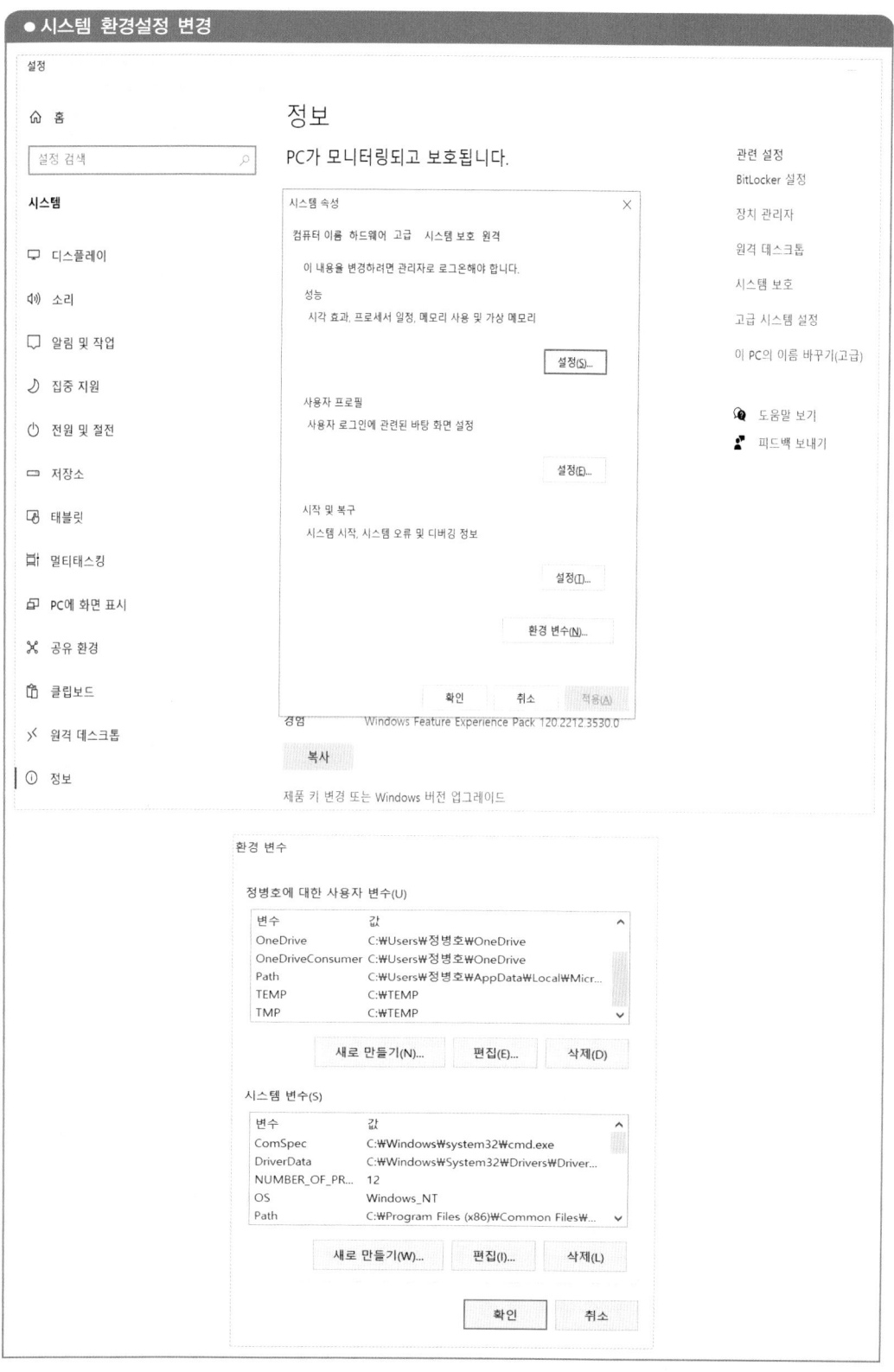

5. R Studio 환경설정

분석자는 R Studio의 작업환경을 분석자 편의성에 맞추어 수정할 수 있다. 스크립트 창의 화면 변경, 글꼴, 문자 코드표 등을 변경할 수 있다.

분석자는 R Studio에서 작업환경을 변경하고자 한다면, 메뉴에서 [Tools]를 선택하여 [Global Options…]를 클릭하면 된다. 그러면 옵션(Options) 창에서 분석자가 R Studio를 변경시킬 수 있는 다양한 메뉴가 나타난다. General, Code, Console, Appearance, Pane Layout, Packages, R Markdown 등의 기능을 분석자 편의에 따라서 변경할 수 있다.

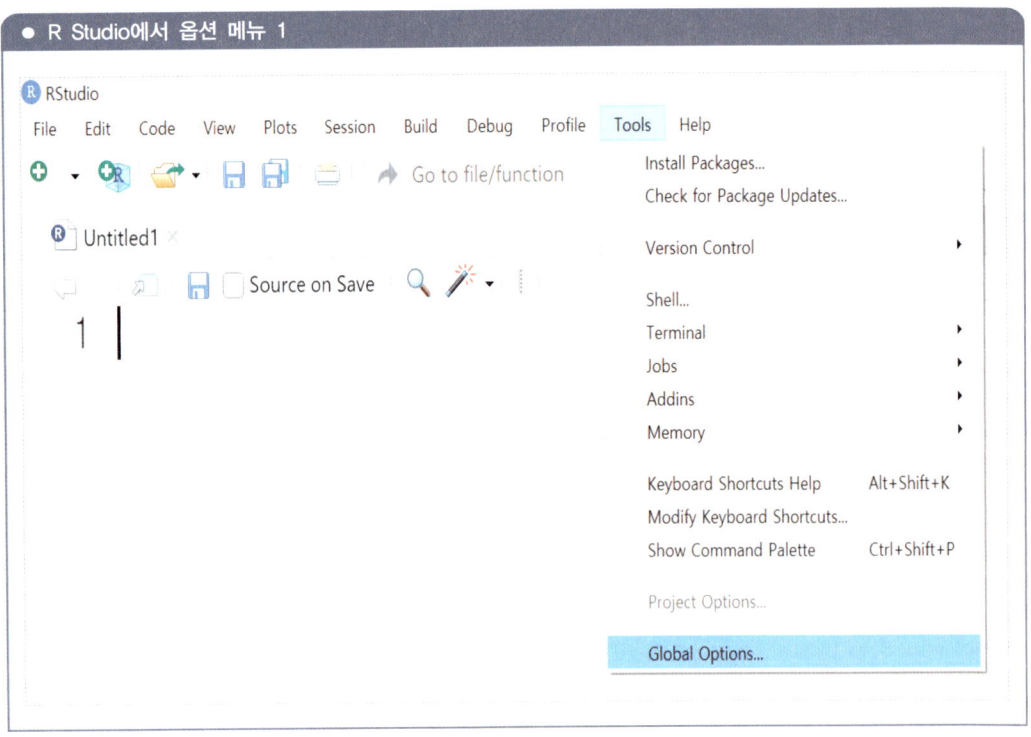

● R Studio에서 옵션 메뉴 1

● R Studio에서 옵션 메뉴 2

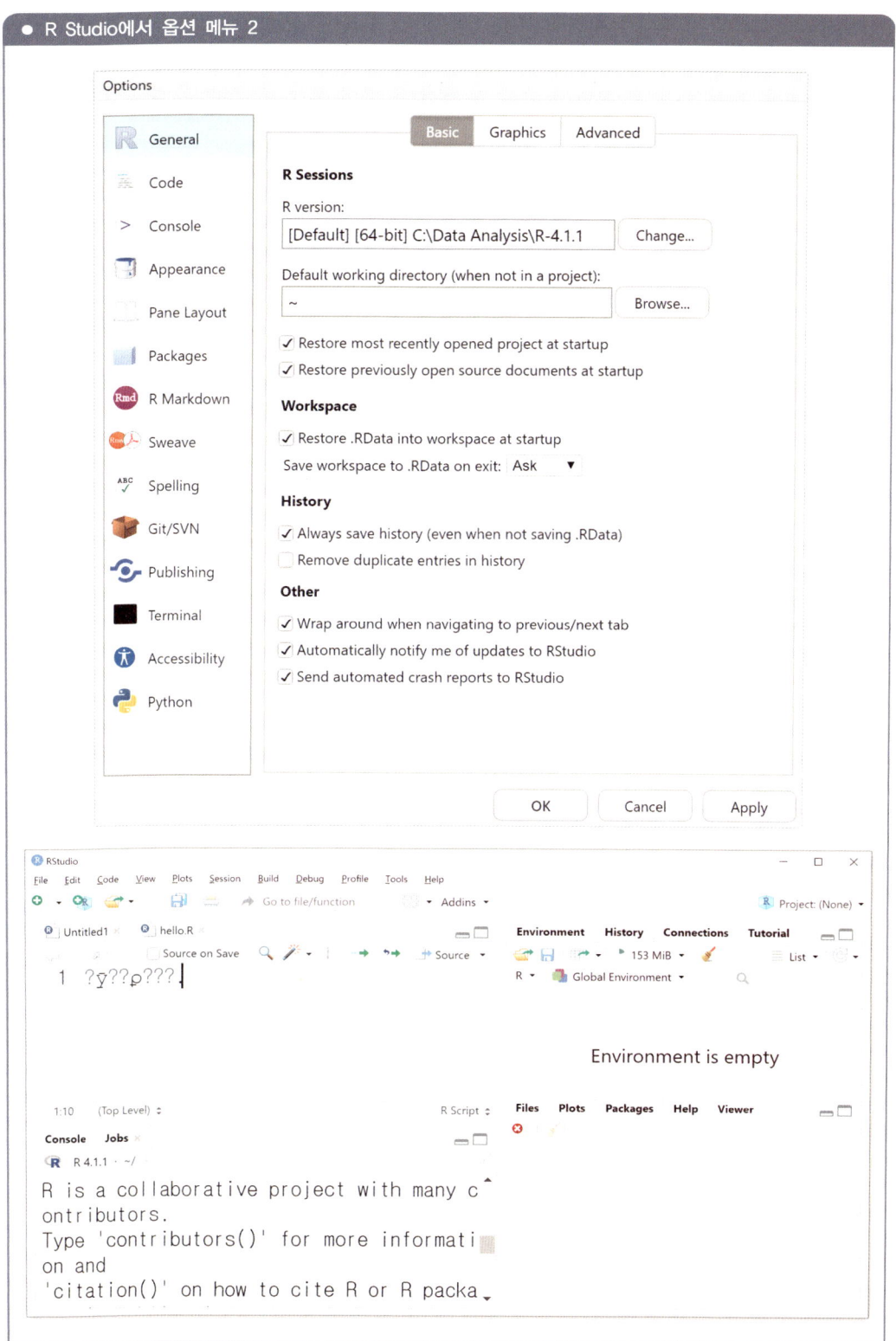

Genernal 메뉴에서는 현재 설치된 R 프로그램의 버전과 R 프로그램이 어느 폴더에 설치되어 있는지를 확인할 수 있다. 그리고 Default working directory(when not in a project) 메뉴를 통해서 R 프로그램의 저장 및 불러오기를 할 수 있는 작업 폴더를 미리 지정할 수도 있다.

Code 메뉴에서는 분석자가 작성한 R 프로그래밍의 내용을 어떤 문자코드로 저장할지를 결정할 수 있다. 기본적으로 UTF-8로 지정되어 있다. 만약 분석자가 메모장, 워드패드에서 작성된 내용을 R 프로그램에서 사용하고자 한다면 문자 코드표를 UTF-8로 지정해야 한다. 메모장의 경우 다름 이름으로 저장하고자 할 때 인코딩을 클릭하면 기본적으로 ANSI로 지정되어 있다. 이때 UTF-8로 변경하여 문서를 저장하여야만 R 프로그램에서 글자(문자)가 깨지지 않고 화면에 올바르게 나타난다.

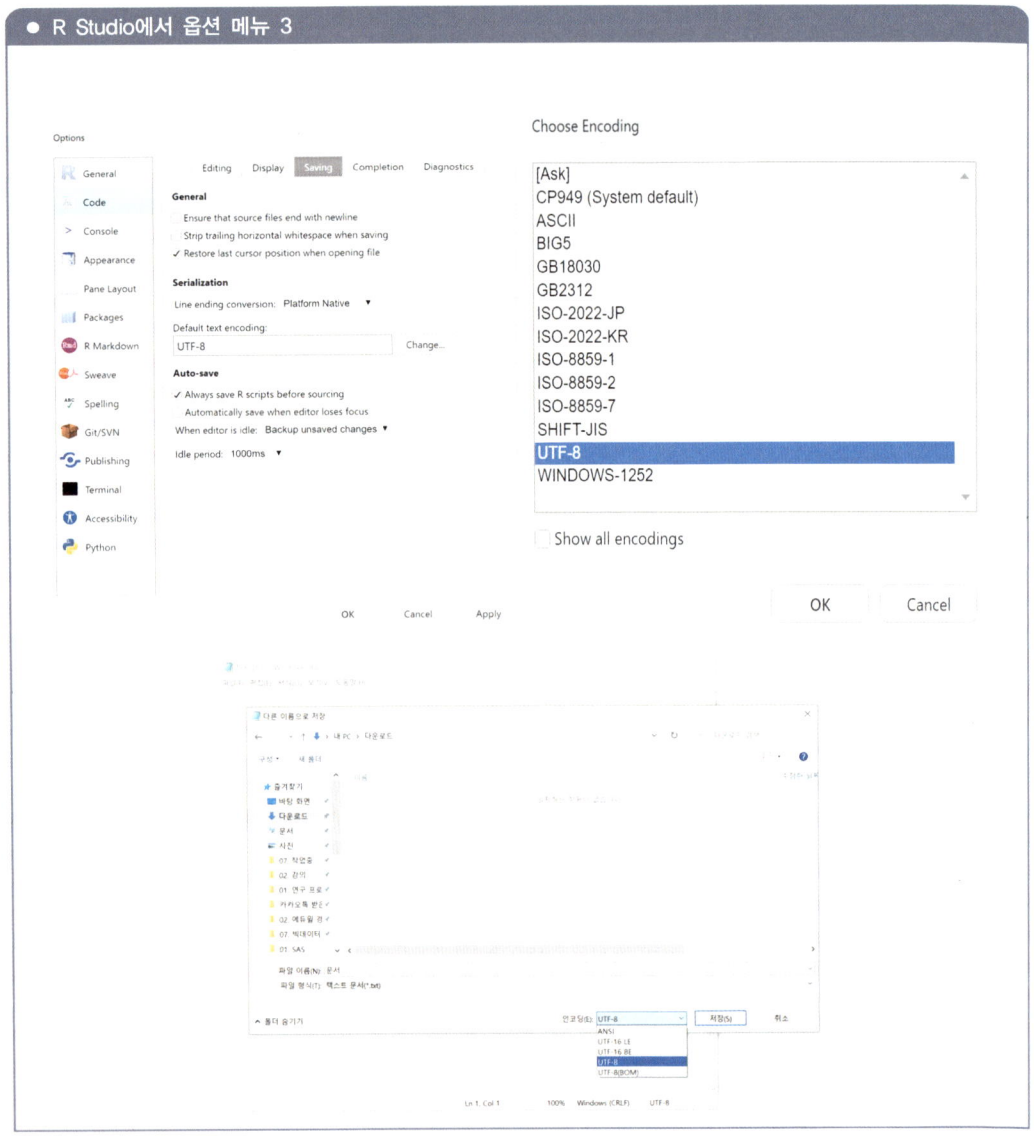

● R Studio에서 옵션 메뉴 4

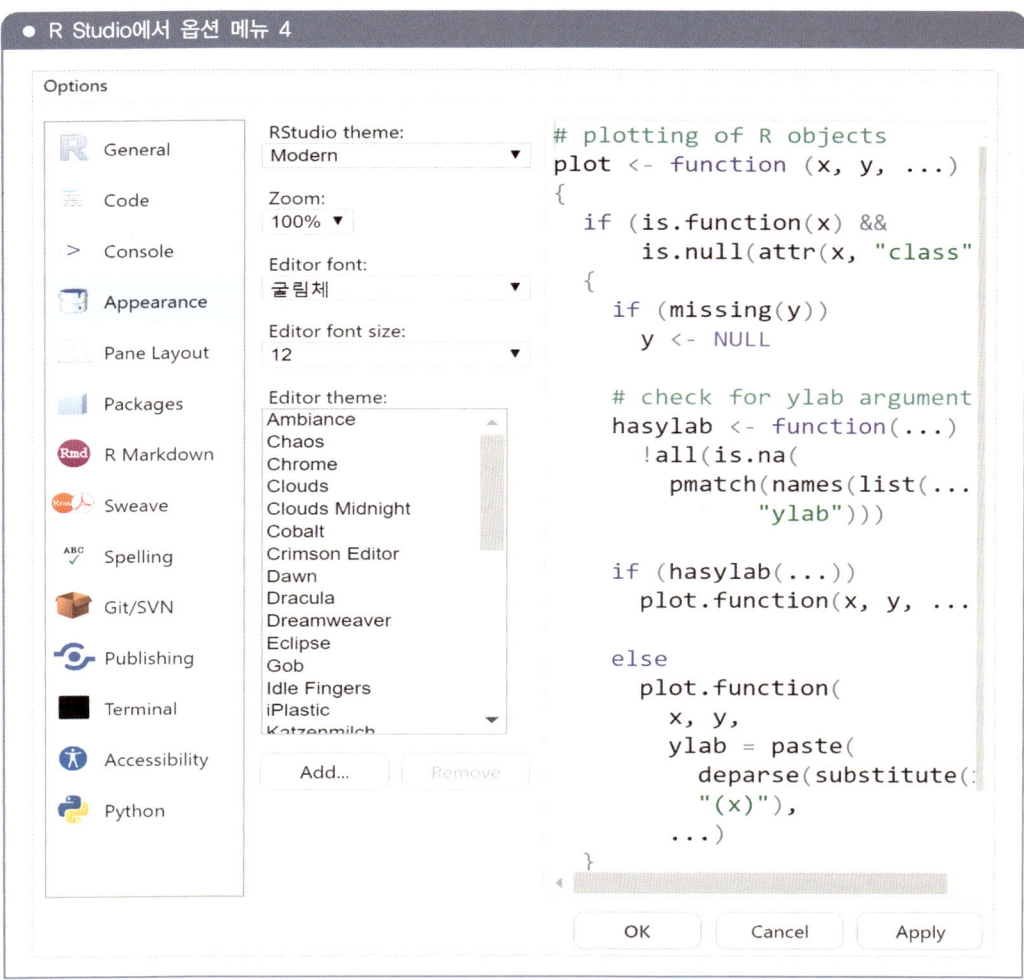

Appearance 메뉴는 작업자 화면의 스타일을 변경할 수 있다. R Studio 화면 테마를 변경하거나 작업 화면의 배경색의 변경하고, 폰트를 변경하고 글자의 크기를 변경할 수 있다.

● R Studio에서 옵션 메뉴 5

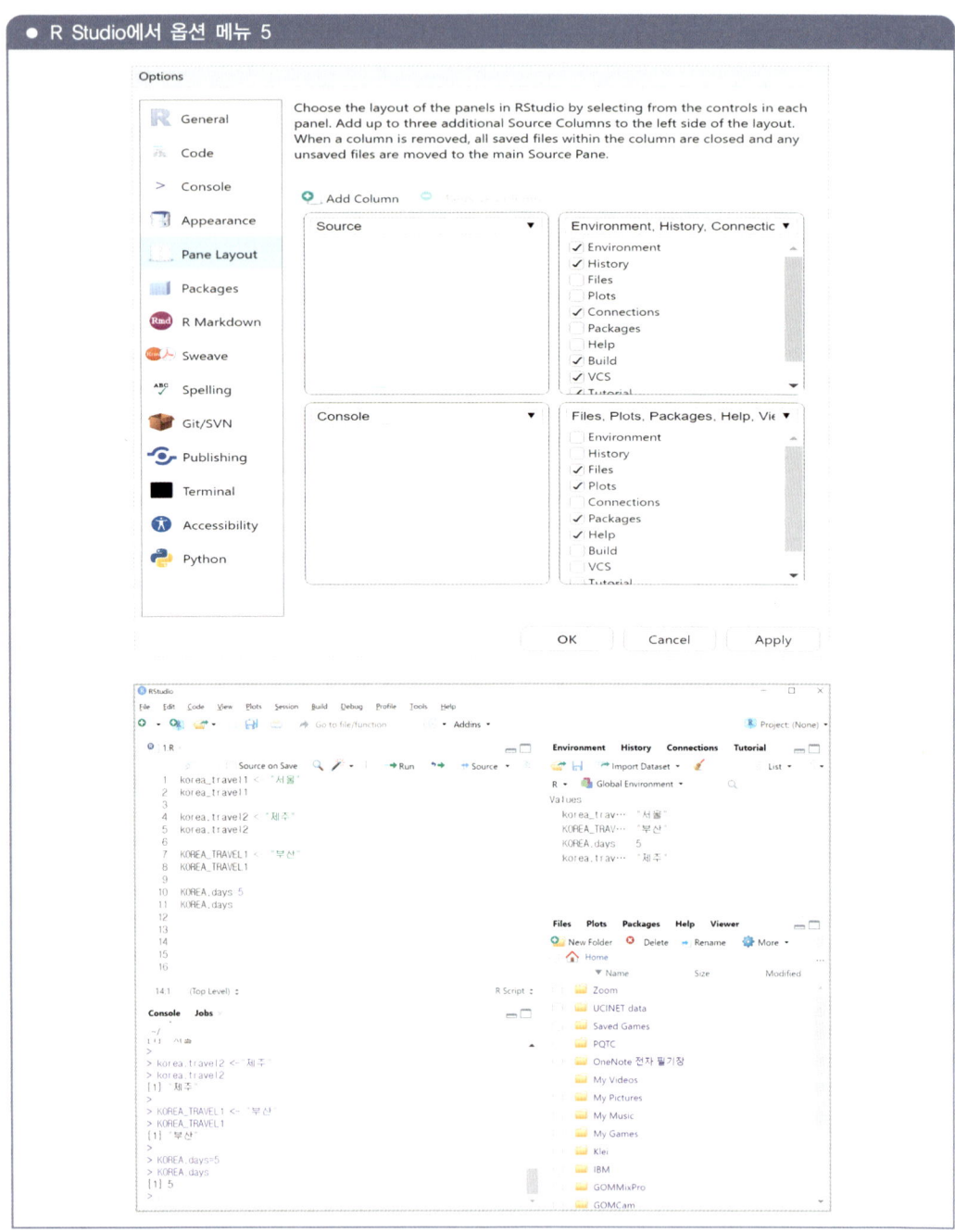

Pane Layout 메뉴에서는 4개로 분할된 R Studio의 화면구성을 분석자의 스타일에 따라서 변경할 수 있도록 도와준다. R Studio의 패널 창을 디자인하는 기능으로 작업영역을 분석자가 원하는 형태로 구성할 수 있다.

CHAPTER 2

R 명령문 기초실습

1. R 프로그램 입력 및 출력

분석자는 R Studio에서 스크립트 창에 분석하고자 하는 명령문을 작성한다. 그다음, 스크립트창 (Run)을 마우스로 클릭하면 콘솔창에 결과를 확인할 수 있다.

▼ 실습   R 명령문 작성

```
> (4+201)*2
 [1] 410
> x <- 1:10
> print(x)
 [1]  1  2  3  4  5  6  7  8  9 10
```

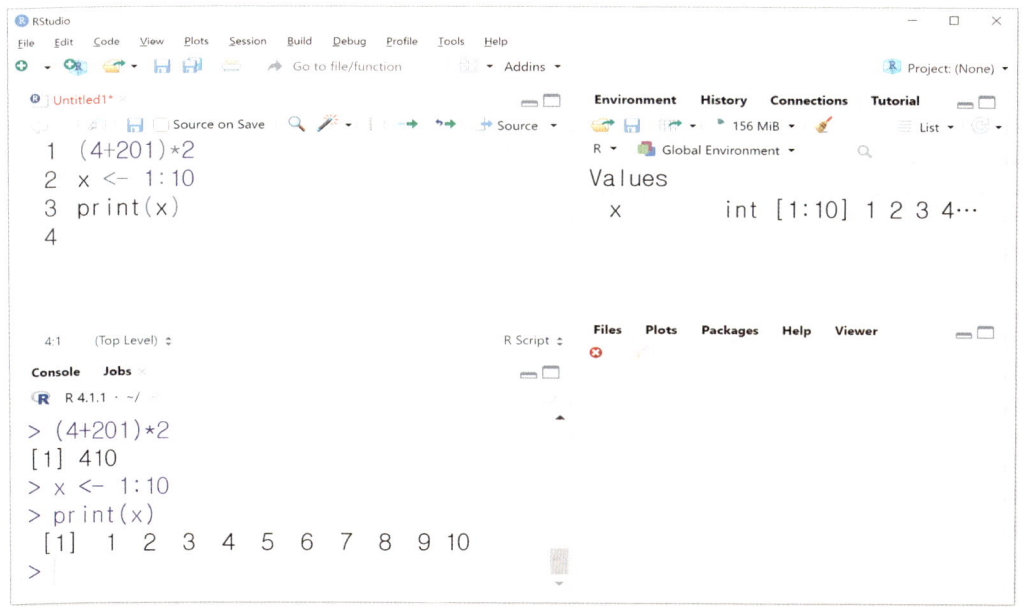

첫 번째 줄, (4+201)*2는 숫자와 사칙연산으로 구성되어 간단한 계산을 수행하는 명령문이다. 두 번째 줄, x <- 1:10은 1부터 10까지 숫자를 x라는 변수에 저장하는 명령문이다. 여기서 <-

는 오른쪽에 있는 1:10의 값을 왼쪽 x 변수에 저장하라는 명령문이다. 세 번째 줄은 1부터 10까지 값이 저장되어 있는 x 변수를 화면에 출력하라는 명령문으로 print(x)라고 작성한다. 이러한 명령문의 실행 결과는 콘솔창에서 확인이 가능하며, 워크스페이스 창에는 x 변수에 1부터 10까지 컴퓨터 메모리로 저장되어 있다는 사실을 분석자에게 보여준다.

2. 연산자 실습

R 프로그램에서는 기본적으로 연산자의 기능을 제공한다. 연산자는 R 프로그램에서 특정 작업을 위해 분석자가 사용하는 +, -, *, / 등과 같은 기호를 말한다. 연산자의 성격에 따라 산술 연산자, 관계 연산자, 논리 연산자 등으로 구분된다.

기본 연산자

구분	연산자
산술 연산자	+, -, *, /, %%(나눗셈의 나머지)
관계 연산자	==, !=, >, >=, <, <=
논리 연산자	&, |, !, xor( )

우선, 산술 연산자는 사칙연산의 기능과 나눗셈의 나머지 계산을 도와주는 기능을 제공한다.

실습에서 첫 번째 줄은 분석자가 a 변수에 100을 메모리에 저장하겠다는 명령문으로 a <- 100으로 표현한다. 오른쪽에서 왼쪽으로 대입하는 방식으로 100의 숫자값을 a라는 변수에 저장하라는 의미를 가진다. 두 번째 줄은 5를 b에 저장하라는 의미이며 세 번째 줄은 a+b를 결과를 r1에 저장하라는 의미이다. 그래서 첫 번째 줄의 a는 100이 저장되어 있고 두 번째 줄에 b는 5가 저장되어 있다. r1 <- a+b는 실질적으로 r1 <- 100+5라는 의미와 동일하므로 r1에는 105의 값이 저장된다. 이러한 결과를 확인하고자 r1; r2; r3; r4; r5로 한 줄에 변수명을 모두 입력하면 r1, r2, r3, r4, r5에 저장된 값을 보여주라는 의미이다.

▼ 실습   산술연산자 실습

```
> a <- 100
> b <- 5
> r1 <- a+b
> r2 <- a-b
> r3 <- a*b
> r4 <- a/b
> r5 <- a%%b   #나머지 계산
> r6 <- b^b    #제곱계산
>
> r1; r2; r3; r4; r5   #한 줄에 다양한 명령문을 실행

[1] 105
[1] 95
[1] 500
[1] 20
[1] 0
```

두 번째 실습으로 관계 연산자는 참과 거짓 값을 표현한다. r1 <- a==b의 명령문은 a 값과 b의 값이 동일한지를 판단하는 명령문이다. 그래서 a의 값이 100이고 b의 값이 5이므로 a와 b는 동일한 값이 아니므로 r1에는 FALSE의 결과값을 가지게 된다. r2 <- b==c는 b는 5이고 c가 5이므로 r2는 TRUE 값을 가지게 된다. 이처럼 연산자는 결과값이 서로 동일한지 다른지를 판단할 때 주로 많이 사용된다.

▼ 실습   관계연산자 실습

```
> a <- 100
> b <- 5
> c <- 5

> r1 <- a==b   #a와 b는 같다.
> r2 <- b==c
> r3 <- a>b
> r4 <- b>c
> r5 <- b>=c

> r1 ; r2 ; r3 ; r4 ; r5

[1] FALSE
[1] TRUE
[1] TRUE
[1] FALSE
[1] TRUE
```

세 번째 실습으로 논리 연산자는 관계 연산자와 유사하게 TRUE와 FALSE의 값을 저장하는 방식이며, 차이점은 &(AND) 기호와 |(OR) 기호, !(NOT) 등을 사용하여 값을 비교하여 TRUE와

FALSE를 저장하는 것이다.

a에는 100이 저장되어 있고, b는 5가 저장되어 있을 때 a>=90 & b>=10의 조건이라면 a의 값은 90과 동일하거나 그 이상이어야 하고, b의 값도 10과 동일하거나 그 이상이어야 TRUE의 조건이 성립된다. 그렇지 않을 경우 FALSE의 값이 저장된다.

a>=90 | b>=10 조건은 a의 값이 90과 동일하거나 그 이상의 값을 가지고 있고, b의 값이 10과 동일하거나 그 이상이라는 값이라고 할 때 두 조건 중 하나의 조건만이라도 성립한다면 TRUE의 결과값이 저장된다.

!(a)=90)은 괄호의 값이 조건으로서 a의 값이 90과 같거나 그 이상이라면 FALSE를 저장하라는 의미를 가진다.

▼ 실습 　 논리연산자 계산

```
> a <- 100
> b <- 5

> r1 <- a>=90 & b>=10    #a가 90보다 크거나 같고 b가 10보다 크거나 같다를 모두 성립하는 조건
> r2 <- a>=90 | b>=10    #a가 90보다 크거나 같고 b가 10보다 크거나 같다를 둘 중 하나 성립하는 조건
> r3 <- !(a)=90)          #괄호의 값이 부정인지 판단하는 명령문
> r1 ; r2 ; r3

[1] FALSE
[1] TRUE
[1] FALSE
```

3. 데이터 출력 함수

Q 문법 　 데이터 입력하기

```
cat( )
print( )
```

cat( ) 함수는 출력할 문자열과 변수를 함께 결합하여 화면에 출력해주는 함수이다. 그리고 print( ) 함수는 변수 또는 수식만 화면에 출력해주며 cat( ) 함수처럼 특정 문자열을 추가하여 결과값을 보여주지는 못한다.

▼ 실습   cat( ) 함수와 print( ) 함수

```
> x <- 10
> y <- 20
> z <- x+y
> cat("x와 y의 덧셈의 결과는\n",z,"입니다.")   # \n은 엔터키 역할로 줄 바꿈

x와 y의 덧셈의 결과는
 30 입니다.
> print(z)

[1] 30
```

4. 불완전한 명령문 실행

(4+2) 명령문을 작성하고 실행하면 [1] 6 이라는 결과를 R Console 창에서 확인할 수 있다. 하지만 (4+)라고 작성하여 명령문을 실행하면 불완전한 문장으로 ') '이 없게 되면서 산술연산이 불가능하다는 에러 메시지를 보여준다. 또한 (4+2 라고 작성하여 명령문을 실행하면 완전한 문장으로 완료되지 않았기 때문에 Console 창에 + 기호가 나타나면서 추가적으로 더 입력하라고 작업의 다음 순서를 기다려준다. 만약 + 기호가 나타나 다음 명령문 작성을 취소하고 싶다면 콘솔창에 마우스나 키보드로 커서를 위치시킨 다음 Esc 키를 누르면 된다.

▼ 실습 2   R 명령문 작성 결과

```
> (4+2)
[1] 6
> (4+)
Error: unexpected ')' in "(4+)"
> (4+2
+
```

5. 단축키로 명령문 실행

R 프로그래밍 작성이 익숙해지면 Studio에서 단축키를 사용하여 프로그래밍을 쉽게 명령문을 실행할 수 있다. 예를 들어 프로그래밍을 작성하고 Ctrl + Enter↵ 를 누르면 실행(➜ Run) 버튼을 클릭했을 때와 동일하게 커서가 위치한 명령문 한 줄이 콘솔창에서 실행된다.

명령문 실행	단축키
한 줄의 명령문 실행	Ctrl + Enter↵
여러 줄의 명령문 실행	명령문을 블록 설정한 후 Ctrl + Enter↵
소스창에 있는 모든 명령문 실행	Ctrl + Alt + R
바로 직전 명령문 재실행	Ctrl + Shift + P

6. R 프로그램 코딩 내용 저장

R 명령문을 작성하고 컴퓨터를 종료하면 분석자가 작성한 R 명령문이 지워질 수 있다. 이에 이후에도 분석자가 작성한 R 프로그램 코딩 명령문을 업데이트하거나 확인하기 위해서는 항시 R 스크립트에 작성된 명령문을 파일로 저장해야 한다. 작성한 명령문을 파일로 저장하려면 메뉴에서 [File]-[Save] 또는 [File]-[Save As]를 클릭하면 된다.

또는 스크립트 창에서 저장 아이콘 💾 을 클릭하면 된다. R 프로그램의 파일의 확장자 이름은 일반적으로 파일명.R로 확장자로 '.R'이 붙게 된다.

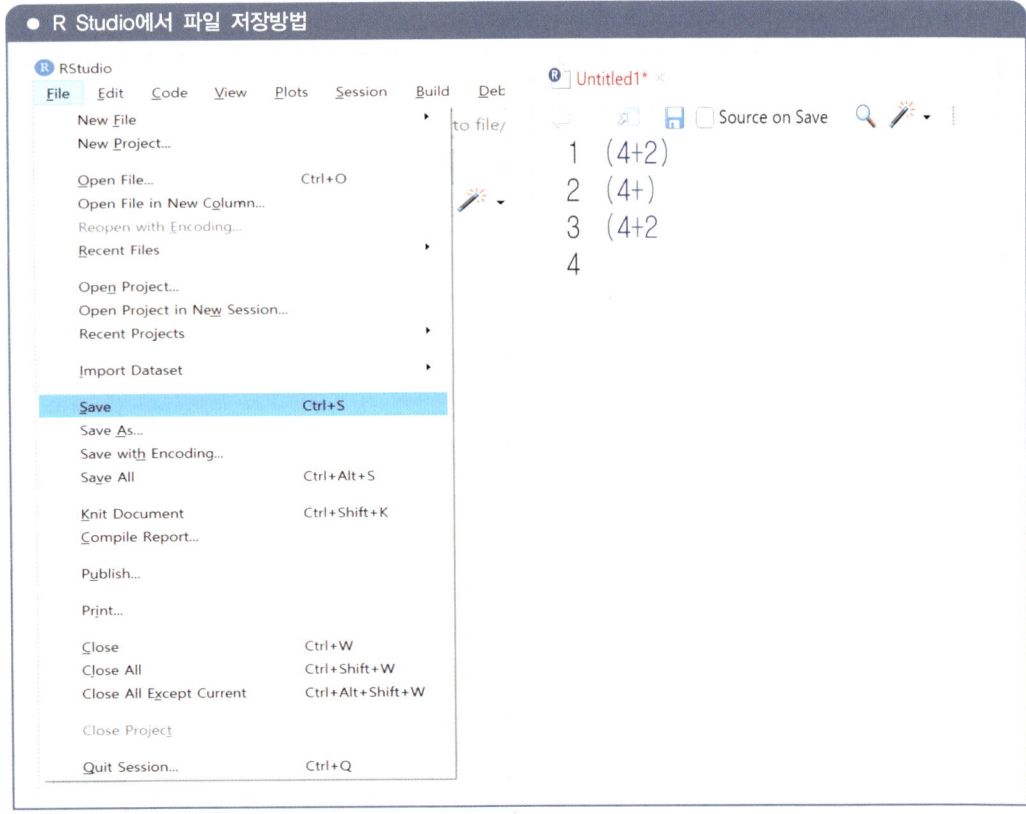

CHAPTER 3 종합 연습문제

01 1~20 범위에 짝수 값만 x 변수에 저장하고, 화면에 결과값을 출력하시오.

02 a에는 300값, b에는 500값을 저장하여 result1~result5까지 변수에 덧셈, 뺄셈, 곱셈, 나눗셈, 나머지값을 저장하여라. 그리고 결과변수를 화면에 출력하시오.

03 마트에서 2000원짜리 과자 5봉지와 3000원짜리 초콜릿 3개를 사고, 20,000원을 주었을 때 거스름돈이 얼마인지 계산하시오. 계산공식은 x 변수에 저장하고, 화면에 결과값을 출력하시오.

04 음의 명령문의 결과값을 출력하시오.

```
> a <- 55
> b <- 3000
> result1 <- a)=50 & b)=4000
> result2 <- a)=50 | b)=4000
> result3 <- !(a)=50)
```

05 다음의 빈 칸에 들어가야 할 명령문을 내용을 작성하시오.

명령문	> a <- 55 > b <- 3000 > result1 <- a * b >
결과값	55 와 3000의 곱셈의 결과는 165000입니다.

02

R programming

R 프로그램 변수 유형

학습배경

– 빅데이터는 문자, 정수형 숫자, 실수형 숫자, 논리값, 날짜 등 다양한 형태로 데이터 타입이 구성되어 있다. 이들 여러 데이터 타입을 처리하고 관리하기 위해서는 변수와 데이터를 저장하는 객체 타입을 이해해야 한다. 이에 본 장에서는 R 프로그램 변수 유형과 변수 작성 규칙, 변수 타입을 학습하고, Vector, Matrix, Array, Data.Frame, List, Factor 객체를 처리하는 방법을 실습할 것이다. 또한, 데이터 객체 타입을 확인하고 변경하는 방법도 실습할 것이다.

학습목표

– 분석자가 컴퓨터에 R 과 R Studio를 설치할 수 있다.
– R 프로그램 기초실습으로 간단한 명령문을 작성할 수 있다.
– R 프로그램 작성에서 필요한 단축키를 사용한다.

학습구성

1. R 프로그래밍의 변수 유형
   ① 변수와 변수 타입
   ② Vector 데이터 구조
   ③ Matrix 데이터 구조
   ④ Array 데이터 구조
   ⑤ Data.Frame 데이터 구조
   ⑥ List 데이터 구조
   ⑦ Factor 객체

2. 데이터 객체 타입 확인 및 변환
   ① 데이터 객체 타입 확인
   ② 데이터 타입 변환

3. 종합 연습문제

CHAPTER 1 R 프로그래밍의 변수 유형

1. 변수와 변수 타입

1.1 변수 이름 작성 규칙

변수는 분석에 필요한 값을 저장하거나 처리된 결과를 저장할 수 있는 저장소 역할을 한다. 예를 들어 a <- 10 이라는 명령문을 작성하는 경우 a는 변수명이 되며 a 변수는 10이라는 숫자값을 저장하는 역할을 수행한다.

> R 프로그래밍에서 변수명은 항상 왼쪽에 작성하며, 변수에 '=' 또는 '<-' 으로 표시하여 임의의 값을 할당할 수 있다. 그리고 변수의 이름은 컴퓨터 메모리 영역에 저장되어 관리된다.

실습에서 a <- 5는 a 변수에 5를 저장하라는 의미이며, a.val1은 10을 저장하라는 의미이다. 또한, b_val=50은 '<-' 마찬가지로 b_val에 50을 저장하라는 의미이다. 이처럼 변수에 저장할 때 <- 또는 =을 작성하여 특정 변수에 값을 저장할 수 있다.

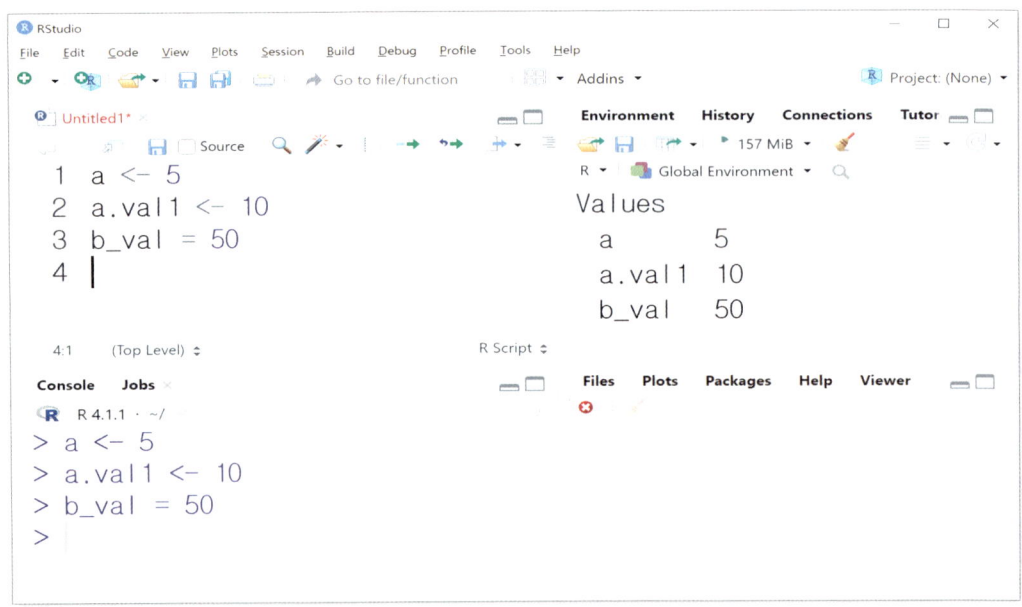

위 실습에서는 숫자값을 특정 변수명으로 값을 저장하고 있지만, R 프로그램에서는 함수, 차트의 결과도 하나의 변수로 저장할 수 있다.

R 프로그램에서 명령문 작성 시 변수를 작성하는 규칙은 정해져 있다. 변수 작성 규칙은 분석자와 컴퓨터 간의 정해진 약속이라고 생각하면 된다. 만약 분석자가 규칙에 맞추어 변수를 작성하지 않으면 R 프로그램은 작성된 변수에 오류를 발생시켜 어떠한 결과물도 보여주지 않는다.

기본 연산자

변수명 예시	
korea_travel1 korea.TRAVEL2	1. 첫 글자는 영문자로 시작한다 2. 두 번째 단어는 숫자와 밑줄 문자(_), 점(.)을 사용할 수 있다. 3. 대문자와 소문자는 서로 구분하여 다른 변수로 인식한다. 4. 한번 정의된 변수명은 재사용이 가능하고, 가장 최근에 할당된 값으로 수정된다. 5. 변수 이름은 의미를 파악할 수 있는 이름으로 지정하는 것이 좋다. 그 이유는 분석자가 향후에 코딩 내용 다시 확인할 때 명령문 내용이 이해하기가 쉽기 때문이다.

1.2 변수 타입

R 프로그램은 다른 프로그래밍과는 다르게 변수를 선언할 때 별도의 변수 타입(type)을 선언하지 않는다. 즉, 변수를 선언할 때 특정 변수가 문자형 타입인지, 숫자형 타입인지, 날짜형 타입인지를 미리 선언하고 나서 특정값을 저장하지 않는다는 것이다. 예를 들어 a <- 10을 명령문으로 작성하면 a는 숫자형으로 10을 R 프로그램이 R 프로그램이 알아서 10을 저장하게 된다. 즉, 변수에 저장되는 변수값에 의해서 변수의 타입이 결정되는 것이다.

하지만 다른 프로그래밍 언어의 경우에는 변수에 값을 저장하기 전에 숫자형, 문자형, 논리형 등의 데이터 변수 타입을 미리 선언해야 한다. R 프로그램에서는 변수 타입 선언이 생략되어 분석자에게 더욱 더 편의성을 제공해주는 것이다.

R 프로그램에서 제공되는 변수 타입

변수 타입		예
숫자형	정수, 실수	125, -253, 0.23543
문자형	문자열	"홍길동", "한국"
논리형	참, 거짓	TRUE 또는 T , FALSE 또는 F
결측 데이터	결측치, 비 숫자	NA(Not Available), Na(Not a Number)

> **실습** 변수 생성 예제

```
> korea_travel1 <- "서울"    #변수 korea_travel1에 값을 서울로 저장
> korea_travel1              #korea_travel1의 값 확인

[1] "서울"

> korea.travel2 <- "제주"    #변수 korea.travel2에 값을 제주로 저장
> korea.travel2              #korea.travel2의 값 확인

[1] "제주"

> KOREA_TRAVEL1 <- "부산"   #변수 KOREA_TRAVEL1에 값을 부산으로 저장
> KOREA_TRAVEL1              #변수 KOREA_TRAVEL1의 값 확인

[1] "부산"

> KOREA.days=5              #변수 KOREA.days에 값을 5로 저장
> KOREA.days                 #변수 KOREA.days의 값 확인

[1] 5
```

실습에서 korea_travel1의 변수에는 서울이라는 문자값을 저장한다. 그리고 korea_travel1의 값이 어떻게 되어 있는지 확인하기 위해 korea_travel1을 실행하면 서울이라는 값이 화면에 출력되고 분석자는 이를 확인할 수 있다. 다음으로 korea.travel2 변수에는 제주 문자값을 저장한다. korea.travel2가 어떤 값이 저장되어 있는지 확인하기 위해 korea.travel2를 실행하면 제주라는 값이 화면에 출력된다. 세 번째로 KOREA_TRAVEL1 변수에 부산이라는 문자값을 저장한다. 이 때 korea_travel1은 소문자이고 이 변수에는 서울이라는 값이 저장되어 있다.

하지만 R 프로그램에서는 대문자와 소문자를 구분하기 때문에 korea_travel1 변수와 KOREA_TRAVEL1은 다른 변수명이므로 서로 구분하여 처리한다. 그러므로 KOREA_ TRAVEL1은 부산이라는 문자값이 저장되어 있고 korea_travel1은 서울이라는 값은 변경되지 않고 별도로 저장되어 있다. 마지막으로 KOREA.days는 5의 숫자값이 저장되어 있다. KOREA.days의 값을 확인하기 위해 KOREA.days를 실행하면 5라는 값이 화면에 출력된다.

2. Vector 데이터 구조

R 프로그래밍에서 가장 작은 원소 데이터는 스칼라(scala)라고 부르며 한 개의 값을 저장하는 특징을 가진다. 모든 프로그래밍에서 스칼라는 가장 작은 데이터 단위를 말한다. 스칼라가 여러 개로 모여 있으면 이를 '벡터(Vector)'라고 한다. 예를 들어 a <- 5라고 하면 a는 5라는 하나의 값을 가지므로 스칼라의 특징을 가지지만 a에 2, 4, 6, 8, 10 등 5개의 값이 저장되어 있으면 이를 벡터라고 한다. 여기서 a 변수는 벡터 형태의 모습을 가졌다고 설명할 수 있겠다. 즉, {2, 4, 6, 8, 10}은 정수형 벡터이며, {'학교', '학과', '동아리'}는 문자열 벡터로 설명된다.

R 프로그래밍에서는 벡터(Vector)가 가장 기본이 되는 데이터 구조이며, 벡터 데이터 구조는 연속된 선형구조의 형태로 만들어지고, 첨자에 의해서 접근할 수 있다.

Vector 데이터 구조의 특징

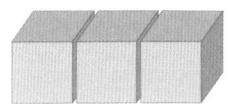

Vector

1차원의 선형 데이터구조 형태로 만들어진다.

데이터는 변수 형태로 접근한다. 변수의 첨자는 1부터 시작한다.

같은 데이터형의 데이터만 저장할 수 있다. 즉, 문자와 숫자값 등을 섞어서 저장할 수 없으며 숫자는 숫자끼리, 문자는 문자끼리만 저장해야 한다.

벡터 생성 함수 : c( )

2.1 Vector 객체 생성

R 프로그램에서 Vector는 여러개의 값을 하나의 변수로 저장할 수 있도록 도와주는 데이터 구조이며, c( ) 함수를 이용하여 Vector 객체를 생성할 수 있다. 1차원 배열의 형태를 가지며, c( )함수는 여러 개의 값을 하나로 결합(combine)해 준다는 의미에서 c( )로 표현하고 있다. 예를 들어, 1학년 1반의 학생들의 몸무게 데이터, A자동차 회사의 7월 자동차 판매량 등을 저장할 때 사용된다. c( ) 함수의 인수는 콜론(:)이나 콤마(,)를 이용하여 표현된다.

▼ 실습 c( )를 활용한 벡터 객체 생성

```
> value1 <- c(1:10)
> value1
 [1]  1  2  3  4  5  6  7  8  9 10
> 1:10   #c( )함수와 동일
 [1]  1  2  3  4  5  6  7  8  9 10
> value2 <- c(1, 2, 3, 4, 5, 6, 7, 8, 9, 10)
> value2
 [1]  1  2  3  4  5  6  7  8  9 10
> value3 <- c(T, T, F, TRUE, FALSE, T, F)
> value3
 [1]  TRUE  TRUE FALSE  TRUE FALSE  TRUE FALSE
> value4 <- c("만두", "김치찌개", "짬뽕", "돈까스")
> value4
 [1] "만두"     "김치찌개" "짬뽕"     "돈까스"
```

```
> value5 <- c("만두", 1, 5.4, "돈까스")   #데이터형이 혼재된 경우 모두 문자 처리
> value5

[1] "만두"  "1"     "5.4"   "돈까스"

> value6 <- c(1, 5.4, "돈까스")   #데이터형이 혼재된 경우 모두 문자 처리
> value6

[1] "1"     "5.4"   "돈까스"

> value7 <- c(1, 5.4, -7, 4.52)   #데이터형이 정수값이 실수형으로 처리
> value7

[1]  1.00  5.40 -7.00  4.52
```

첫 번째 실습은 콜론(:)을 사용하여 1부터 10까지의 값의 범위를 설정하였다. value1 값을 확인하면 1부터 10까지의 값이 저장된 형태를 확인할 수 있다. 두번째는 c()함수를 사용하지 않고 1:10을 명령문으로 실행한 결과이며, 1~10까지 저장하라는 의미를 가지므로 c(1:10)과 동일한 결과물을 얻을 수 있다. 세 번째 value2 변수는 콤마(,)을 사용하여 1부터 10까지의 값의 범위로 저장하여 결과값을 확인하였다. 네 번째 value3 <- c(T, T, F, TRUE, FALSE, T, F) 명령문은 논리값으로 저장하라는 의미이며 이는 value3으로 확인할 수 있다.

value2부터 value7까지 콤마(,)를 사용하여 개별 값을 저장하는 형식으로 명령문이 작성되어 있다. value2 값은 숫자만 모여있기 때문에 숫자형으로 저장되어 있는 것이며 value4는 문자값만 모여있기 때문에 문자열 데이터 형태로 저장되어 있는 모습을 확인할 수 있다.

하지만, value5와 value6은 문자형과 정수형, 실수형(소숫점 포함)이 모두 포함되어 저장하라는 명령문으로서 결과값을 확인하면 숫자값과 문자값이 모두 문자값으로 통일되어 저장된 형태를 확인할 수 있다. 즉, Vector 변수는 하나의 변수에 하나의 데이터 타입만 가질 수 있다. 그래서 숫자와 문자가 섞여 있으면 문자값으로 통일하여 저장되어 있는 모습을 가지게 되는 것이다. 그리고 value7은 정수형과 실수형이 포함된 값들이 한 개의 변수에 입력되어 있다. R 프로그램에서 정수형과 실수형이 포함되면 모두 실수형으로 처리되는 형태로 이해할 수 있겠다.

문법 c( ) 함수와 함께 사용되는 벡터 생성 함수

seq( )	seq( ) 함수는 순차적(sequence)으로 값을 증감시켜서 벡터 데이터를 만들어 준다. 문법 공식은 seq(from=시작점, to=끝점, by=간격)으로 구성되어 있다.
rep( )	rep( ) 함수는 지정된 횟수만큼 반복해주는 명령문으로서 같은 값을 복제(replicate)하여 벡터 데이터를 생성한다. 문법공식은 rep(반복할 내용, 반복수)으로 구성되어 있다.
paste( )	paste( ) 함수는 붙이기 기능을 지원하는 함수이다. paste 는 주로 vector안에 있는 값들을 하나로 합칠 때 주로 사용되며, 함수 작성 시 구분자를 넣어서 합치기도 한다. 구분자는 collapse 옵션을 넣어 사용하며 텍스트를 다룰 때 많이 사용된다.
substr( )	substr(문자열, 시작, 끝) 시작과 끝에 해당하는 하위 문자열을 추출할 수 있다.

> **실습**   seq( )와 rep( )를 활용한 벡터 객체 생성

```
> value8 <- seq(1, 20, 2)
> value8

 [1]  1  3  5  7  9 11 13 15 17 19

> value9 <- seq(from=20, to=1, by=-2)   #seq(from=시작점, to=끝점, by=간격)
> value9

 [1] 20 18 16 14 12 10  8  6  4  2

> value10 <- rep(1:6, 3)   #rep(반복할 내용, 반복수)
> value10

 [1] 1 2 3 4 5 6 1 2 3 4 5 6 1 2 3 4 5 6

> value11 <- rep(x=1:5, each=3)
> value11

 [1] 1 1 1 2 2 2 3 3 3 4 4 4 5 5 5
```

value8은 1부터 20까지 2씩 증가하면서 값을 저장하라는 명령문이고, value9는 20부터 1까지 2씩 감소하면서 값을 저장하라는 명령문이다. value9 변수를 확인하면 20 18 16 14 12 10 8 6 4 2의 결과값을 확인할 수 있다. value10은 1부터 6까지의 값을 3번을 반복해서 value10에 저장하라는 명령문이다. 결과를 확인하면 1부터 6까지 3번을 반복해서 화면에 출력하는 모습을 확인할 수 있다. value11은 1부터 5까지 값을 반복해서 value9에 저장하라는 명령문이다. 이때 each=3은 개별값들을 우선적으로 반복해서 출력하라는 명령문으로서 1 1 1 2 2 2 3 3 3 4 4 4 5 5 5 형태로 화면에 출력이 된다.

매개변수 설명

프로그래밍에서 함수의 입력값을 받는 변수를 매개변수(parameter)라고 한다. 매개변수는 함수에 따라 하나일 수도 있고, 여러 개일 수도 있다. R 프로그램에서 어떤 종류와 몇 개의 매개변수값을 받아들일지는 그 함수가 만들어질 때 정의된다. 함수를 사용하기 위해서는 함수에 정의된 매개변수들에 대해 각각의 대응하는 입력값을 지정해야 한다. 그러나 분석자의 편의성을 위해 매개변수명이나 매개변수값을 생략하는 것도 허용하는 경우도 있다.

   예) seq(from=20, to=1, by=-2) #seq(from=시작점, to=끝점, by=간격)
       rep(x=1:5, each=3) #rep(반복할 내용, 반복수)
       seq(from=20, to=1, by=-2)에서 seq는 함수명이고, (from=, to=, by=)는 매개변수명이 된다. 그리고 (20, 1, -2)의 값은 매개변수값이 된다.

▼ 실습　paste( ) 함수

```
> a <- c("부천","인천","서울","김포")
> b <- c("강원도", "제주도", "경기도")
> paste(a,b, sep="")

[1] "부천강원도" "인천제주도" "서울경기도" "김포강원도"

> paste(a,b, sep="-")

[1] "부천-강원도" "인천-제주도" "서울-경기도" "김포-강원도" #다른 변수의 데이터 결합시 구분기호 포함

> paste(a,b)

[1] "부천 강원도" "인천 제주도" "서울 경기도" "김포 강원도"

> paste(c("대한민국","강산","아름답고","푸르게","푸르게"), collapse="|") #한 변수 내 데이터 값 구분

[1] "대한민국|강산|아름답고|푸르게|푸르게"
```

a 변수에는 부천, 인천, 서울, 김포의 문자값이 저장되어 있으며, b 변수에는 강원도, 제주도, 경기도의 문자값이 저장되어 있다. 이를 paste(a,b, sep="")로 명령문을 작성하면 a의 문자값과 b의 문자값을 띄어쓰기 하지말고 붙여서 a 변수값과 b의 변수값을 저장하라는 의미를 가진다. 다른 명령문으로 paste(a,b, sep="-")으로 명령문을 작성한 경우에는 a 변수와 b 변수의 값들 간에 '-'의 값이 추가된 결과값을 확인할 수 있다. 그리고 벡터값 사이의 구분자를 넣고 싶은 경우에는 paste(c("대한민국","강산","아름답고","푸르게","푸르게"), collapse="|")과 같이 collapse를 옵션으로 사용하면 된다.

▼ 실습　substr( ) 실습

```
> ss <- c("하모니","우연히","해외여행")
> ss

[1] "하모니"   "우연히"   "해외여행"

> substr(ss,1,2)

[1] "하모" "우연" "해외"

> substr("대한민국동해남해서해바다", 1, 6)

[1] "대한민국동해"
```

ss변수에는 하모니, 우연히, 해외여행 값이 vector 데이터 타입으로 저장되어 있다. ss 변수를 substr(ss,1,2) 명령문으로 실행하면 하모니의 하모, 우연히의 우연, 해외여행의 해외를 추출하여 화면에 출력해준다. 이는 각 문자값의 2글자만 추출한 모습으로 확인할 수 있다. substr("대한민국동해남해서해바다", 1, 6)의 명령문을 실행하면 대한민국동해라는 문자값 6단어만 추출한 형태를 화면에서 확인할 수 있다.

2.2 Vector 데이터 처리

Vector 객체의 데이터를 합집합(union( )), 차집합(setdiff( )), 교집합intersect( )으로 데이터를 처리할 수 있다. union( ) 함수는 합집합의 명령문이며, setdiff( ) 함수는 차집합, intersect( ) 함수는 교집합 명령문이다.

> **Q 문법** 합집합, 차집합, 교집합 함수
>
> union( ) , setdiff( ), intersect( )

> **▼ 실습** union( ), setdiff( ), intersect( )를 활용한 벡터 데이터 처리
>
> ```
> > x <- c(1, 3, 6, 7, 9, 10)
> > y <- c(2, 4, 6, 8, 10)
> > z1 <- union(x, y)     #x와 y 변수의 합집합
> > x ; y ; z1
>
> [1]  1  3  6  7  9 10
> [1]  2  4  6  8 10
> [1]  1  3  6  7  9 10  2  4  8
>
> > z2 <- setdiff(x, y)   #x 변수에는 있지만, y 변수에는 없는 값
> > x ; y ; z2
>
> [1]  1  3  6  7  9 10
> [1]  2  4  6  8 10
> [1] 1 3 7 9
>
> > z3 <- intersect(x, y) #x, y 변수에 공통으로 있는 값
> > x ; y ; z3
>
> [1]  1  3  6  7  9 10
> [1]  2  4  6  8 10
> [1]  6 10
> ```

x 변수에 {1, 3, 6, 7, 9, 10}의 값이 입력되어 있으며 y 변수에는 {2, 4, 6, 8, 10}의 값이 입력되어 있다. x와 y의 변수를 가지고 union(x, y)를 명령문을 입력하면 x의 값과 y의 값이 모두 결합하여 1, 3, 6, 7, 9, 10, 2, 4, 8의 값이 출력된다. 이들 값은 z1변수에 저장되어 출력된다. 즉, z1 변수에 union( ) 함수를 사용하여 x와 y값을 결합시키라는 합집합 형식으로 명령문을 실행하였고, 그 결과 x 값의 1, 3, 6, 7, 9, 10의 값과 y의 2, 4, 8 값이 z1 변수에 값이 저장이 되었으며 y의 6과 10은 x변수가 z1 변수에 미리 처리하였기 때문에 제외되었다.

setdiff( ) 함수는 차집합 형식으로 처리하는 명령문으로서, x 변수에는 있지만, y 변수에는 없는 값만 z2 변수에 저장하라는 명령문이다. 그래서 x 값에 존재하는 1, 3, 7, 9는 y값에 존재하지 않으므로 이들 값만 z2 변수에 저장하는 형식으로 처리된다.

intersect( ) 함수는 교집합 형식으로 처리하는 명령문으로서, x와 y 변수에 공통으로 있는 값으로 6과 10의 값만 해당하기 때문에 6, 10 값만 화면에 출력된다.

R 프로그래밍에서는 변수에 저장된 값들이 어떻게 메모리에 저장되는지를 확인할 수 있는 함수를 제공한다. 대표적으로 mode( ), class( ), typeof( ) 함수가 있다. 이들 함수를 이용하면 변수가 숫자, 문자열, 논리형 등 어떤 방식으로 저장되어 있는지 확인할 수 있다. class( ) 함수는 R 객체지향 관점에서의 데이터형을 표현해주고, typeof( ) 함수는 R 프로그래밍에서의 원시 데이터형으로 표현해주며, mode( ) 함수는 S1 프로그램(R프로그램 시초) 형태에서 원시 데이터형으로 표현해준다. 즉, mode, class, typeof 함수에 따라서 데이터 타입의 세부 형식을 다르게 표현하는 것을 알 수 있다. 특히 숫자형을 확인하는 경우 mode( ), class( ), typeof( ) 함수에 따라 numeric인지 integer인지 구분하여 표시해 주고 있으며 실수형의 경우 typeof의 경우 double 형태의 데이터 타입의 형식을 나타내준다.

문법 데이터형 확인 함수

mode( ), class( ), typeof( )

실습 mode( ), class( ), typeof( ) 함수를 활용하여 변수의 형태 확인하기

```
> value1 <- c(1:10)
> value1 ; mode(value1) ; class(value1) ; typeof(value1)

[1]  1  2  3  4  5  6  7  8  9 10
[1] "numeric"
[1] "integer"
[1] "integer"

> value3 <- c(T, T, F, TRUE, FALSE, T, F)
> value3 ; mode(value3) ; class(value3) ; typeof(value3)

[1]  TRUE  TRUE FALSE  TRUE FALSE  TRUE FALSE
[1] "logical"
[1] "logical"
[1] "logical"

> value4 <- c("만두", "김치찌개", "짬뽕", "돈까스")
> value4 ; mode(value4) ; class(value4) ; typeof(value4)

[1] "만두"     "김치찌개"  "짬뽕"     "돈까스"
[1] "character"
[1] "character"
[1] "character"

> value5 <- c(1, 5.4, -7, 4.52)
> value5 ; mode(value5) ; class(value5) ; typeof(value5)
```

```
[1]  1.00  5.40  -7.00  4.52
[1] "numeric"
[1] "numeric"
[1] "double"
```

3. Matrix 데이터 구조

행렬(matrix) 데이터 구조는 같은 종류의 데이터 타입을 저장할 수 있는 2차원의 배열구조를 가진다. R 프로그램에서는 2차원 배열구조로 데이터를 관리할 수 있도록 matrix 함수를 제공하고 있으며, matrix 함수는 분석자가 직접 인수를 작성하여 행렬 객체를 생성할 수 있다.

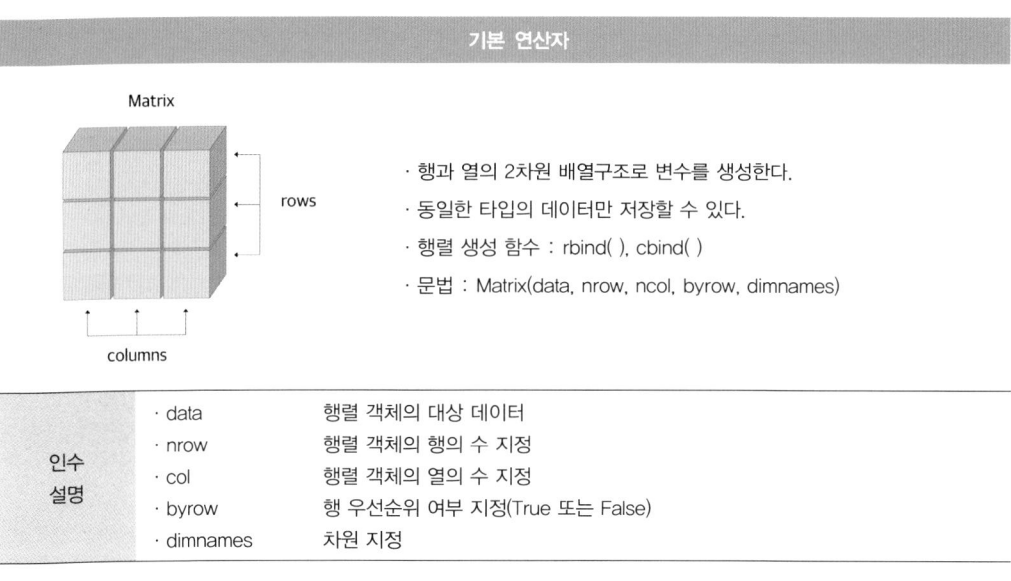

기본 연산자	
Matrix	· 행과 열의 2차원 배열구조로 변수를 생성한다. · 동일한 타입의 데이터만 저장할 수 있다. · 행렬 생성 함수 : rbind( ), cbind( ) · 문법 : Matrix(data, nrow, ncol, byrow, dimnames)
인수 설명	· data 행렬 객체의 대상 데이터 · nrow 행렬 객체의 행의 수 지정 · col 행렬 객체의 열의 수 지정 · byrow 행 우선순위 여부 지정(True 또는 False) · dimnames 차원 지정

3.1 Matrix 데이터 객체 생성

Matrix( ) 함수에서 여러 개의 데이터 값을 입력받기 위해서 Vector 함수를 같이 활용할 수 있다. Matrix 함수는 c( ) 함수를 인수(매개변수)로 지정하여 matrix 객체를 생성할 수 있으며, c( ) 함수는 기본적으로 열을 기준으로 객체를 생성해준다.

▼ 실습　matrix( ) 함수를 이용한 1차원 객체 생성

```
> a <- c(1:5)
> m1 <- matrix(a)  #matrix(c(1:5))와 동일
> m1

     [,1]
[1,]   1
[2,]   2
[3,]   3
[4,]   4
[5,]   5
```

m1 변수의 결과를 살펴보면 열을 기준으로 행렬 객체가 만들어졌다. 이는 matrix(c(1:5)) 명령문을 실행한 결과와 같으며 1열에 1부터 5까지 저장된 것을 확인할 수 있다.

> **실습** matrix( ) 함수와 nrow 속성을 이용한 2차원 객체 생성

```
> m2 <- matrix(c(1:10), nrow=2)
> m2
     [,1] [,2] [,3] [,4] [,5]
[1,]   1    3    5    7    9
[2,]   2    4    6    8   10

> m3 <- matrix(c(1:13), nrow=3)
경고메시지(들):
matrix(c(1:13), nrow = 3)에서:
  데이터의 길이[13]가 행의 개수[3]의 배수가 되지 않습니다

> m3
     [,1] [,2] [,3] [,4] [,5]
[1,]   1    4    7   10   13
[2,]   2    5    8   11    1
[3,]   3    6    9   12    2

> m3[1,]    #m3[행, 열]
[1]  1  4  7 10 13

> m3[,5]
[1] 13  1  2

> m3[2,3]
[1] 8

> m3[1,c(2:5)]
[1]  4  7 10 13
```

m2 변수를 생성한 명령문을 살펴보면, c( ) 함수로 1부터 10까지 데이터를 저장하였고, 이를 2차원 배열로 표현하기 위해 matrix 함수를 사용하였다. 이때 nrow=2라는 속성값을 지정하였다. 이는 행의 값을 2로 지정하라는 의미이며 1부터 10을 2행으로 구분하여 데이터를 저장하라는 의미이다. 행 우선으로 2행을 기준으로 행렬 객체를 생성하며, 1열 1행에 1이 입력되고, 1열 2행에는 2가 입력된다. 2열의 1행은 3이 입력되고, 2열의 2행은 4가 입력된 내용을 화면 출력으로 확인할 수 있다.

m3 변수의 명령문을 살펴보면, 1:13까지 데이터를 저장하는데 nrow=3으로 속성이 지정되어 있다. 이는 행 우선으로 3행을 기준으로 행렬 객체를 생성하라는 의미이다. 그래서 R 프로그램은 1, 2, 3을 순차적으로 행 우선으로 저장하게 된다. 그러나 3열을 기준으로 데이터를 저장하라는 명령문은 5×3=15로 15개의 칸을 가지면서 1부터 13 값의 입력이 끝나면 2개의 칸이 남으므로 5열의 2행부터 다시 1과 2의 값이 저장되는 형태를 화면에서 확인할 수 있다.

그리고, m3 변수에서 행렬 안 어떠한 값이 저장되어 있는지 확인하기 위해서는 첨자를 사용하여

데이터를 탐색할 필요가 있다. 예를 들어 m3[1,]를 실행하면 첫 번째 행의 값이 모두 출력되는 형태를 화면으로 확인할 수 있다. matrix 데이터 타입은 [행, 열]의 구조로 되어 있어서 m3[1,] 명령문이 m3변수의 첫 번째 행 데이터를 모두 화면에 출력하라는 명령문이 된다. 그리고 m3[,5]를 실행하면 다섯 번째 열의 값을 모두 출력하라는 명령문이 되고, m3[2,3]를 실행하면 두 번째의 행 위치와 세 번째 열 위치의 값을 화면에 출력하는 모습을 확인할 수 있다. m3[1, c(2:5)]를 실행하면 첫 번째 행의 값 중에 2열부터 5열까지의 값이 출력되는 형태를 화면으로 확인할 수 있다.

▼ 실습 **matrix( ) 함수와 ncol 속성을 이용한 객체 생성**

```
> m4 <- matrix(c(1:10), ncol=2)
> m4

     [,1] [,2]
[1,]   1    6
[2,]   2    7
[3,]   3    8
[4,]   4    9
[5,]   5   10

> m5 <- matrix(c(1:10), ncol=3)

경고메시지(들):
matrix(c(1:10), ncol = 3)에서:
  데이터의 길이[10]가 행의 개수[4]의 배수가 되지 않습니다

> m5

     [,1] [,2] [,3]
[1,]   1    5    9
[2,]   2    6   10
[3,]   3    7    1
[4,]   4    8    2
```

m4 변수에는 1부터 10까지 데이터를 matirx 구조인 2차원 배열로 데이터가 저장되어 있다. 여기서 속성값을 ncol=2로 지정하였기 때문에 2열을 기준으로 데이터가 생성된다.

m5 변수는 ncol=3으로 속성을 지정하였기 때문에 3열을 기준으로 행렬 객체가 생성된다. 그러나 3X4=12로 12개의 칸을 가지면서 1부터 10 값의 입력이 끝나면 2개의 칸이 여분으로 남게 된다. 그래서 3열의 3행부터 다시 1과 2의 값이 저장되는 형태를 화면에서 확인할 수 있다.

▼실습   matrix( ) 함수와 nrow · byrow 속성을 이용한 객체 생성

```
> m6 <- matrix(c(1:16), nrow=2, byrow=TRUE)
> m6
     [,1] [,2] [,3] [,4] [,5] [,6] [,7] [,8]
[1,]   1    2    3    4    5    6    7    8
[2,]   9   10   11   12   13   14   15   16

> m7 <- matrix(c(1:16), nrow=2, byrow=FALSE)
> m7
     [,1] [,2] [,3] [,4] [,5] [,6] [,7] [,8]
[1,]   1    3    5    7    9   11   13   15
[2,]   2    4    6    8   10   12   14   16
```

m6 변수에는 1부터 16까지 matrix 구조로 데이터가 저장되어 있다. 여기서 속성값을 nrow=2, byrow=TRUE로 지정되었기 때문에 2개의 행을 기준으로 데이터가 저장된다.

앞서 byrow의 속성이 작성되어 있지 않았던 경우에는 데이터가 세로인 열 기준으로 데이터값이 저장되어 있었다면 byrow=TRUE로 한 경우에는 가로인 행 우선으로 데이터값이 저장된 형태를 화면으로 확인할 수 있다.

m7 변수에 저장된 값을 확인하면, matrix 함수로 nrow=2, byrow=FALSE로 지정하였기 때문에 1부터 16까지 열 우선으로 값이 저장된 형태를 확인할 수 있다.

▼실습   matrix( ) 함수와 ncol · byrow 속성을 이용한 객체 생성

```
> m8 <- matrix(c(1:10), ncol=2, byrow=TRUE)
> m8
     [,1] [,2]
[1,]   1    2
[2,]   3    4
[3,]   5    6
[4,]   7    8
[5,]   9   10

> m9 <- matrix(c(1:10), ncol=2, byrow=FALSE)
> m9
     [,1] [,2]
[1,]   1    6
[2,]   2    7
[3,]   3    8
[4,]   4    9
[5,]   5   10
```

```
> length(m7) ; length(m9)
[1] 16
[1] 10
> ncol(m9) ; nrow(m9)
[1] 2
[1] 5
```

m8의 변수는 1부터 10까지 데이터가 matrix 데이터 타입으로 저장되어 있다. 여기서 matrix 함수의 속성값으로 ncol=2, byrow=TRUE로 지정하였다. 결과를 확인하면, 2개의 행을 기준으로 byrow=TRUE로 지정되어 있어서 데이터 값이 행을 중심으로 1, 2가 저장되고, 2행에 3, 4를 저장하는 형태를 보여준다.

m9의 변수는 1부터 10까지 데이터가 matrix 데이터 타입으로 저장되어 있다. 여기서 matrix 함수의 속성값으로 ncol=2, byrow=FALSE로 지정하였다. 결과를 확인하면, 2개의 열을 기준으로 byrow=FALSE로 지정되어 있어서 열을 중심으로 아래(세로)로 값이 저장된 형태를 확인할 수 있다.

앞서 matrix 함수로 만들어진 m7 변수에 저장된 데이터가 몇 개나 있는지 확인하고 싶다면 length( ) 함수를 통해서 확인할 수 있다. length( ) 함수를 사용하여 전체 데이터 개수를 계산하게 되면 m7 변수는 총 16개의 데이터가 저장되어 있으며, m9 변수에는 10개의 데이터 개수가 저장된 것을 확인할 수 있다.

그리고 ncol( ) 함수와 nrow( ) 함수를 이용하면 행과 열의 개수도 확인할 수 있다. m9 변수의 열을 확인하기 위해서 ncol( ) 함수를 사용하면 2개의 열값이 나오고, nrow( ) 함수를 사용하면 행이 5개라는 것을 확인할 수 있다.

3.2 Matrix 데이터 처리

3.2.1 apply( ) 함수

apply( ) 함수는 기본적으로 행렬이나 뒤에서 학습할 데이터프레임의 데이터를 빠르게 계산하여, 분석자가 원하는 결과를 보여주도록 도와주는 함수이다. apply( ) 함수는 대규모 데이터를 분석할 때 빠른 속도로 계산하여 결과값을 보여주므로 R에서 자주 사용되는 함수이다. 평균이나 합계 등을 계산할 때 주로 많이 사용된다.

Q문법   **행렬 구조의 데이터처리 함수**

apply(X, MARGIN, FUN, ..., simplify = TRUE)	x : 행렬 객체
행(Row) 또는 열(Column) 단위의 연산을 쉽게 할 수 있도록 지원하는 함수이다. apply 함수의 실행 결과는 매트릭스나 벡터(Vector)로 출력된다.	margin : 1 또는 2의 값을 갖는다. (1:행 단위, 2:열 단위)
	fun : 행렬 데이터에 적용할 함수
	simplify : 화면표시 방법(TRUE / FALSE)

▼실습 apply( ) 함수 활용하기

```
> m7 <- matrix(c(1:16), nrow=2, byrow=FALSE)
> m7
     [,1] [,2] [,3] [,4] [,5] [,6] [,7] [,8]
[1,]   1    3    5    7    9   11   13   15
[2,]   2    4    6    8   10   12   14   16
> apply(m7, 1, max)   #행 단위로 가장 큰 값을 구하기
[1] 15 16
> apply(m7, 1, min)   #행 단위로 가장 큰 작은 값을 구하기
[1] 1 2
> apply(m7, 2, sum)   # 열 단위로 각 열의 값을 합계로 구하기
[1]  3  7 11 15 19 23 27 31
```

m7의 변수에는 데이터가 2행으로 byrow=FALSE를 기준으로 1부터 16까지 데이터가 저장되어 있다. m7의 변수를 계산하기 위해서 apply(m7 ,1, max) 명령문을 실행하면, m7변수를 기준으로 행 기준으로 가장 큰 값을 찾아서 화면에 출력하라는 명령문이 된다. apply(m7 ,1, max)의 명령문 출력값은 1행에서 제일 큰 값인 15와 2행에서 제일 큰 값인 16을 찾아서 화면에 출력해준다.

apply(m7, 1, min) 명령문은 m7변수를 기준으로 행에서 가장 작은 값을 찾아서 보여주라는 명령문이다. 이 명령문의 결과는 1행에서 1값, 2행에서 2값을 찾아서 화면에 출력해준다.

apply(m7, 2, sum)의 명령문은 m7을 기준으로 열 단위별로 데이터를 합산하여 결과값을 출력하라는 명령문이다. 1열에 3, 2열에는 7, 3열에는 11을 출력하며, 전체 결과값을 상세히 살펴보면 3, 7, 11, 15, 19, 23, 27, 31을 화면에서 확인할 수 있다.

3.2.2 행과 열의 이름지정 함수

matrix 함수는 2차원 형태로 데이터를 저장하기 때문에 분석자가 matrix 구조에 있는 개별 데이터를 쉽게 찾을 수 있도록 위치값을 알려준다. 예를 들어 matrix의 열에 [,1], [,2]로 열 위치를 확인할 수 있으며 [1,] [2,]로 행의 위치를 확인할 수 있다. 이러한 위치값을 통해서 데이터를 확인할 수도 있지만, 행과 열에 별도의 이름을 지정하면 데이터를 쉽게 이해하고 식별하는데 도움이 된다.

🔍문법 행과 열에 이름 지정하기

colnames( ) : 열 위치에 칼럼명 지정하기
rownames( ) : 행 위치에 칼럼명 지정하기

▼실습 **matrix( ) 함수에 이름을 지정하기 1**

```
> m9 <- matrix(c(1:10), ncol=2, byrow=FALSE)
> m9
     [,1] [,2]
[1,]   1    6
[2,]   2    7
[3,]   3    8
[4,]   4    9
[5,]   5   10

> colnames(m9) <- c("한국인", "외국인")
> m9
     한국인 외국인
[1,]    1      6
[2,]    2      7
[3,]    3      8
[4,]    4      9
[5,]    5     10
```

m9변수에는 1부터 10까지 데이터가 저장되어 있으며 matrix 속성은 ncol=2이고 byrow=FALSE이므로 열을 기준으로 값이 저장되어 있다. 이에 열 위치에는 [,1] [,2]가 생성되었으며 행 위치에는 [1,] [2,] [3,] [4,] [5,]가 생성되어 있다.

만약, 2개의 열에 이름을 생성하기 위해서 colnames(m9) <- c("한국인", "외국인")이라고 명령문을 실행하면 m9에 있는 2개의 열에는 한국인과 외국인이라는 이름이 부여된다. 열의 이름을 부여하는 명령문을 실행한 후 m9의 변수를 확인해보면 행의 위치값은 그래도 있지만 열의 위치명에는 한국인과 외국인이라는 이름으로 변경되어 있음을 확인할 수 있다.

▼실습 **matrix( ) 함수에 이름을 지정하기 2**

```
> rownames(m9) <- c("서울", "제주", "부산", "강원", "전주")
> m9
      한국인 외국인
서울     1      6
제주     2      7
부산     3      8
강원     4      9
전주     5     10

> m9[,'한국인']   #m9[,1]과 동일결과

서울 제주 부산 강원 전주
  1    2    3    4    5
```

```
> m9['부산',]
한국인 외국인
   3     8
> m9['제주',1]
[1] 2
> m9['제주','외국인']
[1] 7
```

다음은 5개의 행에 이름을 부여하기 위해서 rownames(m9) <-c("서울", "제주", "부산", "강원", "전주")라고 명령문을 입력하였다. m9의 변수를 확인해보면 행의 위치값에는 서울, 제주, 부산, 강원, 전주의 이름으로 변경된 것을 확인할 수 있다.

m9의 특정 위치값을 확인하고자 한다. m9[,1]의 명령문을 실행하면 한국인 열에 있는 모든 값을 확인시켜준다. 이는 m9[,'한국인']이라고 입력한 결과와 같은 결과 내용이다. m9['부산',]이라고 명령문을 입력하면 부산의 한국인의 값 3, 외국인의 값 8을 화면에 출력해준다.

m9['제주',1]이라고 명령문을 실행하면 제주행에서 첫 번째인 한국인 값인 2를 출력해준다. m9['제주','외국인']는 제주 행과 외국인 열에 있는 값을 보여주라는 명령문을 7의 값을 화면에 출력해 준다.

즉, matrix 함수에서 특정 열과 행의 값을 확인하기 위해서 행과 열의 위치값으로 데이터를 확인할 수도 있으며, 만약, 행과 열에 이름이 지정되어 있다면 지정된 이름으로도 특정 행과 열의 데이터를 확인할 수 있다.

3.2.3 행과 열의 데이터 결합 함수

vector 데이터 타입은 1차원 배열의 형태로 데이터를 저장한다. 그런데 vector 데이터 타입으로 저장된 변수가 2개 이상일 때 각각의 변수를 하나로 통합(결합)하여 Matrix 데이터 타입인 2차원 배열 형태로 변환시킬 수 있다. 즉, vector 타입으로 저장된 데이터를 대상으로 rbind( ), cbind( ) 함수를 이용하면 각각의 데이터를 행과 열을 묶어서 하나의 행렬 객체로 생성할 수 있다.

> **문법**   행렬 데이터 결합
>
> rbind( ) : 여러 변수가 가지고 있는 데이터를 행으로 결합해주는 함수
> cbind( ) : 여러 변수가 가지고 있는 데이터를 열로 결합해주는 함수

▼ 실습 rbind( )와 cbind( )를 이용한 객체 생성

```
> x1 <- c(1:5)
> y1 <- c(31:35)
> z1 <- rbind(x1, y1)
> z1
     [,1]  [,2]  [,3]  [,4]  [,5]
x1    1     2     3     4     5
y1    31    32    33    34    35

> z2 <- cbind(x1, y1)
> z2
     x1  y1
[1,]  1  31
[2,]  2  32
[3,]  3  33
[4,]  4  34
[5,]  5  35
```

x1 변수에는 1부터 5까지 숫자가 저장되어 있으며, y1 변수에는 31부터 35까지 숫자가 저장되어 있다. 두 개의 x1과 y1의 변수를 행 중심으로 결합하고자 한다면 rbind( ) 함수를 사용하면 된다. 실습에서 z1변수는 rbind( ) 함수를 이용하여 x1과 y1의 변수를 결합한 형태로 저장된 변수이다. z1 변수를 확인하면 x1의 값과 y1의 값이 두 개의 행으로 저장된 형태를 확인할 수 있다.

또한, 두 개의 x1 변수와 y1 변수를 cbind( ) 함수를 이용하여 열로 결합할 수 있다. x1 변수와 y1 변수를 열 중심으로 결합하라는 명령문은 cbind(x1, y1)가 된다. z2 <- cbind(x1, y1)의 명령문을 실행한 결과를 살펴보면, x1과 y1의 변수가 열로 결합되어 있는 형태를 화면에서 확인할 수 있다.

4. Array 데이터 구조

배열(array) 데이터 구조는 같은 데이터 타입의 데이터들을 다차원 배열 구조로서 저장하고 관리할 수 있다.

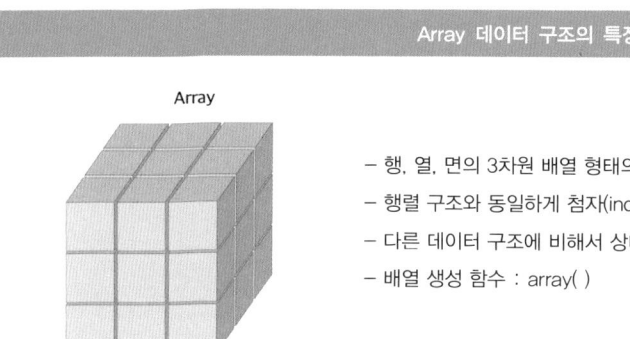

Array 데이터 구조의 특징

- 행, 열, 면의 3차원 배열 형태의 객체를 생성한다.
- 행렬 구조와 동일하게 첨자(index)로 접근한다.
- 다른 데이터 구조에 비해서 상대적으로 활용도가 낮다.
- 배열 생성 함수 : array( )

▼ 실습 **Array를 이용한 객체 생성**

```
> val <- c(1:10)
> arr <- array(val, c(3,3,3))
> arr

, , 1              , , 2              , , 3

     [,1] [,2] [,3]     [,1] [,2] [,3]     [,1] [,2] [,3]
[1,]  1    4    7  [1,] 10    3    6  [1,]  9    2    5
[2,]  2    5    8  [2,]  1    4    7  [2,] 10    3    6
[3,]  3    6    9  [3,]  2    5    8  [3,]  1    4    7

> arr[1,,] ; arr[,2,3] ; arr[1,3,] ; arr[,,2]

     [,1] [,2] [,3]                              [,1] [,2] [,3]
[1,]  1   10    9                           [1,] 10    3    6
[2,]  4    3    2    [1] 2 3 4    [1] 7 6 5 [2,]  1    4    7
[3,]  7    6    5                           [3,]  2    5    8
```

val 변수에는 1부터 10까지 저장되어 있다. 이를 3차원으로 데이터를 저장하고자 한다면 array( ) 함수를 사용하면 된다. array( ) 함수는 3차원 배열 형태인 행, 열, 면으로 데이터를 저장시켜준다. 실습에서 arr <- array(val, c(3,3,3)) 명령문은 1~10까지의 값이 3개의 행과 열, 면으로 지정하여 반복적으로 1부터 10까지 저장하라는 명령문이다. 또한 arr 변수에서 특정 값을 확인할 수 있다. arr[1,,]는 arr의 1~3 면인 모든 면에서 각 1행의 값들을 가져오는 명령문이다. arr[,2,3]은 arr의 3면의 2열의 값만 가져오는 명령문이다. 그리고 arr[1,3,]은 각 면에서 3열에 위치한 1행의 값만 가져오는 명령문이며, arr[,,2]는 2면의 전체 값을 가져오라는 명령문이다.

5. Data.Frame 데이터 구조

데이터프레임(Data.Frame) 함수는 데이터를 테이블 형태로 표현해 주며, matrix( )와 동일하게 행과 열을 가지고 있다. 하지만 데이터프레임은 matrix 데이터 타입과는 다르게 여러가지 데이터 타입을 하나의 테이블로 결합하여 관리할 수 있는 장점이 있다. 그래서 데이터프레임은 열 단위로 서로 다른 데이터 타입을 포함할 수 있도록 벡터와 행렬을 이용하여 데이터프레임 객체를 생성할 수 있다. 예를 들어 정수형, 실수형, 문자형, 논리형 등의 모든 데이터 타입을 혼합해서 사용할 수 있다.

많은 빅데이터 분석에서는 txt, csv 등의 외부 파일을 불러와서 데이터를 저장하게 되는데, 대다수 외부 파일(csv 파일 등)은 데이터프레임 객체 타입으로 저장된다. 하지만 데이터프레임은 각 데이터의 칼럼 길이가 같아야 하며 칼럼의 길이가 서로 다르면 오류가 발생한다.

Data Frame 데이터 구조의 특징

- 데이터베이스 테이블 구조와 유사하다.
- R프로그래밍에서 가장 많이 사용하는 데이터 구조이다.
- 칼럼 단위로 서로 다른 데이터의 저장이 가능하다.
- 리스트와 벡터의 혼합형으로 칼럼은 리스트, 칼럼 내의 데이터는 벡터 데이터 구조를 갖는다.
- 데이터프레임 처리 함수: str( ), ncol( ), nrow( ), subset( ) 등
- 문법 : data.frame(칼럼1=데이터, 칼럼2=데이터, …, 칼럼n=데이터)

5.1 Data.Frame 객체 생성

▼ 실습　data.frame( ) 함수를 이용한 객체 생성

```
> df1 <- data.frame(x=c(1:3), y=seq(2, 6, 2), z=c("가","나","다"))
> df1

  x y z
1 1 2 가
2 2 4 나
3 3 6 다

> df2 <- data.frame(x=c(1:3), y=seq(2, 8, 2), z=c("가","나","다","라"))
> df2
Error in data.frame(x1 = c(1:3), x2 = seq(2, 8, 2), x3 = c("가", "나",  : arguments imply differing number of rows: 3, 4
```

df1의 변수는 data.frame 타입으로 저장되어 있다. data.frame 구조로 저장된 df1 변수에서 x 칼럼의 값은 1, 2, 3이 저장되어 있고, y 칼럼의 값은 seq(2,6,2)로 2, 4, 6의 값이 저장되어 있다. z의 칼럼은 가, 나, 다의 값이 저장되어 있다. 즉, x, y, z 칼럼은 각각 3개의 데이터 값을 가지고 있으므로 칼럼의 길이는 같다. 그러므로 데이터프레임 형태로 저장할 수 있으며, df1 변수에 저장된 데이터를 확인하면 3행과 3열의 데이터 구조로 값들이 저장되어 있다. x와 y 칼럼은 숫자형의 타입으로, z 칼럼은 문자형의 타입으로 저장되어 있다.

df2의 변수는 data.frame 타입으로 저장되어 있다. x의 칼럼은 1,2,3 등 세 개의 숫자값을 가지고 있으며 y 칼럼은 2,4,6,8 등 네 개의 숫자값을 가지고 있다. z 칼럼은 가, 나, 다, 라 등 네 개의 문자값을 가지고 있다. 하지만 x의 칼럼의 값은 3개이고, y칼럼은 4개, z칼럼은 4개로 구성되어 있다. 각 칼럼의 길이가 일치하지 않으므로 df2 변수를 생성하고자 명령문을 실행하면 에러가 발생하고, df2 변수는 생성되지 못하는 결과를 확인할 수 있다.

> ▼ 실습 c( ) 함수를 data.frame( )으로 객체 생성

```
> num <- c(1,2,3)
> na <- c("홍길동", "류현진", "박찬호")
> add <- c("서울시", "제주도" , "경기도")
> mo <- c(500, 300, 400)
> gg1 <- data.frame("NO"=num, "이름"=na, "주소"=add, "용돈"=mo)
> gg1

    NO   이름    주소   용돈
1    1   홍길동  서울시  500
2    2   류현진  제주도  300
3    3   박찬호  경기도  400
```

데이터프레임에서는 여러 개로 구성된 벡터 객체를 하나의 변수로 생성할 수 있다. 실습에서 num과 mo는 숫자형으로 데이터가 저장되어 있으며, na와 add는 문자형으로 변수가 저장되어 있다. 각 데이터의 갯수는 3개씩으로 데이터의 길이는 일치한다. num, ad, add, mo의 벡터 변수를 하나의 데이터프레임 형태로 저장하기 위해서는 data.frame( ) 함수를 이용하면 되고, 벡터 변수를 매개변수의 값으로 입력하여 data.frame( ) 형식으로 저장할 수 있다.

data.frame( )으로 객체를 만드는 경우에는 data.frame("NO"=num, "이름"=na, "주소"=add, "용돈"=mo)과 같이 NO, 이름, 주소, 용돈처럼 칼럼의 이름을 사전에 지정하여서 데이터프레임 객체를 만들 수 있다. gg1 변수의 데이터를 확인하면 행과 열의 구조로 데이터가 저장되어 있는 것을 확인할 수 있으며, 분석자가 지정한 칼럼의 이름으로 데이터를 확인할 수 있다.

> **실습** matrix( ) 함수를 data.frame( )으로 객체 생성

```
> imsi1 <- matrix(
+   c(1, "홍길동", "서울시", 500,
+     2, "류현진", "제주도", 300,
+     3, "박찬호", "경기도", 400), 3, byrow=TRUE)
> imsi1
     [,1] [,2]     [,3]     [,4]
[1,] "1"  "홍길동" "서울시" "500"
[2,] "2"  "류현진" "제주도" "300"
[3,] "3"  "박찬호" "경기도" "400"

> gg2 <- data.frame(imsi1)
> colnames(gg2) <- c("NO", "이름", "주소", "용돈")
> gg2
  NO   이름   주소 용돈
1  1 홍길동 서울시  500
2  2 류현진 제주도  300
3  3 박찬호 경기도  400
```

matrix로 저장된 객체도 데이터프레임 객체로 변환할 수 있다. 실습에서 imsi1 변수는 벡터 객체를 매트릭스 객체로 저장한 변수의 형태를 가지고 있다. imsi1에 저장된 데이터를 확인하면, 숫자 데이터가 문자 데이터로 변환되어 저장된 형태를 확인할 수 있다. 이는 matrix 객체는 여러 유형의 데이터 타입을 저장할 수 없으므로 문자 데이터와 숫자 데이터가 혼합되어 있을 때 문자로 모두 변환 처리된 결과이다.

이렇게 저장된 imsi1 변수를 data.frame의 형태로 다시 저장할 수 있다. gg2 <- data.frame(imsi1)로 명령문을 입력하면 imsi1 변수가 데이터프레임 객체로 gg2 변수로 저장된다. gg2 변수를 확인해보면 NO 칼럼의 1, 2, 3이 있으며 이름에는 홍길동, 류현진, 박찬호가 저장되어 있다. 주소는 서울시, 제주도, 경기도가 저장되어 있으며, 용돈은 500, 300, 400이 저장되어 있다. 이때 유의할 점은 NO의 데이터 값과 용돈의 데이터 값이 숫자로 표현되어 있지만 앞서 matrix에서 문자형으로 변환되어 저장되었기 때문에 data.frame 객체에서도 모두 문자형으로 저장되어 있다는 것을 알고 있어야 한다.

5.2 Data.Frame 객체 처리 함수

R 프로그램에서는 데이터프레임으로 저장된 데이터를 쉽게 계산 처리가 가능하도록 별도의 함수를 제공한다. 주로 많이 사용하는 str( ), subset( ) 등의 기본 함수를 실습해보자.

문법 | Data.Frame 객체 처리 관련 함수

함수	설명
str( )	데이터프레임 객체의 데이터 구조 확인 함수
subset( )	분석자가 원하는 특정 데이터를 대상으로 조건에 만족하는 값만 별도로 추출
merge( )	두 개 이상의 데이터프레임 병합
colSums( )	열별 합계
rowSums( )	행별 합계
colMeans( )	열별 평균
rowMeans( )	행별 평균

실습 | 데이터의 구조 확인하기

```
> str(gg1) #데이터프레임 객체의 데이터 구조 살펴보기

'data.frame':   3 obs. of  4 variables:
 $ NO  : num  1 2 3
 $ 이름 : chr  "홍길동" "류현진" "박찬호"
 $ 주소 : chr  "서울시" "제주도" "경기도"
 $ 용돈 : num  500 300 400

> gg1$이름

[1] "홍길동" "류현진" "박찬호"

> names(gg1)

[1] "NO" "이름" "주소" "용돈"

> ncol(gg1) ; nrow(gg1) ; gg1[c(2:3), 3]

[1] 4
[1] 3
[1] "제주도" "경기도"
```

str( ) 함수는 데이터프레임의 구조를 상세히 보여주는 함수이다. 앞서 만든 gg1 변수를 str( ) 함수로 살펴보면 NO, 이름, 주소, 용돈 등 데이터 타입이 어떤 형태로 구성되어 있는지 확인시켜 준다. data.frame에서 3 obs. of 4 variables이란 4개의 칼럼과 3개의 데이터 개수로 구성되어 있다는 것을 의미한다.

그리고 데이터프레임으로 만들어진 변수에서 특정 칼럼의 데이터를 확인하고자 한다면 '변수명$칼럼명'을 입력하면 된다. 여기서 $ 표시는 변수명과 칼럼명을 구분하는 기호이다. 실습에서는

gg1$이름 명령문이 실행되어 있으며 이 명령문은 gg1 변수에 있는 이름 칼럼의 데이터를 보여주라는 의미이다.

다음으로 gg1 변수의 칼럼이 어떻게 구성되어 있는지 확인하고 싶다면 names(gg1)을 입력하면 된다. names(gg1)의 명령문을 실행하면 gg1 데이터프레임 객체가 가지고 있는 모든 칼럼명을 화면에 표시해 준다.

ncol()함수는 데이터프레임 객체로 저장된 변수의 열 개수를 보여준다. gg1 변수는 4개의 열의 수를 가지고 있다. nrow( )함수는 데이터프레임 객체의 행의 수를 의미한다. gg1 변수에서는 3개의 행의 수를 보여주고 있다. 또한 데이터프레임에서 특정 행과 열의 값을 찾아서 확인할 수 있다. 실습에서 gg1[c(2:3), 3] 명령문은 3번째 열의 주소에서 2, 3번째 행의 값을 출력하라는 명령문이므로 제주도와 경기도가 출력되는 형태를 확인할 수 있다.

한편, 분석자가 원하는 특정 데이터를 대상으로 조건에 만족하는 값만 별도로 추출하여 독립된 데이터프레임 객체를 생성할 수 있다. 이 기능을 도와주는 함수가 subset( ) 함수이다.

▼실습 subset( ) 함수를 활용하여 data.frame 부분 객체 생성하기

```
> df3 <- data.frame(x=c(1:5), y=seq(2, 10, 2), z=c("가","나","다","라","마"))
> df3

  x  y  z
1 1  2  가
2 2  4  나
3 3  6  다
4 4  8  라
5 5  10 마

> sub1 <- subset(df3, x>=3)  #x가 3 이상인 행을 대상으로 subset 생성
> sub1

  x  y  z
3 3  6  다
4 4  8  라
5 5  10 마

> sub2 <- subset(df3, x>=3 & y>=4)  #2개 조건의 조건을 and 연산으로 계산
> sub2

  x  y  z
3 3  6  다
4 4  8  라
5 5  10 마

> sub3 <- subset(df3, x>=3 | y>=4)  #2개 조건의 조건을 or 연산으로 계산
> sub3
```

```
      x   y   z
2     2   4   나
3     3   6   다
4     4   8   라
5     5   10  마
```

df3 변수는 x 칼럼에 1~5의 값이 저장되어 있고, y 칼럼에는 2에서 10까지 2씩 증가한 데이터가 저장되어 있다. z 칼럼은 가, 나, 다, 라, 마의 값이 저장되어 있다. 즉, x,y,z 칼럼은 5개의 데이터 값을 가지고 있다.

subset( ) 함수를 이용하면 독립된 객체를 추출하는 것이 가능하다. 실습에서는 데이터프레임 객체로 저장된 df3 변수를 대상으로 x 칼럼의 값이 3과 같거나 그 이상인 데이터만 추출하였다. 이 명령문은 subset(df3, x>=3) 같다. 또한, df3 변수에서 x 칼럼이 3과 같거나 그 이상이면서 y 칼럼도 4와 같거나 그 이상인 데이터만 추출하고자 할 때 명령문에 AND 연산자를 함께 사용하여 명령문을 실행할 수 있다. 이에 대한 명령문은 subset(df3, x>=3 & y>=4) 이다. df3에서 x 칼럼이 3과 같거나 그 이상 또는 y 칼럼이 4와 같거나 그 이상이라면 그와 맞는 조건의 데이터만 출력하는 조건식으로 OR 연산자를 사용할 수 있다. 이에 대한 명령문은 subset(df3, x>=3 | y>=4)으로 작성된다.

즉, subset( ) 함수를 이용하여 데이터프레임에서 분석자가 원하는 조건에 부합한 데이터만 별도로 추출할 수 있다. 실습에서 sub1 변수는 단일 조건, sub2는 AND 조건, sub3는 OR 조건으로 데이터가 추출된 형태를 화면에서 확인할 수 있다.

▼ 실습 merge( ) 함수를 활용하여 두 개 이상의 데이터프레임 병합하기

```
> na <- data.frame("번호"=c(1:4), "성명"=c("홍길동", "류현수", "박찬일","나최고"))
> tel <- data.frame("번호"=c(2,3,5,7), "전화"=c("01092925678",
+                               "01090901234", "01082829292","01012345678"))
> user1 <- merge(na, tel, by.x="번호", by.y="번호")
> user1
     번호   성명      전화
1     2    류현수    01092925678
2     3    박찬일    01090901234
```

만약, 여러 개의 데이터프레임 객체가 존재하는 경우 각 데이터프레임 객체에서 일치한 데이터를 기준으로 데이터를 병합하는 것도 가능하다. merge( ) 함수의 문법 공식은 merge(변수명1, 변수명2, by="df1과 df2의 공통된 열의 이름")이다.

실습 내용을 살펴보면 데이터프레임으로 저장된 na의 변수는 번호 칼럼이 1,2,3,4로 저장되어 있고, 성명은 홍길동, 류현수, 박찬일, 나최고가 저장되어 있다. tel의 변수는 번호 칼럼이

2,3,5,7로 저장되어 있고 전화 칼럼의 데이터로 01092925678, 01090901234, 01082829292, 01012345678이 저장되어 있다. 이때 merge() 함수를 통해 na와 tel의 데이터를 하나로 결합하는 명령문을 실행할 수 있다. merge() 함수에서 병합의 기준점은 na의 번호 칼럼, tel의 번호 칼럼을 기준으로 수립한다면 번호 칼럼에서 일치되는 데이터만 병합하는 결과를 얻을 수 있다. 이에 대한 명령문은 user1 <- merge(na, tel, by.x="번호", by.y="번호")이며 user1을 실행하면 번호 2번과 3번만 동일하기 때문에 류현수과 박찬일의 데이터만 user1에 저장된 형태를 확인할 수 있다.

▼ 실습 │ 행과 열의 합계와 평균 계산

```
> a <- c(11:15)
> b <- c(21:25)
> c <- c(41:45)
> x <- data.frame(a,b,c)
> colnames(x) <- c("A제품 판매", "B제품 판매","C제품 판매")
> rownames(x) <- c("서울","경기","대전","대구","광주")
> x
       A제품 판매  B제품 판매  C제품 판매
서울        11         21         41
경기        12         22         42
대전        13         23         43
대구        14         24         44
광주        15         25         45

> colSums(x[,-4])   # 열별 합계

  A제품 판매   B제품 판매   C제품 판매
      65          115          215

> rowSums(x[-6,])  # 행별 합계

  서울    경기    대전    대구    광주
   73      76      79      82      85

> colMeans(x[,-4])  # 열별 평균

  A제품 판매   B제품 판매   C제품 판매
      13           23           43

> rowMeans(x[-6,])  # 행별 평균

    서울       경기       대전       대구       광주
 24.33333   25.33333   26.33333   27.33333   28.33333
```

R 프로그램에서는 데이터프레임으로 저장된 데이터를 분석자가 쉽게 산술 계산할 수 있도록 함수를 지원하고 있다. 실습 내용을 살펴보면 a, b, c 변수는 벡터 변수로 1차원 배열구조로 데이터가 저장되어 있으며, 이들 세 변수를 데이터프레임 객체로 처리하여 x 변수에 저장하였다.

colSums(x[,-4])은 A제품 판매, B제품 판매, C제품 판매의 열 합계를 보여준다. 그리고 칼럼이 총 3개이므로, 속성값을 -1로 지정하면 A제품 판매를 제외한 B제품 판매와 C제품 판매만 합계를 보여주라는 의미이다. -2는 B제품 판매를 제외한 A제품 판매와 C제품 판매만 합계를 보여주라는 의미이다. -3은 C제품 판매를 제외한 A제품 판매와 B제품 판매의 합계를 보여주라는 의미이다. 한편, rowSums(x[-6,])은 서울, 경기, 대전, 대구, 광주의 행 합계를 보여준다. 칼럼이 총 5개이므로 각각의 데이터를 표시하고자 할 경우 -1~-5 사이를 입력하여 칼럼 합계를 개별적으로 확인할 수 있으며, 모두 확인하고자 한다면 -6을 입력하여 전체 행의 합계를 확인할 수 있다.

6. List 데이터 구조

리스트(List)는 성격이 다른 데이터형(정수형, 실수형, 문자형, 논리형 등)과 데이터 구조(vector, matrix, array, data.frame 등)를 생성할 수 있다. List 객체는 각 데이터의 값을 개별 차원으로 저장하고 관리할 수 있는 특징을 가진다.

List 데이터 구조의 특징

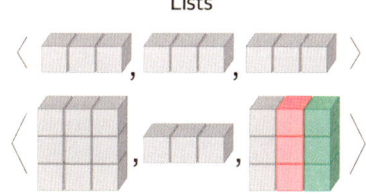

- 하나의 메모리 영역에는 key와 value가 한 쌍으로 저장되는 특징을 가진다.
- C언어의 구조체, Python의 dict 데이터구조와 유사하다.
- key를 통해서 value를 불러올 수 있으며, value에 해당하는 데이터는 vector, matrix, array, data.frame 등 대부분의 R 데이터 구조의 객체로 저장된다.
- 함수 내에서 여러 값을 하나의 key로 묶어서 반환하는 경우 유용하다.
- 리스트 생성 및 처리 함수 : list( ), unlist( ), lapply( ), sapply( )

6.1 List 객체 생성

▼ 실습   list( ) 함수 생성 1

```
> lst1 <- list(5.254, "휴가철", c(2,3,4,5))
> lst1
[[1]]
```

```
[1] 5.254

[[2]]
[1] "휴가철"

[[3]]
[1] 2 3 4 5

> lst1[[2]]

[1] "휴가철"

> lst1[[3]][2]

[1] 3
```

실습에서 lst1은 list 객체로 만들어진 변수이며, list()함수에 5.254, 휴가철, c()함수로 구성된 2,3,4,5가 입력되어 있다. lst1 객체를 확인하면 첫 번째 공간에는 5.254의 숫자값, 두 번째 공간에는 휴가철의 문자값, 세 번째 공간에는 2,3,4,5의 정수값이 저장된 모습을 확인할 수 있다.

리스트 객체로 저장된 데이터를 확인하기 위해서는 변수명[위치값]으로 확인할 수 있다. 예를 들어 lst1 변수에서 2번째 차원에 있는 값을 확인하고자 한다면 st1[[2]]으로 명령문을 입력하고 실행하면 휴가철 값을 확인할 수 있다. 그리고 lst1[[3]][2]의 명령문을 실행하면 세 번째 공간에 저장되어 있는 두 번째 값인 3이 출력된다.

▼실습　list( ) 함수 생성 2

```
> a1 <- c(1:10)
> b1 <- matrix(1:10,2, 5)
> c1 <- c("첫번째", "두번째")
> lst2 <- list(a=a1,b=b1, c=c1)
> lst2

$a
 [1]  1  2  3  4  5  6  7  8  9 10

$b
     [,1] [,2] [,3] [,4] [,5]
[1,]    1    3    5    7    9
[2,]    2    4    6    8   10

$c
[1] "첫번째" "두번째"

> lst2$a

 [1]  1  2  3  4  5  6  7  8  9 10
```

실습에서 a1의 벡터로 구성된 숫자값, b1은 matrix 구조로 된 행렬값, c1은 벡터로 구성된 문자값이 저장되어 있으며 이를 lst2 변수명으로 저장하였다. lst2 변수를 살펴보면, a에는 벡터 형식으로 구성된 숫자값이 저장된 것을 확인할 수 있으며, b에는 matrix 구조로 데이터가 저장된 형태를 확인할 수 있다. c에는 벡터 형식으로 구성된 문자값이 저장된 것을 확인할 수 있다. lst2 변수에서 a에 저장된 값을 확인하고자 하면 lst2$a 명령문을 실행하면 된다.

▼ 실습 c( ) 함수로 결합

```
> lst3 <- list(d=2:10*10)
> lst3

$d
[1] 20 30 40 50 60 70 80 90 100

> lst23 <- c(lst2,lst3)
> lst23

$a
 [1]  1  2  3  4  5  6  7  8  9 10

$b
     [,1] [,2] [,3] [,4] [,5]
[1,]   1    3    5    7    9
[2,]   2    4    6    8   10

$c
[1] "첫번째" "두번째"

$d
[1] 20 30 40 50 60 70 80 90 100
```

lst3 변수는 2부터 10까지 10씩 곱셈한 데이터 값을 저장하라는 명령문으로 작성되어 있다. 그리고 lst23은 앞서 생성해놓은 lst2 변수와 lst3 변수를 하나의 list 변수로 결합하여 저장하라는 명령문으로 작성되어 있다. 그리고 lst23 변수의 내용을 확인하면, lst2의 a, b, c에 저장된 값과 lst3의 d칼럼으로 저장된 값이 모두 lst23에 저장된 모습을 확인할 수 있다. 즉, 각각의 list 객체의 만들어진 변수들을 하나로 묶어 새로운 list 변수도 만들 수 있다.

▼ 실습 list ( ) 함수로 결합

```
> sco1 <- list(60,70,80,90)
> sco2 <- list(c("a","b"))
> sco1[sco1>=80]

[[1]]
```

```
[1] 80

[[2]]
[1] 90

> sco12 <- list(sco1, sco2)
> sco12

[[1]]
[[1]][[1]]
[1] 60

[[1]][[2]]
[1] 70

[[1]][[3]]
[1] 80

[[1]][[4]]
[1] 90

[[2]]
[[2]][[1]]
[1] "a" "b"
```

sco1 변수는 list( ) 함수로 60, 70, 80, 90의 값이 저장된 결과변수이며, 두 번째 sco2 변수는 c( ) 함수를 이용하여 a와 b의 문자값을 작성하고, 이를 list( ) 함수로 저장하라는 명령문의 결과 변수이다. 여기서 sco1[sco1>=80]을 명령문으로 실행하면, sco1의 객체의 값에서 80과 같거나 큰 값들만 선별하여 화면에 출력해준다.

그리고 sco12 <- list(sco1, sco2)는 list( ) 함수로 저장된 sco1과 sco2를 sco12라는 변수로 결합하여 저장하라는 명령문이다. 이를 살펴보면 60, 70, 80, 90은 sco1에 list 변수이기 때문에 [[1]]의 영역에 포함되어 있으며 sco2는 a,b 벡터값이 리스트 형태로 별도 저장되어 있기 때문에 [[2]]의 영역에 구분되어 저장된 것을 화면으로 확인할 수 있다.

6.2 List 객체 처리 함수

문법 List 객체 처리 관련 함수

unlist( )	List 객체로 저장된 각각의 값들을 리스트 형태에서 벡터 형태로 변환
lapply( )	list + apply를 의미하는 함수이며, 계산된 결과값을 list 형태로 제공
sapply( )	벡터, 리스트, 표현식, 데이터 프레임 등에 함수를 적용하고 그 결과를 벡터 또는 행렬로 제공

▼ 실습 unlist( ) 함수

```
> unlist(sco1)
[1] 60 70 80 90
> unlist(sco2)
[1] "a" "b"
> unlist(sco12)
[1] "60" "70" "80" "90" "a"  "b"
```

List 객체로 저장된 각각의 값들을 리스트 형태에서 벡터 형태로 변환할 수 있다. unlist( )함수를 이용하면 list 형식이 해제된다. 앞서 실습에서 sco1은 list 객체로 60, 70, 80, 90이 저장되어 있었다. 이를 unlist( ) 함수를 사용하여 unlist(sco1)을 명령문을 실행하면, 벡터 형식으로 변환된 결과물을 확인할 수 있다. 그리고 unlist(sco2) 명령문을 실행하면, a와 b의 값이 리스트 형식에서 백터 형식으로 변환된 결과를 확인할 수 있다. 또한, unlist(sco12) 명령문을 실행하면, 60, 70, 80, 90, a, b가 문자열 값인 벡터 형식으로 변환된 결과물을 확인할 수 있다.

▼ 실습 lapply( ) 함수와 sapply( ) 함수

```
> a <- list(c(1:5))
> b <- list(c(112:120))
> lapply(c(a,b), mean)

[[1]]
[1] 3

[[2]]
[1] 116

> sapply(c(a,b), mean)

[1]   3 116
```

lapply 함수는 list + apply를 의미하는 이름의 함수로, 실행 결과는 list 형태로 결과물을 출력해준다. a는 1~5까지의 값을 list 객체로 저장되어 있고, b는 112~120까지 list 객체로 값을 가지고 있다. 이를 lapply( ) 함수를 이용하여 계산하면 a의 list값 1~5의 평균 값3과 b의 list값 112~120의 평균 116을 리스트 형식으로 표현해준다.

sapply 함수는 분석자 편의성을 고려한 함수이다. sapply 함수는 연산 결과를 벡터 형태로 출력해준다.

7. Factor 객체

Factor는 Vector(벡터)와 동일하게 1차원 형태로 데이터를 저장하는 구조이다. Factor는 주로 범주형 데이터를 저장하고 분석할 때 사용되며, List는 여러 데이터 유형으로 구성된 값들을 하나로 모아 저장할 필요가 있을 때 사용한다. Factor는 문자형 데이터로 저장된 형식을 보이며, 지역, 성별, 학력, 혈액형 등 문자값을 관리할 때 유용하다.

▼ 실습 | **Factor 데이터 구조 실습**

```
> h <- c("서울","부산","서울","서울","부산","경기","서울","서울","경기","제주","제주","경기")
> h

[1] "서울" "부산" "서울" "서울" "부산" "경기" "서울" "서울" "경기" "제주" "제주" "경기"

> h.new <- factor(h)      #h변수를 factor로 변환
> h.new

[1] 서울 부산 서울 서울 부산 경기 서울 서울 경기 제주 제주 경기
Levels: 경기 부산 서울 제주

> h[3]

[1] "서울"

> h.new[3]    #h.new의 3번째 값 출력

[1] 서울
Levels: 경기 부산 서울 제주

> levels(h.new)

[1] "경기" "부산" "서울" "제주"

> h.i <- as.integer(h.new)      #문자값을 숫자로 바꾸어 h.i로 저장
> h.i

 [1] 3 2 3 3 2 1 3 3 1 4 4 1

> unique(h.i)    #Vector에 저장된 값들의 종류를 알고 싶을 경우 사용되는 함수

[1] 3 2 1 4

> h.new[7] <- "울릉도"
Warning message:
In `[<-.factor`(`*tmp*`, 7, value = "울릉도") :
  요인의 수준(factor level)이 올바르지 않아 NA가 생성되었습니다.

> h.new[7] <- "제주"   #기존 Factor 범주에 제주가 있으므로 7번째 값을 제주로 변경이 가능하다.
> h.new[7]

[1] 제주
Levels: 경기 부산 서울 제주
```

h 변수는 벡터 형식으로 서울, 부산, 경기, 제주의 데이터를 저장하고 있다. 이를 h.new라는 이름으로 h변수를 factor 데이터 객체로 변환하여 저장하면 워크스페이스의 h.new 변수가 Factor w/4 levels "경기", "부산",…: 3 2 3 3 2 1 … 로 변환되어 저장된 상태를 확인할 수 있다. h.new 변수는 factor 객체 형태로 서울, 부산, 경기, 제주의 값을 숫자값으로 범주화시켜 저장하고 관리된다.

만약, 이미 만들어져 있는 factor 객체의 변수에 새로운 level의 범주를 추가한다고 하였을 때 에러가 발생하게 된다. 실습에서 h.new[7]은 서울이라는 값을 가지고 있는데 이때 h.new[7] <- "울릉도"라고 명령문을 실행하면 울릉도가 새로운 범주로 추가되지 못하고, 올바른 요인의 수준이 아니라고 하여 NA 값으로 변경되어 저장된다.

Factor 객체는 vector 객체와는 다른 차별점을 가지고 있다. h[3] 명령문을 실행하면 벡터로 저장된 h 변수에서 세 번째 위치값인 서울을 화면에 출력해준다. 그런데 h.new[3]을 실행하면 factor 객체로 저장되어 데이터의 level 수준을 함께 표현해주면서 세 번째 위치 값을 화면에 출력해준다. 또한, h.i <- as.integer(h.new)를 실행하면 h.new의 문자값을 숫자(정수형)로 변환하여 h.i에 저장시켜준다. 문자로 저장되어 있던 경기, 부산, 서울, 제주의 값이 숫자 형태로 변환되어 저장된 것을 화면에서 확인할 수 있다.

unique(h.i) 함수의 경우에는 벡터로 저장된 값들을 level 방식으로 확인하고 싶을 때 사용되는 함수이다.

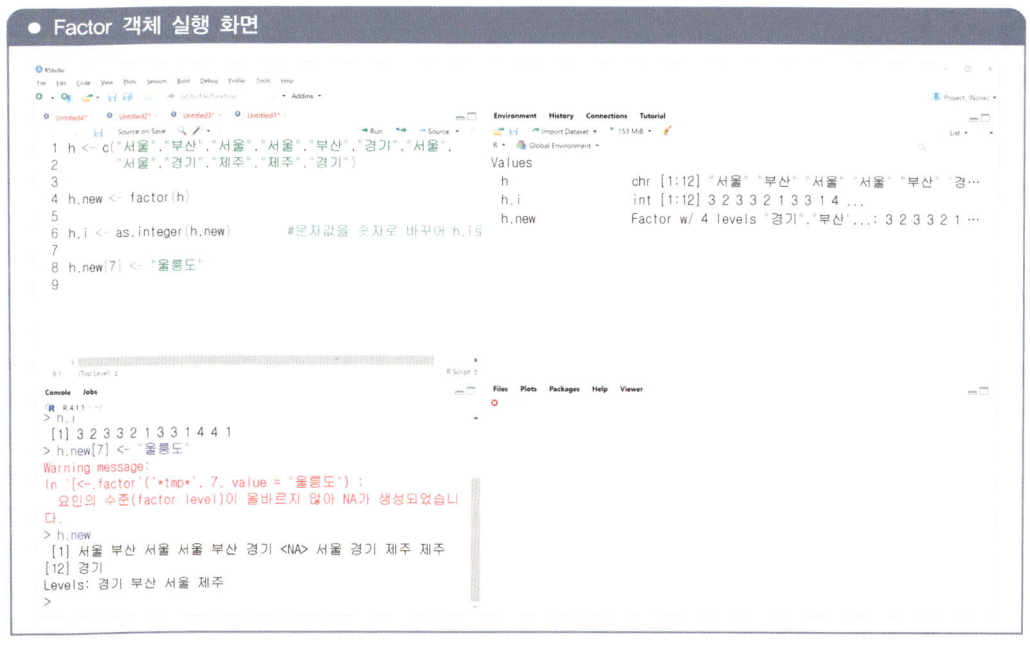

● Factor 객체 실행 화면

CHAPTER 2 데이터 객체 타입 확인과 변환

1. 데이터 객체 타입 확인

분석자는 때때로 R 프로그래밍으로 작성된 변수들이 어떤 타입인지 저장되어 있는지 확인해야 한다. 특히 분석자가 직접 생성한 변수가 아닌 외부 파일로 불러오기를 하였을 경우와 분석자가 직접 외부에서 가져온 변수와 내부에서 작성한 변수들을 결합하고 분리하는 과정에서 최종적으로 데이터 타입이 무엇인지 확인해야 한다. 데이터 타입을 확인시켜주는 함수로 간단하게 class( ) 함수가 있다.

▶ 실습 　데이터 타입 확인

```
> a <- c(11:13)
> b <- c(21:23)
> c <- c("서울","인천")
> x <- data.frame(a,b)
> x

  a  b
1 11 21
2 12 22
3 13 23

> class(x)

[1] "data.frame"

> class(a)

[1] "integer"

> class(c)

[1] "character"
```

데이터 타입이 무엇인지 확인하는 실습에서 a, b, c 변수는 벡터 객체 타입으로 저장되어 있으며, x는 데이터프레임 객체 타입으로 저장되어 있다. class()함수로 x 변수를 확인하면 data.frame 타입이라고 확인시켜준다. a 변수는 벡터 타입인 정수형 데이터로 저장되어 있으므로 integer를 화면에 출력해준다. c 변수는 문자형이므로 character를 화면에 출력해준다.

R 프로그래밍에는 저장된 변수의 타입이 분석자가 생각하는 데이터 타입이 맞는지 확인할 수 있는 함수도 제공하고 있다. is.xxxx( ) 함수를 사용하면 수치형, 논리형, 문자형, 실수형, 날짜

형 등 다양한 형태의 데이터 타입을 확인할 수 있으며 데이터 타입의 일치성 여부에 따라서 TRUE와 FALSE의 값으로 화면에 출력해준다.

저장된 변수의 타입이 맞는 확인하는 함수들

is.numeric( )	수치형 확인	is.factor( )	요인형 확인
is.logical( )	논리형 확인	is.vector( )	벡터형 확인
is.character( )	문자형 확인	is.Date( )	날짜형 확인
is.integer( )	정수형 확인	is.array( )	다차원배열 확인
is.double( )	실수형 확인	is.data.frame( )	데이터프레임 확인
is.complex( )	복소수형 확인	is.nan( )	Nan 확인

▼ 실습　데이터형 확인

```
> x <- c(10,20,"30")
> x
[1] "10" "20" "30"
> is.vector(x)
[1] TRUE
> is.numeric(x)
[1] FALSE
> is.character(x)
[1] TRUE
> s <- 10:20
> t <- TRUE
> is.character(s)
[1] FALSE
> is.numeric(s)
[1] TRUE
> is.logical(t)
[1] TRUE
```

x의 변수에는 10, 20, 30의 값이 저장되어 있으며 이들 모두는 vector형 객체로서 문자형 타입으로 저장되어 있다. is.vector(x) 명령문을 실행하면 x의 변수는 vector 객체라는 것을 맞다고 TRUE를 화면에 보여주고 있으며 Is.numeric(x) 명령문을 실행하면 x의 데이터 값들이 숫자형이 아니기 때문에 FALSE를 화면에 출력해준다.

2. 데이터 타입 변환

분석자는 빅데이터 분석하는 과정에서 데이터 타입을 변경해야 할 일이 자주 발생한다. 또한, 외부에서 가져온 데이터를 확인하면 숫자값이 문자값으로 저장된 예도 있고, 정수형이 실수형으로 저장된 일도 있다. 이때 사용할 수 있는 함수가 as.xxxx( )함수로 원본 데이터의 데이터 타입을 새로운 타입으로 변경할 수 있게 도와준다.

기본 연산자			
as.numeric( )	수치형 변환	as.factor( )	요인형 변환
as.logical( )	논리형 변환	as.vector( )	벡터형 변환
as.character( )	문자형 변환	as.Date( )	날짜형 변환
as.integer( )	정수형 변환	as.list( )	리스트형 변환

▼ 실습 **데이터형 변환 1**

```
> x <- c(10,20,"30")   # 30은 문자열로 c( )함수는 모두 문자열로 저장됨
> x

[1] "10" "20" "30"

> class(x)   # x의 변수 타입이 문자형으로 지정

[1] "character"

> y1 <- x*3   #x의 변수 타입이 문자이므로 에러 발생
Error in x * 3 : non-numeric argument to binary operator
> y2 <- as.numeric(x)*3   #x의 변수 타입을 숫자형으로 변환하여 3을 곱하기를 진행함
> y2

[1] 30 60 90
```

실습에서 x의 변수에는 10, 20, 30의 값이 저장되어 있으며, 이들 모두는 vector형 객체로서 문자형 타입으로 저장되어 있다. class(x)를 확인하면 데이터값이 숫자형이 아닌 문자형 데이터로 구성되어 있다고 알려준다. 문자형 데이터 타입이기 때문에 y1변수에 x*3을 저장하려고 하면 오류가 나타난다. 그러므로 as.numeric(x)로 명령문을 실행하면 10, 20, 30을 숫자형으로 변환시켜주고, 3을 곱하여 y2 변수에 에러없이 저장할 수 있다. y2를 확인하면 30, 60, 90의 결과물을 확인할 수 있다.

▼실습 데이터형 변환 2

```
> area <- c("서울","서울","부산","제주","광주","제주")
> plot(area)    # 문자로 된 값들만 차트로 작성하지 못합니다.
Error in plot.window(...) : 유한한 값들만이 'ylim'에 사용될 수 있습니다
In addition: Warning messages:
1: In xy.coords(x, y, xlabel, ylabel, log) : NAs introduced by coercion
2: In min(x) : no non-missing arguments to min; returning Inf
3: In max(x) : no non-missing arguments to max; returning -Inf
> area_adj <- as.factor(area)    # 문자형을 factor 데이터 타입으로 변환
> table(area_adj)
area_adj
광주 부산 서울 제주
  1    1    2    2
> plot(area_adj)
```

(막대그래프: 광주 1, 부산 1, 서울 2, 제주 2)

```
> mode(area)
[1] "character"
> mode(area_adj)
[1] "numeric"
```

실습에서 area 변수는 서울, 서울, 부산, 제주, 광주, 제주의 문자형 데이터가 vector 객체 형태로 저장되어 있다. 문자형의 값을 가지고 있는 area 변수는 차트를 작성할 수 없다. 이에 area_adj <- as.factor(area) 명령문을 실행하여 vector 객체인 area 변수를 factor( ) 객체로 변환시켜 문자 데이터를 범주형 데이터화 하였다. 그리고 table(area_adj) 명령문을 실행하여 데이터 개수를 확인하였다. area_adj를 확인하면 광주 1, 부산 1, 서울 2, 제주 2의 결과물을 확인할 수 있어 차트로 표현이 가능하다. 한편, 데이터의 특성을 확인하기 위해 mode( ) 함수로 area 변수와 area_adj 변수를 확인하면 각각 문자형과 숫자형으로 메모리에 저장된 것을 화면에서 확인할 수 있다.

CHAPTER 3 종합 연습문제

01 R 프로그램에서 변수이름을 작성하는 규칙에 관해서 설명하시오.

02 k 변수에 강원, 서울, 부산, 제주 등 4개의 데이터 값이 저장하는 명령문을 작성하고, 화면에 k 변수에 저장된 데이터를 출력하시오.

03 다음과 같은 결과값이 나오도록 rep( ) 함수를 이용하여 명령문을 작성하시오.

```
 [1]  1  2  3  4   6  7  8  9 10 11 12 13 14 15 16 17 18 19 20  1  2  3  4  5
[26]  6  7  8  9 10 11 12 13 14 15 16 17 18 19 20  1  2  3  4  5  6  7  8  9 10
[51] 11 12 13 14 15 16 17 18 19 20  1  2  3  4  5  6  7  8  9 10 11 12 13 14 15
[76] 16 17 18 19 20
```

04 다음과 같은 결과값이 나오도록 paste( ) 함수를 이용하여 명령문을 작성하시오.

```
[1] "광화문★해운대★경포대★진도★한라산"
```

05 다음과 같은 결과값이 나오도록 substr( ) 함수를 이용하여 명령문을 작성하시오.

명령문	〉k <- c("1박2일무한도전런닝맨아는형님") 〉
결과값	런닝맨

06 다음의 명령문의 결과를 작성하시오.

명령문	> x <- c(123,155,56,152,312,132,332,453) > y <- c(433,253,564,256,251,125,332) > result1 <- setdiff(x,y) > result2 <- intersect(x,y) > result3 <- union(x,y) > result1;result2;result3

07 다음의 결과가 나타나도록 matrix( ) 객체를 생성하는 명령문을 작성하시오.

```
     [,1] [,2] [,3] [,4]
[1,]  40   45   50   55
[2,]  41   46   51   56
[3,]  42   47   52   57
[4,]  43   48   53   58
[5,]  44   49   54   59
```

08 다음의 결과가 나타나도록 matrix( ) 객체를 생성하는 명령문을 작성하시오.

```
     [,1] [,2] [,3] [,4]
[1,]  20   21   22   23
[2,]  24   25   26   27
[3,]  28   29   30   31
[4,]  32   33   34   35
[5,]  36   37   38   39
```

09 다음의 결과 어떠한 apply( ) 함수를 사용하여 결과가 나타났는지 명령문을 작성하시오.

명령문	> x <- matrix(c(123,155,56,152,312,132,332,453), nrow=2, byrow=T) >
결과값	[1] 56 132

10 다음의 결과가 나타나도록 data.frame( ) 객체의 속성값을 작성하시오.

명령문	> df1 <- data.frame(x=c(□), y=seq(□), z=c(□)) > df1
결과값	x y z 1 8 1 가 2 9 4 나 3 10 7 다

03

R programming

데이터 입력 및 확인하기

학습배경

- 빅데이터를 분석하기 이전에 빅데이터를 입력하는 방법과 외부에서 빅데이터를 가져오는 방법을 이해할 필요가 있겠다. 분석자는 외부에서 가져온 빅데이터가 올바르게 R 프로그램에 저장되었는지 확인할 필요가 있으며, 때때로 데이터를 직접 입력해야 하는 경우도 발생한다. 이에 본 장에서는 R 프로그램에서 데이터를 직접 입력하는 방법과 입력된 데이터를 확인하는 방법에 대해서 실습할 것이다. 그리고 외부 데이터를 가져오고 저장하는 방법도 실습하며, 데이터 객체 타입을 확인하고 변경하는 방법도 실습할 것이다.

학습목표

- 데이터 입력 함수를 사용할 수 있다.
- 외부 데이터를 가져와서 변수로 저장하고 데이터세트를 확인할 수 있다.
- R Studio에서 작성한 결과물을 외부 데이터로 저장할 수 있다.

학습구성

1. 데이터 입력 함수

2. 데이터 가져오기 및 저장
   ① Scan( ) 함수
   ② Edit( ) 함수
   ① 공공 빅데이터 제공 홈페이지
   ② 작업 폴더의 위치 설정 및 확인
   ③ CSV와 TXT 파일 가져오기
   ④ 엑셀 파일 가져오기
   ⑤ 외부 파일로 저장하기

3. 데이터 확인하기
   ① 사고유형별 월별 교통사고 통계(2018) 공공데이터 확인
   ② 불법 주정차 단속현황 공공데이터 확인

4. 종합 연습문제

데이터 입력 함수

1. scan( ) 함수

R 프로그램에서는 분석자가 직접 scan( ) 함수와 edit( ) 함수를 이용하여 데이터 입력이 가능하도록 도움을 제공하고 있다. 예를 들어 a <- 10 명령문은 10을 a에 저장하라는 입력 방식이라면, scan( ) 함수와 edit( ) 함수는 별도의 r 프로그램의 명령문이 실행되고 있는 상태에서 추가로 신규 데이터를 입력할 수 있게 도와주는 함수이다.

문법 | 데이터 입력하기

```
scan( )
edit( )
```

실습 | scan( ) 함수

```
> fig <- scan( )    # 분석자가 직접 키보드로 '숫자' 입력하기
1: 5
2: 0.4
3: 6.2
4: 7
5:
Read 4 items

> fig

[1] 5.0 0.4 6.2 7.0

> sum(fig)

[1] 18.6

> chr <- scan(what=character( ))
1: 홍길동
2: 유지태
3: 박세리
4:
Read 3 items

> chr

[1] "홍길동" "유지태" "박세리"
```

scan( ) 함수는 분석자가 콘솔창을 통해서 값을 기록하면 해당 값들을 변수로 저장하는 형태를 가진다. 실습에서 fig <- scan( ) 명령문을 실행하면 콘솔창에 "1:"이 나타난다. 이때 키보드로 숫자를 입력하고 엔터키를 누르면 2:가 나타나고, 연속적으로 숫자를 입력할 수 있게 도와준다. 만약, 입력할 데이터가 없다면 아무것도 입력하지 않고 엔터키를 누르면 입력창이 종료되고 저장된 데이터의 개수가 나타난다. 실습에서는 scan( ) 함수를 이용하여 fig 변수에 4개의 값을 저장하였으며, fig 변수의 값들은 숫자형으로 저장되어 있다. 이는 sum( ) 함수를 이용하여 계산도 가능하다.

두 번째로 키보드로 숫자 데이터가 아닌 문자를 입력하려면 scan( ) 함수에서 what=character( ) 매개변수(속성값)를 작성하면 된다. 콘솔 창에서 임의의 문자를 입력할 수 있다. scan( ) 함수를 변수 chr에 할당했기 때문에 분석자가 순서대로 문자를 입력하면 chr 변수에 문자값들이 저장된다.

2. edit( ) 함수

edit( ) 함수는 엑셀과 유사한 창을 화면에 보여주어 분석자가 직접 데이터를 입력할 수 있도록 도와준다. 분석자는 테이블을 이용하여 직접 데이터 입력을 편하게 진행할 수 있다. 테이블 형식의 편집기를 R 프로그램에서 제공하기 때문에 데이터 입력 시 행과 열의 이름도 직접 작성할 수 있다.

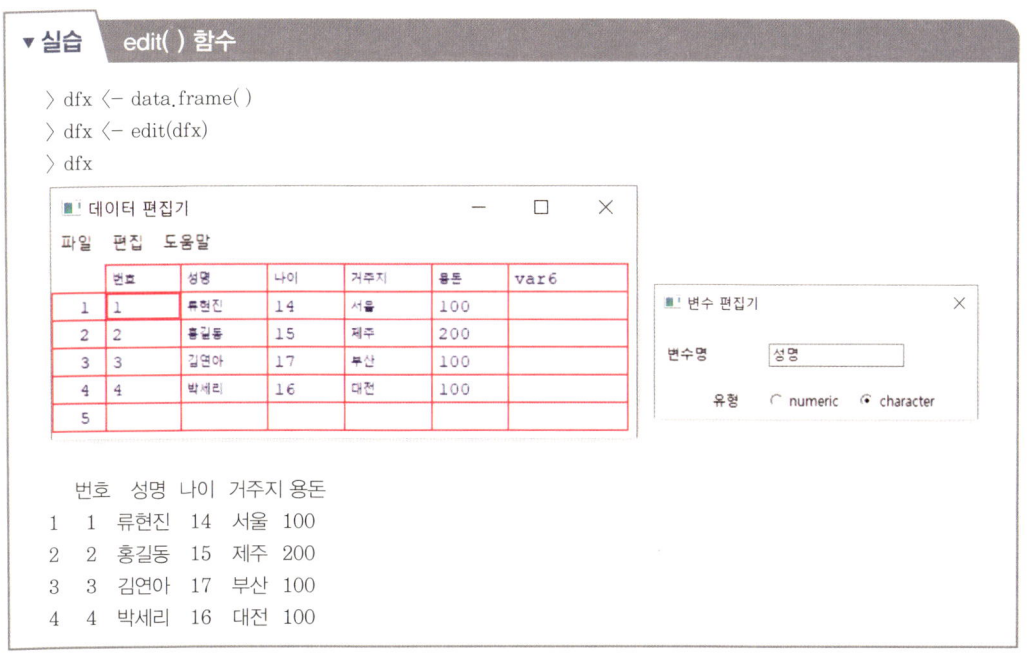

CHAPTER 2 데이터 가져오기 및 저장

1. 공공 빅데이터 제공 홈페이지

빅데이터 수집 단계에서는 분석자가 원하는 빅데이터를 수집하는 것이 제일 중요하다. 최근에는 국가에서 공공데이터를 각 부처별로 제공하고 있으므로 상권 데이터, 교통정보 데이터, 관광지 정보 데이터 등을 손쉽게 확보할 수 있다.

이중 공공 데이터포털(www.data.go.kr)은 가장 많은 공공 빅데이터를 제공하는 웹사이트이다. 문화관광, 보건, 환경, 식품건강 등의 빅데이터를 제공하고 있어서 분석자가 원하거나 관심 있는 빅데이터를 검색창을 통해서 확보할 수 있다. 공공 데이터포털은 엑셀 형식의 파일을 직접 다운로드하여 데이터를 받을 수 있거나 컴퓨터 프로그램 안에서 API를 이용하여 빅데이터를 자신의 컴퓨터로 가져올 수 있다.

국가에서는 빅데이터 활성화 및 빅데이터 생태계 강화를 목적으로 공공 빅데이터를 제공하고 있으며, 분석자는 각 기관에서 제공하는 데이터를 상호 결합하여 분석하면 새로운 통찰력을 얻을 수 있다. 예를 들어 환경 데이터와 교통 데이터를 결합하여 기후변화의 통찰력을 얻을 수 있고, 관광 데이터와 미디어콘텐츠 데이터를 결합하면 한류 영향력을 판단할 수 있다.

사이트	설명
한국 정부 공공데이터	https://www.data.go.kr/
기상 데이터 개방 포털	https://data.kma.go.kr/cmmn/main.do
보건 의료 빅데이터 개방 시스템	https://opendata.hira.or.kr/home.do
서울 열린데이터 광장	https://data.seoul.go.kr/
경기데이터드림	https://data.gg.go.kr/portal/mainPage.do
부산광역시 빅데이터 플랫폼	https://bigdata.busan.go.kr/
인천데이터 포털	https://www.incheon.go.kr/data/DATA020101
미국 정부의 공공데이터	https://www.data.gov/
미국 식약청의 개방데이터	https://open.fda.gov/

● 공공 빅데이터 제공하는 기관 홈페이지

2. 작업 폴더의 위치 설정 및 확인

R 프로그램에서는 작성된 코딩 내용을 저장하고 외부 파일을 쉽게 불러올 수 있도록 사전에 작업 폴더를 미리 지정할 수 있다. 분석자는 모든 작업을 손쉽게 처리하기 위해서 작업 폴더를 미리 지정하는 것이 좋다. 이를 도와주는 함수가 setwd("폴더 위치")이며, R 데이터와 빅데이터 파일을 불러오기하거나 저장할 때 작업 위치를 지정하도록 도움을 주는 함수이다. 그리고 getwd()는 현재 작업한 R 내용을 저장하게 되는 폴더 위치를 확인시켜주는 명령문이며, 현재 작업 위치의 폴더명을 확인시켜준다.

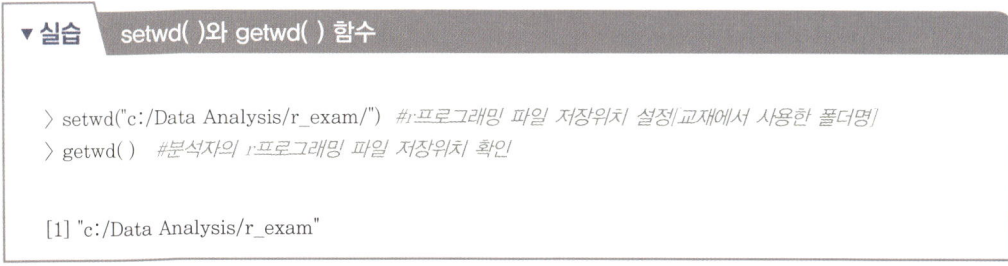

setwd( ) 함수를 사용하여 setwd("c:/Data Analysis/r_exam/")의 명령문을 실행하면 c 드라이브에 있는 Data Analysis 폴더의 하위 폴더인 r_exam 폴더로 작업 폴더가 기본 설정이

된다. 그리고 getwd( )의 명령문을 실행하면 현재 작업하고 있는 폴더 위치를 확인할 수 있다. 본 교재에서 사용되는 모든 빅데이터 분석의 작업 폴더명은 모두 setwd("c:/Data Analysis/r_exam/")로 지정하였다. 본 도서를 통해 실습하는 독자들은 자신이 설정한 폴더를 별도로 지정하여 분석하면 된다.

3. CSV와 TXT 파일 가져오기

빅데이터를 저장하고 관리하는 프로그램은 다양하게 많이 있다. 그중에서도 많이 사용하는 프로그램으로는 엑셀 프로그램이 있으며 확장자는 xls, xlsx이다. 또한, csv, txt도 빅데이터 파일로 많이 사용된다. 그 외 spss의 sav파일도 있다. 이 프로그램들에서 작성한 파일들을 R 프로그램에서 별로도 불러오기하여 빅데이터를 분석할 수 있다.

> **문법** csv와 txt 파일 읽어오기
>
> read.csv(file="폴더위치/파일명", sep="칼럼 구분자", header="TRUE/FALSE")
> read.table(file="폴더위치/파일명", sep="칼럼 구분자", header="TRUE/FALSE")

R 프로그램에서 CSV(Comma Separated Value) 파일 형식을 불러오기 할 수 있다. read.csv( ) 함수는 구분자인 ","가 sep의 기본값으로 설정되어 있으며, header=TRUE가 기본값으로 설정되어 있으며, 칼럼명이 있는 경우에 header 속성은 생략할 수 있다.

read.table( ) 함수는 테이블(칼럼이 모여서 레코드 구성) 형태로 작성되어 있고, 칼럼이 공백, 탭, 콜론(:), 콤마(,) 등으로 구분된 데이터 파일을 불러올 수 있다. 구분자가 만약 공백이거나 탭으로 구성되어 있다면 sep 속성은 생략할 수 있다. 칼럼명이 있는 경우에는 header 속성을 'header=TRUE'로 지정하면 된다.

> ▼ **실습** 외부 데이터 가져오기 1
>
> ```
> > setwd("c:/Data Analysis/r_exam/")  #분석자의 r-프로그래밍 파일 저장위치 설정
> > getwd( )
> > dfs1 <- read.csv("student_list.csv")
> > dfs1
>       성명   혈액형  몸무게  학년
>   1   지석진   O     75.0    1
>   2   유재석   B     67.5    2
>   3   김구라   A     82.5    3
>   4   김연경   A     70.2    3
> ```

```
> setwd("c:/Data Analysis/r_exam/")  #분석자의 r프로그래밍 파일 저장위치 설정
> getwd( )
> dfs2 <- read.table(file="student_list.txt", header=T)
> dfs2

   성명  혈액형  몸무게  학년
1  홍길동   O    60.3    3
2  류현진   AB   80.2    2
3  양세찬   B    72.5    1
4  박세리   AB   67.5    2
```

실습에서 student_list.csv와 student_list.txt 파일은 본 저자의 컴퓨터에는 c:/Data Analysis/r_exam/ 폴더에 저장되어 있다. 이에 우선적으로 작업 폴더를 지정하고 파일을 불러오기하였다.

read.csv( ) 함수는 csv 파일을 불러오기를 도와주는 함수이며 read.csv("student_list.csv") 명령문을 실행하면 student_list.csv 파일을 R 프로그램으로 불러오기를 할 수 있다. 실습에서 dfs1의 변수에는 student_list.csv 파일의 데이터 내용을 저장하고 있으며 dfs1 명령문을 실행하면 4명의 신상명세서 데이터가 출력된다.

read.table( ) 함수를 이용하여 txt 파일도 불러오기할 수 있다. 실습에서는 student_list.txt 파일을 불러오기를 하기 위해서 read.table(file="student_list.txt", header=T) 명령문을 실행하였으며, student_list.txt 파일 내용을 dsf2 변수로 저장하였다. dfs2 내용을 확인하면 4명의 신상명세서 데이터가 출력된다.

또한, scan( ) 함수를 이용하여 txt 파일을 불러오기를 진행할 수 있다. 본 실습에서 숫자값.txt 파일을 불러오기하여 nc 변수에 데이터를 저장하였다. nc에 저장된 데이터를 확인하면 vector 객체 타입으로 저장되어 있는 형태를 확인할 수 있다.

문법 scan( ) 함수로 파일 읽어오기

scan(file, what, sep, skip, nlines, na.strings)

scan( ) 함수의 주요 속성	
file	파일을 불러올 폴더 위치
what	입력될 데이터의 유형을 지정
sep	데이터 구분 기호 입력. 기본값은 공백문자입니다.
skip	데이터를 불러오는 과정에서 제외할 최대 행의 수를 지정
nlines	불러들일 최대 행의 수를 지정
na.strings	R 프로그램에서 결측값으로 인식할 수 있는 데이터의 형태 입력

> **실습** 외부 데이터 가져오기 2

```
> setwd("c:/Data Analysis/r_exam/")   #분석자의 r프로그래밍 파일 저장위치 설정
> getwd( )
> nc <- scan("숫자값.txt")
> nc

Read 14 items
 [1]    1    2    3    4    5    7    9   10   11  101  105 1001 1005
```

4. 엑셀 파일 가져오기

R 프로그램에서 엑셀 파일을 불러오기하여 데이터 내용을 사용할 수 있다. 우선 엑셀 파일을 가져오기 위해서는 R 프로그램에서 별도의 패키지를 설치해야 한다. R 프로그램에서는 기본 기능으로 엑셀 파일을 불러올 수 있는 함수를 제공하지 않기 때문에 별도의 패키지를 설치해야 엑셀 파일을 불러오기를 진행할 수 있다.

엑셀 파일을 사용하기 위해 readxl 패키지를 설치한다. 그리고 read_excel( ) 함수를 사용하여 엑셀 파일을 R 프로그램에서 사용한다.

> **문법** 엑셀 데이터 가져오기

```
install.packages("readxl")
read_excel(path, sheet, col_names, range, na, skip …)
```

read_excel( ) 주요 속성

속성	설명
path	확장자가 xls, xlsx 파일이 있는 폴더 위치와 파일명
sheet	시트명
col_names	첫 줄의 칼럼명이 있는 경우 TRUE
range	엑셀 시트에서 가져올 셀 범위
na	빈 셀을 누락된 데이터로 보고 결측치 처리
skip	읽기 전에 건너뛸 최소 행의 수를 지정

▼실습   외부 데이터 가져오기 3

```
> install.packages("readxl")
> library(readxl)
> setwd("c:/Data Analysis/r_exam/")
> sl_excel <- read_excel(path='student_list.xlsx', sheet='student_list')
> sl_excel

# A tibble: 4 x 4
    성명    혈액형   몸무게   학년
    <chr>   <chr>    <dbl>    <dbl>
1   송지효   AB       58       3
2   서장훈   A        82       1
3   안영미   O        57       2
4   지석진   AB       78       3

> str(sl_excel)

tibble [4 x 4] (S3: tbl_df/tbl/data.frame)
 $ 성명   : chr [1:4] "송지효" "서장훈" "안영미" "지석진"
 $ 혈액형 : chr [1:4] "AB" "A" "O" "AB"
 $ 몸무게 : num [1:4] 58 82 57 78
 $ 학년   : num [1:4] 3 1 2 3
```

install.packages( ) 함수는 R 프로그램에 추가적인 기능을 설치할 수 있도록 도와주는 함수이다. 마치 윈도우를 설치한다고 하여도 MS OFFICE, HWP, 백신 등을 별도로 설치해야만 윈도우를 더욱 잘 활용하는 것처럼, R에서도 마찬가지로 별도의 기능을 사용하기 위해서는 다양한 패키지를 설치해야 한다.

그래서 install.packages("readxl") 명령문을 실행하면 R 프로그램에서 엑셀 파일을 불러오기 할 수 있는 패키지를 설치해준다. 분석자는 패키지의 설치과정을 콘솔창에서 확인할 수 있다. 그리고 패키지가 설치되었다고 마무리된 것이 아니라 설치된 패키지를 R에서 사용하려면 library( ) 함수를 이용해야 한다. 패키지 설치가 정상적으로 마무리되었다면 library(readxl) 명령문을 실행한다. 그러면 R 프로그램에서 readxl 패키지를 사용할 준비가 되었다고 생각하면 된다. read_excel( ) 함수를 이용하여 read_excel(path='student_list.xlsx', sheet='student_list') 명령문을 실행하면 엑셀 파일인 student_list.xlsx 파일에서 student_list 시트에 있는 데이터를 가져오는 것을 확인할 수 있다.

5. 외부 파일로 저장하기

R 프로그램에서는 작업된 내용과 결과물을 외부 파일로 저장할 수 있다.

🔍문법   외부 파일로 저장하기

sink( )	sink( ) 함수는 분석자에 의해서 작성된 결과물이 파일로 저장된다. sink( ) 함수를 실행하면 계속 컴퓨터 메모리에 상주하여 결과 내용을 저장하기 때문에 이 기능을 종료하기 위해서는 인수없이 sink( ) 함수를 한번 더 실행하면 된다. sink("저장할 파일명, append=TRUE/FALSE)로 명령문으로 작성된다. append 속성은 기존에 저장된 결과물을 삭제하지 않고 새로 추가될 결과 내용을 업데이트하여 저장할지를 묻는 속성값이다.
write.table( )	write.table( ) 함수는 데이터를 테이블 형식의 파일로 저장하게끔 도와주는 함수이다. write.table( )에서는 행 번호를 제거하는 row.names 속성과 따옴표를 제거하는 quote 속성을 함께 사용할 수 있다. write.table(변수명, 저장할 파일명, row.names=행 이름이 있는지 여부, quote= 저장된 값의 따옴표 표시 여부)
write.csv( )	write.csv( ) 함수는 데이터프레임 형식의 데이터를 CSV 형식으로 파일을 저장한다. write.csv(변수명, 저장할 파일명, row.names=행 이름이 있는지 여부)
write_xlsx( )	write_xlsx( ) 함수를 이용하여 엑셀 파일로 별도로 데이터를 저장할 수 있다. write_xlsx(변수명, 저장할 파일명, col.names=열 이름이 있는지 여부)

▼실습   sink( ), write.table( ), write.csv( ), write_xlsx( ) 함수로 파일로 저장하기 1

```
> setwd("c:/Data Analysis/r_exam/")
> sink("task.txt")   # 작업 결과물을 저장하기 위한 파일명을 작업시작전에 미리 명령문으로 선언

> dfs1 <- read.csv("student_list.csv")
> dfs1
> dfs2 <- read.table(file="student_list.txt", header=TRUE)
> dfs2
> dfx <- rbind(dfs1, dfs2)
> dfx
> sink( )   #작업된 결과물 dfs1, dfs2, dfx의 결과 내용을 task.txt에 저장
```

	성명	혈액형	몸무게	학년		성명	혈액형	몸무게	학년		성명	혈액형	몸무게	학년
1	지석진	O	75.0	1	1	홍길동	O	60.3	3	1	지석진	O	75.0	1
2	유재석	B	67.5	2	2	류현진	AB	80.2	2	2	유재석	B	67.5	2
3	김구라	A	82.5	3	3	양세찬	B	72.5	1	3	김구라	A	82.5	3
4	김연경	A	70.2	3	4	박세리	AB	67.5	2	4	김연경	A	70.2	3
										5	홍길동	O	60.3	3
										6	류현진	AB	80.2	2
										7	양세찬	B	72.5	1
										8	박세리	AB	67.5	2

▼ 실습   sink( ), write.table( ), write.csv( ), write_xlsx( ) 함수로 파일 저장하기 2

> write.table(dfx, "student_combine.txt", row.names=TRUE, quote=FALSE)
> write.csv(dfx, "student_combine.csv", row.names=TRUE)

> install.packages("writexl") # 엑셀파일로 저장할 수 있게 도와주는 별도 패키지
> library(writexl)
> write_xlsx(dfx,path="student_combine.xlsx", col_names=TRUE)

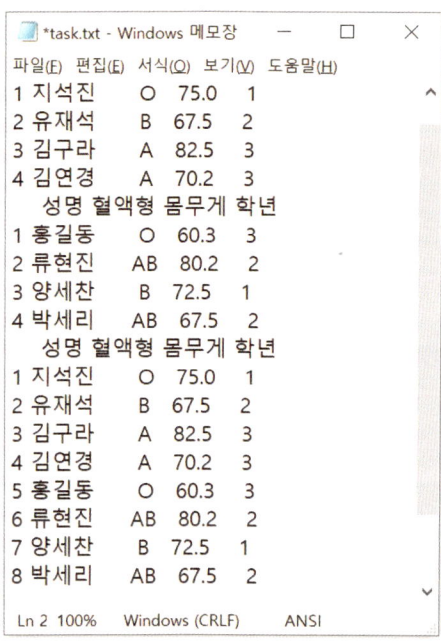

▼ 실습   View( ) 함수 실행

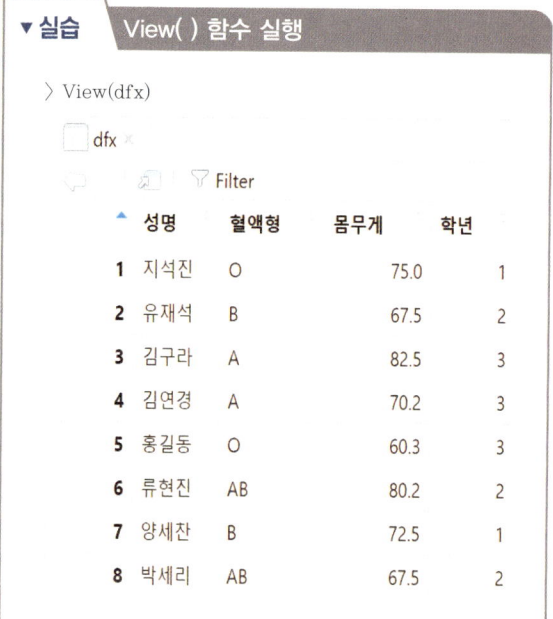

sink( ) 함수는 작업시작 전에 어떤 파일명을 저장할 것인지를 선언해주어야 한다. 그래서 본 실습에서는 sink("task.txt")로 저장하리라는 것을 컴퓨터 메모리에 먼저 기억시켜주었다. 그다음 ① dfs1 <- read.csv("student_list.csv") ② dfs1 ③ dfs2 <- read.table(file="student_list.txt", header=TRUE) ④ dfs2 ⑤ dfx <- rbind(dfs1, dfs2) ⑥ dfx 등 총 6개의 명령문을 실행하였다. 마지막으로 sink( ) 명령문을 진행하면 ①~⑥까지의 명령문으로 나타난 작업 결과물을 task.txt 파일로 저장된다.

View( ) 함수는 특정 변수에 담긴 데이터를 분석자에게 보기 편하도록 테이블 형태로 보여주는 기능을 제공한다.

write.table(dfx, "student_combine.txt", row.names=TRUE, quote=FALSE)는 dfx 변수의 데이터를 별도의 txt 파일로 저장하라는 명령문이다. write.csv(dfx, "student_combine.csv", row.names=TRUE)는 dfx 변수의 데이터를 별도의 csv 파일로 저장하라는 명령문이다.

write_xlsx(dfx,path="student_combine.xlsx", col_names=TRUE)는 dfx 변수의 데이터를 별도의 xlsx로 저장하라는 명령문이다. 엑셀 파일로 저장하기 위해서는 별도의 추가 패키지를 설치해야 한다. 본 실습에서는 install.packages("writexl")로 패키지를 설치하였고, library( ) 함수로 패키지를 불러오기하여 R에서 작성한 결과내용을 별도의 엑셀 파일로 저장하였다.

CHAPTER 3 데이터 확인하기

1. 사고유형별 월별 교통사고 통계(2018) 공공데이터 확인

분석자는 외부 데이터를 R 프로그램으로 불러오기 하였을 때 데이터 타입과 구성이 어떻게 되어 있는지를 확인할 필요가 있다. 데이터를 확인하고자 하는 이유는 빅데이터의 분포 현황을 통해 데이터의 유형과 결측치, 극단치 등의 데이터 성격을 확인할 수 있기 때문이다. 예를 들어 국가가 사회조사를 실시할 때 해외에서 고등학교를 졸업한 출신자 여부를 질문하거나 암을 진단받은 자 여부를 조사할 때 데이터는 결측치가 발생할 수 있다.

첫 번째 실습으로 국가 공공데이터에서 가져온 '도로교통공단_사고유형별 월별 교통사고 통계(2018)' 데이터를 불러오기하여 데이터의 구성을 확인하고자 한다.

도로교통공단에서 제공한 사고유형별 월별 교통사고 통계 데이터를 확인해보면 총 9개의 칼럼을 가지고 있다. 사고유형대분류, 사고유형중분류, 사고유형 등 3개의 칼럼은 문자 데이터로 구성 되어 있으며 월, 사고건수, 사망자수, 중상자수, 경상자수, 부상신고자수는 정수형으로 데이터 가 구성되어 있다. 데이터 내용을 일부 확인하면 '차대사람' 사고로 '횡단중'에 발생한 1월 사고건 수는 1667건, 사망자는 88명, 중상자수는 971명, 경상자수는 720명, 부상신고자수는 70명으 로 나타났다.

도로교통공단_사고유형별 월별 교통사고 통계(2018)

변수명	변수타입	데이터값
사고유형대분류	chr	"차대사람" "차대사람" "차대사람" "차대사람" ...
사고유형중분류	chr	"횡단중" "횡단중" "횡단중" "횡단중" ...
사고유형	chr	"횡단중" "횡단중" "횡단중" "횡단중" ...
월	int	1 2 3 4 5 6 7 8 9 10 ...
사고건수	int	1667 1511 1599 1544 1495 1357 1332 1373 ..
사망자수	int	88 62 76 62 46 37 54 69 71 89 ...
중상자수	int	917 760 798 766 739 691 688 705 764 891 ...
경상자수	int	720 713 751 750 774 659 625 634 696 790 ...
부상신고자수	int	70 60 80 62 60 56 47 57 67 66 ...

출처: https://www.data.go.kr/data/15070290/fileData.do#layer_data_infomation

read.csv( ) 함수를 이용하여 도로교통공단_사고유형별 월별 교통사고(2018).csv 불러오기를 하여 data라는 이름의 변수로 사고유형별 월별 교통사고 내용을 저장하였다.

> **문법** 데이터 확인하기

head(변수명, 데이터확인 개수)
tail(변수명, 데이터확인 개수)

head( ) 함수는 데이터 확인에서 자주 사용되는 함수이다. head( ) 함수를 이용하면 데이터세트의 상단 부분에 있는 데이터 중 일부 내용을 화면에 보여준다. 실습에서 head(data, 7)은 data 변수 중 상단 부분의 데이터 중 1~7행의 데이터만 화면에 출력하라는 의미이다. 만약 head(data) 명령문만 실행하면 기본 6개 데이터만 보여주며, head(data, 10) 명령문을 실행하면 상단에 있는 10개의 데이터만 화면에 보여준다.

tail( ) 함수는 데이터세트의 뒷부분의 일부를 보여주라는 함수이며 head( ) 함수와 문법 구조(명령문 작성 방법)는 동일하다. head( )는 데이터세트의 앞부분을 보여주고, tail( ) 함수는 데이터세트의 뒷부분을 기준으로 데이터 내용을 확인시켜주는 명령문이다.

실습에서 head(data, 7) 명령문을 실행하였고, 상단에 있는 1~7행의 데이터를 화면으로 확인할 수 있다. 그리고 tail(data, 5) 명령문을 실행하면 하단에 있는 마지막 데이터에서 5개 행(199~203번)의 데이터를 화면에서 확인할 수 있다.

▼ **실습** 데이터 확인하기 1 – 도로교통공단_사고유형별 월별 교통사고(2018).csv

```
> setwd("C:/Data Analysis/r_exam")
> data <- read.csv("도로교통공단_사고유형별 월별 교통사고(2018).csv", header=TRUE)
> head(data, 7) #데이터의 상단에서 7개 데이터만 추출하여 확인
```

	사고유형대분류	사고유형중분류	사고유형	월	사고건수	사망자수	중상자수	경상자수	부상신고자수
1	차대사람	횡단중	횡단중	1	1667	88	917	720	70
2	차대사람	횡단중	횡단중	2	1511	62	760	713	60
3	차대사람	횡단중	횡단중	3	1599	76	798	751	80
4	차대사람	횡단중	횡단중	4	1544	62	766	750	62
5	차대사람	횡단중	횡단중	5	1495	46	739	774	60
6	차대사람	횡단중	횡단중	6	1357	37	691	659	56
7	차대사람	횡단중	횡단중	7	1332	54	688	625	47

```
> tail(data, 5) #데이터의 하단에서 5개 데이터만 추출하여 확인
```

	사고유형대분류	사고유형중분류	사고유형	월	사고건수	사망자수	중상자수	경상자수	부상신고자수
199	차량단독	기타	기타	11	347	11	126	192	58
200	차량단독	기타	기타	12	302	9	111	192	42
201	철길건널목	철길건널목	철길건널목	2	1	1	0	0	0
202	철길건널목	철길건널목	철길건널목	6	1	1	0	0	0
203	철길건널목	철길건널목	철길건널목	10	1	0	1	4	1

도로교통공단의 '사고유형별 월별 교통사고 통계' 데이터에서 사고건수 칼럼만 별도로 확인하고자 한다면, data$사고건수 명령문을 실행하면 된다. data$사고건수 명령문을 실행하면 vector 방식으로 사고건수의 데이터만 화면에 출력해준다. 사고건수 데이터는 총 203개의 데이터가 있으며 최소 1부터 최대 6814의 값이 분포되어 있다.

다음으로 data[,c("사고건수","경상자수")]는 data[행,열]로 data[,c("사고건수","경상자수")]는 사고건수와 경상자수 칼럼의 데이터만 화면에 출력하라는 명령문이다. 이는 data[,c(5,8)] 명령문과 동일한 결과이다. 사고건수와 경상자수는 데이터가 5번째 칼럼, 8번째 칼럼에 위치해 있다. 그러므로 data[,c("사고건수","경상자수")]는 data[,c(5,8)]과 동일한 결과물이다. 그리고 data[1:3,] 명령문은 1행부터 3행까지 데이터를 출력하라는 명령문이며, 이는 head(data, 3) 명령문과 동일한 결과 내용을 보여준다.

▼ 실습 **데이터 확인하기 2 – 도로교통공단_사고유형별 월별 교통사고(2018).csv**

\> data$사고건수 *#data[,"사고건수"]와 동일한 결과를 제시한다.*

```
  [1] 1667 1511 1599 1544 1495 1357 1332 1373 1504 1741 1622 1645  407  379  417  387  423  379  349  354  376  415  433
 [24]  423  262  285  293  320  298  259  228  235  257  255  249  255  177  172  202  197  174  183  182  150  170  195
 [47]  209  183 1216 1163 1321 1433 1468 1474 1345 1302 1441 1545 1516 1502  606  501  479  481  583  520  536  570  558
 [70]  610  556  554 5560 5566 5987 6445 6650 6577 6814 6655 6463 6747 6587 6183  161  168  208  202  223  202  251  235
 [93]  210  222  218  217 3315 3109 2928 2962 3126 2761 3124 2997 3100 3343 3012 2838 2931 2624 2783 3146 3299 3503 3635
[116] 3530 3482 3823 3853 3470   71   83  100  122   98  110  131  126  106   98   75   80   21   17   23   20   23   18
[139]   22   20   14   20   16   18  304  322  293  329  339  305  294  363  284  289  288  285    2    1    4    2    3
[162]    1    2    1   32   24   42   41   39   38   39   36   50   41   32   43   13   24   25   21   23   14   23   15
[185]   24   21   14   11  281  259  321  338  373  381  391  373  332  372  347  302    1    1    1
```

\> data[,c("사고건수","경상자수")] *#data[,c(5,8)]과 동일한 결과를 보여준다.*
\> *#data[,c(5,8)]*

	사고건수	경상자수
1	1667	720
2	1511	713
3	1599	751
4	1544	750
5	1495	774

… 〈생략〉 …

201	1	0
202	1	0
203	1	4

\> data[1:3,] *#head(data, 3)과 동일한 결과를 보여준다.*

	사고유형대분류	사고유형중분류	사고유형	월	사고건수	사망자수	중상자수	경상자수	부상신고자수
1	차대사람	횡단중	횡단중	1	1667	88	917	720	70
2	차대사람	횡단중	횡단중	2	1511	62	760	713	60
3	차대사람	횡단중	횡단중	3	1599	76	798	751	80

2. 불법 주정차 단속현황 공공데이터 확인

두 번째 실습에서는 국가 공공데이터에 업로드된 있는 '2018년도 서울특별시_강남구_불법주정차단속현황' 데이터를 불러오기하여 데이터의 구성을 확인하고자 한다.

서울특별시_강남구_불법주정차단속현황

변수명	변수타입	데이터값
연도	int	2017 2017 2017 2017 2017 2017 ...
동명	chr	"개포동" "논현동" "대치동" "도곡동" ...
부과건수	int	9409 71771 55222 10763 36472 8006 9786 52528 ...
견인건수	int	284 2054 2624 130 1507 39 434 ...
단속원금(원)	num	643335000 236150000 1339210000 ...
데이터기준일자	chr	"2021-02-08" "2021-02-08" "2021-02-08" ...

출처: https://www.data.go.kr/data/15048827/fileData.do

▼ 실습 데이터 확인하기 1 – 불법 주정차 단속현황 데이터

```
> setwd("C:/Data Analysis/r_exam")
> data <- read.csv("서울특별시_강남구_불법주정차단속현황_20210208 – 결측치.csv")
> data
```

	연도	동명	부과건수	견인건수	단속원금.원.	데이터기준일자
1	2017	개포동	9409	284	376360000	2021-02-08
2	2017	논현동	71771	2054	2870840000	2021-02-08
3	2017	대치동	55222	2624	2208880000	2021-02-08
4	2017	도곡동	10763	130	430520000	2021-02-08
5	2017	삼성동	36472	1507	1458880000	2021-02-08
6	2017	세곡동	8006	39	320240000	2021-02-08
7	2017	수서동	9786	434	391440000	2021-02-08
8	2017	신사동	52528	610	2101120000	2021-02-08
9	2017	압구정동	6561	350	262440000	2021-02-08
10	2017	역삼동	90385	4214	3615400000	2021-02-08
11	2017	일원동	8507	220	340280000	2021-02-08
12	2017	자곡동	6180	NA	247200000	2021-02-08

… 〈생략〉 …

	연도	동명	부과건수	견인건수	단속원금.원.	데이터기준일자
1	2017	개포동	9409	284	376360000	2021-02-08
2	2017	논현동	71771	2054	2870840000	2021-02-08
3	2017	대치동	55222	2624	2208880000	2021-02-08
4	2017	도곡동	10763	130	430520000	2021-02-08
5	2017	삼성동	36472	1507	1458880000	2021-02-08
6	2017	세곡동	8006	39	320240000	2021-02-08
7	2017	수서동	9786	434	391440000	2021-02-08
8	2017	신사동	52528	610	2101120000	2021-02-08
9	2017	압구정동	6561	350	262440000	2021-02-08
10	2017	역삼동	90385	4214	3615400000	2021-02-08
11	2017	일원동	8507	220	340280000	2021-02-08
12	2017	자곡동	6180		247200000	2021-02-08
13	2017	청담동	39243	426	1569720000	2021-02-08
14	2018	개포동		244	327280000	2021-02-08
15	2018	논현동	48776	1213	1951040000	2021-02-08

read.csv( ) 함수를 이용하여 '서울특별시_강남구_불법주정차단속현황_20210208 - 결측치.csv' 불러오기를 하였다면 데이터가 저장된 data 변수를 통해서 공공데이터의 현황을 파악할 수 있다.

실습에서는 data 변수명으로 '서울특별시_강남구_불법주정차단속현황_20210208 - 결측치.csv'의 데이터를 저장하였으므로 data 변수를 입력 및 실행하면 출력 화면에 불법주정차단속현황의 전체 데이터를 보여준다. 만약, 분석자가 테이블 형태로 데이터를 보기 편하게 확인하고자 한다면, View( )함수를 사용하면 된다. 여기서 중요한 점은 View( ) 함수에서 V 철자는 대문자로 입력해야 명령문이 올바르게 실행된다.

▼실습   데이터 앞부분과 뒷부분 확인하기 - 불법 주정차 단속현황 데이터

> head(data, 6)   #head(변수명, 데이터확인 개수)

	연도	동명	부과건수	견인건수	단속원금.원.	데이터기준일자
1	2017	개포동	9409	284	376360000	2021-02-08
2	2017	논현동	71771	2054	2870840000	2021-02-08
3	2017	대치동	55222	2624	2208880000	2021-02-08
4	2017	도곡동	10763	130	430520000	2021-02-08
5	2017	삼성동	36472	1507	1458880000	2021-02-08
6	2017	세곡동	8006	39	320240000	2021-02-08

> tail(data, 6)   #tail(변수명, 데이터확인 개수)

	연도	동명	부과건수	견인건수	단속원금.원.	데이터기준일자
48	2020	신사동	15494	322	643335000	2021-02-08
49	2020	압구정동	5730	458	236150000	2021-02-08
50	2020	역삼동	35506	1754	1339210000	2021-02-08
51	2020	일원동	5809	442	301820000	2021-02-08
52	2020	자곡동	1071	NA	52500000	2021-02-08
53	2020	청담동	NA	500	823095000	2021-02-08

실습에서는 head(data, 6) 명령문을 실행하였고, 상단에 위치한 1~6행의 데이터를 콘솔창에서 확인할 수 있다. 그리고 tail(data, 6) 명령문을 실행하면 하단에 위치한 마지막 데이터에서 6개 행(48~53번)의 데이터를 콘솔창에서 확인할 수 있다.

▼실습   데이터의 특정 변수와 칼럼으로 조회 - 불법 주정차 단속현황 데이터

> data$동명

 [1] "개포동" "논현동" "대치동" "도곡동" "삼성동" "세곡동" "수서동" "신사동" "압구정동" "역삼동"
[11] "일원동" "자곡동" "청담동" "개포동" "논현동" "대치동" "도곡동" "삼성동" "세곡동" "수서동"
                              … 〈생략〉 …

```
> length(data$동명)
[1] 53
> data$부과건수
 [1]  9409 71771 55222 10763 36472  8006  9786 52528  6561 90385  8507  6180 39243    NA 48776 43306
 7670 30001  7533
[20] 10976 26028  4412 67609  8693  2669 27741  7057 48210 41600  7882 28419  4338 10648    NA  4510
    NA  1268    NA
[39]  2664 28516  4581 27407 24356    NA 15740  2598    NA 15494  5730 35506  5809  1071    NA
> data["동명"]  #data[2] 명령문은 data[ "동명" ]과 동일한 결과를 보여준다.
> # data[2]
    동명
1  개포동
2  논현동
3  대치동
4  도곡동
5  삼성동
6  세곡동
  …〈생략〉…
> data[,c("견인건수","부과건수")]  # data[c(4,3)] 명령문과 동일한 결과를 보여준다.
> # data[c(4,3)]
    견인건수  부과건수
1       284      9409
2      2054     71771
3      2624     55222
4       130     10763
5      1507     36472
6        39      8006
  …〈생략〉…
```

데이터에 포함된 특정 변수의 내용을 조회하고 싶은 경우 '$' 기호를 사용하여 '변수명$칼럼명' 형식으로 데이터를 확인할 수 있다. 실습에서 data$동명의 명령문은 data 변수에서 동명 칼럼의 데이터를 확인시켜준다. 또는 data["동명"] 명령문으로도 동명 칼럼에 저장된 데이터를 확인할 수 있다. 두 개 이상의 칼럼의 데이터를 확인하고자 한다면 data[c("견인건수","부과건수")] 또는 data[c(2,5)] 명령문과 같이 c( ) 함수를 이용하여 확인할 수 있다. 이처럼 두 개의 칼럼명 또는 칼럼 위치값으로 명령문을 작성하여 실행하면 두 개의 칼럼에 있는 데이터 내용을 콘솔창에서 확인할 수 있다. 그리고 data$동명의 데이터 개수를 확인하고자 한다면 length(data$동명) 명령문을 실행하면 데이터 수를 콘솔창에서 확인할 수 있다.

CHAPTER 4 종합 연습문제

01 20210306_롯데야구기록.csv 파일을 불러오기 하시오.

02 0210306_롯데야구기록.csv에서 상대팀 칼럼만 화면에 출력하시오.

03 로교통공단_사고유형별 월별 교통사고(2019) 파일을 불러오기 하시오.

04 도로교통공단_사고유형별 월별 교통사고(2019) 파일의 내용 중 마지막 하단 10개만 화면으로 출력하시오.

04

R programming

데이터 전처리

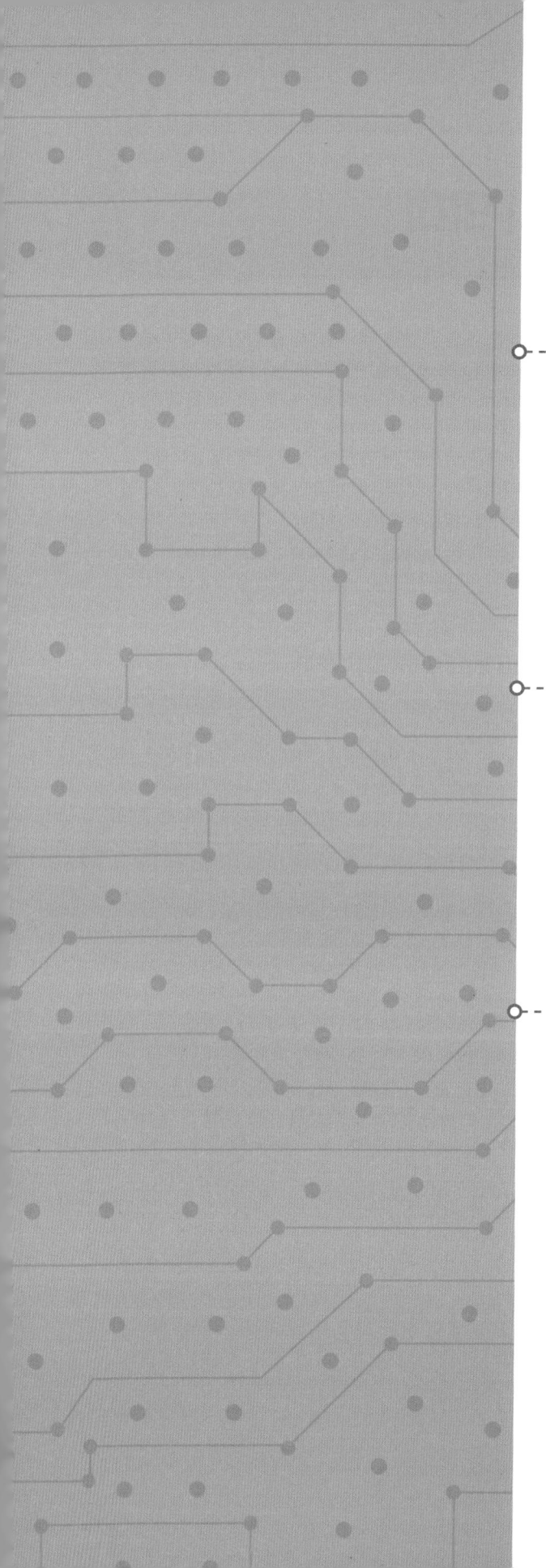

학습배경

- 데이터 전처리란 특정 분석에 적합하게 데이터를 가공하는 작업을 의미한다. 분석자가 외부에서 가져온 빅데이터는 대다수 데이터 전처리의 과정이 필요하다. 예를 들어 외부에서 가져온 빅데이터 중에 모든 연령대 데이터에서 청소년 데이터만 분리해서 분석한다든지 결측치를 제거한다든지 등의 사유로 전처리를 하게 되는 것이다. 이러한 전처리 과정을 위해서 본 장에서는 dplyr 패키지와 reshape2 패키지에 포함된 함수를 실습할 것이며, 또한 제어문을 실습하여 데이터 전처리 과정의 역량을 높일 것이다.

학습목표

- R 프로그래밍의 기능을 강화해주는 패키지를 다운로드 받고, 패키지에서 제공되는 함수를 이용할 수 있다.
- dply 패키지를 설치하고 dply 패키지에서 제공하는 함수로 데이터 전처리를 작업할 수 있다.
- dreshape2 패키지를 설치하고 reshape2 패키지에서 제공하는 함수로 데이터 전처리를 작업할 수 있다.
- 조건문, 반복문, 사용자 정의 함수를 사용하여 데이터 전처리의 작업을 수행할 수 있다.

학습구성

1. 빅데이터 전처리의 의미

2. R 패키지

3. dplyr 패키지를 이용한 데이터 전처리

4. reshape2 패키지를 이용한 데이터 전처리

5. 제어문

6. 종합 연습문제

빅데이터 전처리 의미

데이터 전처리란 특정 분석에 적합하게 데이터를 가공하는 작업을 의미한다. 분석자가 분석하기 좋게 데이터를 고치는 모든 작업을 데이터 전처리(preprocessing)라고 한다. 여기서 데이터의 원본 값을 수정하는 것이 아니라 분석에 필요한 데이터를 별도로 분리하여 관리하는 행위를 의미하는 것이다. 예를 들어 날씨의 영향에 따른 전통시장 내 방문객을 분석하고자 할 경우 또는 오일장이 열리는 시기에 외부에서 유입되는 방문객 수, 전통시장의 연령대별 방문의도 등 전통시장 관련 빅데이터 분석에서도 다양한 관점과 시각이 나타나므로 목적에 따라서 데이터를 재가공해야 하는 상황이 발생한다. 그러기 때문에 데이터 전처리가 필요하게 된다.

실제로 빅데이터 수집부터 분석하고 결과를 도출하는 모든 과정에서 데이터 전처리 과정이 시간적 소모가 제일 많이 든다.

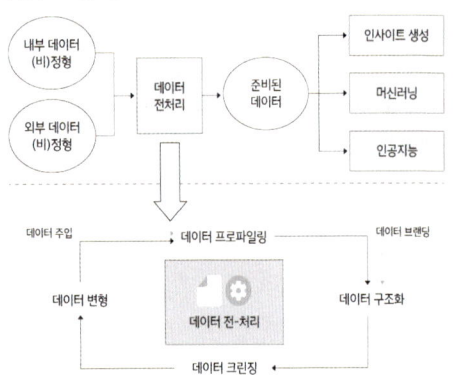

데이터 전처리의 필요성

① 공공데이터 등의 2차 빅데이터를 확보하였더라도 분석자의 분석 목적에 부합하려면 데이터를 손볼 곳이 많아진다.

② 전체 데이터에서 중간중간 데이터의 결측치가 있거나 틀린 값이 입력된 경우가 있고, 데이터의 단위(예. 비율 단위를 일반 수치로 기록)가 틀릴 수도 있다.

③ 분석 목적에 부합하기 위해서 분석자는 문자로 된 범주형 데이터를 숫자로 변환시켜야 하는 경우가 발생한다. 예를 들어 초등학생은 1, 중학생은 2로 수정해야 하는 경우를 의미한다.

즉, 데이터 전처리는 분석자에게 필요한 데이터를 골라내기 위한 작업의 한 과정이므로 데이터 filtering, 데이터 변환을 하는 작업 과정이다. 분석자는 데이터를 분석하기 좋게 오류를 걸러내고 깨끗하게 바꾼다는 의미로서 데이터 전처리를 data cleaning이라고도 한다.

CHAPTER 2 R 패키지(Package)

1. R 패키지 설명

R 프로그래밍을 언어를 이용하면 손쉽게 통계분석 및 빅데이터 분석을 진행할 수 있다. 하지만 많은 종류의 통계 방법과 빅데이터 분석을 수행하기 위해서는 다양한 패키지 설치가 요구된다. 그래서 R 프로그램은 여러 데이터 분석이 가능하도록 패키지를 설치할 수 있는 기능을 제공한다. 빅데이터 분석에 도움을 주는 다양한 패키지들은 전세계 개발자 및 R 프로그래밍 이용자들에 의해서 개발되고 있으며, 현재 12,000개 이상의 패키지들을 R 프로그램에서 다운로드를 받아서 사용할 수 있다.

패키지에서 제공되는 다양한 함수는 분석자에게 더 나은 빅데이터 분석을 도와준다. R 패키지는 통계학 전문가와 컴퓨터 프로그래밍 개발자에 의해서 꾸준히 개발되어 CRAN Site에 업로드되고 있다. 분석자는 패키지를 CRAN site에서 다운로드하여 분석자의 컴퓨터에 설치할 수 있으며, 분석자가 분석하고자 하는 빅데이터 종류가 많을수록 설치되는 패키지의 종류와 수는 증가할 수밖에 없다.

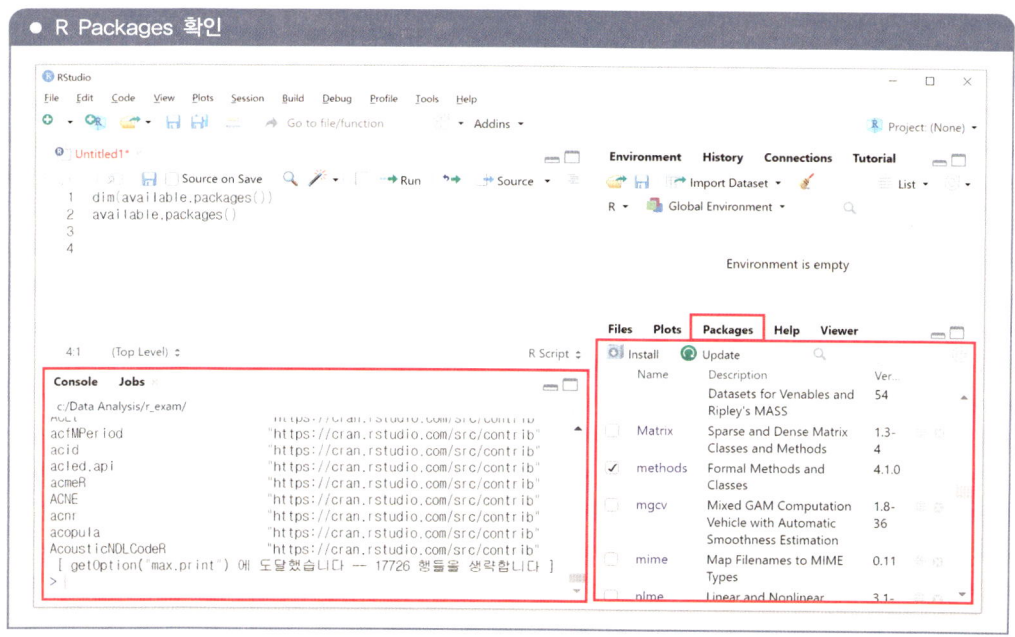

분석자가 현재 이용 가능한 패키지가 무엇인지를 확인하는 명령문은 available.packages( )가 있으며, 명령문을 실행하면 콘솔창에 설치되어 있는 패키지 현황을 보여준다. R Studio를 이용하면 우측 하단에 Packages 탭을 선택하여 설치되어 있는 전체 패키지를 확인할 수 있다.

2. R 패키지 설치 및 사용

학습 세부사항		
install.packages("패키지명")	installed.packages("패키지명")	library(패키지명)
remove.packages("패키지명")	require(패키지명)	search( )
update.packages("패키지명")		

2.1 R 패키지 설치

install.packages(패키지명)을 실행하면 패키지가 설치된다. 패키지를 설치하면 분석자가 간단하게 실습할 수 있는 예제 데이터와 매뉴얼도 패키지를 통해 함께 제공된다. R 패키지를 설치할 때 유의할 점은 패키지명을 작성할 때 install.packages("stringr")처럼 반드시 따옴표를 입력해야 한다. R 프로그램에 설치된 패키지를 확인하려면 installed.packages("패키지명")을 이용하면 된다.

> 🔍 **문법** R 패키지 설치
>
> install.packages("패키지명")
> installed.packages("패키지명")

> ▼ **실습** R Packages 설치
>
> \> install.packages("corrgram") # *corrgram( ) 함수는 상관계수를 시각화하는 데 유용*
>
> package 'corrgram' successfully unpacked and MD5 sums checked
> The downloaded binary packages are in
>   C:\Temp\Rtmp8sCWYs\downloaded_packages

실습에서 R 프로그래밍에서 Corrgram 패키지를 사용하고자 install.packages( ) 함수를 이용하였다. 패키지 설치과정은 콘솔창에서 분석자가 쉽게 확인할 수 있다.

2.2 R 패키지 사용

R 프로그래밍에서 패키지를 사용하려면 해당 패키지를 메모리에 저장시켜야 사용할 수 있다. 패키지를 메모리에 저장시키지 위해서는 library( ) 함수 또는 require( ) 함수를 사용하면 된다.

library( ) 함수는 설치되지 않은 패키지를 불러오기를 진행할 때 오류를 발생시키지만, require( ) 함수는 경고메시지만 화면에 출력해주는 특징을 가진다. search( ) 함수는 R 프로그램에서 불러오기를 진행한 패키지를 확인하는 함수이다.

> **문법** R 패키지 사용 및 확인
>
> library(패키지명)
> require(패키지명)
> search( )

> **실습** R Packages 사용
>
> ```
> > library(corrgram)  # corrgram( ) 함수는 상관계수를 시각화하는 데 유용
> > require(corrgram)
> > search( )
>
> [1]  ".GlobalEnv"          "package:corrgram"    "package:readxl"
> [4]  "tools:rstudio"       "package:stats"       "package:graphics"
> [7]  "package:grDevices"   "package:utils"       "package:datasets"
> [10] "package:methods"     "Autoloads"           "package:base"
>
> > library(car)  #car 패키지 설치가 안 되어 있으면 오류가 발생한다.
> library(car)에서 다음과 같은 에러가 발생했습니다: 'car' 이라고 불리는 패키지가 없습니다
> > require(car)  #car 패키지 설치가 안 되어 있으면 오류가 발생한다.
> 필요한 패키지를 로딩중입니다: car
> 경고메시지(들):
> library(package, lib.loc = lib.loc, character.only = TRUE, logical.return = TRUE,에서: 'car' 이라고 불리는 패키지가 없습니다
> ```

실습에서 library(car)를 실행하면 car 패키지가 설치되어 있지 않기 때문에 에러 메시지가 출력된다.

실습 — R Packages 설치와 사용

```
> install.packages("cowsay")
> library(cowsay)
> say(what="안녕하세요. 여러분", by="rabbit", what_color='blue', by_color='blue')

 ------
안녕하세요. 여러분
 ------
    w
    w
   ( )_( )
   (='.'=)
   (^)_(^) [nosig]
```

실습에서 cowsay 패키지는 Ascii 문자를 이용하여 동물을 표현하고 메시지, 경고 등을 보여주는 말풍선 패키지이다. cowsay 패키지에 포함된 say( ) 함수를 세부적으로 이용하고 싶다면 R Studio에서 우측 하단의 help 탭을 확인하여 say( ) 함수를 검색하면 함수 기능을 확인할 수 있다. 매개변수 또는 속성값으로 색상 지정, 동물 선택 등 다양한 선택지가 있다는 것을 분석자가 매뉴얼을 통해 이해할 수 있다.

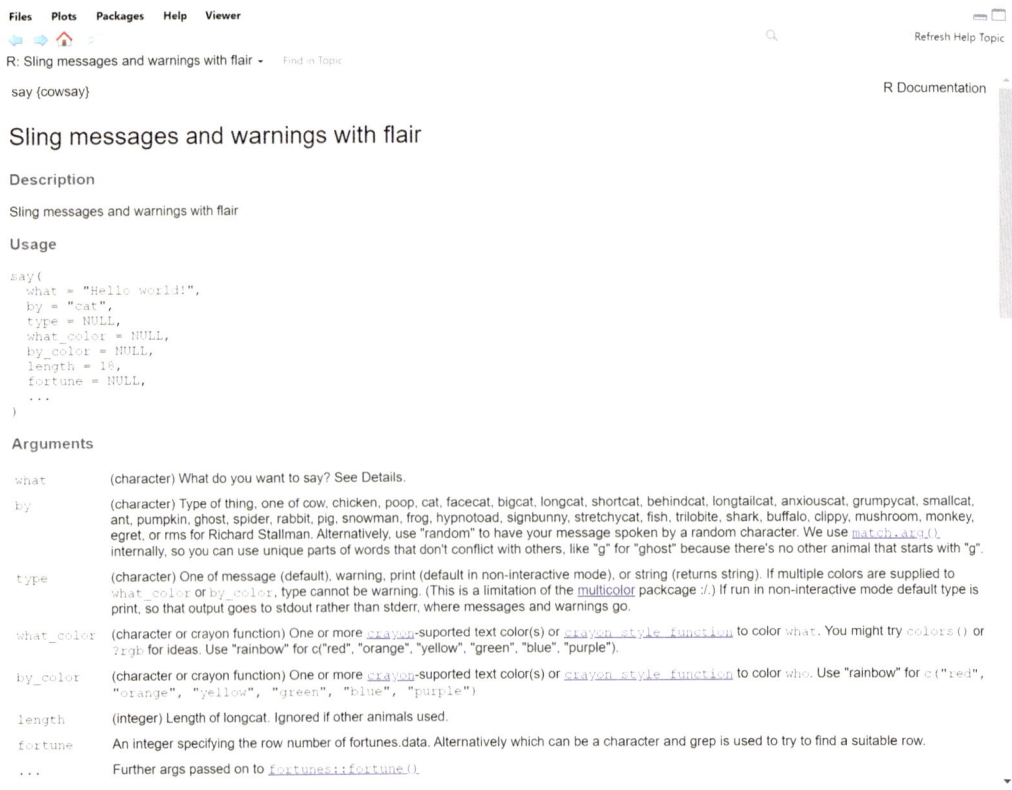

3. R 패키지 업데이트 및 제거

update.packages( ) 함수는 업데이트가 가능하거나 필요한 모든 패키지를 업데이트할 수 있도록 도와주는 함수이다. update.packages("업데이트할 패키지명")을 실행하면 지정한 패키지만 업데이트를 진행할 수 있다.

> **Q 문법**   R 패키지 업데이트
>
> update.packages("패키지명")

remove.packages(제거할 패키지명)을 실행하면 입력한 패키지를 삭제한다. 실습에서 corrgram 패키지를 제거하기 위해 remove.packages("corrgram") 명령문을 실행하였다.

> **Q 문법**   R 패키지 삭제
>
> remove.packages("패키지명")

> **▼ 실습**   R Packages 업데이트 및 제거
>
> > update.packages("corrgram")
> > remove.packages("corrgram")
>
> 패키지(들)을 'C:/Data Analysis/R-4.1.0/library' 으로부터 제거합니다.

CHAPTER 3. dplyr 패키지를 이용한 데이터 전처리

1. dplyr 패키지의 함수 소개

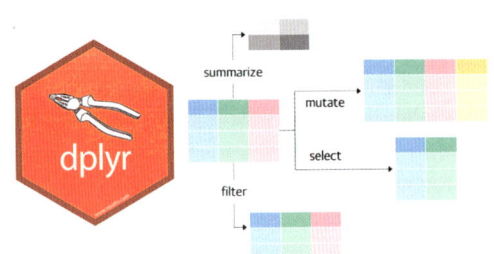

dplyr 패키지는 Hadley Wickham가 개발한 데이터 처리에 특화된 R 패키지이다. 데이터 조작을 더 쉽고 편리하게 도와주면서 데이터 분석을 진행 시켜주는 패키지이다.

dplyr 패키지는 데이터프레임에 데이터를 직접 붙어 동작하도록 개발되어서 데이터 구조를 가진 정형화된 데이터 처리에 적합한 패키지이다.

dplyr 패키지의 주요함수

함수명	설명
tbl_df( )	전체 데이터에서 콘솔 창의 크기만큼 데이터를 추출
filter( )	전체 데이터에서 조건에 맞는 데이터만 추출
arrange( )	전체 데이터에서 특정 칼럼에 맞추어 정렬
select( )	전체 데이터를 대상으로 칼럼을 선택
mutate( )	전체 데이터에서 새로운 칼럼을 추가
summarise( )	전체 데이터의 특정 칼럼을 요약 및 집계
summary( )	간단한 통계량들을 데이터세트를 요약
group_by( )	전체 데이터의 집단 변수를 이용하여 그룹화
join( )	데이터프레임과 데이터프레임을 결합
bind( )	행 또는 열 단위로 데이터프레임 결합
names( )	칼럼 이름을 변경하는 기능

dplyr 패키지는 주로 데이터 전처리를 위해서 사용된다. %>% 파이프 연산자를 이용하여 체인 형식의 코드 사용이 가능하다. dply 패키지는 직관적이고 이해하기 쉬운 문법 구조로 되어 있으며, 불필요한 객체 생성이 필요가 없다. 또한 빠른 처리 속도와 메모리의 과부하가 적은 장점이 있다.

dplyr 패키지에서는 변수(열)의 선택, 변수(열)의 신규 생성 및 업데이트, 칼럼(행)을 조건에 따라 추출 및 정렬, 데이터 요약 집계, 데이터 그룹화, 여러 데이터의 집합을 결합, 가로형과 세로형으로 데이터 변환, 열 결합 및 분리할 수 있는 기능을 제공한다.

2. dplyr 패키지 전처리 실습 – 사고유형별/월별 교통사고 데이터

국가 공공데이터에서 가져온 '도로교통공단_사고유형별 월별 교통사고 통계(2018)' 데이터를 토대로 본 dplyr 패키지 실습을 진행하였다. 본 데이터는 사고유형별, 월별로 사고건수, 사망자수, 중상자수, 경상자수, 부상신고자수의 데이터가 기록되어 있다.

도로교통공단_사고유형별 월별 교통사고 통계(2018)

변수명				
사고유형대분류 (chr)	사고유형중분류 (chr)	사고유형 (chr)	사고건수 (int)	월 (int)
사망자수 (int)	중상자수 (int)		경상자수 (int)	부상신고자수 (int)

출처: https://www.data.go.kr/data/15070290/fileData.do#layer_data_infomation

dplyr 패키지의 기본기를 먼저 이해하기 위해서 %>% 파이프 연산자를 먼저 실습할 필요성이 있다. 실습에서는 t_data 변수로 도로교통공단_사고유형별 월별 교통사고 통계(2018)' 의 데이터가 저장되어 있다. t_data %>% head()의 명령문을 실행하면 t_data를 기준으로 head() 명령문을 실행하라는 의미이다. 그리고 t_data %>% subset(사고건수>=6500 & 부상신고자수>=700) 명령문은 t_data에서 사고건수가 6500개 이상이면서 부상신고자수가 700 이상인 데이터만 추출하라는 의미이다.

▼ 실습 **dplyr( ) 패키지 실습 1**

```
> install.packages("dplyr")
> library(dplyr)
> t_data <- read.csv("C:/Data Analysis/r_exam/도로교통공단_사고유형별 월별 교통사고(2018).csv")
> t_data %>% head( )   #전체 데이터세트 중 첫째 데이터부터 6개의 관찰 데이터를 화면에 표시
     사고유형대분류 사고유형중분류 사고유형  월  사고건수 사망자수 중상자수 경상자수 부상신고자수
1       차대사람        횡단중      횡단중   1    1667      88      917     720       70
2       차대사람        횡단중      횡단중   2    1511      62      760     713       60
3       차대사람        횡단중      횡단중   3    1599      76      798     751       80
4       차대사람        횡단중      횡단중   4    1544      62      766     750       62
5       차대사람        횡단중      횡단중   5    1495      46      739     774       60
6       차대사람        횡단중      횡단중   6    1357      37      691     659       56

> t_data %>% subset(사고건수>=6500 & 부상신고자수>=700)
> # 사고건수가 6500개이고 부상신고자수가 700건 이상인 데이터만 추출

     사고유형대분류 사고유형중분류 사고유형  월  사고건수 사망자수 중상자수 경상자수 부상신고자수
77       차대차         측면충돌    측면충돌   5    6650      54     2304    7534      715
79       차대차         측면충돌    측면충돌   7    6814      49     2140    7927      717
80       차대차         측면충돌    측면충돌   8    6655      52     2156    7793      720
```

tbl_df(t_data) 함수는 분석자의 R Studio 창 크기에 맞추어 데이터 현황을 출력하는 함수이다.

> **실습** dplyr( ) 패키지 실습 2 – tbl_df( )

```
> tbl_df(t_data) #현재 R의 콘솔 창 크기에서 볼 수 있을 만큼 행과 칼럼을 출력
# A tibble: 203 x 9
   사고유형대분류  사고유형중분류  사고유형    월    사고건수
        <chr>          <chr>         <chr>   <int>    <int>
1    차대사람        횡단중         횡단중      1      1667
2    차대사람        횡단중         횡단중      2      1511
3    차대사람        횡단중         횡단중      3      1599
4    차대사람        횡단중         횡단중      4      1544
5    차대사람        횡단중         횡단중      5      1495
6    차대사람        횡단중         횡단중      6      1357
7    차대사람        횡단중         횡단중      7      1332
8    차대사람        횡단중         횡단중      8      1373
9    차대사람        횡단중         횡단중      9      1504
10   차대사람        횡단중         횡단중     10      1741
# ... with 193 more rows, and 4 more variables:
#   사망자수 <int>, 중상자수 <int>, 경상자수 <int>,
#   부상신고자수 <int>
```

filter( )함수는 filter(변수명, 조건1, 조건2, 조건n…)의 문법 구조를 가진다. 실습에서 filter(t_data, 사고유형중분류=="횡단중"&사망자수>=70) 명령문은 t_data 변수에서 '사고유형중분류'가 '횡단중'이면서 '사망자수'가 70 이상인 데이터만 추출하라는 의미이다.

> **실습** dplyr( ) 패키지 실습 3 – filter( )

```
> filter(t_data, 사고유형중분류=="횡단중"&사망자수>=70)
> # 빅데이터에서 필요한 데이터만 추출하는 필터링 함수

  사고유형대분류 사고유형중분류 사고유형  월  사고건수 사망자수 중상자수 경상자수 부상신고자수
1   차대사람      횡단중       횡단중    1    1667      88      917      720       70
2   차대사람      횡단중       횡단중    3    1599      76      798      751       80
3   차대사람      횡단중       횡단중    9    1504      71      764      696       67
4   차대사람      횡단중       횡단중   10    1741      89      891      790       66
5   차대사람      횡단중       횡단중   12    1645      84      817      776       66
```

dplyr( ) 패키지에서 제공하는 arrage( ) 함수를 이용하면 변수의 특정칼럼을 기준으로 오름차순과 내림차순으로 정렬할 수 있다. arrange(변수명 칼럼1, 칼럼2, desc(칼럼3), …)의 문법 구조로 되어 있다. 실습에서 arrange(t_data, desc(사고건수)) 명령문은 t_data의 사고건수 칼럼을 내림차순으로 정렬하여 화면에 보여주라는 의미이다

select( ) 함수는 변수의 특정 칼럼만 선정하여 데이터를 조회할 수 있게 도움을 제공한다. select(변수명, 칼럼1, 칼럼2, 칼럼n)의 문법 구조로 되어 있다. 실습에서 select(t_data, 사고유형, 부상신고자수) 명령문은 t_data에서 사고유형 칼럼과 부상신고자수 칼럼을 화면에 보여주라는 의미이다.

mutate( ) 함수는 특정 칼럼을 새롭게 추가할 수 있도록 도움을 주는 함수이다. mutate(변수명, 칼럼명1=수식…) 문법 구조로 되어 있다. 실습에서 mutate(t_data, 비율=사망자수/사고건수) 명령문은 사망자수/사고건수를 계산하여 이를 비율 칼럼에 저장하고, t_data의 칼럼과 결합하여 t_data2 변수로 저장하라는 의미이다.

▼ 실습 **dplyr( ) 패키지 실습 4 – arrange( ), select( ), mutate**

> arrange(t_data, desc(사고건수)) *#빅데이터에서 특정 칼럼을 정렬시켜주는 함수*

	사고유형대분류	사고유형중분류	사고유형	월	사고건수	사망자수	중상자수	경상자수	부상신고자수
1	차대차	측면충돌	측면충돌	7	6814	49	2140	7927	717
2	차대차	측면충돌	측면충돌	10	6747	56	2158	7597	647
3	차대차	측면충돌	측면충돌	8	6655	52	2156	7793	720
4	차대차	측면충돌	측면충돌	5	6650	54	2304	7534	715
5	차대차	측면충돌	측면충돌	11	6587	45	2099	7474	642
6	차대차	측면충돌	측면충돌	6	6577	39	2263	7437	677

> select(t_data, 사고유형, 부상신고자수) *#빅데이터의 데이터 셋의 특정 칼럼을 기준으로 데이터 검색*

	사고유형	부상신고자수
1	횡단중	70
2	횡단중	60
3	횡단중	80
4	횡단중	62
5	횡단중	60
6	횡단중	56

… 〈생략〉 …

> t_data2 <- mutate(t_data, 비율=사망자수/사고건수) *#빅데이터에서 특정 칼럼을 추가시켜주는 함수*
> t_data2

	사고유형대분류	사고유형중분류	사고유형	월	사고건수	사망자수	중상자수	경상자수	부상신고자수	비율
1	차대사람	횡단중	횡단중	1	1667	88	917	720	70	0.052
2	차대사람	횡단중	횡단중	2	1511	62	760	713	60	0.041
3	차대사람	횡단중	횡단중	3	1599	76	798	751	80	0.047
4	차대사람	횡단중	횡단중	4	1544	62	766	750	62	0.040

… 〈생략〉 …

summarise( ) 함수는 변수에서 특정 칼럼을 기준으로 기술통계량을 계산하도록 도와주는 함수이다. summarise(변수명, 추가할 칼럼명=함수(칼럼명)…)의 문법 구조로 되어 있다. 실습에서 summarise(t_data, mean(사고건수)) 명령문은 t_data 변수에서 사고건수 칼럼에 있는 데이터들의 평균값을 제시하는 의미이다. 평균값이 1069.695라고 화면에 출력해준다.

group_by( ) 함수는 변수에 있는 범주형 칼럼을 대상으로 그룹화하여 별도의 계산을 진행할 수 있도록 도움을 준다. 실습에서 group_by(t_data, 사고유형대분류) %>% summarise(mean_math=mean(사고건수), sum_math= sum(사고건수), n = n( )) 명령문은 t_data 변수에서 사고유형대분류로 그룹화를 진행하여 사고건수를 평균과 합계로 계산하고, 그 다음에는 계산된 샘플수를 보여주라는 의미를 가진다.

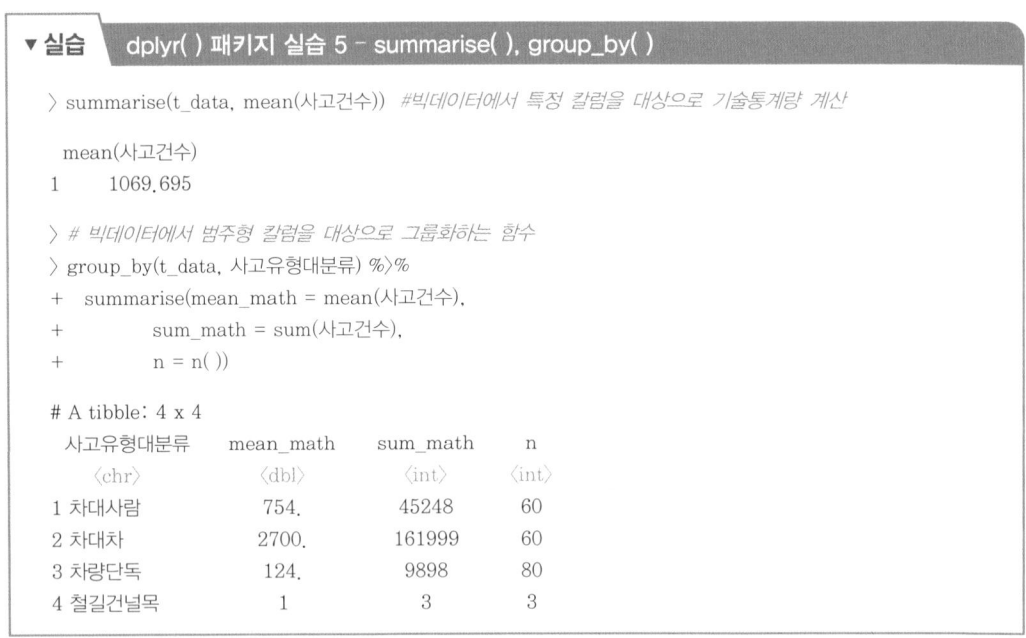

x <- filter(t_data, 경상자수>=7000) 명령문은 t_data에서 경상자수 칼럼을 기준으로 7000명 이상인 데이터만 추출하여 x 변수에 저장하라는 의미이다. 그리고 x <- x[,c(4,8)] 명령문은 x 변수에서 4번째 칼럼과 8번째 칼럼만 추출하여 x 변수로 재저장하라는 의미이다. 이에 x 변수에는 월, 경상자수 칼럼만 추출하여 저장된다.

다음 y <- filter(t_data, 부상신고자수>=650) 명령문은 t_data에서 부상신고자수가 650명 이상인 데이터만 추출하여 y 변수에 저장하라는 의미이다. 그리고 y <- y[,c(4,9)] 명령문은 y 변수에 4번째 칼럼과 9번째 칼럼만 추출하여 y 변수로 재저장하라는 의미이다. 이에 y 변수에는 월, 부상신고자수 칼럼만 추출하여 저장된다.

dplyr( ) 패키지에서는 서로 다른 변수에서 공통된 칼럼값이 존재한다면, 공통된 칼럼을 이용하여 하나의 데이터프레임으로 병합할 수 있도록 도와주는 함수도 제공한다.

▼실습　dplyr( ) 패키지 실습 6 – join( )

```
> library(dplyr)
> head(t_data,3)
    사고유형대분류 사고유형중분류 사고유형 월 사고건수 사망자수 중상자수 경상자수 부상신고자수
1       차대사람         횡단중      횡단중  1     1667       88      917      720           70
2       차대사람         횡단중      횡단중  2     1511       62      760      713           60
3       차대사람         횡단중      횡단중  3     1599       76      798      751           80
> x <- filter(t_data, 경상자수>=7000) #경상자수가 7000명이상인 데이터만 추출하여 x변수에 저장
> x <- x[,c(4,8)] #x변수에서 월, 경상자수 칼럼만 추출하여 저장
> x
   월 경상자수
1   4     7442
2   5     7534
3   6     7437
4   7     7927
5   8     7793
6   9     7635
7  10     7597
8  11     7474
9  12     7343
> y <- filter(t_data, 부상신고자수>=650) #부상신고자수가 650명이상인 데이터만 추출하여 y변수에 저장
> y <- y[,c(4,9)] #y변수에서 월, 부상신고자수 칼럼만 추출하여 저장
> y
   월 부상신고자수
1   4          652
2   5          715
3   6          677
4   7          717
5   8          720
6   9          666

> inner_join(x,y, by="월")
   월 경상자수 부상신고자수
1   4     7442          652
2   5     7534          715
3   6     7437          677
4   7     7927          717
5   8     7793          720
6   9     7635          666
```

2개 이상의 변수에서 특정 칼럼을 기준으로 변수 간 데이터를 결합하고자 한다면 join( ) 함수를 이용하여 해결할 수 있다. join( ) 함수의 문법 구조는 join(변수명1,변수명2,변수명n, by=조건칼럼명)으로 구성되어 있다.

본 실습에서는 x는 경상자수가 7000명이상인 데이터만 추출인 데이터가 저장되어 있으며, y변수에는 부상신고자수가 650명이상인 데이터가 저장되어 있다. 이때 월을 기준으로 데이터를 결합하고자 inner_join(x,y, by="월") 명령문을 실행하였다. x 변수와 y 변수에서 월 칼럼으로 월 값이 공통된 값들만 묶어서 화면에 출력하라는 의미를 가진다. x 변수에서 4~9월까지 데이터, y 변수에서 4~9월까지의 데이터가 공통된 월 값이기 때문에 x변수에서 4~9월 데이터와 y변수에서 4~9월 데이터를 묶어서 결합 데이터를 출력해준다. 즉, 경상자수가 7000명 이상이면서 부상신고자수도 650명 이상으로 나타난 교통사고는 2018년도에 4월, 5월, 6월, 7월, 8월 9월이 해당된다.

▼실습   dplyr( ) 패키지 실습 7 - join( )

```
> left_join(x,y, by="월")
    월  경상자수  부상신고자수
1    4    7442    652
2    5    7534    715
3    6    7437    677
4    7    7927    717
5    8    7793    720
6    9    7635    666
7   10    7597    NA
8   11    7474    NA
9   12    7343    NA
> right_join(x,y, by="월")
    월  경상자수  부상신고자수
1    4    7442    652
2    5    7534    715
3    6    7437    677
4    7    7927    717
5    8    7793    720
6    9    7635    666
> full_join(x,y, by="월")
    월  경상자수  부상신고자수
1    4    7442    652
2    5    7534    715
3    6    7437    677
4    7    7927    717
5    8    7793    720
6    9    7635    666
7   10    7597    NA
8   11    7474    NA
9   12    7343    NA
```

실습에서 left_join(x,y, by="월") 명령문은 왼쪽 데이터 기준으로 데이터를 결합하는 의미가 있다. 경상자수를 저장하고 있는 x 변수의 데이터는 모두 가져오고, 부상신고자수를 저장하고 있는 y 변수는 4월~9월까지의 데이터만 가져와 결합한다. 하지만 y변수에는 10월, 11월, 12월 데이터가 없으므로 결측치로 표시된다.

right_join(x,y, by="월") 명령문은 부상신고자수를 저장하고 있는 y 변수를 기준으로 데이터를 결합한다. y 변수의 데이터는 모두 가져오고, 경상자수의 x 변수는 4월~9월까지의 데이터를 가져와 y 변수와 결합하지만, 10월~12월까지의 데이터는 y 변수의 월 칼럼에는 없으므로 결합 데이터에서는 제외되었다.

full_join(x,y, by="번호") 명령문은 x 변수와 y 변수의 모든 데이터를 결합하는 방식으로 각각의 변수에서 서로 일치하지 않는 번호는 결측치를 포함하고 나머지 상세 데이터를 화면에 보여주게 된다.

dplyr( ) 패키지에서는 서로 다른 두 개의 변수를 대상으로 행 또는 열 단위로 결합하는 함수도 지원한다.

bind_rows(변수1, 변수2) 함수는 변수1과 변수2의 데이터를 행으로 결합해주는 함수이며, bind_cols(변수1, 변수2)는 변수1과 변수2의 데이터를 열로 결합해주는 함수이다.

▼ 실습   **dplyr( ) 패키지 실습 8 - bind_rows( )**

```
> df_rows <- bind_rows(x,y)
> df_rows

    월  경상자수  부상신고자수
1    4    7442       NA
2    5    7534       NA
3    6    7437       NA
4    7    7927       NA
5    8    7793       NA
6    9    7635       NA
7   10    7597       NA
8   11    7474       NA
9   12    7343       NA
10   4     NA        652
11   5     NA        715
12   6     NA        677
13   7     NA        717
14   8     NA        720
15   9     NA        666
```

실습에서 df_rows <- bind_rows(x,y) 명령문으로 실행하면 x의 월 데이터와 경상자수 데이터를 먼저 기록한 다음 아래로 행을 더 추가하여 y 변수의 월 데이터와 부상신고자수의 데이터를 추가하여 df_rows 변수에 저장하게 된다.

▼ 실습   dplyr( ) 패키지 실습 9 – bind_cols( )

> df_cols <- bind_cols(x,y)   #x 변수와 y 변수의 칼럼의 데이터 값 개수가 달라서 오류가 발생한다.

Error: Can't recycle `..1` (size 9) to match `..2` (size 6).
Run `rlang::last_error( )` to see where the error occurred.

> x <- x[c(1:6),]   #x 변수 데이터수를 y변수와 일치화하고자 6개로 데이터만 추출하여 x변수 재저장
> df_cols <- bind_cols(x,y)

New names:
* 월 -> 월...1
* 월 -> 월...3

> df_cols
     월...1 경상자수 월...3 부상신고자수
  1   4   7442   4   652
  2   5   7534   5   715
  3   6   7437   6   677
  4   7   7927   7   717
  5   8   7793   8   720
  6   9   7635   9   666

다음으로 df_cols <- bind_cols(x,y) 명령문을 실행하면 열로 두 변수를 결합하여야 하는데 두 변수의 칼럼에 저장된 데이터의 개수가 일치하지 않아 오류가 발생한다. 그래서 bind_cols( ) 함수에서 각 변수에서 데이터 개수를 일치키고자 x 변수의 데이터를 6개로만 구성되도록 재저장하였다. 실습에서는 bind_cols( ) 함수의 결과를 확인하고자 일부러 x 변수의 데이터를 6개로 재저장한 것이다. 6개로 저장한 데이터를 토대로 bind_cols( ) 함수를 실행하면 결합이 올바르게 된다. 즉, 분석자는 분석 목적에 맞추어 반드시 bind_cols( ) 함수를 사용해야 한다.

실습의 결과를 살펴보면 월 칼럼은 x 변수에도 존재하고 y변수에도 존재하므로 bind_cols( ) 함수는 이를 임의로 월...1, 월...3으로 칼럼의 위치값을 이름 재정의하였고, 이는 df_cols에 저장되었다. 한편, 칼럼명을 수정하고자 rename( ) 함수를 이용하였다. 이에 월...1을 경상자_월로 바꾸고, 월...3을 부상신고자수_월로 변경하였다.

▼ 실습   dplyr( ) 패키지 실습 10 – rename( )

> df_cols_rename <- rename(df_cols, 경상자_월=월...1)
> df_cols_rename <- rename(df_cols_rename, 부상신고자수_월=월...3)
> df_cols_rename

	경상자_월	경상자수	부상신고자수_월	부상신고자수
1	4	7442	4	652
2	5	7534	5	715
3	6	7437	6	677
4	7	7927	7	717
5	8	7793	8	720
6	9	7635	9	666

3. dplyr 패키지 전처리 실습 – 불법 주정차 단속현황 데이터

dplyr( ) 함수의 두 번째 실습으로 '서울특별시_강남구_불법주정차단속현황_20210208.csv'으로 진행하였다. 서울시 강남구 불법주정차단속현황 데이터는 연도, 동명, 부과건수, 견인건수, 단속원금(원), 데이터기준일자로 구성되어 있다.

서울특별시_강남구_불법주정차단속현황

변수명		
연도 (int)	동명 (chr)	부과건수 (int)
견인건수 (int)	단속원금.원. (num)	데이터기준일자 (chr)

출처: https://www.data.go.kr/data/15048827/fileData.do

▼실습 dplyr( ) 패키지 실습 1 – 서울특별시_강남구_불법주정차단속현황

```
> library(dplyr)
> setwd("C:/Data Analysis/r_exam")
> g_data <- read.csv("서울특별시_강남구_불법주정차단속현황_20210208.csv", header=TRUE)
> g_data %>% head(3)   #head(g_data, 3) 명령문과 동일한 결과

    연도   동명  부과건수  견인건수  단속원금.원.  데이터기준일자
1  2017  개포동    9409      284     376360000    2021-02-08
2  2017  논현동   71771     2054    2870840000    2021-02-08
3  2017  대치동   55222     2624    2208880000    2021-02-08

> g_data %>% subset(부과건수>=60000 | 견인건수>=7000)
> #filter(g_data, 부과건수>=60000 | 견인건수>=7000)과 동일한 결과

    연도   동명  부과건수  견인건수  단속원금.원.  데이터기준일자
2   2017  논현동   71771     2054    2870840000    2021-02-08
10  2017  역삼동   90385     4214    3615400000    2021-02-08
23  2018  역삼동   67609     3720    2704360000    2021-02-08
28  2019  논현동   48210     9557    1991535000    2021-02-08
36  2019  역삼동   68450    12394    2759485000    2021-02-08
```

실습에서 read.csv( ) 함수로 서울특별시_강남구_불법주정차단속현황_20210208.csv를 불러오기하였고, g_data 변수에 데이터 내용을 저장하였다. 실습에서는 먼저 g_data %>% head(3) 명령문을 실행하였으며, g_data 변수에서 상단에 있는 데이터 3개만 화면에 출력하였다.

g_data %>% subset(부과건수>=60000 | 견인건수>=7000) 명령문은 dplyr( ) 함수의 filter 함수와 동일한 결과를 얻을 수 있다. 즉, g_data %>% subset(부과건수>=60000 | 견인건수>=7000) 명령문은 filter(g_data, 부과건수>=60000 | 견인건수>=7000) 명령문의 결과와 동일한 내용을 보여준다. 조건식은 부과건수가 60000건 이상이거나 또는 견인건수가 7000건수 이거나 둘 중 하나의 조건만 맞아도 해당 조건의 데이터를 가져오라는 명령문이다. 결과내용은 총 5개의 데이터이며 이를 콘솔창에서 확인할 수 있다.

▼ 실습   **dplyr( ) 패키지 실습 2 – 서울특별시_강남구_불법주정차단속현황**

```
> tbl_df(g_data)

# A tibble: 53 x 6
     연도    동명      부과건수  견인건수  단속원금.원.   데이터기준일자
    <int>   <chr>      <int>    <int>       <dbl>           <chr>
1   2017   개포동       9409      284     376360000      2021-02-08
2   2017   논현동      71771     2054    2870840000      2021-02-08
3   2017   대치동      55222     2624    2208880000      2021-02-08
4   2017   도곡동      10763      130     430520000      2021-02-08
5   2017   삼성동      36472     1507    1458880000      2021-02-08
6   2017   세곡동       8006       39     320240000      2021-02-08
7   2017   수서동       9786      434     391440000      2021-02-08
8   2017   신사동      52528      610    2101120000      2021-02-08
9   2017   압구정동     6561      350     262440000      2021-02-08
10  2017   역삼동      90385     4214    3615400000      2021-02-08
# … with 43 more rows

> arrange(g_data, desc(부과건수))

     연도    동명      부과건수  견인건수  단속원금.원.   데이터기준일자
1   2017   역삼동      90385     4214    3615400000      2021-02-08
2   2017   논현동      71771     2054    2870840000      2021-02-08
3   2019   역삼동      68450    12394    2759485000      2021-02-08
4   2018   역삼동      67609     3720    2704360000      2021-02-08
5   2017   대치동      55222     2624    2208880000      2021-02-08
6   2017   신사동      52528      610    2101120000      2021-02-08
                        … 〈생략〉 …

> select(g_data, 부과건수, 단속원금.원.)

     부과건수      단속원금.원.
1      9409         376360000
2     71771        2870840000
3     55222        2208880000
4     10763         430520000
… 〈생략〉 …
```

실습에서 tbl_df(g_data) 명령문은 화면 크기에 맞추어 데이터 내용을 보여주라는 명령문이다. arrange(g_data, desc(부과건수)) 명령문은 g_data 변수에서 부과건수 칼럼을 기준으로 내림차순 정렬하여 데이터를 화면에 출력하라는 것이다. select(g_data, 부과건수, 단속원금.원.) 명령문은 g_data 변수에서 부과건수와 단속원금(원)의 칼럼만 변수에서 추출하여 화면에 출력하라는 의미이다.

▼실습   **dplyr( ) 패키지 실습 3 – 서울특별시_강남구_불법주정차단속현황**

```
> g_data2 <- mutate(g_data, 총건수=부과건수+견인건수)
> g_data2

    연도   동명    부과건수  견인건수  단속원금.원.  데이터기준일자   총건수
1   2017   개포동      9409      284    376360000   2021-02-08     9693
2   2017   논현동     71771     2054   2870840000   2021-02-08    73825
3   2017   대치동     55222     2624   2208880000   2021-02-08    57846
4   2017   도곡동     10763      130    430520000   2021-02-08    10893
5   2017   삼성동     36472     1507   1458880000   2021-02-08    37979
6   2017   세곡동      8006       39    320240000   2021-02-08     8045

> summarise(g_data, mean(단속원금.원.))
    mean(단속원금.원.)
1         902692830

> group_by(g_data, 연도) %>%
+ summarise(부과건수_mean = mean(부과건수),
+                부과건수_sum = sum(부과건수),
+                n = n( ))
# A tibble: 4 x 4
    연도   부과건수_mean   부과건수_sum      n
   <int>       <dbl>           <int>        <int>
1   2017       31141          404833        13
2   2018       22584.         293596        13
3   2019       20706          289884        14
4   2020       12834.         166845        13
```

g_data2 <- mutate(g_data, 총건수=부과건수+견인건수) 명령문은 부과건수와 견인건수를 합한 데이터를 총건수 칼럼명으로 저장하라는 명령문이다. 이는 총건수를 새롭게 추가하여 g_data2 변수로 저장하라는 의미이다. summarise(g_data, mean(단속원금.원.)) 명령문은 단속원금의 칼럼을 평균값으로 계산하여 화면에 출력하라는 의미이다. group_by(g_data, 연도) %>% summarise(부과건수_mean = mean(부과건수), 부과건수_sum = sum(부과건수), n = n( )) 명령문은 연도별로 그룹핑하여 부과건수 칼럼을 평균과 합계로 계산하고 데이터 수를 콘솔창에 보여주라는 명령문이다.

▼ 실습 | **dplyr( ) 패키지 실습 4 – 서울특별시_강남구_불법주정차단속현황**

```
> x <- filter(g_data, 부과건수>=10000, 연도==2019)
> x <- x[,c(2,3)]
> x

    동명    부과건수
1   논현동   48210
2   대치동   41600
3   삼성동   28419
4   수서동   10648
5   신사동   28855
6   역삼동   68450
7   청담동   28516

> y <- filter(g_data, 견인건수>=1000, 연도==2019)
> y <- y[,c(2,4)]
> y

     동명    견인건수
1    개포동   1062
2    논현동   9557
3    대치동   5002
4    도곡동   1500
5    삼성동   4531
6    수서동   1645
7    신사동   6964
8    압구정동 1072
9    역삼동   12394
10   청담동   4400
```

x <- filter(g_data, 부과건수>=10000, 연도==2019) 명령문은 g_data 변수에서 부과건수가 10000건 이상이고, 연도는 2019년도로 일치하는 데이터만 추출하여 x 변수에 저장하라는 의미이다. 그리고 x <- x[,c(2,3)] 명령문은 x 변수에 2번째 칼럼과 3번째 칼럼만 추출하여 x 변수로 재저장하라는 의미이다. 이에 x 변수에는 동명, 부과건수 칼럼만 추출하여 저장된다.

다음 y <- filter(g_data, 견인건수>=1000, 연도==2019) 명령문은 g_data 변수에서 견인건수가 1000건 이상이고, 연도가 2019년도로 일치하는 데이터만 추출하여 y 변수에 저장하라는 의미이다. 그리고 y <- y[,c(2,4)] 명령문은 y 변수에 2번째 칼럼과 4번째 칼럼만 추출하여 y 변수로 재저장하라는 의미이다. 이에 y 변수에는 동명, 견인건수 칼럼만 추출하여 저장된다.

변수의 결과를 확인해보면 x 변수의 데이터 개수는 7개이며, y변수의 데이터 개수는 10개로 확인된다.

▼ 실습   dplyr( ) 패키지 실습 5 – 서울특별시_강남구_불법주정차단속현황

```
> inner_join(x,y, by="동명")
    동명  부과건수 견인건수
1 논현동    48210    9557
2 대치동    41600    5002
3 삼성동    28419    4531
4 수서동    10648    1645
5 신사동    28855    6964
6 역삼동    68450   12394
7 청담동    28516    4400

> left_join(x,y, by="동명")
    동명  부과건수 견인건수
1 논현동    48210    9557
2 대치동    41600    5002
3 삼성동    28419    4531
4 수서동    10648    1645
5 신사동    28855    6964
6 역삼동    68450   12394
7 청담동    28516    4400
```

다음은 join( ) 함수의 실습을 위해서 x 변수와 y 변수를 이용하였다. inner_join(x,y, by="동명") 명령문은 x 변수의 데이터와 y 변수의 데이터의 내용 중 두 변수의 공통 칼럼인 동명을 기준으로 두 변수에서 동일한 동명이 있는 데이터만 결합하여 화면에 출력하라는 명령문이다. y 변수에 저장되어 있는 개포동, 도곡동, 압구정동 데이터는 x 변수의 동명 칼럼 데이터에 존재하지 않으므로 inner_join( ) 함수에 포함되지 않았다. left_join(x,y, by="동명") 명령문은 x 변수의 동명 칼럼을 기준으로 y 변수의 동명 칼럼과 x 변수의 동명 칼럼이 일치한 데이터가 있는지 확인 후 동일한 데이터값만 결합해주었다.

▼ 실습   dplyr( ) 패키지 실습 6 – 서울특별시_강남구_불법주정차단속현황

```
> right_join(x,y, by="동명")
      동명    부과건수   견인건수
1   논현동     48210      9557
2   대치동     41600      5002
3   삼성동     28419      4531
4   수서동     10648      1645
5   신사동     28855      6964
6   역삼동     68450     12394
7   청담동     28516      4400
8   개포동        NA      1062
9   도곡동        NA      1500
10  압구정동      NA      1072

> full_join(x,y, by="동명")
      동명    부과건수   견인건수
1   논현동     48210      9557
2   대치동     41600      5002
3   삼성동     28419      4531
4   수서동     10648      1645
5   신사동     28855      6964
6   역삼동     68450     12394
7   청담동     28516      4400
8   개포동        NA      1062
9   도곡동        NA      1500
10  압구정동      NA      1072
```

right_join(x,y, by="동명") 명령문은 y 변수의 동명 칼럼을 기준으로 x 변수의 동명 칼럼과 y 변수의 동명 칼럼이 일치한 데이터가 있는지 확인 후 동일한 데이터값만 결합시켜 준다. x 변수의 동명 칼럼에는 개포동, 도곡동, 압구정동이 없으므로 결측치로 NA를 화면에 출력해 주었다.

full_join(x,y, by="동명") 명령문은 x 변수의 모든 데이터와 y 변수의 모든 데이터를 동명으로 기준으로 그룹핑하여 데이터를 결합시켜주며 각 변수에서 해당 데이터가 없으면 결측치로 화면에 출력해 준다.

reshape2 패키지를 이용한 데이터 전처리

1. reshape2 패키지의 함수 소개

r 프로그램에서는 reshape2 패키지를 이용하여 데이터 전처리를 진행할 수 있다. reshape2 패키지는 칼럼이 많은 데이터를 세로로 긴 형태로 변경해주고, 반대로 세로로 된 형태는 가로로 넓게 바꾸어주는 패키지이다. 분석자들은 reshapse2 패키지 중에서도 melt( )와 dcast( ) 함수를 많이 사용한다.

melt( ) 함수는 식별자id, 측정 변수variable, 측정치value 형태로 데이터를 재구성해주는 함수이다. melt( ) 함수는 옆으로 길게 나열되어있는(wide format) 데이터를 아래로 길게 이어주는 (long format) 데이터로 바꿔주는 데 도움이 된다.

다음 dcast( ) 함수는 엑셀의 피벗테이블과 유사한 기능을 지원하는 함수이다. dcast( ) 함수는 그래프 작성, 분석, 시각화에 필요한 교차 테이블 작성이 지원해주며 엑셀의 피벗 테이블과 유사한 기능을 제공하여 분석자의 편의성을 제공해준다.

사고유형 대분류	사고유형 중분류	사고유형	월	사고건수	사망자수	중상자수	경상자수	부상신고자수
차대사람	횡단중	횡단중	1	1667	88	917	720	70
차대사람	횡단중	횡단중	2	1511	62	760	713	60
차대사람	횡단중	횡단중	3	1599	76	798	751	80
차대사람	횡단중	횡단중	4	1544	62	766	750	62

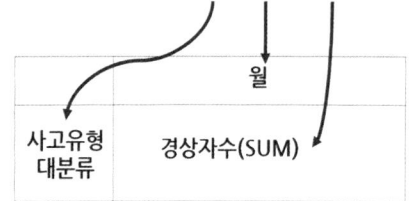

2. reshape2 패키지 전처리 실습 – 사고유형별/월별 교통사고 데이터

reshape2 패키지에서 제공하는 dcast( ) 함수를 이용하면 분석자가 원하는 데이터를 기준으로 회전축을 활용하여 산술 계산을 진행할 수 있다. 본 실습에서는 도로교통공단_사고유형별 월별 교통사고(2018).csv 파일을 불러오기하여 t_data의 변수를 만들었다.

도로교통공단_사고유형별 월별 교통사고 통계(2018)

변수명				
사고유형대분류 (chr)	사고유형중분류 (chr)	사고유형 (chr)	사고건수 (int)	월 (int)
사망자수 (int)	중상자수 (int)	경상자수 (int)	부상신고자수 (int)	

출처: https://www.data.go.kr/data/15070290/fileData.do#layer_data_infomation

t_data 변수를 dcast( ) 함수를 이용하면 특정 칼럼을 기준으로 그룹핑하여 산술 계산을 진행할 수 있다. 실습에서는 dcast(t_data, 사고유형대분류~월, value.var = '경상자수',sum) 명령문을 실행하였고, 행은 '사고유형대분류', 열은 '월'로 기준점을 잡아서 '경상자수' 칼럼을 합계로 계산하였다.

▼ 실습 reshape2 패키지 실습 1 - dcast( )

```
> install.packages("reshape2")
> library(reshape2)
> t_data <- read.csv("C:/Data Analysis/r_exam/도로교통공단_사고유형별 월별 교통사고(2018).csv")
> t_data %>% head( )  #전체 데이터세트 중 첫째 데이터부터 6개의 관찰 데이터를 화면에 표시

  사고유형대분류 사고유형중분류 사고유형 월 사고건수 사망자수 중상자수 경상자수 부상신고자수
1       차대사람       횡단중    횡단중  1    1667      88     917     720           70
2       차대사람       횡단중    횡단중  2    1511      62     760     713           60
3       차대사람       횡단중    횡단중  3    1599      76     798     751           80
4       차대사람       횡단중    횡단중  4    1544      62     766     750           62
5       차대사람       횡단중    횡단중  5    1495      46     739     774           60
6       차대사람       횡단중    횡단중  6    1357      37     691     659           56

> t_data2 <- dcast(t_data, 사고유형대분류~월, value.var = '경상자수',sum)
> t_data2

  사고유형대분류     1     2     3     4     5     6     7     8     9    10    11    12
1       차대사람  1856  1855  2047  2141  2174  2002  1894  1847  2001  2144  2150  2119
2          차대차 15809 15281 15026 16017 16755 15921 17475 17199 17073 17653 17100 16477
3       차량단독   450   422   455   472   480   487   491   508   439   447   418   422
4       철길건널목     0     0     0     0     0     0     0     0     4     0     0     0
```

▼ 실습 | reshape2 패키지 실습 2 - melt( )

```
> t_data3 <- t_data[c(1:6),c(1,4,8)]   #1~6월개월치만 사고유형대분류, 월, 경상자수 칼럼만 추출하여 저장
> t_data3

    사고유형대분류    월    경상자수
1    차대사람        1     720
2    차대사람        2     713
3    차대사람        3     751
4    차대사람        4     750
5    차대사람        5     774
6    차대사람        6     659

> t_data4 <- melt(t_data3, id="사고유형대분류")
> t_data4

    사고유형대분류    variable    value
1    차대사람         월          1
2    차대사람         월          2
3    차대사람         월          3
4    차대사람         월          4
5    차대사람         월          5
6    차대사람         월          6
7    차대사람        경상자수      720
8    차대사람        경상자수      713
9    차대사람        경상자수      751
10   차대사람        경상자수      750
11   차대사람        경상자수      774
12   차대사람        경상자수      659
```

melt( ) 함수는 stack( )함수처럼 동일 관측치의 값이 각 칼럼을 분리시켜 차곡차곡 쌓아주는 형식으로 변경시켜주는 함수이다. 주로 Join 및 group_by에서 그룹 연산을 위해 자주 사용된다.

실습에서는 t_data3 <- t_data[c(1:6),c(1,4,8)] 명령문을 통해 사고유형대분류, 월, 경상자수 칼럼만 6개월 데이터를 추출하여 t_data3 변수에 저장하였다. 그리고 t_data3 변수에서 사고유형대분류를 기준으로 melt( ) 함수를 실행하였다. 그 결과, '사고유형대분류'를 기준으로 '차대사람'의 사고값을 '월'별로 데이터를 표현해주고 있으며, '경상자수'별로 데이터를 화면에 보여주고 있다.

3. reshape2 패키지 전처리 실습 – 불법 주정차 단속현황 데이터

두 번째 reshape2 패키지의 실습을 위해 서울특별시_강남구_불법주정차단속현황 데이터를 이용하였다.

서울특별시_강남구_불법주정차단속현황

변수명		
연도 (int)	동명 (chr)	부과건수 (int)
견인건수 (int)	단속원금.원. (num)	데이터기준일자 (chr)

출처: https://www.data.go.kr/data/15048827/fileData.do

▼ 실습 reshape2 패키지 실습 1 – 서울특별시 강남구 불법주정차단속현황

```
> setwd("C:/Data Analysis/r_exam")
> g_data <- read.csv("서울특별시_강남구_불법주정차단속현황_20210208.csv")
> head(g_data)
    연도   동명  부과건수 견인건수 단속원금.원.  데이터기준일자
1  2017  개포동      9409      284     376360000     2021-02-08
2  2017  논현동     71771     2054    2870840000     2021-02-08
3  2017  대치동     55222     2624    2208880000     2021-02-08
4  2017  도곡동     10763      130     430520000     2021-02-08
5  2017  삼성동     36472     1507    1458880000     2021-02-08
6  2017  세곡동      8006       39     320240000     2021-02-08

> g_data2 <- dcast(g_data, 동명~연도, value.var = '부과건수',sum)
> g_data2
     동명    2017   2018   2019   2020
1   개포동   9409   8182   7057   4581
2   논현동  71771  48776  48210  27407
3   대치동  55222  43306  41600  24356
4   도곡동  10763   7670   7882   3986
5   삼성동  36472  30001  28419  15740
6   세곡동   8006   7533   4338   2598
7   수서동   9786  10976  10648   5003
8   신사동  52528  26028  28855  15494
9   압구정동 6561   4412   4510   5730
10  역삼동  90385  67609  68450  35506
11  율현동      0      0   1268      0
12  일원동   8507   8693      0      0
13  일원동      0      0   7467   5809
14  자곡동   6180   2669   2664   1071
15  청담동  39243  27741      0      0
16  청담동      0      0  28516  19564
```

dcats( ) 함수를 이용하여 행은 '동명' 칼럼, 열은 '연도' 칼럼으로 지정하고, 계산 칼럼은 '부과건수'로 합계를 진행하고자 g_data2 <- dcast(g_data, 동명~연도, value.var = '부과건수',sum) 명령문을 실행하였다.

▼ 실습 | **reshape2 패키지 실습 2 - 서울특별시 강남구 불법주정차단속현황**

```
> g_data3 <- g_data[c(1:3),c(1:5)]
> g_data3

   연도   동명  부과건수  견인건수  단속원금.원.
1  2017   개포동    9409      284       376360000
2  2017   논현동   71771     2054      2870840000
3  2017   대치동   55222     2624      2208880000

> g_data4 <- melt(g_data3, id="동명")
> g_data4

     동명    variable        value
1   개포동     연도         2017
2   논현동     연도         2017
3   대치동     연도         2017
4   개포동   부과건수        9409
5   논현동   부과건수       71771
6   대치동   부과건수       55222
7   개포동   견인건수         284
8   논현동   견인건수        2054
9   대치동   견인건수        2624
10  개포동  단속원금.원.   376360000
11  논현동  단속원금.원.  2870840000
12  대치동  단속원금.원.  2208880000
```

melt( ) 함수를 실습하기 위해 g_data 변수에서 3개의 데이터를 추출하고, 데이터기준일자 칼럼을 제외한 5개의 칼럼만 추출하여 g_data3 변수로 저장하였다. 그 다음 g_data4 <- melt(g_data3, id="동명") 명령문을 실행하였다. 이는 '동명'을 기준으로 '연도', '부과건수, '단속원금(원)' 칼럼의 데이터를 반복해서 출력하라는 명령문이다.

CHAPTER 5 제어문

제어문이란 프로그램에서 명령문의 처리수행 순서를 제어하거나 수행 횟수를 결정하여 프로그래밍 처리하는 것을 의미한다. 분석자는 R 프로그래밍을 작성할 때 순차적인 흐름에서 특정 조건에 따라 명령문을 실행하기 위하여 제어문을 사용할 수 있다. 또는 분석자 요구에 따라 프로그램을 동작시킬 수 있도록 제어문을 사용할 수 있다.

1. 조건문

1.1 IF문

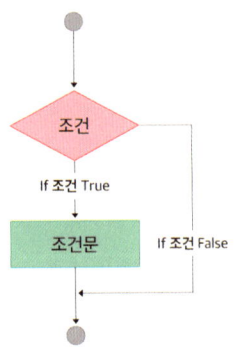

R프로그램에서 조건문이나 반복문을 이용하여 논리적인 명령문의 흐름을 표현할 수 있다. 일련의 작업을 수행하다보면 특정 조건에 따라 작업의 내용을 다르게 처리해야 하는 경우가 발생한다. 이런 경우에 사용할 수 있는 것이 조건문이다. 조건문은 분석자가 설정한 조건에 따라서 강제로 실행되는 명령문이며 if( ), ifelse( ), switch( ), which( ) 함수 등이 조건문에 해당된다.

문법 if문

```
if(조건식) {    조건이 참값    } else {    조건이 거짓값    }
ifelse(조건식, 참값, 거짓값)
```

실습 if~else문 실습 1

```
> x <- runif(1)     #0과 1 사이의 난수를 생성해서 x에 할당한다.
> x
[1] 0.3519848
> if(x<0.5) print(x+10) else print(x+5)
[1] 10.35198
> ifelse(x<=10, "100이하" ,"100이상")
[1] "100이하"
```

if문은 특정한 조건에 따라서 참 값인지 거짓 값인지를 판단한 후에 해당 결과값을 반환하는 특징을 가진다.

실습에서는 runif( )의 함수를 이용하여 x 변수에 랜덤값을 저장하였다. 실습에서 x값은 0.3519848가 저장되어 있었으며 if문을 이용하여 x<0.5 보다 작으면 x+10(참값)을 실행하고, 그렇지 않으면 x+5(거짓값)를 실행하는 명령문이 실행되도록 제어문을 작성하였다. 그 결과 0.3519848은 0.5보다 작으므로 참값인 x+10이 진행되었고, 결과값은 10.3519 값이 콘솔창에 출력된다.

▼ 실습　if~else문 실습 2

```
> type <- 'S'
> ifelse (type == 'S', '300만원', '100만원')

[1] "300만원"
```

다음 실습은 if문을 ifelse( ) 함수로 처리한 내용이다. type 변수에는 S라는 문자값이 저장되어 있으며 ifelse문으로 type의 변수값이 S 문자와 동일하다면 참값으로 300만원을 출력하고, 그렇지 않으면 100만원을 출력하라는 명령문을 작성하였다. 그 결과 type 변수에는 S값이 존재하기 때문에 ifelse문의 조건은 참값으로 실행되어 300만원을 콘솔창에 출력해준다.

if문을 한 라인에 작성하는 것이 아니라 여러 라인에 걸쳐서 문법을 완성할 수도 있다. if문 안에 분석자가 원하는 조건식에서 실행하고 싶은 함수를 추가하고 싶다면 여러 라인에 걸쳐서 if문 내 명령문을 작성하면 된다.

실습에서는 if(a+b)=100)으로 if문을 작성하였고, 참값이면 cat("a+b의 결과는 100 이상입니다. a+b=", a+b) 명령문을 실행하고, 그렇지 않으면 cat("a+b의 결과는 100 이하입니다. a+b=", a+b) 명령문을 실행하도록 내용을 작성하였다. 이렇듯, 별도의 명령문을 처리할 때 여러 라인에 걸쳐서 명령문을 작성하면 된다.

▼ 실습　if~else문 실습 3

```
> a <- 100
> b <- 5
>
> if(a+b>=100)
+ {
+   cat("a+b의 결과는 100 이상입니다. a+b=", a+b)
+ }else{
+   cat("a+b의 결과는 100 이하입니다. a+b=", a+b)
+ }

a+b의 결과는 100 이상입니다. a+b= 105
```

```
> ifelse(a+b>=100, "1000이상" ,"1000이하")

[1] "1000이상"

> xx <- runif(1)
> xx <- (xx-0.5)
> xx

[1] -0.2304079

> if(xx<0){
+   print("xx의 값은 음의 값이다:")
+   print(xx)
+ }else if(xx>0) {
+   print("xx의 값은 양의 값이다:")
+   print(xx)
+ }

[1] "xx의 값은 음의 값이다:"
[1] -0.2304079
```

1.2 switch문

문법 switch( )문

switch(비교할 변수명1, 실행문1, 비교문2, 실행문2, …, 비교문n, 실행문n)

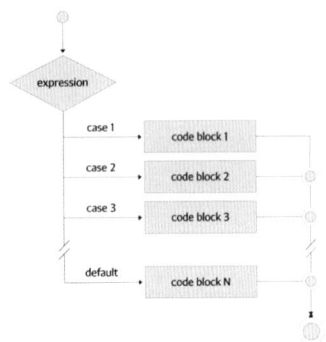

switch( ) 함수는 비교 문장의 내용에 따라 여러 개의 실행 문장 중 하나를 선택하여 명령문을 처리한다. if( ) 함수와 다르게 특정 값을 기반으로 실행할 명령문이 결정된다. 변수 내의 데이터를 비교함에 있어서 switch문이 if보다 가독성이 더 좋은 특징이 있다.

▼ 실습 switch( ) 문

```
> xxx <- "매우우수"
> xxx

[1] "매우우수"

> switch(xxx,
+        "매우우수"=print("A+"),
+        "우수"=print("A0"),
```

```
+        "보통"=print("B+"),
+        "미흡"=print("C+"),
+        "매우미흡"=print("복습")
+ )

[1] "A+"
> xxx <- c("매우우수","보통")
> switch(xxx,
+        "매우우수"=print("A+"),
+        "우수"=print("A0"),
+        "보통"=print("B+"),
+        "미흡"=print("C+"),
+        "매우미흡"=print("복습")
+ )
[Error in switch(xxx, 매우우수 = print("A+"), 우수 = print("A0"), 보통 = print("B+"),  : 
  EXPR must be a length 1 vector
```

실습에서 xxx 변수에는 매우우수의 값이 저장되어 있다. switch( )문에서 xxx 변수값에 따라서 매우우수이면 A+, 우수이면 A0, 보통이면 B+, 미흡이면 C+, 매우미흡이면 복습이라는 문자를 출력하라는 명령문을 보여주고 있다. 즉, 해당 변수의 데이터 값에 따라서 매우우수, 우수, 보통, 미흡, 매우미흡의 단어를 매칭하여 해당 매칭이 되는 데이터를 기준으로 print( ) 함수로 값을 출력해준다. 결과값으로는 xxx 변수값이 매우우수이므로 A+가 출력된다.

두 번째 실습에서는 xxx 변수에 매우우수와 보통 등 두 개의 값이 저장되어 있다. switch()문은 매우우수와 보통 중 어떤 값을 반환시켜주어야 할지 모르기 때문에 에러를 발생시킨다. 그래서 특정 칼럼의 값을 비교할 경우 xxx[1] 또는 xxx[2]라고 지정하여 명령문을 작성해야 한다. 즉, switch(xxx[2], "매우우수"=print("A+"), "우수"=print("A0"), "보통"=print("B+"), "미흡"=print("C+"), "매우미흡"=print("복습")) 명령문을 실행하면 xxx[2] 변수의 2번째 데이터 값으로 switch문이 작동되어 B+가 출력된다.

1.3 which문

문법 which( )문

which(조건)

데이터 분석을 진행하다보면 분석자가 원하는 데이터가 어디에 자리 잡고 있는지 알고 싶을 때가 있다. 예를 들면 20명 학생의 빅데이터 성적이 저장된 벡터 함수가 있다면, 가장 좋은 성적을 가진 학생이 몇 번째 위치하고 있는지 알아야 할 때가 있다는 것이다. 이런 경우에 which( ), which.max( ), which.min( )함수를 사용하면 편리하게 확인할 수 있다.

which( ) 함수는 벡터 객체를 대상으로 특정 데이터를 검색하는 데 사용된다. which( ) 함수에서 인수로 사용되는 조건이 만족할 때 조건식의 결과가 참인 값을 출력하며, 거짓이면 0을 출력한다.

> **실습** which( ) 문 실습
>
> ```
> > 점수 <- c(76, 80, 90, 95, 45, 42, 53, 60, 67, 73)
> > which(점수==67)    # 점수가 67이 있는 위치값
>
> [1] 9
>
> > which(점수==80)    # 점수가 80이 있는 위치값
>
> [1] 2
>
> > which(점수==83)    # 점수가 83이 있는 위치값 - 위치값이 없으므로 0을 반환
>
> integer(0)
>
> > which.min(점수)    # 최소 점수가 있는 위치값
>
> [1] 6
>
> > which.max(점수)    # 최대 점수가 있는 위치값
>
> [1] 4
>
> > ss <- which(점수<=70)    # 점수가 70이하인 값들의 위치값
> > ss
>
> [1] 5 6 7 8 9
>
> > 점수[ss] <- 65         # 점수가 70이하인 위치값들에 65로 점수를 변환
> > 점수[ss]
>
> [1] 65 65 65 65 65
>
> > 점수
>
> [1] 76 80 90 95 65 65 65 65 65 73
> ```

실습에서 '점수' 변수는 76, 80, 90, 95, 45, 42, 53, 60, 67, 73의 값을 저장하고 있다. which() 문을 통해 which(점수==67) 명령문을 실행하면 67의 값을 점수 변수에서 찾아 몇 번째 위치하는지 알려준다. 만약, which(점수==83) 명령문을 실행하였는데 점수 변수에는 83이 없다면 위치값을 반환할 수 없다는 integer(0)이 화면에 출력된다.

또한, ss <- which(점수<=70) 명령문을 실행하면 점수 변수에서 70 이하 값들의 위치값을 ss 변수에 저장시켜준다. ss 변수의 데이터값을 확인하면 5 6 7 8 9로 보여주며 이는 점수 변수에서 5, 6, 7, 8, 9번째의 데이터값이 70이하라는 것을 분석자에게 알려주는 것이다.

분석자가 예를 들어 70 이하의 값들을 모두 65로 변경하고 싶다면 점수[ss] <- 65 명령문을 실행하면 된다. 이 명령문은 점수[c(5,6,7,8,9)] <- 65와 동일한 결과물을 가져다준다. 즉, 점수[ss] <- 65 명령문은 점수 변수에서 ss의 값인 5, 6, 7, 8, 9번째 데이터를 65로 변경하라는 명령문이 된다.

2. 반복문

2.1 for문

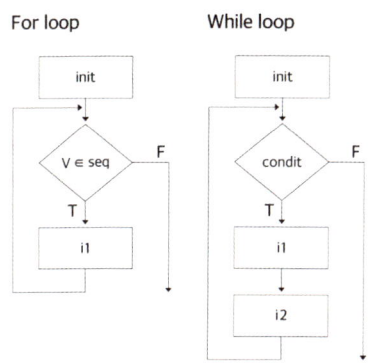

for( )문은 지정한 횟수만큼 실행문을 반복 수행하는 함수이다. 이를 반복문이라고 하며 분석자가 일련의 작업을 반복적으로 수행하고자 할 때 사용하는 명령문이다. for( )문의 특징은 분석자가 반복 횟수를 지정하면 R 프로그램은 지정횟수만큼 순환하면서 명령문을 처리한다.

즉, for문이 한번씩 순환될 때마다 코드블록 { } 안에 있는 명령문을 실행하고 처리한다.

문법 반복문

for(변수 in 변수) { 실행할 명령문 }
while(조건) { 실행할 명령문 }

▼실습   for문 실습

```
> sum <- 0
> i=1
> for(i in seq(1,10, by=1)) sum <- sum+i
> sum

[1] 55

> i=1
> for(i in 5){      # 최종 5*2로 계산된 값을 출력합니다.
+   print(i*2)
+ }

[1] 10

> i=1
> for(i in 1:5){    # 1~5까지 계산된 값을 각각 출력합니다.
+   print(i*2)
+ }

[1] 2
[1] 4
[1] 6
[1] 8
[1] 10
```

for문의 첫 번째 실습은 sum 변수에 0값을 저장하고 i 변수에는 1값이 저장되어 있다. for(i in seq(1,10, by=1))은 i가 1값이므로 1부터 시작하여 10까지 순환하면서 1씩 증가시키라는 명령문이다. 그래서 총 10번의 순환을 진행하게 되고, sum <- sum+i 명령문이 10번 진행되므로 1+2+3+4+5+6+7+8+9+10을 계산하여 총 sum 변수에는 55의 값이 저장하게 된다.

▼실습　중첩 for( )문 실습

```
> i=2
> j=1
> for(i in 2:5){  #구구단 앞부분
+   for(j in 1:5) #구구단 뒷부분
+     cat(i*j," ")
+ }
2 4 6 8 10 3 6 9 12 15 4 8 12 16 20 5 10 15 20 25
```

중첩 for( )은 for문을 2개이상 사용하여 특정 명령문을 처리하는 경우이다. 프로그래밍에서는 for문을 중첩해서 사용하는 경우가 많다. 예를 들어 구구단의 경우 2(앞)×5(뒤)라고 하면 2단(앞)을 9단까지 반복해야 하고, 또한 뒷부분도 1부터 9까지 반복해야 하는 경우가 있다. 그래서 구구단을 계산하는 경우처럼 for( )문을 반복해서 사용할 수 있도록 중첩 for( )문을 R 프로그래밍에서 지원한다.

실습에서 i는 2값이 저장되어 있고 j는 1값이 저장되어 있다. 우선적으로 for(i in 2:5)로 명령문이 있으므로 i는 2부터 출발한다. 이때 다음 명령문으로 for(j in 1:5)가 있으므로 j 변수의 for( )문을 우선적으로 5번 반복하여 I*j를 진행한다. 즉, 2×1, 2×2, 2×3, 2×4, 2×5를 진행하고 나서 j 변수의 for( )문이 마무리되고 다음으로 i 변수의 for문은 i가 3값으로 변하게 되고 다시 j 변수의 for( )문으로 진입하여 3×1, 3×2, 3×3, 3×4, 3×5을 실행한다. 이런 방식으로 반복문이 실행되어 총 20개의 구구단 값을 콘솔창에 보여주게 된다.

2.2 while문

▼실습　while( )문 실습

```
> sum <-0
> i<-0
> while(i<=10){
+   sum <- sum+i
+   i=i+1
+ }
> sum
[1] 55
```

while( ) 함수는 for( )함수와 동일한 방식으로 수행된다. while( ) 함수는 비교 조건을 만족하는 동안 { } 안의 명령문들을 반복 실행한다. for( ) 함수와 차이점으로 for( ) 함수는 반복 횟수를 결정하는 변수를 사용하는 대신에 while( ) 함수는 조건식을 설정하고 블록{ } 내에서 증감식(+, -)을 사용하여 반복 횟수를 계산하면서 순환하는 특징을 가진다.

3. 사용자 정의 함수

R 프로그램에서는 분석자가 직접 함수를 만들어서 사용할 수 있게 사용자 정의함수를 제공한다. 사용자 정의함수는 분석자가 직접 함수를 만들어서 사용할 수 있도록 도와준다. 즉, 사용자가 입력한 값을 받아서 처리할 수 있도록 매개변수를 이용한 함수를 만드는 것이 사용자 정의 함수이다.

▼ 실습   **사용자 정의 함수의 실습1**

```
> f1 <- function( ) {
+
+   print("행복합니다.")
+
+ }
> f1        #f1을 확인하게 되면 사용자정의함수가 어떻게 작성되어 있는지 확인시켜줍니다.

function( ) {

  print("행복합니다.")

}

> f1( )     # f1( )을 입력하면 행복합니다라는 print 결과물을 출력시켜 줍니다.

[1] "행복합니다."

> f2 <- function(x, y) {
+   sum <- x+y
+   sub <- x-y
+   mul <- x*y
+   div <- x/y
+   print(sum)
+   print(sub)
+   print(mul)
+   print(div)
+ }
> f2(20,30)

[1] 50
[1] -10
[1] 600
[1] 0.6666667
```

실습에서 첫 번째 f1 변수의 사용자 정의 함수는 f1을 실행할 때마다 '행복합니다.' 문자를 출력하라는 명령문이다. 이때 중요한 점은 f1 명령문을 실행하면 사용자정의 함수로 작성된 코드 내용을 확인하는 것이며, f1( ) 명령문을 실행하면 사용자정의 함수를 처리하는 결과 내용을 콘솔창에서 확인하는 것이다.

두 번째 실습에서 f2 사용자 정의 함수는 function(x, y)로 x와 y의 매개변수 값을 입력받을 수 있도록 사용자정의 함수가 작성되어 있다. f2 사용자 정의 함수에는 분석자에게 x와 y값을 입력받아 합계, 빼기, 곱하기, 나누기를 계산하고, 이를 화면에 출력하라는 명령문으로 작성되어 있다.

실습에서 f2(20,30)을 입력하였고, 사용자정의함수에서 x는 20, y는 30의 변수값을 저장하여 사칙연산을 계산하고, 결과 내용을 콘솔창에서 보여준다.

▼ 실습 사용자 정의 함수의 실습2

```
> cal <- function(i){
+
+   for(x in i) {
+     cat(x,"단","\n")
+
+     for(y in 1:9){
+       cat(x, "*", y, "=", x*y,"\n")
+     }
+   }
+ }
> cal(2)
2 단
2 * 1 = 2
2 * 2 = 4
2 * 3 = 6
2 * 4 = 8
2 * 5 = 10
2 * 6 = 12
2 * 7 = 14
2 * 8 = 16
2 * 9 = 18
```

cal 변수의 사용자 정의 함수는 구구단을 계산하라는 명령문으로 작성되어 있다. cal( ) 함수에 cal(2)라고 명령문을 실행하면 구구단 2단이 실행되는 것을 화면에 확인할 수 있다. 그리고 cal(2:3)을 명령문을 실행하면 구구단 2단과 3단이 연속적으로 콘솔창 화면에 출력되는 것을 확인할 수 있다.

▼ 실습 사용자 정의 함수의 실습3

```
> cal(2:3)
2 단
2 * 1 = 2
2 * 2 = 4
2 * 3 = 6
… 〈생략〉 …
2 * 9 = 18
3 단
3 * 1 = 3
3 * 2 = 6
… 〈생략〉 …
3 * 7 = 21
3 * 8 = 24
3 * 9 = 27
```

CHAPTER 6 종합 연습문제

01 '도로교통공단_사고유형별 월별 교통사고(2019)'의 데이터의 마지막 데이터 7개만 확인하는 명령문을 작성하시오.

		사고유형대분류	사고유형중분류	사고유형	월	사고건수	사망자수	중상자수	경상자수	부상신고자수
	204	철길건널목	철길건널목	철길건널목	2	1	0	0	1	0
	205	철길건널목	철길건널목	철길건널목	3	1	0	1	0	0
결과값	206	철길건널목	철길건널목	철길건널목	6	1	0	1	0	0
	207	철길건널목	철길건널목	철길건널목	7	1	0	2	0	0
	208	철길건널목	철길건널목	철길건널목	8	1	0	1	0	0
	209	철길건널목	철길건널목	철길건널목	9	1	2	0	0	0
	210	철길건널목	철길건널목	철길건널목	10	2	0	3	4	0

02 '도로교통공단_사고유형별 월별 교통사고(2019)'의 데이터중 결과에 나타난 해당 칼럼만 출력하시오. 단 상단 데이터의 3개만 화면에 출력하시오.

		사고유형	월	사고건수	경상자수
	1	횡단중	1	1532	650
결과값	2	횡단중	2	1201	594
	3	횡단중	3	1453	709

03 dplyr 패키지에서 제공하는 함수를 사용하여 '도로교통공단_사고유형별 월별 교통사고 (2019)'의 데이터 중 결과에 나타난 내용만 추출하시오.
조건 : 사고건수는 7000건 이상이고, 부상신고자수는 800명 이상

		사고유형대분류	사고유형중분류	사고유형	월	사고건수	사망자수	중상자수	경상자수	부상신고자수
	77	차대차	측면충돌	측면충돌	5	7781	59	2313	9222	811
결과값	78	차대차	측면충돌	측면충돌	6	7095	47	2140	8387	819
	80	차대차	측면충돌	측면충돌	8	7504	51	2138	9004	814
	82	차대차	측면충돌	측면충돌	10	7806	59	2273	9055	836

04 dplyr 패키지에서 제공하는 함수를 사용하여 '도로교통공단_사고유형별 월별 교통사고(2019)'의 데이터에서 중상자비율을 계산하여 새로운 칼럼으로 추가하시오.

		사고유형대분류	사고유형중분류	사고유형	월	사고건수	사망자수	중상자수	경상자수	부상신고자수	중상자수비율
결과값	1	차대사람	횡단중	횡단중	1	1532	69	841	650	61	0.5489556
	2	차대사람	횡단중	횡단중	2	1201	40	599	594	39	0.4987510
	3	차대사람	횡단중	횡단중	3	1453	47	736	709	61	0.5065382
	4	차대사람	횡단중	횡단중	4	1604	55	778	783	73	0.4850374

05 위 4번 문제(중상자비율 계산)의 데이터를 '중상자비율.csv'로 외부 파일로 저장하는 명령문을 작성하시오.

06 reshape2 패키지를 사용하여 '도로교통공단_사고유형별 월별 교통사고(2019)'의 데이터에서 사고유형대분류와 월을 기준으로 사고건수의 합계를 구하는 명령문을 작성하시오.

		사고유형대분류	1	2	3	4	5	6	7	8	9	10	11	12
결과값	1	차대사람	3777	3010	3708	3858	4019	3565	3636	3601	3934	4415	4495	4132
	2	차대차	12132	11151	13615	14440	15801	14484	14695	15466	14451	16286	16183	14624
	3	차량단독	643	590	809	806	959	918	902	924	945	987	839	792
	4	철길건널목	0	1	1	0	0	1	1	1	1	2	0	0

07 '도로교통공단_사고유형별 월별 교통사고(2019)'의 데이터에서 차대사람 사고 횡단중 7월에 경상자수가 500명 이상이면 화면에 '경상자수 많이 발생', 그렇지 않으면 '경상자수 적게 발생'을 출력하는 조건문을 작성하시오.

08 '도로교통공단_사고유형별 월별 교통사고(2019)'의 데이터에서 차대사람 사고 횡단중 12월에 경상자수가 800명 이상이면 화면에 '경상자수 많이 발생', 501~799명은 '경상자수 보통 발생' 그렇지 않으면 '경상자수 적게 발생'을 출력하는 조건문을 작성하시오.

09 '도로교통공단_사고유형별 월별 교통사고(2019)'의 데이터에서 사망자수가 0명인 데이터의 위치값을 모두 찾아주는 조건문을 작성하시오.

결과값	[1] 31 41 85 86 87 88 90 91 92 93 94 95 96 134 157 158 159 163 165 166 167 181 182 204 205 206 207 208 210

10 '도로교통공단_사고유형별 월별 교통사고(2019)'의 데이터에서 1~12월까지 차대사람 사고 횡단중 부상신고자수의 합계를 for문을 이용하여 계산하시오.

결과값	[1] 822

05

R programming

차트 시각화

학습배경

– 데이터 시각화는 데이터 분석에는 전체적인 데이터 구조를 쉽게 이해하는 데 도움을 제공한다. 데이터 시각화는 빅데이터 분석 영역에서 매우 중요한 부분으로 차지하고 있으며, 빅데이터를 해석하는데 필수적인 요소이다. 빅데이터는 크기도 크고, 다양한 성격의 데이터를 내포하고 있어 테이블의 형태로 정리된 내용을 분석자가 이해하는 데 불편함이 있다. 이에 대다수 분석자들은 시각화를 통해 빅데이터를 해석하고자 한다. 특히 데이터 시각화 중 차트 시각화는 빅데이터 분석에서 가장 기본적인 요소로서, 본 장에서는 R 프로그램에서 기본으로 제공하는 plot( ) 함수와 lattice 패키지, ggplot2 패키지를 이용하여 데이터를 시각화하는 방법을 실습할 것이다.

학습목표

– 막대차트, 도트 플롯 차트, 원형 차트, 히스토그램, 박스 플롯, 산점도를 시각화를 만들 수 있다.
– lattice 패키지를 이용하여 데이터를 시각화할 수 있다.
– ggplot2 패키지를 이용하여 데이터를 시각화할 수 있다.

학습구성

1. 단일 데이터 시각화
   ① 막대차트 시각화
   ② 도트 플롯 차트 시각화
   ③ 원형 차트 시각화
   ④ 히스토그램 시각화

2. 복합 데이터 시각화
   ① 막대차트 시각화
   ② 박스 플롯 시각화
   ③ 산점도 시각화
   ④ 산점도 행렬 시각화

3. 차트 시각화 응용 – 사고유형별/월별 교통사고 데이터
   ① 단일 및 복합 데이터 시각화 응용
   ② lattice 패키지를 이용한 시각화 응용
   ③ ggplot2 패키지를 이용한 시각화 응용

4. 종합 연습문제

단일 데이터 시각화

> **실습** 차트를 작성하기 위한 단일 데이터 입력
>
> ```
> > vis <- c(95,70,65,80,62,45,80,97)  #빅데이터 점수
> > names(vis) <- c("철수","영희","두철","희민","주희","영수","민지","주영")
> > vis
>   철수 영희 두철 희민 주희 영수 민지 주영
>    95   70   65   80   62   45   80   97
> ```

차트 시각화의 실습을 위해서 기본 데이터로 vis 변수를 작성하였고, names( ) 함수를 이용하여 vis의 데이터값에 학생 이름을 붙여주었다. vis 변수 내용을 확인하면 철수부터 주영까지 8명의 개인별 점수가 저장되어 있다.

1. 막대차트 시각화

막대 차트는 가로와 세로 막대 차트로 존재한다. 막대차트는 표현 값에 비례하여 높이와 길이를 지닌 직사각형 막대로 범주형 데이터를 표현하는 데 효과적이다. 막대차트는 크기를 기준으로 요소를 범주화하는 데 사용된다.

> **문법** 막대차트
>
> barplot(변수명, ylim=y축값의 범위, col=막대차트의 색상, main=제목, border=테두리 굵기, xlab=x축 제목, ylab=y축 제목, horiz=TRUE(막대차트 회전), space= 막대차트의 굵기, cex.names= 글자크기 조절)

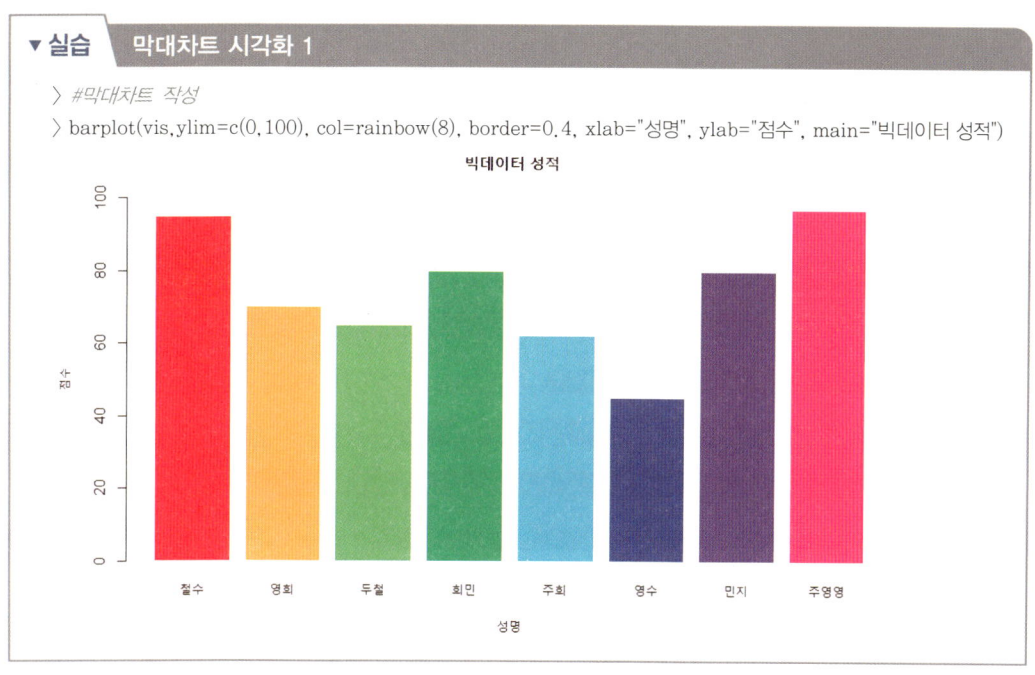

실습에서는 barplot( ) 함수에 첫 번째 인수값으로 vis변수를 입력하였고, ylim 속성으로 0부터 100까지 y축의 기준값을 설정하였다. col 속성은 막대차트의 색상을 지정하는 속성으로 rainbow(8)로 지정하였다. border는 테두리 굵기 설정이며 0.4로 지정하였다. xlab은 성명, ylab은 점수, main은 빅데이터 성적으로 설정하였다. 참고로 barplot( ) 함수의 상세 속성값을 확인하고 싶으면 도움말을 이용하여 확인할 수 있다.

▼ 실습 | 막대차트 시각화 2

> barplot(vis, horiz=TRUE, xlim=c(0,100), space=0.8, col=c("blue","purple"), border=0.4,
+   cex.names=1, xlab="점수", ylab="성명", main="빅데이터 성적")

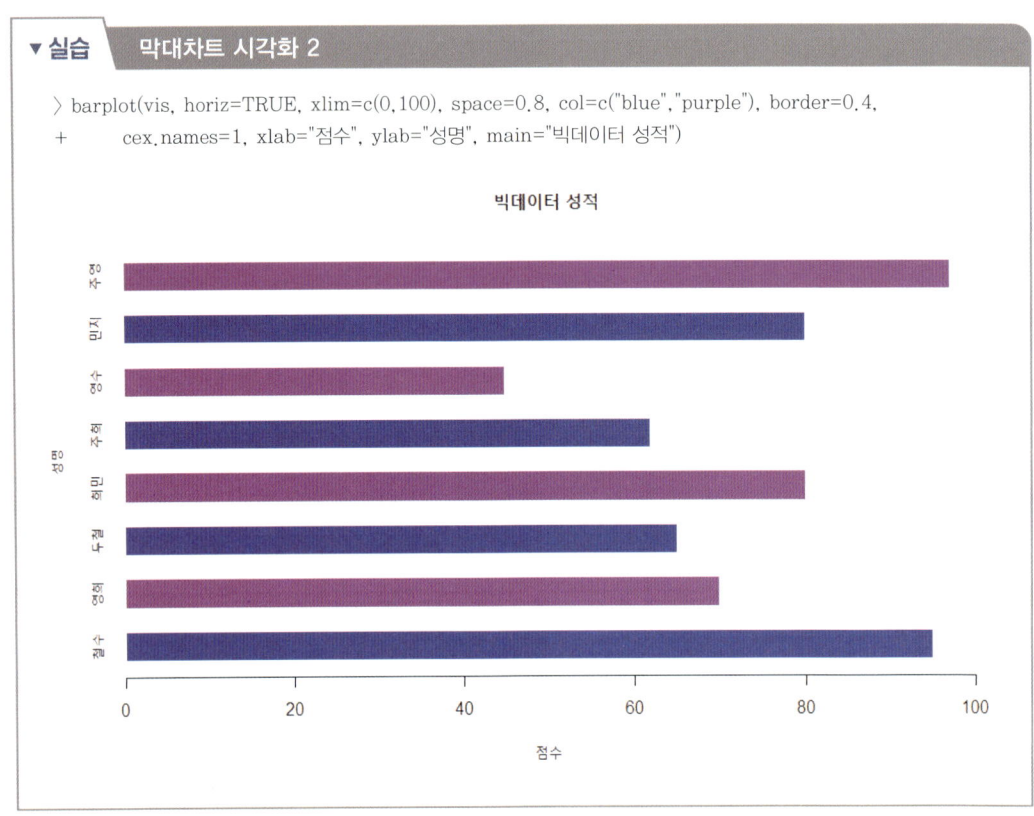

막대차트 실습 2에서는 가로형 차트를 작성을 위한 명령문이다. 차트의 회전을 위해서 속성값으로 horiz=TRUE로 지정하였으며, space 속성으로 막대차트의 크기를 조절하였다.

2. 도트 플롯 차트 시각화

도트 플롯 차트는 데이터 분포를 시각적으로 표시하는 막대 차트의 훌륭한 대안으로 사용된다. 데이터가 모여있는 군집 형태나 데이터의 간격을 쉽게 확인하는 데 유용하다. 분석자는 도트 플롯 차트의 시각화로 도트의 모양과 색상을 변경하여 차트를 작성할 수 있다.

> **문법** 도트 플롯 차트
>
> dotchart(변수명, color=도트 색상, lcolor=구분선 색상, pch=점 모양 지정, labels=점에 대한 제목, ylab=y축 제목, xlab=x축 제목, main=차트 제목, cex=차트 확대/축소)

> **실습** 도트 플롯 차트 시각화
>
> ```
> > dotchart(vis, color=c("blue","red"), lcolor="gray", pch=1:8, labels=names(vis),
> +          ylab="성명", xlab="점수", main="빅데이터 성적", cex=1.2)
> ```

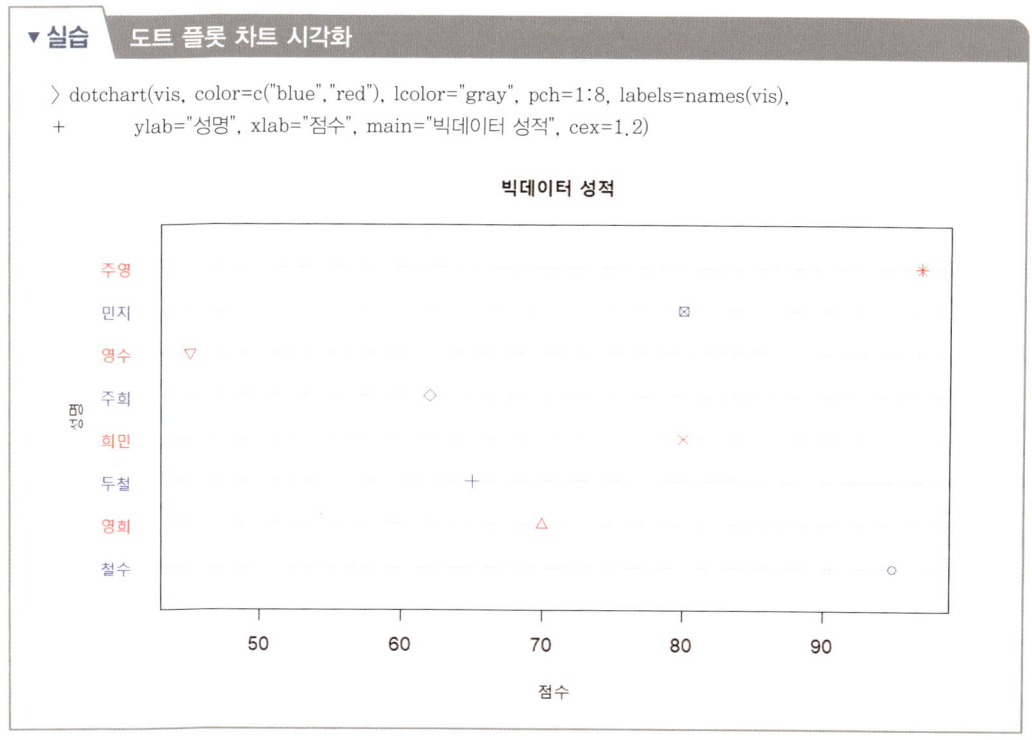

dotchart( ) 함수로 처리한 시각화는 vis 변수를 토대로 도트 플롯 차트를 시각화한 결과이다. 도트의 색상은 파랑과 빨강으로 지정하였고, 차트 내부의 구분선은 회색으로 지정하였다. 또한 도트마다 모양을 다르게 하려고 pch 속성값을 1:8로 지정하였다. 차트의 적당한 크기를 위해서 cex 값은 1.2로 지정하였다.

3. 원형 차트 시각화

원형 차트는 숫자 및 비율 데이터나 통계 데이터를 시각화할 때 주로 많이 사용되며, 항목이 차지하는 상대적인 비율을 표시하는 데 매우 유용하다. 하지만 원형 차트는 하나의 항목만 표시하기 때문에 분석자가 여러 개의 항목을 표시하고 싶다면 다른 차트를 사용해야 한다.

> **문법** 원형 차트
>
> pie(변수명, border=(원형차트 조각 테두리 색상, 선의 종류), radius=원형의 크기, edges=파트 외곽선의 개수(모양), clockwise = T/F(T는 시계방향, F는 반시계방향), main=제목, cex=차트 확대/축소, label=데이터 값제목)

> **실습** 원형 차트 시각화
>
> ```
> > pie(vis, border=1, radius=1, edges=100,
> +     clockwise = T, main="빅데이터 성적", cex=1.2, label=paste(names(vis),vis,"점"))
> ```

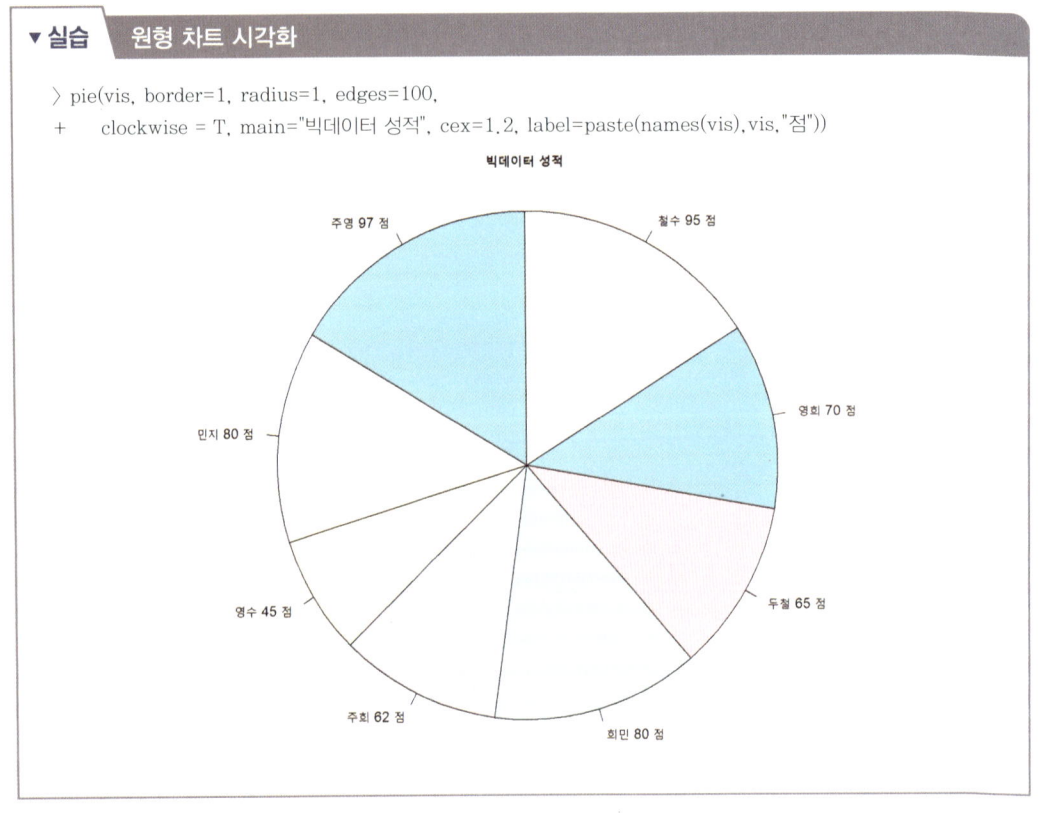

vis 변수를 토대로 원형 차트를 시각화하였다. 원형차트 테두리 색상은 border=1로 기본 검정색으로 지정하였고, radius는 1값으로 지정하여 차트 크기는 기본크기로 설정하였다. 데이터의 순서는 시계방향으로 순차적으로 보여주기 위해서 clockwise = T의 속성을 이용하였다. 그리고 edges는 1000으로 원형 차트가 동그라미로 기본 유지할 수 있도록 기본값으로 설정하였다. 만약 edges는 10으로 지정하면 동그라미 모형이 팔각형 모양으로 변경된다.

4. 히스토그램 시각화

히스토그램은 표로 되어 있는 도수 분포를 정보 그림으로 나타낸 것이다. 히스토그램에서 시각화는 측정값의 범위(구간)를 x축으로 설정하고, 범위에 속하는 측정값은 빈도수로서 y축에 나타낸다. 히스토그램은 1개 또는 2개의 차트를 묶어서 많이 사용된다. 정규분포 곡선을 표현하지 않은 차트와 표현한 차트로 시각화를 많이 한다.

> **문법** 히스토그램
>
> hist(변수명, xlab=x축 제목, xlim=x축의 범위, col=색상, main=차트 제목, border=테두리색, density=막대의 음영밀도, freq=T/F(TRUE이면 빈도수, FALSE이면 확률밀도))

R 프로그램에서 차트를 분할해서 표현하는 함수는 par( ) 함수이다. par( ) 함수는 par(mfrow=c(행,열))으로 사용되며 par(mfrow=c(1,2)) 명령문을 실행하면 1행의 2열로 화면을 분할하여 2개의 차트를 나란히 보여주라는 의미이다. curve( ) 함수는 정규분포 추정의 곡선을 시각화로 보여줄 수 있도록 도와주는 함수로서 평균값을 중앙으로 좌우대칭인 종모양을 이루고 있는지 확인시켜준다. 빨간선은 밀도 분포의 곡선이며, 파란선은 추정되는 정규분포의 곡선을 의미한다.

▼ 실습
```
> par(mfrow=c(1,2)) #1행 2열 차트로 표현
> hdata <- c(65,83,75,80,77,72,87,67,56,97)
> hist(hdata, xlab="점수", col="lightblue", main="빅데이터 점수 히스토그램",
+        freq=TRUE, xlim=c(50,100), border="black", density=100)
> hist(hdata, xlab="점수", col="lightblue", main="빅데이터 점수 히스토그램",
+        freq=FALSE, xlim=c(50,100))
> lines(density(hdata), col="red") #밀도 기준으로 라인 추가
> x <- seq(50, 100, 10)
> curve(dnorm(x,mean=mean(hdata), sd=sd(hdata)),col="blue",add=T) #정규분포 추정 곡선 추가
```

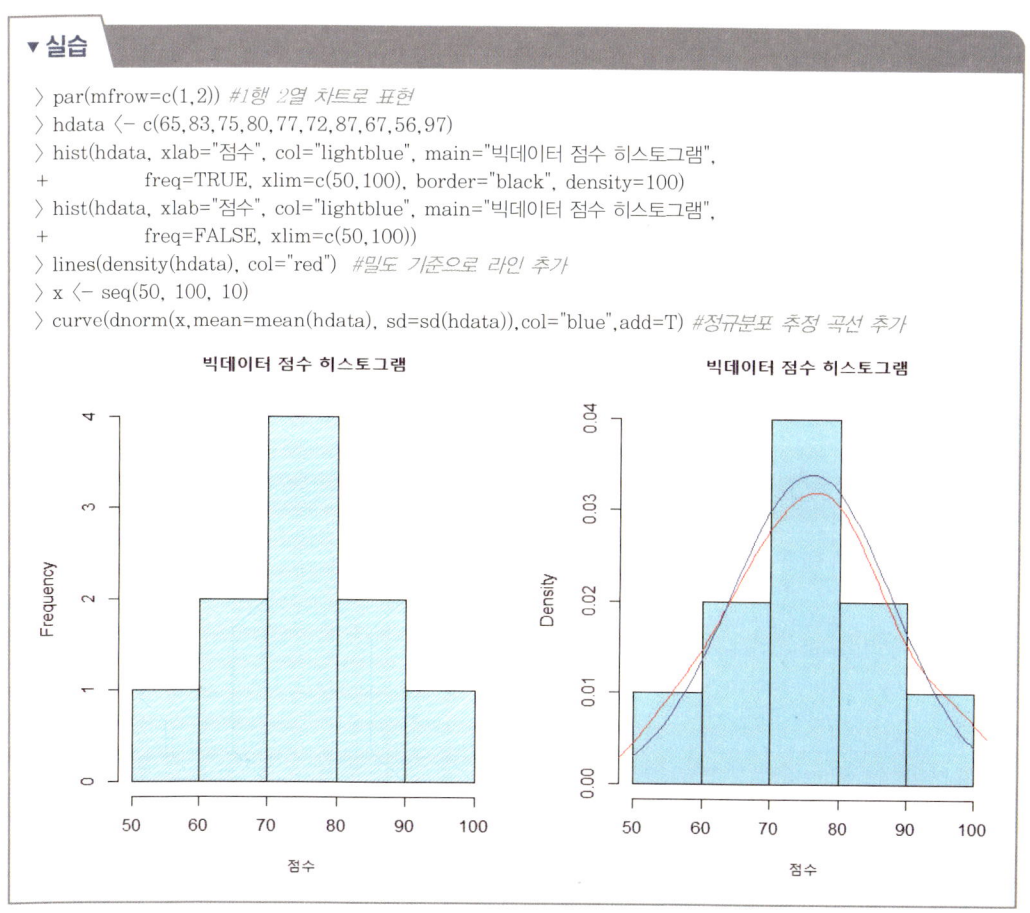

CHAPTER 2 복합 데이터 시각화

여러 개의 데이터를 비교할 수 있도록 개별 데이터를 하나의 차트로 붙여서 시각화할 수 있다.
복합 데이터를 토대로 차트 시각화 실습을 위해서 별도의 데이터를 입력한다. 본 실습에서는 a_score 변수와 b_score 변수를 작성하였고, 두 score 변수의 점수가 누구 점수인지 names( ) 함수를 이용하여 이름을 구체화하였다.

▼ 실습 차트를 작성하기 위한 복합 데이터 입력

```
> a_score <- c(95,70,65,80,62,45,80,97) #빅데이터 성적
> b_score <- c(70,85,72,70,65,55,48,95) #통계 성적
> names(a_score) <- c("철수","영희","두철","희민","주희","영수","민지","주영")
> names(b_score) <- c("철수","영희","두철","희민","주희","영수","민지","주영")
```

1. 막대차트 시각화

a_score 변수와 b_score 변수의 개별 차트를 하나로 묶어서 시각화하기 위해서 par(mfrow= c(1,2)) 명령문을 실행하였다. legend( ) 함수는 범례 표시를 도와준다. legend 함수는 legend (x축 이동값, y축 이동값, 데이터 이름, cex=크기, fill=색상)의 문법 구조로 되어 있다.

▼ 실습 개별차트 시각화

```
> par(mfrow=c(1,2)) #1행 2열 차트로 표현
> barplot(a_score, horiz=T, xlim=c(0,100), col=rainbow(8), border=0.4, xlab="성명", ylab="점수",
+          main="빅데이터 성적")
> legend(60,10,names(a_score),cex=0.8, fill=rainbow(8))
> barplot(b_score,horiz=T, xlim=c(0,100), col=rainbow(8), border=0.4, xlab="성명", ylab="점수",
+          main="통계 성적")
> legend(60,10,names(b_score),cex=0.8, fill=rainbow(8))
```

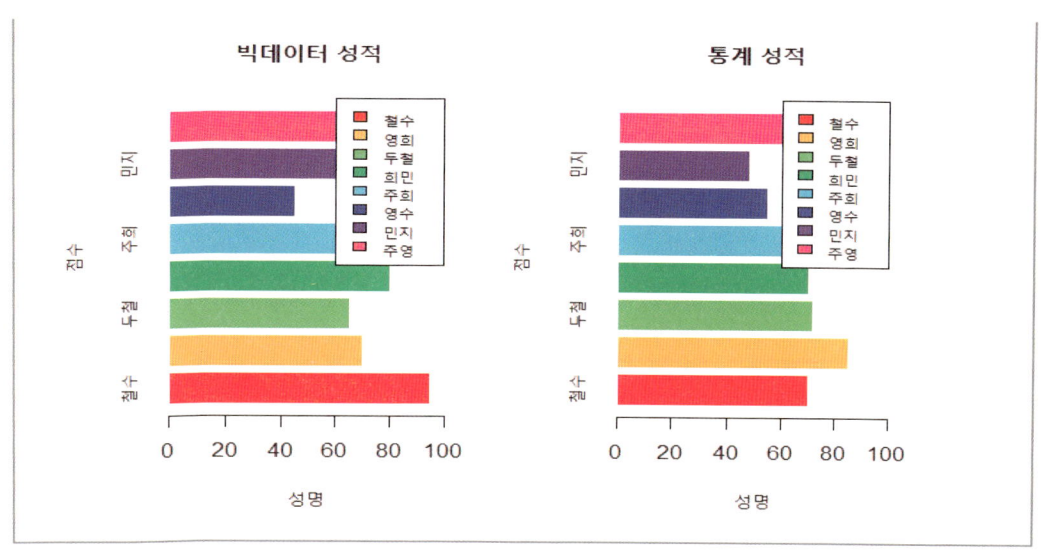

2. 박스 플롯 시각화

박스 플롯(Box plot)은 분석자가 데이터를 테이블 숫자로 확인하기 어려울 때 사용된다. 박스 플롯을 이용하면 데이터 집합의 범위와 중앙값을 빠르게 확인할 수 있다. 또한 통계적으로 이상치(outlier)가 있는지 확인할 수 있어 분석자가 이상치를 발견하는 목적으로도 사용한다. 데이터의 요약정보를 시각화하는 데 효과적이다.

Q 문법   박스 플롯

boxplot(변수명, col=색상, ylim=y축 범위)

▼ 실습   박스 플롯 시각화

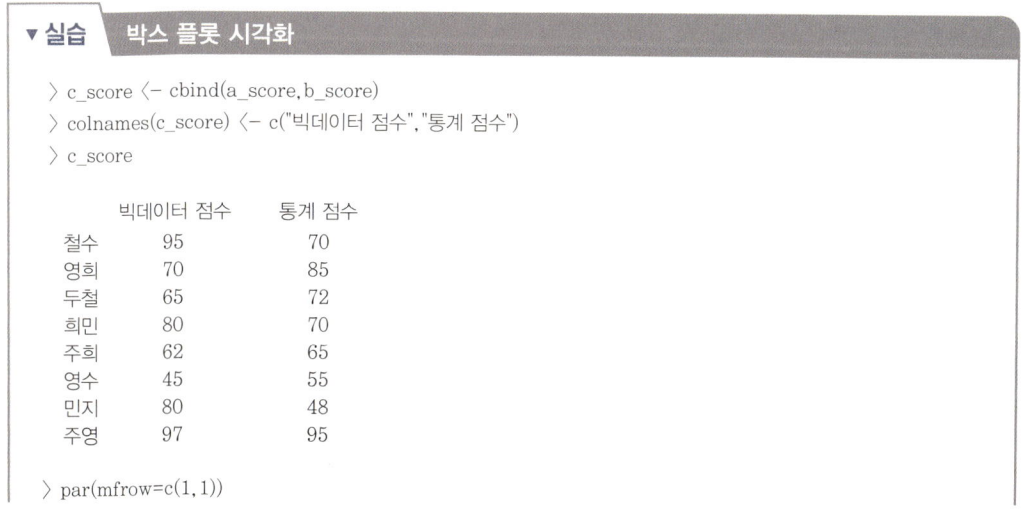

```
> boxplot(c_score, col=c("yellow","green"), ylim=c(40,100))
> abline(h=75, lty=3, col="red")   #75점을 기준선으로 라인작성
```

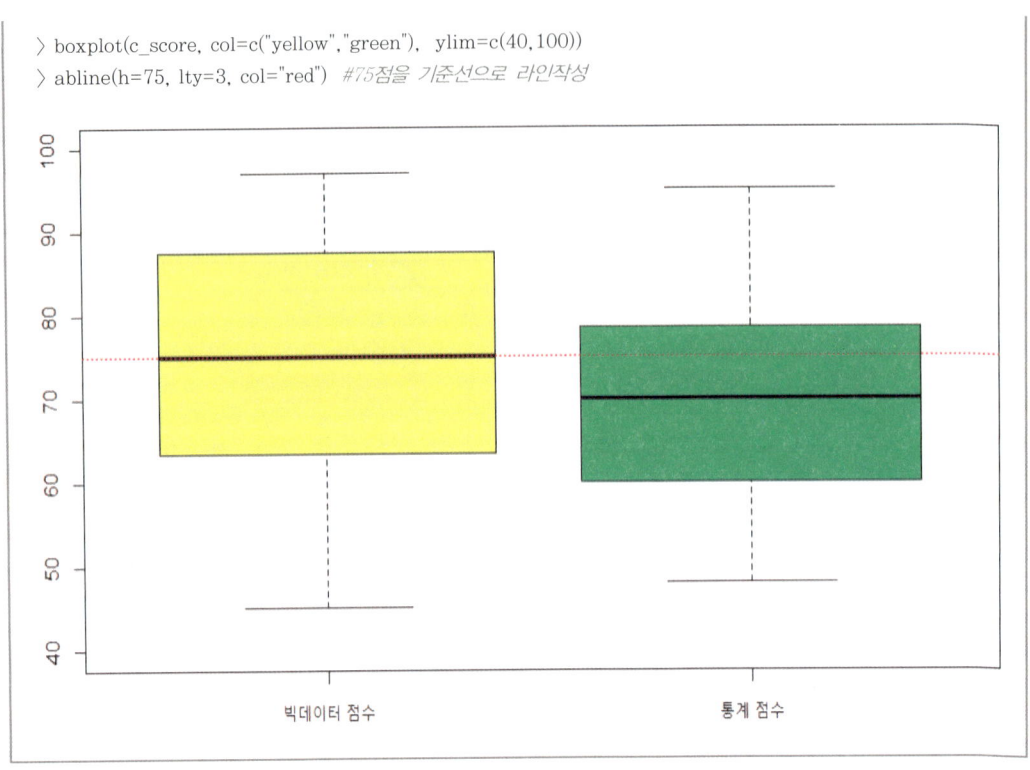

실습에서 a_score 변수와 b_score 변수를 cbind() 함수를 이용하여 c_score 변수를 시각화하였다. 박스 플롯 시각화는 c_score 변수를 토대로 진행하였고, boxplot( ) 함수를 이용하면 데이터의 평균점과 분포를 확인할 수 있다.

3. 산점도 시각화

산점도는 직교 좌표계(도표)를 이용해 좌표상의 점들을 표시해주고, 두 개 변수 간의 관계를 표현하는 차트이다. 도표 위에 두 변수의 값이 만나는 지점을 표시한 그림이며 두 변수 사이의 관계를 시각화로 알 수 있다.

> **Q 문법** 산점도 시각화
>
> plot(변수명, col=색상, axes=x축/y축 범위 표시여부, ann=x축/y축/제목 표시여부, type=좌표 간 직선표시 옵션 (p/l/b/c/o/h/s/S/n), lwd=점의 크기, main=차트제목)

> **▼ 실습** 산점도 시각화
>
> \> plot(c_score, col="Red", axes=TRUE, ann=TRUE, type="p", lwd=10, main="빅데이터-통계 점수현황")
> \> par(new=TRUE) #기존 차트를 남겨두고 새롭게 차트 추가
> \> line_chart=1:100
> \> plot(line_chart, col="blue", axes=FALSE, ann=FALSE, type="l")
> \> text(x=50,y=60, "대각선", col="blue") # 차트에 텍스트 추가

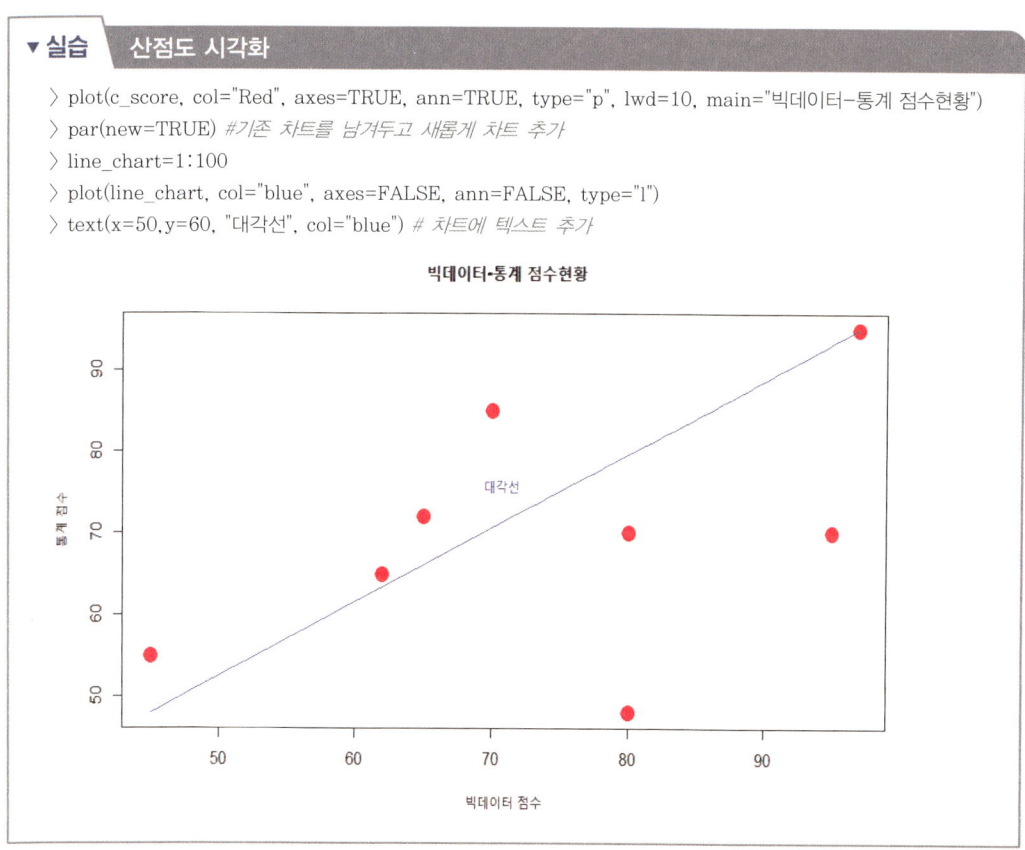

산점도 시각화 실습을 위해서 plot( ) 함수를 두 번 사용하였다. 첫 번째는 c_score 변수를 토대로 통계점수를 y축, 빅데이터 점수를 x축으로 설정하여 산점도를 화면에 표시하였다. 두 번째는 통계 점수와 빅데이터 점수 간의 선형 관계가 있는지 표시하는 라인을 추가하였다.

두 번의 plot( ) 함수가 별개로 화면에 표시되지 않도록 par(new=TRUE) 명령문을 입력하였다. par(new=TRUE) 명령문은 기존 차트를 컴퓨터 메모리에 남겨두고 새로운 차트를 작성할 수 있게 도와준다. 즉, par(new=TRUE) 명령문은 여러 개의 차트를 하나로 겹쳐서 출력할 수 있도록 도와주는 명령문이다.

4. 산점도 행렬 시각화

R 프로그램을 통해서 변수와 변수 사이의 관계를 상세하게 시각화할 수 있다. 산점도 행렬 시각화는 다변량 데이터에서 변수 간의 산점도를 표현한 차트를 말한다. 산점도 행렬은 여러 변수가 있을 때 모든 변수 간 산점도를 손쉽게 그려주고, 분석자는 변수들 간 상관관계 등의 특징을 쉽게 찾을 수 있다.

> **문법** pairs( )
>
> pairs(변수명, pch=산점도 표시 기호, col=색상, cex=표식기호 크기)

> **실습** 변수 간 비교 시각화

```
> c_no <- c(1,1,1,1,2,2,2,2)
> d_score <- data.frame(a_score,b_score,c_no)
> colnames(d_score) <- c("빅데이터 점수","통계 점수","반")
> d_score
      빅데이터 점수   통계 점수   반
철수        95          70       1
영희        70          85       1
두철        65          72       1
희민        80          70       1
주희        62          65       2
영수        45          55       2
민지        80          48       2
주영        97          95       2
> par(mfrow=c(1,1))
> pairs(d_score[d_score$반==1,1:3], pch=c(1:4), col=c(1:4), cex=2)
> # 철수는 o, 영희는 △, 희민이는 x, 두철은 +로 표시기호로 구분하여 각 색상별로 데이터의 관계를
> # 확인할 수 있다.
```

CHAPTER 3 차트 시각화 응용
– 사고유형별/월별 교통사고 데이터

1. 단일 및 복합 데이터 시각화 응용

도로교통공단_사고유형별 월별 교통사고 통계(2018) 데이터를 차트 시각화로 표현하였다.

도로교통공단_사고유형별 월별 교통사고 통계(2018)

변수명				
사고유형대분류 (chr)	사고유형중분류 (chr)	사고유형 (chr)	사고건수 (int)	월 (int)
사망자수 (int)	중상자수 (int)	경상자수 (int)	부상신고자수 (int)	

출처: https://www.data.go.kr/data/15070290/fileData.do#layer_data_infomation

▼ 실습 실습 응용 데이터

```
> csv <- read.csv("C:/Data Analysis/r_exam/도로교통공단_사고유형별 월별 교통사고(2018).csv")
> csv2 <- csv[c(1:12),]  #사고유형중 차대사람 사고로 횡단중 사고인 1년간(12개월) 데이터만 추출
> csv2
```

	사고유형대분류	사고유형중분류	사고유형	월	사고건수	사망자수	중상자수	경상자수	부상신고자수
1	차대사람	횡단중	횡단중	1	1667	88	917	720	70
2	차대사람	횡단중	횡단중	2	1511	62	760	713	60
3	차대사람	횡단중	횡단중	3	1599	76	798	751	80
4	차대사람	횡단중	횡단중	4	1544	62	766	750	62
5	차대사람	횡단중	횡단중	5	1495	46	739	774	60
6	차대사람	횡단중	횡단중	6	1357	37	691	659	56
7	차대사람	횡단중	횡단중	7	1332	54	688	625	47
8	차대사람	횡단중	횡단중	8	1373	69	705	634	57
9	차대사람	횡단중	횡단중	9	1504	71	764	696	67
10	차대사람	횡단중	횡단중	10	1741	89	891	790	66
11	차대사람	횡단중	횡단중	11	1622	56	867	747	66
12	차대사람	횡단중	횡단중	12	1645	84	817	776	66

▼실습　막대차트 시각화 1

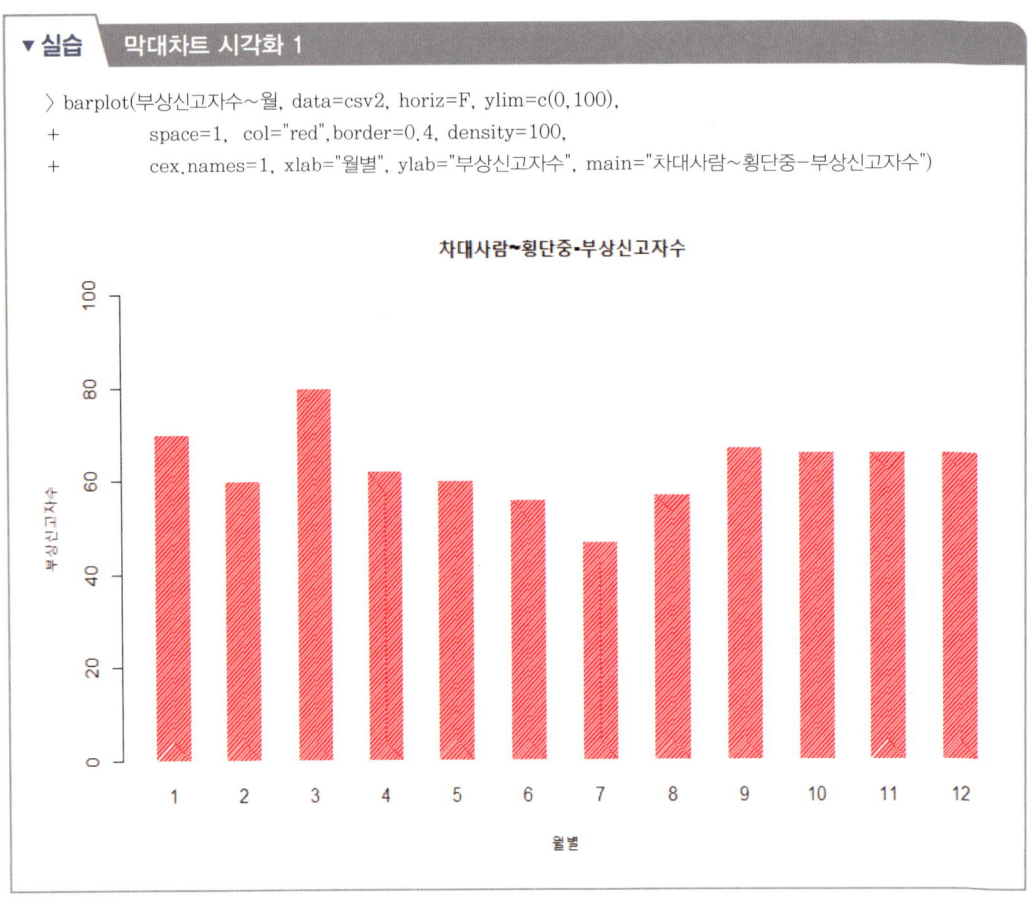

x축에는 월별로 부상신고자의 인원수를 차트로 시각화하였다. 다른 월보다 3월에 부상신고자수가 높게 나타났다.

▼실습 막대차트 시각화 2

```
> #y축에는 월별로 부상신고자의 인원수를 차트로 표현하였다. 3월이 다른 월보다 부상신고자수가 높다.
> barplot(부상신고자수~월, data=csv2, horiz=T, xlim=c(0,100),
+         space=1, col="blue",border=0.4, density=100,
+         cex.names=1, xlab="부상신고자수", ylab="월별", main="차대사람~횡단중-부상신고자수")
```

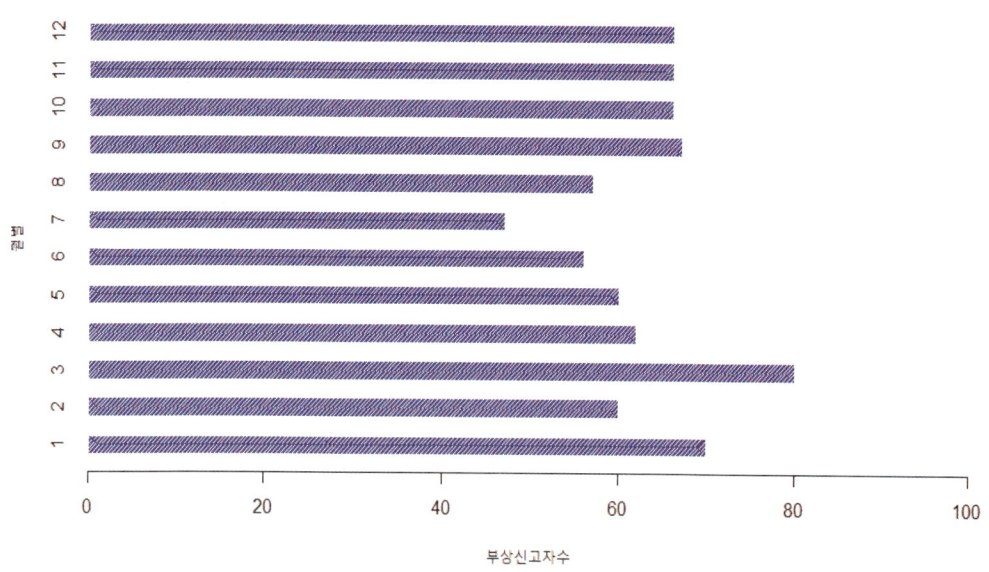

```
> par(mfrow=c(1,2)) #1행 2열 차트로 표현
> #x축을 월별로 사고건수와 부상신고자수의 인원수를 차트로 표현하였다.
> #사고건수 시각화로는 10월이 가장 높은 수치를 보이고 있고, 부상신고자수는 3월이 높은 수치를 보인다.
> barplot(사고건수~월, data=csv2, horiz=F, ylim=c(0,2000), border=0.4, col="red",
+         main="차대사람~횡단중-사고건수")
> barplot(부상신고자수~월, data=csv2, horiz=F, ylim=c(0,100),border=0.4, col="blue",
+         main="차대사람~횡단중-부상신고자수")
```

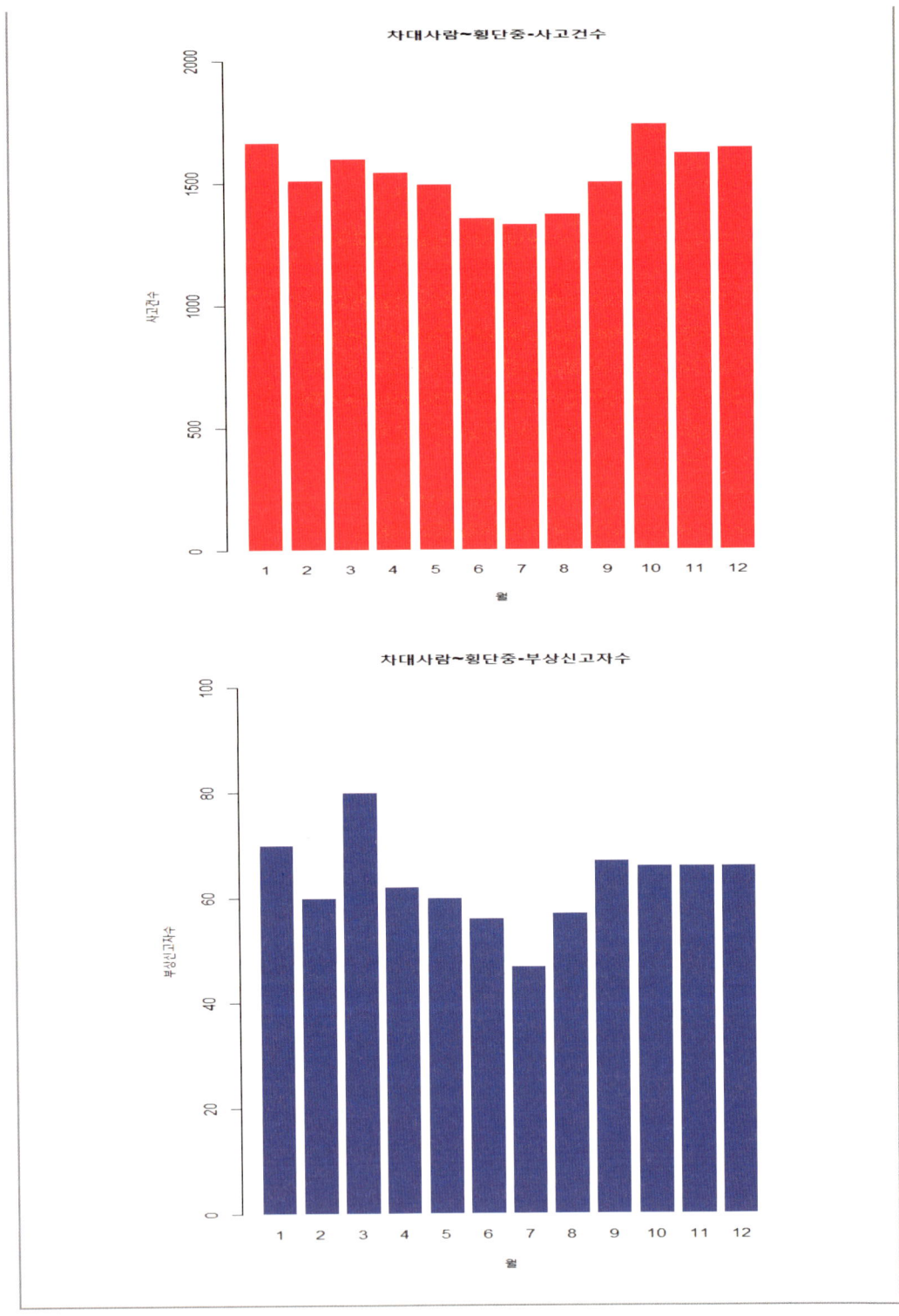

▼실습   도트 플롯 차트 시각화

```
> # y축을 월별로 부상신고자수를 도트로 시각화하였다. 세부 내용을 살펴보면 3월은 80명에 위치하고
> # 있으며 7월에는 50명 이하인 47명에 위치해 있어 다른 달보다 낮은 수치를 시각화로 확인된다.
> par(mfrow=c(1,1))
> dotchart(csv2$부상신고자수,gdata=csv2, color=c("blue","red"), lcolor="gray", pch=1,
+          labels=1:12, ylab="월", xlim=c(40,90), xlab="부상신고자수", main="부상신고자수", cex=1)
```

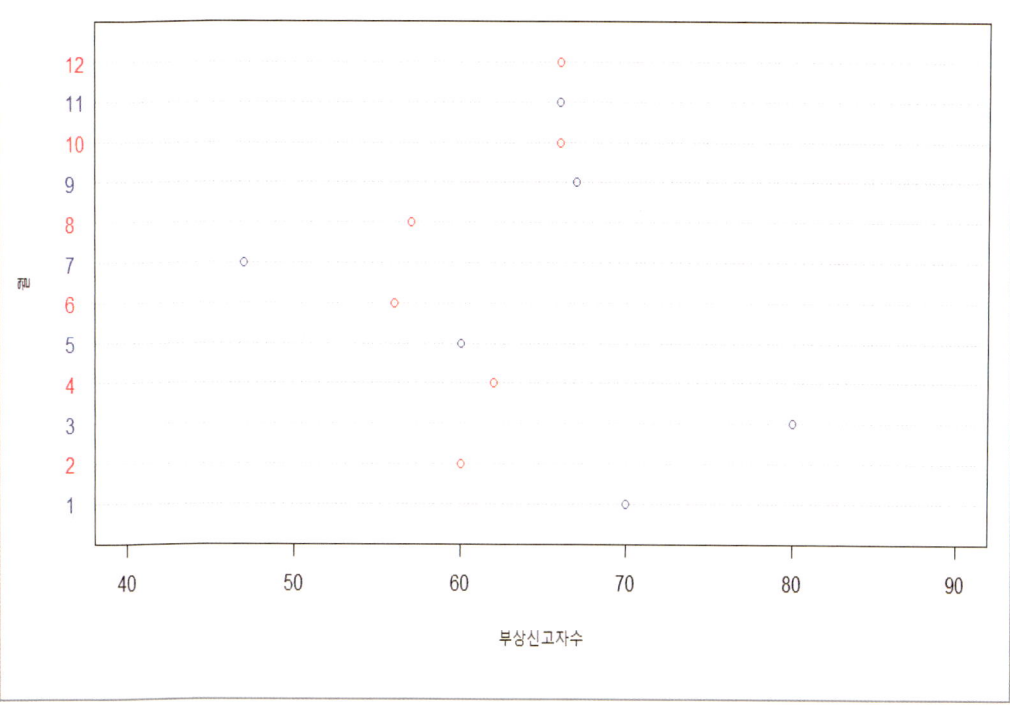

▼ 실습   원형 차트 시각화

> #사고건수 데이터가 월별로 어느정도로 구성되어 있는지 원형차트로 시각화하였다.
> pie(csv2$부상신고자수, border=1, radius=0.8, edges=0, clockwise = T, main="부상신고자수",
+   cex=1.2, label=paste(csv$월,"월,",csv2$부상신고자수,"건"))

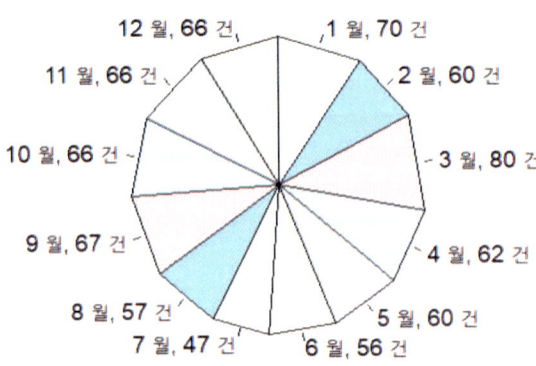

▼ 실습   변수 간 비교 시각화

> # '차대사람사고' 중에 '횡단중' 사고현황을 사고별로 비교하는 시각화를 진행하였다.
> # 데이터는 총 12개월의 사고건수, 사망자수, 중상자수 경상자수별로 비교하는 시각화를 진행하였으며
> # 데이터의 표식을 12개로 지정하였고, 색상을 달리하여 칼럼 간 관계가 어떻게 구성되는지 시각화로
> # 이해할 수 있다.
> pairs(csv2[,5:8], pch=c(1:12), col=c(1:12), cex=1)

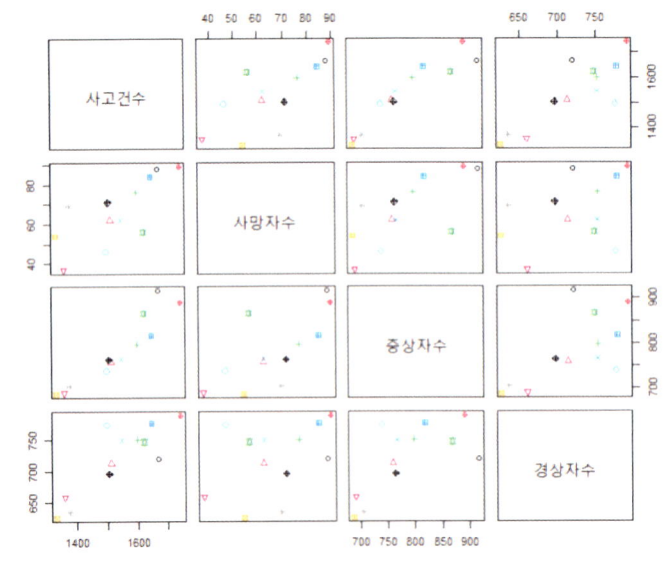

▼실습 박스 플롯 시각화

```
> csv3 <- csv2[c(1:12),c(7:8)]   #2018년 교통사고 내용 중 횡단중 중상자수와 경상자수 데이터만 추출
> csv3
     중상자수  경상자수
1     917      720
2     760      713
3     798      751
4     766      750
5     739      774
6     691      659
7     688      625
8     705      634
9     764      696
10    891      790
11    867      747
12    817      776

> mean(csv3$중상자수); mean(csv3$경상자수)

[1] 783.5833
[1] 719.5833

> boxplot(csv3)
> abline(h=750, lty=5, col="red")
> # 중상자와 경상자수의 데이터의 분포를 박스 플롯으로 시각화를 진행하였고, 경상자수보다 중상자수가
> # 더 높은 수치에 분포되어 있는 모습을 확인할 수 있으며 750을 기준으로 중상자수는 평균이 750보다
> # 높으며 경상자수는 750보다 낮은 것을 시각화로 확인할 수 있다.
```

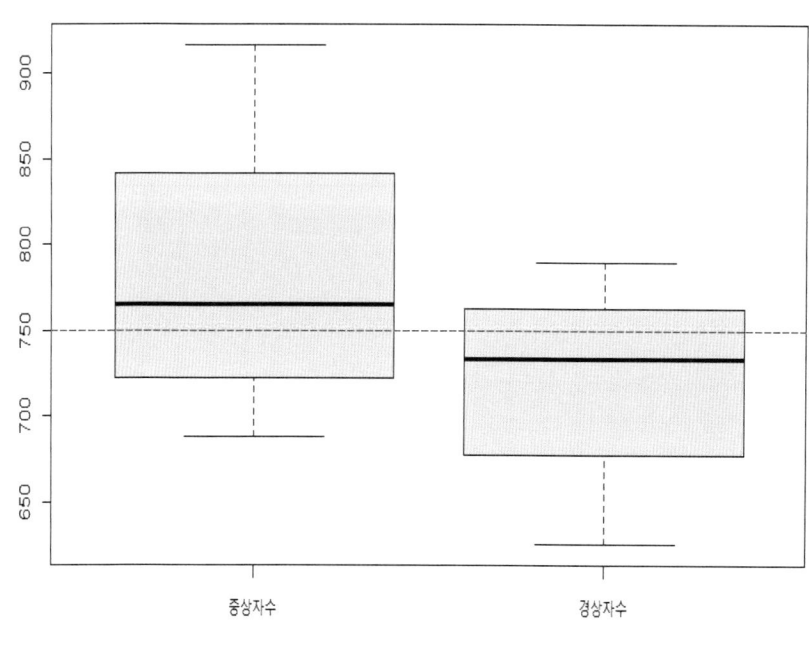

▼실습　산점도 시각화 1

> par(mfrow=c(1,1)) *#1행 1열 차트로 표현*
> plot(csv3, col="Red", axes=TRUE, ann=TRUE, type="p", lwd=6, main="2018 중상자수-경상자수 현황")
> par(new=TRUE) *#기존 차트를 남겨두고 새롭게 차트 추가*
> line_chart=1000:2000
> plot(line_chart, col="blue", axes=FALSE, ann=FALSE, type="l")
> text(x=600, y=1650, "선형", col="blue")

> *# x축을 중상자수, y축을 경상자수로 지정하여 두 칼럼 간의 데이터가 어떻게 관계가 있는지*
> *# 확인하는 시각화로 선형을 기준으로 데이터가 모여있지 않고 흩어져 있는 모습을 확인할 수 있다.*

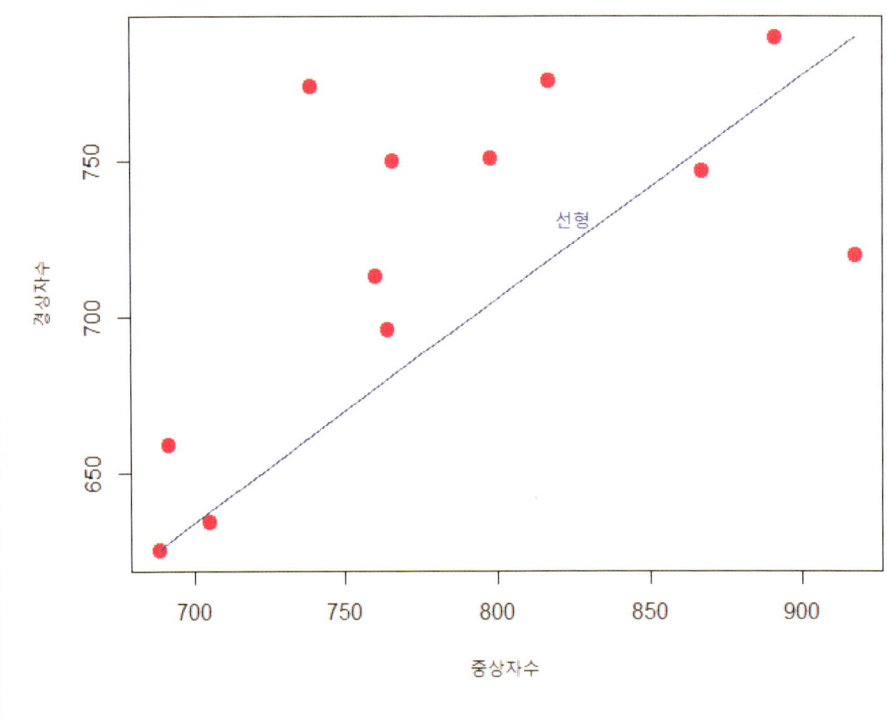

▼ 실습   산점도 시각화 2

\> par(mfrow=c(2,2)) *#2행 2열 차트로 표현*
\> plot(csv3, col="Red", axes=TRUE, ann=TRUE, type="l", lwd=1, main="2018 중상자수-경상자 현황")
\> plot(csv3, col="Red", axes=TRUE, ann=TRUE, type="o", lwd=1, main="2018 중상자수-경상자 현황")
\> plot(csv3, col="Red", axes=TRUE, ann=TRUE, type="h", lwd=1, main="2018 중상자수-경상자 현황")
\> plot(csv3, col="Red", axes=TRUE, ann=TRUE, type="s", lwd=1, main="2018 중상자수-경상자 현황")

\> *# plot(csv3, col="Red", axes=TRUE, ann=TRUE, type="p", lwd=6)와 동일한 결과이며 단지 type을*
\> *# 변경하였을 때 시각화로 표현되는 방법이 다름을 확인할 수 있다.*

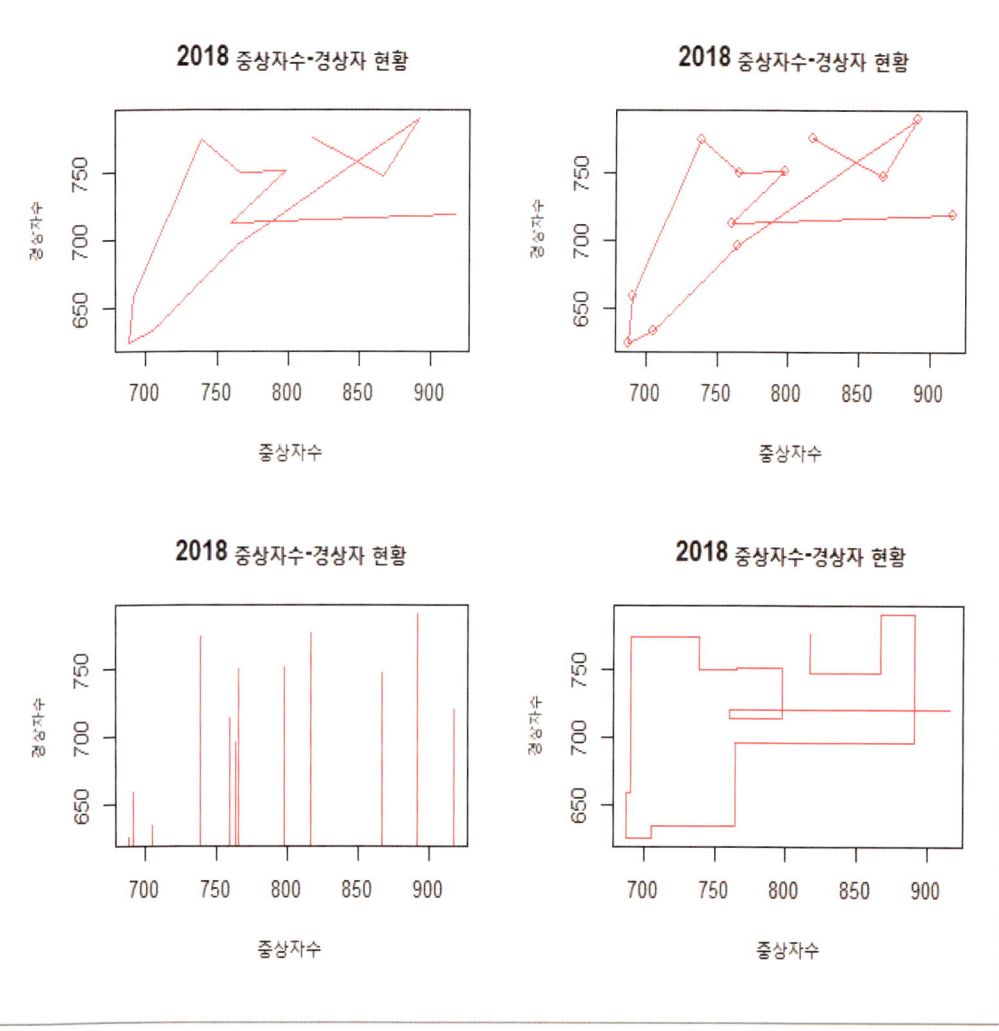

▼ 실습   히스토그램 시각화

```
> csv4 <- csv2[c(1:12), 5]  #1월부터12월까지의 '사고건수' 칼럼(5번째 칼럼)만 데이터로 별도 추출
> csv4

[1] 1667 1511 1599 1544 1495 1357 1332 1373 1504 1741 1622 1645

> par(mfrow=c(1,2)) #1행 2열 차트로 표현
> hist(csv4, xlab="사고건수", col="lightyellow", freq=TRUE, main="사고건수", labels=TRUE,
+     border="pink")
>
> hist(csv4, xlab="사고건수", col="lightyellow", freq=FALSE, main="사고건수", labels=TRUE,
+     border="pink")
> lines(density(csv4), col="red")  #밀도 기준으로 라인 추가
> x <- seq(1300, 1800, 100)
> curve(dnorm(x,mean=mean(csv4), sd=sd(csv4)),col="blue",add=T) #정규분포 추정 곡선 추가

> # 1300~1400 구간대의 데이터는 3개, 1400~1500 구간대의 데이터는 1, 1500~1600 구간대의
> # 데이터는 4개 등으로 나타나 1300~1800까지 구간(계급)별로 데이터를 시각화하여 확인할 수 있다.
> # 빨간색의 밀도선과 파란색의 정규분포 추정 곡선으로 시각화된 히스토그램을 살펴보면 정규분포를
> # 만족하는 것으로 추정할 수 있다.
```

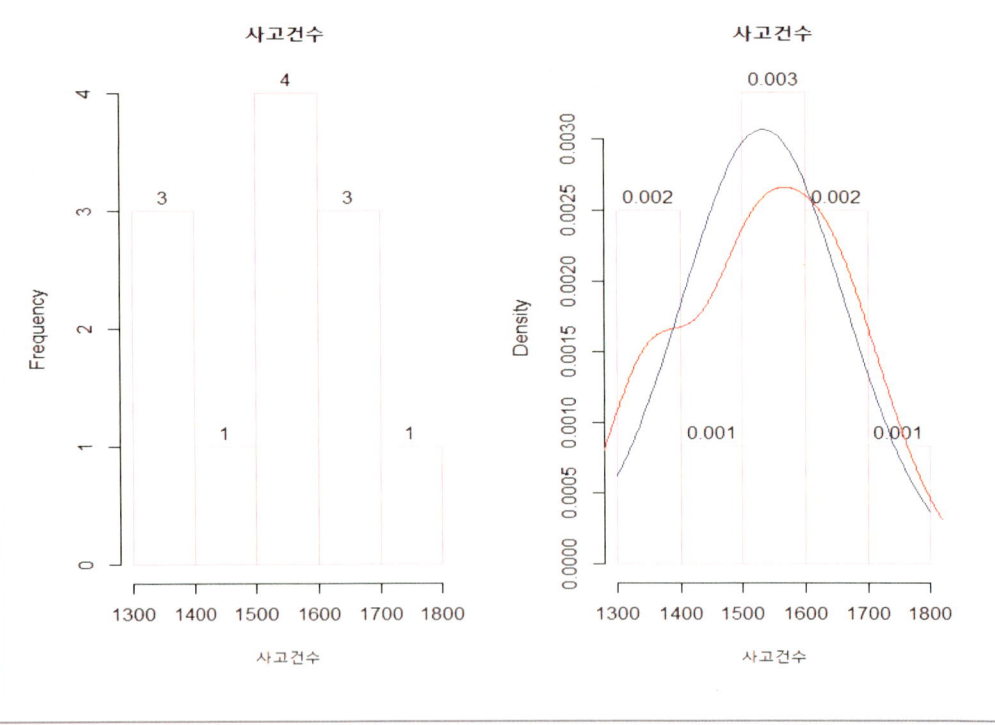

2. lattice 패키지를 이용한 시각화 응용

lattice 패키지는 격자형 시각화 패키지로 다차원 데이터를 한번에 표시해주는 장점이 있다. lattice 패키지는 데이터 시각화의 강력한 도구로 다변수 그래픽을 표현하는 데 유용하다.

lattice 패키지의 주요함수

함수명	설명	함수명	설명
histogram( )	히스그램	densityplot( )	밀도 그래프
barchart( )	막대 차트	dotplot( )	도트 플롯 차트
xyplot( )	교차 그래프	equal.count( )	데이터 범주화
coplot( )	조건에 부합한 차트	cloud( )	3차원 산점도

도로교통공단_사고유형별 월별 교통사고 통계(2018) 데이터를 lattice 패키지를 이용하여 시각화하였다.

도로교통공단_사고유형별 월별 교통사고 통계(2018)

변수명				
사고유형대분류 (chr)	사고유형중분류 (chr)	사고유형 (chr)	사고건수 (int)	월 (int)
사망자수 (int)	중상자수 (int)	경상자수 (int)	부상신고자수 (int)	

출처: https://www.data.go.kr/data/15070290/fileData.do#layer_data_infomation

▼실습   **lattice 패키지 설치 및 실습 데이터 불러오기**

```
> install.packages("lattice")
> library(lattice)

> setwd("C:/Data Analysis/r_exam")
> csv <- read.csv("도로교통공단_사고유형별 월별 교통사고(2018).csv", header=TRUE)
> table(csv$사고유형대분류)   #203개의 데이터(차대사람60, 차대차60, 차량단독80, 철길건널목3)

차대사람   차대차   차량단독   철길건널목
     60       60         80           3
```

▼실습   **도로교통공단_사고유형별 월별 교통사고 통계(2018)의 최대/최소값**

```
> min(csv$경상자수);max(csv$경상자수)   #경상자수의 최소값과 최대값

[1] 0
[1] 7927

> min(csv$중상자수);max(csv$중상자수)   #중상자수의 최소값과 최대값

[1] 0
[1] 2304

> min(csv$사망자수);max(csv$사망자수)   #사망자수의 최소값과 최대값

[1] 0
[1] 89
```

▶ **실습** | lattice 패키지 실습 1

> histogram(~경상자수,data=csv) *#hisogram(~칼럼명 | 그룹핑할 칼럼명, 변수명)*
> #경상자수의 사상자 수는 0~1000명이하의 데이터가 상대적으로 매우 높은 비율을 차지하고 있다.

> histogram(~경상자수 | 사고유형대분류,data=csv)
> # 차량단독, 철길건널목, 차대사람, 차대차로 구분하여 경상자수를 확인하면 차량단독과 철길건널목은
> # 0~1000명이하 데이터에서 수렴하고 있다. 차대사람 0~1000명의 데이터와 1001~2000명 이하의
> # 데이터로 분포하는 것을 확인할 수 있으며 차대차에서는 경상자수가 0~8000명 사이에 고르게
> # 분포된 것을 시각화로 확인할 수 있다.

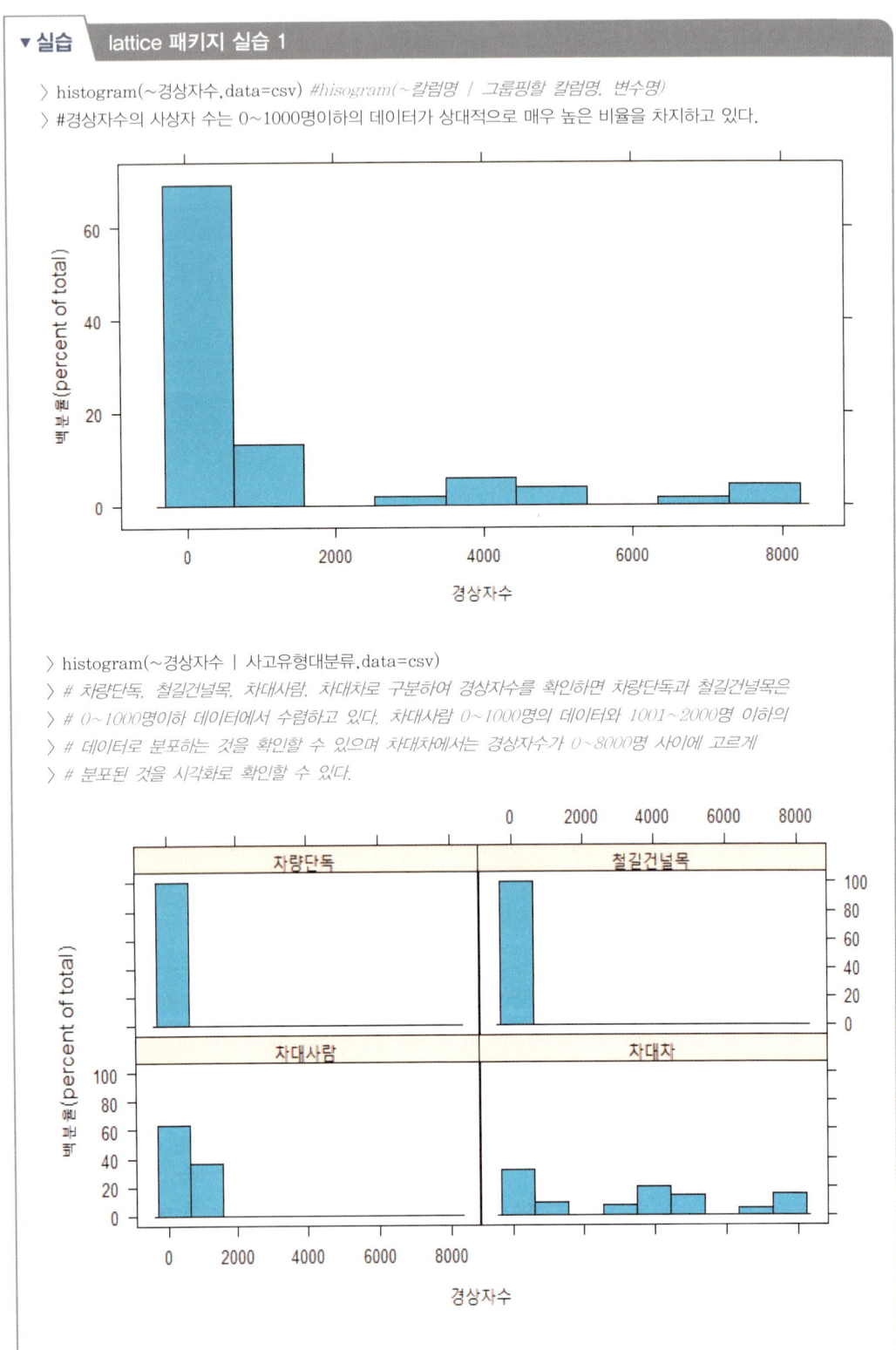

실습 | lattice 패키지 실습 2

```
> # 밀도 차트는 히스토그램에서 나타난 구간의 도수값을 곡선으로 시각화시켜준다.
> # densityplot(~칼럼명 | 그룹핑할 칼럼명, 변수명, auto.key=범례여부 표시, plot.points=밀도 점 표시
> densityplot(~경상자수,data=csv) #histogram(~경상자수,data=csv)의 동일 결과를 곡선으로 시각화
```

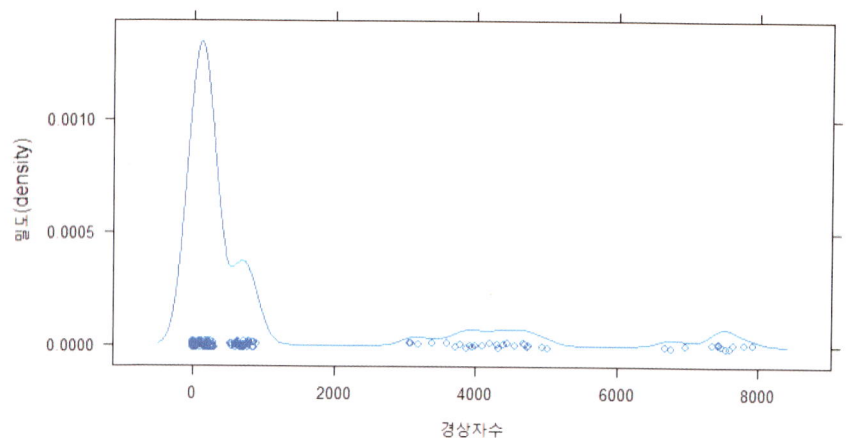

```
> densityplot(~경상자수 | 사고유형대분류,data=csv, auto.key=TRUE, group=사고유형대분류,
+  plot.point=TRUE) #histogram(~경상자수 | 사고유형대분류,data=csv)를 곡선으로 시각화
> # 사고유형대분류별로 경상자수의 도수값을 곡선으로 표현
```

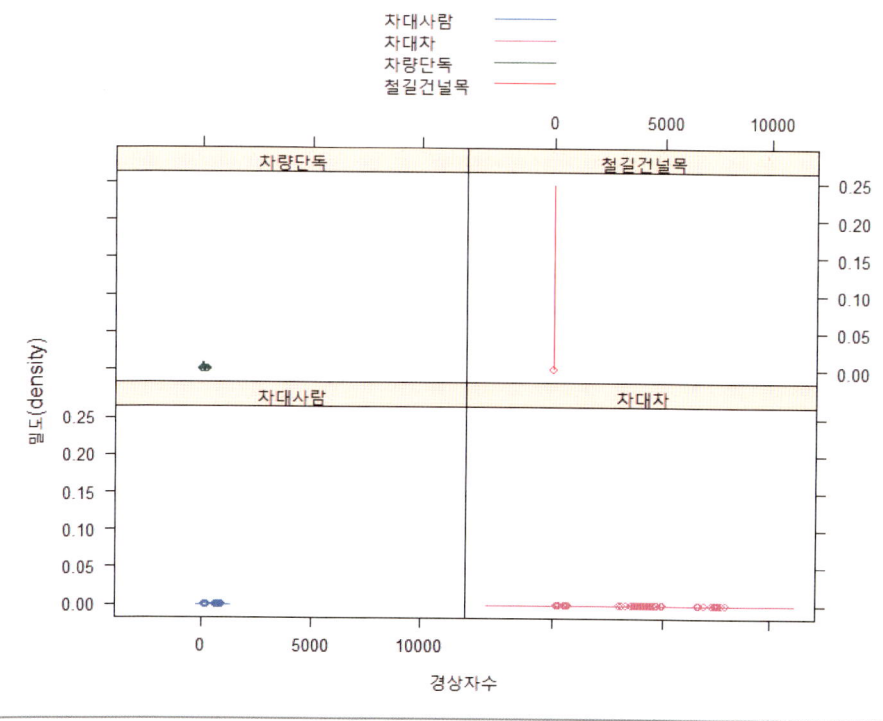

▼ 실습 | lattice 패키지 실습 3

> #barchart(그룹핑칼럼(범주형데이터) ~ 빈도수계산할 칼럼 | 그룹핑할 칼럼, 변수명)
> barchart(사고유형~경상자수 | 사고유형대분류, data=csv)
> # 대분류로 사고유형대분류(차량단독, 철길건널목, 차대사람, 차대차)로 구분한 다음
> # 중분류로 사고유형별에서 경상자수를 빈도수로 막대차트로 표현하였다.

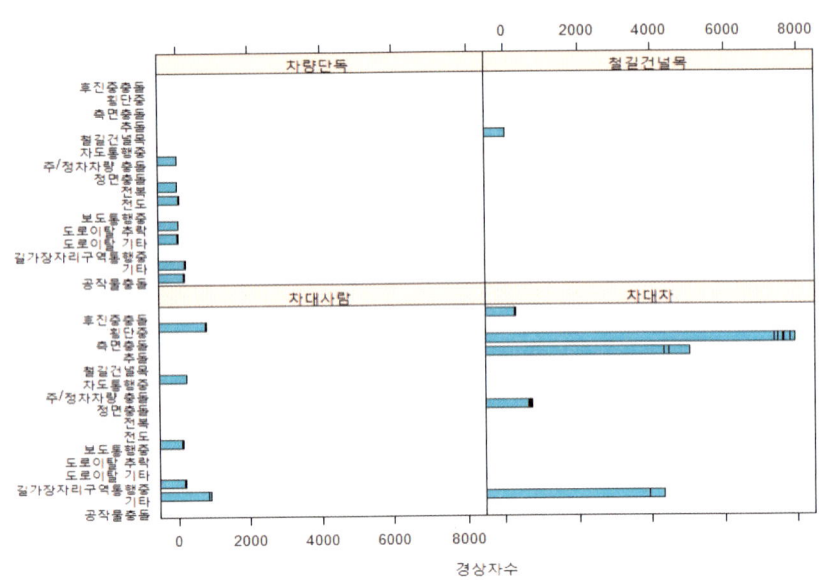

> barchart(사고유형~경상자수 | 사고유형대분류, data=csv, layout=c(4,1))
> # layout(4,1)로 layout(열,행)으로 4열로 사고유형대분류를 구분하여 사고유형별로 경상자수를 토대로
> # 빈도수로 표현하였다.

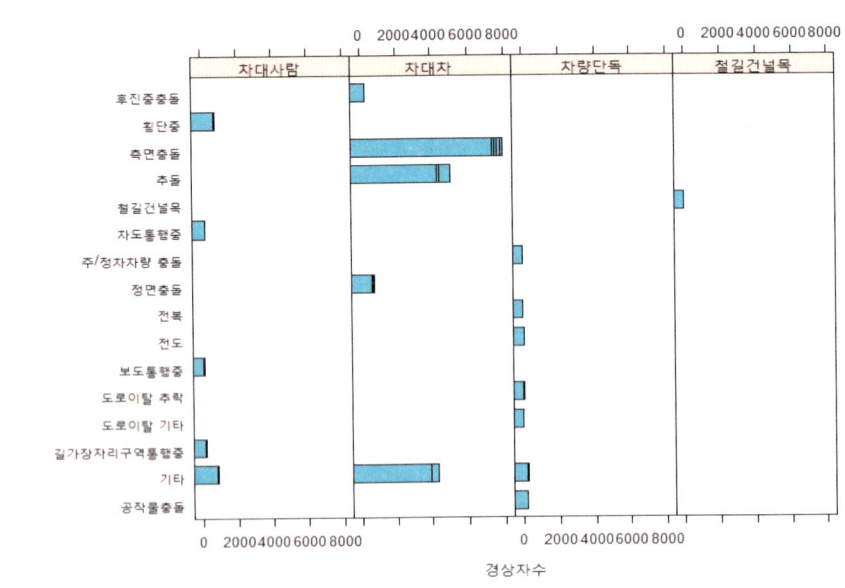

▼ 실습 | lattice 패키지 실습 4

```
> # dotplot(그룹핑칼럼(범주형데이터) ~ 빈도수계산할 칼럼 | 그룹핑할 칼럼, 변수명)
> dotplot(사고유형~경상자수 | 사고유형대분류, data=csv)
> # barchart(사고유형~경상자수 | 사고유형대분류, data=csv)의 결과물을 도트 차트로 변환하여 표현하였다.
```

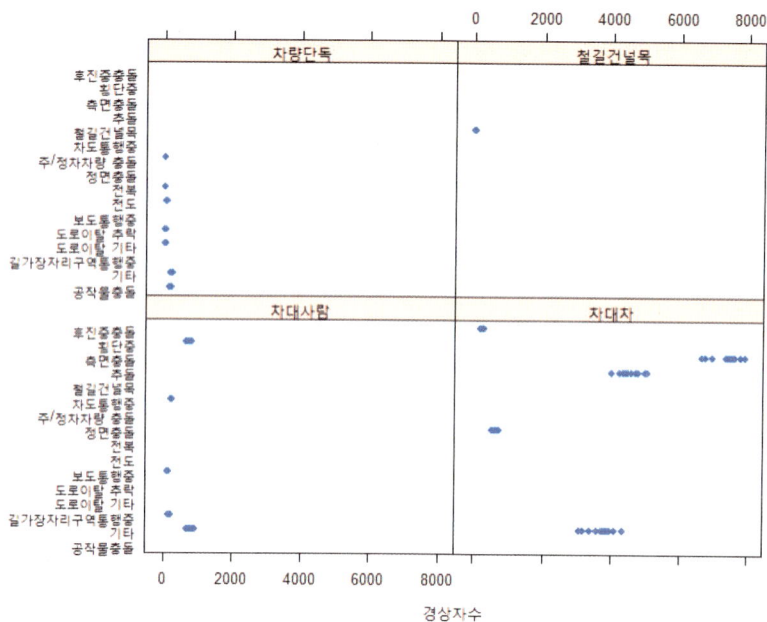

```
> dotplot(사고유형~경상자수|사고유형대분류, data=csv, layout=c(4,1))
> # barchart(사고유형~ 경상자수 | 사고유형대분류, data=csv, layout=c(4,1))의 결과물을 도트 차트로
> # 변환하여 표현하였다.
```

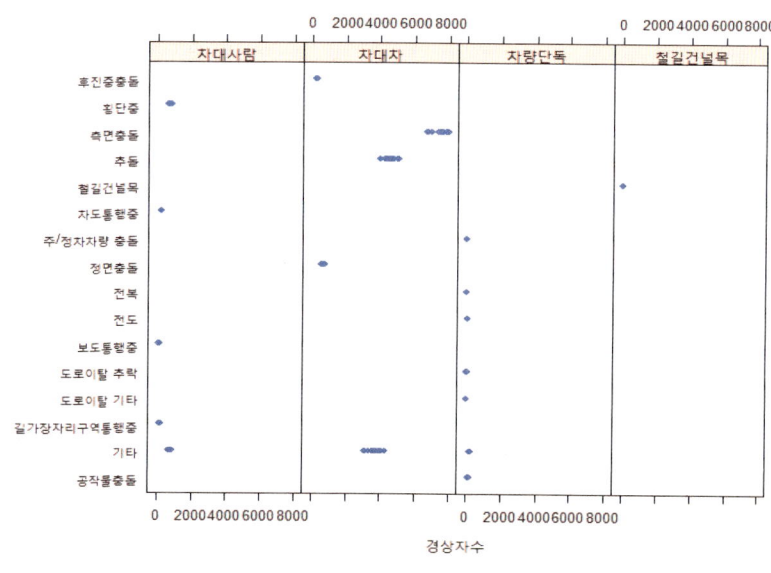

▶ **실습** lattice 패키지 실습 5

```
> # xyplot(y축칼럼 ~ x축칼럼 | 그룹핑할 칼럼, 변수명, pch= "점 모양")
> xyplot(사망자수~중상자수,data=csv)
> # y축을 사망자수로, x축을 중상자수로 두 변수 간의 데이터 분포를 시각화로 표현하였다.
```

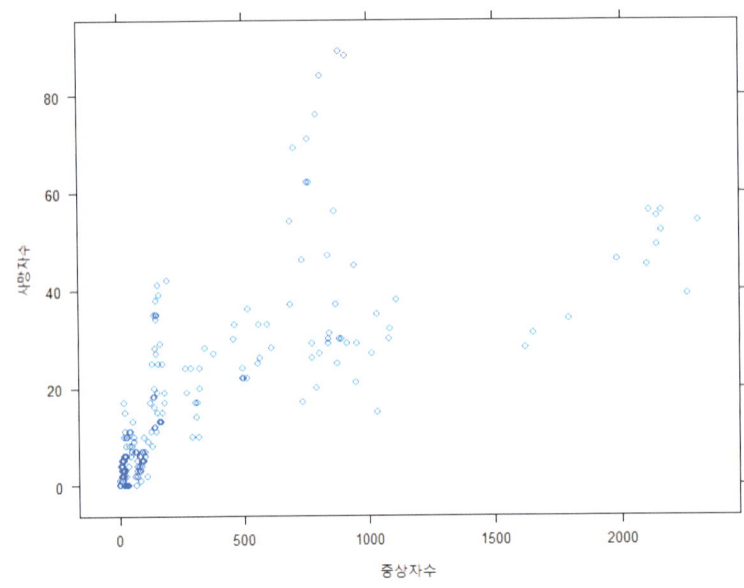

```
> xyplot(사망자수~중상자수 | 사고유형대분류,data=csv, pch='♣')
> # 사고유형대분류(차량단독, 철길건널목, 차대사람, 차대차)로 구분하여 y축을 사망자수로,
> # x축을 중상자수로 두 변수 간의 데이터 분포를 시각화로 표현하였다.
```

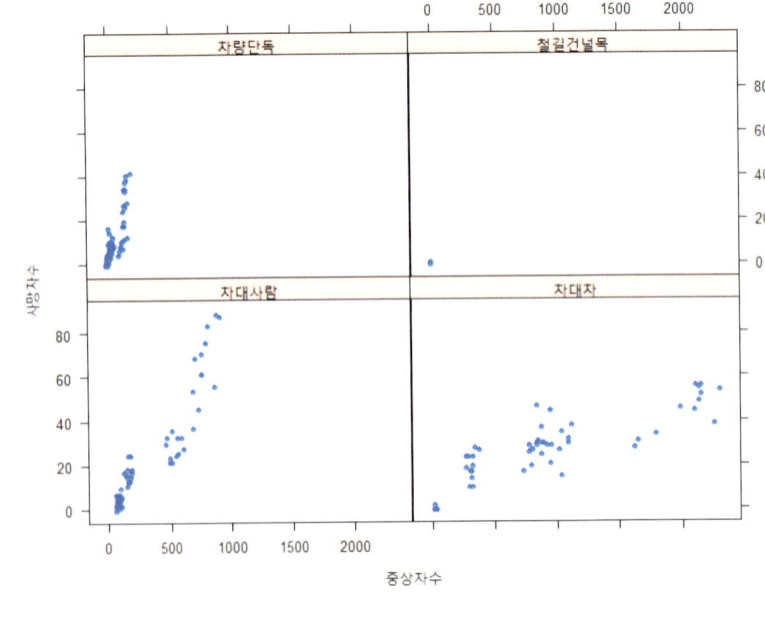

▼실습 lattice 패키지 실습 6

```
> # 조건에 따른 두 변수에 대한 그래프를 작성
> # 조건 그래프는 분석자가 지정한 변수를 일정 구간으로 R프로그램이 스스로 범주화시켜 조건 그래프를
> # 표현한다.
> # 조건에 대한 막대 차트를 제공하여 구간별 크기와 구간 겹침 정도를 시각화시켜 조건별로 변화를
> # 확인할 수 있다.
> # coplot(y축 칼럼~x축칼럼 | 조건 칼럼, 변수명, overlap=(0.1~0.9:작을수록 조건 사이의 간격이 적게 겹침,
> #      row=패널의 행수, number= 조건칼럼의 간격)

> coplot(사망자수~중상자수 | 사고건수, data=csv, overlap=0.9, bar.bg=c(num='yellow'),
+            col="blue", row=1, number=1, panel=panel.smooth)

> # y축에 사망자수, x축에 중상자수를 기준으로 데이터의 분포를 보여주며 빨간색 라인선은 사망자수와
> # 중상자수 간의 사고건수의 증감수를 보여준다.
```

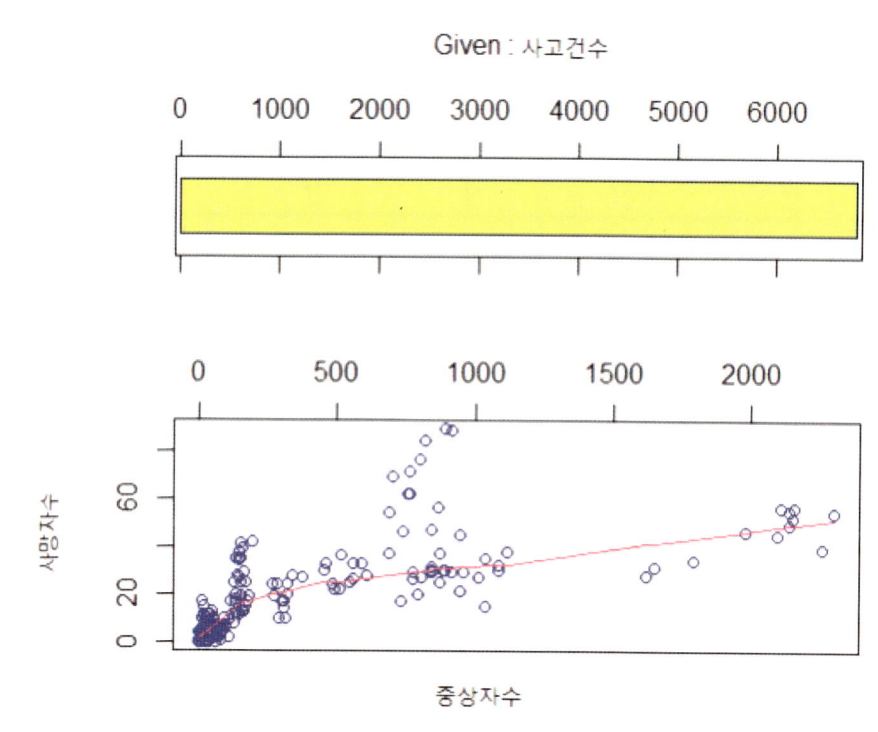

▼ 실습 | lattice 패키지 실습 7

```
> coplot(사망자수~중상자수 | 사고건수, data=csv, overlap=0.9, bar.bg=c(num='yellow'),
+       col="blue", row=1, number=4, panel=panel.smooth)
> # y축에 사망자수, x축에 중상자수를 기준으로 데이터의 분포를 4개의 구간으로 구분하여 보여준다.
> # 4개의 구간에서 첫 번째 구간에서 시작하여 네 번째 구간까지 중상자수와 사망자 수간의 데이터를
> # 조금씩 증가시키면서 데이터의 변화량을 시각화하여 보여주고 있다.
```

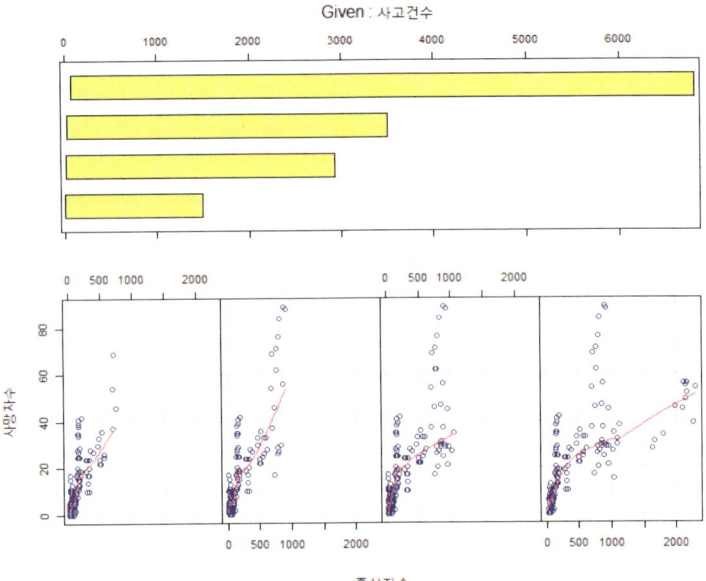

```
> # 3차원 산점도는 x축, y축, z축을 적용하여 데이터를 시각화해준다.
> # cloud(z축칼럼~y축칼럼*x축칼럼, 변수명, panel.aspect=테두리 사이즈, screen=list(z축회전, x축회전))
> cloud(사망자수~경상자수*중상자수,data=csv, panel.aspect=1, screen=list(z=20,y=80))
```

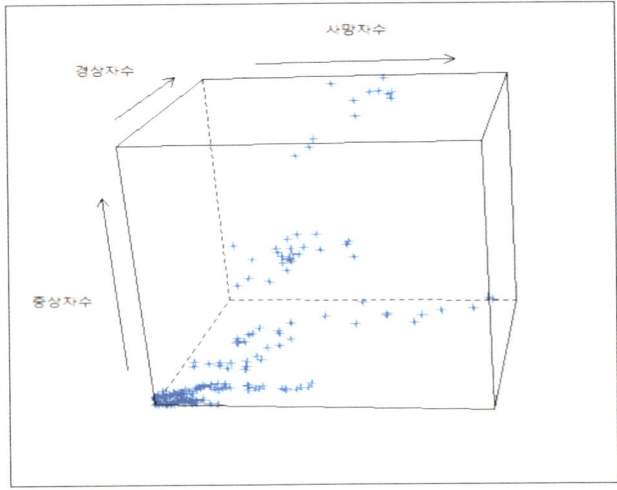

▼실습 | lattice 패키지 실습 8

```
> #equal.count( )함수는 분석자가 원하는 데이터를 범주화하여 코딩하도록 도움을 제공한다.
> #number의 구간의 수를 의미하며, overlap은 겹치는 구간을 의미한다.

> t_group <- equal.count(csv$부상신고자수, number=5, overlap=0)  #5개의 영역으로 범주화
> t_group

> # csv 데이터는 총 203개 데이터로 5개의 구간으로 구분하기 위해 equal.count를 사용하면
> # 5개 구간으로 42, 47, 43, 42, 41로 데이터를 구분되며 구간별 7,2,3의 데이터가 있다고 설명한다.
 [1]  70 60 80 62 60 56 47 57 67 66 66 66 17 22 27 26 34 22 20 21 19 16 28 24 14
[26]  23 21 30 23 24 31 18 28 20 20 16 12  6 13 12 17 17 12 13 10 15 16 13 80 62
                            … 〈생략〉 …
[176] 10  1 11  7  1  4  4  4  2 10  0  3  1 42 25 31 33 49 45 49 37 38 42 58 42
[201]  0  0  1
```

구간(intervals):

	min	max	count
1	-0.5	6.5	42
2	5.5	19.5	47
3	18.5	46.5	43
4	45.5	110.5	42
5	114.5	720.5	41

다음은 서로 겹치는 부분을 가진 이웃한 구간(adjacent intervals)들입니다:
[1] 7 2 3 0

```
> xyplot(사망자수~중상자수 | t_group,data=csv, pch='♥')
> # 부상신고자수로 구분된 5개의 구간에서 아래 왼쪽부터 첫 번째 구간, 두 번째 구간, 세 번째 구간은
> # 중상자수와 사망자수의 변화가 크게 없지만, 상단의 왼쪽인 네 번째 구간, 상단 오른쪽 5번째 구간은
> # 중상자수와 사망자수가 높아져 가는 것을 확인할 수 있다. 즉, 부상신고자수 건수가 증가한다는 것은
> # 사망자수와 중상자수의 증가와 관련이 있다고 해석할 수 있다.
```

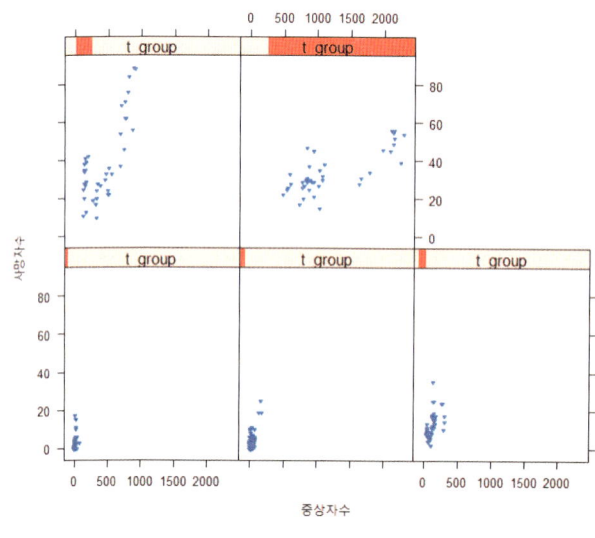

3. ggplot2 패키지를 이용한 시각화

ggplot2 패키지는 분석자가 선택한 데이터를 기반으로 기하학적 객체들(점, 선, 막대 등)에 미적 특성(색상, 모양, 크기)를 결합하여 데이터 결과 내용을 좀 더 화사하게 화면에 표시해준다.

ggplot 패키지는 데이터프레임에서 데이터를 불러온다. 만약 데이터 객체 타입이 데이터프레임이 아니라면, plot 또는 qplot들의 기능들이 작업공간에서 필요한 데이터를 탐색하게 되므로 되도록 변수로 사용하고자 하는 데이터의 객체는 데이터프레임 형태로 진행하는 것이 올바르겠다.

도로교통공단_사고유형별 월별 교통사고 통계(2018) 데이터를 ggplot2 패키지를 이용하여 시각화하였다.

도로교통공단_사고유형별 월별 교통사고 통계(2018)

변수명			
사고유형대분류 (chr)	사고유형중분류 (chr)	사고유형 (chr)	사고건수 (int)
사망자수 (int)	중상자수 (int)	경상자수 (int)	부상신고자수 (int)

출처: https://www.data.go.kr/data/15070290/fileData.do#layer_data_infomation

▼실습   **ggplot2 패키지 설치 및 실습 데이터 불러오기**

```
> install.packages("ggplot2")
> library(ggplot2)

> setwd("C:/Data Analysis/r_exam")
> csv <- read.csv("도로교통공단_사고유형별 월별 교통사고(2018).csv", header=TRUE)
> table(csv$사고유형대분류)   #203개의 데이터(차대사람60, 차대차60, 차량단독80, 철길건널목3)

    차대사람    차대차   차량단독   철길건널목
        60         60         80          3
```

🔍 문법   **qplot( )**

qplot(x축칼럼, y축 칼럼, data=변수명, facets=~그룹핑할 칼럼, fill=색상을 채울 칼럼, bin=계급구간의 수 color=그룹핑할 칼럼의 범례 색상, shape=데이터 표시되는 점의 모양, geom=출력방식)

▼ 실습　ggplot2 패키지 실습 1

> qplot(경상자수, data=csv, bins=30)
> # 전체 데이터의 경상자수를 확인하는 차트로 30개의 계급(범주)으로 구분된 시각화를 보여준다.

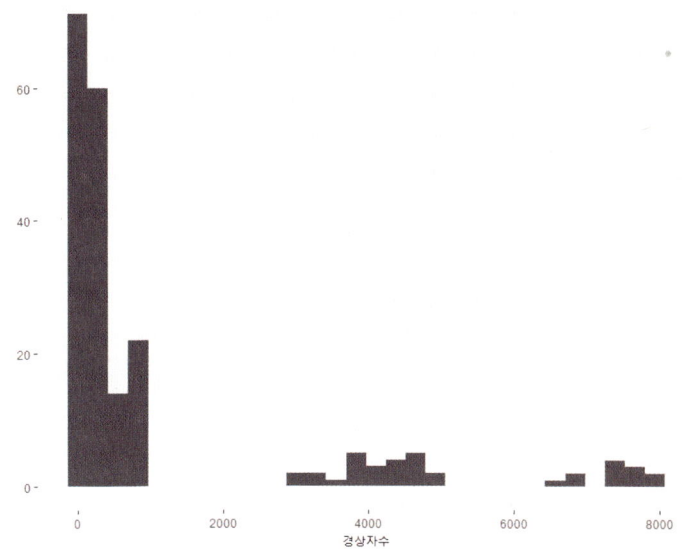

> qplot(경상자수, data=csv, fill=사고유형대분류, bins=30)
> # 전체 데이터의 경상자수를 확인하는 차트로 fill 속성을 지정하여 사고유형대분류에 따라 다른 색상을
> # 지정하였다.
> # 차대차는 0의 계급부터 8000까지 30개로 구분된 계급의 범주에 다양하게 분포되어 있다.
> # 경상자수를 검은색으로 전체 데이터만 보는 것과 사고유형대분류로 구분한 전체 데이터를 보는 것은
> # 비교해 보면 분석자는 조금 더 데이터의 분포 특성을 명확히 이해할 수 있다.

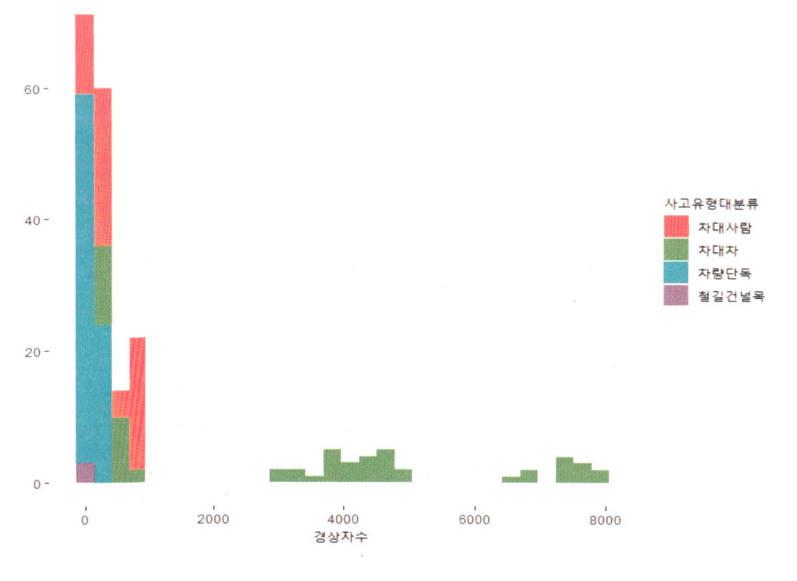

▼실습 ggplot2 패키지 실습 2

> qplot(경상자수, data=csv, fill=사고유형대분류, geom="bar", color=사고유형대분류)
> # 경상자의 수를 사고유형대분류별로 색상을 다르게 색칠하여 차트의 모형을 bar 형태로 보여주고 있다.
> # qplot(경상자수, data=csv, fill=사고유형대분류, bins=30)의 결과와 동일하게 나타나고 있으며
> # 얇은 bar형태로 시각화하는 점만 차이를 가진다.

> qplot(경상자수, data=csv, fill=사고유형대분류, geom="boxplot", color=사고유형대분류)
> # 경상자의 수를 사고유형대분류별로 색상을 다르게 색칠하여 차트의 모형을 boxplot 형태로 보여준다.
> # qplot(경상자수, data=csv, fill=사고유형대분류, bins=30)의 결과와 동일한 결과이며 boxplot으로
> # 시각화하여 보면 차대차 사고에서 경상자의 수가 다른 사고유형에 비해 높은 빈도수를 가지는 것을
> # 확인할 수 있다.

▼ 실습 | ggplot2 패키지 실습 3

> qplot(경상자수, data=csv, fill=사고유형대분류, facets=사고유형대분류~.)
> # facets=사고유형대분류~.과 facets=~사고유형대분류 차이는 행으로 정렬 또는 열로 정렬의 기준
> # qplot(경상자수, data=csv, fill=사고유형대분류, facets=~사고유형대분류)를 실행하면 2x2로 화면에
> # 결과내용을 시각화해준다.
> # qplot(경상자수, data=csv, fill=사고유형대분류, facets=.~사고유형대분류)를 실행하면 1x4로 화면에
> # 결과내용을 시각화해준다.
> # qplot(경상자수, data=csv, fill=사고유형대분류, bins=30)의 결과와 동일하게 나타나고 있으며
> # 행으로 사고유형대분류를 구분하여 총 4개의 종류를 행으로 구분하여 시각화하여 보여주고 있다.

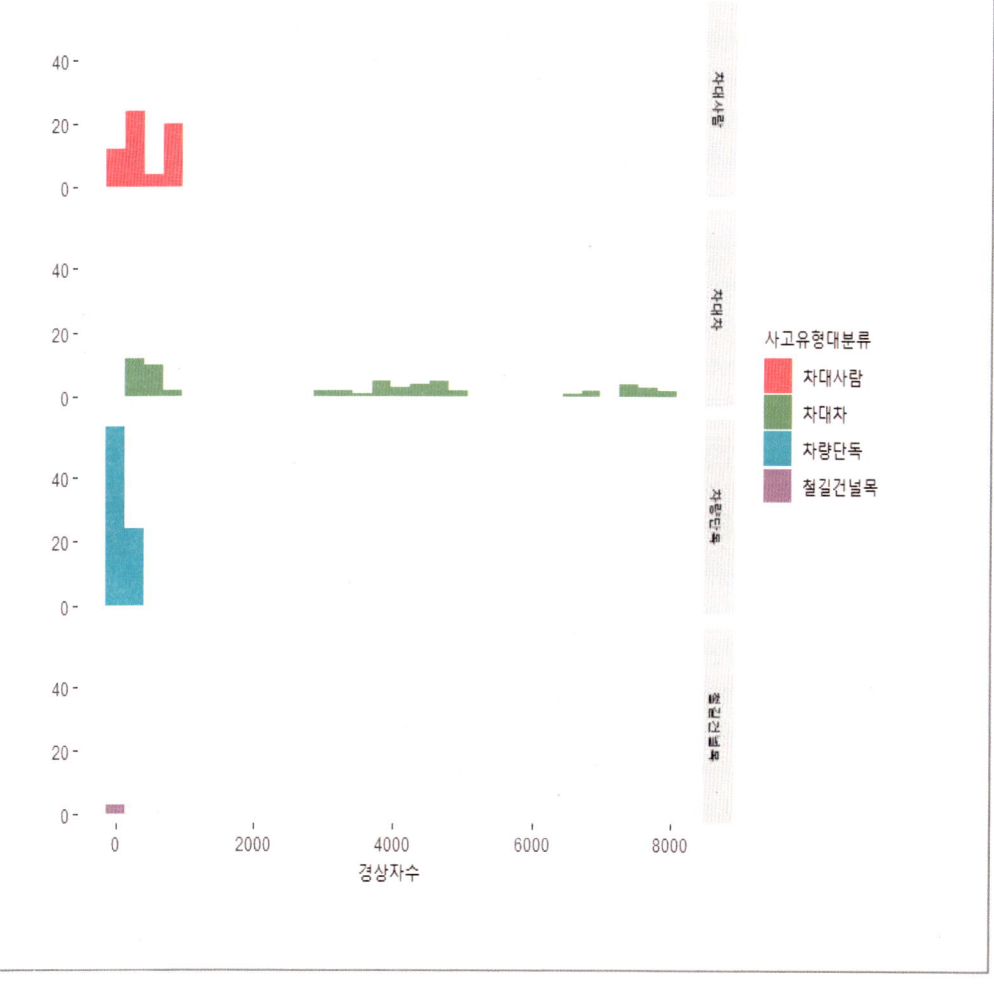

PART 5 차트 시각화 173

▼ 실습 ggplot2 패키지 실습 4

> qplot(x=경상자수, y=부상신고자수, data=csv)
> # x축을 경상자수로 지정하고, y축을 부상신고자수로 지정하였을 때 두 칼럼 간의 관계가 어떻게 구성
> # 되어 있는지 시각화로 확인할 수 있다.
> # 경상자수가 높아질수록 부상신고자도 높은 수치를 보이고 있다.

> qplot(x=경상자수, y=부상신고자수, data=csv, color=사고유형대분류)
> # x축을 경상자수로 지정하고, y축을 부상신고자수로 지정하였을 때 사고유형대분류로 데이터별로 색상이
> # 다르게 지정되어 있다.
> # 차대사람, 차량단독, 철길건널목은 경상자수의 작기 때문에 부상신고자수도 작은 수치를 보인다.
> # 차대차에서 경상자수와 부상신고자수의 관계는 상호 같이 높아지는 모습을 시각화로 확인할 수 있다.

▼실습   ggplot2 패키지 실습 5

> qplot(x=경상자수,y=중상자수, data=csv, color=사고유형대분류, shape=사고유형대분류)
> # qplot(x=경상자수, y=부상신고자수, data=csv, color=사고유형대분류)의 결과와 동일하게 보여주며
> # shape=사고유형대분류를 지정하게 되면서 데이터의 표시 모양을 분류별로 다르게 시각화하여 보여
> # 주고 있다.

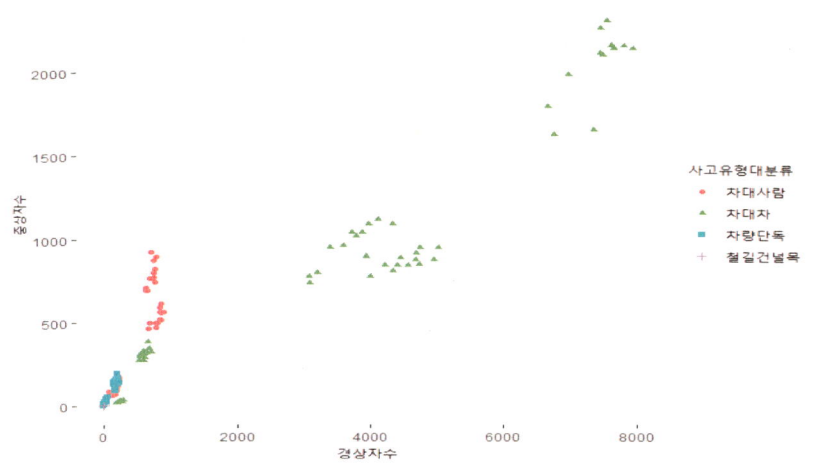

> qplot(x=경상자수, y=부상신고자수, data=csv, color=사고유형대분류, facets=사고유형대분류~.)
> # x축을 경상자수로 지정하고, y축을 부상신고자수로 지정하였을 때 사고유형대분류로 데이터별로 색상이
> # 다르게 지정되어 있으며 시각화는 4x1로 4행의 1열로 보여주고 있다.
> # qplot(x=경상자수, y=부상신고자수, data=csv, color=사고유형대분류)의 결과를 사고유형대분류로
> # 구분하여 시각화를 보여주고 있다.

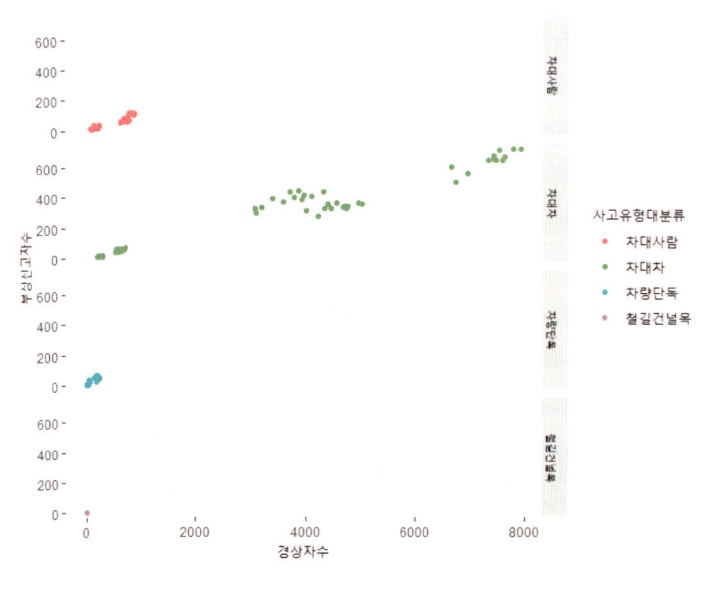

CHAPTER 4 종합 연습문제

01 '도로교통공단_사고유형별 월별 교통사고(2019)'의 데이터에서 1~12월까지 '차대사람' 사고로 '횡단중'에 '부상신고자수'를 막대 차트로 시각화하시오.

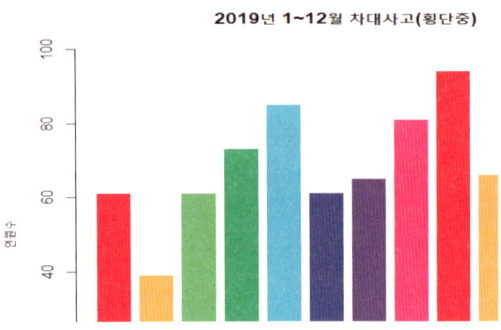

02 '도로교통공단_사고유형별 월별 교통사고(2019)'의 데이터에서 1~12월까지 '길가장자리구역통행' 중 사고건수를 원형 차트로 시각화 하시오. border는 24, edges는 0 등 최대한 그림과 동일하게 출력하시오.

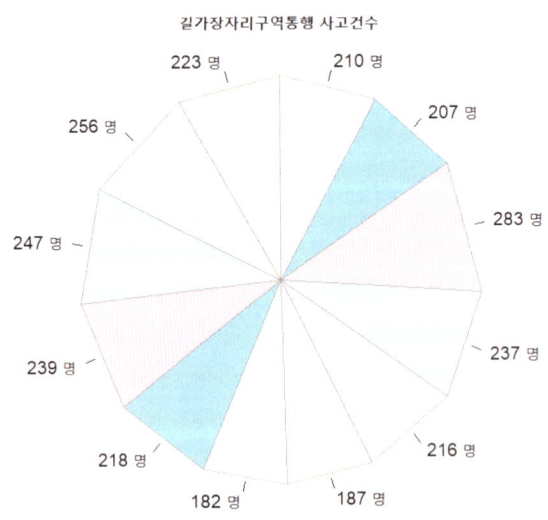

03 '도로교통공단_사고유형별 월별 교통사고(2019)'의 데이터에서 1~12월까지 '차도통행중' 부상신고자수를 히스토그램으로 시각화 하시오. 최대한 그림과 동일하게 출력하시오.

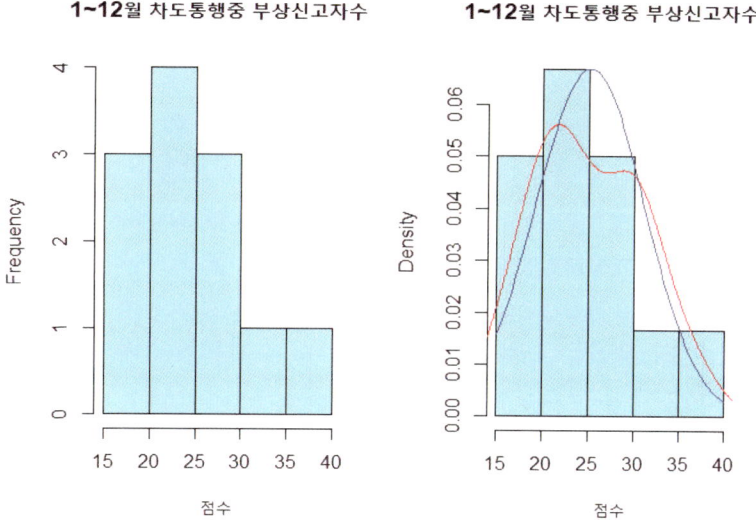

04 '도로교통공단_사고유형별 월별 교통사고(2019)'의 데이터에서 1~12월까지 '횡단중'을 기준 으로 사고건수, 사망자수, 중상자수, 경상자수를 시각화하시오.

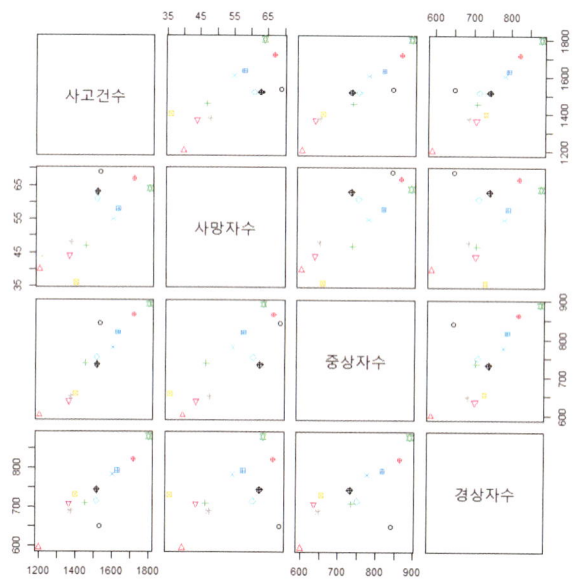

05 '도로교통공단_사고유형별 월별 교통사고(2019)'의 데이터를 lattice 패키지를 이용하여 경상자수를 히스토그램으로 시각화하시오. 2018년도와 2019년도 데이터와 비교하였을 때 어떠한 차이점이 있는지 설명하시오.

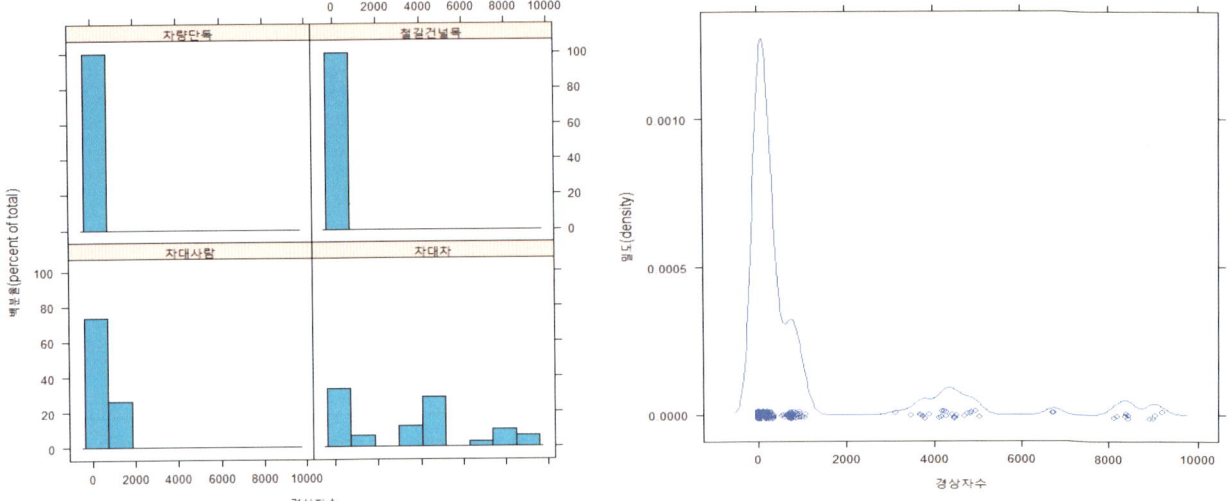

06 '도로교통공단_사고유형별 월별 교통사고(2019)'의 데이터를 lattice 패키지를 이용하여 사망자수와 중상자수를 xyplot으로 시각화하시오.

2018년도와 2019년도 데이터와 비교하였을 때 어떠한 차이점이 있는지 설명하시오.

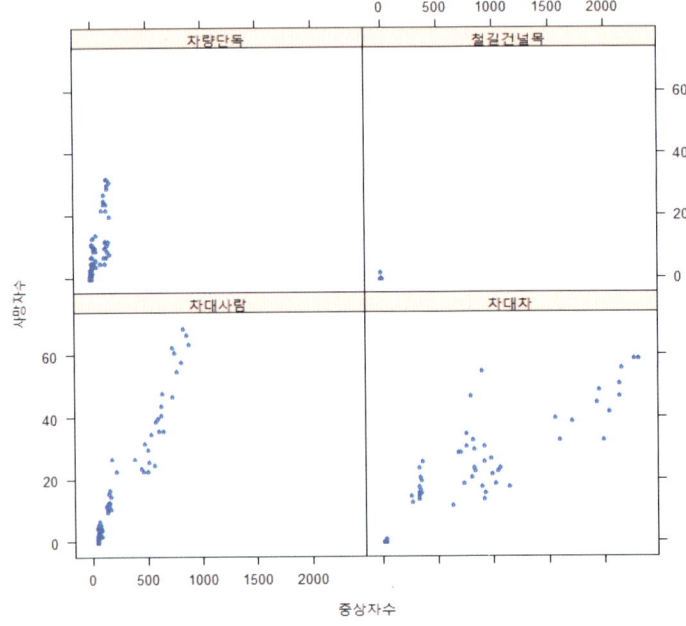

07 '도로교통공단_사고유형별 월별 교통사고(2019)'의 데이터를 ggplot 패키지를 이용하여 부상신고자수와 중상자수를 qplot으로 시각화하시오.

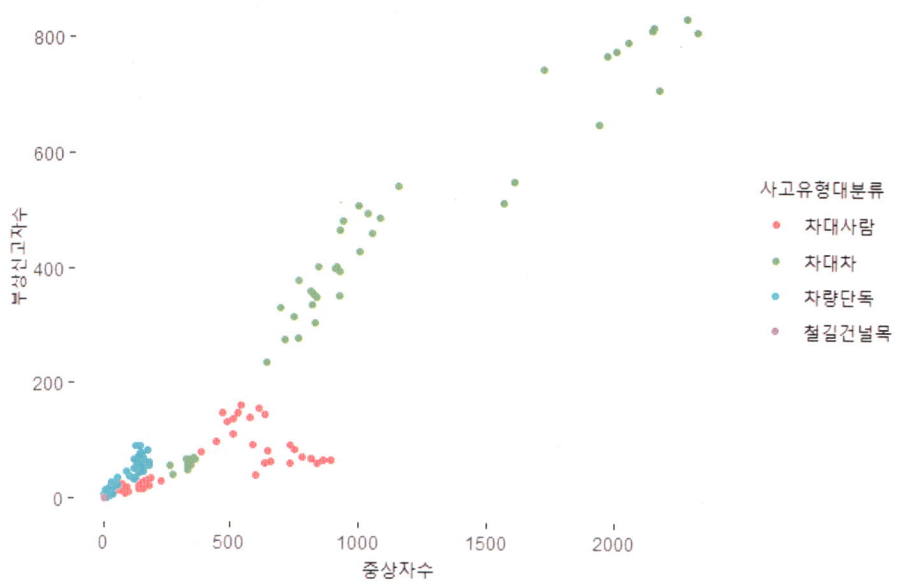

08 '도로교통공단_사고유형별 월별 교통사고(2019)'의 데이터를 ggplot 패키지를 이용하여 부상신고자수와 중상자수를 차대사람, 차대차, 차량단독, 철길건널목으로 구분하여 qplot으로 시각화하시오.

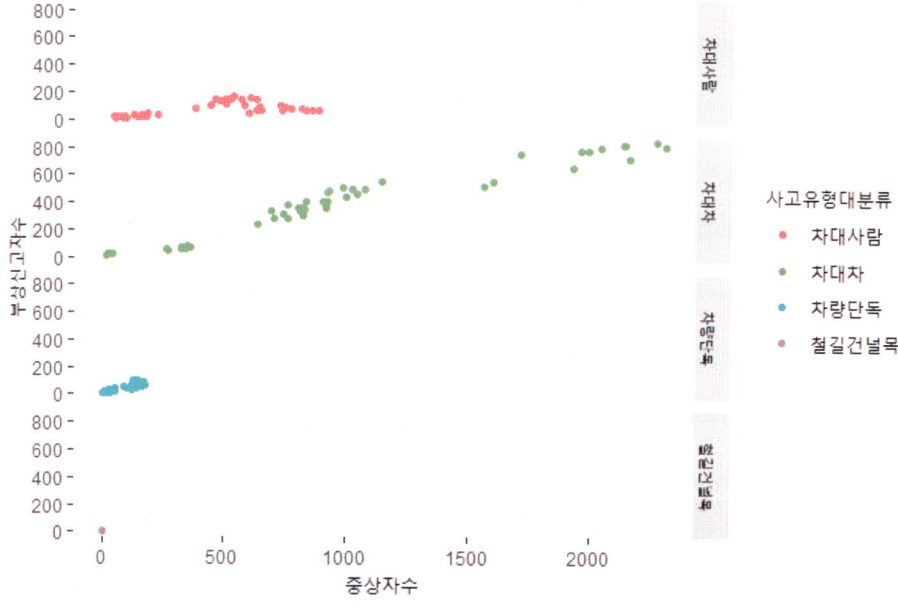

06

R programming

기술 및 추론 통계분석

학습배경

- 빅데이터 분석의 기초편으로 기술통계와 추론통계를 이해할 필요가 있겠다. 기술통계는 데이터의 인구통계학 측면을 설명하기 때문에 데이터의 특성을 이해하는 데 도움이 된다. 그리고 추론통계는 어떠한 사건과 현상을 확률적 개념으로 미래를 예측하는 데 도움을 제공한다. 예를 들어 특정 관광지의 한 달 방문객을 조사하였을 때 1,000명의 사람이 방문하였다면 성별, 거주지, 연령대 등이 어떠한지를 판단해야 하므로 기술통계를 분석해야 하며, 미래에 재방문할지 아닌지를 알기 위해서 추론통계도 진행한다. 이처럼 빅데이터 분석에서는 기술통계와 추론통계의 개념을 먼저 이해할 필요가 있겠다. 이에 본 장에서는 기술통계, 추론통계, 가설검정을 살펴보고, 정규성 검정, 단일모집단 검정, 독립표본(두 모집단) 평균 비교 검정, 대응표본(종속 표본) 검정, 분산분석의 분석 방법을 실습할 것이다. 또한 교차분석과 카이제곱 검정 방법도 실습하여 통계적 역량을 높일 것이다.

학습목표

- R Studio에서 기술통계 분석(빈도분석)을 수행할 수 있다.
- 정규성 검정, 단일모집단 검정, 독립표본(두 모집단) 평균 비교 검정, 대응표본(종속 표본) 검정, 분산분석을 수행하고 해석할 수 있다.
- 교차분석과 카이제곱 검정을 수행하고 분석할 수 있다.

학습구성

1. 통계학의 의미

2. 기술통계 분석
   ① 데이터의 종류
   ② 빈도분석

3. 추론통계
   ① 가설검정 의미
   ② 평균 차이 검정
   ③ 세 집단 분석(분산분석)

4. 교차분석과 카이제곱
   ① 교차분석 및 카이제곱 실습
      - 한국소비자원 소비자 피해구제 데이터
   ② 교차분석 및 카이제곱 실습
      - 2021 한국프로야구 롯데팀 홈런기록 데이터

5. 종합 연습문제

CHAPTER 1 통계학의 의미

정부, 기업, 개인들은 불확실한 환경에서 언제나 효과적인 의사결정을 하기를 원한다. 과거 최고 의사결정자는 자신의 오랜 경험으로 쌓아온 실력과 주관적 판단으로 수많은 의사결정을 진행하였다. 하지만 최근에 와서는 IT의 발전으로 데이터 관리가 쉬워지면서 정량적 분석으로 객관적 판단과 합리적 의사결정을 진행할 수 있게 되었다. IT의 저장용량과 분석 기술이 고도화되면서 빅데이터가 만들어지고 있으며, 사회, 문화, 경제, 보건, 환경 등의 데이터가 많아지면서 이를 이용한 다양한 관점의 해석도 가능해졌다. 예를 들어 환경 데이터를 분석하면 사람들의 질병 발생의 위험성을 사전에 감지할 수 있고, 대기 오염을 줄이기 위한 교통 정책을 변화시킨다든지, 친환경 소재를 생산하는 기업은 세금을 감면한다든지 등의 의사결정이 가능하게 된 것이다.

한편, 모든 데이터는 과거 사건을 기록한 것이기 때문에 과거에 일어난 일들에 대한 후행성의 정보라고 할 수 있다. 분석자는 후행성 정보들이 포함된 데이터를 가지고 과거에 어떤 일이 일어났는지를 파악해야 하며, 그 원인에 대해서 집중적으로 분석해야 한다. 분석된 결과는 과거의 발생한 현상을 설명해주며, 미래에 어떤 일이 일어날지도 예측 설명해주기도 한다. 그래서 데이터가 많을수록 과거의 발생한 사실을 더욱 객관적으로 이해할 수 있고, 미래에 발생할 수 있는 현상을 예측하여 여러 대응 시나리오를 만들 수도 있다. 한편, 데이터는 후행성 성격으로 과거의 사실을 기반으로 만들어지지만, 최근에는 데이터가 선행성의 성격도 가지고 있다. 예를 들어 10월15일 현재 시점에서 여러 사람이 12월 24일 크리스마스의 여행 계획을 인터넷 포털에서 검색한다든지 미래에 다가올 선거에 출마하는 후보자를 검색한다든지 하였을 때 데이터는 선행적인 성격을 가질 수 있다는 것이다. 그래서 사람들이 입력한 인터넷 포털의 검색 키워드를 분석하면 미래에 일어날 일들을 먼저 예측할 수 있다.

빅데이터를 분석하기 위해서는 우선으로 분석자가 관심이 있는 빅데이터를 수집해야 한다. 그리고 빅데이터를 정리하고, 시각화할 수 있는 역량도 있어야 한다. 여기서 빅데이터를 수집하여 정리하고, 분석하는 과정을 통계학이라 부른다. 통계학을 학습하는 이유는 분석자가 관심이 있는 현상을 통계가 설명해주기 때문이다. 통계학은 데이터 수집부터 데이터 가공처리, 분석 방법, 해석 등을 공부하는 학문이다. 그래서 통계학은 의사결정에 필요한 정보처리 방법의 시각을 넓혀준다. 통계학은 분석 영역(사람, 사물, 건 등)에서 얻은 데이터를 숫자로 표현하여 확률을 계산하여 사회 현상과 자연 현상을 규명시켜주고, 미래를 예측할 수 있는 능력을 제공해준다. 즉, 통계학은 데이터를 수집하고 정리, 분석할 뿐만 아니라 그 분석을 토대로 여러 불확실한 상황에서 의사결정자가 현명하고 합리적인 의사결정을 진행할 수 있도록 도와주는 과학적 체계이다.

이러한 통계학은 데이터 분석의 목적에 따라 크게 기술통계학과 추리통계학으로 분류할 수 있다.

우선, 기술통계학은 어떤 문제에 대해 방대한 데이터를 수집한 다음에, 의사결정에 도움이 되는 정보로 전환하기 위해 사용되는 통계적 기법이다. 기술통계학은 수집한 데이터를 정보로 가공하기 위하여 데이터의 특성을 요약하고 정리하는 과정을 포함하고 있다.

추리통계학은 기술통계학에서 얻는 제한된 표본정보를 기반으로 모집단의 특성을 추론하고 예측하고 결정하는 일반화된 방법론이다. 추리통계학은 조사대상인 모집단으로부터 무작위로 추출한 표본 속에 내포된 정보에 입각하여 해당 모집단이 어떤 특성을 가졌는지를 결론 내리는 학문이다.

CHAPTER 2 기술통계 분석

기술통계란 분석자가 수집한 데이터를 요약하는 기초적인 통계 방법이다. 기술통계는 모집단의 특성을 유추하는 데 이용하며 응용통계를 진행하기 이전에 데이터 가지고 있는 전체 분포를 이해하고 통계적 수치를 확인하는 과정이다.

1. 데이터 종류

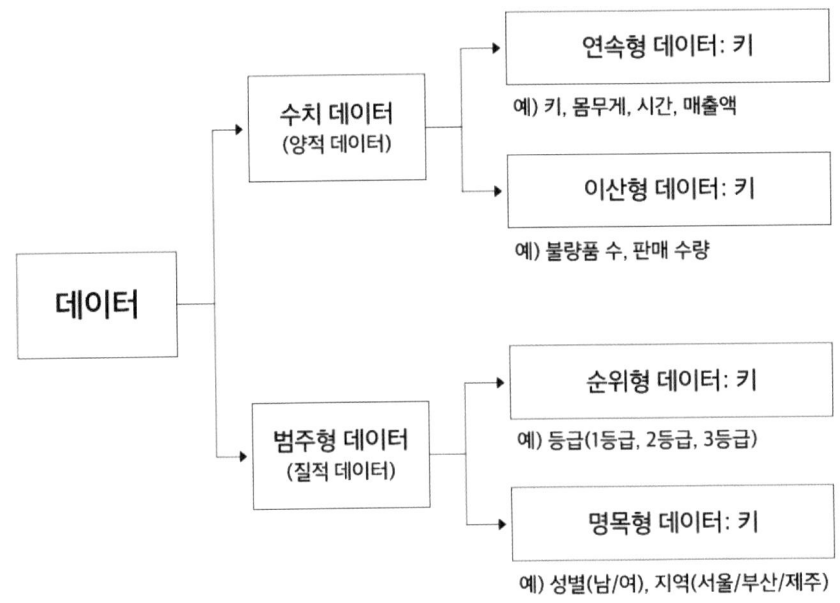

수치(연속형) 데이터는 양적 데이터(quantitative data)라고도 하며 크기가 있는 숫자들로 구성된 데이터를 말한다. 예를 들어 몸무게, 키, 온도, 자녀의 수 등이 해당한다. 수치 데이터는 값들 사이에 비교할 수 있고, 평균, 최대값, 최소값과 같은 산술연산이 가능하다.

- 등간 데이터 : 데이터가 각 수준 간의 간격을 가지고 있는 경우를 말한다. 예를 들어 A 놀이동산의 만족도에 대해서 어떻게 생각하십니까?(① 매우 나쁘다 ② 나쁘다 ③ 보통 ④ 좋다 ⑤ 매우 좋다)

- 비율 데이터 : 등간 데이터의 척도를 가지면서 원점(0)이 존재하여 사칙연산이 가능한

데이터를 말한다. 예를들어 현재 보유한 용돈은 얼마입니까라는 질문에 이번 달 용돈이 50,000원이었는데 도서 구입에 20,000원을 지출하여 30,000원이 남았다는 형태로 계산이 가능한 데이터를 말한다.

- 범주형 데이터(질적 데이터: qualitative data)는, 성별, 지역과 같이 범주 또는 그룹으로 분류할 수 있는 값으로 구성된 데이터를 말한다. 범주형 데이터는 산술연산이 적용되지 않고, 숫자로 표현하지 않는 데이터의 특징을 가진다.
- 명목형 데이터 : 성별, 지역, 색깔 등 범주 형태의 대표하는 값
- 순위형 데이터 : 데이터의 높고 낮음이 있지만, 계산이 아닌 순서에 대한 값을 부여한다. (온도, IQ 등) 예를 들어 서울 온도가 15도이고 두바이 온도가 30도 일 때 서울의 온도와 두바이 온도가 두 배 차이 난다는 표현을 하지 않는다.

2. 빈도분석

빈도분석(Frequeny Analysis)은 기술통계로서 설문조사 결과에 대한 가장 기초적인 정보를 제공하는 분석 방법으로 이용된다. 성별, 학력, 지역 등 명목척도나 서열척도 같은 범주형 데이터를 대상으로 비율을 측정하는 데 이용한다. 전체 응답자 중에서 특정 변수값이 어떤 범주에 속하는지 응답자가 차지하는 비율(%)을 알아보고자 할 때 이용 한다.

기술통계가 측정이나 실험으로 수집된 데이터를 정리하고 요약, 해석, 표현 등 데이터의 특성을 규명하는 통계적 방법이기 때문에 이를 빈도분석이라고도 한다. 기술통계 분석은 데이터를 그래프, 표 또는 대표값을 나타내는 숫자(통계량)를 요약하는 분석이다. 우리는 실생활에서, 많은 기술통계 분석 데이터를 접하게 된다. 물가지표, 실업률, GDP, 여론 조사 등을 그래프나 표 등으로 표현하는 것이 기술통계 분석의 대표적인 예라고 할 수 있다.

2.1. 빈도분석 실습 – 사고유형별/월별 교통사고 데이터

도로교통공단_사고유형별 월별 교통사고 통계(2018)

변수명				
사고유형대분류 (chr)	사고유형중분류 (chr)	사고유형 (chr)	사고건수 (int)	월 (int)
사망자수 (int)	중상자수 (int)		경상자수 (int)	부상신고자수 (int)

출처: https://www.data.go.kr/data/15070290/fileData.do#layer_data_infomation

빈도분석 실습에서는 도로교통공단_사고유형별 월별 교통사고 통계(2018) 데이터를 사용하였다. 빈도분석 실습에서 결측치 처리 방법도 학습하기 위해서 결측치가 있는 데이터로 진행하였다.

▼ 실습 기술통계 분석을 위해 외부데이터 불러오기 – 도로교통공단_사고유형별 월별 교통사고 통계(2018)

```
> setwd("C:/Data Analysis/r_exam/")
> data <- read.csv("도로교통공단_사고유형별 월별 교통사고(2018)-결측치.csv", header=TRUE)
> head(data)
  사고유형대분류  사고유형중분류  사고유형  월  사고건수  사망자수  중상자수  경상자수  부상신고자수
1      차대사람          횡단중      횡단중   1     1667       88       917       720        70
2      차대사람          횡단중      횡단중   2     1511       62       760       713        60
3      차대사람          횡단중      횡단중   3     1599       76       798       751        80
4      차대사람          횡단중      횡단중   4       NA       62       766       750        62
5      차대사람          횡단중      횡단중   5     1495       46        NA       774        60
6      차대사람          횡단중      횡단중   6     1357       37       691       659        56

> dim(data)  #데이터 갯수와 변수(칼럼) 갯수 확인

[1] 203   9
```

▼ 실습 기술통계 분석(빈도분석) – 도로교통공단_사고유형별 월별 교통사고 통계(2018)

```
> str(data)  # 데이터의 구조를 상세히 보여주는 함수

'data.frame':   203 obs. of  9 variables:
 $ 사고유형대분류 : chr  "차대사람" "차대사람" "차대사람" "차대사람" ...
 $ 사고유형중분류 : chr  "횡단중" "횡단중" "횡단중" "횡단중" ...
 $ 사고유형       : chr  "횡단중" "횡단중" "횡단중" "횡단중" ...
 $ 월             : int  1 2 3 4 5 6 7 8 9 10 ...
 $ 사고건수       : int  1667 1511 1599 NA 1495 1357 1332 1373 NA 1741 ...
 $ 사망자수       : int  88 62 76 62 46 37 NA 69 71 89 ...
 $ 중상자수       : int  917 760 798 766 NA 691 NA 705 764 891 ...
 $ 경상자수       : int  720 713 751 750 774 659 625 634 696 790 ...
 $ 부상신고자수   : int  70 60 80 62 60 56 NA 57 67 66 ...

> summary(data)

 사고유형대분류   사고유형중분류   사고유형           월              사고건수         사망자수
 Length:203       Length:203       Length:203       Min.   : 1.000   Min.   :   1.0   Min.   : 0.00
 Class :character Class :character Class :character 1st Qu.: 3.500   1st Qu.:  81.5   1st Qu.: 4.00
 Mode  :character Mode  :character Mode  :character Median : 6.000   Median : 289.0   Median :11.50
                                                    Mean   : 6.488   Mean   :1037.2   Mean   :18.56
                                                    3rd Qu.: 9.500   3rd Qu.:1365.0   3rd Qu.:28.25
                                                    Max.   :12.000   Max.   :6814.0   Max.   :89.00
                                                                     NA's   :  16     NA's   :15
```

```
   중상자수         경상자수          부상신고자수
Min.   :   0.0   Min.   :   0.0   Min.   :   0.0
1st Qu.:  23.0   1st Qu.:  42.0   1st Qu.:   9.0
Median : 127.0   Median : 200.0   Median :  29.0
Mean   : 373.9   Mean   :1045.0   Mean   : 110.4
3rd Qu.: 577.5   3rd Qu.: 719.5   3rd Qu.:  70.0
Max.   :2304.0   Max.   :7927.0   Max.   : 720.0
NA's   :  16     NA's   :  12     NA's   :  14
```

> length(data$사고건수)   *#사고건수 데이터의 개수 값 제시*

[1] 203

> table(data$사고유형대분류)

```
차대사람   차대차   차량단독   철길건널목
   60        60       80          3
```

> table(data$사고유형중분류)

```
공작물충돌   기타   길가장자리구역통행중   도로이탈   보도통행중
   12        36            12              24         12
전도         전복         정면충돌         주/정차차량 충돌   차도통행중
   12        12            12                8           12
철길건널목   추돌         측면충돌         횡단중        후진중충돌
    3        12            12              12           12
```

실습에서 도로교통공단_사고유형별 월별 교통사고(2018)-결측치.csv의 데이터를 불러왔다. 데이터의 확인하기 위해서 head( ) 함수와 str( ) 함수를 통해서 세부 내용을 살펴보았으며, NA 값(결측값) 여부도 확인할 수 있다. data 변수에서 결측치가 어느정도 있는지 확인하고자 summary(data) 명령문을 실행하면, 사고건수 16개, 사망자수 15개, 중상자수 16개, 경상자수 12개, 부상신고자수 14개가 결측치로 확인할 수 있다.

사고유형대분류, 사고유형중분류, 사고유형, 월 칼럼에는 데이터 결측치가 존재하지 않는다. table(data$사고유형대분류) 명령문을 실행하면, 차대사람 60, 차대차 60, 차량단독 80, 철길건널목 3의 데이터가 존재하는 것을 확인할 수 있다. 사고유형중분류는 공작물충돌부터 후진중추돌까지 15개의 범주값과 데이터 개수를 확인할 수 있다.

2.2 빈도분석(결측치 제거 후 계산) 실습 – 사고 유형별/월별 교통사고 데이터

때때로 분석자가 직접 수집한 빅데이터를 확인해보면, 결측치가 상당수 포함된 경우가 많을 것이다. 결측치가 발생하는 이유는 조사를 수집하고 정리하는 사람이 종종 데이터를 입력하는 과정에서 실수로 입력하지 않았거나, 설문 응답자가 일부러 응답을 회피하게 되면서 발생하게 된다. 국가에서 제공한 공공 빅데이터의 경우 결측치의 값을 99로 채우거나 부호화(.)시켜서 해당 항목을 채워놓는 경우가 많다.

R 프로그래밍에서는 결측치가 포함된 데이터일 때 결측치를 제거한 후 유효한 데이터만을 대상으로 연산할 수 있도록 na.rm 속성과 na.omit( ) 함수를 제공한다. 하지만 분석자가 결측치를 무조건 제거한다면 그로 인하여 데이터 개수가 축소되거나 정보의 손실, 잘못된 해석을 발생시킬 수 있다. 그러므로 결측치를 어떻게 처리할 것인지도 고민해 보아야 한다. 결측치를 처리하는 방법으로 결측치를 제거하는 방법도 있지만, 결측치를 제거하지 않고 다른 값으로 대체하는 방법도 고려할 수 있다.

▼ 실습　　**결측치 제거 후 계산 – 도로교통공단_사고유형별 월별 교통사고 통계(2018)**

```
> length(data$사고건수)  #사고건수 총 데이터 수

[1] 203

> summary(data$사고건수)

   Min.  1st Qu.  Median   Mean  3rd Qu.   Max.   NA's
   1.0    81.5    289.0   1037.2  1365.0  6814.0   16

> sum(data$사고건수)  # 결측치가 있는 경우에 사고건수 합계 출력

[1] NA

> sum(data$사고건수, na.rm=TRUE)  # na.rm=TRUE를 적용하여 결측치 제거하여 계산

[1] 193958

> imsi <- na.omit(data$사고건수)  #사고건수 열에 있는 모든 결측치 제거 후 imsi에 저장
> sum(imsi)

[1] 193958

> length(imsi)  # 결측치 제거하고 계산된 총 데이터 수

[1] 187
```

실습에서는 사고건수, 사망자수, 중상자수, 경상자수, 부상신고자수 칼럼에서 데이터 결측치가 있는지를 summary(data) 명령문으로 확인하였다. 실습에서 length(data$사고건수) 명령문을 실행하였으며, 결과에서 사고건수는 결측치를 포함하여 총 203개 데이터가 있다고 화면에 데이터 개수를 출력해 준다. 하지만 summary(data$사고건수) 명령문을 실행하면 NA's 결측치가 16개 있다는 것을 확인할 수 있다. 만약, 결측치가 있는 상태에서 sum(data$사고건수) 명령문을 실행하면 결측치 때문에 합계 계산을 하지 못한다. 이런 경우 sum(data$사고건수, na.rm=TRUE) 명령문을 실행하면 결측치를 제외한 데이터를 계산해준다. 이에 193958의 합계를 콘솔창에서 확인할 수 있다. 즉, na.ram=TRUE는 결측치가 있더라도 합계를 계산하라는 속성값이다. 또한, 결측치를 제거하고 남은 데이터로 계산하고 싶다면 na.omit( )함수를 이용하면 된다. na.omit( ) 함수는 분석자가 별도로 필요없는 칼럼을 제거할 때 사용된다. 실습에서 imsi <- na.omit(data$사고건수) 명령문은 사고건수 칼럼에 존재하는 결측치를 제거하여 imsi 변수에 저장하라는 명령문이다. length(imsi) 명령문을 실행하면 결측치를 제거한 후 187개 데

이터가 있다는 것을 화면에 출력해서 알려준다.

한편, 결측치를 제거하지 않고 관측치를 유지하면서 빅데이터를 관리할 수 있다. 결측치를 0으로 대체하거나 평균으로 대체하는 방법으로 선택하여 계산할 수 있다.

▼ **실습** 결측치 대체 – 도로교통공단_사고유형별 월별 교통사고 통계(2018)

```
> data$사고건수   #결측치 확인

 [1] 1667 1511 1599   NA 1495 1357 1332 1373   NA 1741 1622 1645  407  379  417  387  423  379  349  354   NA  415   NA
[24]  423  262  285  293  320  298  259  228  235  257  255  249  255  177  172  202   NA  174  183  182  150  170  195
 -- (생략) --
[185]   24   21   14   11  281  259   NA  338  373  381   NA  373  332   NA  347  302    1    1    1

> data$사고건수2 = ifelse(!is.na(data$사고건수), data$사고건수, 0)  #결측치를 0으로 대체
> data$사고건수2

 [1] 1667 1511 1599    0 1495 1357 1332 1373    0 1741 1622 1645  407  379  417  387  423  379  349  354    0  415    0
[24]  423  262  285  293  320  298  259  228  235  257  255  249  255  177  172  202    0  174  183  182  150  170  195
 -- (생략) --
[185]   24   21   14   11  281  259    0  338  373  381    0  373  332    0  347  302    1    1    1

> data$사고건수3 = ifelse(!is.na(data$사고건수), data$사고건수,
+                          round(mean(data$사고건수, na.rm=TRUE),0))  # 결측치를 평균값으로 대체
>  data$사고건수3

 [1] 1667 1511 1599 1037 1495 1357 1332 1373 1037 1741 1622 1645  407  379  417  387  423  379  349  354 1037  415 1037
[24]  423  262  285  293  320  298  259  228  235  257  255  249  255  177  172  202 1037  174  183  182  150  170  195
              … 〈생략〉 …
[185]   24   21   14   11  281  259 1037  338  373  381 1037  373  332 1037  347  302    1    1    1

> head(data[c("사고건수","사고건수2", "사고건수3")],5)

   사고건수  사고건수2  사고건수3
1      1667       1667       1667
2      1511       1511       1511
3      1599       1599       1599
4        NA          0       1037
5      1495       1495       1495
```

실습에서 data$사고건수 명령문을 실행하면 203개 데이터에서 NA 표시로 결측값이 있다는 것을 화면에 출력해 준다. 분석자는 data$사고건수2 = ifelse(!is.na(data$사고건수), data$사고건수, 0) 명령문을 통해 사고건수가 결측치가 있다면 0값으로 대체하라는 제어문 ifelse( ) 함수를 이용하여 처리할 수 있다. 또는 data$사고건수3 = ifelse(!is.na(data$사고건수), data$사고건수, round(mean(data$사고건수, na.rm=TRUE),0)) 명령문으로 결측치를 평균값으로 대체하는 방법으로 처리할 수 있다. 평균값으로 처리하는 이유는 사고건수 데이터에 결측치를 중앙에 위치한 값으로 조정하여 다른 값들에 상대적으로 영향을 덜 주기 위함이며 결측치로 인한 데이터 분석의 오류를 줄이기 위해서 사용된다.

만약 데이터가 빅데이터로써 필요한 데이터가 충분하다면 결측치가 있는 데이터를 모두 삭제하고 분석을 진행하는 것이 올바르다. 또한 이상치가 있는 경우에도 이상치 데이터를 제거해서 분석해야 한다.

▼ 실습   결측치 제거 – 도로교통공단_사고유형별 월별 교통사고 통계(2018)

```
> data2 <- data[!is.na(data$사고건수),]
> #203개 데이터에서 16개 결측치 제거 후 데이터 187개 존재
> data2 <- data2[!is.na(data2$사망자수),]
> #187개 데이터에서 13개 결측치 제거 후 데이터 174개 존재
> data2 <- data2[!is.na(data2$중상자수),]
> #174개 데이터에서 13개 결측치 제거 후 데이터 161개 존재
> data2 <- data2[!is.na(data2$경상자수),]
> #161개 데이터에서 8개 결측치 제거 후 데이터 153개 존재
> data2 <- data2[!is.na(data2$부상신고자수),]
> #153개 데이터에서 10개 결측치 제거 후 데이터 143개 존재
> data2 <- na.omit(data) #203개 데이터 중 60개 결측치 제거후 143개 데이터 존재
> #개별칼럼(사고건수,사망자수,중상자수,경상자수,부상신고자수)를 거쳐 제거한 데이터와 동일
> data2 <- na.omit(data2[,-c(10:11)]) #10번칼럼 사고건수2, 11번칼럼 사고건수3 제거후 data2 저장
> table(data2$사고유형대분류)

  차대사람    차대차    차량단독   철길건널목
      44        42        55         2

> summary(data2)
  사고유형대분류     사고유형중분류      사고유형           월            사고건수         사망자수
 Length :143      Length :143      Length :143     Min.   : 1.000   Min.   :   1.0   Min.   : 0.00
 Class :character Class :character Class :character 1st Qu.: 3.000   1st Qu.:  91.5   1st Qu.: 4.00
 Mode  :character Mode  :character Mode  :character Median : 6.000   Median : 293.0   Median :11.00
                                                    Mean   : 6.517   Mean   :1006.5   Mean   :18.26
                                                    3rd Qu.:10.000   3rd Qu.:1339.0   3rd Qu.:28.00
                                                    Max.   :12.000   Max.   :6655.0   Max.   :89.00
    중상자수          경상자수         부상신고자수
 Min.   :   0.0   Min.   :   0     Min.   :  0.0
 1st Qu.:  23.5   1st Qu.:  44     1st Qu.:  9.0
 Median : 119.0   Median : 192     Median : 24.0
 Mean   : 340.3   Mean   :1059     Mean   :100.3
 3rd Qu.: 503.5   3rd Qu.: 701     3rd Qu.: 65.0
 Max.   :2304.0   Max.   :7793     Max.   :720.0
```

실습에서는 data 변수에서 결측치를 제거한 데이터만 저장하기 위해서 data2 변수를 새롭게 생성하였다. data2 <- data[!is.na(data$사고건수),] 명령문을 실행하여 data 변수 내 사고건수 칼럼의 결측치를 제거하였고, 이를 data2 변수로 저장하였다. 그리고 추가로 사고건수, 사망자수, 중상자수, 경상자수, 부상신고자수 칼럼도 !is.na() 함수를 이용하여 결측치를 제거하였다. 만약, 일일이 칼럼별로 제거하는 것이 불편하다면 또는 많은 칼럼에서 결측치가 있다면 na.omit() 함수를 이용하면 간편하게 결측치를 제거할 수 있다. 실습에서는 data2 <-

na.omit(data) 명령문을 사용하여 data 변수에 있는 모든 칼럼의 결측치를 제거하였고, 이를 data2로 저장하였다. data2 <- na.omit(data2[,-c(10:11)]) 명령문은 data2의 10번째 칼럼(사고건수2)과 11번째 칼럼(사고건수3)을 제거하고, 결측치가 있으면 삭제하라는 명령문이다. 결측치가 제거된 data2 변수를 table(data2$사고유형대분류) 명령문으로 실행하였다. 그 결과, 차대사람 44, 차대차 42, 차량단독 55, 철길건널목 2의 데이터를 콘솔창 화면에 출력해 주며, 전체 데이터 203개 데이터에서 60개 데이터를 삭제한 후 143개 데이터가 존재하는 것을 확인할 수 있다.

▼ 실습　결측치 제거 후 기술통계량(범주형 데이터) – 도로교통공단_사고유형별 월별 교통사고 통계(2018)

```
> t1 <- table(data2$사고유형대분류)
> t1

    차대사람     차대차    차량단독   철길건널목
         44         42         55          2

> t2 <- prop.table(t1)
> round(t2*100,2)

    차대사람     차대차    차량단독   철길건널목
      30.77      29.37      38.46       1.40

> t3 <- table(data2$사고유형중분류)
> t3

   공작물충돌         기타  길가장자리구역통행중      도로이탈     보도통행중
           12           21                   10            17             10
         전도         전복             정면충돌   주/정차차량 충돌     차도통행중
            8            9                    8             5             10
    철길건널목         추돌             측면충돌         횡단중     후진중충돌
            2            8                    7             7              9

> t4 <- prop.table(t3)
> round(t4*100,2)

   공작물충돌         기타  길가장자리구역통행중      도로이탈     보도통행중
         8.39        14.69                 6.99         11.89           6.99
         전도         전복             정면충돌   주/정차차량 충돌     차도통행중
         5.59         6.29                 5.59          3.50           6.99
    철길건널목         추돌             측면충돌         횡단중     후진중충돌
         1.40         5.59                 4.90          4.90           6.29
```

결측치가 제거된 data2 변수를 토대로 기술통계량을 분석하였다. 우선 범주형 데이터를 분석하였다. data2 변수의 칼럼에 있는 사고유형대분류의 빈도수를 계산하고자 t1 <- table(data2$사고유형대분류) 명령문을 실행하였다. 다음으로 사고유형대분류의 빈도수를 백분율로 계산하기 위해 prop.table( ) 함수를 이용하였으며, t2 <- prop.table(t1) 명령문을 실행하여 사고유형대분류 빈도수를 비율로 다시 계산하였다. 그런 다음 round( ) 함수를 이용하여 소숫점 둘째

자리로 표현하라는 명령문을 실행하였다. 추가로 범주형 데이터로 구성된 사고유형중분류 칼럼을 분석하였다. 사고유형대분류와 마찬가지로 table( ) 함수와 prop.table( ) 함수, round( ) 함수를 이용하여 빈도수를 계산하였다.

그리고 연속형 데이터도 범주형 데이터로 변환하여 빈도수를 계산할 수 있다. 우선 연속형 데이터는 특정 범주에 명확히 구분하지 않기 때문에 분석자는 자신이 원하는 범주의 범위를 설정하여 연속형 데이터로 조정해야 한다. 실습에서 summary(data2)에서 나타난 결과로 사고건수는 최소값이 1이고 최대값이 6655이므로 2000씩 구분하여 총 4개의 범주로 임의로 설정하였다. 부상신고자수의 최소값은 0이고 최대값은 720이다. 이 또한 4개의 범주로 임의로 구분하여 범주형 데이터로 재설정하여 빈도수를 계산하였다.

▼ 실습 결측치 제거 후 기술통계량(연속형 데이터) – 도로교통공단_사고유형별 월별 교통사고 통계(2018)

```
> data2$사고건수x = data2$사고건수   #사고건수 원본 데이터 외 별도의 칼럼을 만들어 기술통계량 계산
> data2$사고건수x[data2$사고건수 <= 2000] <- "2000건 이하"
> data2$사고건수x[data2$사고건수 >= 2001 & data2$사고건수 <= 4000] <- "2001~4000건"
> data2$사고건수x[data2$사고건수 >= 4001 & data2$사고건수 <= 6000] <- "4001~6000건"
> data2$사고건수x[data2$사고건수 >= 6001] <- "6001건 이상"
> t5 <- table(data2$사고건수x)   #사고건수(비율 데이터)를 범주화시킨 칼럼을 토대로 빈도수를 계산
> t5

2000건 이하    2001~4000건   4001~6000건   6001건 이상
     118             18            1             6

> t6 <- prop.table(t5)   #사고건수(비율 데이터)를 범주화시킨 칼럼을 토대로 구성비율을 계산
> round(t6*100,2)

2000건 이하    2001~4000건   4001~6000건   6001건 이상
    82.52          12.59         0.70          4.20

> data2$부상신고자수x = data2$부상신고자수
> data2$부상신고자수x[data2$부상신고자수 <= 200] <- "200건 이하"
> data2$부상신고자수x[data2$부상신고자수 >= 201 & data2$부상신고자수 <= 400] <- "201~400건"
> data2$부상신고자수x[data2$부상신고자수 >= 401 & data2$부상신고자수 <= 600] <- "401~600건"
> data2$부상신고자수x[data2$부상신고자수 >= 601] <- "61건 이상"
> t7 <- table(data2$부상신고자수x)
> t7

200건 이하    201~400건    401~600건    61건 이상
    118          14            5            6

> t8 <- prop.table(t7)
> round(t8*100,2)

200건 이하    201~400건    401~600건    61건 이상
   82.52         9.79         3.50         4.20
```

연속형 데이터를 범주형 데이터로 구분하기 위해 먼저 사고건수 칼럼의 데이터를 별도의 사고건수x 칼럼으로 새롭게 생성하였다. 이는 사고건수 원본 데이터를 조작하게 되면 데이터가 오염될 수 있으므로 항상 사본을 만들어서 분석하는 습관에서 비롯된다.

실습에서 data2$사고건수x = data2$사고건수 명령문을 통해 사건건수 데이터를 사고건수x 칼럼으로 새롭게 복사하였다. 그 다음 data2$사고건수x[data2$사고건수x <= 2000] <- "2000건 이하" 명령문으로 2000건 이하의 값은 2000건 이하의 값으로 대체하라고 지시한 것이다. 이렇게 2001~4000건, 4001~6000건, 6001건 이상의 값으로 변경된 사고건수x에 대해서 table( ) 함수, prop.table( ) 함수, round( ) 함수를 이용하면 빈도수를 계산하였으며 이는 콘솔 창 화면에서 확인할 수 있다.

실습에서 분석된 빈도분석의 값을 테이블로 정리하면 다음과 같다. 도로교통공단_사고유형별 월별 교통사고 통계(2018) 데이터에는 사고유형대분류, 사고유형중분류, 사고건수, 부상신고자수 외에도 사고유형, 사망자수, 중상자수, 경상자수 칼럼이 존재한다. 본 실습에서는 사고유형대분류, 사고유형중분류, 사고건수, 부상신고자수만 제시하고 나머지 칼럼은 편의상 제외하였다. 하지만 일반적으로 인구통계학 관련 모든 변수는 기술통계학으로 제시하여야 한다.

	변수	빈도수	구성비율(%)		변수	빈도수	구성비율(%)
사고 유형 대분류	차대사람	44	30.77	사고 유형 중분류	공작물충돌	12	8.39
	차대차	42	29.37		길가장자리구역통행중	10	6.99
	차량단독	55	38.46		도로이탈	17	11.89
	철길건널목	2	1.40		보도통행중	10	6.99
사고 건수	2000건 이하	118	82.52		전도	8	5.59
	2001~4000건	18	12.59		전복	9	6.29
	4001~6000건	1	0.70		정면충돌	8	5.59
	6001건 이상	6	4.20		주/정차차량 충돌	5	3.50
					차도통행중	10	6.99
					철길건널목	2	1.40
부상 신고자 수	200건 이하	118	82.52		추돌	8	5.59
	201~400건	14	9.79		측면 충돌	7	4.90
	401~600건	5	3.50		횡단중	7	4.90
	61건 이상	6	4.20		후진중충돌	9	6.29
					기타	21	14.69

2.3 빈도분석 실습 – 불법 주정차 단속현황 데이터

빈도분석 실습을 위해 두 번째로 서울특별시_강남구_불법주정차단속현황 데이터를 이용하였다. 본 실습에서도 결측치 처리를 학습하고자 서울특별시_강남구_불법주정차단속현황 데이터에서 일부 데이터를 결측치로 만들어 진행하였다.

서울특별시_강남구_불법주정차단속현황

변수명		
연도 (int)	동명 (chr)	부과건수 (int)
견인건수 (int)	단속원금.원. (num)	데이터기준일자 (chr)

출처: https://www.data.go.kr/data/15048827/fileData.do

▼ 실습 : 기술통계 분석을 위해 외부데이터 불러오기 – 서울특별시_강남구_불법주정차단속현황

```
> setwd("C:/Data Analysis/r_exam/")
> g_data <- read.csv("서울특별시_강남구_불법주정차단속현황_20210208 - 결측치.csv", header=TRUE)
> head(g_data)
    연도   동명   부과건수  견인건수  단속원금.원.  데이터기준일자
1   2017   개포동     9409       284      376360000     2021-02-08
2   2017   논현동    71771      2054     2870840000     2021-02-08
3   2017   대치동    55222      2624     2208880000     2021-02-08
4   2017   도곡동    10763       130      430520000     2021-02-08
5   2017   삼성동    36472      1507     1458880000     2021-02-08
6   2017   세곡동     8006        39      320240000     2021-02-08

> dim(g_data)   #데이터 갯수와 변수(칼럼) 갯수 확인

[1] 53  6

> str(g_data)  # 데이터의 구조를 상세히 보여주는 함수

'data.frame':   53 obs. of  6 variables:
 $ 연도           : int  2017 2017 2017 2017 2017 2017 2017 2017 2017 2017 ...
 $ 동명           : chr  "개포동" "논현동" "대치동" "도곡동" ...
 $ 부과건수       : int  9409 71771 55222 10763 36472 8006 9786 52528 6561 90385 ...
 $ 견인건수       : int  284 2054 2624 130 1507 39 434 610 350 4214 ...
 $ 단속원금.원.   : num  3.76e+08 2.87e+09 2.21e+09 4.31e+08 1.46e+09 ...
 $ 데이터기준일자: chr  "2021-02-08" "2021-02-08" "2021-02-08" "2021-02-08" ...

> length(g_data$연도)    #연도 데이터의 개수 값 제시

[1] 53

> table(g_data$연도)

2017 2018 2019 2020
  13   13   14   13
```

실습에서 사용한 불법주정차단속현황 데이터를 살펴보면, 데이터 개수는 53개이며 칼럼수는 6개로 나타났다. table(g_data$연도) 명령문을 실행하면 2017년 13개, 2018년 13개, 2019년 14개, 2020년 13개로 확인된다.

▼ **실습** 결측치 제거 후 계산 – 서울특별시_강남구_불법주정차단속현황

```
> summary(g_data)
    연도           동명              부과건수          견인건수        단속원금.원       데이터기준일자
 Min.   :2017   Length:53         Min.   : 1071   Min.   :    4   Min.   :5.150e+07   Length:53
 1st Qu.:2018   Class :character  1st Qu.: 6275   1st Qu.:  232   1st Qu.:2.624e+08   Class :character
 Median :2019   Mode  :character  Median :10706   Median :  500   Median :4.305e+08   Mode  :character
 Mean   :2019                     Mean   :22036   Mean   : 1526   Mean   :9.027e+08
 3rd Qu.:2019                     3rd Qu.:34130   3rd Qu.: 1569   3rd Qu.:1.339e+09
 Max.   :2020                     Max.   :90385   Max.   :12394   Max.   :3.615e+09
                                  NA's   :    7   NA's   :   10

> length(g_data$견인건수)
[1] 53

> summary(g_data$견인건수)
   Min. 1st Qu.  Median    Mean 3rd Qu.    Max.    NA's
      4     232     500    1526    1569   12394      10

> sum(g_data$견인건수)
[1] NA

> sum(g_data$견인건수, na.rm=TRUE)
[1] 65618

> imsi <- na.omit(g_data$견인건수)
> sum(imsi)
[1] 65618

> length(imsi)
[1] 43
```

summary(g_data) 명령문을 실행하면, g_data의 칼럼에서 부과건수와 견인건수 칼럼의 데이터에서 결측치가 있다는 것을 확인할 수 있다. 부과건수는 7개, 견인건수는 10개로 콘솔창 화면에 출력된다. 결측치가 있는 칼럼에서 산술 계산을 하면 sum(g_data$견인건수) 명령문 실행처럼 NA 결과값이 화면에 출력된다. 결측치가 있는 경우에는 na.rm=TRUE의 속성을 추가하면 된다. sum(g_data$견인건수, na.rm=TRUE) 명령문을 실행하면 결측치 데이터를 제외한 데이터만 가지고 계산하며 65618 값이 콘솔창 화면에 출력된다.

만약, 결측치를 제거하고자 한다면 na.omit( ) 함수를 사용하면 된다. imsi <- na.omit (g_data$견인건수) 명령문을 실행하면, 견인건수 칼럼에 존재하는 결측치가 제거되고 남은 데이터를 imsi 변수에 저장하게 된다. 결측치를 제거한 견인건수의 총 데이터 수는 43개이다.

2.4 빈도분석(결측치 제거 후 계산) 실습 – 불법 주정차 단속현황 데이터

▼실습   결측치 대체 – 서울특별시_강남구_불법주정차단속현황

```
> g_data$견인건수

 [1]  284 2054 2624  130 1507   39  434  610  350 4214  220   NA  426  244 1213 1631   83   NA   40  667
[21]   NA  170 3720  189  104   NA 1062 9557   NA   NA   NA  777 1645 6964 1072 12394  115  570   NA 4400
[41]  245   NA 1241  150  722    4  271  322  458 1754  442   NA  500
> g_data$견인건수2 = ifelse(!is.na(g_data$견인건수), g_data$견인건수, 0)  #결측치를 0으로 대체
> g_data$견인건수2

 [1]  284 2054 2624  130 1507   39  434  610  350 4214  220    0  426  244 1213 1631   83    0   40  667
[21]    0  170 3720  189  104    0 1062 9557    0    0    0  777 1645 6964 1072 12394  115  570    0 4400
[41]  245    0 1241  150  722    4  271  322  458 1754  442    0  500
> g_data$견인건수3 = ifelse(!is.na(g_data$견인건수), g_data$견인건수,
+                         round(mean(g_data$견인건수, na.rm=TRUE),0)) # 결측치를 평균값으로 대체
> g_data$견인건수3

 [1]  284 2054 2624  130 1507   39  434  610  350 4214  220 1526  426  244 1213 1631   83 1526   40  667
[21] 1526  170 3720  189  104 1526 1062 9557 1526 1526 1526  777 1645 6964 1072 12394  115  570 1526 4400
[41]  245 1526 1241  150  722    4  271  322  458 1754  442 1526  500
> tail(g_data[c("견인건수","견인건수2","견인건수3")],5)

   견인건수 견인건수2 견인건수3
49      458      458      458
50     1754     1754     1754
51      442      442      442
52       NA        0     1526
53      500      500      500
> g_data2 <- na.omit(g_data) # 데이터에 있는 결측치 제거 후 g_data2 저장
> table(g_data2$연도)  # 결측지 제거후 연도별 데이터 수 확인

2017 2018 2019 2020
  12    9    7    8
> g_data2 <- na.omit(g_data[,-c(6:8)])
> #6~8번째 칼럼(데이터기준일자, 견인건수 2, 견인건수3) 제거 후 g_data2 저장
> summary(g_data2)

     연도           동명             부과건수         견인건수       단속원금.원.
 Min.   :2017   Length:36         Min.   : 1268   Min.   :   4.0   Min.   :5.150e+07
 1st Qu.:2017   Class :character  1st Qu.: 6373   1st Qu.: 212.2   1st Qu.:2.916e+08
 Median :2018   Mode  :character  Median :10217   Median : 534.0   Median :4.110e+08
 Mean   :2018                     Mean   :22629   Mean   :1236.8   Mean   :9.129e+08
 3rd Qu.:2019                     3rd Qu.:37165   3rd Qu.:1538.0   3rd Qu.:1.487e+09
 Max.   :2020                     Max.   :90385   Max.   :9557.0   Max.   :3.615e+09
```

g_data 변수의 견인건수 칼럼에 존재하는 데이터 중 결측치를 0으로 만들려면 g_data$견인건수2 = ifelse(!is.na(g_data$견인건수), g_data$견인건수, 0) 명령문을 실행하면 된다. 또는 결측치를 평균값으로 대체하고 싶다고 g_data$견인건수3 = ifelse(!is.na(g_data$견인건수),

g_data$견인건수, round(mean(g_data$견인건수, na.rm=TRUE),0)) 명령문을 실행하면 된다.

실습 | **결측치 제거 후 기술통계량(범주형 데이터) - 서울특별시_강남구_불법주정차단속현황**

```
> g1 <- table(g_data2$연도)
> g1

2017   2018   2019   2020
  12      9      7      8

> g2 <- prop.table(g1)
> round(g2*100,2)

 2017  2018  2019  2020
33.33 25.00 19.44 22.22

> g3 <- table(g_data2$동명)
> g3

개포동 논현동 대치동 도곡동 삼성동 세곡동 수서동 신사동 압구정동 역삼동 율현동
    3      3      3      2      2      4      3      2       4      3      1
일원동 일원동 자곡동 청담동
    2      1      1      2

> g4 <- prop.table(g3)
> round(g4*100,2)

개포동 논현동 대치동 도곡동 삼성동 세곡동 수서동 신사동 압구정동 역삼동 율현동
 8.33   8.33   8.33   5.56   5.56  11.11   8.33   5.56    11.11   8.33   2.78
일원동 일원동 자곡동 청담동
 5.56   2.78   2.78   5.56
```

다음은 범주형 데이터의 빈도수를 계산하고자 g1 <- table(g_data2$연도) 명령문을 실행하였으며, 그 결과 내용으로 연도별 데이터 개수를 확인하였다. 그리고 연도별 빈도수를 비율로 환산하고자 g2 <- prop.table(g1) 명령문과 round(g2*100,2) 명령문을 실행하였다. 또한 동명별로 빈도수를 확인하기 위해 g3 <- table(g_data2$동명) 명령문을 실행하였고, 동명별로 비율로 환산하고자 g4 <- prop.table(g3) 명령문과 round(g4*100,2) 명령문을 실행하였다.

> **실습** 결측치 제거 후 기술통계량(연속형 데이터) – 서울특별시_강남구_불법주정차단속현황

```
> g_data2$부과건수x = g_data2$부과건수
> g_data2$부과건수x[g_data2$부과건수 <= 30000] <- "3만건 이하"
> g_data2$부과건수x[g_data2$부과건수 >= 30001 & g_data2$부과건수 <= 40000] <- "3만~4만건"
> g_data2$부과건수x[g_data2$부과건수 >= 40001 & g_data2$부과건수 <= 50000] <- "4만~5만건"
> g_data2$부과건수x[g_data2$부과건수 >= 50001] <- "5만건 이상"
> g5 <- table(g_data2$부과건수x)
> g5

3만~4만건    3만건 이하    4만~5만건    5만건 이상
    3            25           3            5

> g6 <- prop.table(g5)
> round(g6*100,2)

3만~4만건    3만건 이하    4만~5만건    5만건 이상
  8.33        69.44         8.33         13.89

> g_data2$견인건수x = g_data2$견인건수
> g_data2$견인건수x[g_data2$견인건수 <= 300] <- "300건 이하"
> g_data2$견인건수x[g_data2$견인건수 >= 301 & g_data2$견인건수 <= 600] <- "301~600건"
> g_data2$견인건수x[g_data2$견인건수 >= 601 & g_data2$견인건수 <= 800] <- "601~800건"
> g_data2$견인건수x[g_data2$견인건수 >= 801] <- "801건 이상"
> g7 <- table(g_data2$견인건수x)
> g7

 300건 이하    301~600건    601~800건    801건 이상
    12            6             4            14

> g8 <- prop.table(g7)
> round(g8*100,2)

 300건 이하    301~600건    601~800건    801건 이상
   33.33        16.67         11.11        38.89
```

연속형 데이터의 빈도수를 계산하고자 한다면, 연속형 데이터를 범주형 데이터로 변환해야 한다. 본 실습에서는 부과건수를 임의적으로 구분하여 빈도수를 계산하였다. 부과건수가 3만건 이하, 3만~4만건, 4만~5만건, 5만건 이상으로 분류하여 별도의 부과건수x 칼럼으로 데이터를 저장하였다. 견인건수는 300건 이하, 301~600건, 601~800건, 801건 이상으로 임의적으로 구분하여 빈도수를 계산하였고, 견인건수x 칼럼에 데이터를 저장하였다.

실습에서 분석된 빈도분석의 값을 테이블로 정리하면 다음과 같다. 범주형 데이터와 연속형 데이터로 빈도수를 계산한 연도, 부과건수, 견인건수, 동명을 살펴보면 2017년도 데이터가 다른 연도에 비해 데이터가 가장 높게 나타났으며, 부과건수는 3만건 이하가 25건으로 가장 높게 나타났다.

변수		빈도수	구성비율(%)	변수		빈도수	구성비율(%)
연도	2017	12	33.33	동명	개포동	3	8.33
	2018	9	25.00		논현동	3	8.33
	2019	7	19.44		대치동	3	8.33
	2020	8	22.22		도곡동	2	5.56
부과 건수	3만~4만건	3	8.33		삼성동	2	5.56
	3만건 이하	25	69.44		세곡동	4	11.11
	4만~5만건	3	8.33		수서동	3	8.33
	5만건 이상	5	13.89		신사동	2	5.56
					압구정동	4	11.11
					역삼동	3	8.33
견인 건수	300건 이하	12	33.33		율현동	1	2.78
	301~600건	6	16.67		일원동	2	5.56
	601~800건	4	11.11		일원동	1	2.78
	801건 이상	14	38.89		자곡동	1	2.78
					청담동	2	5.56

CHAPTER 3 추론통계 분석

추론통계학은 기술통계학을 통해 얻는 제한된 표본정보를 기반으로 모집단의 특성을 추론, 예측, 결정, 일반화하는 방법론이다. 추론통계학은 조사대상인 모집단으로부터 무작위로 추출한 표본 속에 내포된 정보에 근거하여 해당 모집단이 어떤 특성을 가졌는지를 결론 내리는 절차에 대한 학문이다.

1. 가설검정 의미

가설이란 모집단에 대한 진술로서 조사한 데이터를 검정할 목적으로 설정하는 모수에 대한 잠정적인 주장이나 가정을 말한다. 통계분석은 미지의 모수에 대해 가설을 설정하고, 모집단으로부터 표본을 추출하여 조사한 표본 결과에 따라서 가설의 진위여부를 결정하게 된다.

- ▶ 귀무가설이란 모집단의 특성에 대해 옳다고 제안하는 잠정적인 주장 또는 명제를 말한다. 귀무가설은 현상유지나 지금까지 유지되어 온 믿음을 나타낸다. 귀무가설은 과거의 경험, 지식, 결과 등의 현재까지 인정되어 온 것을 나타낸다. 통계 결과가 귀무가설을 기각할 수 없다는 것은 귀무가설이 사실이라는 것을 의미하지 않는다.

- ▶ 대립가설은 귀무가설의 반대로서 증명하고자 하는 연구자(분석자)의 주장을 나타낸다. 귀무가설이 틀렸다고 제안하는 가설로서 귀무가설이 기각되면 채택하게 되는 가설을 의미한다. 귀무가설을 기각할 충분한 통계적 증거가 있으면 대립가설을 채택한다. 그래서 대립가설은 귀무가설을 부정함으로써 연구자(분석자)가 지지하고자 하는 새로운 변화 또는 효과를 나타내는 것을 말한다.

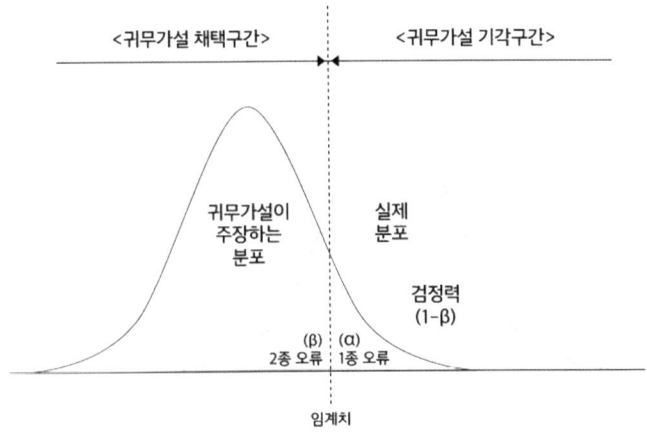

귀무가설은 현재까지 유지되어 온 현상을 유지하는 믿음을 말하며, 대립가설은 귀무가설의 반대로서 증명하고자 하는 연구자(분석자)의 주장을 말한다. 가설검정의 결과로 어떤 가설을 채택하면 다른 가설은 기각해야 하므로 두 가설이 항상 옳을 수 없으며, 가설검정은 표본으로부터 귀무가설을 기각할 충분한 근거가 발견되지 않은 한 귀무가설은 항상 사실이라는 것을 전제하기 때문에 시정조치를 취할 필요가 없게 된다. 즉, 귀무가설을 채택한다는 표현보다는 기각을 유예한다는 의미에서 귀무가설을 기각할 수 없다라는 표현을 사용한다. 연구자(분석자)는 대립가설을 지지할 통계적 근거를 찾기 위해 표본 데이터를 검토하지만, 검정의 대상은 어디까지나 귀무가설이 된다.

가설검정은 양측 검정과 단측 검정으로 구분된다. 양측 검정은 연구자(분석자)가 확인하고자 하는 값이 높을지 낮을지 모르거나 어느쪽으로 변화될지 예측하기 어려울 때 사용된다. 예를들어 중학생들의 한달평균 용돈은 20만원일 것이다라는 가설을 수립하다면 실제로 용돈이 20만원보다 작을 수도 있고 아니면 20만원보다 높을 수 있으므로 연구자(분석자)는 어느 한쪽(단측)으로 가설을 수립하기보다는 양측 검정으로 가설을 수립하게 된다. 단측 검정은 좌측검정과 우측 검정으로 구분할 수 있다. 좌측 검정은 연구자(분석자)가 어떤 통계의 결과값이 평균보다 낮다고 생각할 때 수립한다. 예를 들어 10일 동안 진행한 달리기 2km 운동은 몸무게 감소에 영향을 줄 것이다라는 가설로 수립할 수 있다. 우측 검정은 연구자(분석자)가 어떤한 통계 결과값이 평균보다 높다고 가정할 때 수립한다. 예를들어 주말에 학생들의 온라인 게임 이용시간은 평균 5시간보다 높을 것이다라는 가설을 수립할 때 사용된다.

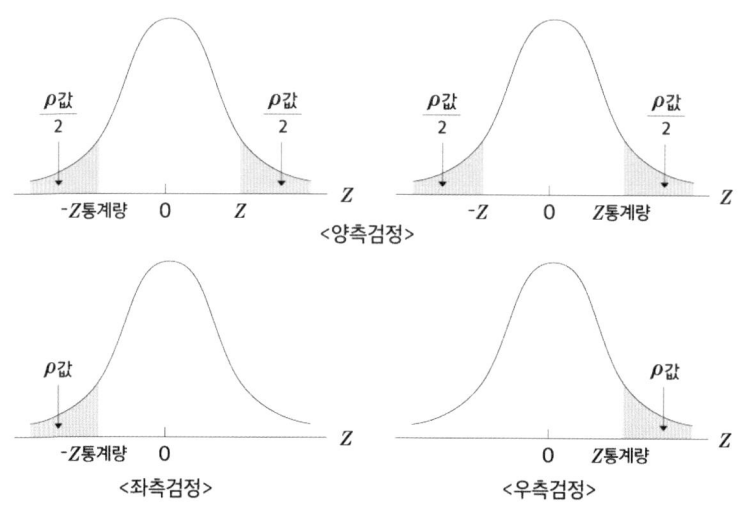

연구자(분석자)는 가설을 설정하고 통계의 결과를 추론할 시 귀무가설의 신뢰구간은 90%, 95%, 99%에서 설정하고, 그 다음 귀무가설과 대립가설을 평가해야 한다. 귀무가설의 95%의 신뢰구간 Z값은 -1.96~+1.96 사이에 존재한다. 99%의 신뢰구간 Z값은 -2.58~+2.58 사이에 존재한다. 95%와 99% 신뢰구간에서 Z값을 초과하게 되면 연구자(분석자)가 설정한 대립가설을 채택하게 된다.

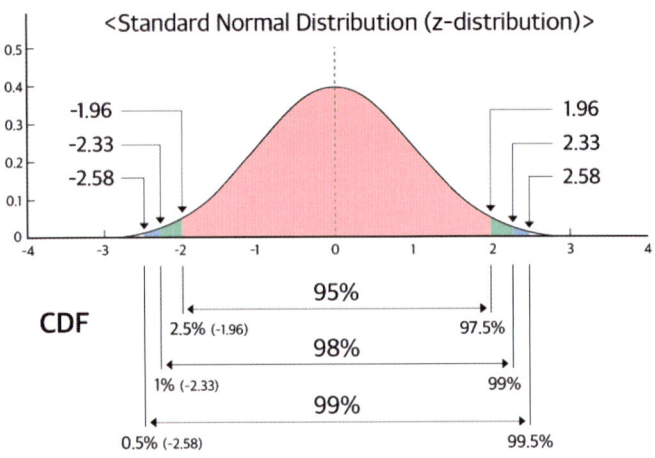

표본의 수(데이터 수)가 무한히 커지면 표본의 분포는 정규분포에 가까워지며 종 모양의 형태로 데이터가 중심으로 모이게 된다. 보통 표본크기가 30개 이상이면 정규분포를 따른다고 설명되며, 모집단의 특성을 추정하는데 중심극한정리에 의해서 정규분포의 이점을 활용할 수 있다. 이항분포, 포아송분포, 지수분포, 균등분포 등도 데이터가 많아질수록 정규분포의 모습을 가지게 된다. 중심극한정리란 표본의 크기가 충분히 크면, 모집단의 분포 유형은 정규분포를 따른다는 정리이다.

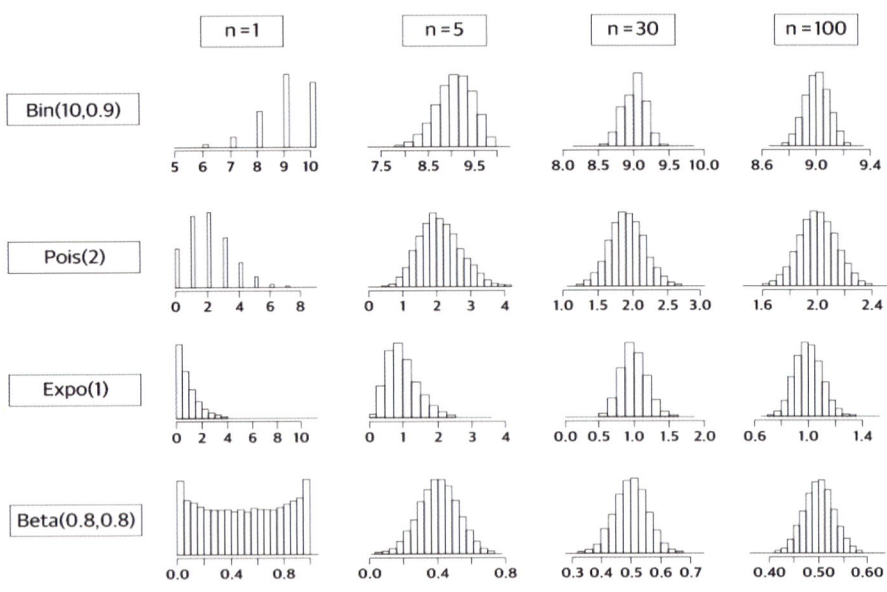

2. 평균 차이 검정

평균 차이 검정이란 일정한 기준에서 평균에 대한 가설을 채택할 것인지 아니면 기각할 것인가를 결정하는 절차를 말한다. 평균 차이를 비교하는 검정은 한 집단의 평균 검정, 서로 다른 두 집단의 평균 비교 검정, 한 집단의 실험 전/후의 평균 비교 등이 있다. 한 집단의 평균 검정은 하나의 모집단에서 추출된 하나의 표본에 대한 검정을 말한다. 두 집단의 평균비교 검정은 서로 다른 두 모집단에서 추출한 표본의 평균 차이의 검정을 말한다. 그리고 한 집단에서 다이어트 이전과 이후, 어학연수 이전과 이후의 영어실력 차이 등 특정 사람과 사물의 실험 전/후를 비교하는 평균 검정도 있다.

평균 차이 검정에서는 분석하고자 하는 집단의 데이터가 정규성을 만족할 때는 t 분포를 이용한 검정을 진행하게 되며, 정규성을 만족하지 않을 때는 비모수 통계 검정 방법을 사용하게 된다. t 분포는 표본 평균으로 모집단의 정규분포로서 평균을 해석할 때 사용된다.

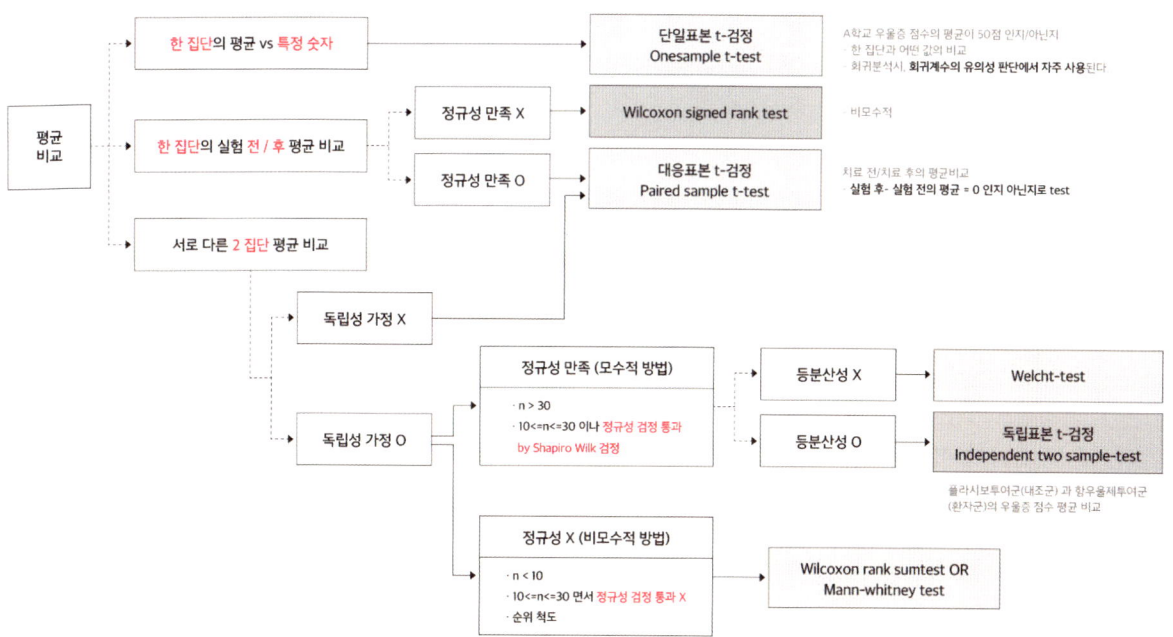

2.1 정규성 검정의 의미

정규성 검정이란 연구자(분석자)가 분석하고자 하는 데이터의 분포가 정규분포(Normal Distribution)을 따르는지를 검정하는 것이다. 중심극한정리에 의해 표본수가 30가 넘어가면 데이터가 정규분포에 가까워진다. 하지만 경우에 따라서 데이터의 개수가 30개가 넘어가더라도 데이터 특성에 따라 정규분포를 반드시 따르지 않을 수도 있다. 이에 정규성 검정을 통해서 데이터의 정규분포를 확인할 필요가 있다. 그래서 통계 분석을 실시하기 이전에 연구자(분석자)가 수집한 데이터의 분포 형태가 정규분포인지를 먼저 검정해야 한다.

R 프로그램에서는 shapiro.test( ) 함수로 정규성 검정을 할 수 있다. shapito.test( ) 함수는 데이터수가 3~5,000개 사이의 데이터만 검정이 가능하다. shapiro.test( )를 통해서 얻어진 검정 결과에서 p-value 값이 0.05보다 값이 높으면(0.05 이상) 정규성을 만족한다라고 해석한다. 반대로 p-value 값이 0.05보다 작으면 정규성을 위반하여 모수 통계를 진행할 수 없게 된다. 귀무가설은 정규성을 가진다이며 대립가설은 정규성 가정이 위반된다로 해석한다.

> **Q 문법** shapiro.test( )
>
> shapiro.test(변수명)

2.2 단일 모집단 검정

단일 모집단 검정이란 연구자(분석자)가 분석하고자 하는 변수에서 연구자(분석자)가 확인하고 싶은 평균값이 데이터(표본) 내 평균과 차이가 있는지를 검정하는 것이다.

단일 모집단 검정을 진행하는 절차로는 우선 분석할 데이터를 대상으로 전처리를 진행한 후 기술 통계량으로 평균을 확인한다. 그다음 분석하고자 하는 데이터가 정규분포인지를 확인한다. 정규성 검정으로 귀무가설이 채택되면 t 검정을 통해서 단일 모집단 평균 검정을 진행할 수 있다. t 검정은 간편하게 평균을 비교할 수 있도록 도와주는 통계 검정 방법이며, 가설값이나 목표값을 표본 평균과 비교하는데 유용한 방법이다. 만약, 정규성 가정이 위반되어 정규분포가 아니라면 비모수 검정인 윌콕스 검정으로 평균 차이 검정을 시행하여 귀무가설의 기각 여부를 결정할 수 있다.

> **Q 문법** t.test
>
> t.test(x, y=NULL, alternative=c("two.sided", "less", "greater"), mu=0, paired=FALSE, var.equal=FALSE, conf.level=0.95,…)

t.test( ) 함수에서 mu 속성값은 기존 모집단의 평균값을 지정하는 속성값이다. alternative 속성은 양측과 단측 검정을 선택하는 속성값이다. 그리고 conf.level 속성은 신뢰수준을 지정하는 속성값이다. paired는 동일 집단의 사전사후의 변화(실험연구) 여부를 지정하는 속성값이며, var.equal은 등분산 가정 여부를 확인하는 속성값이다.

2.2.1 단일 모집단 검정 실습 – 스마트폰 판매 데이터

본 실습에서는 분석자가 직접 생성한 데이터로 단일 모집단 평균을 검정하였다. x 변수에는 15일 동안 판매한 스마트폰의 판매수가 데이터로 저장되어 있으며, 총 데이터의 수는 15개이다.

▼ 실습 | 정규성 검정

```
> x <- c(12,14,10,11,14,10,16,18,16,22,22,15,9,12,27) # 스마트폰 판매수
> summary(x)

  Min.  1st u.  Median  Mean  3rd Qu.  Max.
  9.0   11.5    14.0    15.2   17.0    27.0

> mean(x)

[1] 15.2

> shapiro.test(x)  #정규성 검정

         Shapiro-Wilk normality test
data: x
W = 0.91226, p-value = 0.1467

> par(mfrow=c(1,2))
> hist(x)
> qqnorm(x) #정규분포의 QQ plot을 그리는 함수
> qqline(x,col='blue')
```

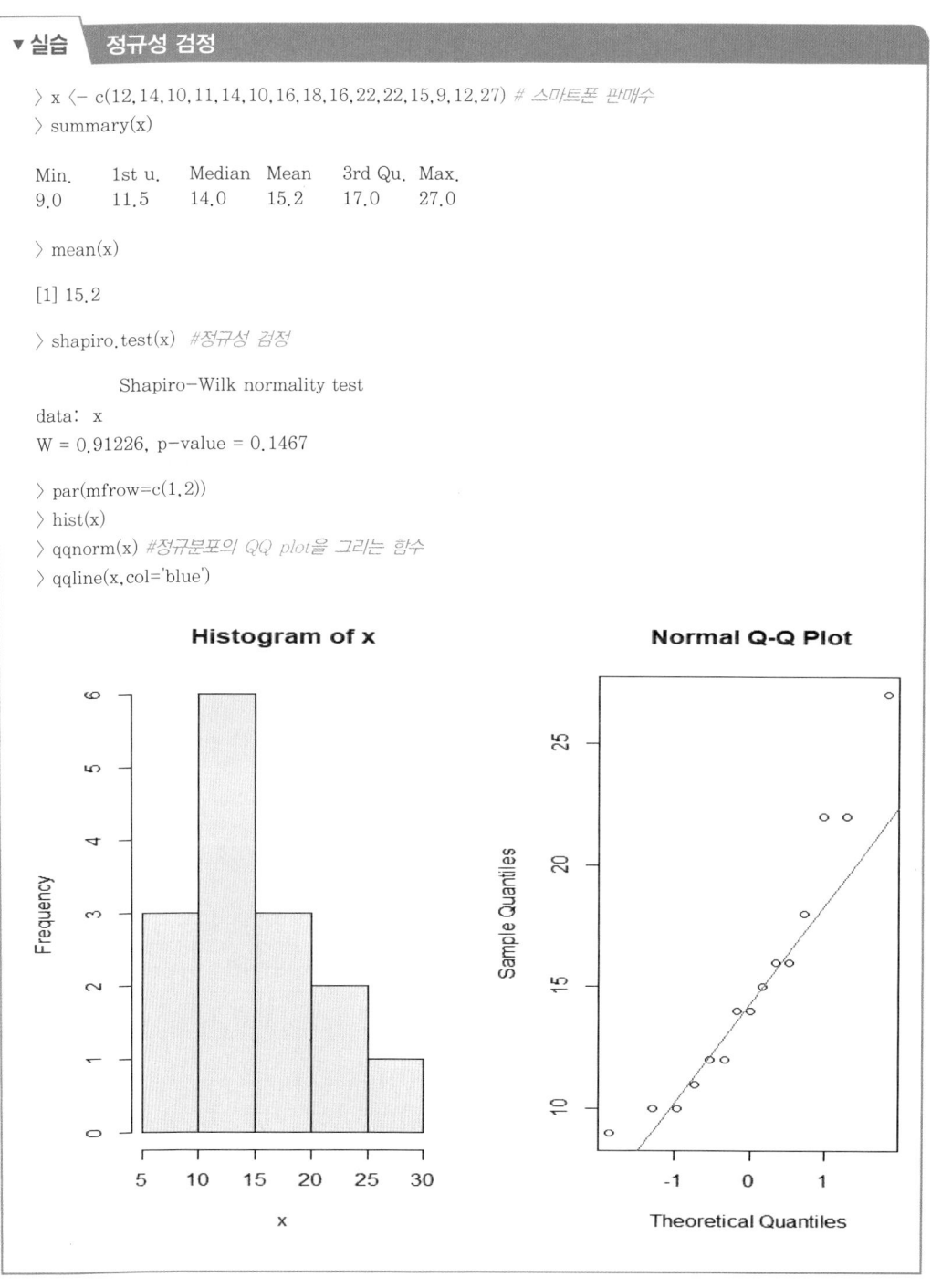

summary(x)함수로 최소값, 최대값, 평균값 등을 확인하였으며 평균값은 15.2이다. 모집단 평균을 검정하기 이전에 데이터가 정규분포를 이루는지 확인하기 위해서 shapiro.test(x) 명령문을 실행하였다. 검정결과는 p-value 값이 0.1467로 나타나 귀무가설을 채택하였다. 정규성의 귀무가설은 p-value 값이 0.05이상이면 정규성 가정을 만족하는 것으로 해석한다. 즉, 정규성이 만족한다는 결과를 얻게 되었고, 히스토그램과 qqnorm( ) 함수로 정규분포를 이루고 있는지 확인하였다. 히스토그램에서는 10~15사이를 중심으로 데이터가 모여 있는 모습을 보여주고 있으며 Q-Q Plot에서 선을 따라 데이터가 모여 있음을 확인할 수 있다.

▼ **실습** 　**단일 표본평균 차이 검정**

```
> t.test(x, mu=22, alternative="two.sided", conf.level=0.95) #양측검정

        One Sample t-test

data: x
t = -5.0927, df = 14, p-value = 0.0001639
alternative hypothesis: true mean is not equal to 22
95 percent confidence interval:
 12.3362 18.0638
sample estimates:
mean of x
    15.2

> t.test(x, mu=22, alternative="less", conf.level=0.95) #단측검정 (22보다 작다)

        One Sample t-test

data: x
t = -5.0927, df = 14, p-value = 8.194e-05
alternative hypothesis: true mean is less than 22
95 percent confidence interval:
    -Inf 17.55177
sample estimates:
mean of x
    15.2

> t.test(x, mu=22, alternative="greater", conf.level=0.95) #단측검정 (22보다 높다)

        One Sample t-test

data: x
t = -5.0927, df = 14, p-value = 0.9999
alternative hypothesis: true mean is greater than 22
95 percent confidence interval:
 12.84823     Inf
sample estimates:
mean of x
    15.2
```

스마트폰 판매수가 저장되어 있는 x 변수는 정규성을 만족하므로 t.test( ) 함수를 이용하여 평균 차이가 있는지를 검정할 수 있다. 본 실습에서 귀무가설은 하루 스마트폰 평균 판매수는 22일 것이다라고 설정되어 있다. 즉, 과거의 데이터와 경험에 비추어볼 때 하루 스마트폰 평균 판매수는 22일 것이다라고 가설을 수립한 것이며, 대립(연구)가설은 22대가 아닐 것이다(alternative ="two.sided")라는 가설로 수립되었다.

귀무가설 : 하루 평균 스마트폰 판매수는 22대로 평균에 대한 차이는 없을 것이다.
대립가설 : 하루 평균 스마트폰 판매수가 22라는 평균 판매수는 차이가 있을 것이다.

여기서 양측검정의 대립가설은 하루평균 스마트폰 판매수는 22대가 아닐 것이다라는 형태로 스마트폰 판매수가 적은지 큰지는 모르지만 22대는 아닐 것이다라는 가설로 수립하게 된다. 양측검정의 통계 결과를 살펴보면 t값은 -5.0927이며, p-value는 0.0001639로 0.05이하의 값을 보여주고 있어 대립가설을 채택하게 된다. 95% 신뢰구간을 살펴보면 12.3362~18.0638로 범위를 보여주고 있으며, 평균값은 15.2로 나타났다. 이에 귀무가설을 기각하고 대립가설을 채택하여 하루평균 스마트폰 판매수는 22개라고 설명하기 어렵다로 해석한다.

단측(좌측)검정(22보다 작다)의 결과를 살펴보면 t값은 -5.0927이며 p-value는 8.194e-05 (=0.00008194)이므로 p-value 값이 0.05이하의 값을 보여주고 있다. 단측(좌측) 대립가설은 스마트폰 판매대수는 22보다 작을 것이다로 설정된다. 그러므로 대립가설인 하루평균 스마트폰 판매대수는 22대보다 작을 것이다로 해석한다.

단측(우측)검정(22보다 높다)의 결과를 살펴보면 t값은 -5.0927이며 p-value는 0.9999이므로 p-value 값이 0.05보다 매우 높은 값을 보여주고 있어서 귀무가설을 채택하게 된다. 대립가설인 하루평균 스마트폰 판매대수는 22대보다 클 것이다라는 주장을 받아들일 수 없다라고 해석한다.

2.2.2 단일 모집단 검정 실습 – 사고유형별/월별 교통사고 데이터

단일 모집단 검정의 두 번째 실습으로 도로교통공단_사고유형별 월별 교통사고 통계(2018) 데이터를 활용하였다.

도로교통공단_사고유형별 월별 교통사고 통계(2018)

변수명				
사고유형대분류 (chr)	사고유형중분류 (chr)	사고유형 (chr)	사고건수 (int)	월 (int)
사망자수 (int)	중상자수 (int)	경상자수 (int)	부상신고자수 (int)	

출처: https://www.data.go.kr/data/15070290/fileData.do#layer_data_infomation

▼ 실습 | 정규성 검정 1 – 도로교통공단_사고유형별 월별 교통사고 통계(2018)

```
> setwd("C:/Data Analysis/r_exam/")
> t_data <- read.csv("도로교통공단_사고유형별 월별 교통사고(2018).csv", header=TRUE)
> par(mfrow=c(1,2))
> hist(t_data$사고건수)
> qqnorm(t_data$사고건수) #정규분포의 QQ plot을 그리는 함수
> qqline(t_data$사고건수,col='blue')
```

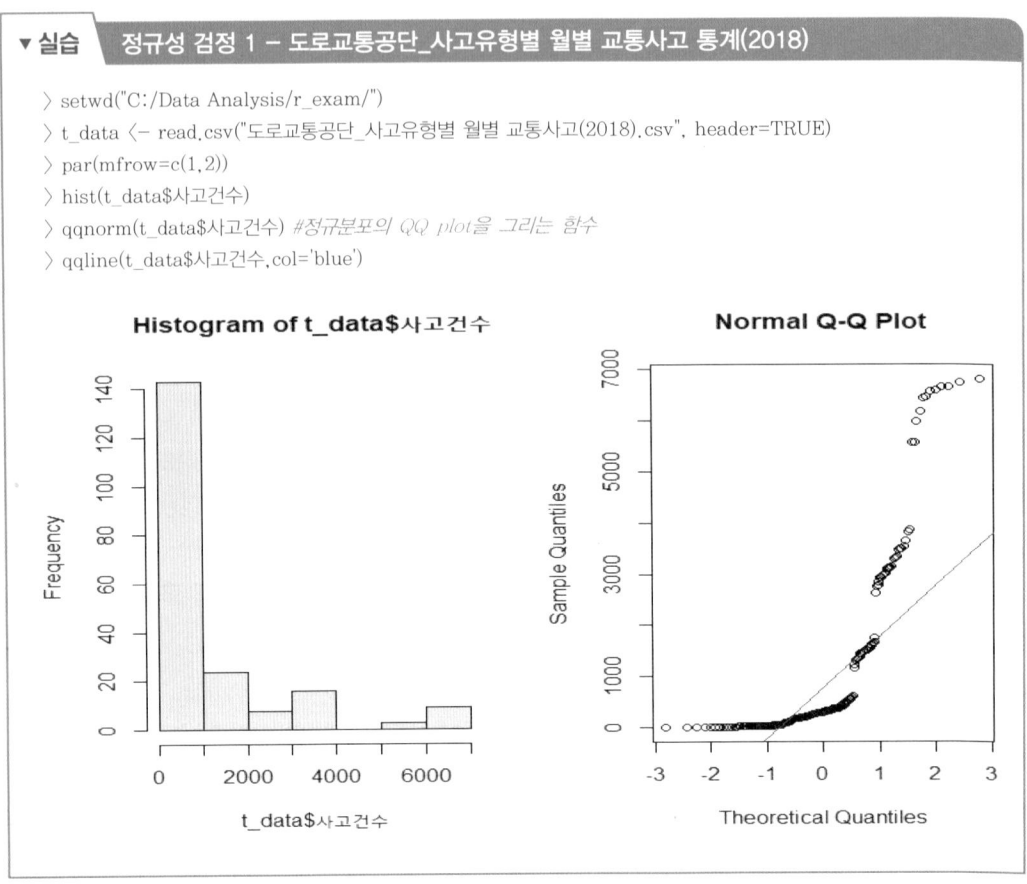

실습에서는 도로교통공단_사고유형별 월별 교통사고(2018).csv를 불러오기하여 t_data 변수를 만들었다. t_data 변수 중 사고건수 칼럼이 정규성을 가지는지 hist(t_data$사고건수) 명령문을 실행한 결과, 0~1,000건 사이에 데이터가 많이 모여 있으며, 4,000~6,000건 사이에는 막대차트가 없는 모습을 보여 정규성을 가정하지 못하고 있는 모습을 나타내고 있다.

그래서, 실습에서는 데이터가 정규성 가정을 가질 수 있도록 특정 조건을 부여하여 데이터를 다시 추출하였다. t_data 변수에서 사고건수는 350건 이하이면서 경상자수가 50~300건에 해당하고, 부상신고자수는 40건 이하인 데이터만 추출하여 x 변수에 저장하였다. x 변수의 데이터 수는 45개이며 변수 내 칼럼은 총 9개가 존재한다.

▼ 실습 | 정규성 검정 2 – 도로교통공단_사고유형별 월별 교통사고 통계(2018)

```
> x <- subset(t_data, t_data$사고건수 <=350)   #사고건수가 350개 이하인 데이터만 추출하여 x 변수 저장
> x <- subset(x, x$경상자수>=50 & x$경상자수<=300)   # x변수에서 경상자수 50~300명만 추출
> x <- subset(x, x$부상신고자수 <=40)   # x변수에서 부상신고자수 40명이하만 추출
> dim(x) #45개의 데이터와 9개의 변수 확인
```

[1] 45 9

```
> par(mfrow=c(2,2))
> hist(x$사고건수)
> qqnorm(x$사고건수)
> qqline(x$사고건수,col='blue')
> hist(x$경상자수)
> qqnorm(x$경상자수)
> qqline(x$경상자수,col='blue')
> hist(x$부상신고자수)
> qqnorm(x$부상신고자수)
> qqline(x$부상신고자수,col='blue')
> hist(x$중상자수)
> qqnorm(x$중상자수)
> qqline(x$중상자수,c1ol='blue')
```

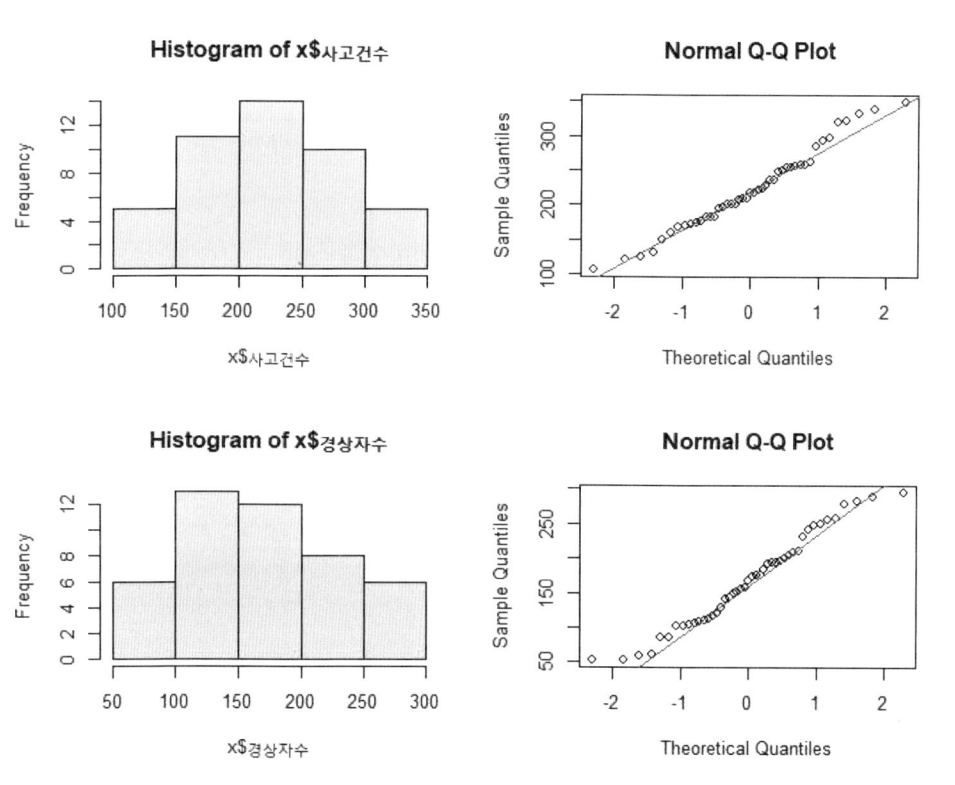

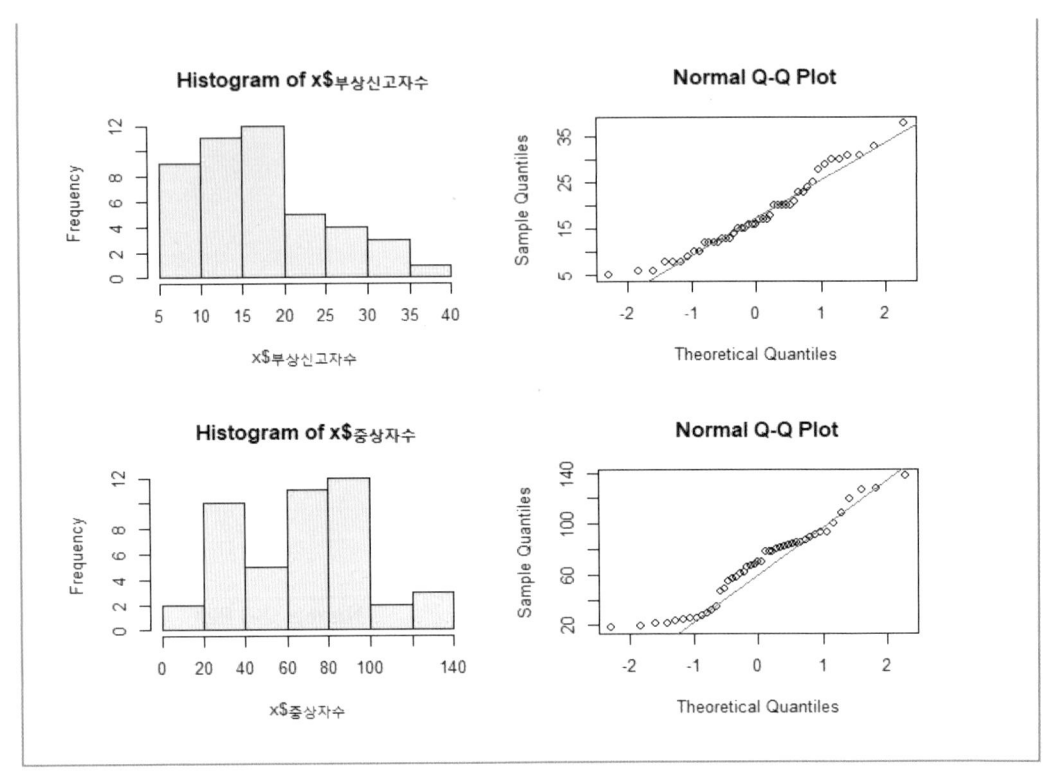

x 변수의 사고건수가 정규성을 보이는지 시각화로 확인하였다. 200~250건 중심으로 데이터가 분포되어 있으며 Q-Q Plot은 선을 따라 데이터가 모여 있다. 추가로 경상자수, 부상신고자수, 중상자수 칼럼도 정규분포를 보이는지 시각화를 통해 확인하였다. 경상자수는 데이터가 100~200 중심으로 데이터가 분포되어 있으며 Q-Q Plot도 선을 따라 데이터가 모여 있다. 하지만, 부상신고자수와 중상자수는 데이터가 어느 특정 구간에 모인 모습을 보이지는 않지만, Q-Q Plot의 선에는 데이터가 어느 정도 모여 있는 형태를 가진 정규분포를 보여주고 있다.

▼ 실습 정규성 검정 3 – 도로교통공단_사고유형별 월별 교통사고 통계(2018)

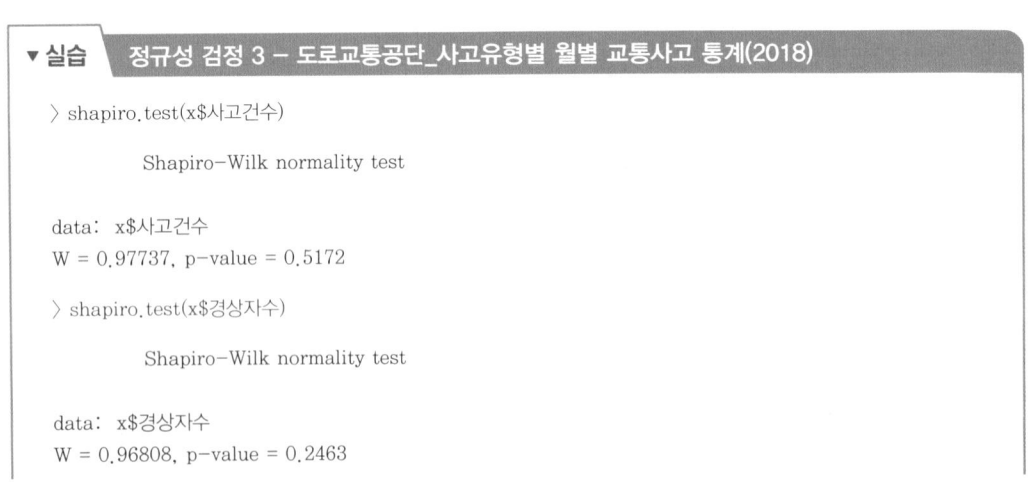

```
> shapiro.test(x$부상신고자수)

        Shapiro-Wilk normality test

data:  x$부상신고자수
W = 0.95656, p-value = 0.09023

> shapiro.test(x$중상자수)

        Shapiro-Wilk normality test

data:  x$중상자수
W = 0.95193, p-value = 0.06013

> shapiro.test(x$사망자수)

        Shapiro-Wilk normality test

data:  x$사망자수
W = 0.90888, p-value = 0.001812
```

정규성 검정을 통계 검정으로 확인하였다. 사고건수, 경상자수, 부상신고자수, 중상자수, 사망자수 칼럼을 분석하면, 사고건수는 p-value 값이 0.5172로 나타나 정규성을 만족하는 귀무가설을 채택한다. 경상자수도 p-value 값이 0.2463으로 나타나 정규성을 만족하는 귀무가설을 채택한다. 앞서 히스토그램과 P-P Plot의 모양도 종 모양과 유사한 정규분포의 그림을 보였으며, p-value값도 정규성을 만족하는 결과를 나타냈다.

부상신고자수와 중상자수는 각각 p-value 값이 0.09023과 0.06013으로 나타나 0.05보다 살짝 높은 수치를 보여 정규성을 만족하는 귀무가설을 채택한다. 부상신고자수와 중상자수의 p-value 값이 0.05와 어느정도 가깝다고 보았을 때 앞서 히스토그램이 완벽한 종 모양의 형태를 가진 정규분포 모양을 보이지 않았지만, P-P Plot에서는 선을 따라 데이터가 어느 정도 모여 있는 모습을 보였다. 이에 shapiro.test( ) 함수로 정규성을 확인해보면 0.05보다 살짝 높은 수치로 정규성을 만족하는 것을 확인할 수 있다. 한편, 사망자수의 정규성 검정에서 p-value 값이 0.001812로 나타나 정규성 가정을 위반하기 때문에 정규분포를 가진다고 해석하지 않는다.

▼실습 | 단일 표본평균 차이 검정 - 도로교통공단_사고유형별 월별 교통사고 통계(2018)

```
> t.test(x$사고건수, mu=200, alternative="two.sided", conf.level=0.95)

        One Sample t-test

data:  x$사고건수
t = 2.4841, df = 44, p-value = 0.01687
alternative hypothesis: true mean is not equal to 200
95 percent confidence interval:
```

```
     204.1554 239.8890
sample estimates:
mean of x
 222.0222

> t.test(x$사고건수, mu=200, alternative="greater", conf.level=0.95)

        One Sample t-test

data:  x$사고건수
t = 2.4841, df = 44, p-value = 0.008434
alternative hypothesis: true mean is greater than 200
95 percent confidence interval:
 207.1265     Inf
sample estimates:
mean of x
 222.0222

> t.test(x$사고건수, mu=200, alternative="less", conf.level=0.95)

        One Sample t-test

data:  x$사고건수
t = 2.4841, df = 44, p-value = 0.9916
alternative hypothesis: true mean is less than 200
95 percent confidence interval:
   -Inf 236.918
sample estimates:
mean of x
 222.0222
```

정규성을 만족하는 x 변수의 사고건수 칼럼에 대해서 단일 표본평균 차이의 검정을 시행하였다. 본 실습에서는 2017년도에 사고건수는 평균 200건이었다는 가정하에 2018년도에 평균 200건이 아닐 수 있다라는 연구자(분석자)의 가설(대립가설)로 진행하였다.

귀무가설 : 2018년도 교통 사고건수는 평균 200건일 것이다.
대립가설 : 2018년도 교통 사고건수는 평균 200건과는 차이가 있을 것이다.
      (평균 200건이 아닐 것이다)

우선 양측검정으로 t.test(x$사고건수, mu=200, alternative="two.sided", conf. level=0.95) 명령문을 실행하였고, 2018년도 사고건수는 평균 200건과는 차이가 있을 것이다라는 대립가설을 채택하였다. t 값은 2.4841이며 p-value는 0.01687로 나타나 대립가설을 채택하게 되었으며, 평균은 222.0222, 신뢰구간은 204.1554에서 239.8890으로 나타나 평균 200건보다 높은 건수로 차이가 있다고 해석한다.

단측(우측)검정(200건보다 많다)의 결과를 살펴보면 t값은 2.4841이며 p-value는 0.008434이므로 p-value 값이 0.05 값보다 낮은 값을 보여주고 있어서 대립가설을 채택하게 된다. 단측(우측) 검정에서는 대립가설이 사고건수가 200건보다 높을 것이다로 설정된다. 그러므로 본 연구 결과를 대입하면 대립가설인 사고건수가 200건보다 높을 것이다라는 연구자(분석자)의 주장을 채택한다고 해석한다.

단측(좌측)검정(200건보다 작다)의 결과를 살펴보면 t값은 -2.4841이며 p-value는 0.9916이므로 p-value 값이 0.05보다 매우 높게 나타나 귀무가설을 채택하게 된다. 단측(좌측) 검정에서는 대립가설이 사고건수가 200건보다 낮을 것이다로 설정된다. 그러므로 대립가설인 평균 사고건수가 220건보다 낮을 것이다라는 연구자(분석자)의 주장을 받아들일 수 없다라고 해석한다.

2.3 독립표본(두 모집단) 평균 비교 검정

독립표본이란 남자와 여자, 국내 축구와 해외 축구의 시청률, 특정 연예인의 국내 인기와 해외 인기 등 비교 대상군 표본(데이터)이 서로 다른 특징을 가지고 있는 것을 의미한다. 독립표본 t-검정을 2표본 t-검정이라고도 하며 독립적인 두 그룹의 모집단 평균이 같은지 다른지를 검정하는 데 사용된다.

그림과 같이 독립표본 평균 비교 검정은 첫 번째 모집단의 데이터에서 추출한 평균과 두 번째 모집단의 데이터에서 추출한 평균을 서로 비교하여 두 집단의 차이가 있는지를 확인하는 방법론이다. 예를 들어 A중학교 1학년과 2학년 학생들의 키 차이, A사와 B사의 타이어 수명 차이, A게임의 하루 평균 모바일 접속자와 PC 접속자의 차이 등을 비교할 때 사용된다.

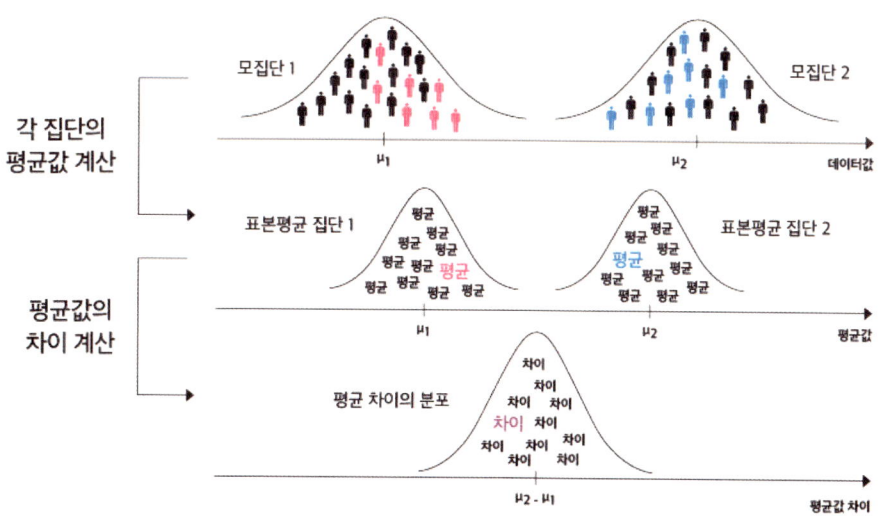

독립표본의 평균 비교 검정 절차는 3단계로 이루어진다.

1단계	2단계	3단계
정규성 검정 shapiro.test( )	분산 동질성 검정 var.test( )	t검정 t.test( )
귀무가설 : 독립성 가정 대립가설 : 독립성 미가정	귀무가설 : 분산 동질성 확보 대립가설 : 분산 동질성 미확보	귀무가설 : 현상유지 가설 대립가설 : 연구자 주장가설

- 기술통계를 실시한 다음에 데이터의 정규성을 만족하는지를 검정해야 한다. 정규성 만족은 shapiro.test( ) 함수를 이용하여 검정하며 정규성 검정에서 p-value 값이 0.05보다 크면 정규성 가정을 만족하게 된다.

- 다음으로 두 모집단에서 추출된 표본을 대상으로 동질성 검정을 분석해야 한다. 두 모집단을 비교할 때 각각 두 모집단의 분산이 같아야 한다. 분산이 같다는 것은 그 수치가 같다는 것이 아니라 해당 집단 내에서 각각의 값들이 움직이는 정도가 유사하다는 것을 의미한다. 등분산 검정을 진행하여 모집단 또는 요인 수준 간 분산의 동일성을 검정할 수 있다. 분산의 동질성 검정은 var.test( ) 함수를 이용하여 분석하며, 검정 결과 귀무가설인 유의수준 0.05보다 큰 경우 두 집단 간 분포의 모양이 동질하다고 해석한다.

- 분산이 동질한 경우와 동질하지 않는 경우에 따라서 t.test( ) 함수에서 속성값을 다르게 지정해야 한다. t.test(var.equal=TRUE/FALSE) 속성값을 지정하여 분석해야만 올바른 통계 결과값을 해석할 수 있다. 독립표본(두 모집단) 평균 비교 검정에서의 귀무가설은 기본적으로 두 모집단 간의 차이가 없다이며 대립가설은 차이가 있다로 설정된다.

2.3.1 독립표본 실습 – 스마트폰 판매 데이터 1

본 실습에서는 독립표본(두 모집단) 평균 비교 검정을 위해 분석자가 직접 두 집단의 데이터를 만들어서 실습을 진행하였다. 1집단은 서울대리점의 12일 동안 판매한 스마트폰 판매 개수이며, 2 집단은 제주대리점의 12일 동안 판매한 스마트폰 판매 개수 현황이다. 두 대리점 간의 12일간 스마트폰 판매 개수가 다른지를 검정하고자 한다.

1집단 (서울대리점)											
12	14	10	14	16	17	22	16	13	14	12	12

2집단 (제주대리점)											
11	15	16	18	22	15	8	17	22	15	19	27

▼ 실습 두 집단 독립표본 - 동질성 검정

```
> x <- c(12,14,10,14,16,17,22,16,13,14,12,12,11,15,16,18,22,15,8,17,22,15,19,27) #스마트폰 개수
> g <- c(1,1,1,1,1,1,1,1,1,1,1,1,2,2,2,2,2,2,2,2,2,2,2,2)  # 스마트폰 판매지역
> s_data <- data.frame(x,g)
```

```
> a <- subset(s_data, g==1)   # 스마트폰 판매지역 1인 데이터만 a 변수에 저장
> b <- subset(s_data, g==2)   # 스마트폰 판매지역 2인 데이터만 b 변수에 저장
> mean(a$x)

[1] 14.33333

> mean(b$x)

[1] 17.08333

> shapiro.test(a$x)

        Shapiro-Wilk normality test

data:  a$x
W = 0.90159, p-value = 0.1663

> shapiro.test(b$x)

        Shapiro-Wilk normality test

data:  b$x
W = 0.97234, p-value = 0.9337

> var.test(a$x,b$x)

        F test to compare two variances

data:  a$x and b$x
F = 0.3814, num df = 11, denom df = 11, p-value = 0.1249
alternative hypothesis: true ratio of variances is not equal to 1
95 percent confidence interval:
 0.1097959 1.3248621
sample estimates:
ratio of variances
        0.3813981
```

실습에서 스마트폰 판매지역 1인 데이터를 별도의 a 변수에 저장하였고, 스마트폰 판매지역 2인 데이터를 b 변수에 저장하였다. a와 b 변수의 평균값은 각각 14.33, 17.08로 확인된다. 정규성 검정을 분석한 결과, a 변수는 0.1663의 p-value를 보여 정규성 가정이 만족하였고, b 변수도 p-value 값이 0.9337로 나타나 정규성 가정을 만족하여 두 집단의 평균 비교를 진행할 수 있는 요건이 충족되었다.

다음으로 두 집단의 분산이 동질한지 여부를 판단해야 하므로 var.test(ax,bx) 명령문을 실행하였다. 서울대리점의 스마트폰 판매갯수(a$x), 제주대리점의 스마트폰 판매갯수(b$x) 칼럼을 대상으로 진행하였다. 분산의 동질성의 검정결과는 p-value 값이 0.1249로 나타나 귀무가설인 두 집단의 분산은 동질할 것이다라는 가설을 채택하였다.

> ▼ 실습　두 집단 독립표본 - 표본평균 차이 검정

```
> t.test(x~g, var.equal=TRUE, alternative="two.sided", conf.level=0.95, data=s_data)
> #t.test(a$x, b$x, var.equal=TRUE, conf.level=0.95, data=s_data) #동일 결과

        Two Sample t-test

data:  x by g
t = -1.5926, df = 22, p-value = 0.1255
alternative hypothesis: true difference in means between group 1 and group 2 is not equal to 0
95 percent confidence interval:
 -6.3310761  0.8310761
sample estimates:
mean in group 1 mean in group 2
       14.33333        17.08333
```

두 집단의 평균 비교를 확인하기 위해서 t.test( ) 함수를 이용하였고 두 모집단의 분산이 동질하므로 var.equal의 속성값을 TRUE로 지정하였다. 두 모집단의 표본평균 차이의 귀무가설은 서울과 제주대리점의 스마트폰 평균 판매 개수는 동일할 것이다이며 대립가설은 서울과 제주대리점의 스마트폰 평균 판매 개수는 차이가 있을 것이다라고 설정하였다.

귀무가설 : 서울대리점과 제주대리점의 스마트폰 평균 판매 개수는 차이가 없을 것이다.
대립가설 : 서울대리점과 제주대리점의 스마트폰 평균 판매 개수는 차이가 있을 것이다.

95% 신뢰수준에서 검정을 진행하였고, t.test(x~g, var.equal=TRUE, alternative="two.sided", conf.level=0.95, data=s_data) 명령문을 실행한 결과 t값은 -1.5926, p-value는 0.1255로 나타났다. 신뢰구간은 -6.33~0.83 사이이다. 검정 결과는 서울과 제주의 스마트폰 평균 판매 개수는 차이가 없는 것으로 나타났으며, 귀무가설을 채택하게 된다. 즉, 연구자(분석자)가 주장하는 서울과 제주대리점의 스마트폰 평균 판매 개수가 차이가 있다는 주장을 받아들일 수 없다고 해석한다.

2.3.2 독립표본 실습 - 스마트폰 판매 데이터 2

서울대리점과 제주대리점의 스마트폰 하루 평균 판매현황이 일부 오타로 판명되어 판매 데이터를 수정해야 한다. 그래서 다시 한번 두 집단의 평균 판매비교 검정을 시행하여 두 대리점의 판매가 차이가 있는지 검정하고자 한다.

1집단 (서울대리점)												2집단 (제주대리점)									
3	4	12	24	16	27	10	12	13	4	2	12	11	15	16	18	12	15	18	17	22	15	19	17

▼ 실습 | 두 집단 독립표본 - 동질성 검정(등분산 미가정)

```
> x <- c(3,4,12,20,16,27,10,12,13,4,2,12,11,15,16,18,12,15,18,17,22,15,24,17) # 스마트폰 갯수
> g <- c(1,1,1,1,1,1,1,1,1,1,1,1,2,2,2,2,2,2,2,2,2,2,2,2) #스마트폰 판매지역
> s_data <- data.frame(x,g)
> a <- subset(s_data, g==1)
> b <- subset(s_data, g==2)
> mean(a$x)

[1] 11.25

> mean(b$x)

[1] 16.66667

> shapiro.test(a$x)

Shapiro-Wilk normality test

data:  a$x
W = 0.92275, p-value = 0.3095

> shapiro.test(b$x)

        Shapiro-Wilk normality test

data:  b$x
W = 0.9426, p-value = 0.5325

> var.test(a$x,b$x)  #var.test(x~g, data=s_data)는 var.test(a$x,b$x)와 동일

        F test to compare two variances

data:  a$x and b$x
F = 4.1183, num df = 11, denom df = 11, p-value = 0.02708
alternative hypothesis: true ratio of variances is not equal to 1
95 percent confidence interval:
 1.185559 14.305643
sample estimates:
ratio of variances
         4.118274
```

실습에서 서울대리점은 a 변수로 데이터를 저장하였고, b 변수는 제주대리점의 데이터로 저장하였다. 정규성 검정을 진행한 결과, 서울대리점은 p-value가 0.3095로 나타났고 제주대리점은 p-value가 0.5325로 나타나 두 변수가 모두 정규성 가정을 만족하였다. 두 변수의 평균 검정 차이를 실시하기 이전 등분산 검정을 진행한 결과, p-value 값이 0.02708로 두 집단의 등분산은 서로 다른 모습을 가진다. 즉, 그림과 같이 두 집단의 분산이 동일하지 못하고, 서로 다른 모습을 가진다고 해석한다. 그림에서 왼쪽은 평균은 다르지만 분산이 동일한 등분산을 의미하며, 오른쪽은 평균도 다르고 분산의 모양도 다른 이분산의 형태를 가진 모습을 보인다.

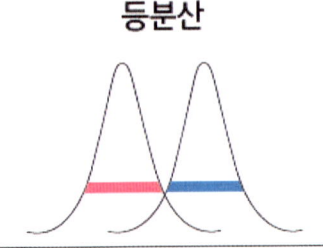
등분산

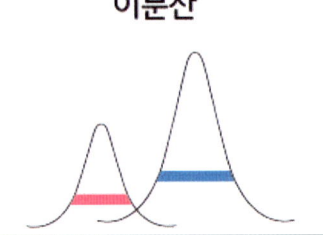
이분산

▼실습 두 집단 독립표본 -표본평균 차이 검정

```
> t.test(x~g, var.equal=FALSE, alternative="two.sided", conf.level=0.95, data=s_data)

        Welch Two Sample t-test

data:  x by g
t = -2.2561, df = 16.045, p-value = 0.03837
alternative hypothesis: true difference in means between group 1 and group 2 is not equal to 0
95 percent confidence interval:
 -10.5052855  -0.3280478
sample estimates:
mean in group 1 mean in group 2
       11.25000        16.66667
```

두 집단의 평균 비교를 확인하기 위해서 t.test( ) 함수를 이용하였고, 두 모집단의 분산이 동질하지 않으므로 var.equal의 속성값은 FALSE로 지정하였다. 귀무가설은 서울과 제주대리점의 스마트폰 평균 판매 개수는 동일할 것이다이며 대립가설은 서울과 제주대리점의 스마트폰 평균 판매 개수는 차이가 있을 것이다라고 설정하였다.

귀무가설 : 서울대리점과 제주대리점의 스마트폰 평균 판매 개수는 차이가 없을 것이다.
대립가설 : 서울대리점과 제주대리점의 스마트폰 평균 판매 개수는 차이가 있을 것이다.

검정 결과, t값은 -2.2561이며 p-value 값은 0.03837로 나타났다. p-value 값이 0.05보다 낮은 값을 보이므로 연구자(분석자)가 주장하는 서울대리점과 제주대리점의 평균 스마트폰 판매 개수는 차이가 있다는 주장을 받아들일 수 있다. 서울대리점의 평균은 11.25이며 제주대리점의 평균은 16.67이므로 제주대리점이 서울대리점보다 판매 개수가 더 높다고 해석하게 된다.

2.3.3 독립표본 실습 – 사고유형별/월별 교통사고 데이터

독립표본 세 번째 실습으로 도로교통공단_사고유형별 월별 교통사고 통계(2018) 데이터를 활용하였다.

도로교통공단_사고유형별 월별 교통사고 통계(2018)

변수명				
사고유형대분류 (chr)	사고유형중분류 (chr)	사고유형 (chr)	사고건수 (int)	월 (int)
사망자수 (int)	중상자수 (int)	경상자수 (int)	부상신고자수 (int)	

출처: https://www.data.go.kr/data/15070290/fileData.do#layer_data_infomation

▼실습   두 집단 독립표본 – 정규성 검정 – 도로교통공단_사고유형별 월별 교통사고 통계(2018)

```
> setwd("C:/Data Analysis/r_exam")
> t_data <- read.csv("도로교통공단_사고유형별 월별 교통사고(2018).csv", header=TRUE)
> head(t_data)
    사고유형대분류 사고유형중분류 사고유형 월 사고건수 사망자수 중상자수 경상자수 부상신고자수
1       차대사람        횡단중      횡단중  1    1667      88     917     720        70
2       차대사람        횡단중      횡단중  2    1511      62     760     713        60
3       차대사람        횡단중      횡단중  3    1599      76     798     751        80
4       차대사람        횡단중      횡단중  4    1544      62     766     750        62
5       차대사람        횡단중      횡단중  5    1495      46     739     774        60
6       차대사람        횡단중      횡단중  6    1357      37     691     659        56

> t1 <- subset(t_data, 사고유형대분류=="차대사람" & 사고유형중분류=="보도통행중")
> t2 <- subset(t_data, 사고유형대분류=="차대사람" & 사고유형중분류=="차도통행중")

> t1_d <- t1$부상신고자수
> t2_d <- t2$부상신고자수
> shapiro.test(t1_d)

        Shapiro-Wilk normality test

data:  t1_d
W = 0.9166, p-value = 0.259

> shapiro.test(t2_d)

        Shapiro-Wilk normality test

data:  t2_d
W = 0.95898, p-value = 0.7692
```

실습에서는 첫 번째 집단인 t1변수는 '차대사람' 사고 중 '보도통행중'에 사고난 사람들의 데이터이며, 두 번째 집답은 '차대사람' 사고 중 '차도통행중'에 사고난 사람들의 데이터이다. 두 집단의 데이터에서 '보도통행중'에 부상신고자수와 '차도통행중'에 부상신고자수가 차이가 있는지를 검

정하는 것이 목적이다.

귀무가설은 '보도통행중'에 사고로 발생한 부상신고자수와 '차도통행중'에 사고로 발생한 부상신고자수의 차이는 없을 것이다이며 대립가설은 '보도통행중'의 부상신고자수와 '차도통행중'의 부상신고자수는 차이가 있을 것이다로 설정되어 있다. 우선 t1_d 변수와 t2_d 변수의 정규성 검정을 진행한 결과, t1_d은 p-value값이 0.259이며 t2_d의 p-value 값은 0.7692로 나타나 두 집단 모두 정규성이 가정된다고 해석한다.

▼ **실습** 두 집단 독립표본 - 동질성 검정(등분산 가정) 및 표본 평균차이 검정 - 월별 교통사고 통계(2018)

```
> var.test(t1_d,t2_d)

        F test to compare two variances

data:  t1_d and t2_d
F = 0.36806, num df = 11, denom df = 11, p-value = 0.112
alternative hypothesis: true ratio of variances is not equal to 1
95 percent confidence interval:
 0.1059549 1.2785142
sample estimates:
ratio of variances
         0.3680556

> t.test(t1_d,t2_d, var.equal=TRUE, alternative="two.sided", conf.level=0.95)

        Two Sample t-test

data:  t1_d and t2_d
t = -5.7881, df = 22, p-value = 8.006e-06
alternative hypothesis: true difference in means is not equal to 0
95 percent confidence interval:
 -13.582971  -6.417029
sample estimates:
mean of x mean of y
       13        23
```

그다음 두 집단의 등분산 가정을 검정한 결과, p-value의 0.112로 나타나 t1_d 집단과 t2_d 집단의 등분산이 동질하다는 귀무가설을 채택할 수 있다. 등분산이 가정된 사실을 확인한 내용으로 t.test( ) 검정을 실시하였다.

귀무가설 : 차대사람 사고 중 보도통행중 부상신고자수와 차도통행중 부상신고자수의 차이는 없을 것이다.
대립가설 : 차대사람 사고 중 보도통행중 부상신고자수와 차도통행중 부상신고자수의 차이는 있을 것이다.

t.test(t1_d,t2_d, var.equal=TRUE, alternative="two.sided", conf.level=0.95) 명령문

을 통해 등분산 가정인 속성인 var.equal=TRUE로 지정하여 분석하였다. t값은 -5.7881, p-value는 8.006e-06으로 나타나 두 집단의 부상신고자수는 차이가 있다는 대립가설을 채택하게 된다. 평균값을 확인하면 보도통행중에 부상신고자의 평균은 13이고, 차도통행중의 부상신고자수는 23으로 차도통행중의 부상신고자수가 보도통행중의 부상신고자수보다 높다고 해석하게 된다. 즉, 사람들이 차도통행중에 발생한 사고에 대해서 부상신고를 더 많이 한다고 해석하게 된다.

다음 실습은 두 집단의 데이터에서 보도통행중에 사망자와 차도통행중에 사망자의 수가 차이가 있는지를 검정하는 것이 목적이다. 첫 번째 집단인 t1변수는 차대사람 사고중 보도통행중에 발생한 사망자수의 데이터이며, 두 번째 집답은 차대사람 사고중 차도통행중에 발생한 사망자의 데이터이다.

▼ 실습 두 집단 독립표본 – 동질성 검정(등분산 가정) 및 표본 평균차이 검정 – 월별 교통사고 통계(2018)

```
> t3_d <- t1$사망자수  #차대사람 사고 중 보도통행중 사망자수
> t4_d <- t2$사망자수  #차대사람 사고 중 차도통행중 사망자수
> shapiro.test(t3_d)

        Shapiro-Wilk normality test

data:  t3_d
W = 0.97619, p-value = 0.9638

> shapiro.test(t4_d)

        Shapiro-Wilk normality test

data:  t4_d
W = 0.90913, p-value = 0.2079

> var.test(t3_d,t4_d)

        F test to compare two variances

data:  t3_d and t4_d
F = 0.22035, num df = 11, denom df = 11, p-value = 0.01875
alternative hypothesis: true ratio of variances is not equal to 1
95 percent confidence interval:
 0.06343447 0.76543740
sample estimates:
ratio of variances
         0.2203523

> t.test(t3_d,t4_d, var.equal=FALSE, alternative="two.sided", conf.level=0.95)

Welch Two Sample t-test

data:  t3_d and t4_d
```

```
t = -9.741, df = 15.623, p-value = 4.901e-08
alternative hypothesis: true difference in means is not equal to 0
95 percent confidence interval:
 -16.64675 -10.68658
sample estimates:
mean of x mean of y
 3.416667 17.083333
```

실습에서 두 집단의 사망자 데이터세트가 정규성을 가지는지 확인하기 위해 Shapiro-Wilk normality test를 검정하였다. t3_d 변수는 p-value 값이 0.9638이며 t4_d 변수의 p-value 값은 0.2079로 나타나 정규성을 만족한다고 나타났다. 다음으로 var.test(t3_d,t4_d) 명령문을 실행하여 두 집단의 분산이 동질한지 검정하였을 때 p-value 값이 0.01875로 나타나 두 집단의 분산이 동질하지 않다는 대립가설을 채택하게 되었다. 이러한 결과를 통해서 t.test를 진행하였다.

귀무가설 : 차대사람 사고 중 보도통행중 사망자수와 차도통행중 사망자수의 차이는 없을 것이다.
대립가설 : 차대사람 사고 중 보도통행중 사망자수와 차도통행중 사망자수의 차이는 있을 것이다.

t.test( )에서는 분산이 동질하지 않으므로 var.equal=FALSE의 속성값을 지정하여 검정하였다. 가설설정에 따른 검정 결과를 살펴보면, t값은 -9.741로 p-value 값은 4.901e-08로 나타나 연구자(분석자)가 주장하는 대립가설인 보도통행중에 사망자수와 차도통행중에 사망자수가 차이가 있다고 주장할 수 있다. 2018년도 기준으로 실제 데이터의 평균값을 확인하면 보도통행중의 사망자 평균값은 3.416667이며, 차도통행중 사망자 평균값은 17.083333으로 차도통행중에 사망자가 더욱 높다고 해석하게 된다. 이러한 결과를 해석하게 되면, 운전자는 차도통행중에 발생한 사망사고 건수가 많으니 더욱 안전 운전을 해야 하며, 공공기관과 사회단체는 차도통행중에 사망자를 줄이기 위한 홍보 캠페인을 더욱 많이 계획하고 실행할 필요가 있겠다.

2.4 대응분석(종속 표본)

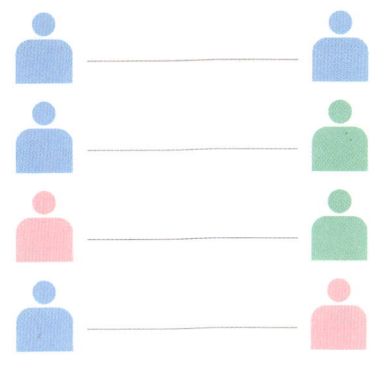

대응 표본평균(Paired Samples t-test) 검정은 동일한 표본을 대상으로 측정한 두 변수의 평균 차이를 검정하는 분석 방법이다. 일반적으로 동일한 집단에서 이전과 이후의 변화가 있는지 없는지를 살펴보는 데 사용된다. 대응분석은 실험설계 분석의 용어로 같이 사용되며 사전검사와 사후검사의 평균 차이를 검정할 때 많이 사용한다. 예를 들어 A 집단이 1개월 동안 다이어트를 실시한 후 몸무게의 변화를 살펴볼 때 다이어트 이전과 이후의 차이를 분석하는 형태로 이야기할 수 있다.

즉, 같은 도시, 같은 주일, 같은 부부, 같은 사람으로 짝을 이루는 각 쌍의 관찰에 관심을 가질 때 분석되는 기법으로 사용된다. 대학병원에서 특정 환자를 대상으로 약의 효능을 실험하고자 할 때 약을 복용하기 이전과 약을 복용하고 난 이후의 건강 상태를 비교하는 분석 방법으로 많이 사용된다.

2.4.1 대응분석 실습 – 동영상교육 전후 성적변화 데이터

본 실습에서는 16명의 학생이 영어강의 동영상을 청취하기 이전의 영어 점수와 강의 동영상을 청취한 이후의 영어 점수의 데이터로 분석하고자 한다. 학생들의 학습력 차이가 있는지를 확인하자.

성명	길동	현석	지연	기철	유정	미려	구성	주일	제준	주현	수지	호일	지수	상일	전진	대범
이전	62	72	54	83	79	74	73	72	71	70	69	68	82	94	45	46
이후	70	80	56	85	88	83	76	85	76	77	82	62	75	94	65	70

▼ 실습 두 집단 대응표본 – 정규성 검정

```
> a <- c(62,72,54,83,79,74,73,72,71,70,69,68,82,94,45,46)   #동영상 청취 이전 사전테스트 점수
> b <- c(70,80,56,85,88,83,76,85,76,77,82,62,75,94,65,70)   #동영상 청취 이후 마무리 테스트 점수
> shapiro.test(a)

        Shapiro-Wilk normality test

data:  a
W = 0.93865, p-value = 0.3328

> shapiro.test(b)

        Shapiro-Wilk normality test
```

```
data:  b
W = 0.9795, p-value = 0.9595
```

실습에서 a 변수는 동영상 청취 이전의 사전 테스트한 영어 점수가 저장되어 있으며, b 변수에는 동영상 청취 이후의 사후 테스트한 영어 점수가 저장되어 있다. a 변수와 b 변수가 정규성을 가정하는지 확인하기 위해 Shapiro-Wilk 검정을 하였고, 각각 p-value 값이 0.3328과 0.9595로 나타나 정규성을 만족하고 있다.

▼ 실습 두 집단 대응표본 - 등분산 검정 및 대응표본 검정

```
> var.test(a,b, paired=TRUE)

       F test to compare two variances

data:  a and b
F = 1.6652, num df = 15, denom df = 15, p-value = 0.334
alternative hypothesis: true ratio of variances is not equal to 1
95 percent confidence interval:
 0.5818066 4.7659120
sample estimates:
ratio of variances
          1.665184

> mean(a)

[1] 69.625

> mean(b)

[1] 76.5

> t.test(a,b, paired=TRUE, alternative = "two.sided", conf.int=TRUE, conf.level=0.95)

           Paired t-test

data:  a and b
t = -3.3288, df = 15, p-value = 0.004581
alternative hypothesis: true difference in means is not equal to 0
95 percent confidence interval:
 -11.277166  -2.472834
sample estimates:
mean of the differences
             -6.875
```

```
> t.test(a,b, paired=TRUE, alternative = "less", conf.int=TRUE, conf.level=0.95)

        Paired t-test

data: a and b
t = -3.3288, df = 15, p-value = 0.00229
alternative hypothesis: true difference in means is less than 0
95 percent confidence interval:
    -Inf -3.254357
sample estimates:
mean of the differences
        -6.875
```

다음으로 등분산 검정을 진행하였다. 대응 표본에서 등분산 검정 시 집단이 독립적이지 않고, 종속적이다라는 것을 var.test( ) 함수에 paired=TRUE 속성을 입력한다. 실습에서 var.test(a,b, paired=TRUE) 명령문을 실행하면 a 변수와 b 변수의 데이터가 등분산이 동일한지를 검정해준다. 등분산 검정 결과를 살펴보면 F값이 1.6652이고, p-value 값이 0.334로 나타나 두 변수의 등분산은 동질하다는 귀무가설을 채택하게 된다.

연구자(분석자)는 등분산이 가정된 검정결과를 토대로 연구가설로 수립한 동영상 청취 이전과 청취 이후의 영어점수는 차이가 있을 것이다라는 가설을 검정하게 된다.

귀무가설 : 강의 동영상 청취 이전과 청취 이후의 영어 점수는 차이가 없을 것이다.
대립가설 : 강의 동영상 청취 이전과 청취 이후의 영어 점수는 차이가 있을 것이다.

t.test( ) 함수에서도 대응표본 검정이라는 것을 알려야 하므로 t.test( ) 함수에 paired=TRUE 속성을 입력한다. 실습에서는 t.test(a,b, paired=TRUE, alternative = "two.sided", conf.int=TRUE, conf.level=0.95) 명령문을 실행하여 차이 검정 결과를 확인하였다. 검정 결과를 살펴보면, t값은 -3.3288이고, p-value는 0.004581로 나타났다. p-value 값이 0.05이하이므로 연구자(분석자)가 주장하는 강의 동영상 청취 이전과 이후의 영어 점수는 차이가 있다라는 주장을 받아들이게 된다. 이러한 평균의 차이는 -6.875로 동영상 청취 이후에 영어 점수가 6.875만큼 더 높아졌다고 설명할 수 있다. 즉, 영어 동영상 청취가 성적을 높이고 있으므로 동영상 청취에 대한 홍보를 강화할 필요가 있다는 주장을 할 수 있게 된다.

한편, t.test(a,b, paired=TRUE, alternative = "less", conf.int=TRUE, conf.level=0.95)는 단측검정 방법이다. 강의 동영상의 청취 이전의 영어점수가 청취 이후의 영어 점수보다 낮을 것이다라는 대립가설에서는 p-value 값이 0.00229로 나타나 대립가설의 주장을 받아들인다고 해석할 수 있다. 즉, 동영상 강의를 청취하기 이전이 영어 점수가 더 낮다는 대립가설을 채택하는 것이므로 동영상 강의를 청취하는 것이 영어 점수는 높이는 데 도움이 된다고 해석할 수 있다.

2.4.2 대응분석 실습 – 판매교육 전후 판매량 데이터

두 번째 대응분석의 실습은 10명의 영업 직원이 판매 교육을 받기 이전과 판매 교육을 받은 이후의 영업실적의 데이터이다. 회사의 교육팀은 직원들의 판매 교육을 받기 이전과 받은 이후의 실적이 올라갔을 것이라는 믿음으로 대응분석을 진행하게 되었다.

성명	길동	현석	지연	기철	유정	미려	구성	주일	제준	주현
이전	54	56	50	52	55	52	56	53	53	60
이후	60	59	57	56	56	58	62	55	54	64

▼실습　두 집단 대응표본 – 정규성과 등분산 검정

```
> a <- c(54,56,50,52,55,52,56,53,53,60)
> b <- c(60,59,57,56,56,58,62,55,54,64)
> shapiro.test(a)

        Shapiro-Wilk normality test

data: a
W = 0.94747, p-value = 0.6387

> shapiro.test(b)

        Shapiro-Wilk normality test

data: b
W = 0.95267, p-value = 0.7002

> mean(a);mean(b)

[1] 54.1
[1] 58.1

> var.test(a,b, paired=TRUE)

        F test to compare two variances

data: a and b
F = 0.77998, num df = 9, denom df = 9, p-value = 0.7173
alternative hypothesis: true ratio of variances is not equal to 1
95 percent confidence interval:
 0.1937355 3.1401869
sample estimates:
ratio of variances
          0.779978
```

실습에서 a 변수는 판매 교육을 받기 이전의 영업실적을 저장한 변수이다. b 변수는 판매 교육을 받은 이후의 영업실적을 의미한다. 우선 두 변수가 정규성을 만족하는지를 검정하기 위해서

shapiro.test( ) 함수를 이용하여 분석하였다. a 변수는 0.6387이고, b 변수는 0.7002의 결과 값을 보여 두 변수 모두 정규성이 가정된다는 귀무가설을 채택하게 되었다. 다음으로 두 변수의 등분산 가정의 검정을 분석한 결과 F값은 0.77998이며, p-value 값은 0.7173으로 나타나 두 변수는 등분산이 가정된다는 귀무가설을 채택하게 되었다.

▼ 실습 두 집단 대응표본 검정

```
> t.test(a,b, paired=TRUE, alternative = "two.sided", conf.int=TRUE, conf.level=0.95)

        Paired t-test

data:  a and b
t = -5.7208, df = 9, p-value = 0.0002867
alternative hypothesis: true difference in means is not equal to 0
95 percent confidence interval:
 -5.581714 -2.418286
sample estimates:
mean of the differences
            -4
```

본 실습에서 판매 교육을 받기 이전과 판매 교육을 받은 이후의 영업실적이 차이가 있는지 확인하기 위해 t.test( )를 실시하였다. 대응표본 검정이므로 속성값으로 paired=TRUE 지정하였고, 신뢰수준은 95%로 지정하고, 신뢰구간을 표시하라고 t.test(a,b, paired=TRUE, alternative = "two.sided", conf.int=TRUE, conf.level=0.95) 명령문을 실행하였다.

귀무가설 : 영업 직원들의 판매 교육을 받기 이전과 판매 교육을 받은 이후의 영업실적이 차이가 없다.
대립가설 : 영업 직원들의 판매 교육을 받기 이전과 판매 교육을 받은 이후의 영업실적이 차이가 있다.

t.test 검정 결과를 살펴보면 t값은 -5.7208이며 p-value 값은 0.0002867로 나타나 판매 교육을 받기 이전과 판매 교육을 받은 이후의 영업실적은 차이가 있다고 나타났다. 즉, 연구자(분석자)의 대립가설 주장을 채택하게 된다. 판매 교육을 받기 이전의 영업실적은 평균 54.1이었고, 판매 교육을 받은 이후의 영업실적은 평균 58.1이며 평균의 차이는 4만큼 나타났다. 판매 교육을 받고 나서 영업실적이 4만큼 더 올라갔다고 주장할 수 있다.

3. 세 집단 분석(분산분석)

3.1 분산분석의 의미

앞서 두 집단의 평균 차이 검정은 t 검정으로 추론통계를 진행하였다. 그러나 현실적으로 집단이 두 집단 이상으로 존재하는 사례가 많이 발생한다. 예를 들어 강남역의 스타벅스 매출 비교를 하고자 할 때, 스타벅스 지점이 강남역 주변에만 3개 이상이 되며, 제주도 한라산 등반 입장객을 제주도 현지인, 타지역 관광객, 외국인 관광객으로 구분한다면 세 개의 집단으로 구성된다. 이렇게 세 개 이상의 집단 간 차이가 있는지를 확인하고자 할 때는 t 검정 사용이 어려워진다. t검정을 사용하면 두 집단씩 묶어서 쌍으로 비교해야 하므로 여러번 반복해야 하는 번거로움이 발생하고 잘못하면 귀무가설을 기각하면 안 되는데 기각하게 되는 문제도 발생하게 된다. 그래서 세 개 이상의 집단 평균 차이를 검정하려면 표본 분산들을 분석하여 모집단 평균들의 동일성을 검정하는 방법이 요구된다.

통계학에서 독립된 세 집단 이상의 평균 차이를 검정 방법으로 분산분석(ANOVA Analysis)이 있다. t 검정은 한 집단 또는 두 집단 간의 평균 차이를 검정할 수 있다면 분산분석은 세 집단 이상의 평균 차이를 검정하는 데 사용된다.

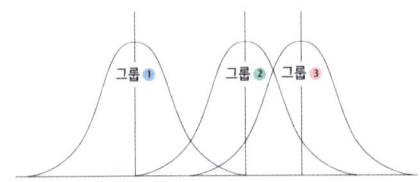

그림에는 3개의 Group이 있다. Group2와 Group 3은 평균은 다르지만 분산이 서로 공통된 영역을 가지고 있으며, Group1은 Group2와 일정부분 겹치지만 Group3과는 거의 겹치지 않는 모습을 보인다. 예를 들어 그림이 A놀이동산 만족도라면, Group1은 혼자 방문한 고객이고, Group2는 연인관계, Group3은 가족 고객의 만족점수 모습이라고 하자. Group2와 Group3은 A놀이동산 만족도에서 평균값이 다르더라도 집단 내, 집단 간 분산이 동질성을 보이므로 서로 동질한 집단으로 분류될 수 있는 반면에 Group1은 혼자 방문한 고객으로 Group2와 Group3과는 집단 간 편차가 발생하여 다른 집단으로서 평균 차이를 나타내게 된다.

분산분석이 분석 절차는 다음과 같다.

1단계 (정규성 검정)	2단계 (분산 동질성 검정)
shapiro.test( )	별도 패키지(bartlett.test( ))
귀무가설 : 독립성 가정	귀무가설 : 분산 동질성 확보
대립가설 : 독립성 미가성	대립가설 : 분산 동질성 미확보

3단계 (분산분석 검정)	4단계 (사후검정)
aov( )	(별도 패키지설치)
귀무가설 : 집단 간 차이가 없다.	모든 집단별로 차이 분석
대립가설 : 어느 한 개의 집단 이상은 차이가 있다.	

> **문법** 분산분석 분석 문법

```
library(stats)
bartlett.test(분석할 칼럼명~그룹명, data=데이터명(변수명))  # 집단의 분산의 동질성 검정
aov(분석할 칼럼명~그룹명, data=데이터명(변수명)) # 분산분석
```

3.2 분산분석 및 사후검정 실습 – 스마트폰 판매 데이터

분산분석을 실습하는데 필요한 데이터를 직접 생성하였다. 서울, 제주, 부산대리점의 세 개의 판매점에서 15일 동안 판매한 스마트폰 판매 개수이다.

지역	스마트폰 판매 개수														
서울	3	12	24	16	27	10	12	17	10	14	12	15	20	10	20
제주	11	15	18	12	25	18	17	22	17	19	9	17	15	17	9
부산	10	26	23	40	20	25	18	15	19	20	17	18	15	25	30

▼ **실습** 세 집단 분석(분산분석) 1 – 정규성 검정 (스마트폰 지역별 판매개수)

```
> x <- c(3,12,24,16,27,10,12,17,10,14,12,15,20,10,20,11,15,18,12,25,18,17,22,17,19,
+        9,17,15,17,9,10,26,23,40,20,25,18,15,19,20,17,18,15,25,30)  # 스마트폰 판매개수
> g <- c(1,1,1,1,1,1,1,1,1,1,1,1,1,1,1,2,2,2,2,2,2,2,2,2,2,2,2,2,2,2,3,3,3,3,3,3,3,3,3,3,3,3,3,3,3)
> # 판매지역
> d <- data.frame(판매개수=x,판매지역=g)
> table(d$판매지역)

 1  2  3
15 15 15

> a_group <- as.factor(d$판매지역)
> d1 <- subset(d, 판매지역==1)
> d2 <- subset(d, 판매지역==2)
> d3 <- subset(d, 판매지역==3)
> t1 <- d1$판매개수
> t2 <- d2$판매개수
> t3 <- d3$판매개수
> shapiro.test(t1)

        Shapiro-Wilk normality test
data: t1
W = 0.96351, p-value = 0.7531

> shapiro.test(t2)

        Shapiro-Wilk normality test
data: t2
W = 0.94589, p-value = 0.4622
```

```
> shapiro.test(t3)

        Shapiro-Wilk normality test
data: t3
W = 0.92768, p-value = 0.2518
```

실습에서 판매지역을 3개의 집단으로 구분하여 t1, t2, t3 변수에 각 집단의 판매 개수를 저장하였다. t1, t2, t3의 데이터 값이 정규성을 확보하였는지 shapiro.test( )를 실행하였고, 각각 0.7531, 0.4622, 0.2581로 나타나 정규성을 확보한 결과를 받아들였다.

다음 분산분석의 동질성 검정은 stats 패키지에서 제공하는 bartlett.test( ) 함수를 이용하면 확인할 수 있다. bartlett.test( ) 검정에서 p-value의 값이 0.05보다 크면 분석하고자 하는 집단의 분포가 상호 동질적이라고 설명할 수 있다. 실습에서는 bartlett.test(판매개수~판매지역, data=d) 명령문을 실행하여 판매지역별로 판매개수의 분산 동질성을 확인하였고, p-value 값이 0.2163으로 나타났다. 이에 세 집단의 분산이 동질하다고 확인되었으며, 귀무가설은 세 집단 간 분포의 모양이 동질적이다라는 가설을 채택하게 된다.

▼ **실습** 세 집단 분석(분산분석) 2 - 세 집단 이상의 분산 동질성 검정 (스마트폰 지역별 판매개수)

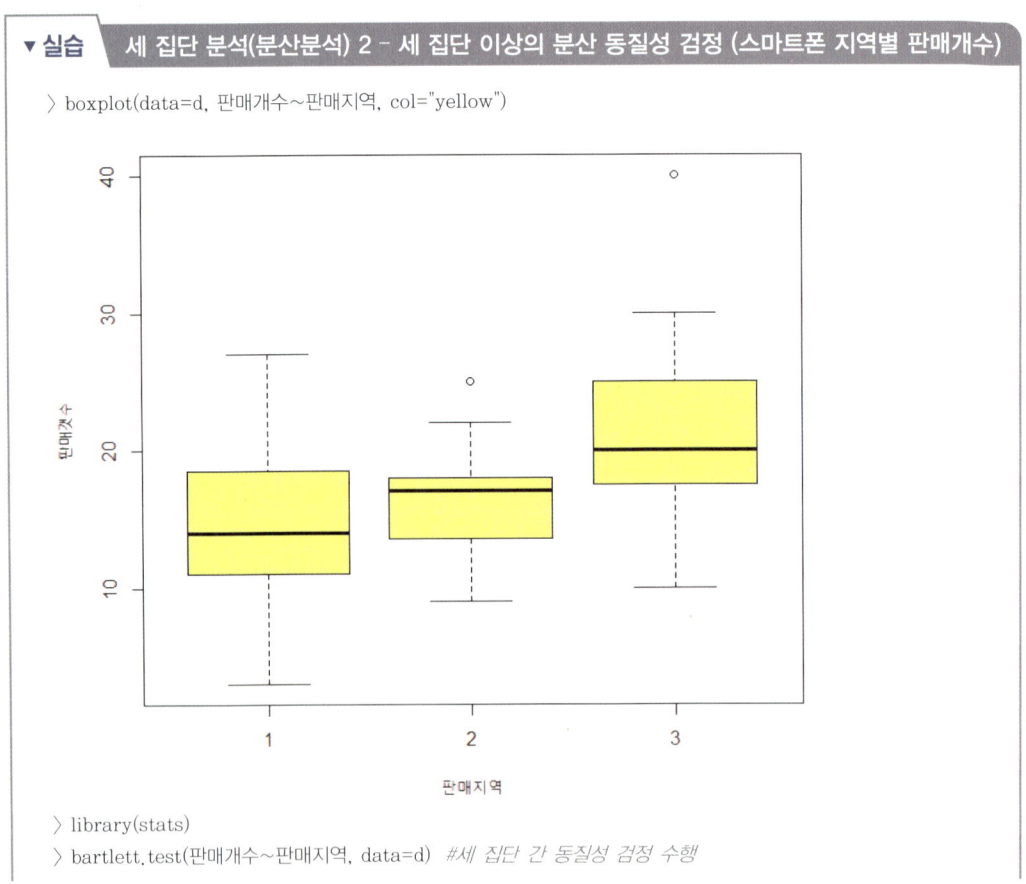

```
> library(stats)
> bartlett.test(판매개수~판매지역, data=d)    #세 집단 간 동질성 검정 수행
```

```
        Bartlett test of homogeneity of variances

data:  판매개수 by 판매지역
Bartlett's K-squared = 3.0626, df = 2, p-value = 0.2163
```

분석하고자 하는 집단의 동질성 검정에서 상호 분포가 동질적이라고 분석되었기 때문에 aov( ) 함수를 이용하여 집단 간의 평균 차이 검정을 수행할 수 있다. 만약 분산이 동질하지 않은 경우에는 세 집단 이상 분석을 진행할 수 있는 비모수 검정을 사용하면 된다.

▼실습 세 집단 분석(분산분석) 3 – 세 집단 이상의 평균 검정 (스마트폰 지역별 판매개수)

```
> result <- aov(판매개수~a_group, data=d)
> summary(result)    # 세집단 평균차이 검정

             Df    Sum Sq    Mean Sq    F value    Pr(>F)
a_group       2       368     184.02      5.022    0.0111 *
Residuals    42      1539      36.64
---
Signif. codes:  0 '***' 0.001 '**' 0.01 '*' 0.05 '.' 0.1 ' ' 1

> mean(t1);mean(t2);mean(t3)

[1] 14.8
[1] 16.06667
[1] 21.4
```

귀무가설 : 세 집단(서울, 제주, 부산)의 스마트폰 판매 개수는 차이가 없다.
대립가설 : 세 집단(서울, 제주, 부산)중 어느 한 집단 이상은 스마트폰 판매 개수의 차이가 있을 것이다.

집단 간 판매 개수의 차이를 확인하고자 aov(판매개수~a_group, data=d)라고 명령문을 입력하였다. 이에 대한 세부 결과를 살펴보려면 summary( ) 함수를 이용해야 한다. 분산분석의 결과에서 a_group 변수에 있는 1번, 2번, 3번 집단의 판매 개수는 차이가 있다고 나타났다. p-value 값이 0.0111로 나타났으며 0.05보다 낮게 나타나면서 차이가 있다고 설명하고 있다. 이에 대립가설은 세 집단 중 어느 한 집단 이상은 스마트폰 판매 개수는 차이가 있을 것이다라는 연구자(분석자)의 주장을 받아들일 수 있다. 서울대리점의 스마트폰 평균 판매량은 14.8대이며, 제주대리점의 스마트폰 평균 판매량은 16.06667, 부산대리점의 스마트폰 평균 판매량은 21.4대를 보여주고 있다.

하지만 어느 대리점에서 스마트폰 판매 개수의 차이가 있는지는 설명하지 않으므로 사후분석을 실시할 필요가 있다. 즉, 분산분석의 결과를 대상으로 세 집단 모두에서 차이가 있는지 아니면 집단 중 일부 몇몇 집단만이 차이가 있는지를 살펴보아야 한다. 그래서 집단 간 세부 차이를 확인

하는 과정으로 사후검정을 실시해야 한다. 사후검정은 LSD, Tukey HSD, Scheffe 등 여러 가지 방법이 있으며, 이들 분석 방법을 지원하는 패키지로 DescTools이 있다. 패키지를 설치한 후 PostHocTest()함수를 사용하여 사후검정의 내용을 확인할 수 있다. 사후검정에는 다양한 검정 방법이 있으며 연구자(분석자)가 원하는 분석 방법을 선택하여 집단별 차이가 있는지 확인하면 된다.

> **문법** 분산분석 사후검정

```
install.packages("DescTools")   #사후검정을 위한 별도 패키지 설치
library("DescTools")
PostHocTest(변수명, method='검정방법')
```

> **실습** 세 집단 분석(분산분석) 4 – 세 집단 이상의 사후검정 (스마트폰 지역별 판매개수)

```
> install.packages("DescTools")   #사후검정을 위한 별도 패키지 설치
> library("DescTools")
> PostHocTest(result, method='lsd')   #DescTools 패키지에 포함된 사후검정 함수

  Posthoc multiple comparisons of means : Fisher LSD
    95% family-wise confidence level

$a_group
        diff       lwr.ci      upr.ci      pval
2-1  1.266667   -3.1939343   5.727268   0.5697
3-1  6.600000    2.1393991  11.060601   0.0047 **
3-2  5.333333    0.8727324   9.793934   0.0203 *

---
Signif. codes:  0 '***' 0.001 '**' 0.01 '*' 0.05 '.' 0.1 ' ' 1

> plot(PostHocTest(result, method='lsd'))
```

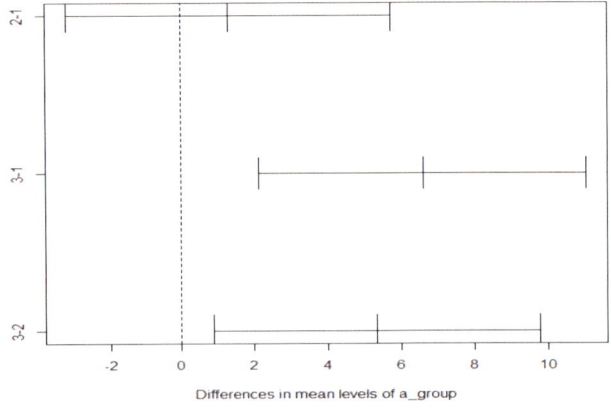

실습에서는 LSD 방법으로 사후분석의 결과를 살펴보았다. 분석 결과를 살펴보면, 서울대리점과 제주대리점의 스마트폰 판매 개수의 차이가 없다고 p-value 값이 0.5697로 나타났다. 다음 부산대리점과 서울대리점은 p-value 값은 0.0047로 유의수준 0.01인 99% 신뢰구간에서 판매 개수 차이가 있다고 설명하고 있다. 마지막으로 부산대리점과 제주대리점의 판매 개수 차이는 p-value 값이 0.0203으로 유의수준 0.05인 95% 신뢰구간에서 차이가 있다고 설명하고 있다. 즉, 부산대리점이 서울대리점보다 6.6만큼 많은 판매를 보였고, 부산대리점이 제주대리점보다 5.333 만큼 더 많은 판매를 보였다고 주장할 수 있다. 하지만 서울대리점과 제주대리점의 판매 개수는 차이가 있다고 주장할 수 없다.

종합적으로 해석하면 분산분석의 검정 결과에서 대립가설인 어느 한 집단 이상은 스마트폰 차이가 있다고 주장할 수 있다. 세부적으로 서울과 제주대리점은 판매 개수의 차이는 없지만, 부산과 서울, 부산과 제주대리점의 판매 개수는 차이가 있다고 주장할 수 있다.

3.3 분산분석 및 사후검정 실습 – 사고유형별/월별 교통사고 데이터

분산분산의 두 번째 실습으로 도로교통공단_사고유형별 월별 교통사고 통계(2018)의 데이터를 활용하였다.

도로교통공단_사고유형별 월별 교통사고 통계(2018)

변수명				
사고유형대분류 (chr)	사고유형중분류 (chr)	사고유형 (chr)	사고건수 (int)	월 (int)
사망자수 (int)	중상자수 (int)	경상자수 (int)		부상신고자수 (int)

출처: https://www.data.go.kr/data/15070290/fileData.do#layer_data_infomation

실습에서는 '차대사람' 사고중 '보도통행중'에 일어난 사고, '차대사람' 사고중 '차도통행중'에 일어난 사고, '차대사람' 사고중 '길가장자리구역통행중'에 일어난 사고로 세 그룹으로 구분하여 '부상신고자수'의 차이가 있는지를 검정하고자 하였다.

▼ 실습   세 집단 분석(분산분석) 1 – 정규성 검정 (사고유형별 부상신고자수)

```
> setwd("C:/Data Analysis/r_exam")
> t <- read.csv("도로교통공단_사고유형별 월별 교통사고(2018).csv", header=TRUE)
> t1 <- subset(t, 사고유형대분류=="차대사람" & 사고유형중분류=="보도통행중")
> t2 <- subset(t, 사고유형대분류=="차대사람" & 사고유형중분류=="차도통행중")
> t3 <- subset(t, 사고유형대분류=="차대사람" & 사고유형중분류=="길가장자리구역통행중")
> tt <- rbind(t1,t2,t3)  # 세 개의 집단을 하나의 변수로 통합하여 저장

> t1_d <- t1$부상신고자수  # 차대사람 사고중 보도통행중에 일어난 사고
> t2_d <- t2$부상신고자수  # 차대사람 사고중 차도통행중에 일어난 사고
> t3_d <- t3$부상신고자수  # 차대사람 사고중 길가장자리구역통행중에 일어난 사고
```

```
> shapiro.test(t1_d)

        Shapiro-Wilk normality test

data:  t1_d
W = 0.9166, p-value = 0.259

> shapiro.test(t2_d)

        Shapiro-Wilk normality test

data:  t2_d
W = 0.95898, p-value = 0.7692

> shapiro.test(t3_d)

        Shapiro-Wilk normality test

data:  t3_d
W = 0.9613, p-value = 0.8022
```

실습에서 도로교통공단_사고유형별 월별 교통사고(2018).csv 데이터를 불러오기 하였고, 부상신고자수를 보도통행중, 차도통행중, 길가장자리구역통행중으로 데이터를 구분하였다. 그다음, 분류된 그룹의 데이터가 정규성을 가지는지 검정하였다. 보도통행중(td_1), 차도통행중(t2_d), 길가장자리구역통행중(t3_d) 변수의 정규성을 검정한 결과, p-value 값이 각각 0.259, 0.7692, 0.8022로 나타나 정규성을 가진다는 귀무가설을 채택하였다.

▼ **실습** | 세 집단 분석(분산분석) 2 - 등분산 검정 및 분산분석 검정

```
> a_group <- as.factor(tt$사고유형)
> boxplot(data=tt, 부상신고자수~a_group, col="yellow")
```

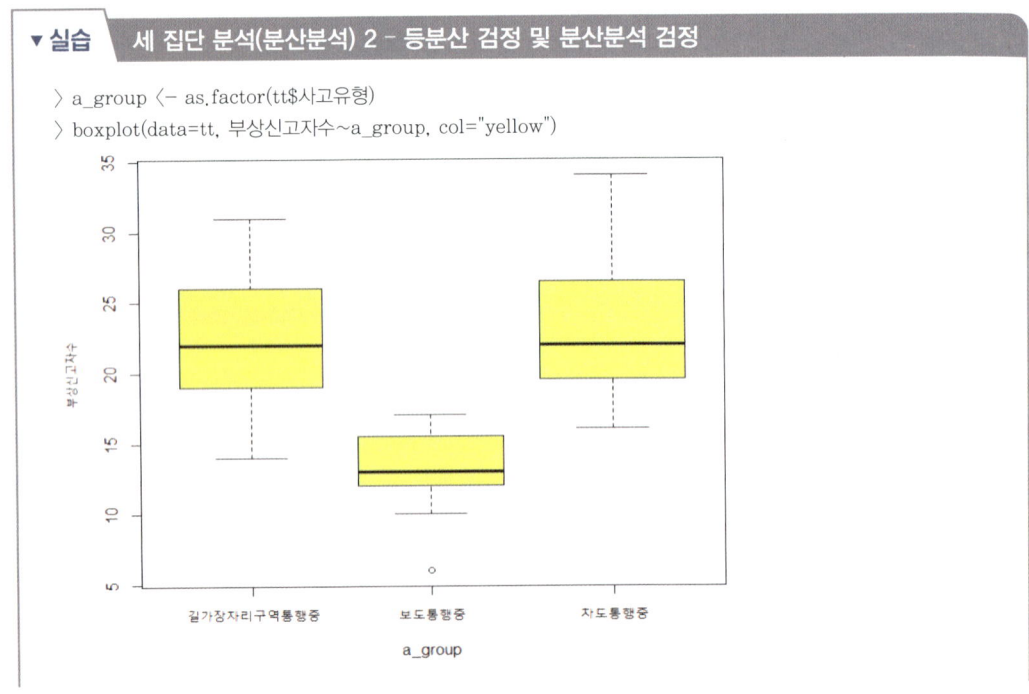

```
> bartlett.test(부상신고자수~a_group, data=tt)

        Bartlett test of homogeneity of variances

data:  부상신고자수 by a_group
Bartlett's K-squared = 3.301, df = 2, p-value = 0.192

> result <- aov(부상신고자수~a_group, data=tt)
> summary(result)
            Df    Sum Sq    Mean Sq    F value    Pr(>F)
a_group      2     750.2      375.1     17.57    6.38e-06 ***
Residuals   33     704.7       21.4
---
Signif. codes:  0 '***' 0.001 '**' 0.01 '*' 0.05 '.' 0.1 ' ' 1
> mean(t1_d);mean(t2_d);mean(t3_d)
[1] 13
[1] 23
[1] 22.33333
```

다음 등분산 검정을 위해서 bartlett.test(부상신고자수~a_group, data=tt) 명령문을 실행하였고, tt 변수에서 집단별(a_group)로 부상신고자수가 등분산을 이루고 있는지 검정하였을 때 p-value 값이 0.192로 나타나 세 집단이 등분산이 가정된다는 귀무가설을 채택할 수 있겠다. 등분산의 검정 결과를 토대로 분산분석의 검정 분석을 진행하였다.

귀무가설 : 세 집단의 부상신고자수의 차이는 없을 것이다.
대립가설 : 세 집단 중 어느 한 집단 이상은 부상신고자수의 차이가 있을 것이다.

실습에서 result <- aov(부상신고자수~a_group, data=tt) 명령문을 실행하여 분산분석을 분석하였으며, 결과는 summary(result)로 확인하였다. 분산분석의 결과를 살펴보면, p-value 값이 6.38e-06 값으로 0.05이하로 나타나 어느 한 집단 이상은 부상신고자의 차이가 있다는 연구자(분석자)의 주장을 채택하는 대립가설을 받아들일 수 있다.

▼실습 **세 집단 분석(분산분석) 3 - 사후검정**

```
> #install.packages("DescTools")
> #library("DescTools")
> PostHocTest(result, method='hsd')   #DescTools 패키지에 포함된 사후검정 함수

  Posthoc multiple comparisons of means : Tukey HSD
    95% family-wise confidence level

$a_group
```

	diff	lwr.ci	upr.ci	pval	
보도통행중-길가장자리구역통행중	-9.3333333	-13.962443	-4.704224	6.3e-05	***
차도통행중-길가장자리구역통행중	0.6666667	-3.962443	5.295776	0.9336	
차도통행중-보도통행중	10.0000000	5.370890	14.629110	2.2e-05	***

Signif. codes: 0 '***' 0.001 '**' 0.01 '*' 0.05 '.' 0.1 ' ' 1

> plot(PostHocTest(result, method='hsd'))

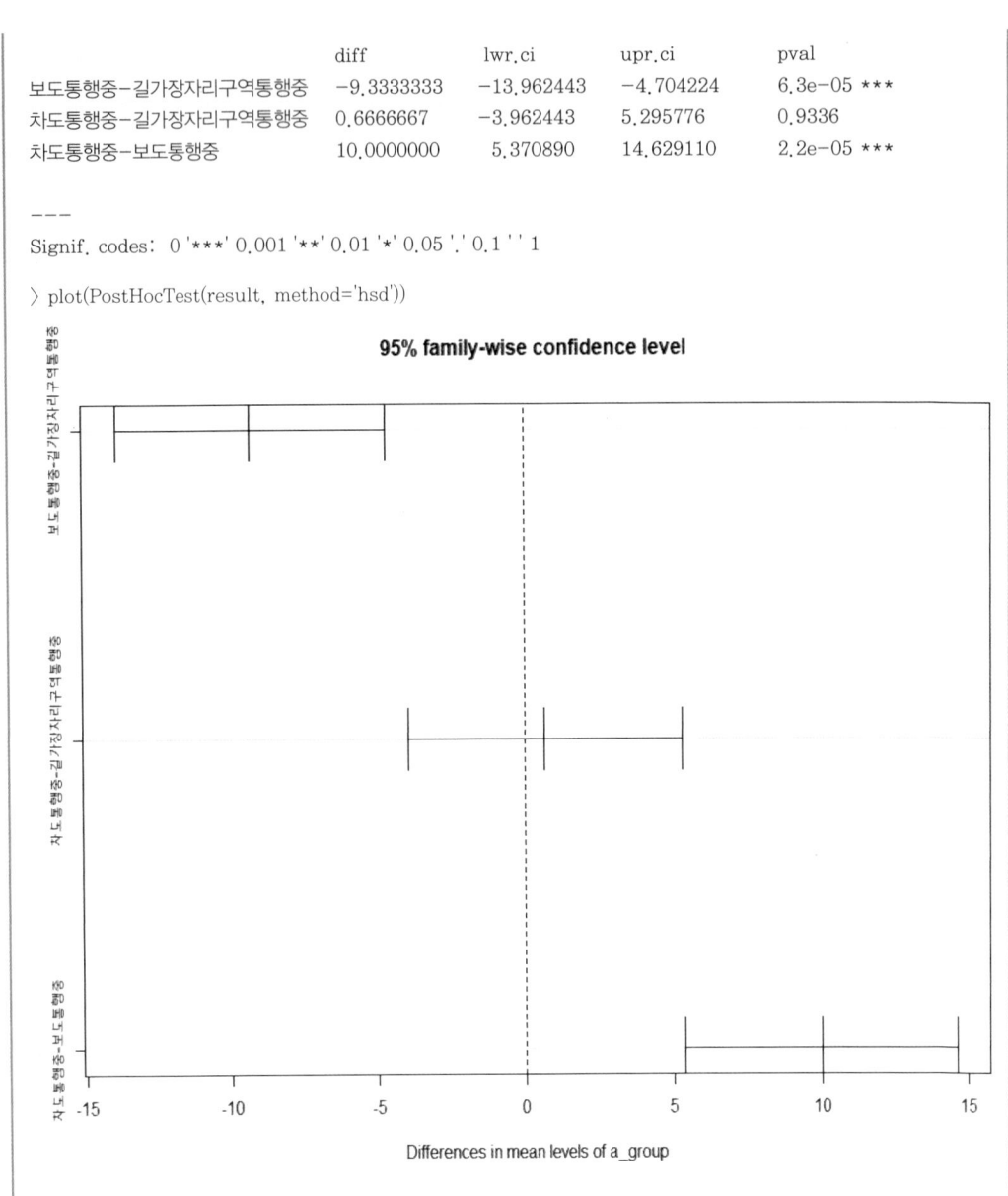

본 실습에서는 분산분석의 사후검정으로 Tukey HSD 방법을 선택하였다. Tukey HSD 방법으로 집단별로 차이가 있는지 세부적으로 검정을 진행하였다. 검정 결과를 살펴보면 보도통행중과 길가장자리구역통행중 집단의 부상신고자수 차이는 p-value 값이 6.3e-05 값으로 0.05보다 낮아 차이가 있다고 해석된다. 두 번째 차도통행중과 길가장자리구역통행중의 부상신고자의 수는 차이는 p-value 값인 0.9336으로 나타나 두 집단 간 부상신고자수가 차이가 난다고 주장할 수 없다. 마지막으로 차도통행중과 보도통행중의 부상신고자수에서 p-value 값이 2.2e-05로 나타나 0.05보다 낮아 두 집단 간 차이가 있다고 해석된다.

즉, 2018년 실제 데이터를 해석해보면 부상신고자수는 차도통행중의 사고 평균값이 23으로 가장 높게 나타났고, 보도통행중이 평균값이 13으로 가장 낮은 수치를 보여주었다. 차도통행중과 보도통행중에 일어난 사고의 차이는 평균 10건 차이로 차도통행중에 일어난 사고에서 부상신고자수가 많이 나타난 것이다. 그리고 보도통행중과 길가장자리구역통행중이 일어난 사고를 비교해보면 평균 9.333 신고자수의 차이를 보인다. 하지만 차도통행중과 길가장자리구역통행중의 사고는 0.667 차이로 차도통행중 부상신고자수는 23이고, 길가장자리구역통행중의 사고로 발생한 부상신고자는 22.3333으로 두 그룹 간 부상신고자수의 차이는 없다고 해석된다. 이러한 결과를 살펴보면 공공기관 및 사회단체는 차도 통행에서 부상신고자수가 많이 일어나므로 차량 운전자들에게 차도 통행과 길가장자리구역의 통행에서 발생할 수 있는 교통사고의 조심성을 강조하는 캠페인을 펼쳐야 한다고 주장할 수 있다.

CHAPTER 4 교차분석과 카이제곱 분석

교차분석은 빈도분석의 특성별 차이를 분석하기 위해 수행하는 방법론이다. 교차분석은 범주형 데이터(명목형과 서열척도)를 대상으로 두 개 이상의 변수들에 대한 관련성을 알아보기 위해서 통계적 분석을 진행하는 방법론이다. 이에 결합분포를 나타내는 교차 분할표를 작성하고, 변수 상호 간의 관련성 여부를 분석한다. 이러한 교차분석은 분석할 때 고려사항이 있다. 교차분석에 사용되는 변수값은 10 미만의 범주형 변수(명목, 서열)이어야 한다.

한편, 카이제곱 검정은 범주별로 관측빈도와 기대빈도의 차이를 검정하는 통계적 방법으로 교차분석으로 얻어진 분할표를 대상으로 유의확률을 적용하여 변수 간의 독립성(관련성) 여부를 검정하는 분석 방법이다. 카이제곱 검정은 교차분석과 동일하게 범주형 변수를 대상으로 분석하게 되며, 집단별로 비율이 같은지를 검정(비율에 대한 검정)하여 독립성 여부를 검정하게 된다. 유의 확률에 의해서 집단 간의 차이가 있는가와 없는가를 가설로 검정하게 된다.

1. 교차분석 및 카이제곱 실습 – 한국소비자원 소비자 피해구제 데이터

첫 번째 교차분석과 카이제곱 분석 실습은 2021년 4월 13일에 공개된 한국소비자원 소비자 피해구제 정보 데이터를 기반으로 진행하였다.

한국소비자원 소비자 피해구제 정보_20210413

변수명	변수타입	데이터값
사건번호	int	2021013007 2021013008 2021013009 ...
접수일.년월일.	chr	"2021-04-01" "2021-04-01" "2021-04-01" ...
성별	chr	"남성" "남성" "여성" ...
연령대	chr	"30 – 39세" "65 – 69세" "30 – 39세" ...
지역	chr	"대전광역시" "경기도" "경기도" ...
판매유형	chr	"국내온라인거래" "일반판매" "기타" ...
물품소분류	chr	"티셔츠" "변호서비스" "취업·이민알선" ...
청구이유	chr	"청약철회" "계약해제.해지/위약금" ...

출처: https://www.data.go.kr/data/3040720/fileData.do#layer_data_infomation

▼ 실습   교차분석 및 카이제곱 검정 1 – 한국소비자원 소비자 피해구제 데이터

```
> setwd("C:/Data Analysis/r_exam/")
> customer <- read.csv("한국소비자원 소비자 피해구제 정보_20210413.csv",header = TRUE)
> head(customer)
    사건번호   접수일.년월일. 성별   령대     지역    판매유형     물품소분류      청구이유
1  2021013007   2021-04-01   남성  30-39세  대전광역시  국내온라인거래  티셔츠          청약철회
2  2021013008   2021-04-01   남성  65-69세  경기도    일반판매      변호서비스      계약해제.해지/위약금
3  2021013009   2021-04-01   여성  30-39세  경기도    기타        취업·이민알선    계약불이행(불완전이행)
4  2021013010   2021-04-01   여성  40-49세  경기도    일반판매      점퍼·재킷류      품질(물품/용역)
5  2021013011   2021-04-01   여성  30-39세  서울특별시  국내온라인거래  감귤          품질(물품/용역)
6  2021013012   2021-04-01   여성  50-59세  서울특별시  일반판매      헬스장          계약해제.해지/위약금
```

실습에서 한국소비자원 소비자 피해구제 정보_20210413.csv 데이터를 customer 변수에 저장하였으며, 데이터와 변수가 올바르게 저장되었는지 head(customer) 명령문으로 확인하였다.

실습에서는 customer 변수에 있는 판매유형 칼럼을 기준으로 교차분석을 진행할 것이며, 일원 카이제곱 검정을 진행할 것이다. 일원 카이제곱 검정은 한 개의 변수(칼럼 또는 집단)를 대상으로 검정하는 방법이다. 즉, 관찰도수가 일치하는지를 검정하는 적합도 검정 방법으로 한 개의 변수(칼럼)을 대상으로 검정을 수행하기 때문에 별도의 교차 분할표를 이용하지 않고 검정을 수행하게 된다. 일원 카이제곱 검정은 적합도 검정과 선호도 분석에서 자주 사용된다.

▼ 실습   교차분석 및 카이제곱 검정 2 – 한국소비자원 소비자 피해구제 데이터

```
> #일원 카이제곱 검정
> #귀무가설 : 판매유형에 따른 민원 건수는 차이가 없다.
> #대립가설 : 판매유형에 따른 민원 건수는 차이가 있다.
> x <- customer$판매유형
> table(x)
x
  TV홈쇼핑    국내온라인거래   국제온라인거래    기타      기타통신판매
     95           2025              57          969          568
  노상판매    다단계판매       모바일거래      방문판매    소셜커머스(쇼핑)
     12            8               355          585          359
  일반판매    전화권유판매
    3651          1130
> c_name <- c("TV홈쇼핑","국내온라인거래","국제온라인거래","기타","기타통신판매",
+             "노상판매","다단계판매","모바일거래","방문판매", "소셜커머스(쇼핑)",
+             "일반판매","전화권유판매")
> c_count <- c(95,2025,57,969,568,12,8,355,585,359,3651,1130)
> c_sum <- data.frame(c_name,c_count)
```

```
> chisq.test(c_sum$c_count)

        Chi-squared test for given probabilities

data: c_sum$c_count
X-squared = 15348, df = 11, p-value < 2.2e-16
```

실습에서 범주형 데이터인 판매유형을 일원 카이제곱 검정하고자 x <- customer$판매유형 명령문을 실행하였으며, table( ) 함수로 판매유형의 관찰도수를 확인하였다. 그리고 table(x) 명령문을 실행한 결과로 나타난 값을 다시 c_name, c_count 변수를 생성하였다. 그다음, c_sum <- data.frame(c_name,c_count) 명령문을 실행하여 판매유형 종류와 관측치를 c_sum 변수로 새롭게 구성하였다. 이에 대한 판매유형에 따라 민원 건수가 차이가 있는지 검정하기 위해서 chisq.test(c_sum$c_count) 명령문을 실행한 결과 X-squared 값은 15348로 나타났고, p-value 값은 2.2e-16으로 나타나 대립가설을 채택하게 되었다. 즉, 판매유형에 따른 민원 건수는 차이가 없다는 귀무가설을 기각하고, 판매유형에 따른 민원 건수는 차이가 있다는 대립가설을 채택할 수 있다고 해석하게 된다.

한편, 이원 카이제곱 검정은 두 개 이상의 변수(칼럼 또는 집단)을 대상으로 교차 분할표를 이용하는 카이제곱 검정 방법이다. 이 검정 방법은 분석대상의 집단 수에 의해서 독립성 검정과 동질성 검정으로 구분된다. 독립성 검정은 두 변수의 관계가 서로 독립적인지를 검정하는 방법이다. 동질성 검정은 두 집단 이상에서 각 집단 간의 비율이 서로 동일한지 검정하는 방법이다. 즉, 두 개 이상의 범주형 데이터가 동일한 분포를 가지는 모집단에서 추출된 것인지를 검정하는 방법을 말한다.

▼실습 | 교차분석 및 카이제곱 검정 3 – 한국소비자원 소비자 피해구제 데이터

```
> #이원 카이제곱 검정
> #귀무가설 : 성별에 따라 판매유형의 민원 건수는 차이가 없다.
> #대립가설 : 성별에 따라 판매유형의 민원 건수는 차이가 있다.
> x <- customer$판매유형
> y <- customer$성별
> result <- data.frame(판매유형_민원=x, 성별=y)
> dim(result)

[1] 9814    2

> table(result)

          성별
판매유형_민원    남성    여성
TV홈쇼핑         39      56
국내온라인거래   1002    1023
국제온라인거래     32      25
기타              487     482
기타통신판매     299     269
노상판매            4       8
다단계판매          1       7
모바일거래        186     169
방문판매          242     343
소셜커머스(쇼핑)   162     197
일반판매         1672    1979
전화권유판매      683     447

> chisq.test(x, y) #이원 카이제곱의 동질성 검정

         Pearson's Chi-squared test

data:  x and y
X-squared = 104.46, df = 11, p-value < 2.2e-16
```

실습에서 교차분석은 판매유형과 성별을 기준으로 분석을 하였으며 customer 변수에서 판매유형 칼럼은 x 변수로 저장하였고, 성별은 y 변수로 저장하였다. 저장된 x, y변수를 result 변수의 이름으로 통합하여 저장하였다. dim( ) 함수를 이용하여 result 데이터를 확인하면 9814개의 행과 2개의 열을 가지고 있다고 나타났다. table( ) 함수를 이용해서 result 데이터를 확인하면, 범주별로 데이터 빈도수를 계산해준다. 즉, 열은 성별, 행은 판매유형_민원으로 구분되어 있으며 TV홈쇼핑의 경우 남자가 39명, 여자가 56명의 데이터로 구성된 점을 확인할 수 있다. 행의 범주 개수는 총 12개로 구성되어 있으며 이를 남성과 여성으로 구분하여 데이터 빈도수를 화면에 출력해준다. 다음 동질성 검정을 위해서 chisq.test(x, y) 명령문을 실행한 결과 X-squared 값은 104.46이며, p-value 값은 2.2e-16으로 나타나 판매유형_민원에 따른 성별의 동질성 차이가 있다라는 대립가설을 채택하게 되었다. 즉, 판매유형_민원에 따라 성별의 분포는 다르다고 해석할 수 있다.

▼ 실습 | 교차분석 및 카이제곱 검정 4 – 한국소비자원 소비자 피해구제 데이터

```
> install.packages("gmodels") #교차 분할표 작성을 도와주는 패키지 설치
> library(gmodels)
> CrossTable(x=customer$판매유형, y=customer$성별, chisq=TRUE)

Cell Contents
|-------------------------|
|                       N |
| Chi-square contribution |
|             N / Row Total |
|             N / Col Total |
|           N / Table Total |
|-------------------------|

Total Observations in Table:  9814

              | customer$성별
customer$판매유형 |    남성    |    여성    | Row Total |
--------------|-----------|-----------|-----------|
       TV홈쇼핑 |        39 |        56 |        95 |
              |     1.225 |     1.177 |           |
              |     0.411 |     0.589 |     0.010 |
              |     0.008 |     0.011 |           |
              |     0.004 |     0.006 |           |
--------------|-----------|-----------|-----------|
   국내온라인거래 |      1002 |      1023 |      2025 |
              |     0.095 |     0.092 |           |
              |     0.495 |     0.505 |     0.206 |
              |     0.208 |     0.204 |           |
              |     0.102 |     0.104 |           |
--------------|-----------|-----------|-----------|
   국내온라인거래 |        32 |        25 |        57 |
              |     0.593 |     0.570 |           |
              |     0.561 |     0.439 |     0.006 |
              |     0.007 |     0.005 |           |
              |     0.003 |     0.003 |           |

                       … 〈생략〉 …

--------------|-----------|-----------|-----------|
  Column Total |      4809 |      5005 |      9814 |
              |     0.490 |     0.510 |           |
--------------|-----------|-----------|-----------|

                       … 〈생략〉 …

--------------|-----------|-----------|-----------|
  Column Total |      4809 |      5005 |      9814 |
              |     0.490 |     0.510 |           |
--------------|-----------|-----------|-----------|

Statistics for All Table Factors

Pearson's Chi-squared test
------------------------------------
Chi^2 =  104.4574    d.f. =  11    p =  2.330232e-17
```

독립성 검정으로 카이제곱 검정을 진행하기 위해서는 gmodels 패키지를 설치하여야 한다. gmodels에서 제공하는 CrossTable( ) 함수를 이용하면 카이제곱 검정 결과를 확인할 수 있다. 카이제곱 검정 결과를 살펴보면, Chi^2 = 104.4574, p-value는 2.330232e-17으로 대립가설인 성별에 따라 판매유형의 민원 차이가 있다는 대립가설을 채택하게 된다. 즉, 성별에 따라서 판매유형의 민원 차이는 발생할 수 있다고 해석할 수 있다.

2. 교차분석 및 카이제곱 실습
– 2021 한국프로야구 롯데팀 홈런기록 데이터

카이제곱 두 번째 실습으로는 '2021년 3월부터 6월까지 한국프로야구의 롯데경기 홈런기록' 데이터를 사용하였으며, 두 개 이상의 변수들이 관련성이 있는지를 분석하고자 한다.

2021 한국프로그야구 롯데팀 홈런기록 데이터

변수명	변수타입	데이터값
월	int	3 3 3 4 4 4 4 4 4 4 …
타순	int	1 9 5 5 7 1 4 8 4 8 …
선수	chr	"안치홍" "마차도" "추재현" "정훈" …
홈런	chr	"좌홈" "좌중홈" "중홈" "좌홈" …
회차	int	1 5 8 9 5 9 3 9 3 7 …
상대투수	chr	"안우진" "안우진" "임창민" "김상수" …
경기일	chr	"2021-03-21" "2021-03-21" "2021-03-30" "2021-04-04" …
상대팀	chr	"키움" "키움" "NC" "SSG" …

출처: http://www.giantsclub.com/html/

실습을 위해서 20210306_롯데야구기록.csv 데이터를 b_data 변수에 저장하였다. 데이터와 변수가 올바르게 저장되었는지 head(b_data) 명령문으로 확인하였고, 상위 6개의 행 데이터만 내용을 확인하였다.

▼ 실습   교차분석 및 카이제곱 검정 1 – 2021 한국프로야구 롯데팀 홈런기록 데이터

```
> setwd("C:/Data Analysis/r_exam/")
> b_data <- read.csv("20210306_롯데야구기록.csv",header = TRUE)
> head(b_data)
    월 타순 선수   홈런   회차 상대투수 경기일      상대팀
1   3  1   안치홍 좌홈   1    안우진   2021-03-21  키움
2   3  9   마차도 좌중홈 5    안우진   2021-03-21  키움
3   3  5   추재현 중홈   8    임창민   2021-03-30  NC
4   4  5   정훈   좌홈   9    김상수   2021-04-04  SSG
5   4  7   김준태 우홈   5    르위키   2021-04-04  SSG
6   4  1   안치홍 좌홈   9    원종현   2021-04-06  NC
```

우선 일원 카이제곱 검정은 한 개의 변수(칼럼 또는 집단)을 대상으로 검정을 수행하는 방법으로, 본 실습에서는 롯데 타자들이 3월부터 6월까지 경기에서 홈런 종류에 따라 홈런 개수 차이가 있는지를 검정하고자 하였다. 이에 table(b_data$홈런) 명령문을 실행하여 홈런 종류별로 관찰치를 확인하였다.

▼ 실습   교차분석 및 카이제곱 검정 2 – 2021 한국프로야구 롯데팀 홈런기록 데이터

```
> #일원 카이제곱 검정
> #귀무가설 : 홈런 유형에 따라 롯데팀의 홈런 개수는 차이가 없다.
> #대립가설 : 홈런 유형에 따라 롯데팀의 홈런 개수는 차이가 없다.
> table(b_data$홈런)

우중홈    우홈   좌중홈    좌홈    중홈
   4      10      11      29      8

> h_name <- c("우중홈","우홈","좌중홈","좌홈","중홈")
> h_count <- c(4,10,11,29,8)
> home <- data.frame(h_name,h_count)
> chisq.test(home$h_count)

        Chi-squared test for given probabilities

data:  home$h_count
X-squared = 30.097, df = 4, p-value = 4.677e-06
```

범주형 데이터인 홈런 유형을 일원 카이제곱으로 검정하고자 table(b_data$홈런) 명령문을 우선 실행하였다. table 결과에 나타난 데이터 값들을 h_name 변수에는 홈런 종류로 데이터를 저장하였고, h_count 변수에는 홈런 관측치를 저장하였다. 그리고 h_name 변수와 h_count 변수를 통합하고자 home <- data.frame(h_name,h_count) 명령문을 실행하였다. 이렇게 통합한 데이터를 기반으로, 홈런 유형에 따라 롯데팀의 홈런 개수는 차이가 있는지 검정하기 위해서 chisq.test(home$홈런) 명령문을 실행하였다. 검정 결과, X-squared 값은 30.097로 나타났고, p-value 값은 4.677e-06으로 나타나 대립가설을 채택하게 되었다. 즉, 롯데팀의 타자들이 만들어낸 홈런에서도 홈런 유형별로 홈런 개수는 차이가 있다고 해석할 수 있다.

> **실습** 교차분석 및 카이제곱 검정 3 - 2021 한국프로야구 롯데팀 홈런기록 데이터

```
> #이원 카이제곱 검정
> #귀무가설 : 롯데팀이 경기한 상대팀에 따라서 홈런 유형의 개수는 차이가 없다.
> #대립가설 : 롯데팀이 경기한 상대팀에 따라서 홈런 유형의 개수는 차이가 있다.
> x <- b_data$상대팀
> y <- b_data$홈런
> result <- data.frame(상대팀=x, 홈런_유형=y)
> dim(result)

[1] 62  2

> table(result)

     홈런_유형
상대팀 우중홈 우홈 좌중홈 좌홈 중홈
  KT        1    0     0    3    2
  LG        1    0     0    1    0
  NC        0    0     1    4    4
  SSG       0    1     0    3    0
  기아      1    2     1    0    0
  두산      0    3     1    6    0
  롯데      0    0     0    1    0
  삼성      1    1     4    0    1
  키움      0    2     3    5    0
  한화      0    1     1    6    1

> chisq.test(x, y) #이원 카이제곱의 동질성 검정

  Pearson's Chi-squared test

data:  x and y
X-squared = 50.519, df = 36, p-value = 0.05482
```

실습에서 교차분석은 롯데팀과 경기한 상대팀, 홈런 유형을 기준으로 분석을 하였다. 변수에서 상대팀 칼럼은 x 변수로 저장하였고, 홈런 칼럼을 y 변수로 저장하였다. 저장된 x, y변수를 result 변수의 이름에 통합하여 저장하였다. dim( ) 함수를 이용하여 result 데이터를 확인하면 62개의 행과 2개의 열을 가지고 있다고 나타났다. table( ) 함수를 이용해서 result 데이터를 확인하면, 범주별로 데이터 빈도수를 계산해준다. 즉, 열은 홈런_유형, 행은 상대팀으로 구분되어 있다. 데이터 일부를 확인하면, KT와 경기에서 우종홈 1개, 좌홈 3개, 중홈 2개를 기록한 점을 확인할 수 있다. 행의 범주(팀) 개수는 10개, 열(홈런 유형)은 5개로 구분하여 데이터 빈도수를 화면에 출력해주고 있다. 다음 동질성 검정을 위해서 chisq.test(x, y) 명령문을 실행한 결과, X-squared 값은 50.519, p-value 값은 0.05482로 나타나 상대팀에 따른 홈런_유형의 동질성 차이는 없다라는 귀무가설을 채택하게 되었다. 즉, 상대팀에 따라서 나타나는 홈런 유형(우종홈, 우홈, 좌중홈, 좌홈, 중홈)은 다르다고 해석할 수 없다.

> **실습**   교차분석 및 카이제곱 검정 4 – 2021 한국프로야구 롯데팀 홈런기록 데이터

```
> install.packages("gmodels")  #교차 분할표 작성을 도와주는 패키지 설치
> library(gmodels)
> CrossTable(x=b_data$상대팀,y=b_data$홈런, chisq=TRUE)

  Cell Contents
|-----------------|
|               N |
| Chi-square contribution |
|     N / Row Total |
|     N / Col Total |
|   N / Table Total |
|-----------------|

Total Observations in Table:   62

             | b_data$홈런
   b_data$상대팀 |    우중홈 |     우홈 |    좌중홈 |     좌홈 |     중홈 | Row Total |
-------------|---------|---------|---------|---------|---------|---------|
          KT |       1 |       0 |       0 |       3 |       2 |       6 |
             |   0.970 |   0.968 |   1.065 |   0.013 |   1.941 |         |
             |   0.167 |   0.000 |   0.000 |   0.500 |   0.333 |   0.097 |
             |   0.250 |   0.000 |   0.000 |   0.103 |   0.250 |         |
             |   0.016 |   0.000 |   0.000 |   0.048 |   0.032 |         |
-------------|---------|---------|---------|---------|---------|---------|
          LG |       1 |       0 |       0 |       1 |       0 |       2 |
             |   5.879 |   0.323 |   0.355 |   0.004 |   0.258 |         |
             |   0.500 |   0.000 |   0.000 |   0.500 |   0.000 |   0.032 |
             |   0.250 |   0.000 |   0.000 |   0.034 |   0.000 |         |
             |   0.016 |   0.000 |   0.000 |   0.016 |   0.000 |         |
                              … 〈생략〉 …

-------------|---------|---------|---------|---------|---------|---------|
         한화 |       0 |       1 |       1 |       6 |       1 |       9 |
             |   0.581 |   0.141 |   0.223 |   0.761 |   0.022 |         |
             |   0.000 |   0.111 |   0.111 |   0.667 |   0.111 |   0.145 |
             |   0.000 |   0.100 |   0.091 |   0.207 |   0.125 |         |
             |   0.000 |   0.016 |   0.016 |   0.097 |   0.016 |         |
-------------|---------|---------|---------|---------|---------|---------|
 Column Total |       4 |      10 |      11 |      29 |       8 |      62 |
             |   0.065 |   0.161 |   0.177 |   0.468 |   0.129 |         |
-------------|---------|---------|---------|---------|---------|---------|

Statistics for All Table Factors

Pearson's Chi-squared test
------------------------------------------------------------
Chi^2 =  50.51902     d.f. =  36     p =  0.05481694
```

CrossTable( ) 함수를 이용하면 독립성 검정인 카이제곱 검정 결과를 확인하였다. 카이제곱 검정 결과를 살펴보면, Chi^2 = 50.51902, p-value는 0.05481694로 p-value 값이 0.05 미만이 아니므로 귀무가설인 롯데팀이 경기한 상대팀에 따라서 홈런 유형은 차이가 없다고 해석하게 되었다. 즉, 특정 상대팀에 따라서 특정 홈런이 발생한다는 주장을 강조할 수 없다.

CHAPTER 5 종합 연습문제

01 '도로교통공단_사고유형별 월별 교통사고(2019)'의 사고건수의 요약치를 확인하시오.

결과값	Min. 1st Qu. Median Mean 3rd Qu. Max. 1.0 42.0 293.5 1093.3 1448.5 7806.0

02 '도로교통공단_사고유형별 월별 교통사고(2019)'의 사고유형중분류의 데이터 빈도수를 계산하시오.

결과값	공작물충돌 12	기타 36	길가장자리구역통행중 12	도로이탈 24
	보도통행중 12	전도 12	전복 12	정면충돌 12
	주/정차차량 충돌 11	차도통행중 12	철길건널목 7	추돌 12
	측면충돌 12	횡단중 12	후진중충돌 12	
	공작물충돌 5.71	기타 17.14	가장자리구역통행중 5.71	도로이탈 11.43
	보도통행중 5.71	전도 5.71	전복 5.71	정면충돌 5.71
	주/정차차량 충돌 5.24	차도통행중 5.71	철길건널목 3.33	추돌 5.71
	측면충돌 5.71	횡단중 5.71	후진중충돌 5.71	

03 '도로교통공단_사고유형별 월별 교통사고(2019)'의 중상자수 빈도수를 계산하시오.

결과값	1001~2000건 106	2001건 이상 154	500건 이하 40	501~1000건
	1001~2000건 4.76	2001건 이상 2.86	500건 이하 73.33	501~1000건 19.05

04 '도로교통공단_사고유형별 월별 교통사고(2019)'에서 1~12월까지 '횡단중'을 기준으로 중상자수의 정규화 검정하시오. 또한, 중상자수의 600명 이상인지 단일 표본검정을 수행하시오.

05 '도로교통공단_사고유형별 월별 교통사고(2019)'에서 1~12월까지 횡단중과 차도통행중의 경상자수 차이가 있는지 검정하시오. 우선, 정규성 검정을 진행하고, 등분산 동질성을 검정한 후 표본 평균 차이를 검정하시오.

06 다음의 데이터는 통계학 교육 동영상을 시청전후의 성적 현황이다. 실험분석으로 교육동영상 청 전후로 성적의 변화가 있는지 검정하시오.

성명	길동	현석	지연	기철	유정	미려	구성	주일	제준	주현	수지	호일	지수	상일	전진	대범
이전	72	72	74	73	79	64	73	72	71	70	69	68	82	84	55	76
이후	70	80	76	85	78	83	86	85	76	57	82	62	75	94	95	60

07 '도로교통공단_사고유형별 월별 교통사고(2019)'에서 보도통행중, 차도통행중, 길가장자리구역 통행중에서 경상자수의 차이가 있는지 검정하시오.

08 20210306_롯데야구기록.csv 파일을 이용하여 롯데 경기 출전한 선수들이 홈런 친 개수가 선수에 따라서 차이가 있는지 검정하시오.

07

R programming

상관분석과 회귀분석

학습배경

− 빅데이터 분석에서 가장 많이 사용되는 분석 기법으로 상관분석과 회귀분석이 있다. 상관분석은 변수들의 상관성을 살펴보는 것이며 회귀분석은 변수들의 인과관계를 살펴보는 것이다. 예를들어 상관분석은 아이들이 웃으면 부모도 웃는다 또는 부모가 웃으면 아이들도 웃는다라는 형태로 아이들과 부모라는 변수가 상호 영향을 주는 관계를 판단하고 분석하는 데 목적이 있다. 회귀분석은 감기가 걸리면 약국을 방문한다라는 것처럼 감기가 걸리면 약국을 필히 방문하는 인과관계를 분석하는 데 목적이 있다. 이처럼 사회현상은 상관관계와 인과관계로 형성되어 있기 때문에 상관분석 및 회귀분석을 많이 사용하게 되는 것이다. 따라서 본 장에는 상관분석과 회귀분석을 실습하여 빅데이터 분석 역량을 높일 것이다.

학습목표

− R Studio에서 상관관계 분석을 수행하고, 데이터 결과값을 해석할 수 있다.
− R Studio에서 선형회귀 분석을 수행하고, 데이터 결과값을 해석할 수 있다.

학습구성

1) 상관관계 분석
   ① 상관관계 분석 이해
   ② 상관관계 분석 실습 − 불법 주정차 단속현황 데이터
   ③ 상관관계 분석 실습 − 사고유형별/월별 교통사고 데이터
   ④ 상관관계 분석 실습 − 혁신제품 만족 데이터

2) 선형 회귀분석
   ① 회귀분석 이해
   ② 단순 회귀분석 실습 − 스마트폰 판매 데이터
   ③ 단순 회귀분석 실습 − 사고유형별/월별 교통사고 데이터
   ④ 다중 회귀분석 실습 − 사고유형별/월별 교통사고 데이터
   ⑤ 다중 회귀분석 실습 − 혁신제품 만족 데이터

3) 종합 연습문제

CHAPTER 1 상관관계 분석

1. 상관관계 분석 이해

상관분석은 두 변수 간 어떤 선형적 또는 비선형적 관계를 보이는지 분석하는 방법이다. 두 변수의 관계에서 서로 독립적인 관계이거나 상관된 관계일수록 관계의 강도는 달라진다. 이를 분석하는 것이 상관관계 분석이며 상관관계의 정도를 파악하는 상관계수(Correlation coefficient)는 두 변수 간의 연관된 정보를 나타내주지만 상호 인과관계를 설명하지는 않는다. 즉, 단순히 두 개의 변수가 어느정도 강한 관계를 가지는지 측정하는 것이 상관관계이다. 이중 두 개의 변수의 관계를 살펴보는 것을 단순상관분석(simple correlation analysis)이라고 하며, 2개 이상의 변수 간 관계 강도를 측정하는 것을 다중상관분석(multiple correlation analysis)이라고 한다.

상관관계가 +1에 가까우면 양의 상관관계라고 하며 -1에 가까우면 음의 상관관계라고 한다. 만약, 0값이면 무상관이라고 하지만 0인 경우 상관이 없다기보다는 선형의 상관관계가 아니다라는 표현이 더 정확하다.

r이 -1.0과 -0.7 사이이면, 강한 음적 선형관계
r이 -0.7과 -0.3 사이이면, 뚜렷한 음적 선형관계
r이 -0.3과 -0.1 사이이면, 약한 음적 선형관계
r이 -0.1과 +0.1 사이이면, 거의 무시하는 선형관계
r이 +0.1과 +0.3 사이이면, 약한 양적 선형관계
r이 +0.3과 +0.7 사이이면, 뚜렷한 양적 선형관계
r이 +0.7과 +1.0 사이이면, 강한 양적 선형관계

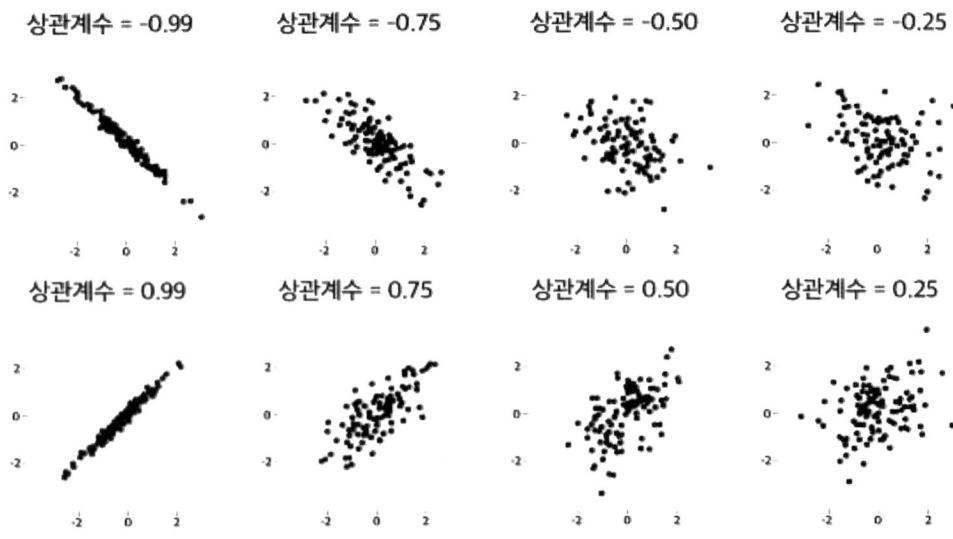

> **문법** 상관분석

```
cor(변수명1,변수명2, method=c("pearson", "kendall", "spearman") , na.rm= 결측값 여부)
cor.test(변수명1 변수명2, alternative = c("two.sided", "less", "greater"),
                            method = c("pearson", "kendall", "spearman"))
```

상관분석에서 pearson 방법은 기본적으로 많이 사용되는 방법론으로 연속형 변수의 상관관계 측정에 사용되며 모수 검정에서 주로 사용한다. kendall 방법은 변수값 대신 순위로 바꿔서 계산하는 상관계수로 비모수 검정에서 사용하며 데이터 표본수가 작거나 데이터의 값이 동률이 많을 때 유용하다. spearman 방법은 서열척도 대신 순위를 이용한 상관계수이며, 비모수 검정에서 많이 사용된다. 이 방법은 데이터 내 편차와 에러에 민감하며 일반적으로 kendall의 상관계수 값보다 높은 값을 보여준다.

2. 상관관계 분석 실습 – 불법 주정차 단속현황 데이터

상관분석 실습을 서울특별시_강남구_불법주정차단속현황 데이터를 이용하였다.

서울특별시_강남구_불법주정차단속현황

변수명		
연도 (int)	동명 (chr)	부과건수 (int)
견인건수 (int)	단속원금.원. (num)	데이터기준일자 (chr)

출처: https://www.data.go.kr/data/15048827/fileData.do

▼ **실습** 상관관계 분석 1 (서울특별시_강남구_불법주정차단속현황)

```
> g_data <- read.csv("서울특별시_강남구_불법주정차단속현황_20210208.csv", header=TRUE)
> gc_data <- subset(g_data, 부과건수<=15000)
> gc_data <- gc_data[,3:5]
> head(gc_data, 3)

   부과건수   견인건수   단속원금.원.
1    9409       284      376360000
4   10763       130      430520000
6    8006        39      320240000

> cor(gc_data$부과건수,gc_data$단속원금.원., method="pearson")

[1] 0.987655

> cor(gc_data$부과건수,gc_data$견인건수, method="pearson")

[1] 0.3059456
```

```
> cor(gc_data, method="pearson")
            부과건수    견인건수   단속원금.원.
부과건수    1.0000000  0.3059456   0.9876550
견인건수    0.3059456  1.0000000   0.3502544
단속원금.원. 0.9876550  0.3502544   1.0000000
```

실습에서는 서울특별시_강남구_불법주정차단속현황_20210208.csv 데이터를 g_data 변수에 저장하였다. 그리고 g_data 변수에서 부과건수가 15000건 이하만 별도로 추출하여 gc_data 변수로 저장하였다. gc_data 변수에는 연도, 동명, 부과건수, 견인건수, 단속원금(원), 데이터기준일자 칼럼이 있으며 이중 부과건수, 견인건수, 단속원금(원) 칼럼만 다시 분리하여 gc_data 변수로 저장하였다. 상관관계의 여부를 분석하기에 앞서 부과건수와 단속원금(원)을 pearson 방법으로 분석하였다. cor(gc_data$부과건수,gc_data$단속원금.원., method="pearson") 명령문을 실행한 결과, 0.987655로 강한 양적인 선형관계를 가진다고 나타났다. 이는 부과건수와 단속원금(원)이 강한 양적 상호 관계를 가지는 것으로 해석한다. 즉, 부과건수가 높아지면 단속원금도 높아지고, 단속원금이 높아지면 부과건수가 높아지는 양의 상호 관계를 가진다는 것이다.

다음으로 다중상관분석을 확인하였다. cor(gc_data, method="pearson") 명령문을 실행한 결과, 부과건수, 견인건수, 단속원금(원) 칼럼을 기준으로 변수 간 상관계수값이 어떻게 구성되는지 확인하였다. 본 데이터의 상관계수를 살펴보면, 부과건수와 견인건수의 상관계수값은 0.3059456, 부과건수와 단속원금(원) 상관계수는 0.9876550, 견인건수와 단속원금(원)의 상관계수값은 0.3502544로 나타났다. 또한, 변수 간 상관계수 값 이외에도 95%이상 신뢰구간에서 두 변수 간 영향을 가지는지 95%수준에서 검정을 하고자 한다면 cor.test() 함수를 이용하면 된다.

귀무가설 : 두 변수는 상관관계를 가지지 않는다.
대립가설 : 두 변수는 상관관계를 가진다.

실습에서 cor.test(gc_data$부과건수, gc_data$단속원금.원., method="pearson", alternative="two.sided") 명령문을 실행한 결과 부과건수와 단속원금(원)의 상관관계는 0.987655로 p-value 값은 2.2e-16으로 나타나 부과건수와 단속원금(원) 간의 상관관계를 가진다는 대립가설을 채택한다. 즉, 두 변수의 상관계수인 0.987655의 영향력을 99% 신뢰수준에서 강력하게 주장할 수 있다.

그리고 cor.test(gc_data$부과건수,gc_data$견인건수, method="pearson", alternative="two.sided") 명령문의 실행 결과를 살펴보면 부과건수와 견인건수의 상관관계는 0.3059456이며 p-value값은 0.1065로 나타났다. p-value값이 0.05보다 높은 수치를 보여 부과건수와 견인건수 간의 상관관계가 0.3059456이어도 두 변수 간 상관관계를 가진다고 설명할 수는 없다.

> **실습** 　상관관계 분석 2 (서울특별시_강남구_불법주정차단속현황)

```
> cor.test(gc_data$부과건수,gc_data$단속원금.원., method="pearson", alternative="two.sided")

        Pearson's product-moment correlation

data: gc_data$부과건수 and gc_data$단속원금.원.
t = 32.762, df = 27, p-value < 2.2e-16
alternative hypothesis: true correlation is not equal to 0
95 percent confidence interval:
 0.9735596 0.9942580
sample estimates:
     cor
0.987655

> cor.test(gc_data$부과건수,gc_data$견인건수, method="pearson", alternative="two.sided")

        Pearson's product-moment correlation

data: gc_data$부과건수 and gc_data$견인건수
t = 1.6698, df = 27, p-value = 0.1065
alternative hypothesis: true correlation is not equal to 0
95 percent confidence interval:
 -0.0682083  0.6046513
sample estimates:
     cor
0.3059456
```

상관분석을 시각화로 표현할 수 있다. 상관분석의 시각화 패키지는 다양하게 존재한다. 본서에서는 세 가지 패키지를 설치하여 상관분석을 시각화하였다.

> **문법** 　상관분석 시각화 패키지

```
install.packages("corrgram")
library(corrgram)
corrgram(변수명, upper.panel = panel.conf / lower.panel = panel.conf)
```

```
install.packages("PerformanceAnalytics")
library(PerformanceAnalytics)
chart.Correlation(변수명, method = c("pearson", "kendall", "spearman"))
```

```
install.packages("corrplot")
library(corrplot)
corrplot(변수명, method=c("circle", "square", "ellipse", "number", "shade", "color", "pie"),
  type = c("full", "lower", "upper"), tl.srt=변수명 회전)
```

▼ **실습** 상관관계 분석 - 시각화 1 (서울특별시_강남구_불법주정차단속현황)

> install.packages("corrgram")
> library(corrgram)
> corrgram(gc_data) #색상의 강도를 통해서 상관관계의 영향력을 보여주고 있다.

> corrgram(gc_data, upper.panel = panel.conf)

큰 글씨는 상관계수값을 의미하며 괄호( )안의 신뢰구간을 의미한다. 시각화를 통해 상관관계를 확인해보면, 시각화 이전에는 별도의 명령문으로 상관관계값과 신뢰구간을 확인해야 하는 번거로움이 있었지만, 시각화를 통해서 편하게 모든 변수의 관계를 해석할 수 있다.

▼ 실습 　상관관계 분석 - 시각화 2 (서울특별시_강남구_불법주정차단속현황)

```
> install.packages("PerformanceAnalytics")
> library(PerformanceAnalytics)
> chart.Correlation(gc_data, method="pearson")
```

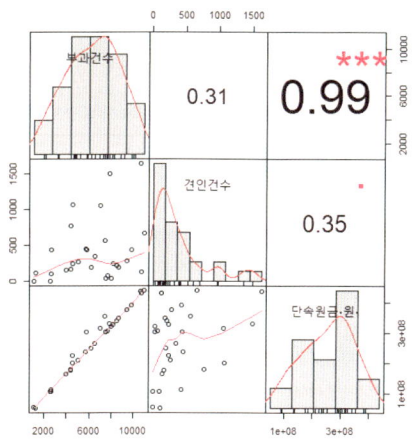

PerformanceAnalytics 패키지는 상관계수의 값과 ***로 95%의 신뢰수준의 p-value 값을 보여주기 때문에 상관관계를 해석하기가 더 편하다. 부과건수와 단속원금(원)은 0.99로 강한 상관관계를 99% 신뢰수준에서 설명할 수 있다. 하지만, 견인건수와 단속원금(원)은 0.35, 부과건수와 견인건수는 0.31의 상관관계는 통계적으로 유의하지 않게 나타났다.

```
> install.packages("corrplot")
> library(corrplot)
> cr <- cor(gc_data, method="pearson")
> corrplot(cr, method="pie", type="full", tl.srt=20) #파이차트 비율로 상관관계 영향력을 보여주고 있다.
```

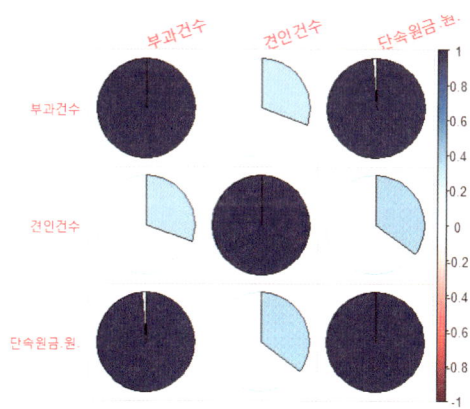

corrplot도 상관관계를 숫자로 표시해주며, 변수 간 어떤 값들이 상관관계가 높은지 색상이 농도로 확인할 수 있다.

3. 상관관계 분석 실습 – 사고유형별/월별 교통사고 데이터

두 번째 상관분석을 실습하고자 '도로교통공단_사고유형별 월별 교통사고 통계(2018)' 데이터를 활용하였다.

도로교통공단_사고유형별 월별 교통사고 통계(2018)

변수명				
사고유형대분류 (chr)	사고유형중분류 (chr)	사고유형 (chr)	사고건수 (int)	월 (int)
사망자수 (int)	중상자수 (int)	경상자수 (int)	부상신고자수 (int)	

출처: https://www.data.go.kr/data/15070290/fileData.do#layer_data_infomation

▼실습 상관관계 분석 1 – (도로교통공단_사고유형별 월별 교통사고 통계(2018))

```
> setwd("C:/Data Analysis/r_exam")
> t_data <- read.csv("도로교통공단_사고유형별 월별 교통사고(2018).csv", header=TRUE)
> t1 <- subset(t_data, 사고유형대분류=="차대사람" & 사고유형중분류=="횡단중")
> t1 <- t1[,5:9] #사고건수, 사망자수, 중상자수, 경상자수, 부상신고자수 칼럼만 추출
> head(t1, 3)

  사고건수 사망자수 중상자수 경상자수 부상신고자수
1     1667       88      917      720           70
2     1511       62      760      713           60
3     1599       76      798      751           80

> cor(t1$사고건수,t1$중상자수, method="pearson")

[1] 0.9389223

> cor(t1, method="pearson")

               사고건수   사망자수   중상자수   경상자수   부상신고자수
사고건수      1.0000000  0.7304159  0.9389223  0.8514449    0.7454240
사망자수      0.7304159  1.0000000  0.7098103  0.3968579    0.5980781
중상자수      0.9389223  0.7098103  1.0000000  0.6636358    0.6705900
경상자수      0.8514449  0.3968579  0.6636358  1.0000000    0.6312211
부상신고자수  0.7454240  0.5980781  0.6705900  0.6312211    1.0000000

> cor.test(t1$사고건수, t1$중상자수)

        Pearson's product-moment correlation

data:  t1$사고건수 and t1$중상자수
t = 8.628, df = 10, p-value = 6.039e-06
alternative hypothesis: true correlation is not equal to 0
95 percent confidence interval:
 0.7915428 0.9830880
sample estimates:
      cor
0.9389223
```

실습에서 도로교통공단_사고유형별 월별 교통사고(2018).csv 파일을 t_data 변수로 저장하였다. t_data 변수에서도 차대사람 사고 중 횡단중에 일어난 사고만 별도로 추출하여 t1 변수에 저장하였다. 그리고 t1 변수에서 t1[,5:9] 명령문을 실행하여 5번째 칼럼부터 9번째 칼럼인 사고건수, 사망자수, 중상자수, 경상자수, 부상신고자수 칼럼만 추출하여 t1 변수를 재저장하였다.

실습에서 사고건수와 중상자수의 상관관계를 살펴보기 위해 cor(t1$사고건수,t1$중상자수, method="pearson") 명령문을 실행하였으며 0.9389223으로 나타났다. 사고건수, 사망자수, 중상자수, 경상자수, 부상신고자수의 변수들의 상호 관계를 모두 확인하기 위해 cor(t1, method="pearson") 명령문을 실행하였다. 사고건수는 사망자수와 상관관계가 0.7304, 중상자수는 0.9389, 경상자수는 0.8514, 부상신고자수는 0.7454로 모든 변수와 강한 선형적인 상관관계를 보여주고 있다. 하지만, 경상자수와 사망자수와의 상관관계는 0.3968로 전체 상관관계에서 가장 작은 수치를 보여준다. 별도로 cor.test(t1$사고건수, t1$중상자수) 명령문을 통해 사고건수와 중상자수의 상관관계값을 살펴보았다. 상관관계값은 0.9389223이며 95% 유의수준에서 t값이 8.628로 나타났고, p-value는 6.039e-06으로 나타나 99% 신뢰구간에서 매우 강한 상관관계가 있다고 해석할 수 있다. 이러한 상관계수 값을 시각화로 이해할 수 있도록 별도의 패키지를 이용하여 확인하였다.

▼ 실습 | 상관관계 분석 - 시각화 1 - (도로교통공단_사고유형별 월별 교통사고 통계(2018))

> install.packages("corrgram")
> library(corrgram)
> corrgram(t1)

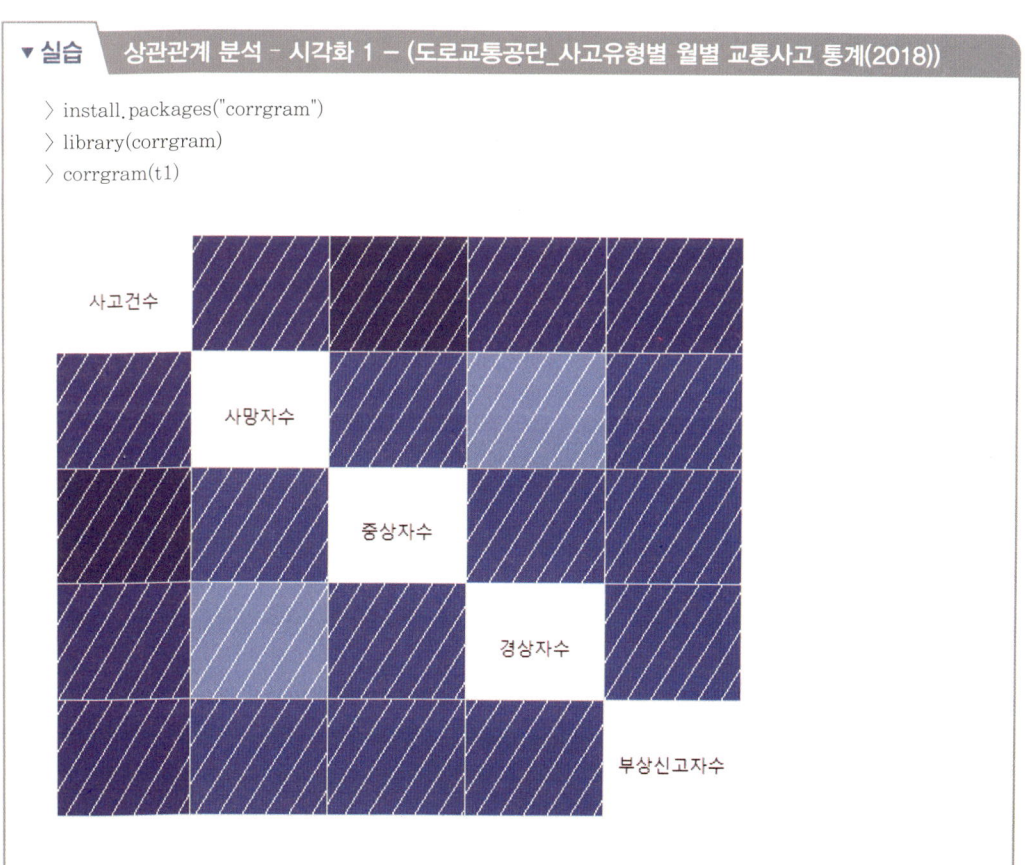

> corrgram(t1,lower.panel = panel.conf)

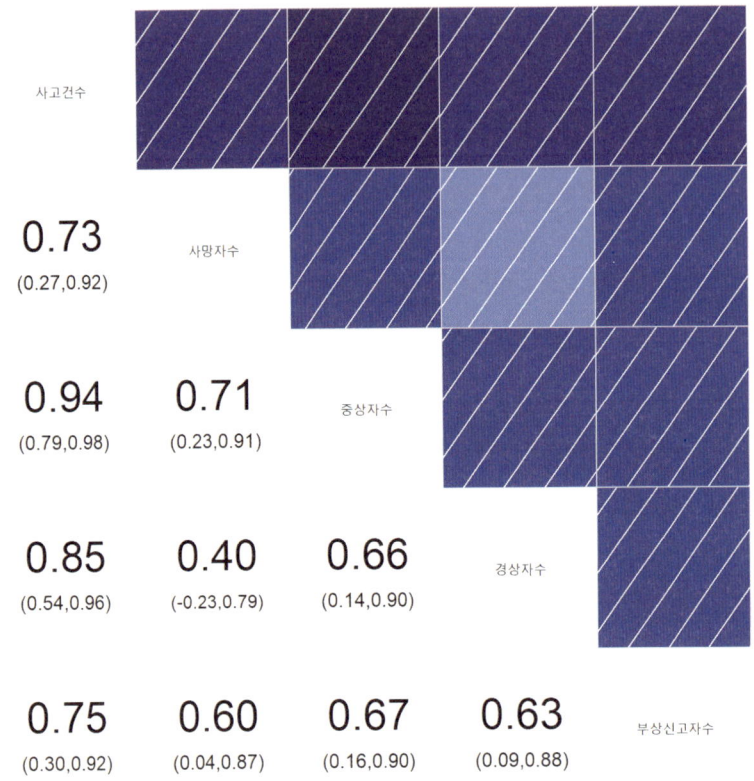

▼ **실습** 상관관계 분석 2 - (도로교통공단_사고유형별 월별 교통사고 통계(2018))

```
> install.packages("PerformanceAnalytics")
> library(PerformanceAnalytics)
> chart.Correlation(t1)
> #사망자수와 경상자수의 상관계수값은 0.40이지만 p-value값에 의해서 관계가 없다고 해석한다.
```

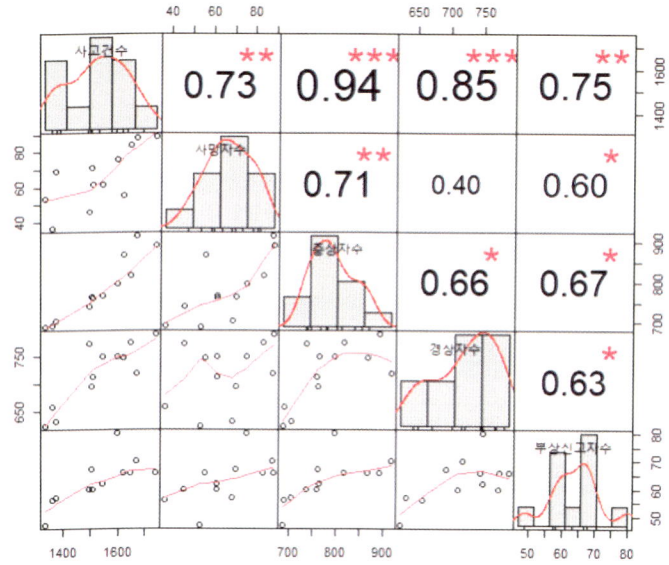

```
> install.packages("corrplot")
> library(corrplot)
> cr <- cor(t1, method="pearson")
> corrplot(cr, method="circle", tl.srt=20)
```

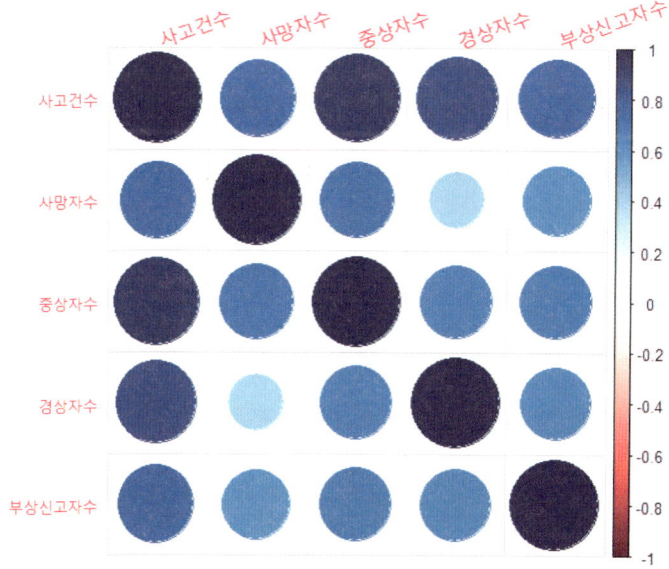

PART 7 상관분석과 회귀분석 **261**

4. 상관관계 분석 실습 – 혁신제품 만족 데이터

세 번째 상관관계 분석 실습은 혁신제품 만족연구 데이터를 활용하여 분석하였다. 혁신제품 만족 연구는 설문데이터이며, 성별, 나이, 학력 칼럼을 제외한 모든 변수는 5점의 리커드 척도 점수로 구성되어 있다.

혁신제품 만족연구

변수명	변수타입	설문 내용
성별	int	① 남자 ② 여자
나이	int	① 19세 이하 ② 20~25세 ③ 26~29세 ④ 30~35세 ⑤ 36~39세 ⑥ 40세 이상
학력	int	① 고등학교 졸업 ② 대학/대학교 재학 ③ 대학/대학교 졸업 ④ 대학원 재학 ⑤ 대학원 이상
혁신_기술	int	내가 구매한 최신 스마트폰은 하드웨어 기술이 혁신적이라고 믿는다. (1~5점 척도)
혁신_디자인	int	내가 구매한 최신 스마트폰은 디자인이 혁신적 이라고믿는다. (1~5점 척도)
혁신_소프트웨어	int	내가 구매한 최신 스마트폰은 소프트웨어 기능이 혁신적이라고 믿는다. (1~5점 척도)
혁신_실용성	int	내가 구매한 최신 스마트폰은 실용성이 강조되었다고 믿는다. (1~5점 척도)
혁신_품질	int	내가 구매한 최신 스마트폰은 품질이 혁신적이라고 믿는다. (1~5점 척도)
편의성_인터페이스	int	구매한 최신 스마트폰은 사용 인터페이스가 편리하게 되어 있다. (1~5점 척도)
편의성_사용자	int	구매한 최신 스마트폰은 사용 방법이 쉽다. (1~5점 척도)
편의성_소프트웨어	int	구매한 최신 스마트폰은 기능 사용에 많은 정신적 노력을 요구하지 않는다. (1~5점 척도)
편의성_AS서비스	int	구매한 최신 스마트폰은 기술 문제가 발생하면 빠른 서비스를 받을 수 있다. (1~5점 척도)
만족도	int	내가 구매한 최신 스마트폰을 만족한다. (1~5점 척도)

실습에서는 혁신_기술, 혁신_디자인, 혁신_소프트웨어, 혁신_실용성, 혁신_품질만 추출하여 상관분석의 영향력을 살펴보았다.

▼ **실습** 　상관관계 분석 1 (혁신제품 만족연구)

```
> setwd("C:/Data Analysis/r_exam")
> n_data <- read.csv("new_tech.csv", header=TRUE)
> n_data2 <- n_data[,4:8]  #4번째부터 8번째까지 혁신 칼럼만 추출
> cor(n_data2$혁신_기술,n_data2$혁신_디자인, method="pearson")

[1] 0.4704017

> cor(n_data2, method="pearson")
               혁신_기술   혁신_디자인  혁신_소프트웨어  혁신_실용성   혁신_품질
혁신_기술      1.0000000   0.4704017     0.4809273       0.3976690    0.4975795
혁신_디자인    0.4704017   1.0000000     0.5861749       0.3463590    0.4889995
혁신_소프트웨어 0.4809273  0.5861749     1.0000000       0.5820959    0.5729321
혁신_실용성    0.3976690   0.3463590     0.5820959       1.0000000    0.5845688
혁신_품질      0.4975795   0.4889995     0.5729321       0.5845688    1.0000000
```

n_data 변수에는 new_tech.csv 파일의 데이터가 저장되어 있다. 이 중 모든 데이터를 상관분석을 진행하지 않고, 혁신 관련 데이터만 추출하기 위해서 n_data2 <- n_data[,4:8] 명령문을 사용하여 4번째부터 8번째 칼럼까지만 데이터를 추출하여 n_data2로 저장하였다.

혁신_기술과 혁신_디자인의 두 칼럼의 상관관계를 확인하기 위해서 cor(n_data2$혁신_기술,n_data2$혁신_디자인, method="pearson") 명령문을 실행하였고, pearson 방법으로 계수값을 산출하였다. 결과를 살펴보면, 혁신_기술과 혁신_디자인의 상호 관계는 0.4704017로 나타났다. 즉, 둘 변수 간 양적 상호 관계가 있다고 해석하게 된다. 또한, cor(n_data2, method="pearson") 명령문을 실행하여 n_data2에 있는 모든 변수를 각각의 상관관계 값을 화면에 출력하였다. 혁신_기술은 혁신_품질과의 상관관계값이 다른 칼럼보다 높게 나타났으며, 혁신_디자인은 혁신_소프트웨어와의 상관관계 값이 다른 칼럼보다 높게 나타났다.

▼실습 상관관계 분석 2 (혁신제품 만족연구)

```
> cor.test(n_data2$혁신_기술,n_data2$혁신_디자인)

        Pearson's product-moment correlation

data:  n_data2$혁신_기술 and n_data2$혁신_디자인
t = 8.9357, df = 281, p-value < 2.2e-16
alternative hypothesis: true correlation is not equal to 0
95 percent confidence interval:
 0.3743356 0.5564777
sample estimates:
      cor
0.4704017
```

n_data2의 모든 변수의 상관관계를 분석하였지만, 상호 관계가 있는지 p-value 값을 보여주지 않아 별도로 상관관계의 p-value를 확인하였다. 실습에서는 cor.test(n_data2$혁신_기술,n_data2$혁신_디자인) 명령문으로 혁신_기술과 혁신_디자인의 p-value를 확인하였다. 상관계수는 0.4704017로 나타났고, t값은 8.9357, p-value 값은 2.2e-16으로 나타나 혁신_기술과 혁신_디자인은 상호 양적인 상관관계를 가진다고 설명할 수 있다.

▼실습 상관관계 분석 – 시각화 1 (혁신제품 만족연구)

```
> install.packages("corrgram")
> library(corrgram)
> corrgram(n_data2)
```

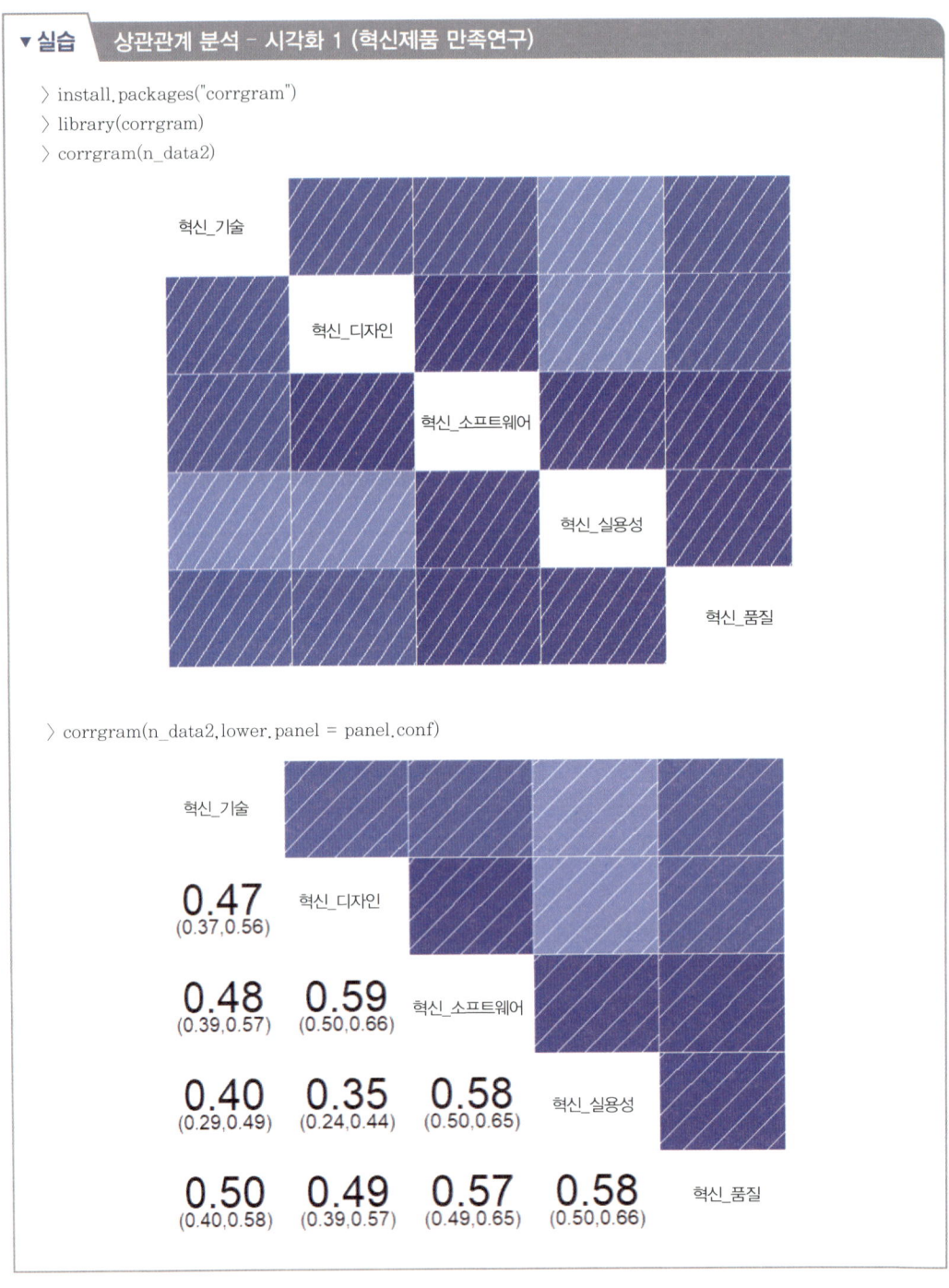

```
> corrgram(n_data2, lower.panel = panel.conf)
```

혁신제품 만족 연구에서 혁신 칼럼 간 계산된 상관관계를 시각화로 표현하였다. 큰 글씨는 상관관계값을 의미하며 괄호( )안은 신뢰구간을 의미한다. 시각화를 통하지 않고 상관관계를 확인해보면, 별도의 명령문으로 입력하여 상관관계값과 신뢰구간을 확인해야 하는 번거로움이 있다. 하지만, 시각화로 통하면 모든 변수의 상관관계를 편하게 해석할 수 있다.

▼실습   상관관계 분석 - 시각화 2 (혁신제품 만족연구)

```
> install.packages("PerformanceAnalytics")
> library(PerformanceAnalytics)
> chart.Correlation(n_data2)
```

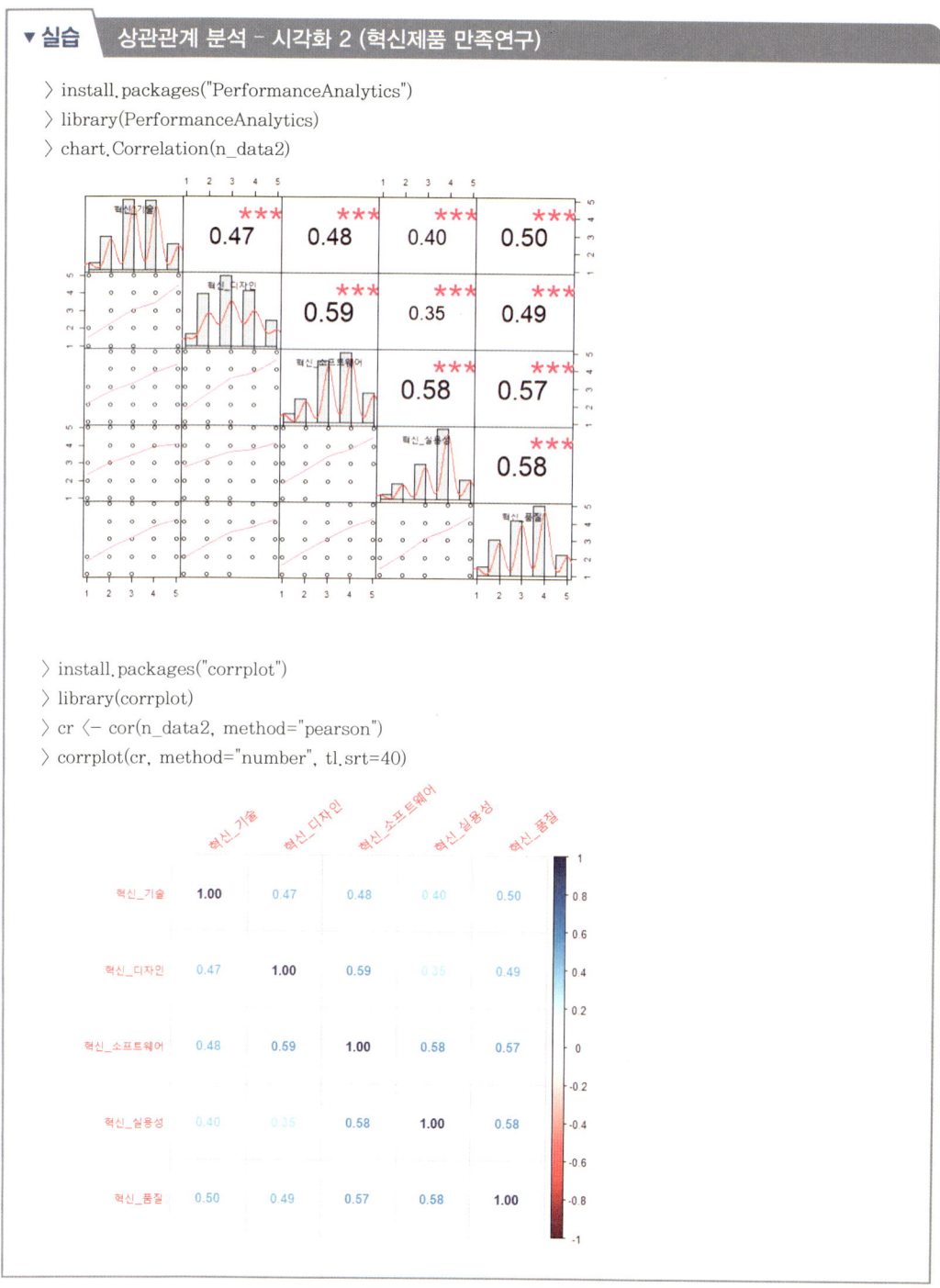

```
> install.packages("corrplot")
> library(corrplot)
> cr <- cor(n_data2, method="pearson")
> corrplot(cr, method="number", tl.srt=40)
```

PerformanceAnalytics 패키지로 상관관계를 살펴보면, 혁신_기술, 혁신_디자인, 혁신_소프트웨어, 혁신_실용성, 혁신_품질 등의 변수들은 모두 99% 유의수준에서 양의 상관관계가 있다고 나타났다.

CHAPTER 2 선형 회귀분석

1. 회귀분석 이해

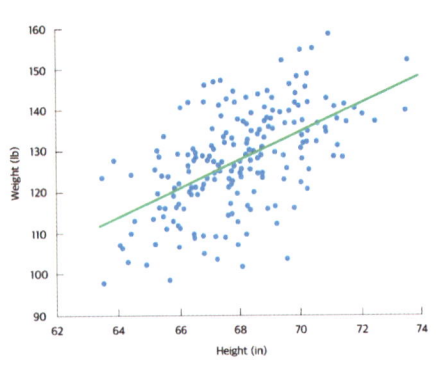

회귀분석이란 독립변수의 특정한 값에 따른 종속변수의 값을 예측하는 기법을 말한다. 회귀분석은 특정 독립변수가 다른 종속변수에 어떠한 영향을 미치는지 분석하는 데 사용되며, 변수 간의 인과관계를 설명해준다. 여기서 인과관계란 독립변수가 종속변수에 영향을 미치는 원인이 되는 관계를 의미한다.

단순회귀분석은 독립변수와 종속변수가 각각 한 개일 경우를 말하며, 두 변수 사이의 함수적 관계를 나타내는 수학적 회귀방정식을 구하여 인과관계를 설명한다.

회귀분석을 수행하기 위해서는 다음의 기본 가정이 충족되어야 한다.

- (1단계) 선형 회귀분석의 기본 가정이 충족되는지 확인한다. 즉, 종속변수는 연속형 변수이어야 하며, 범주형 변수는 종속변수로 사용할 수 없다.
- (2단계) 분산분석의 F값으로 회귀모형의 유의성과 적합성 여부를 판단한다.
- (3단계) 독립변수와 종속변수 간의 관계와 회귀모형의 설명력을 확인한다.
- (4단계) 검정통계량 t값에 대한 유의확률을 통해 가설의 채택 여부를 결정한다.
- (5단계) 등분산성, 독립성, 선형성, 정규성의 기본 가정이 만족하는지 확인한다.

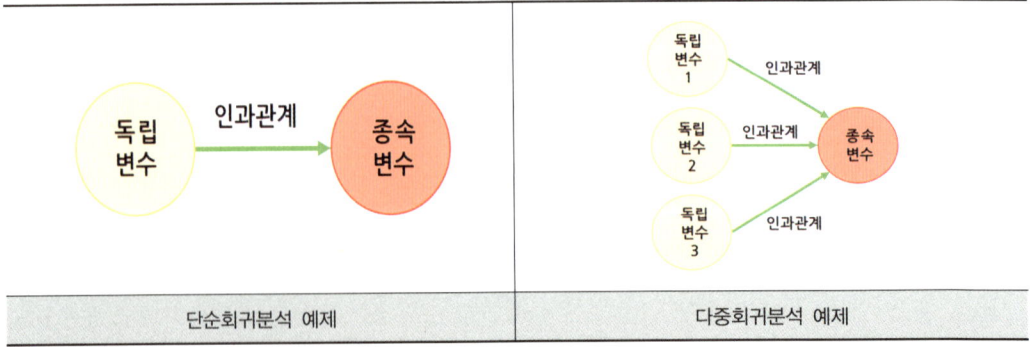

2. 단순 회귀분석 실습 – 스마트폰 판매 데이터

> **문법** 선형회귀분석
>
> lm(formula=y~x, data)

단순 선형회귀분석을 실습하고자 광고 횟수 데이터와 스마트폰 판매 개수의 데이터를 직접 생성하였다.

▼ **실습** 단순회귀 분석 1 - 스마트폰 판매 데이터

```
> x <- c(6,8,3,4,3,3,7,6,5,6,4,5,4,6,9,12,12) #광고 횟수
> y <- c(12,14,10,11,14,10,16,18,16,22,22,15,9,12,27,29,25) #스마트폰 판매 개수
> df <- data.frame(x,y)
> colnames(df) <- c("광고횟수","스마트폰 판매개수")
> head(df)

  광고횟수  스마트폰 판매개수
1    6           12
2    8           14
3    3           10
4    4           11
5    3           14
6    3           10

> result <- lm(formula=y~x, data=df)
> print(result)   #절편(5.607)과 기울기(1.745)

Call:
lm(formula = y ~ x, data = df)

Coefficients:
(Intercept)       x
     6.307      1.697

> yy <- 6.307+1.697*6   #x값이 6으로 광고횟수를 6번 진행하게 된다는 가정
> yy

[1] 16.489
```

실습에서 광고 횟수 데이터는 x 변수로 저장하였으며, y 변수는 스마트폰 판매 개수의 데이터로 저장하였다. x, y 변수를 하나의 변수로 통합하고자 df <- data.frame(x,y) 명령문을 실행하여 df 변수를 저장하였다. df변수에서 이름을 지정하기 위해서 x 칼럼에는 광고횟수, y 칼럼에는 스마트폰 판매개수로 지정하였다.

단순 선형회귀분석을 진행하기 위해서 df 변수에서 y 칼럼을 종속변수로 설정하였고, x변수를 독립변수(설명변수)로 설정하였다. 분석 결과를 확인하고자 print(result) 명령문을 실행하면, 절편의 값은 6.307이며 기울기의 값은 1.697로 나타났다. 이 값을 회귀방정식으로 적용하면

Y=6.307+1.697*X와 같다. 따라서 독립변수(X) 값과 기울기 1.697로 곱해지고, 절편값 6.307과 더하면 종속변수(Y)의 영향력을 확인할 수 있다. 즉, 절편과 기울기를 이용하여 Y값을 예측할 수 있다. 예를 들어 광고 횟수를 6번 진행하였다면 판매 개수는 16개로 예측할 수 있다. 즉, Y=절편+기울기*X라는 공식으로 대입하여 계산하면, 스마트폰 판매 개수는 16개(16.489)로 예측할 수 있다.

▼실습 　단순회귀 분석 2 - 스마트폰 판매 데이터

```
> summary(result)

Call:
lm(formula = y ~ x, data = df)

Residuals:
   Min     1Q  Median     3Q    Max
-5.882 -2.185 -1.398   2.330  8.905

Coefficients:
            Estimate Std. Error t value Pr(>|t|)
(Intercept)  6.3068     2.4682   2.555  0.021969*
x            1.6969     0.3713   4.570  0.000368***
---
Signif. codes:  0 '***' 0.001 '**' 0.01 '*' 0.05 '.' 0.1 ' ' 1

Residual standard error: 4.184 on 15 degrees of freedom
Multiple R-squared:  0.582,   Adjusted R-squared:  0.5541
F-statistic: 20.88 on 1 and 15 DF,  p-value: 0.0003685

> plot(formula=y~x, data=df)    #선형 회귀분석 모델 시각화
> abline(result, col='red')
```

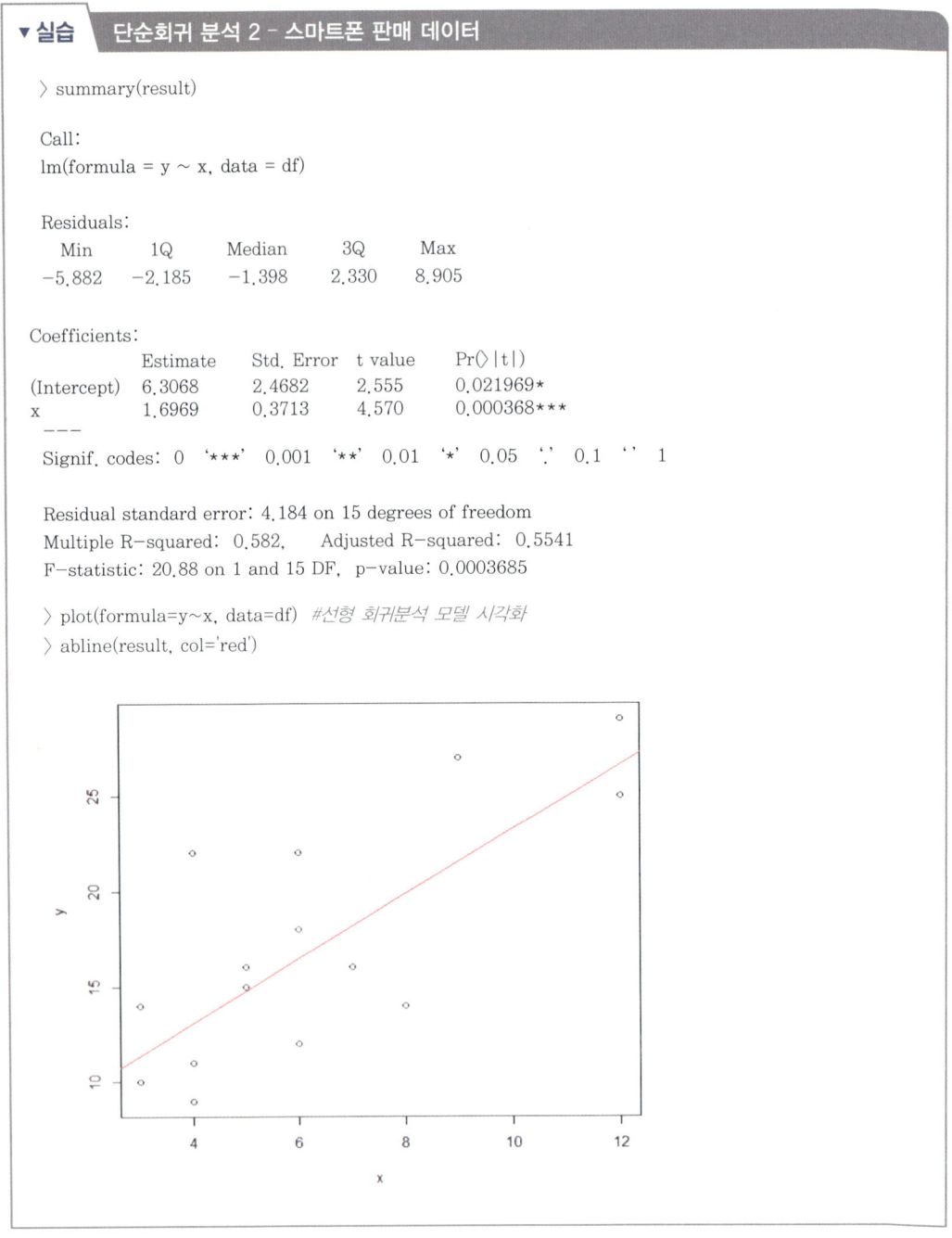

summary(result) 명령문을 실행하면 print(result)의 명령문을 실행한 정보보다 더 많은 세부 정보를 확인할 수 있다. 내용을 살펴보면, Residuals에서는 잔차의 최소값, 사분위수, 중앙값, 최대값의 정보를 제공해준다. Coefficients에서는 x 변수의 통계량도 제시해준다. 또한 회귀분석의 모형의 적합성과 설명력도 확인할 수 있다. 단순회귀분석의 결과를 해석해보면, 독립변수인 광고 횟수가 스마트폰 판매 개수에 미치는 영향력의 모형 적합성은 F값이 20.88, p-value 값이 0.0003685로서 회귀식 모형이 적합하다고 해석할 수 있다. 모형의 설명력 Multiple R-squared 값은 0.582로 58.2%의 설명력이 있다고 해석된다. 또한 광고 횟수인 x 변수는 1.6969의 영향력을 가지며, t value 값이 4.570, p-value 값이 0.000368로 광고 횟수가 증가하면 스마트폰 판매 개수도 증가한다는 가설을 채택할 수 있다.

광고 횟수와 스마트폰 판매 개수의 인과관계를 정리하면,

- 귀무가설: 광고 횟수는 스마트폰 판매 개수에 영향을 주지 않을 것이다.
- 대립(연구)가설: 광고 횟수가 많을수록 스마트폰 판매 개수도 증가할 것이다.
- 분산분석 F값은 19.85의 값을 보여주고 있고, 분산분석의 p-value는 0.0004626으로 회귀모형을 신뢰할 수 있다고 나타났다. 만약 p-value가 0.05이상이면 회귀선이 모델에 부적합하다는 의미로 회귀모형을 해석할 수 없게 된다.
- 회귀모형의 R-squared 값은 독립변수와 종속변수의 인과관계가 얼마만큼 설명력을 가지는지 의미한다. 회귀모형의 설명력을 나타내는 결정계수로써 1에 가까울수록 설명변수(독립변수)가 설명을 잘한다고 판단할 수 있다. 본 모형에서는 0.582로 나타났고, 광고 횟수가 스마트폰 판매 개수에 영향을 미친다는 설명력이 58.2%라고 해석하게 된다.
- 변수의 인과관계를 살펴보고자 한다. 이는 독립변수 t값으로 가설의 채택 여부로 확인할 수 있다. x 변수의 t값은 4.570이고 p-value는 0.000368(***)로 검정통계량의 p값이 0.05보다 매우 작으므로 광고 횟수가 많아질수록 스마트폰 판매 개수가 증가할 것이다라는 가설을 채택할 수 있다.

종속변수	독립변수	베타	표준오차	검정통계량(t값)	유의확률
스마트폰 판매 개수	상수	6.3068	2.4682	2.555	0.021969 *
	광고 횟수(x)	1.6969	0.3713	4.570	0.000368 ***
분석 통계량	R2=0.582, Adjusted R2= 0.5541 ANOVA : F=20.88, p-value=0.0003685 Signif. codes: 0 '***' 0.001 '**' 0.01 '*' 0.05 '.' 0.1 ' ' 1				
회귀식	Y(스마트폰 판매 개수) = 6.307 + 1.697 * 광고 횟수(X)				

3. 단순 회귀분석 실습 – 사고유형별/월별 교통사고 데이터

단순 선형회귀분석의 두 번째 실습을 위해서 도로교통공단_사고유형별 월별 교통사고 통계(2018) 데이터를 활용하였다.

도로교통공단_사고유형별 월별 교통사고 통계(2018)

변수명				
사고유형대분류 (chr)	사고유형중분류 (chr)	사고유형 (chr)	사고건수 (int)	월 (int)
사망자수 (int)	중상자수 (int)	경상자수 (int)	부상신고자수 (int)	

출처: https://www.data.go.kr/data/15070290/fileData.do#layer_data_infomation

▼ 실습   단순 회귀분석 1 – (도로교통공단_사고유형별 월별 교통사고 통계(2018))

```
> setwd("C:/Data Analysis/r_exam")
> t_data <- read.csv("도로교통공단_사고유형별 월별 교통사고(2018).csv", header=TRUE)
> str(t_data)
'data.frame':   203 obs. of  9 variables:
 $ 사고유형대분류: chr  "차대사람" "차대사람" "차대사람" "차대사람" ...
 $ 사고유형중분류: chr  "횡단중" "횡단중" "횡단중" "횡단중" ...
 $ 사고유형      : chr  "횡단중" "횡단중" "횡단중" "횡단중" ...
 $ 월            : int  1 2 3 4 5 6 7 8 9 10 ...
 $ 사고건수      : int  1667 1511 1599 1544 1495 1357 1332 1373 1504 1741 ...
 $ 사망자수      : int  88 62 76 62 46 37 54 69 71 89 ...
 $ 중상자수      : int  917 760 798 766 739 691 688 705 764 891 ...
 $ 경상자수      : int  720 713 751 750 774 659 625 634 696 790 ...
 $ 부상신고자수  : int  70 60 80 62 60 56 47 57 67 66 ...
> t_data2 <- subset(t_data, t_data$사고유형=="횡단중")
> head(t_data2)
  사고유형대분류 사고유형중분류 사고유형 월 사고건수 사망자수 중상자수 경상자수 부상신고자수
1       차대사람         횡단중   횡단중  1     1667       88      917      720           70
2       차대사람         횡단중   횡단중  2     1511       62      760      713           60
3       차대사람         횡단중   횡단중  3     1599       76      798      751           80
4       차대사람         횡단중   횡단중  4     1544       62      766      750           62
5       차대사람         횡단중   횡단중  5     1495       46      739      774           60
6       차대사람         횡단중   횡단중  6     1357       37      691      659           56
```

도로교통공단_사고유형별 월별 교통사고(2018).csv 데이터를 저장하기 위해 read.csv( ) 함수를 이용하였고, t_data 변수로 저장하였다. 이중 '횡단중' 사고로 발생한 데이터만 별도로 추출하여 t_data2 변수로 저장하였다.

총 2018년 1~12월까지의 월별 '횡단중'에 발생한 사고 데이터만 가지고 단순회귀분석을 진행하였다. 이중 선형 회귀분석을 위해서 횡단중 사고로 일어난 중상자수와 사고건수의 칼럼 데이터만 분석을 진행하였다. result <- lm(formula=중상자수~사고건수, data=t_data2) 명령문을 실행하였고, summary(result)로 세부내용을 확인하였다.

▼실습   단순 회귀분석 2 - (도로교통공단_사고유형별 월별 교통사고 통계(2018))

```
> result <- lm(formula=중상자수~사고건수, data=t_data2)
> summary(result)

Call:
lm(formula = 중상자수 ~ 사고건수, data = t_data2)

Residuals:
    Min     1Q  Median     3Q    Max
-28.917 -22.774 -5.951  11.222  58.893

Coefficients:
             Estimate  Std. Error  t value  Pr(>|t|)
(Intercept) -65.54639    98.74008   -0.664     0.522
사고건수      0.55408     0.06422    8.628  6.04e-06 ***
---
Signif. codes:  0 '***' 0.001 '**' 0.01 '*' 0.05 '.' 0.1 ' ' 1

Residual standard error: 27.69 on 10 degrees of freedom
Multiple R-squared:  0.8816,    Adjusted R-squared:  0.8697
F-statistic: 74.44 on 1 and 10 DF,  p-value: 6.039e-06

> plot(formula=중상자수~사고건수, data=t_data2)   #선형 회귀분석 모델 시각화
> abline(result, col='red')
```

분석 결과의 내용을 살펴보면, 독립변수인 중상자수가 종속변수인 사고건수에 미치는 인과관계로 분석이 되었다. Coefficient에서 사고건수는 0.55408(estimate), t-value 값은 8.628, p-vale 값은 6.04e-06으로 나타났다. 즉, 사고건수가 증가하면 중상자수도 증가하는 영향력을 보여주고 있다. 이 값을 회귀방정식을 적용하면 Y=-65.54639+0.55408*사고건수(X)와 같다. 예를 들어, 횡단중에 사고로 사고건수가 122건이 발생하게 되면 Y=절편+기울기*X라는 공식으로 대입하여 계산해보았을 때 중상자수는 2명(2.05137)이 발생하게 된다고 예측할 수 있다. 즉, 사고건수 122건이 발생하면 그 안에 중상자수가 2명 이상 나타난다고 예측할 수 있겠다.

중상자수와 사고건수의 인과관계를 정리하면,

- 귀무가설: 사고건수가 중상자수에 영향을 주지 않을 것이다.
- 대립(연구)가설: 사고건수가 증가할수록 중상자수도 증가할 것이다.
- 분산분석 F값은 74.44의 값을 보여주고 있고, 분산분석의 p-value는 6.039e-06으로 회귀모형을 신뢰할 수 있다고 나타났다. 만약 p-value가 0.05이상이면 회귀선이 모델에 부적합하다는 의미로 회귀모형을 해석할 수 없게 된다.
- 회귀모형의 R-squared 값은 독립변수와 종속변수의 인과관계를 얼마만큼 설명할 수 있는지를 의미한다. 본 모형에서는 0.8816으로 나타났고, 사고건수는 중상자수에 영향을 미친다는 설명력이 88.16%로 해석할 수 있다.
- 독립변수의 t값으로 가설의 채택 여부를 확인할 수 있다. 독립변수인 사고건수는 t값이 0.55408이고, p-value는 6.04e-06(***)으로 검정통계량의 p값이 0.05보다 매우 작다. 이에 사고건수가 많아질수록 중상자수도 증가할 것이다라는 가설을 채택할 수 있다.

종속변수	독립변수	베타	표준오차	검정통계량(t값)	유의확률
중상자수	상수	-65.54639	98.74008	-0.664	0.522
	사고건수	0.55408	0.06422	8.628	6.04e-06 ***
분석 통계량	R2=0.8816, Adjusted R2= 0.8697 ANOVA : F=74.44, p-value=6.039e-06 Signif. codes: 0 '***' 0.001 '**' 0.01 '*' 0.05 '.' 0.1 ' ' 1					
회귀식	Y(중상자수) = -65.54639 + 0.55408 * 사고건수(X)				

4. 다중 회귀분석 실습 – 사고유형별/월별 교통사고 데이터

다음은 다중회귀분석의 실습을 위해서 도로교통공단_사고유형별 월별 교통사고 통계(2018) 데이터를 활용하였다.

도로교통공단_사고유형별 월별 교통사고 통계(2018)

변수명				
사고유형대분류 (chr)	사고유형중분류 (chr)	사고유형 (chr)	사고건수 (int)	월 (int)
사망자수 (int)	중상자수 (int)	경상자수 (int)	부상신고자수 (int)	

출처: https://www.data.go.kr/data/15070290/fileData.do#layer_data_infomation

> **실습** 다중회귀분석 1 – (도로교통공단_사고유형별 월별 교통사고 통계(2018))

```
> setwd("C:/Data Analysis/r_exam")
> t_data <- read.csv("도로교통공단_사고유형별 월별 교통사고(2018).csv", header=TRUE)
> t_data2 <- subset(t_data, t_data$사고유형=="횡단중")
> str(t_data2)

'data.frame':   12 obs. of  9 variables:
 $ 사고유형대분류 : chr  "차대사람" "차대사람" "차대사람" "차대사람" ...
 $ 사고유형중분류 : chr  "횡단중" "횡단중" "횡단중" "횡단중" ...
 $ 사고유형       : chr  "횡단중" "횡단중" "횡단중" "횡단중" ...
 $ 월             : int  1 2 3 4 5 6 7 8 9 10 ...
 $ 사고건수       : int  1667 1511 1599 1544 1495 1357 1332 1373 1504 1741 ...
 $ 사망자수       : int  88 62 76 62 46 37 54 69 71 89 ...
 $ 중상자수       : int  917 760 798 766 739 691 688 705 764 891 ...
 $ 경상자수       : int  720 713 751 750 774 659 625 634 696 790 ...
 $ 부상신고자수   : int  70 60 80 62 60 56 47 57 67 66 ...

> result <- lm(formula = 사고건수 ~ 부상신고자수+경상자수+중상자수+사망자수, data=t_data2)
> anova(result)

Analysis of Variance Table

Response: 사고건수
              Df  Sum Sq  Mean Sq  F value    Pr(>F)
부상신고자수   1  103299   103299  580.777  5.390e-08 ***
경상자수       1   44841    44841  252.107  9.533e-07 ***
중상자수       1   33674    33674  189.326  2.526e-06 ***
사망자수       1    2845     2845   15.997   0.005192 **
Residuals      7    1245      178
---
Signif. codes:  0 '***' 0.001 '**' 0.01 '*' 0.05 '.' 0.1 ' ' 1
```

read.csv( ) 함수를 이용하여 도로교통공단_사고유형별 월별 교통사고(2018).csv를 t_data 변수로 저장하였으며, t_data 변수의 사고유형 칼럼에서 '횡단중'에 발생한 사고 데이터만 별도로 추출하여 t_data2 변수로 저장하였다.

선형 회귀분석의 모형은 사고건수 ~ 부상신고자수+경상자수+중상자수+사망자수로 설정하였다. 즉, 부상신고자, 경상자수, 중상자수, 사망자수가 사고건수에 영향을 미치는지 확인하는 모형으로 구성하였다. 이에 result <- lm(formula = 사고건수 ~ 부상신고자수+경상자수+중상자수+사망자수, data=t_data2) 명령문을 실행하였고, result 변수에 선형 회귀분석의 결과값을 저장하였다.

우선 회귀모형의 회귀식 유의성으로 모형 적합도를 검정하였다. 이를 위해 anova(result) 명령문을 실행하였다. 모형 적합도는 회귀분석 내 분산분석 과정을 거쳐 탄생한 F값을 활용하여 p-value 값을 제공해준다. p-value 값이 0.05이하이면 대립가설을 채택하게 되는데, 대립가설은 회귀식이 유의하다는 의미를 제공한다. 본 실습에서는 모든 설명 변수들이 유의한 검정값을 보여주었다. 즉, 회귀식으로 작성한 사고건수 ~ 부상신고자수+경상자수+중상자수+사망자수 의 모형이 적합하다는 결론을 내릴 수 있다.

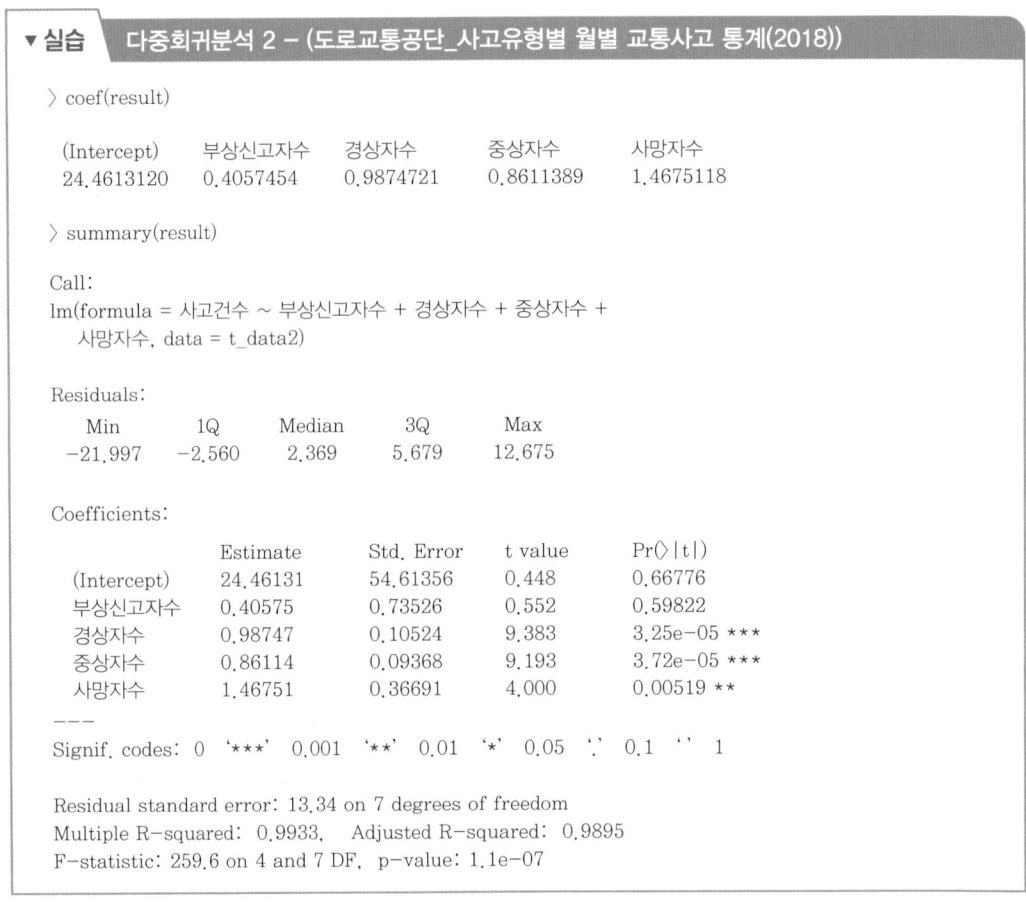

앞서 anova(result) 명령문을 통해 모형 적합성의 타당성을 확보하게 되면서, 선형 회귀분석의 결과를 확인할 수 있겠다. coef(result) 명령문을 실행하면, 설명변수의 계수값(Coefficient)을 확인할 수 있다. 세부적으로 살펴보고자 한다면 summary(result) 명령문을 실행하여 회귀분석 결과 내용을 확인하면 된다.

결과 내용을 살펴보면, Residuals에서는 잔차의 최소값, 사분위수, 중앙값, 최대값을 보여준다. Coefficient의 내용을 살펴보면, 부상신고자수의 estimate는 0.40575이며 t value는 0.552이고, p-value는 0.59822로 나타나 사건건수와는 인과관계를 보이지 않는다. 경상자수의 estimate는 0.98747이고 t value는 9.383이며, p-value는 3.25e-05로 나타나 사고건수를 높이는데 영향력 이 있다고 나타났다. 중상자수의 estimate는 0.86114이고, t value는 9.193이며, p-value는 3.72e-05로 나타나 사고건수를 높이는데 영향력이 있다고 나타났다. 마지막으로 사망자수의

estimate는 1.46751이고, t value는 4.000이며, p-value는 0.00519로 나타나 사고건수를 높이는데 영향력이 있다고 나타났다. 즉, 경상자수, 중상자수, 사망자 순으로 사고건수를 증가시키는 영향력이 있다고 나타났으며 경상자수, 중상자수, 사망자가 증가할 때 사고건수는 증가한다고 인과관계를 설명할 수 있다.

모델의 설명력은 0.9895로 Adjusted R-squared 값이 설명해주고 있다. Multiple R-squared 값은 0.9933으로 모형의 설명력을 나타내주지만, 독립변수가 여러개인 다중회귀분석에서는 Adjusted R-squared 값으로 모델 설명력을 확인한다. 그 이유는 독립변수의 개수와 표본의 크기를 고려하여 R-squared 값을 보정해 주기 때문이다. 즉, 독립변수가 증가할수록 변수값의 영향력이 설명력을 증가시키므로 이를 조정해주는 것이다. F-statistic: 259.6 on 4 and 7 DF, p-value: 1.1e-07로 이 모형은 주어진 표본뿐만 아니라 모집단에서도 의미있는 모형이라 할 수 있다.

▼ 실습 다중회귀분석 3 - (도로교통공단_사고유형별 월별 교통사고 통계(2018))

```
> confint.default(result, level=0.95)
                  2.5 %        97.5 %
    (Intercept)  -82.5792947  131.501919
    부상신고자수    -1.0353310    1.846822
    경상자수       0.7812147    1.193729
    중상자수       0.6775353    1.044743
    사망자수       0.7483809    2.186643
> install.packages("arm")
> library(arm)
> coefplot(result)
```

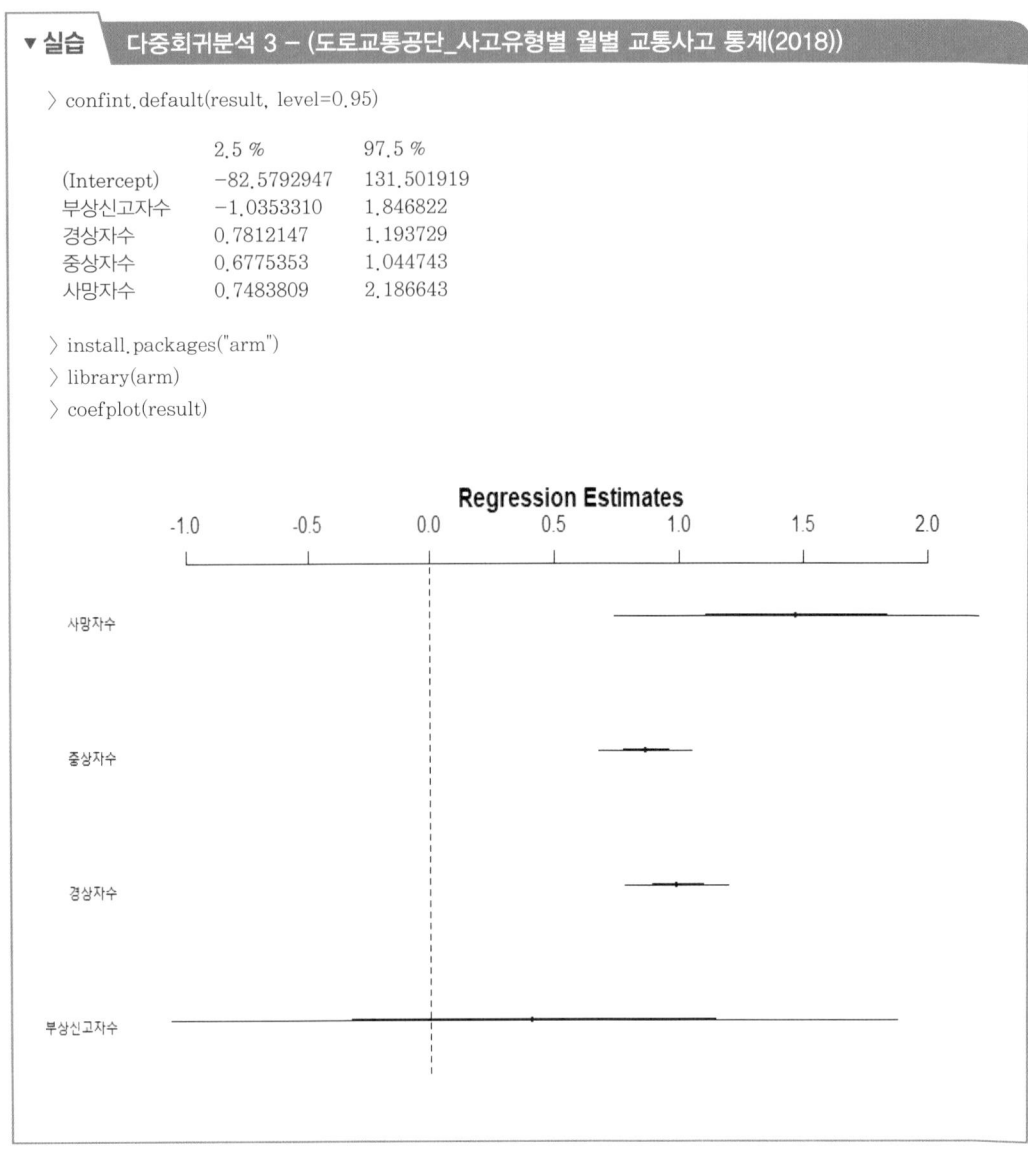

설명변수들의 해당 신뢰구간을 살펴보고자 한다면 confint.default( ) 함수로 확인할 수 있다. 실습에서 confint.default(result, level=0.95) 명령문으로 실행하였을 때, 95% 양측검정의 신뢰구간에서 부상신고자수는 -1.0353310~1.846822의 범위를 가지고 있다. 경상자수는 0.7812147~1.193729의 범위, 중상자수는 0.6775353~1.044743의 범위, 사망자수는 0.7483809~2.186643의 범위를 가진다고 나타났다.

부상자신고자수를 기준으로 신뢰구간을 계산해보면, 0.40575(Estimate)-1.96*0.73526(Std. Error)=-1.035, 0.40575(Estimate)+1.96*0.73526(Std. Error)=1.8468으로 신뢰 하한과 신뢰 상한의 값이 나온다. arm 패키지의 coefplot( ) 함수를 이용하면 신뢰구간을 시각화로 표현할 수 있다.

다음은 다중공선성 문제를 살펴보겠다. 다중공선성이란 독립변수들 간의 상관관계를 말한다. 하나의 독립변수가 다른 독립변수에 미치는 영향이 클 경우에 다중공선성이 존재한다. 다중공선성이 존재하면 최소자승법에 의해 추정된 회귀모형이 표준오차값이 커지는 경향을 보이며, 회귀모형을 잘못 추정할 가능성도 높아진다. 또한, 다중공선성이 클수록 추정된 회귀모형의 예측력은 그만큼 감소하게 된다. 즉, 모든 독립(설명)변수들 간 상관관계가 낮아야 하며, 그렇지 않을 경우 회귀모형의 예측력도 감소되고 모형을 잘못 추정하게 된다.

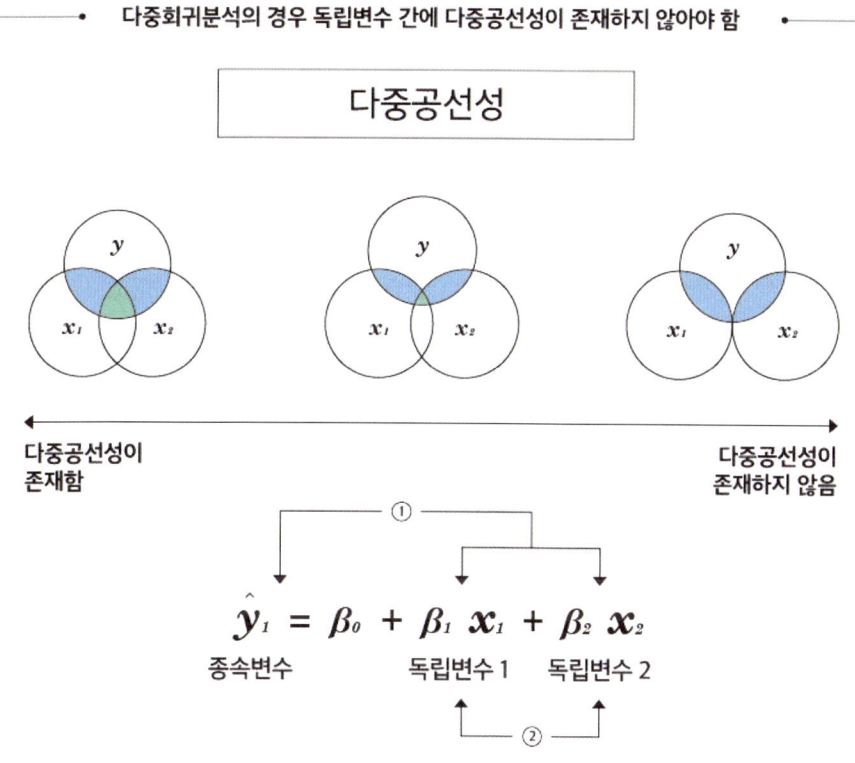

- 종속변수와 독립변수의 상관관계(①)는 높아야 함
- 독립변수와 독립변수 간의 상관관계(②)는 낮아야 함
- 독립변수 간의 상관관계(③)가 낮을 경우 다중공선성도 작다고 할 수 있음

> **실습** 다중회귀분석 4 – (도로교통공단_사고유형별 월별 교통사고 통계(2018))

```
> install.packages("car")
> library(car)
> vif(result)
  부상신고자수    경상자수     중상자수     사망자수
    2.251949     2.136073     3.194158     2.261326
> sqrt(vif(result))>2
 부상신고자수    경상자수     중상자수     사망자수
      FALSE        FALSE        FALSE        FALSE
> durbinWatsonTest(result)
 lag Autocorrelation   D-W Statistic   p-value
  1    -0.3149303        2.432824       0.636
 Alternative hypothesis: rho != 0
```

다중공선성은 분산팽창지수(variation inflation factor, VIF)라는 통계량을 사용하여 확인할 수 있다. VIF값은 car 패키지에 포함된 vif( ) 함수로 계산할 수 있다. 예측변수에 대해 vif() 함수를 이용하여 결과값을 확인할 때 4 미만일 경우에는 문제가 없다고 판단하며, 10을 넘어가면 다중공선성에 문제가 있다고 해석하게 된다. 또한, VIF의 제곱근으로 다중공선성을 판단할 수 있는데 √로 계산하여 2 이상인 것은 다중공선성 문제가 있다는 것을 말한다.

한편, 잔차의 자기상관성은 car 패키지에 있는 durbinWatsonTest( ) 함수를 통해 확인할 수 있다. 더빈왓슨테스트는 오차항이 독립성을 만족하는지 검정하기 위해서 사용된다. 검정통계량 D-W Statistic 값이 0 ~ 4의 값을 가지며 0 값에 가까울수록 잔차는 양의 상관관계를 가지며, 4에 가까울수록 음의 상관관계를 가진다. 2는 독립적인 것을 의미한다. 여기서의 p-value는 자기상관성에 대한 것인데 기각역보다 작다면 자기상관관계가 있다고 해석한다.

본 실습의 결과에서는 vif(result) 명령문을 실행한 결과, 중상자수의 값이 3.19이며 나머지는 2.1~2.25 사이의 값을 보여주고 있어 다중공선성 문제가 없다고 해석할 수 있다. 또한 sqrt(vif(result))>2 명령문을 실행하였을 때 모든 값이 FALSE 값을 보여 다중공선성 문제를 해결하였다. 다음으로 durbinWatsonTest(result) 명령문을 실행하였을 때 D-W Statistic의 값이 2.432824로 잔차들의 자기상관성에서도 독립성을 가지고 있다고 나타났으며 p-value 값이 0.636으로 자기상관성은 독립성을 가진다고 해석하게 된다. 참고로 durbinWatsonTest (result) 명령문을 여러번 반복 실행하면 p-value 값이 조금의 변동은 있지만, p-value 값이 큰 오차로 변하지는 않는다.

▼ 실습 | 다중회귀분석 5 – (도로교통공단_사고유형별 월별 교통사고 통계(2018))

```
> #모델 검정1
> par(mfrow = c(2, 3))
> plot(result, 1:6)
```

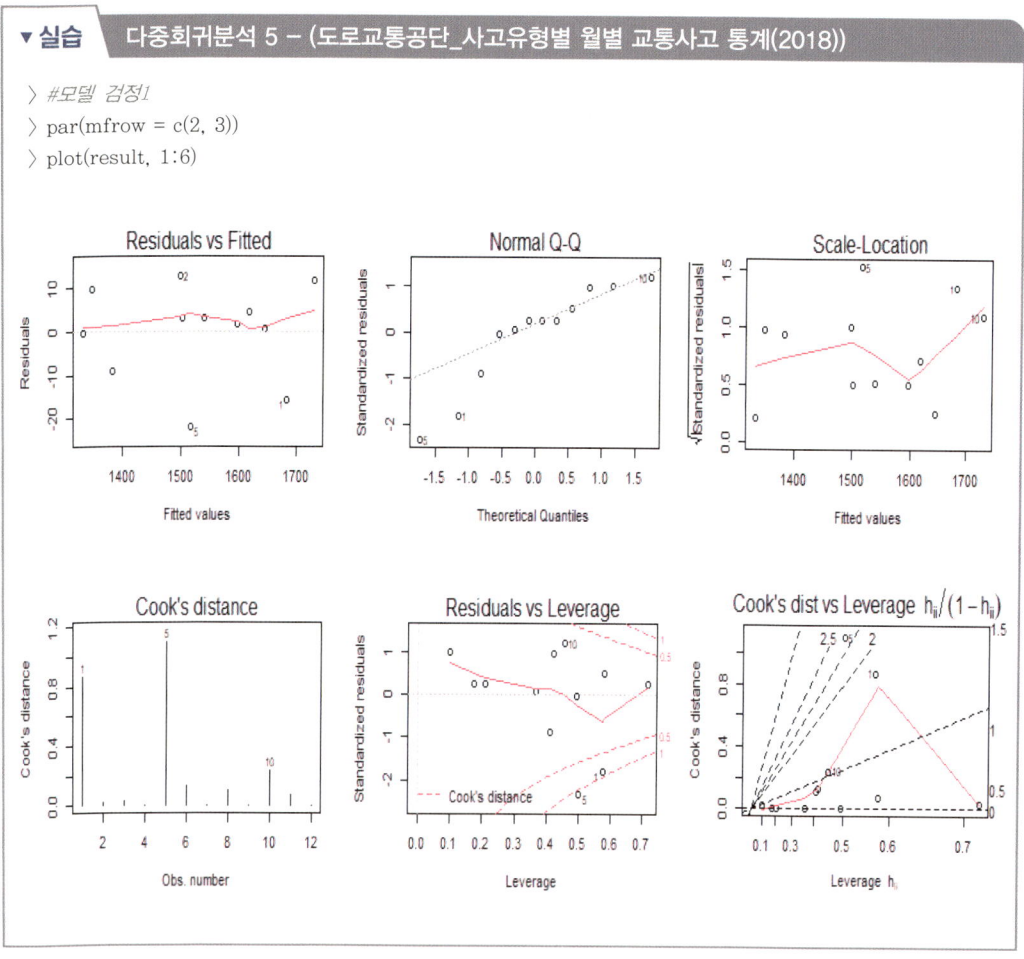

회귀분석으로 생성된 result 변수의 내용이 적절한 모델인지 시각화하기 위해 plot(result, 1:6) 명령문을 실행하였다.

① Residuals vs Fitted plot은 모형의 선형성으로 예측값(fitted)과 잔차(redidual)를 비교하여 시각화해준다. 빨간 실선은 잔차의 추세를 나타내며 빨간 실선이 점선에서 크게 벗어나면 예측값에 따라 잔차가 크게 달라진다는 것을 의미한다. 모델의 예측값과 잔차간의 독립성, 독립변수와 잔차간의 독립성, 잔차의 자기상관성을 보면 잔차가 무작위로 퍼져있는 모습을 가지고 있어 잔차가 일정한 패턴을 보이지 않고 규칙성을 가지고 있는 모습이 아니라. 즉, 잔차의 평균이 0을 중심으로 일정하게 패턴 없이 분포되어 있어야 한다.

② Normal Q-Q Plot은 잔차가 정규분포를 따른다는 가정을 확인하는 것이다. 잔차가 정규분포를 띄면 Q-Q 플롯에서 점들이 점선을 배치되어 있어야 한다. 잔차의 정규성이 위반되었는지 확인하고 싶다면 shapiro.test() 함수로 확인할 수 있다. 본 실습에서는 shapiro.test(result$residuals) 명령문을 실행한 결과 p-value 값이 0.1693으로 잔차의 정규성이 가정된다고 판단할 수 있다.

③ Scale-Location Plot은 잔차의 등분산성을 시각해준다. 회귀모형을 통해 예측된 값이 크든지 작던지 간에 모든 값들에 대해서 잔차의 분산이 동일하다는 가정을 확인하는 것이다. 차트에서 예측값(가로측)에 따라 잔차가 어떻게 달라지는지 보여주며 빨간색 실선이 수평선을 그려지는 것이 이상적이다. 실습에서는 수평선이 아래도 꺾였다 다시 위로 높아지는 형태를 보여주고 있다. 이에 본 실습에서는 등분산성 검정을 위해 ncvTest( ) 함수를 이용하였다. ncvTest(result) 명령문을 실행한 결과 Chisquare = 0.1322123, p = 0.71615으로 나타났다. p값이 0.05이상이면 등분산성을 가정할 수 있다고 해석할 수 있다.

④ Cook's distance는 극단값을 나타내는 지표이다. 본 실습에서는 5번의 데이터와 10번의 데이터가 예측에서 많이 벗어나고 있음을 보여주고 있다.

⑤ Residuals vs Leverage plot에서 Leverage는 설명변수가 얼마나 극단에 치우쳐 있는지를 말해준다. 예를 들어 대다수의 값들이 1~10일 때 어느 한 값이 10000 값을 갖는다면 그 10000을 가진 값이 레버리지가 크다고 할 수 있다. 빨간선은 Cook's distance를 표시하기 때문에 이 부분을 고려하면서 데이터를 살펴볼 수 있다.

⑥ cook's distance vs leverage plot은 레버리지와 쿡의 거리를 보여준다.

▼ 실습   다중회귀분석 6 – (도로교통공단_사고유형별 월별 교통사고 통계(2018))

```
> #잔차의 정규성 검정
> shapiro.test(result$residuals)

    Shapiro-Wilk normality test

data:  result$residuals
W = 0.90219, p-value = 0.1693

> # 등분산성 검정
> ncvTest(result)
Non-constant Variance Score Test
Variance formula: ~ fitted.values
Chisquare = 0.1322123, Df = 1, p = 0.71615
```

▼ 실습   다중회귀분석 7 – (도로교통공단_사고유형별 월별 교통사고 통계(2018))

```
> #모델 검정2
> install.packages("gvlma")
> library(gvlma)
> gvmodel <- gvlma(result)
> summary(gvmodel)

Call:
lm(formula = 사고건수 ~ 부상신고자수 + 경상자수 + 중상자수 +
    사망자수, data = t_data2)
```

```
Residuals:
    Min     1Q  Median     3Q     Max
-21.997  -2.560   2.369  5.679  12.675

Coefficients:
             Estimate  Std.Error  t value  Pr(>|t|)
(Intercept)  24.46131   54.61356    0.448   0.66776
부상신고자수    0.40575    0.73526    0.552   0.59822
경상자수       0.98747    0.10524    9.383  3.25e-05 ***
중상자수       0.86114    0.09368    9.193  3.72e-05 ***
사망자수       1.46751    0.36691    4.000   0.00519 **
---
Signif. codes:  0 '***' 0.001 '**' 0.01 '*' 0.05 '.' 0.1 ' ' 1

Residual standard error: 13.34 on 7 degrees of freedom
Multiple R-squared: 0.9933,   Adjusted R-squared: 0.9895
F-statistic: 259.6 on 4 and 7 DF,  p-value: 1.1e-07

ASSESSMENT OF THE LINEAR MODEL ASSUMPTIONS
USING THE GLOBAL TEST ON 4 DEGREES-OF-FREEDOM:
Level of Significance = 0.05

Call:
gvlma(x = result)

                    Value    p-value              Decision
Global Stat       3.43186     0.4883  Assumptions acceptable.
Skewness          1.36383     0.2429  Assumptions acceptable.
Kurtosis          0.03137     0.8594  Assumptions acceptable.
Link Function     0.51688     0.4722  Assumptions acceptable.
Heteroscedasticity 1.51978    0.2177  Assumptions acceptable.
```

gvlma 패키지를 이용하면 선형회귀분석의 적합성을 폭넓게 해석할 수 있다. 기본 선형 회귀분석의 계수값과 R-squared 값 이외에도 Global stat, Skewness, Kurtosis, Link Function, Heteroscedasticity의 지표를 제공해준다. 우선 Global stat는 선형성 만족여부를 의미하며, 종속변수와 독립변수 간의 선형성을 가지는지 의미한다. Skewness, Kurtosis는 왜도와 첨도의 지표를 설명해준다. Link Function는 종속 변수가 연속형 변수인지를 의미하며, Heteroscedasticity은 오차 분산의 동등성과 등분산성이 가지는지를 의미한다. 이에 대한 가정이 만족스러운지는 Decision의 결과로 확인할 수 있다. 본 실습에서의 결과는 모든 가정이 만족하는 모습으로 나타났다.

5. 다중 회귀분석 실습 – 혁신제품 만족 데이터

두 번째 선형 회귀분석의 실습에 혁신제품 만족연구 데이터를 활용하였다.

혁신제품 만족연구

변수명				
성별 (int)		나이 (int)		학력 (int)
혁신_기술 (int)	혁신_디자인 (int)	혁신_소프트웨어 (int)	혁신_실용성 (int)	혁신_품질 (int)
편의성_인터페이스 (int)	편의성_사용자 (int)	편의성_소프트웨어 (int)	편의성_AS서비스 (int)	만족도 (int)

▼ 실습   다중회귀분석 1 – (혁신제품 만족연구)

```
> setwd("C:/Data Analysis/r_exam")
> t_data <- read.csv("new_tech.csv", header=TRUE)
> t_data <- t_data[order(runif(nrow(t_data))), ]
> str(t_data)

'data.frame':   283 obs. of  13 variables:
 $ 성별             : int  2 2 1 2 2 2 2 1 2 2 ...
 $ 나이             : int  2 2 3 2 2 2 2 2 2 2 ...
 $ 학력             : int  2 2 2 2 2 2 2 2 2 2 ...
 $ 혁신_기술        : int  3 4 4 4 3 3 5 4 5 3 ...
 $ 혁신_디자인      : int  2 4 2 4 3 2 5 4 3 4 ...
 $ 혁신_소프트웨어  : int  4 5 1 4 3 2 5 4 4 3 ...
 $ 혁신_실용성      : int  4 5 3 4 4 3 5 4 4 4 ...
 $ 혁신_품질        : int  4 5 3 4 3 3 5 4 3 3 ...
 $ 편의성_인터페이스: int  4 5 2 5 5 5 5 4 4 3 ...
 $ 편의성_사용자    : int  4 5 5 4 5 5 4 4 4 3 ...
 $ 편의성_소프트웨어: int  4 5 5 4 5 5 3 4 4 3 ...
 $ 편의성_AS서비스  : int  4 5 3 5 5 5 2 3 5 3 ...
 $ 만족도           : int  5 4 3 4 3 5 5 4 3 4 ...

> result <- lm(formula = 만족도 ~ 혁신_실용성+편의성_AS서비스+편의성_사용자+편의성_인터페이스,
+              data=t_data)
> anova(result)

Analysis of Variance Table

Response: 만족도
                   Df  Sum Sq  Mean Sq  F value    Pr(>F)
혁신_실용성         1  102.523  102.523  213.6634  < 2.2e-16 ***
편의성_AS서비스     1    9.514    9.514   19.8279  1.228e-05 ***
편의성_사용자       1   13.538   13.538   28.2146  2.227e-07 ***
편의성_인터페이스   1    3.298    3.298    6.8737  0.009229 **
Residuals         278  133.394    0.480
---
Signif. codes:  0 '***' 0.001 '**' 0.01 '*' 0.05 '.' 0.1 ' ' 1
```

혁신제품 만족 연구의 선형회귀분석을 위해서 read.csv() 함수를 이용하여 new_tech.csv 파일을 t_data 변수로 저장하였다. t_data 변수를 분석하기 이전에 리커드 척도로 저장되어 있는 데이터가 올바르게 회귀분석이 진행될 수 있도록 데이터 정렬을 다시 해주었다. 정렬을 진행한 이유는 선형회귀분석에서 정규성 검정 계산과 gvlma 패키지에서 제공하는 함수를 이용한 회귀모형 검정 계산이 올바르게 될 수 있도록 하기 위함이다. 그래서 t_data <- t_data[order (runif (nrow(t_data))),] 명령문을 사용하여 데이터 정렬을 다시 하였다. 예를들어 선형회귀분석에서 특정 칼럼의 데이터가 리커드 척도이며, 이 데이터가 11112222333444555 등과 같이 정렬되어 있다면 정규성 검정과 gvlma 패키지에서 제공하는 함수의 계산은 올바르게 진행되지 않는다. 이를 방지하고자 랜덤으로 정렬하였다.

본 실습에서 선형 회귀분석의 모형은 만족도 ~ 혁신_실용성, 편의성_AS서비스, 편의성_사용자, 편의성_인터페이스이며, 설명변수가 종속변수인 만족도에 영향을 미치는 연구모형으로 구성하였다. result <- lm(formula = 만족도 ~ 혁신_실용성+편의성_AS서비스+편의성_사용자+편의성_인터페이스, data=t_data) 명령문을 실행하였고, result 변수에는 선형 회귀분석의 결과값이 저장되어 있다.

우선 회귀모형의 유의성으로서 모형 적합도를 검정하고자 anova(result) 명령문을 실행하였다. 모형 적합성 검정은 회귀분석 내 분산분석 과정을 거쳐 탄생한 F값을 활용하여 p-value 값을 계산해준다. p-value 값이 0.05이하이면 대립가설을 채택하게 되는데 대립가설은 회귀식이 유의하다는 의미를 가진다. 이에 모든 설명변수들이 유의하다는 검정값을 확인할 수 있다. 즉, 회귀식으로 작성한 만족도 ~ 혁신_실용성, 편의성_AS서비스, 편의성_사용자, 편의성_인터페이스의 모형이 적합하다는 결론을 내릴 수 있다.

다음은 gvlma 패키지에 있는 gvlma( ) 함수로 선형회귀분석 모델 적합성 및 세부 내용을 살펴보았다. gvmodel <- gvlma(result) 명령문과 summary(gvmodel) 명령문을 실행하여 결과 내용을 해석하였다. 계수값을 살펴보면, 혁신_실용성의 estimate의 값은 0.38906이며 t value 값은 9.409, p-value 값은 2e-16으로 나타나 혁신_실용성이 만족도를 높이는데 매우 강한 영향력을 보여주었다. 편의성_사용자의 estimate 값은 0.15598, t-value 값은 2.569, p-value 값은 0.01073으로 나타나 편의성_사용자 변수도 만족도를 높여주는데 영향력이 있다고 나타났다. 편의성_인터페이스의 estimate 값은 0.16069, t-value 값은 0.16069, p-value 값은 0.00923으로 나타나 편의성_인터페이스 변수도 만족도를 높여주는데 영향력이 있다고 나타났다. 하지만 편의성_AS서비스는 t-value 값이 1.895, p-value 값은 0.05908로 t-value 값이 1.96 이상되지 않으므로 만족도를 높여주는 변수로 영향력이 있다고 설명하지 못하였다. 모델의 설명력은 Adjusted R-squared 값이 48.41%의 설명력을 가진다고 나타났으며, 전체 모형의 적합도로 F값이 67.14, P value는 2.2e-16으로 나타나 모형이 적합하다고 해석할 수 있다.

gvlma 패키지를 이용하여 선형회귀분석의 적합성을 해석하였다. Global stat는 종속변수와 독립변수들 간의 선형성을 가지는지를 의미하는데 본 연구모형에서는 적합하다고 나타났다.

Skewness, Kurtosis는 왜도와 첨도의 지표를 설명해주는데 본 연구모형에서 적합하다고 나타났다. Link Function은 종속변수가 연속형 변수인지를 의미하는데 본 연구에서 적합하다고 나타났다. Heteroscedasticity은 오차 분산이 동등하며, 등분산성이 갖는지를 의미하는데 본 연구모형에서 적합하다고 나타났다. Skewness, Kurtosis는 왜도와 첨도의 지표를 설명해주는데 본 연구모형에서 적합하다고 나타났다. Link Function는 종속 변수가 연속형 변수인지를 의미하는데 본 연구에서 적합하다고 나타났다. Heteroscedasticity은 오차 분산이 동등하며, 등분산성이 갖는지를 의미하는데 본 연구모형에서 적합하다고 나타났다.

▼실습 다중회귀분석 2 - (혁신제품 만족연구)

```
> #install.packages("gvlma")
> library(gvlma)
> gvmodel <- gvlma(result)
> summary(gvmodel)

Call:
lm(formula = 만족도 ~ 혁신_실용성 + 편의성_AS서비스 + 편의성_사용자 +
    편의성_인터페이스, data = t_data)

Residuals:
     Min       1Q   Median       3Q      Max
-1.68849 -0.53344  0.00809  0.42872  2.46074

Coefficients:
                   Estimate  Std. Error  t value  Pr(>|t|)
(Intercept)         0.38906     0.19198    2.027  0.04366 *
혁신_실용성          0.45265     0.04811    9.409  < 2e-16 ***
편의성_AS서비스      0.07372     0.03889    1.895  0.05908
편의성_사용자        0.15598     0.06072    2.569  0.01073 *
편의성_인터페이스    0.16069     0.06129    2.622  0.00923 **
---
Signif. codes:  0 '***' 0.001 '**' 0.01 '*' 0.05 '.' 0.1 ' ' 1

Residual standard error: 0.6927 on 278 degrees of freedom
Multiple R-squared:  0.4914,    Adjusted R-squared:  0.4841
F-statistic: 67.14 on 4 and 278 DF,  p-value: < 2.2e-16


ASSESSMENT OF THE LINEAR MODEL ASSUMPTIONS
USING THE GLOBAL TEST ON 4 DEGREES-OF-FREEDOM:
Level of Significance =  0.05

Call:
 gvlma(x = result)
```

	Value	p-value		Decision
Global Stat	3.88483	0.42182	Assumptions	acceptable.
Skewness	0.80282	0.37025	Assumptions	acceptable.
Kurtosis	0.05151	0.82045	Assumptions	acceptable.
Link Function	3.00445	0.08304	Assumptions	acceptable.
Heteroscedasticity	0.02604	0.87180	Assumptions	acceptable.

▼ 실습   다중회귀분석 3 – (혁신제품 만족연구)

```
> confint.default(result, level=0.95)

                     2.5 %          97.5 %
(Intercept)      0.012789395    0.7653326
혁신_실용성        0.358354772    0.5469441
편의성_AS서비스   -0.002511127    0.1499509
편의성_사용자      0.036967278    0.2749921
편의성_인터페이스   0.040563985    0.2808230

> #install.packages("car")
> library(car)
> vif(result)

  혁신_실용성   편의성_AS서비스   편의성_사용자   편의성_인터페이스
    1.289903       1.296125         2.292156         2.150311

> sqrt(vif(result))>2

  혁신_실용성   편의성_AS서비스   편의성_사용자   편의성_인터페이스
    FALSE          FALSE            FALSE            FALSE

> durbinWatsonTest(result)

 lag Autocorrelation D-W Statistic p-value
  1    -0.07661346      2.141559    0.222
 Alternative hypothesis: rho != 0
```

설명변수들의 해당 신뢰구간을 살펴보고자 confint.default( ) 함수를 이용하였고, confint.default(result, level=0.95) 명령문으로 실행하여 95% 양측검정에서 신뢰구간 값을 확인하였다. 다음으로 다중공선성은 분산팽창지수(variation inflation factor, VIF)를 확인하였으며, vif(result) 명령문을 실행하여 살펴본 결과에서 10을 넘어가지 않았다. sqrt(vif(result))>2를 실행하였을 때도 모든 설명변수들이 FALSE 값을 보여 다중공선성의 문제가 없음을 확인할 수 있다. 잔차의 자기상관성을 살펴보기 위해 car 패키지에 있는 durbinWatsonTest( ) 함수를 통해 확인하였다. 그 결과, 검정통계량 D-W Statistic 값이 2.14로 나타나 독립적임을 확인하였고, p-value는 0.05보다 크면서 자기상관성이 없다고 해석하게 되었다.

▼ 실습 다중회귀분석 4 - (혁신제품 만족연구)

> par(mfrow = c(2, 3))
> plot(result, 1:6)

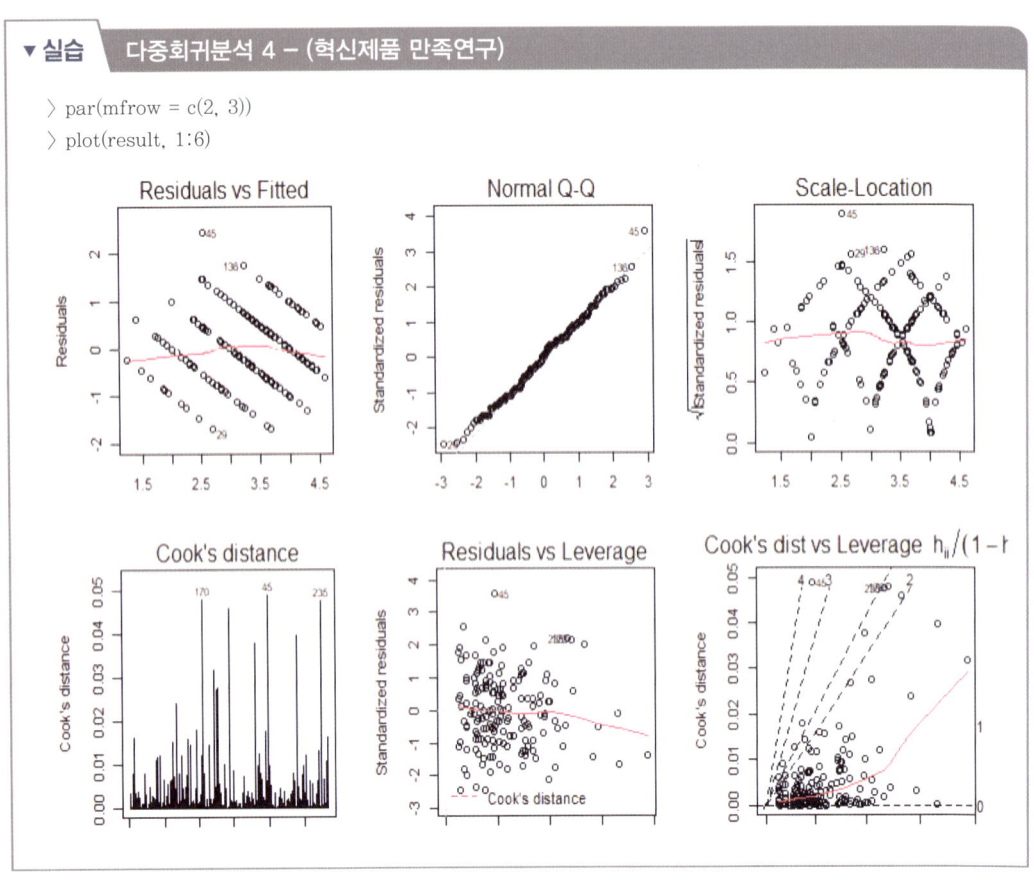

▼ 실습 다중회귀분석 5 - (혁신제품 만족연구)

> shapiro.test(result$residuals)

        Shapiro-Wilk normality test

data: result$residuals
W = 0.99289, p-value = 0.1969

> ncvTest(result)

Non-constant Variance Score Test
Variance formula: ~ fitted.values
Chisquare = 3.195055, Df = 1, p = 0.073861

잔차가 정규분포를 따르는지에 대한 검정으로 shapiro.test(result$residuals) 명령문을 실행하였을 때 W 값이 0.99289로 나타났고, p-value 값은 0.1969로 나타나 잔차가 정규분포를 따른다고 해석할 수 있었다. 등분산성 검정을 위해 ncvTest(result) 명령문을 실행하였고, p-value 값이 0.073861로 나타나 등분산성도 가정됨을 확인하였다.

CHAPTER 3 종합 연습문제

01 '도로교통공단_사고유형별 월별 교통사고(2019)'에서 1~12월까지 '차대사람' 사고 중 '보도통행중' 데이터만 추출하여 상관분석을 진행하시오. 그리고 상관계수값을 시각화로 표현하고 '사고건수'와 '부상신고자수'의 상관계수값이 얼마인지 확인하고, '부상신고자수', '사망자수', '부상신고자수'의 상관계수를 해석하시오.

02 '도로교통공단_사고유형별 월별 교통사고(2019)'에서 1~12월까지 '차도통행중' 데이터만 추출하여 다중회귀분석을 진행하시오. '사고건수'를 종속변수로 설정하고, 독립변수는 부상신고자수, 경상자수, 중상자수, 사망자수를 기준으로 회귀분석의 설명력을 설명하고, 인과관계가 나타난 변수는 무엇인지 설명하시오. 또한, 2018년 데이터와 비교하여 인과관계 변수들의 영향력 강도가 동일한지 비교하시오. 즉, 인과관계가 나타난 변수들의 영향력별로 우선순위가 2018년과 2019년이 동일한지를 설명하시오.

08

R programming

빅데이터 분석 및 시각화

: 지도학습과 분류분석

학습배경

− 지도학습은 분석자가 분류의 대상을 이미 알고 있으며, 정답에 미칠 수 있는 변수들을 모델로 구성하여 컴퓨터를 학습하는 방법이다. 예를 들면 매장별 방문시간, 주차편의성, 친절도 등의 변수에서 고객 등급(VIP, Gold, Silver)에 따른 변수 연관성과 관계성을 분석하고자 할 때 지도학습을 많이 사용한다. 지도학습은 로지스틱 회귀분석, 의사결정 트리, 앙상블, 인공신경망 등이 대표적으로 사용되는 분석 기법이다. 이에 본 장에서는 지도학습 기법을 실습하여 빅데이 분석 역량을 높일 것이다.

학습목표

− 로지스틱 회귀분석으로 데이터를 분석하고 결과를 해석할 수 있다.
− 다양한 의사결정 트리 방법을 활용하여 데이터를 분석하고 결과를 해석할 수 있다.
− 다양한 앙상블 기법을 활용하여 데이터를 분석하고 결과를 해석할 수 있다.
− 인공신경망의 기법을 활용하여 데이터를 분석하고 결과를 해석할 수 있다.

학습구성

1. 지도학습과 분류분석의 이해

2. 로지스틱 회귀분석

3. 의사결정 트리 분석

4. 앙상블 기법

5. 인공신경망

6. 종합 연습문제

CHAPTER 1 지도학습과 분류분석의 이해

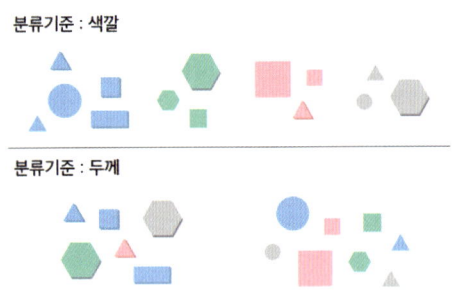

분류분석이란 데이터의 실체가 어떤 그룹에 속하는지 예측하는데 사용하는 데이터마이닝 기법이다. 분류분석은 다수의 속성 또는 변수를 갖는 객체에서 사전에 정해진 그룹 또는 범주(class, category) 중의 하나로 분류되도록 분석하는 방법론이다.

분류분석을 사용하는 목적은 특정 집단을 쉽게 분류하지 못하는 상황에서 여러 변수를 조합하고 특정 조건을 지정하여서 집단을 분류할 수 있도록 도와준다.

만약, 분석자가 분류의 대상을 이미 알고 있다면 정답에 미칠 수 있는 변수들을 모델로 직접 선택하여 분류분석을 진행할 수 있다. 분석자가 직접 개입하여 분류분석을 진행하는 형태가 바로 지도학습이다. 지도학습에서 분류분석은 사람이 개입하여 관측치끼리의 관계와 연관성을 통해 결과를 예측하는 데 목적이 있다. 또한, 집단의 분류가 올바른지 판단하고자 할 때와 변수 간의 연관성이 어떻게 되는지를 확인할 때 사용된다. 즉, 정답이 있는 데이터를 활용해 데이터를 학습시키는 것이 지도학습의 특징이다. 예를 들어 이탈고객과 충성고객의 분류에서 제품의 가격, 브랜드 가치, 입점 위치, AS기간, 친절도 등의 요인들의 연관성 및 관계성을 분석하면 집단의 분류가 올바르게 되었는지 설명할 수 있다.

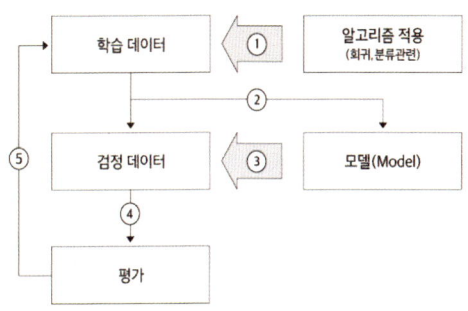

지도학습(Supervised Learning) 절차

지도학습(Supervised Learning)은 훈련 데이터(Training Data)로부터 하나의 함수를 유추해내기 위한 기계 학습(Machine Learning)의 한 방법이다.

지도학습은 학습 데이터를 대상으로 특정 분석 기법을 적용(회귀, 분류분석 등)하여 모델을 생성(학습)하고, 검정 데이터(test data)를 이용하여 생성된 모델의 정확도를 평가하게 된다. 분석자는 정확도의 평가에 따라 피드백을 통해 모델을 계속 개선할 수 있다.

즉, 지도 학습(Supervised Learner)이 하는 작업은 랜덤으로 추출된 훈련 데이터로부터 예측하고자 하는 분석 목적의 결과를 올바르게 추측해내는 것이다.

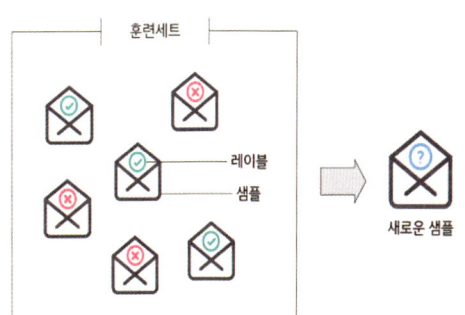

올바른 결과의 목표를 달성하기 위해서는 지도학습(Supervised Learner)의 알맞은 방법을 통하여 기존 훈련 데이터로부터 발견하지 못했던 상황까지도 일반화하여 처리할 수 있어야 한다.

CHAPTER 2 로지스틱 회귀분석

1. 로지스틱 회귀분석의 의미

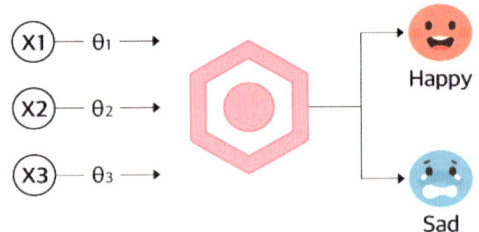

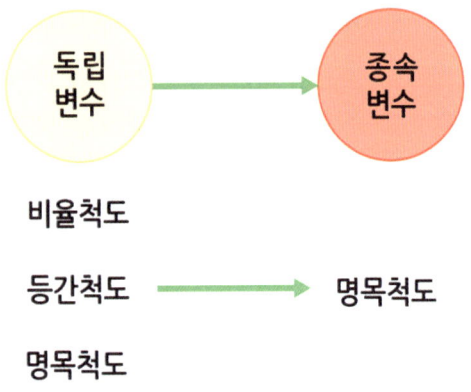

로지스틱 회귀분석(logistic regression analysis)은 목적변수가 질적(이변량 데이터)인 경우에 사용되는 분석 기법이다. 즉, 단지 두 개의 값만을 가지는 종속(목적)변수와 설명변수들 사이의 인과관계를 분석하는 하나의 통계기법이다. 예를 들면 성별, 주택 소유의 유무, 합격과 불합격 등과 같은 이분법적인 명목척도와 설명변수들 사이의 인과관계를 분석하는 하나의 통계 기법을 말한다.

로지스틱 회귀분석의 목적은 선형회귀분석과 동일하게 종속변수와 독립 변수 간의 관계를 설명하는 예측 모델로 사용된다. 선형회귀분석처럼 독립변수의 선형 결합으로 종속변수를 설명한다는 관점에서는 선형회귀분석과 유사하지만, 로지스틱 회귀분석은 선형 회귀 분석과는 다르게 종속변수가 범주형 데이터를 대상으로 하며 입력 데이터가 주어졌을 때 해당 데이터의 결과가 특정 집단으로 분류되기 때문에 일종의 분류(classification) 분석으로 이야기한다.

로지스틱 회귀분석은 어떠한 범주에 속할 확률을 0에서 1사이의 값으로 예측하고, 그 확률에 따라 가능성이 더 높은 범주에 속하는 것으로 분류하는 지도학습의 알고리즘이다. 그래서 하나의 복권을 구매하였을 때 당첨될 확률이 0.5이상이면 당첨으로 분류하고, 0.5보다 작으면 꽝으로 분류하는 특징을 가진다.

데이터가 2개의 범주 중 하나에 속하도록 결정하는 것을 2진 분류(binary classification)이라고 한다. 이를 표현하기 위해서 sigmoid 함수를 이용하는데 확률을 0에서 1사이의 S자 커브 모양으로 나타내며 이걸 생성시켜주는 함수가 sigmoid 함수이다.

로지스틱 회귀분석에서는 분석할 데이터가 특정 범주에 속할 확률을 예측할 수 있도록 몇 가지 절차를 가진다. 첫째, 모든 속성들의 계수(coefficient)와 절편(intercept)을 0으로 초기화한다. 두 번째, 각 속성들의 값에 계수값을 곱해서 log-odds를 구한다. 마지막으로 log-odds를 sigmoid 함수에 넣어서 0과 1의 범위의 확률로 구한다.

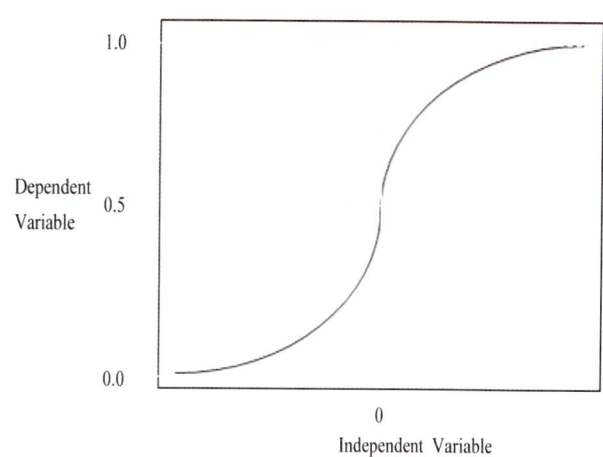

여기서 odds란 임의의 사건 A가 발생하지 않을 확률 대비 일어날 확률의 비율을 말하는 것이다. 즉, odds값이 5이면 성공할 확률이 실패할 확률보다 5배를 가진다는 의미이다. odds ratio는 odds의 비율로서 실패에 비해 성공할 확률(성공확률/실패확률)의 비를 의미한다.

또한 odds가 Log를 취한 것이 log-odds이다. log-odds를 사용하는 목적은 특정 확률값의 무한대를 값을 가질 경우 대칭성의 문제가 발생하기 때문에 이를 방지하기 위해서 log로 변환하는 것이다. 예를 들어, A 사람이 7번의 탁구 시합에서 6번을 지고 1번만 이겼다. 이 승리의 odds는 0.167이다. 반대로 A 사람이 7번의 탁구 시합에서 6번을 이기고 1번만 패배하였다. 그러면 이 승리의 odds는 6이 된다.

탁구 시합의 예시처럼 승리의 횟수가 패배의 횟수보다 작은 경우인 0.167은 0~1 사이의 값을 가지지만, 승리의 횟수가 패배의 횟수보다 많게 되면 1~무한대의 값을 가지게 된다. 이런 경우 동일한 경기에서 승리의 확률과 패배의 확률값이 비교군으로 일치하지 않고 왜곡되는 경우가 발생하며 이를 해결하고자 값의 대칭을 만들기 위해서 log값을 취하게 된다. 즉, 패배의 odds와 승리의 odds를 log값을 취하여 계산하면 log(1/6)는 −0.77815이며 log(6/1)는 0.77815 값으로 대칭성을 만족시켜준다.

🔍 문법   로지스틱 회귀분석 문법

- glm(formula, family=family7(link=function), data)
  - formula : y~x 형식으로 종속변수와 설명변수
  - family(link=function) : 종속변수의 분포가 정규분포인 경우 gaussian
    - 이항분포인 경우 binomial
    - 포아송분포인 경우 poisson
    - 역정규분포인 경우 inverse.gaussian
    - 감마분포인 경우 gamma
  - data : 분석할 데이터 변수명

🔍 문법   ROC(Receiver Operating Characteristic) 문법

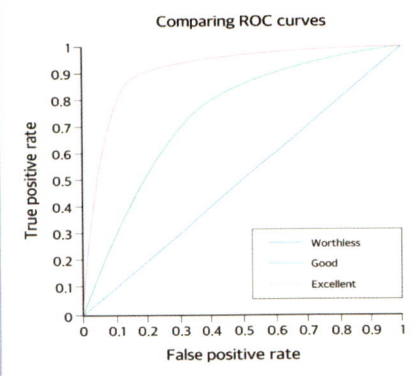

ROC curve (Receiver Operating Characteristic curve) : FPR과 TPR을 각각 x,y축으로 놓은 그래프이다. ROC curve는 X,Y가 둘다 [0,1]의 범위이고, (0,0)에서 (1,1)을 잇는 곡선이다. ROC 커브는 그 면적이 1에 가까울수록 (즉 왼쪽위 꼭지점에 다가갈수록) 좋은 성능이다. 그리고 이 면적은 항상 0.5~1의 범위를 갖는다.(0.5이면 랜덤에 가까운 성능, 1이면 최고의 성능)

- TRP(True Positive Rate; TPR)
  - TPR = 민감도 = 1(true accept rate)
  - 1인 케이스에 대해 1로 맞게 예측한 비율
  - 예) 살인자가 아닌데 유죄 판결을 결정함

- FPR False Positive Rate; FPR)
  - FPR = 1 - 특이도 (false accept rate)
  - 0인 케이스에 대해 1로 잘못 예측한 비율
  - 예) 살인자가 아닌데 무죄 판결을 결정함

- install.packages("pROC")
- library(pROC)
- roc(변수명, 변수명)

🔍 문법   caret 문법(Classification And REgression Training) : 모델 평가

Confusion Matrix

	Actually Positive (1)	Actually Negative (0)
Predicted Positive (1)	True Positives (TPs)	False Positives (FPs)
Predicted Negative (0)	False Negatives (FNs)	True Negatives (TNs)

Confusion matrix는 이진분류 모델에서 자주 활용되며 예측값과 실제값을 비교해서 각 영역에 해당하는 비율이 어느 정도 되는지를 확인시켜 준다. 주로 알고리즘의 성능을 평가할 때 사용된다.

- True Positive(TP) : 실제 True인 정답을 True라고 예측 (정답)
- False Positive(FP) : 실제 False인 정답을 True 라고 예측 (오답)
- False Negative(FN) : 실제 True인 정답을 False 라고 예측 (오답)
- True Negative(TN) : 실제 False인 정답을 False 라고 예측 (정답)

- install.packages("caret")
- library(caret)
- createDataPartition(변수명, 훈련 데이터에서 사용할 데이터의 비율, 결과를 리스트로 반환 여부)
  : 훈련 데이터와 테스트 데이터의 분리를 지원
- confusionMatrix(예측값 변수, 결과값 변수) : 혼돈메트릭스(Confusion Matrix) 및 정확도 평가

2. 로지스틱 회귀분석 실습 – 사고유형별/월별 교통사고 데이터

로지스틱 회귀분석의 실습에 도로교통공단_사고유형별 월별 교통사고 통계(2018) 데이터를 활용하였다.

도로교통공단_사고유형별 월별 교통사고 통계(2018)

변수명				
사고유형대분류 (chr)	사고유형중분류 (chr)	사고유형 (chr)	사고건수 (int)	월 (int)
사망자수 (int)	중상자수 (int)	경상자수 (int)	부상신고자수 (int)	

출처: https://www.data.go.kr/data/15070290/fileData.do#layer_data_infomation

▼ 실습　로지스틱 회귀분석 1 – 도로교통공단_사고유형별 월별 교통사고 통계(2018)

```
> setwd("C:/Data Analysis/r_exam")
> t_data <- read.csv("도로교통공단_사고유형별 월별 교통사고(2018).csv", header=TRUE)

> library(dplyr)
> t_data <- t_data %>% mutate("사망자범주" = ifelse(t_data$사망자수<=30,0,1))
> head(t_data,4)
   사고유형대분류 사고유형중분류 사고유형 월 사고건수 사망자수 중상자수 경상자수
1       차대사람         횡단중     횡단중  1     1667       88      917      720
2       차대사람         횡단중     횡단중  2     1511       62      760      713
3       차대사람         횡단중     횡단중  3     1599       76      798      751
4       차대사람         횡단중     횡단중  4     1544       62      766      750
  부상신고자수 사망자범주
1           70          1
2           60          1
3           80          1
4           62          1

> library(caret)
> set.seed(213)
> intrain <- createDataPartition(y=t_data$사망자범주, p=0.7, list=FALSE)
> head(intrain,5)
     Resample1
[1,]         4
[2,]         5
[3,]         7
[4,]         8
[5,]        11
```

로지스틱 회귀분석의 실습을 위해서 도로교통공단_사고유형별 월별 교통사고(2018).csv 데이터를 이용하였다. read.csv( ) 함수를 이용하여 모든 데이터를 t_data 변수에 저장하였다. 실습

에서는 로지스틱 회귀분석의 목적은 특정 사고에 대해 사망자의 적음, 많음 등 두 가지로 분류하는 것을 목적으로 하였다.

이에 사망자의 연속형 데이터 값에서 30명 이하는 적음(0), 31명 이상은 많음(1)으로 분류하여 사망자범주로 새로운 칼럼을 만들었다. mutate( ) 함수로 사망자범주 칼럼을 생성하였고, 이를 t_data에 결합시켰다. 새롭게 추가된 칼럼이 올바르게 t_data 변수에 결합되었는지 head() 함수로 확인하였다.

사망자범주의 값은 사망자수 칼럼의 데이터를 이용하여 생성하였고, 중상자수, 경상자수, 부상신고자수, 사고건수 등의 데이터를 기반으로 사망자범주의 올바른 분류작업을 진행하고자 한다. 이때 사망자범주 집단을 알고 있는 상태에서 설명변수들의 사망자범주를 잘 설명하는지 분석자가 개입하므로 지도학습의 형태를 가지게 된다. 지도학습은 정답이 있는 데이터를 토대로 데이터를 학습을 시키는 것을 목적으로 한다. 이 분석에서는 사망자범주 칼럼을 정답으로 지정하고, 여러 설명변수를 계산하여 사망자범주의 값을 분류하게 된다.

분석 과정에서 데이터를 학습(모델 생성)시키고, 학습된 모델을 평가(검정)할 수 있도록 랜덤으로 데이터를 선별하였다. 실습에서 intrain <- createDataPartition(y=t_data$사망자범주, p=0.7, list=FALSE) 명령문은 사망자범주를 기준으로 데이터를 훈련 데이터와 검정 데이터로 분할하여 사용할 수 있도록 색인을 생성시켜 준다. 이때 총 데이터의 70%를 훈련 데이터로 사용할 수 있도록 p=0.7로 지정하였으며, 추출된 데이터 색인은 list 형태가 아닌 배열 형태로 추출하도록 list=FALSE로 지정하였다. intrain 변수의 내용을 확인하고자 head(intrain,5) 명령문을 실행하면 t_data 변수의 4, 5, 7, 8, 11번 행의 데이터가 훈련용 데이터로 선정되었다. 만약, createDataPartition( ) 함수를 여러번 실행하면 훈련용 데이터의 선정값이 계속 변하므로 본 실습에서는 편의상 한번 지정된 랜덤값을 변하지 않고 고정되도록 set.seed( ) 함수를 사용하였다. 실습에서는 임의의 숫자로 213을 지정하여 set.seed(213) 명령문을 실행하였다. set.seed( )로 임의의 난수값을 지정하였더라도 컴퓨터를 재부팅하거나 컴퓨터 사양에 따라서 교재와 다른 난수값으로 계산되어 추출되는 샘플 번호와는 다를 수 있다.

한편 데이터마이닝에서는 일반적으로 데이터를 훈련용 데이터(training data)와 검증용 데이터(validation data), 시험용 데이터(test data)로 구분한다. 훈련용 데이터는 직접적인 모형 개발에 사용되는 데이터이며 검증용 데이터는 개발된 모형의 예측 정확도를 측정해가면서 모형의 편의를 줄이는데 사용되는 데이터를 말한다. 시험용 데이터는 모형 개발에 전혀 사용되지 않은 완전하게 새로운 데이터로서 개발된 모형에 데이터를 대입하여 모형의 예측력을 시험하는 데 사용된다. 이들을 나누는 별도의 기준은 없으며, 다만 연구자(분석자)가 연구 목적이나 데이터의 특성에 따라 적절하게 나누어 사용하면 된다. 그러나 일반적으로 시험용 데이터를 사용하지 않고, 훈련용 데이터와 검증용 데이터만을 사용하여 모형을 구축한다.

▼ 실습 | 로지스틱 회귀분석 2 – 도로교통공단_사고유형별 월별 교통사고 통계(2018)

```
> train <- t_data[intrain, ] #훈련용 데이터
> test <- t_data[-intrain, ] #검증용 데이터
> nrow(train) ; nrow(test)

[1] 143
[1] 60
```

랜덤으로 분류된 총 데이터에서 훈련용으로 지정된 값들은 train 변수로 별도로 저장하였으며, 나머지 30%는 검증용 데이터로 test 변수에 저장하였다. train 변수의 데이터 개수는 143개이며, 훈련용 데이터는 60개이다. 일반적으로 훈련(Train)용 데이터와 검증용(Test) 데이터의 비율은 7:3으로 나누며, 훈련용 데이터의 안에서도 학습 도중 모델을 평가할 검증(Validation) 세트를 학습 데이터세트에서 떼어내기도 한다.

▼ 실습 | 로지스틱 회귀분석 3 – 도로교통공단_사고유형별 월별 교통사고 통계(2018)

```
> result <- glm(사망자범주~ 중상자수+경상자수+부상신고자수, data=train, family="binomial")
> print(result) #로지스틱 회귀분석은 일반화 선형 모형이기 때문에 glm( ) 명령문으로 실행

Call:  glm(formula = 사망자범주 ~ 중상자수 + 경상자수 + 부상신고자수,
    family = "binomial", data = train)

Coefficients:
 (Intercept)       중상자수       경상자수    부상신고자수
   -3.249378      0.007301     -0.002073       0.010356

Degrees of Freedom: 142 Total (i.e. Null);  139 Residual
Null Deviance:          144.2
Residual Deviance: 83.54      AIC: 91.54

> summary(result)

Call:
glm(formula = 사망자범주 ~ 중상자수 + 경상자수 + 부상신고자수,
    family = "binomial", data = train)

Deviance Residuals:
    Min        1Q     Median        3Q       Max
 -1.5500   -0.4166   -0.3100   -0.2586    2.6903

Coefficients:
               Estimate   Std. Error        z    value Pr(>|z|)
(Intercept)   -3.249378     0.454167    -7.155    8.39e-13 ***
중상자수       0.007301     0.001682     4.340    1.43e-05 ***
경상자수      -0.002073     0.000794    -2.610    0.00905 **
```

```
부상신고자수     0.010356    0.008963    1.155    0.24790
---
Signif. codes:  0 '***' 0.001 '**' 0.01 '*' 0.05 '.' 0.1 ' ' 1

(Dispersion parameter for binomial family taken to be 1)

    Null deviance: 144.217  on 142  degrees of freedom
Residual deviance:  83.542  on 139  degrees of freedom
AIC: 91.542

Number of Fisher Scoring iterations: 5
```

로지스틱 회귀 모델을 생성하고자 glm( ) 함수를 이용하였다. 실습에서 result <- glm(사망자범주~ 중상자수+경상자수+부상신고자수, data=train, family="binomial") 명령문을 실행하였다. 사망자범주를 종속변수로 설정하고, 중상자수, 경상자수, 부상신고자수를 설명변수로 설정하였으며, 데이터는 train 데이터로 분석하였다. 이때 family = binomial 지정은 사망자범주가 이항 변수가 0과 1의 값을 가지는 이항분포이므로 binomial로 설정하였다.

print(result) 명령문은 로지스틱 회귀분석의 결과 내용을 요약해서 출력해주며, 결과의 상세 내용을 확인하려면 summary(result) 명령문을 실행하면 된다. 우선 print(result) 명령문으로 결과를 살펴보면, 로지스틱 회귀분석의 결과모형에 중상자수, 경상자수, 부상신고자수의 계수값(coefficinents)의 값을 출력해주고, Residual Deviance, AIC 등의 값을 제공해준다.

다음 summary(result) 명령문의 결과로 살펴보면, 계산된 식을 먼저 표현해주고 있으며, Residual deviance의 최소값, 최대값, 1Q, 3Q의 값을 제공해준다. Coefficients에는 사망자범주에 영향을 미치는 변수로 중상자수, 경상자수, 부상신고자수의 계수값을 제공해준다. 모형의 설명력으로 하단 부분에 deviance, AIC의 값도 제공해준다. result의 결과 내용을 해석해보면, 중상자수와 경상자수가 사망자범주에 영향을 제공하는 변수로 나타났으며 p-value가 0.05 이하의 값으로 유의하다고 나타났다. 이때 estimate의 부호와 값의 크기를 기준으로 변수 간 영향력을 비교할 수 있으며 오즈비를 해석할 때 estimate값이 로그값을 취하고 있으므로 exp는 재계산해야 한다. 우선 중상자수가 1명씩 증가할 때마다 사망자범주의 많음(1)이 EXP(0.007301)=1.007327717 배정도 증가한다. 경상자수는 1명씩 감소할 때마다 사망자범주의 많음(1)이 EXP(-0.002073) 0.9979배정도 감소한다.

한편, 로지스틱 회귀분석에서는 deviance(이탈도)의 값을 제공한다. deviance(이탈도)는 로지스틱 회귀모형이 얼마나 데이터를 잘 설명하는지에 대한 척도로 해석된다. Null deviance(영이탈도)는 아무런 변수없이 절편만 포함된 모형의 적합도를 의미한다. Residual deviance(잔차이탈도)는 작으면 작을수록 좋고, 카이제곱분포를 따르기 때문에 카이제곱 적합도 검정을 통해 모형이 적합한지 확인할 수 있다. AIC (Akaike Information Criterion)는 주어진 데이터세트에 대한 통계 모델의 상대적인 품질을 평가하는 지수로서 절대적인 값으로 해석하기보다는 경쟁 모형이 여러 개인 경우 AIC가 가장 작은 모형 선택하는 데 도움을 제공한다.

> ▼ 실습   로지스틱 회귀분석 4 – 도로교통공단_사고유형별 월별 교통사고 통계(2018)

```
> install.packages("ResourceSelection")
> library(ResourceSelection)
> hoslem.test(result$y, fitted(result))

        Hosmer and Lemeshow goodness of fit (GOF) test

data: result$y, fitted(result)
X-squared = 14.685, df = 8, p-value = 0.06557
```

실습에서 적합도 검정을 위해서 Hosmer and Lemeshow(호스머-렘쇼) 적합도 검정을 진행하였다. 로지스틱 회귀분석에서 사용하는 대표적인 적합도 검정이며, 카이제곱 통계량을 통해 모델이 적합한지를 검정해준다.

hoslem.test(result$y, fitted(result)) 명령문을 실행하였을 때, result$y는 로지스틱 회귀모형의 생성에서 사용된 분류 결과값이며, fitted(result)는 모델에 의해 예측된 값을 의미한다. 두 매개변수값을 hoslem.test( ) 함수를 이용하여 적합도 검정을 하였을 때, 귀무가설은 '모형이 적합하다'이므로 p값이 0.05인 유의확률이 조금 높아 귀무가설을 채택하여 모형이 적합한 것으로 본다.

> ▼ 실습   로지스틱 회귀분석 5 – 도로교통공단_사고유형별 월별 교통사고 통계(2018)

```
> install.packages("rms")
> library(rms)
> lrm(사망자범주~ 중상자수+경상자수+부상신고자수, data=train)

Logistic Regression Model

 lrm(formula = 사망자범주 ~ 중상자수 + 경상자수 + 부상신고자수,
     data = train)

                   Model Likelihood    Discrimination    Rank Discrim.
                      Ratio Test          Indexes          Indexes
 Obs         143   LR chi2     60.67   R2     0.544   C      0.892
  0          114   d.f.            3   g      1.822   Dxy    0.783
  1           29   Pr(> chi2) <0.0001  gr     6.186   gamma  0.783
 max |deriv| 2e-07                     gp     0.247   tau-a  0.255
                                       Brier  0.086

              Coef     S.E.    Wald Z   Pr(>|Z|)
 Intercept   -3.2494  0.4542   -7.15    <0.0001
 중상자수     0.0073  0.0017    4.34    <0.0001
 경상자수    -0.0021  0.0008   -2.61     0.0091
 부상신고자수 0.0104  0.0090    1.16     0.2479
```

다음은 rms 패키지의 lrm( ) 함수를 사용하여 모형의 우도비 검정을 하였다. Hosmer and Lemeshow(호스머-렘쇼) 적합도 검정에서는 0.05보다 높은 값을 보였지만, 우도비 검정으로 다시한번 모형 적합도의 통계적 유의성을 평가하였다. 우도비 검정은 어떤 모형이 표본 데이터에 더 나은 적합도를 제공하는지 확인하기 위해 사용되며, 모든 모수가 자유인 제약 없는 모형과 귀무가설에 의해 더 적은 수의 모수로 제약되는 모형 등 두 가지 모형 적합도를 비교하는 검정 방법이다. 우도비 검정에서는 귀무가설을 기각해야 모형이 적합한 것으로 해석한다. 본 결과에서는 Model Likelihood의 검정에서 Pr(> chi2) <0.0001로 대립가설을 채택하게 되어 모형이 적합하다고 해석하였다.

glm( ) 함수를 이용하여 로지스틱 회귀모형을 결과값을 result 변수에 적합 시켰다면, 그다음은 predict( ) 함수를 이용하여 예측을 수행해야 한다. predict( )는 만들어진 모형에 데이터를 넣어 추정값을 계산하는 방식을 가진다. 로지스틱 회귀분석에서 사용하는 predict( ) 함수의 공식은 predict(object, newdata, type = c("link", "response", "terms")) 이며, type은 예측 결과의 유형을 지정하는 속성이다. type = "link" 일 경우 log-odds 값이 출력되며, type = "response" 의 경우 확률 p 값이 출력된다.

문법 predict( ) 문법

predict(object, newdata, type = c("link", "response", "terms"))
 - object : 로지스틱 회귀분석으로 많든 변수
 - newdata : 검증할 변수
 - type(예측결과의 유형) [type = link : log-odds 값 / type = response : 확률값]

실습에서 Log_odds = predict(result, test, type="link") 명령문을 실행하였고, test 변수(검증용 데이터)에서 log-odds 값을 확인할 수 있다. Log_odds = predict(result, test, type="link") 명령문을 살펴보면 각 개별 관측값들의 log-odds를 확인할 수 있다.

> ▼실습   로지스틱 회귀분석 6 – 도로교통공단_사고유형별 월별 교통사고 통계(2018)

```
> Log_odds = predict(result, test, type="link")
> print(Log_odds)

          1           2           3           6           9          10          17
  2.6784415   1.4431178   1.8489284   1.0098339   1.5800484   2.3021132  -2.1754818
         21          23          27          28          29          30          36
 -2.3635644  -2.1885843  -2.6247216  -2.6147940  -2.7363227  -2.8628983  -2.8416499
         37          40          43          49          58          59          63
 -2.6806745  -2.7543904  -2.9284380  -0.2421030   0.6502728   0.0945168  -2.0057629
         64          76          84          87          88          89          93
 -1.8875657   3.4845825   0.2630183  -3.4179794  -3.4855472  -3.6193469  -3.4862398
         97         102         105         106         109         112         113
 -3.4197078  -2.6789048  -2.7258997  -3.1218485  -0.6439870   0.6924934   0.1178301
        117         118         119         120         121         127         129
  0.4210186   0.5728407   0.1847835  -0.8986394  -3.0137275  -2.6302996  -2.7157391
        137         139         150         158         159         160         162
 -3.1224251  -3.1091083  -1.9930959  -3.2441494  -3.2316197  -3.2390217  -3.2514505
        163         168         173         175         178         180         192
 -3.2441494  -3.0933280  -3.0077939  -3.0504033  -3.0914636  -3.1502306  -2.2959219
        196         198         202         203
 -2.3104545  -2.1993704  -3.2493780  -3.2400106
```

다음은 predict( ) 함수에서 type = 'response' 옵션을 주었다. repsonse 옵션을 지정하여 나타난 결과를 통해서 사망자 범주에 적음(0)과 많음(1)의 확률을 계산할 수 있다. 실습에서 나타난 예측 결과를 토대로 사망자가 많을 확률이 0.5보다 큰 경우를 사망자 많음으로 판단, 나머지는 사망자가 적음으로 집단을 분류하였다. 즉, response는 정확도를 확률로 계산한 값으로 사용할 수 있다. 실습에서는 test_probability = predict(result, test, type = 'response') 명령문을 통해 정확도의 확률값을 확인하였고, 이를 다시 사망자 적음(0), 많음(1)을 구분하기 위해서 별도의 test_predict 변수를 생성하였다. test_predict = ifelse(test_probability > 0.5 , 1, 0) 명령문으로 0.5보다 크면 1값을, 0.5이하라면 0값으로 test_predict 변수로 저장하였고, 이를 confusionMatrix( ) 함수에서 모델 평가할 수 있도록 as.vector( ) 함수를 이용하여 vector 객체로 변환하였다.

▼ 실습 | 로지스틱 회귀분석 7 - 도로교통공단_사고유형별 월별 교통사고 통계(2018)

```
> test_probability = predict(result, test, type = 'response')
> print(test_probability)
         1          2          3          6          9         10         17
0.93574248 0.80893700 0.86400123 0.73298764 0.82921137 0.90905190 0.10197394
        21         23         27         28         29         30         36
0.08599363 0.10078032 0.06756423 0.06819235 0.06086375 0.05401841 0.05511455
        37         40         43         49         58         59         63
0.06412338 0.05983918 0.05076554 0.43976815 0.65707194 0.52361162 0.11859918
        64         76         84         87         88         89         93
0.13152227 0.97024590 0.56537811 0.03173826 0.02972626 0.02610067 0.02970630
        97        102        105        106        109        112        113
0.03168519 0.06422967 0.06146226 0.04221497 0.34434582 0.66652137 0.52942349
       117        118        119        120        121        127        129
0.60372696 0.63941840 0.54606487 0.28933018 0.04680955 0.06721367 0.06205099
       137        139        150        158        159        160        162
0.04219166 0.04273310 0.11992972 0.03753769 0.03799300 0.03772339 0.03727480
       163        168        173        175        178        180        192
0.03753769 0.04338331 0.04707501 0.04520006 0.04346075 0.04108219 0.09146127
       196        198        202        203
0.09026081 0.09980704 0.03734925 0.03768750
> test_predict = ifelse(test_probability > 0.5 , 1, 0)
> test_predict = as.vector(test_predict)
> print(test_predict)
 [1] 1 1 1 1 1 1 0 0 0 0 0 0 0 0 0 0 0 0 0 1 1 0 0 1 1 0 0 0 0 0 0 0 0 0 1 1 1 1 0 0 0
[42] 0 0 0 0 0 0 0 0 0 0 0 0 0 0 0 0 0 0
```

▼실습   로지스틱 회귀분석 8 – 도로교통공단_사고유형별 월별 교통사고 통계(2018)

```
> confusionMatrix(table(test$사망자범주,test_predict))
```

Confusion Matrix and Statistics

```
test_predict   0    1
           0  42    4
           1   3   11

               Accuracy       : 0.8833
                 95% CI       : (0.7743, 0.9518)
    No Information Rate       : 0.75
    P-Value [Acc > NIR]       : 0.008778

                    Kappa     : 0.6818

  Mcnemar's Test P-Value      : 1.000000

              Sensitivity     : 0.9333
              Specificity     : 0.7333
           Pos Pred Value     : 0.9130
           Neg Pred Value     : 0.7857
               Prevalence     : 0.7500
           Detection Rate     : 0.7000
     Detection Prevalence     : 0.7667
         Balanced Accuracy    : 0.8333

           'Positive' Class   : 0
```

test의 사망자범주에는 적음(0)이 총 45개이며 많음은 총 15개로 구성되어 있다. 결과표를 확인하면 적음(0)의 데이터 중 3개는 많음(1)으로 재분류되었다. 많음(0)의 데이터는 4개가 적음(0)으로 위치 변동해 있다.

모델 평가의 정확도는 88.33%로 나타났으며, 신뢰구간은 0.7743~0.9518로 나타났다. No Information Rate은 가장 많은 값이 발견된 분류의 비율 또는 관측된 분류의 가장 큰 확률을 말한다. 실습에서 '적음'의 비율이 가장 많은 비율을 차지하고 있다. 이를 계산하면 (42+3)/60=0.75로 결과값을 보여준다. test의 총 데이터 수는 60이다.

실제 분류에서는 데이터를 이용하여 예측값을 계산하므로 Accuracy(정확도)의 값이 No Information Rate보다 더 높아야 한다. 결과에서는 NIR의 0.75보다 정확도(Accuracy)가 88.33%로 높게 나타났다. 이는 P-value[Acc > NIR]로 확인할 수 있으며 Accuracy가 No Information Rate보다 좋은지를 검정하였을 때 0.008778로 나타났고, 이 결과는 Accuracy가 NIR보다 높다고 해석할 수 있다.

범주형 데이터의 일치도를 확인할 때 Kappa 통계량을 많이 이용한다. Kappa 통계량은 랜덤 분류기의 정확성을 제어하면서 분류자 예측이 실제 클래스 레이블과 얼마나 잘 일치하는지 보여준다. 1 값에 가까울수록 좋으며 실습에서는 0.6818로 준수한 정도의 일치도를 보여주고 있다.

Mcnemar's Test는 하나의 관측대상에 대해서 서로 다른 조건에 있을 때 그 조건이 검증에 영향을 주느냐 안주느냐에 판별하는 용도로 사용된다. Mcnemar's Test P-Value의 값이 1.0000으로 사망자범주값과 로지스틱 회귀분석으로 분류된 값이 차이가 없다는 귀무가설을 채택하게 된다.

그리고 모델 평가 하단에는 민감도의 값을 보여주고 있다.

다음은 Roc Curve로 모형을 이용하여 로지스틱 회귀분석의 설명력을 시각화하였다. Roc Curve는 cut off value의 값에 따라 Sensitivity와 Specificity의 변화량을 나타낸 그래프이며, y축은 Sensitivity이며, x 축은 Specificity이다. x축은 1 ~ 0으로 진행되며, y축은 0 ~ 1의 기준값을 가진다. AUC는 Area under curve 의미로, 곡선에 해당되는 면적을 나타내며, AUC 값이 높을수록 바람직한 모형이라고 할 수 있다. 모형의 결과를 살펴보면 AUC는 0.849로 나타나 모형의 적합성이 높다고 해석한다. 왼쪽 회색바탕의 공백값은 분류정확도에서 오분류(missing)을 나타낸다.

▼실습 | 로지스틱 회귀분석 9 - 도로교통공단_사고유형별 월별 교통사고 통계(2018)

```
> install.packages("pROC")
> library(pROC)
> ROC = roc(test$사망자범주,test_predict)

> plot.roc(ROC, col="royalblue", print.auc=TRUE,max.auc.polygon=TRUE, print.thres=TRUE,
+         print.thres.pch=19, print.thres.col = "red", auc.polygon=TRUE,
+         auc.polygon.col="#D1F2EB")
```

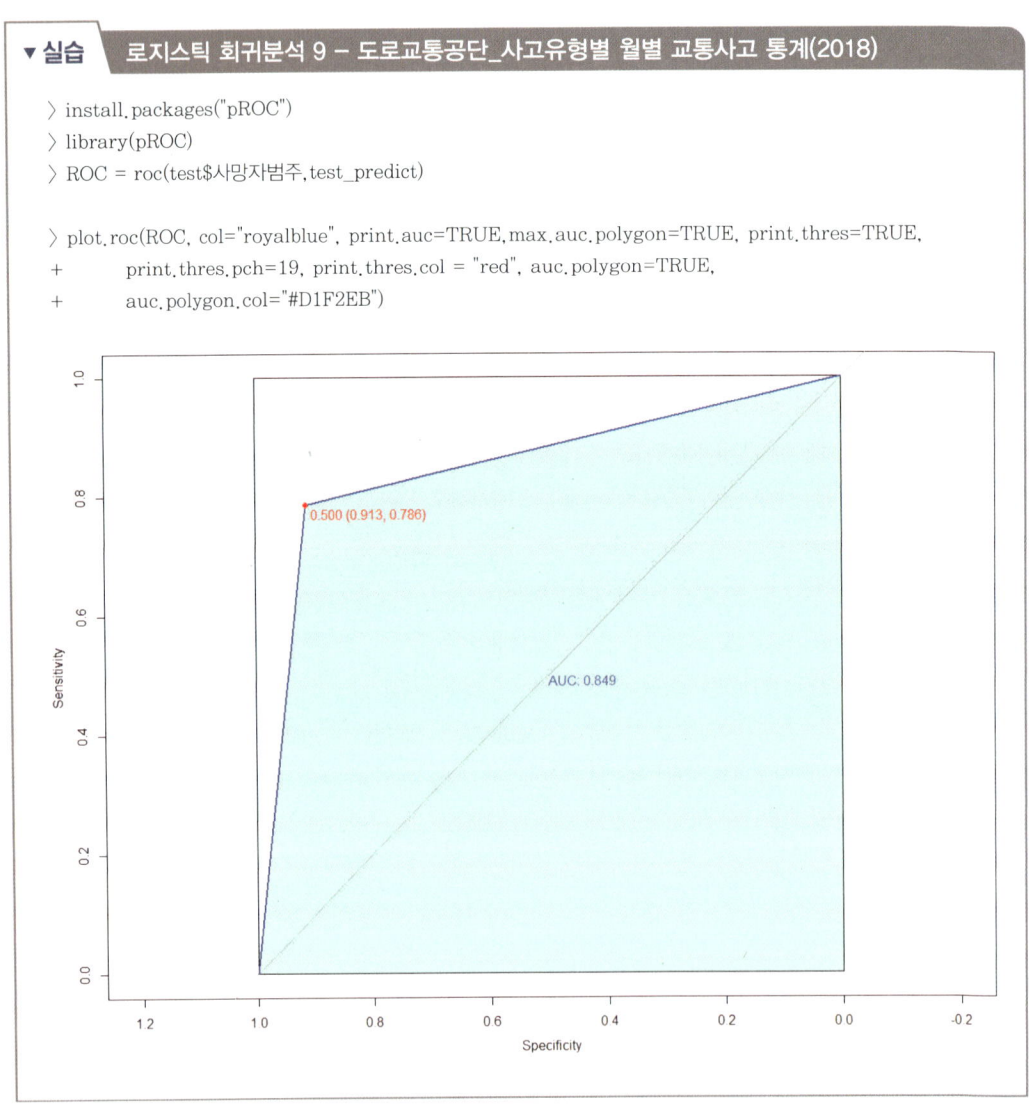

▼ 실습　　로지스틱 회귀분석 10 - 도로교통공단_사고유형별 월별 교통사고 통계(2018)

> train_probability <- predict(result, train, type="response")
> train_predict <- ifelse(train_probability > 0.5 , 1 , 0)
> train_predict <- as.vector(train_predict)
> table(train_predict , train$사망자범주)

train_predict 　 0 　 1
　　　　　　 0 　110 　12
　　　　　　 1 　　4 　17

> # 학습한 모델의 결과값과 범주값의 비교
> train_combine <- data.frame(train, train_predict)
> test_combine <- data.frame(test, test_predict)
> colnames(train_combine)[11] <- "비교결과"
> colnames(test_combine)[11] <- "비교결과"
> t_combine <- rbind(train_combine, test_combine)
> t_com <- t_combine %>% filter(사망자범주 != 비교결과)
> tail(t_com)

	사고유형대분류	사고유형중분류	사고유형	월	사고건수	사망자수	중상자수	경상자수	부상신고자수	사망자범주	비교결과
18	차대차	추돌	추돌	1	3315	37	872	4953	360	1	0
19	차대차	추돌	추돌	9	3100	45	946	4749	334	1	0
20	차대차	추돌	추돌	10	3343	45	946	5020	350	1	0
21	차대차	기타	기타	4	3146	21	949	3385	389	0	1
22	차대차	기타	기타	5	3299	29	956	3587	369	0	1
23	차대차	기타	기타	9	3482	27	1016	3782	395	0	1

앞서 실행하였던 test_probability = predict(result, test, type = 'response') 명령문과 test_predict = ifelse(test_probability > 0.5 , 1, 0) 명령문을 통해서 test 분류의 예측값을 범주형으로 만들었다.

동일한 방법으로 훈련용 train 데이터에도 로지스틱 회귀분석으로 예측 분류된 사망자범주값을 별도로 저장하기 위해서 train_probability <- predict(result, train, type="response") 명령문과 train_predict <- ifelse(train_probability > 0.5 , 1 , 0) 명령문을 실행하였다.

훈련용 데이터의 결과를 확인해보면 적음(0)에서 많음(1)으로 4개의 데이터가 재분류되었고, 많음(1)에서 적음(0)으로 12개의 데이터가 재분류되었다. 이러한 데이터 차이를 전체적으로 확인하고자 최초 분석자가 임의로 지정하여 저장한 사망자범주 데이터와 로지스틱 회귀분석으로 분류된 사망자범주 데이터를 결합하여 비교하였다. 결합한 데이터를 확인해보면 검증용 데이터에서 재분류(0→1 : 3개, 1→0 : 4개), 훈련용 데이터에서 재분류(0→1 : 4개, 1→0 : 12개)로 총 3+4+4+12=23개 데이터가 불일치한 결과를 보여주고 있으며, 이를 간략하게 확인하기 위해 tail(t_com) 명령문을 실행하여 확인하였다.

3. 로지스틱 회귀분석 실습 – 혁신제품 만족 데이터

두 번째 로지스틱 회귀분석의 실습은 혁신제품 만족연구 데이터를 활용하였다.

혁신제품 만족연구

변수명				
성별 (int)		나이 (int)		학력 (int)
혁신_기술 (int)	혁신_디자인 (int)	혁신_소프트웨어 (int)	혁신_실용성 (int)	혁신_품질 (int)
편의성_인터페이스 (int)	편의성_사용자 (int)	편의성_소프트웨어 (int)	편의성_AS서비스 (int)	만족도 (int)

혁신제품 만족의 목적은 제품 만족도를 불만족하는 집단과 만족하는 집단으로 분류하는 것이다. 이 분석에서는 어느 독립변수가 불만족과 만족도에 영향을 제공하고, 집단을 분류에 영향을 주는지 확인할 것이다.

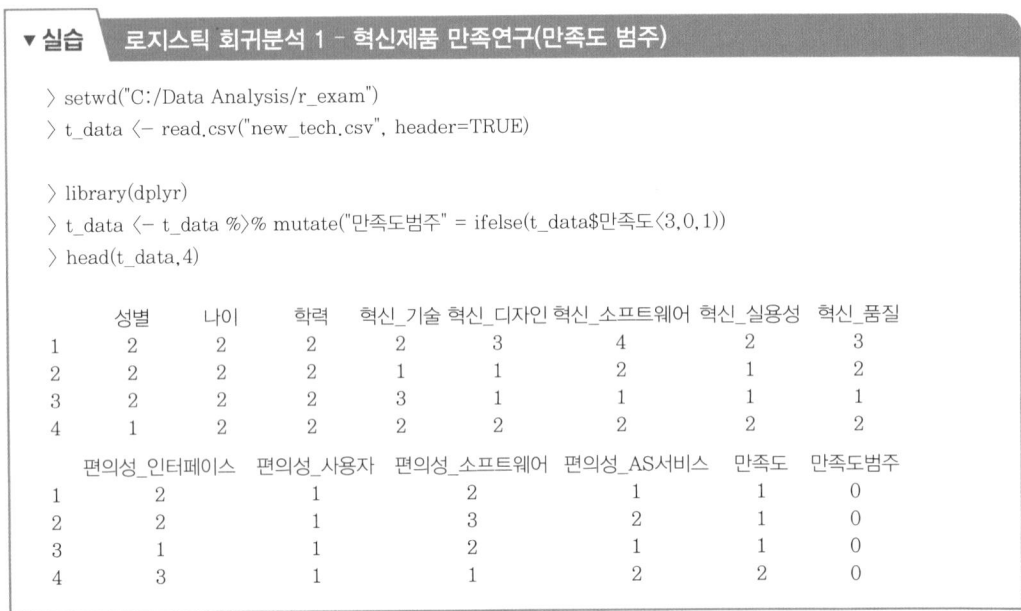

read.csv 함수를 이용하여 new_tech.csv의 데이터를 t_data 변수로 우선 저장하였다. 그리고 만족도는 1~5점의 데이터 값을 가지고 있어서 3점을 기준으로 3점 미만은 불만족(0), 3점 이상은 만족(1)으로 분류하여 만족도범주의 이름으로 칼럼명을 지정한 다음에 t_data 변수에 재저장하였다. t_data 변수에 데이터를 간략하게 확인하고자 head(t_data, 4) 명령문을 사용하여 데이터 구성내용을 확인하였다.

▼실습   로지스틱 회귀분석 2 - 혁신제품 만족연구(만족도 범주)

```
> library(caret)
> set.seed(2097)
> intrain <- createDataPartition(y=t_data$만족도범주, p=0.7, list=FALSE)
> head(intrain,5)
     Resample1
[1,]         1
[2,]         2
[3,]         3
[4,]         4
[5,]         5
> train <- t_data[intrain, ]
> test <- t_data[-intrain, ]
> nrow(train) ; nrow(test)
[1] 199
[1] 84
> result <- glm(만족도범주~혁신_기술+혁신_품질+혁신_디자인+혁신_소프트웨어,
+               data=train, family="binomial")
> summary(result)

Call:
glm(formula = 만족도범주 ~ 혁신_기술 + 혁신_품질 + 혁신_디자인 +
    혁신_소프트웨어, family = "binomial", data = train)

Deviance Residuals:
     Min       1Q    Median       3Q      Max
 -2.23567  0.03448  0.10465   0.28550  2.85264

Coefficients:
                Estimate  Std. Error   z       value Pr(>|z|)
(Intercept)     -9.3363    1.8654    -5.005   5.58e-07 ***
혁신_기술        1.1253    0.4629     2.431   0.01507 *
혁신_품질        1.4231    0.4517     3.151   0.00163 **
혁신_디자인      0.3589    0.4158     0.863   0.38797
혁신_소프트웨어  1.0092    0.4141     2.437   0.01481 *
---
Signif. codes:  0 '***' 0.001 '**' 0.01 '*' 0.05 '.' 0.1 ' ' 1

(Dispersion parameter for binomial family taken to be 1)

    Null deviance: 165.26  on 198  degrees of freedom
Residual deviance:  70.98  on 194  degrees of freedom
AIC: 80.98

Number of Fisher Scoring iterations: 7
```

로지스틱 회귀모형으로 분류분석을 진행하기 이전에 지도학습을 위해서 훈련용 데이터와 검증용 데이터로 구분하였다. 훈련용 데이터는 intrain <- createDataPartition(y=t_data$만족도범주, p=0.7, list=FALSE) 명령문을 통해서 만족도범주 칼럼을 기준으로 70%를 랜덤 추출하여 데이터를 저장하였다. head(intrain,5) 명령문을 확인하면 t_data 변수에서 1, 2, 3, 4, 5행의 데이터가 훈련용 데이터로 추출되었다. 그리고 훈련용 데이터의 개수를 확인하면 199개이며, 검증용 데이터의 개수는 84로 나타났다.

로지스틱 회귀모형을 생성(학습)하고자 result <- glm(만족도범주~혁신_기술+혁신_품질+혁신_디자인+혁신_소프트웨어, data=train, family="binomial") 명령문을 실행하였다. 계수값(coefficients)의 결과 내용을 살펴보면, 혁신_기술이 증가할 때마다 만족도범주의 만족(1)은 EXP(-1.1253)=3.081141배정도 증가한다. 혁신_품질도 마찬가지로 혁신_품질이 증가할 때마다 만족도범주의 만족(1)은 EXP(1.4231)=4.419965배만큼 증가한다. 그리고 혁신_소프트웨어가 증가할 때마다 만족도범주의 만족(1)은 EXP(1.0092)=2.743405배만큼 증가한다. 즉, 혁신_기술, 혁신_품질, 혁신_소프트웨어의 변수가 만족도범주에 영향을 주는 변수이며, 이들 변수가 증가할 때마다 만족 집단이 증가한다고 해석하게 된다. 하지만 혁신_디자인의 경우 만족도범주를 분류하는데 유의미한 영향을 제공하지는 않는다고 나타났다.

▼ 실습   로지스틱 회귀분석 3 – 혁신제품 만족연구(만족도 범주)

```
> #install.packages("ResourceSelection")
> library(ResourceSelection)
> hoslem.test(result$y, fitted(result))

        Hosmer and Lemeshow goodness of fit (GOF) test

data:  result$y, fitted(result)
X-squared = 2.5278, df = 8, p-value = 0.9604

> #install.packages("rms")
> library(rms)
> lrm(만족도범주~혁신_기술+혁신_품질+혁신_디자인+혁신_소프트웨어, data=train)

Logistic Regression Model

lrm(formula = 만족도범주 ~ 혁신_기술 + 혁신_품질 + 혁신_디자인 +
    혁신_소프트웨어, data = train)
```

		Model Likelihood Ratio Test		Discrimination Indexes		Rank Discrim. Indexes	
Obs	199	LR chi2	94.28	R2	0.669	C	0.967
0	29	d.f.	4	g	3.518	Dxy	0.933
1	170	Pr(> chi2)	<0.0001	gr	33.704	gamma	0.937
max |deriv|	6e-06			gp	0.227	tau-a	0.234
				Brier	0.055		

	Coef	S.E.	Wald Z	Pr(>|Z|)
Intercept	-9.3363	1.8654	-5.01	<0.0001
혁신_기술	1.1253	0.4629	2.43	0.0151
혁신_품질	1.4231	0.4517	3.15	0.0016
혁신_디자인	0.3589	0.4158	0.86	0.3880
혁신_소프트웨어	1.0092	0.4141	2.44	0.0148

다음 Hosmer and Lemeshow(호스머-렘쇼) 적합도 검정을 진행하였다. hoslem.test (result$y, fitted(result)) 명령문을 실행하였을 때 X-squared 값은 2.5278이며, p-value 값은 0.9604로 나타났다. 이는 귀무가설인 '모형은 적합하다'이므로 모형이 적합한 것으로 해석한다.

또한, rms 패키지의 lrm( ) 함수를 사용하여 모형의 우도비 검정을 하였다. 우도비 검정에서는 p값이 0.05 이하인 귀무가설을 기각해야 모형을 적합한 것으로 해석하게 된다. 본 결과에서는 Model Likelihood의 검정에서 Pr(> chi2) <0.0001로 나타났고, 대립가설을 채택하게 되어 모형이 적합하다고 해석하게 되었다.

▼ 실습 로지스틱 회귀분석 4 - 혁신제품 만족연구(만족도 범주)

```
> Log_odds = predict(result, test)
> print(Log_odds)
         8          11          14          15          18          19          22
-2.62845640  10.24647948  -1.50315960  -0.01891441  -0.43902206   5.79374393  -1.26676336
        25          30          31          33          34          36          40
 5.97098474  -2.92624551  -0.49394433  -5.41970595  -5.41970595  -2.62845640  -1.50315960
        43          45          49          57          71          74          75
-1.50315960  -0.37786279   4.84568794   3.36144275   2.46830903   3.89763195   5.91606247
        78          79          80          83          88          93         101
 5.38187713   5.32071786   8.51936746   4.54789883   4.14049878   8.11196741   6.32993312
       107         108         109         110         115         117         120
 1.70196060  -1.44823733  -0.43278506   0.34003397   5.96451414   4.84568794   4.96176948
       121         122         124         127         128         132         134
 2.29730522   5.67319564   3.42260203   4.90684721   3.72039113   3.42260203   4.71890264
                                      … <생략> …
> test_probability = predict(result, test, type = 'response')
> print(test_probability)
         8          11          14          15          18          19
 0.067329318   0.999964519   0.181954754   0.495271538   0.391974017   0.996962699
        22          25          30          31          33          34
 0.219811816   0.997454767   0.050871299   0.378964825   0.004408924   0.004408924
        36          40          43          45          49          57
 0.067329318   0.181954754   0.181954754   0.406642469   0.992199125   0.966477552
        71          74          75          78          79          80
 0.921890087   0.980113591   0.997311454   0.995421875   0.995134546   0.999800474
        83          88          93         101         107         108
 0.989521530   0.984334405   0.999700162   0.998221017   0.845790628   0.190272992
                                      … <생략> …
```

다음 Log_odds = predict(result, test, type="link") 명령문으로 각 개별 관측값들의 log-odds를 확인하였으며, test_probability = predict(result, test, type = 'response') 명령문으로 만족도범주에 불만족(0)과 만족(1)의 확률값을 확인하였다.

▼ 실습   로지스틱 회귀분석 5 - 혁신제품 만족연구(만족도 범주)

```
> test_predict = ifelse(test_probability > 0.5 , 1 , 0)
> test_predict = as.vector(test_predict)
> confusionMatrix(table(test$만족도범주,test_predict))

Confusion Matrix and Statistics

   test_predict   0    1
            0    13    3
            1     5   63

              Accuracy      : 0.9048
                95% CI      : (0.8209, 0.958)
   No Information Rate      : 0.7857
   P-Value [Acc > NIR]      : 0.003297

                 Kappa      : 0.7053

 Mcnemar's Test P-Value     : 0.723674

           Sensitivity      : 0.7222
           Specificity      : 0.9545
        Pos Pred Value      : 0.8125
        Neg Pred Value      : 0.9265
            Prevalence      : 0.2143
        Detection Rate      : 0.1548
  Detection Prevalence      : 0.1905
     Balanced Accuracy      : 0.8384

      'Positive' Class      : 0
```

로지스틱 회귀분석의 모형을 평가하기 위해서 test_predict = ifelse(test_probability > 0.5 , 1 , 0) 명령문으로 만족도범주와 동일하게 0.5보다 크면 만족(1), 그렇지 않으면 불만족(0) 값으로 test_predict 변수에 저장하였다. 그리고 이를 검증용 데이터로 평가하기 위해서 confusionMatrix (table(test$만족도범주,test_predict)) 명령문을 실행하였다.

결과의 내용을 확인하면, 만족(1)의 총 데이터는 66개이며, 이 중 3개가 불만족(0)으로 재분류되었고, 불만족(0)의 총 데이터는 18개로서 이중 5개가 만족(1)으로 재분류되었다. 정확도는 90.48%이며 NIR은 78.57%이고, P-Value [Acc > NIR] 값이 0.003297로 정확도가 NIR보다 좋다고 해석할 수 있다. Kappa 값은 0.7053으로 분류자 예측이 실제 클래스 레이블에 만족스러운 일치도를 가진다고 해석된다. Mcnemar's Test P-Value 값은 0.724로 만족도범주 값과 로지스틱 회귀분석으로 분류된 값이 차이가 없다는 귀무가설을 채택하게 된다.

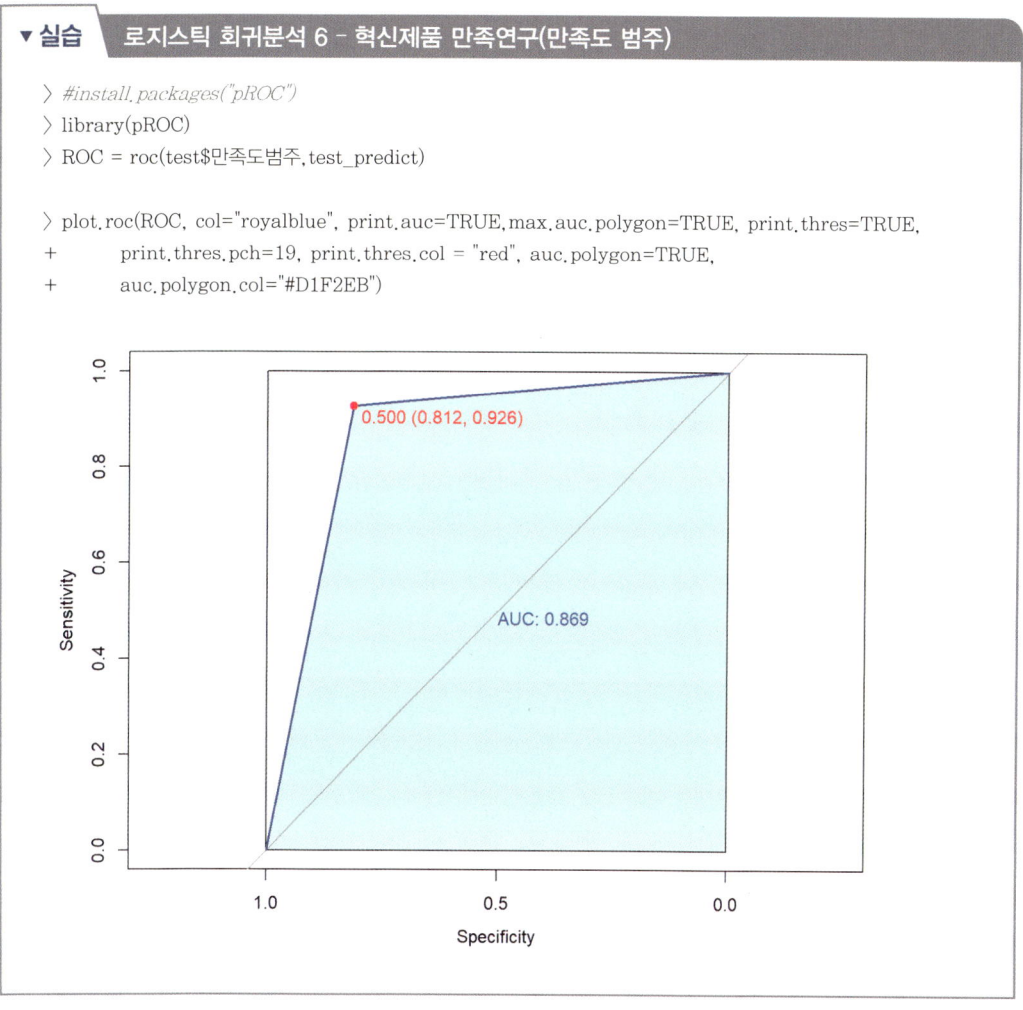

다음은 Roc Curve로 모형의 설명력을 시각화하였다. Roc Curve는 cut off value의 값에 따라 Sensitivity와 Specificity의 변화량을 나타낸 그래프이다. 모델의 Roc Curve의 y축은 Sensitivity이며, x 축은 Specificity이다. 모형의 결과를 살펴보면 AUC는 0.869로 나타나 모형의 적합성이 높다고 해석한다. 왼쪽 회색바탕의 공백값은 분류정확도에서 오분류(missing)을 나타낸다.

▼실습   로지스틱 회귀분석 7 – 혁신제품 만족연구(만족도 범주)

```
> train_probability <- predict(result, train, type="response")
> train_predict <- ifelse(train_probability > 0.5 , 1 , 0)
> train_predict <- as.vector(train_predict)
> table(train_predict , train$만족도범주)

train_predict    0    1
            0   20    8
            1    9  162

> train_combine <- data.frame(train, train_predict)
> test_combine <- data.frame(test, test_predict)
> colnames(train_combine)[15] <- "비교결과"
> colnames(test_combine)[15] <- "비교결과"
> t_combine <- rbind(train_combine, test_combine)
> t_com <- t_combine %>% filter(만족도범주 != 비교결과)
> tail(t_com)
     성별  나이  학력  혁신_기술  혁신_디자인  혁신_소프트웨어  혁신_실용성  혁신_품질  편의성_인터페이스
20    2     2     2       3            2              2               2            2              3
21    2     2     2       2            3              2               2            4              4
22    2     2     2       3            4              2               3            2              2
23    1     3     2       2            2              2               4            3              4
24    2     2     2       2            3              3               3            2              4
25    2     2     2       2            3              2               2            2              2
     편의성_사용자  편의성_소프트웨어  편의성_AS서비스  만족도  만족도범주  비교결과
20         3              4                  4             5         1          0
21         4              4                  3             2         0          1
22         4              4                  1             2         0          1
23         4              4                  4             3         1          0
24         4              4                  3             3         1          0
25         4              4                  4             4         1          0
```

앞서 실습에서 test_probability = predict(result, test, type = 'response') 명령문과 test_predict = ifelse(test_probability > 0.5 , 1 , 0) 명령으로 검증용 데이터(test)를 기준으로 예측값을 범주형으로 만들었다.

이와 동일한 방법으로 훈련용 데이터에 로지스틱 회귀분석으로 분류된 만족도범주값을 별도로 저장하기 위해서 train_probability <- predict(result, train, type="response") 명령문과 train_predict <- ifelse(train_probability > 0.5 , 1 , 0) 명령문을 실행하였다. train 데이터와 test 데이터를 통합하여 결과를 확인해보면 검증용 데이터에서는 불만족(0)에서 만족(1)으로 5개 데이터, 만족(1)에서 불만족(0)으로 3개 데이터가 재분류 되었다. 훈련용 데이터에서는 불만족(0)에서 만족(1)으로 9개 데이터, 만족(1)에서 불만족(0)으로 8개 데이터가 재분류 되었다. 즉, 5+3+9+8=25개 데이터가 불일치한 결과를 보여주고 있으며 이를 간략하게 확인하기 위해 tail(t_com) 명령문을 실행하여 확인하였다.

CHAPTER 3 의사결정 트리 분석

1. 의사결정 트리 분석의 의미와 종류

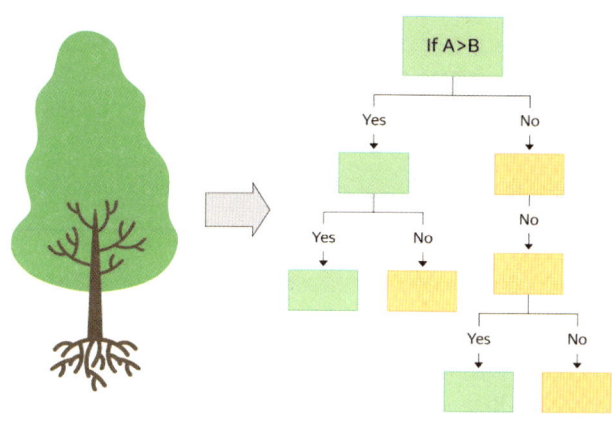

의사결정 트리 분석은 데이터 속에서 연구자(분석자)가 관심이 있는 대상들의 관측치를 가지고, 그들의 관계와 패턴, 규칙 등을 찾고, 이를 바탕으로 몇 개의 소집단으로 분류된 대상들을 나무모형으로 표현한 분석 방법을 말한다.

의사결정 트리는 고객을 분류하는 등의 고객집단을 범주형 목적변수(종속변수)에 따라 분류하는 데 사용된다. 또한 새로운 고객이 우량 고객인지 불량 고객인지를 예측하여 기업의 마케팅 전략으로도 사용한다. 한번 모델링을 하면 소속집단을 모르는 데이터를 분류하는 작업도 매우 빠르게 할 수 있다.

의사결정 트리는 분류와 예측을 수행하는 방법으로 측정 데이터를 통해서 특정 관측치를 몇 개의 집단으로 세분화하는 것을 도와주며, 영향력이 높은 변인을 선별하여 차원을 축소하고, 변수를 선택할 수 있는 목적으로 사용된다. 이러한 의사결정나무 알고리즘의 모형 정확도는 다른 분류모형에 뒤처지지 않으며, 계산 방법도 복잡하지 않아 대용량 데이터에서도 빠르게 만들 수 있다.

1) 의사결정트리 분석의 특징

장점	단점
- 시각적으로 이해하기 쉽도록 나무모형으로 만들어져 있어서 결과 해석이 쉽고 용이하다. - 데이터의 전처리(정규화, 결측치, 이상치 등)를 고려하지 않아도 된다. 그래서 데이터 척도에 대한 민감도가 낮아서 데이터 준비에 필요한 시간과 노력이 절약된다. - 연속형과 범주형 변수를 한꺼번에 다룰 수 있다. - 예측 정확도가 비교적 높다. - 한 변수의 매우 상관성이 높은 다른 불필요한 변수가 있더라도 의사결정나무는 크게 영향을 받지 않는다.	- 양적 데이터를 많이 사용하게 되면 예측 정확도가 떨어진다. 그래서 경우에 따라 양적 데이터를 질적 데이터로 변환하여 사용하기 때문에 양적 데이터를 직접 사용하여 분석한 모형에 비해서 예측력이 떨어진다. - 모형에 따라 과대적합이 발생할 수 있어서 새로운 데이터를 분류하고자 하는 경우 잘못 분류할 경우의 수가 높아질 수 있다. - 표본의 크기에 민감하여 표본크기가 너무 크거나 작을 경우 효과적인 모형 개발이 어려울 수 있다. - 한번에 하나의 변수만을 고려하므로 변수 간 상호작용을 파악하기 어렵다. - 결정경계(Decision Boundary)가 데이터 축에 수직이어서 비선형 데이터 분류에는 적합하지 않다.

2) 엔트로피(Entropy)와 불순도(Impurity)의 의미

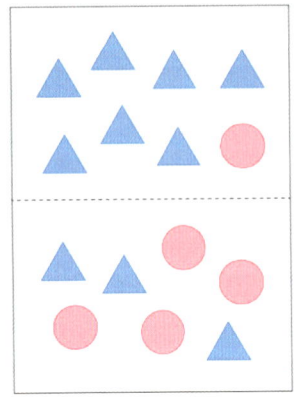

정보획득
(Information gain)

- 의사결정 트리는 분류분석의 하나의 종류로서 얼마나 잘 분류하였는지가 중요한 사항이며 분류가 얼마나 순수하게 잘 되었는지가 중요하다. 분류된 집단을 기준으로 불순도가 어느 정도인지 측정하는 것이 중요하다.

- 불순도란 해당 범주 안에 서로 다른 데이터가 얼마나 섞여 있는지를 말한다. 불순도가 높다는 것은 순도가 낮다고 말할 수 있다. 예를 들어, 그림에서 상단의 집단은 불순도가 낮지만 하단의 집단은 불순도가 높은 편이다.

- 이러한 불순도를 지표로 설명하는 것이 엔트로피이다. 엔트로피는 불순도를 수치로 나타낸 척도이다. 엔트로피가 높다는 것은 불순도가 높다는 것이고, 낮다는 것은 불순도가 낮다는 뜻이다. 엔트로피는 0~1 사이에 값을 가지는데 1이면 불순도가 최대라는 것을 말한다.

- 예를들어 엔트로피가 1인 상태에서 0.7 값으로 바뀌었다면 정보획득은 0.3이 된다. 정보획득은 분기 이전의 엔트로피에서 분기 이후의 엔트로피를 뺀 수치를 말한다.

3) 과대적합과 과소적합의 의미

의사결정 트리에서 과대적합은 모형을 지나치게 정확하게 만들고자 하는 데서 비롯된다. 과대적합은 모형 개발에 사용된 데이터를 제외한 다른 새로운 데이터에 대해서도 예측력을 떨어뜨릴 수 있다는 문제를 발생시킨다. 하지만 반대로 과소적합은 입력 데이터가 모형을 지나치게 설명하지 못하는 것을 말하며 모형에 대한 의미가 없다는 문제도 야기시킨다.

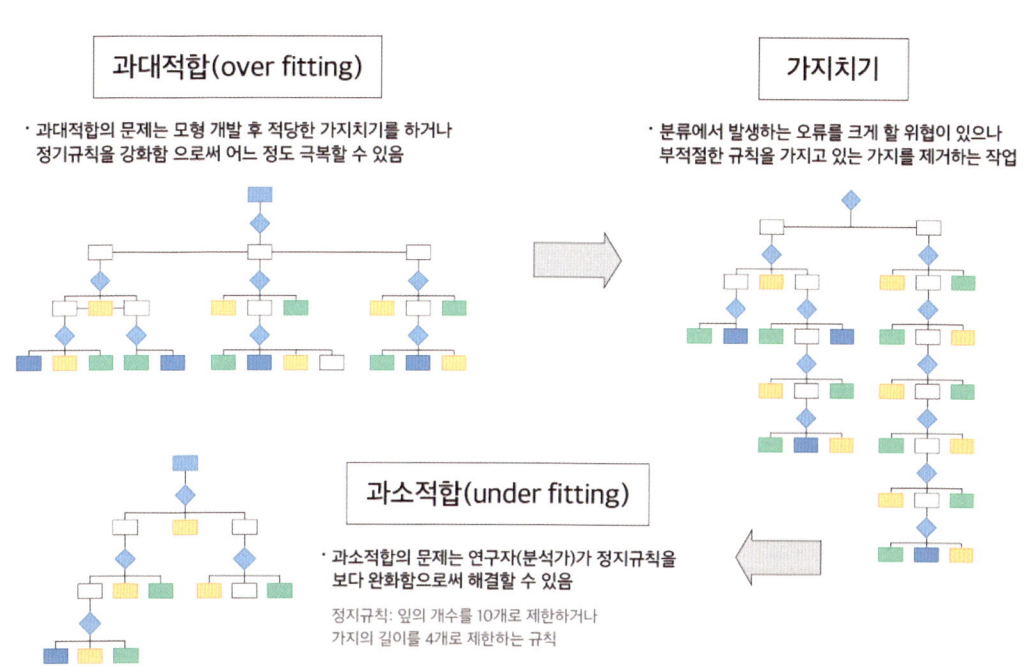

4) 가지치기(pruning)의 의미

의사결정 트리의 과대적합을 방지하기 위해서 트리 구조에서는 가지치기를 진행할 수 있다. 가지치기(pruning)는 지나치게 많은 마디를 갖는 의사결정 트리 모형(과대적합된 의사결정 트리)에서 적절하지 않은 마디를 제거하여 적당한 크기의 의사결정 나무모형을 만드는 방법을 말한다.

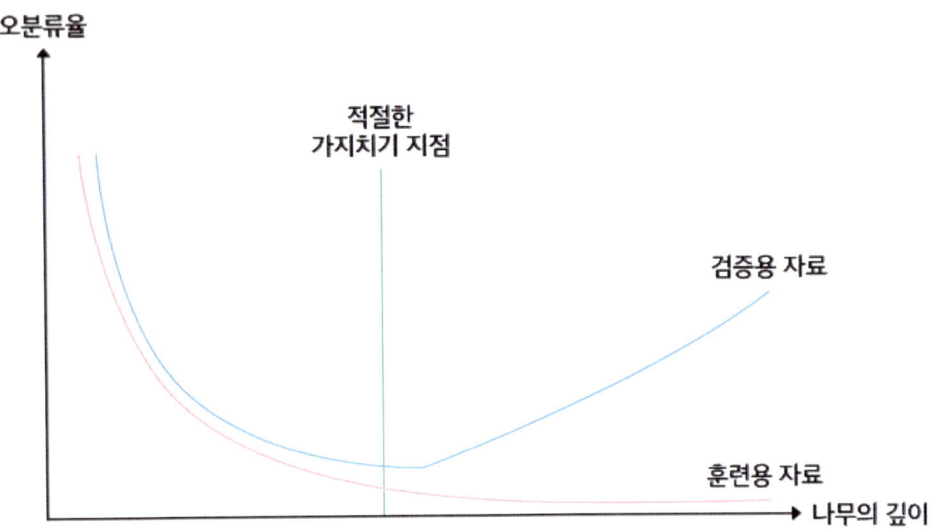

5) 의사결정트리 분석 방법의 종류

종류	의미
tree( )	• binary recursive partitioning 방법을 사용하며, 불순도의 측도로 엔트로피 지수를 사용한다. 엔트로피는 주어진 데이터 집합의 혼잡도를 의미한다. 주어진 데이터 집합에 레코드들이 서로 다른 종류(클래스)들이 많이 섞여 있으면 엔트로피가 높고, 엔트로피는 0~1 사이의 값을 가지며, 1에 가까울수록 혼잡도가 높다. tree( ) 함수는 엔트로피가 높은 상태에서 낮은 상태가 되도록 나무 모양을 생성한다. • install.packages("tree") / library(tree) • tree(변수명) : 의사결정 트리 계산 • cv.tree(변수명, FUN=가지치기 함수) : tree 객체의 편차 또는 오분류수 확인 • prune.misclass(변수명, best=최종노드수, eps=최소확률값) : 나무모형의 가지치기 • predict(의사결정트리 결과변수, 검증변수, type=저장할 값) : 예측값 출력 type=class(범주값)/tree(트리값)/vector(확률값)/where(노드위치값)

ctree( )	Unbiased recursive partitioning based on permutation test 방법을 사용한다. p-test를 거친 significance를 기준으로 가지치기를 할 변수를 결정하기 때문에 biased될 위험이 없어 별도로 가지치기(Pruning)할 필요가 없다. 하지만 입력 변수의 수준이 31개까지만 제한된다.
	• install.packages("party") / library(party)
	• ctree(x, data)
	  – x : 종속변수(목적변수)~
	  – data : 의사결정 트리를 분석할 변수

rpart( )	CART(Classification And Regression Trees)방법을 사용한다. 전체 데이터세트를 갖고 시작한다. 반복 수행작업을 통해서 두 개의 자식 노드를 생성하기 위해 모든 예측 변수를 사용하여 데이터세트의 부분집합을 쪼갬으로써 의사결정나무를 생성한다. CART는 Gini index가 작아지는 방향으로 움직이며, Gini index를 가장 많이 감소시켜주는 변수가 영향을 가장 많이 끼치는 변수가 된다. • install.packages("rpart") / library(rpart) • rpart(x, data) x : 종속변수(목적변수)~ , data : 의사결정 트리를 분석할 변수 • install.packages("rpart.plot") / library(rpart.plot) • printcp(변수명) : 의사결정 트리 복잡도 확인 • prune(변수명, cp) : 의사결정 트리의 가지치기 , cp : 가지지기 결정값

2. 의사결정 트리 분석 실습(tree) - 사고유형별/월별 교통사고 데이터

의사결정트리 분석의 실습을 위해서 도로교통공단_사고유형별 월별 교통사고 통계(2018) 데이터를 활용하였다.

도로교통공단_사고유형별 월별 교통사고 통계(2018)

변수명				
사고유형대분류 (chr)	사고유형중분류 (chr)	사고유형 (chr)	사고건수 (int)	월 (int)
사망자수 (int)	중상자수 (int)	경상자수 (int)	부상신고자수 (int)	

출처: https://www.data.go.kr/data/15070290/fileData.do#layer_data_infomation

▼실습　tree 패키지 1 - 도로교통공단_사고유형별 월별 교통사고 통계(2018)

```
> install.packages("tree")
> library(tree)

> setwd("C:/Data Analysis/r_exam/")
> t_data <- read.csv("도로교통공단_사고유형별 월별 교통사고(2018).csv", header = TRUE)
> str(t_data)

'data.frame':   203 obs. of  9 variables:
 $ 사고유형대분류  : chr  "차대사람" "차대사람" "차대사람" "차대사람" ...
 $ 사고유형중분류  : chr  "횡단중" "횡단중" "횡단중" "횡단중" ...
 $ 사고유형        : chr  "횡단중" "횡단중" "횡단중" "횡단중" ...
 $ 월              : int  1 2 3 4 5 6 7 8 9 10 ...
 $ 사고건수        : int  1667 1511 1599 1544 1495 1357 1332 1373 1504 1741 ...
 $ 사망자수        : int  88 62 76 62 46 37 54 69 71 89 ...
 $ 중상자수        : int  917 760 798 766 739 691 688 705 764 891 ...
 $ 경상자수        : int  720 713 751 750 774 659 625 634 696 790 ...
 $ 부상신고자수    : int  70 60 80 62 60 56 47 57 67 66 ...

> library(dplyr)
> t_data <- t_data %>% mutate("사망자범주" = ifelse(t_data$사망자수 == 0, "없음",
+   ifelse(t_data$사망자수 <= 30 , "적음","많음")))
> head(t_data,4)

  사고유형대분류 사고유형중분류 사고유형 월 사고건수 사망자수 중상자수 경상자수 부상신고자수 사망자범주
1       차대사람         횡단중     횡단중  1     1667       88      917      720           70       많음
2       차대사람         횡단중     횡단중  2     1511       62      760      713           60       많음
3       차대사람         횡단중     횡단중  3     1599       76      798      751           80       많음
4       차대사람         횡단중     횡단중  4     1544       62      766      750           62       많음
```

의사결정 트리 분석의 실습을 위해서 read.csv( ) 함수를 이용하여 도로교통공단_사고유형별 월별 교통사고(2018).csv 파일의 데이터를 t_data 변수로 저장하였다. 실습에서 의사결정 트리 분석의 목적은 사망사고의 없음, 적음, 많음으로 3개의 집단으로 분류하는 것을 목적으로 하였다.

이에 사망자의 연속형 데이터를 0명은 없음, 30명이하는 적음, 나머지는 많음으로 사망자범주의 칼럼을 새롭게 만들어 t_data 변수에 새롭게 추가하였다. 새롭게 만든 데이터값이 올바르게 결합되었는지 head( ) 함수로 확인하였다.

의사결정트리 분석을 위해서는 목적변수(종속변수)는 factor 객체의 특성이어야 한다. 실습에서 t_data$사망자범주 〈- as.factor(t_data$사망자범주) 명령문을 통해서 문자값으로 되어 있는 데이터를 factor 객체로 재저장하였다.

▼실습 tree 패키지 2 – 도로교통공단_사고유형별 월별 교통사고 통계(2018)

```
> t_data$사망자범주 <- as.factor(t_data$사망자범주)

> install.packages("caret")
> library(caret)
> set.seed(3003)
> intrain <- createDataPartition(y=t_data$사망자범주, p=0.7, list=FALSE)
> head(intrain,5)
     Resample1
[1,]     1
[2,]     2
[3,]     5
[4,]     6
[5,]     7
```

그다음 t_data 변수의 203개 데이터 중 훈련용 데이터와 검증용 데이터를 랜덤으로 분류하기 위해 caret 패키지를 설치하였다. caret 패키지에서 제공하는 createDataPartition( ) 함수를 이용하여 사고유형대분류 칼럼을 기준으로 70% 데이터를 훈련용 데이터로 랜덤으로 분류하였다. 이때 createDataPartition( ) 함수를 계속 실행하면 203개 데이터 중 70% 데이터가 지속해서 랜덤으로 추출하게 되어, 결과값이 계속 변동되는 문제점이 발생한다. 이에 set.seed( ) 함수를 이용하여 임의의 수치를 제공하여 한번 실행된 랜덤값이 변동되지 않도록 진행하였다. set.seed( ) 함수는 특정값을 지정하여 실행하면 createDataPartition( ) 함수를 계속 실행하여도 한번 추출된 훈련용 데이터가 변동되지 않도록 고정해준다. 실습에서 랜덤으로 추출한 데이터를 확인하기 위해 head(intrain, 5) 명령문을 실행하였고, 1, 2, 5, 6, 7번째 데이터가 훈련용 데이터로 선별된 것을 확인할 수 있다.

> ▼실습   tree 패키지 3 – 도로교통공단_사고유형별 월별 교통사고 통계(2018)

```
> train <- t_data[intrain, ]
> test <- t_data[-intrain, ]
> nrow(train) ; nrow(test)

[1] 143
[1] 60
```

train <- t_data[intrain,] 명령문을 실행하여 70%로 선별된 데이터를 train 변수로 저장하였다. 다음 test <- t_data[-intrain,] 명령문을 실행하여 남은 30%의 데이터를 검증용 데이터로 test 변수로 저장하였다. 이에 대한 데이터수를 확인하면 train 변수에는 143개 데이터가 있으며, test 변수에는 60개의 데이터가 있다.

의사결정트리 분석을 하고자 t_analysis 변수에는 사망자범주를 종속변수로 설정하였고, 설명변수는 사고건수, 중상자수, 경상자수, 부상신고자수 등 칼럼으로 지정하였다. 이에 대한 명령문으로 't_analysis <- 사망자범주~ 중상자수 + 경상자수 + 부상신고자수' 이다.

다음 의사결정 트리 분석을 위해서 tree_train <- tree(t_analysis, data=train) 명령문을 실행하였다. train 변수를 t_analysis의 계산식에 대입하여 의사결정 트리 분석하였고, 결과값을 tree_train 변수로 저장하였다. print(tree_train)을 실행하면, node), split, n, deviance, yval, (yprob) 기준으로 값이 표현되어 있으며 *는 최종 마지막 트리마디를 가리켜준다.

node)	split	n	deviance	yval	(yprob) 사망자범주 확률			*
49	중상자수 > 234.5	10	6.502	적음	0.10000	0.0000	0.90000	최종마디
					많음	없음	적음	

본 실습에서는 뿌리(root)마디에서는 143개 데이터이며, 사망자범주는 적음 집단에서 분류를 시작하였다. 그 다음 부상자신고자수가 46.5 미만과 46.5 이상으로 두 마디로 분류되었다. '2) 부상신고자수 < 46.5'의 85개 데이터는 좌측 마디로 시작된다. 그리고 '3) 부상신고자수 > 45.5'의 58개 데이터는 우측 마디에서 시작한다는 것을 의미한다.

▼ 실습 | tree 패키지 4 - 도로교통공단_사고유형별 월별 교통사고 통계(2018)

> t_analysis <- 사망자범주~ 중상자수 + 경상자수 + 부상신고자수
> tree_train <- tree(t_analysis, data=train)
> print(tree_train)

node), split, n, deviance, yval, (yprob)
      * denotes terminal node

 1) root 143 233.900 적음 (0.21678 0.09790 0.68531)
   2) 부상신고자수 < 46.5 85 76.060 적음 (0.00000 0.16471 0.83529)
     4) 중상자수 < 35.5 42 51.970 적음 (0.00000 0.30952 0.69048)
       8) 경상자수 < 119.5 33 28.070 적음 (0.00000 0.15152 0.84848)
        16) 중상자수 < 2.5 8 10.590 없음 (0.00000 0.62500 0.37500) *
        17) 중상자수 > 2.5 25   0.000 적음 (0.00000 0.00000 1.00000) *
       9) 경상자수 > 119.5 9   6.279 없음 (0.00000 0.88889 0.11111)
     5) 중상자수 > 35.5 43   9.499 적음 (0.00000 0.02326 0.97674)
      10) 중상자수 < 64 12   6.884 적음 (0.00000 0.08333 0.91667) *
      11) 중상자수 > 64 31   0.000 적음 (0.00000 0.00000 1.00000) *
   3) 부상신고자수 > 46.5 58 80.130 많음 (0.53448 0.00000 0.46552)
     6) 경상자수 < 4714 46 62.980 적음 (0.43478 0.00000 0.56522)
      12) 경상자수 < 850 28 38.240 많음 (0.57143 0.00000 0.42857)
        24) 중상자수 < 544.5 18 22.910 적음 (0.33333 0.00000 0.66667)
          48) 중상자수 < 234.5 8 10.590 많음 (0.62500 0.00000 0.37500) *
          49) 중상자수 > 234.5 10   6.502 적음 (0.10000 0.00000 0.90000) *
        25) 중상자수 > 544.5 10   0.000 많음 (1.00000 0.00000 0.00000) *
      13) 경상자수 > 850 18 19.070 적음 (0.22222 0.00000 0.77778)
        26) 부상신고자수 < 354.5 11   0.000 적음 (0.00000 0.00000 1.00000) *
        27) 부상신고자수 > 354.5 7   9.561 많음 (0.57143 0.00000 0.42857) *
     7) 경상자수 > 4714 12   6.884 많음 (0.91667 0.00000 0.08333) *

▼ 실습 tree 패키지 5 – 도로교통공단_사고유형별 월별 교통사고 통계(2018)

> plot(tree_train)
> text(tree_train)

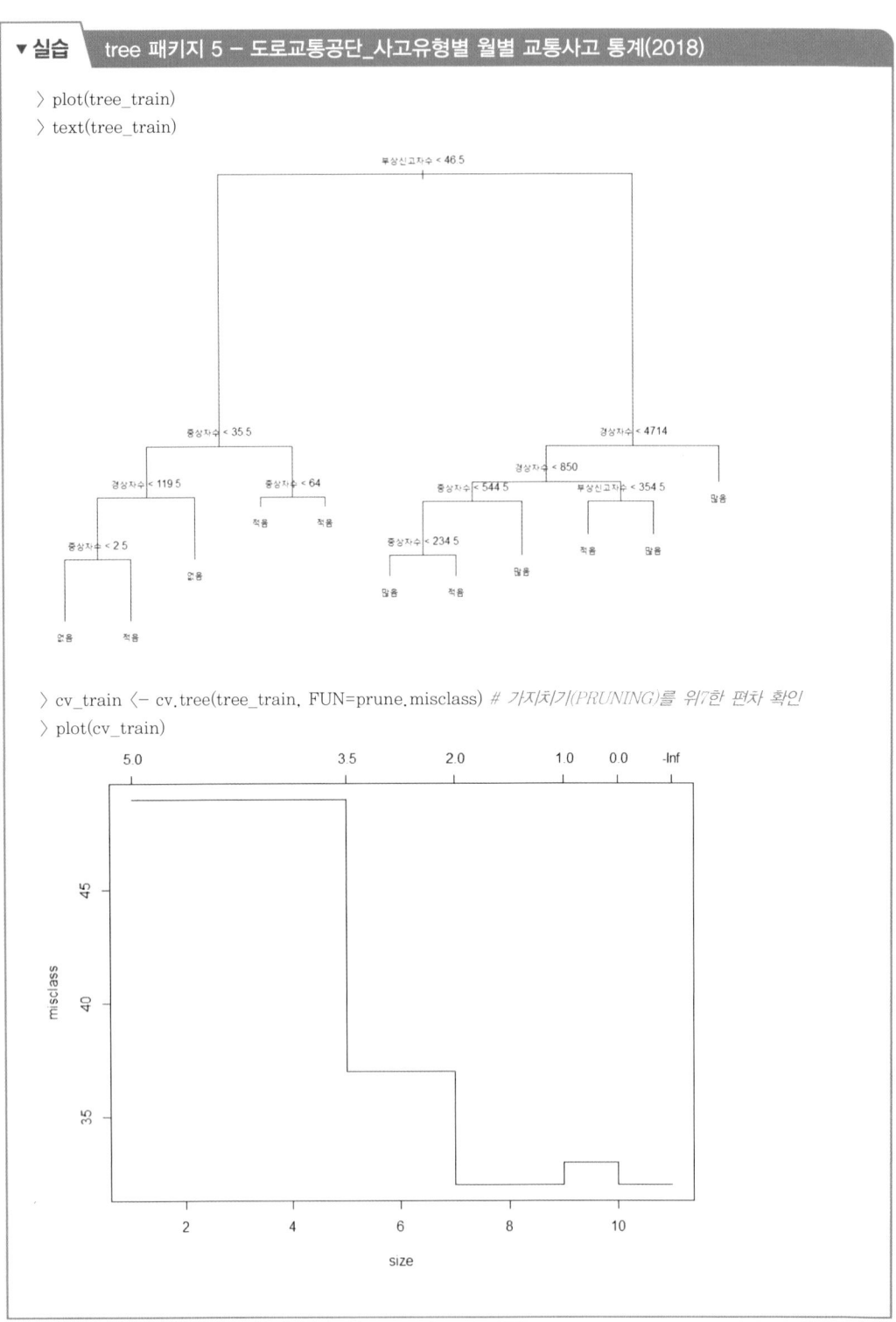

> cv_train <- cv.tree(tree_train, FUN=prune.misclass) # 가지치기(PRUNING)를 위한 편차 확인
> plot(cv_train)

plot( ) 함수를 통해서 의사결정트리를 살펴보면, 부상신고자수를 46.5명 미만과 아닌 데이터를 구분하여 분류하고 있다. 다음 좌측 노드에는 중상자수가 35.5명 미만과 아닌 데이터로 분기된다. 우측 2번째 노드에는 경상자수가 4714 미만과 아닌 데이터로 분기하여 집단을 분류해주고 있다. 이처럼 트리 구조가 계속 분기해 나가면서 경상자수, 중상자수의 데이터를 계산하면서 노드가 계속 분기되는 모습을 보여주고 있다. 최종노드 값에서는 사망자범주의 없음, 적음, 많음의 분류가 특정 조건으로 계산되어 재분류되는 형태를 보이고 있다. 예를 들면, 부상신고자수가 46.5 이상이고, 경상자수가 4714명 이상이면 사망자범주가 많음으로 분류된다. 그리고 부상신고자수가 45.5명 미만으로 중상자수가 35.5명 미만, 경상자수자 119.5명 이상이면 사망자범주가 없음으로 분류되는 것을 확인할 수 있다. 이처럼 plot(tree_train)과 text(tree_train) 명령문을 실행하면, tree_train 변수의 값을 차트로 시각화해준다. 만약, 차트를 확인한 후 의사결정 트리의 결과가 과대적합되었다고 연구자(분석자)가 생각하면 의사결정 트리를 가지치기할 수 있다. 가지치기를 위해서 cv.tree( ) 함수를 이용하여 의사결정 트리 객체의 편차와 오분류수를 확인할 수 있다.

한편, 실습에서 tree_train 변수를 가지치기하기 위해서 cv_train <- cv.tree(tree_train, FUN=prune.misclass) 명령문을 실행하였으며, cv_train 변수를 plot( ) 함수로 이용하여 그림 차트로 결과를 확인하였다. 차트를 확인해보면, 7 값에서 편차가 35 이하로 작아지는 모습을 확인할 수 있다.

따라서, 실습에서는 prune.trees <- prune.misclass(tree_train, best=7) 명령문으로 최종 노드수를 7로 지정하여 가지치기를 시행하였고, 이에 관한 결과 내용을 prune.trees 변수로 저장하였다. 이를 다시 확인하면, 최종 노드수가 7개로 이루어진 의사결정 트리를 확인할 수 있다.

▼ 실습　　tree 패키지 6 - 도로교통공단_사고유형별 월별 교통사고 통계(2018)

```
> prune.trees <- prune.misclass(tree_train, best=7)
> prune.trees

node), split, n, deviance, yval, (yprob)
      * denotes terminal node

1) root 143 233.900 적음 ( 0.21678 0.09790 0.68531 )
   2) 부상신고자수 < 46.5 85  76.060 적음 ( 0.00000 0.16471 0.83529 )
     4) 중상자수 < 35.5 42  51.970 적음 ( 0.00000 0.30952 0.69048 )
       8) 경상자수 < 119.5 33  28.070 적음 ( 0.00000 0.15152 0.84848 ) *
       9) 경상자수 > 119.5 9   6.279 없음 ( 0.00000 0.88889 0.11111 ) *
     5) 중상자수 > 35.5 43   9.499 적음 ( 0.00000 0.02326 0.97674 ) *
   3) 부상신고자수 > 46.5 58  80.130 많음 ( 0.53448 0.00000 0.46552 )
     6) 경상자수 < 4714 46  62.980 적음 ( 0.43478 0.00000 0.56522 )
      12) 경상자수 < 850 28  38.240 많음 ( 0.57143 0.00000 0.42857 )
        24) 중상자수 < 544.5 18  22.910 적음 ( 0.33333 0.00000 0.66667 ) *
        25) 중상자수 > 544.5 10   0.000 많음 ( 1.00000 0.00000 0.00000 ) *
      13) 경상자수 > 850 18  19.070 적음 ( 0.22222 0.00000 0.77778 ) *
     7) 경상자수 > 4714 12   6.884 많음 ( 0.91667 0.00000 0.08333 ) *
```

▼ 실습   tree 패키지 7 – 도로교통공단_사고유형별 월별 교통사고 통계(2018)

```
> plot(prune.trees)
> text(prune.trees)
```

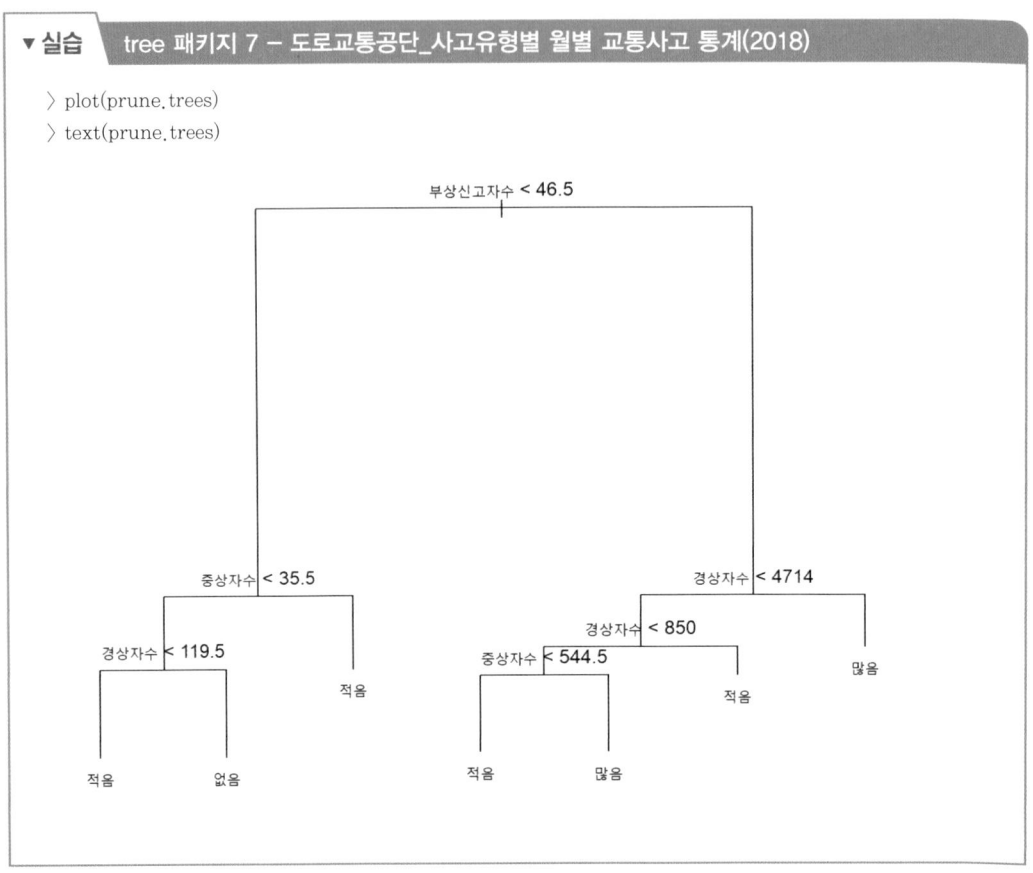

의사결정 트리의 최종 예측값과 모델을 평가하기 위해서 predict( ) 함수를 이용하였다. predict( ) 함수는 새로운 변수(X)에 대한 예측 결과를 출력해준다. 실습에서는 test_predict <- predict(prune.trees, test, type='class') 명령문을 실행하여 예측값을 저장하였다. 명령문을 내용은 prune.trees 변수(가지치기한 의사결정트리 객체)를 토대로 검증용 test 변수에 대입하라는 것이며, 사망자범주인 없음, 적음, 많음으로 계산된 결과값을 저장하라는 의미이다. 이때 속성값으로 type에서 class로 지정하면 사망자범주의 값 방식으로 저장되며 tree로 지정할 경우 의사결정트리의 객체값으로 저장된다.

최종적으로 의사결정 트리 모델을 평가하기 위해서 confusionMatrix( ) 함수를 활용하였다. confusionMatrix(예측값, 결과값) 함수를 이용하면 정확도를 알 수 있다. confusionMatrix( ) 함수는 의사결정 트리에서 구한 분류의 예측값(Prediction)과 데이터의 실제값(Reference)의 발생 빈도를 나열한 행렬값을 보여준다. 실습에서는 모델을 평가하기 위해 result <- confusionMatrix(test_predict, test$사망자범주) 명령문을 실행하였다.

실습 | tree 패키지 7 – 도로교통공단_사고유형별 월별 교통사고 통계(2018)

```
> # 예측 및 모델평가
> test_predict <- predict(prune.trees, test, type='class')
> result <- confusionMatrix(test_predict,test$사망자범주)
> print(result)
```

Confusion Matrix and Statistics

```
          Reference
Prediction 많음 없음 적음
    많음     7    0    1
    없음     0    3    0
    적음     5    3   41
```

Overall Statistics

```
               Accuracy : 0.85
                 95% CI : (0.7343, 0.929)
    No Information Rate : 0.7
    P-Value [Acc > NIR] : 0.005871

                  Kappa : 0.6218

 Mcnemar's Test P-Value : NA
```

Statistics by Class:

	Class:많음	Class: 없음	Class: 적음
Sensitivity	0.5833	0.5000	0.9762
Specificity	0.9792	1.0000	0.5556
Pos Pred Value	0.8750	1.0000	0.8367
Neg Pred Value	0.9038	0.9474	0.9091
Prevalence	0.2000	0.1000	0.7000
Detection Rate	0.1167	0.0500	0.6833
Prevalence	0.1333	0.0500	0.8167
Balanced Accuracy	0.7812	0.7500	0.7659

test의 사망자범주에는 많음은 총 12개이며 없음은 6개, 적음은 42개로 구성되어 있다.
결과표를 확인하면 많음의 데이터 중 7개는 많음에 위치해 있고, 5개는 적음에 위치해 있다. 없음의 데이터는 3개가 적음으로 위치 변동해 있다. 적음은 42개 데이터 중 41개 데이터는 위치 변동이 없으며 1개는 많음으로 이동한 결과를 확인할 수 있다.

모델 평가의 정확도는 85%로 나타났으며 신뢰구간은 0.7343~0.929에 위치해 있다. No Information Rate은 가장 많은 값이 발견된 분류의 비율 또는 관측된 분류의 가장 큰 확률을 말한다. 실습에서 '적음'의 비율이 가장 많은 비율을 차지하고 있다. 이를 계산하면 (41+1)/60=0.7의 값을 보여준다. test의 총 데이터 수는 60이다.

실제 분류에서는 데이터를 이용한 예측값을 계산하므로 Accuracy(정확도)의 값이 No Information Rate보다 더 높아야 한다. 즉, 0.7보다 정확도가 85%로 높게 나타났다. 이는 P-value[Acc > NIR]로 확인할 수 있으며 Accuracy가 No Information Rate보다 좋은지를 검정하였을 때 0.005871로 나타났고, 이 결과는 Accuracy가 NIR보다 높다고 해석할 수 있다.

범주형 데이터의 일치도를 확인할 때 Kappa 통계량을 많이 이용한다. Kappa 통계량은 랜덤 분류기의 정확성을 제어하면서 분류자 예측이 실제 클래스 레이블과 얼마나 잘 일치하는지 보여준다. 1 값에 가까울수록 좋으며 실습에서는 0.6218로 준수한 정도의 일치도를 보여주고 있다.

실습에서 Mcnemar's Test는 검정되지 않았으며 Statistics by Class는 범주형별로 민감도의 값을 보여주고 있다.

최종적으로 의사결정트리 분석으로 분류된 결과값과 기존에 임의로 분류한 사망자범주의 값과 비교하고자 한다.

> ▶ 실습　tree 패키지 8 – 도로교통공단_사고유형별 월별 교통사고 통계(2018)
>
> ```
> > # 예측 및 모델평가의 데이터 결과값 비교
> > train_predict <- predict(prune.trees, train, type="class")
> > table(train_predict, train$사망자범주)
>
>  train_predict   많음   없음   적음
>         많음      21      0      1
>         없음       0      8      1
>         적음      10      6     96
> ```

우선 앞서 실행한 test_predict <- predict(prune.trees, test, type='class') 명령문과 동일하게 훈련용 데이터도 평가하고자 train_predict <- predict(prune.trees, train, type="class") 명령문을 실행하였다. train_predict 변수에는 prune.trees 변수와 train 변수와 비교하여 예측된 사망자 범주값이 저장되어 있다. 그리고 test_predict 변수에는 prune.trees 변수와 test 변수와 비교하여 예측된 사망자 범주값이 저장되어 있다.

train 변수에서 사망자범주의 값과 의사결정트리로 분류된 값이 어느정도 차이가 있는지 확인하고자 table(train_predict, train$사망자범주) 명령문을 실행하였다. train 데이터의 예측 결과 내용을 살펴보면 많음은 총 31개의 데이터가 있으며 이 중 10개 데이터는 많음에서 적음으로 재분류되었다. 없음은 총 14개 데이터가 있으며 이중 6개 데이터가 적음으로 재분류되었다. 적음의 데이터는 총 98개 데이터가 있으며 이중 1개는 많음, 1개는 없음으로 재분류되었다. 즉, 10+6+1+1=18개의 데이터가 의사결정트리 계산에 의해 다른 범주로 재분류되었다.

또한, 검증용(test) 데이터에서는 사망자범주에서 많음의 12개 중 5개 데이터는 적음으로 재분류되었고, 없음의 데이터 중 3개는 적음으로 재분류되었다. 그리고 적음의 데이터 중 1개는 많음으로 재분류되었다. 즉, 5+3+1=9개의 데이터가 의사결정 트리의 계산에 의해서 다른 범주로 재분류되었다.

최종적으로 의사결정트리 분석으로 분류된 결과값과 기존 사망자범주의 값과 비교하고자 한다. 이를 위해 train 데이터와 test 데이터를 통합하는 작업을 진행하였다. 우선 train_combine <- data.frame(train, train_predict) 명령문을 실행하여 시험용 데이터와 의사결정트리 예측값을 train_combine 변수로 저장하였다. 다음으로 test_combine <- data.frame(test, test_predict) 명령문을 실행하여 검증용 데이터와 의사결정트리 분석값을 test_combine 변수로 저장하였다.

▼ 실습 tree 패키지 9 – 도로교통공단_사고유형별 월별 교통사고 통계(2018)

```
> train_combine <- data.frame(train, train_predict)
> test_combine <- data.frame(test, test_predict)
> colnames(train_combine)[11] <- "의사결정트리"
> colnames(test_combine)[11] <- "의사결정트리"
> t_combine <- rbind(train_combine, test_combine)

> t_combine %>% filter(사망자범주 != 의사결정트리)
```

```
> t_combine %>% filter(사망자범주 != 의사결정트리)
   사고유형대분류   사고유형중분류        사고유형  월 사고건수 사망자수 중상자수 경상자수 부상신고자수 사망자범주 의사결정트리
1        차대사람        보도통행중        보도통행중   5     174       0      62     116         17       없음         적음
2        차대사람             기타             기타   8    1302      33     465     781        102       많음         적음
3          차대차        측면충돌        측면충돌   1    5560      28    1623    6748        500       적음         많음
4          차대차     후진중충돌     후진중충돌  12     217       2      24     250          8       적음         없음
5          차대차             추돌             추돌   8    2997      47     843    4559        356       많음         적음
6          차대차             기타             기타   6    3503      35    1035    3712        433       많음         적음
7          차대차             기타             기타  10    3823      38    1116    4106        404       많음         적음
8          차대차             기타             기타  11    3853      32    1087    4321        430       많음         적음
9        차량단독     공작물충돌     공작물충돌   2     322      35     148     182         52       많음         적음
10       차량단독     공작물충돌     공작물충돌   4     329      41     156     190         51       많음         적음
11       차량단독     공작물충돌     공작물충돌   7     294      34     145     179         64       많음         적음
12       차량단독     공작물충돌     공작물충돌   8     363      42     196     203         66       많음         적음
13       차량단독     공작물충돌     공작물충돌  11     288      35     152     161         56       많음         적음
14       차량단독 주/정차차량 충돌 주/정차차량 충돌  1       2       0       0       1          1       없음         적음
15       차량단독 주/정차차량 충돌 주/정차차량 충돌  3       1       0       1       1          0       없음         적음
16       차량단독 주/정차차량 충돌 주/정차차량 충돌  7       3       0       2       1          0       없음         적음
17       차량단독 주/정차차량 충돌 주/정차차량 충돌  8       1       0       0       1          0       없음         적음
18       차량단독 주/정차차량 충돌 주/정차차량 충돌 11       2       0       1       1          0       없음         적음
19       차대사람             기타             기타   6    1474      26     563     847        116       적음         많음
20       차대사람             기타             기타   9    1441      36     517     848        110       많음         적음
21       차대사람             기타             기타  11    1516      33     560     899        108       많음         적음
22       차량단독     공작물충돌     공작물충돌   5     339      39     160     188         58       많음         적음
23       차량단독     공작물충돌     공작물충돌   9     284      38     145     148         49       많음         적음
24       차량단독     공작물충돌     공작물충돌  10     289      35     138     153         46       많음         적음
25       차량단독 주/정차차량 충돌 주/정차차량 충돌  4       4       0       3       2          0       없음         적음
26       차량단독 주/정차차량 충돌 주/정차차량 충돌 12       1       0       1       0          0       없음         적음
27       철길건널목        철길건널목        철길건널목 10       1       0       1       4          1       없음         적음
```

train_combine 변수에는 의사결정트리의 칼럼이름이 train_predict로 예측 분류값이 저장되어 있으며, test_combine 변수에는 의사결정트리의 칼럼이름이 test_predict로 예측 분류값이 저장되어 있다. 이에 train_predict 이름과 test_predict 이름을 동일한 이름으로 변경하고자 의사결정트리라는 이름으로 변경하였다. 그다음 동일한 칼럼명을 가지고 있는 변수들을 행 결합을 하기 위해서 t_combine <- rbind(train_combine, test_combine) 명령문을 실행하였다. 통합된 변수이름은 t_combine으로 하였다. 실습에서 통합된 t_combine 변수에서 사망자범주 칼럼값과 의사결정트리 칼럼값에서 일치하지 않는 값만 필터링하였다. t_combine %>% filter(사망자범주 != 의사결정트리) 명령문을 실행한 내용을 살펴보면 총 27개의 데이터가 불일치하다고 나타났다.

1번행의 데이터를 살펴보면 사망자수는 0 값이며 사망자 범주는 없음으로 저장되어 있지만, 의사결정트리 분석은 중상자수, 경상자수, 부상자수를 계산을 통해서 적음으로 재분류하였다. 또한 26번행과 27번행에서 사망자수는 각각 0명으로 사망자 범주에는 없음으로 분류하였지만 의사결정 트리는 적음으로 재분류한 형태를 보이고 있다. 즉, 기존 분석자가 임의적으로 분류하여 저장한 사망자범주(없음, 적음, 많음)를 의사결정 트리로 계산하였을 때 일부 데이터의 범주값이 재조정되는 결과를 확인할 수 있다. 이에 분석자 또는 최종 의사결정권자는 의사결정트리로 분석

한 결과를 해석할 때 임의로 지정한 사망자범주를 선택하여 의사결정을 진행할지, 아니면 의사결정트리로 재분류한 사망자범주를 결정하여 의사결정을 진행할지를 합리적으로 판단하고 결정해야 한다.

3. 의사결정 트리 분석 실습(party) – 사고유형별/월별 교통사고 데이터

두 번째 실습에서는 party 패키지를 이용한 의사결정 트리를 분석하고자 한다. party 패키지에서는 ctree( ) 함수를 제공하고 있으며 Unbiased recursive partitioning based on permutation tests 방법론을 사용한다. p-test를 거친 significance를 기준으로 변수를 결정하기 때문에 별도로 가지치기를 할 필요가 없다. 실습에서는 도로교통공단_사고유형별 월별 교통사고 통계(2018)의 데이터를 활용하였다.

t_data 변수에 도로교통공단_사고유형별 월별 교통사고 통계(2018) 데이터를 저장하였으며, 사망자수 칼럼에서 0값은 없음, 30이하는 적음, 나머지는 많음으로 재계산하여 사망자범주 칼럼을 새롭게 생성하였다. 사망자범주 변수를 종속으로 의사결정트리를 분석하고자 사망자범주 변수를 factor 객체 형식으로 변환하였다. 그다음 의사결정 트리로 분석할 데이터 중 60%는 훈련용, 40%는 검증용으로 분류하였다. intrain=sample(1:2, nrow(t_data), replace=TRUE, prob=c(0.6,0.4)) 명령문을 통해서 훈련용 데이터는 123개, 검증용 데이터는 80개로 분류되었다.

▼ 실습   party 패키지 1 – 도로교통공단_사고유형별 월별 교통사고 통계(2018)

```
> install.packages("party")
> library(party)
> setwd("C:/Data Analysis/r_exam/")
> t_data <- read.csv("도로교통공단_사고유형별 월별 교통사고(2018).csv", header = TRUE)

> library(dplyr)
> t_data <- t_data %>% mutate("사망자범주" = ifelse(t_data$사망자수 == 0, "없음",
+                                     ifelse(t_data$사망자수 <= 30 , "적음","많음")))
> head(t_data,4)
  사고유형대분류 사고유형중분류 사고유형 월 사고건수 사망자수 중상자수 경상자수 부상신고자수 사망자범주
1    차대사람         횡단중        횡단중   1    1667       88      917      720           70         많음
2    차대사람         횡단중        횡단중   2    1511       62      760      713           60         많음
3    차대사람         횡단중        횡단중   3    1599       76      798      751           80         많음
4    차대사람         횡단중        횡단중   4    1544       62      766      750           62         많음

> t_data$사망자범주 <- as.factor(t_data$사망자범주)
> set.seed(1333)
> intrain=sample(1:2, nrow(t_data), replace=TRUE, prob=c(0.6,0.4))
> print(intrain)
```

```
[1] 1 1 2 2 2 2 2 2 2 1 1 2 1 2 2 1 2 1 1 1 1 2 2 1 2 1 1 1 1 2 2 1 1 2 1 1 1 2 1 1 2
[44] 2 1 1 2 1 1 1 1 2 1 2 2 1 1 1 1 1 2 2 1 2 1 1 1 1 1 1 1 2 1 1 2 2 2 1 1 1 2 1 2 2
[87] 1 2 1 2 1 1 2 1 1 1 2 2 1 2 2 2 2 1 1 1 1 1 1 1 1 2 1 1 1 2 2 2 1 1 1 2 1 2 1 1 1 1
[130] 2 1 2 1 1 1 2 1 2 2 2 1 2 1 1 1 1 1 1 2 1 2 2 1 2 2 1 1 2 1 1 1 2 1 2 1 2 2 1 2 1 2 2
[173] 2 1 2 1 1 1 1 2 2 1 1 2 1 1 2 1 1 1 1 1 1 1 1 2 2 1 1 2 1 1
> #벡터(vector) 혹은 데이터 프레임(data frame)에서 지정된 크기만큼 데이터를 무작위로 추출
> train <- t_data[intrain==1, ]
> test <- t_data[intrain==2, ]
> nrow(train) ; nrow(test)
[1] 123
[1] 80
```

▼ 실습 **party 패키지 2 – 도로교통공단_사고유형별 월별 교통사고 통계(2018)**

```
> t_analysis <- 사망자범주~ 중상자수 + 경상자수 + 부상신고자수
> ctree_train <- ctree(t_analysis, data=train)
> print(ctree_train)

Conditional inference tree with 4 terminal nodes

Response:  사망자범주
Inputs:  중상자수, 경상자수, 부상신고자수
Number of observations:  123

1) 중상자수 <= 461; criterion = 1, statistic = 49.933
  2) 부상신고자수 <= 46; criterion = 0.998, statistic = 14.796
    3) 중상자수 <= 3; criterion = 0.968, statistic = 6.508
      4)*  weights = 7
    3) 중상자수 > 3
      5)*  weights = 69
  2) 부상신고자수 > 46
    6)*  weights = 15
1) 중상자수 > 461
  7)*  weights = 32
```

의사결정트리 분석을 하고자 t_analysis 변수에는 사망자범주를 종속(응답)변수로 설정하였고, 설명변수로는 사고건수, 중상자수, 경상자수, 부상신고자수 등의 칼럼으로 설정하였다. 이에 대한 명령문은 't_analysis <- 사망자범주~ 중상자수 + 경상자수 + 부상신고자수' 이다.

다음 의사결정 트리 분석을 위해서 ctree_train <- ctree(t_analysis, data=train) 명령문을 실행하였다. train 변수를 t_analysis의 계산식을 대입하여 의사결정 트리 분석을 실행하였고, 결과값을 ctree_train 변수로 저장하였다. print(ctree_train)을 실행하면 응답 변수로는 사망자범주라고 알려주고 있으며, 입력변수는 중상자수, 경상자수, 부상자신고자수이며, 분석 데이터는 123개라고 화면에 보여준다.

2)	부상신고자수<=46	criterion = 0.998	statistic = 14.796
①	②	③	④

① 종속변수가 설명변수에 미치는 중요 변수의 척도를 나타내는 수치이다. 수치가 작을수록 영향을 미치는 정도는 높으며 순서는 분기되는 순서를 말한다. ② 의사결정 트리의 *는 해당 노드가 마지막 노드를 알려주는 것이며 노드에 '부상신고자수<=46'이면 해당 노드의 변수 임계값에 대한 조건식을 설명해주는 것이다. ③ 노드의 분기기준을 말하며 criterion = 0.998이면 유의확률 p값은 0.002로 1 - criterion 값으로 계산하여 p값을 설명한다. p값은 의사결정 트리 그림에서 확인할 수 있다. p값은 유의수준 0.05보다 작다. ④ 종속변수의 통계량의 표시로 'statistic = 14.796' 값처럼 표기해 준다. 마지막 노드이거나 또 다른 분기 기준이 있는 경우에는 표시되지 않는다.

▼ 실습 party 패키지 3 - 도로교통공단_사고유형별 월별 교통사고 통계(2018)

> plot(ctree_train)

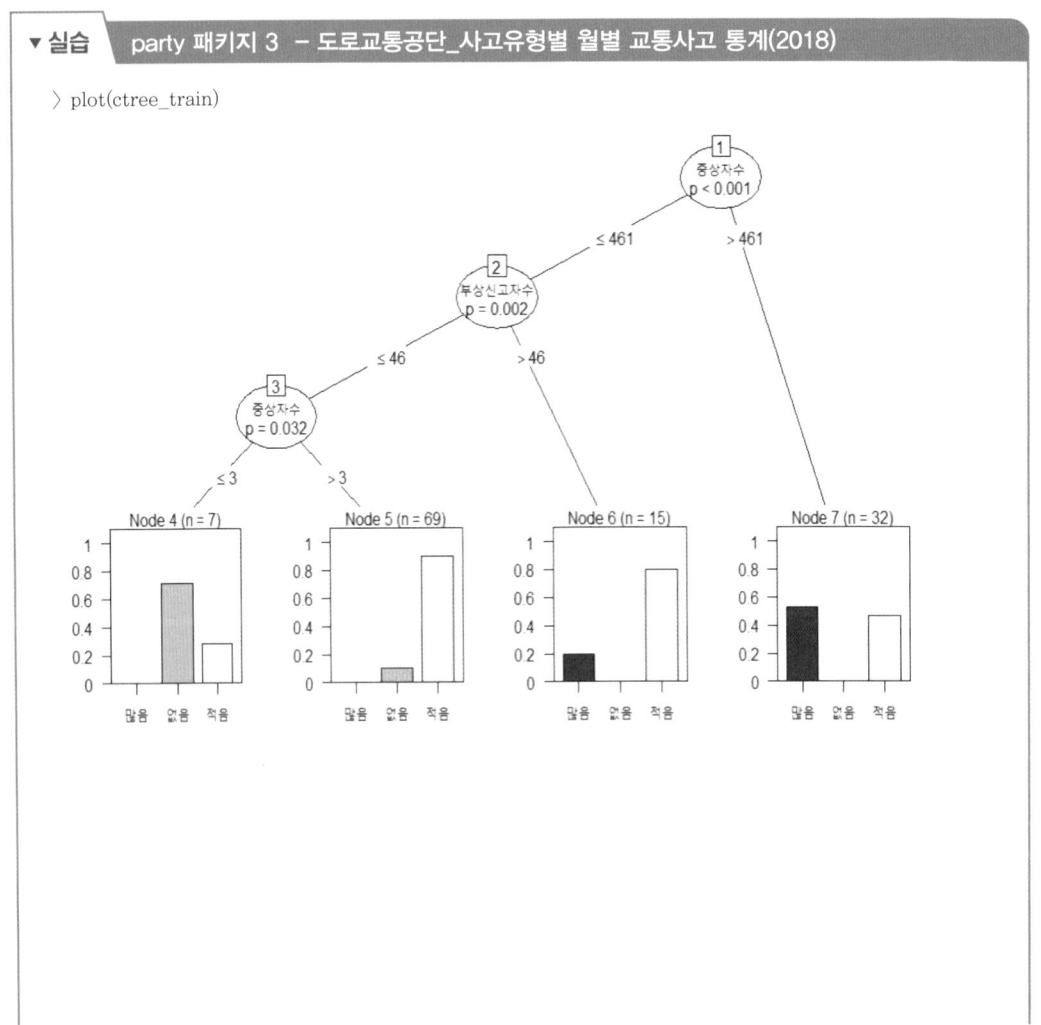

```
> plot(ctree_train, type='simple')
```

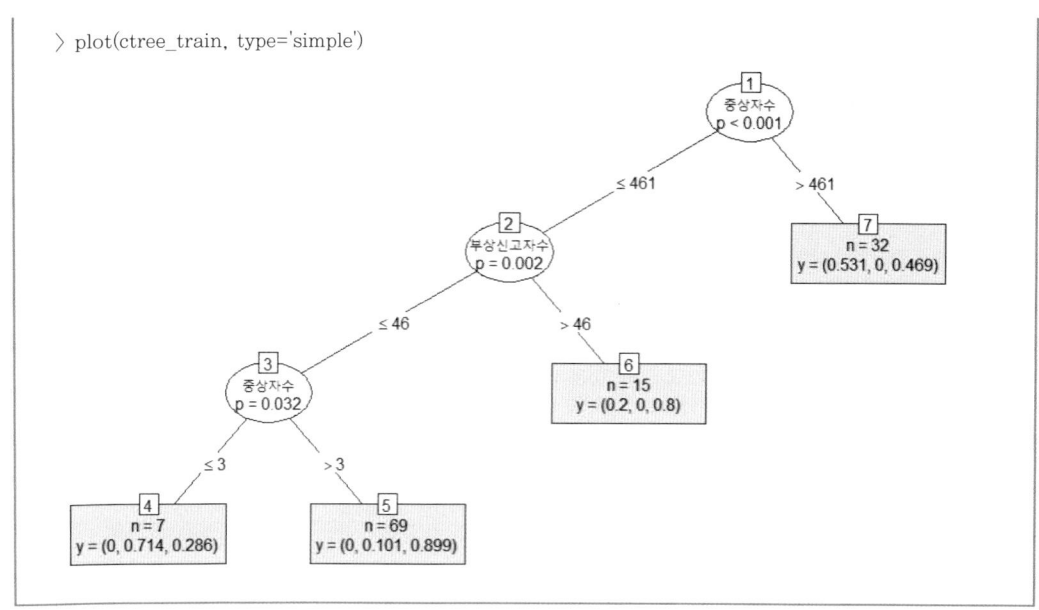

plot( ) 함수를 통해서 의사결정트리를 출력하였고, type='simple'을 지정하여 의사결정트리 정보를 요약하였다. 마지막 노드에서 중상자수의 p 값이 0.032로 중상자수가 3명 이상이면 사망자범주에서 적음의 데이터가 해당 노드로 많이 분류되는 형태를 보여주고 있다. 중상자수가 461명 이상이면 사망자범주에서 많음의 데이터가 해당 노드에 다수 포함되는 형태를 확인할 수 있다.

▼ 실습   party 패키지 4 – 도로교통공단_사고유형별 월별 교통사고 통계(2018)

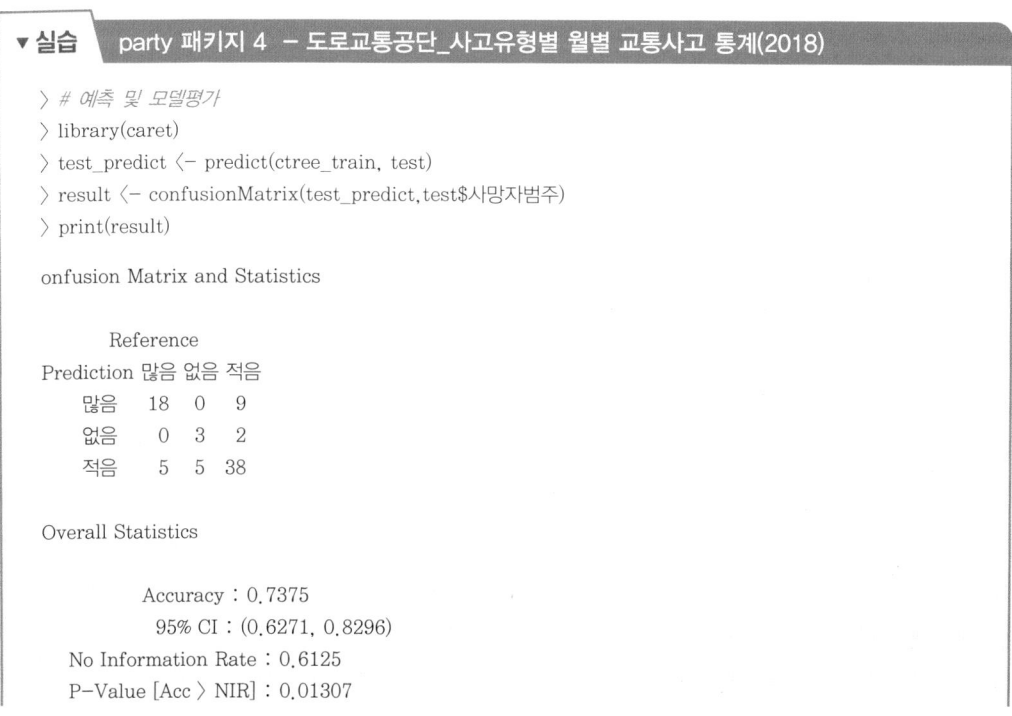

```
                Kappa : 0.504

     Mcnemar's Test P-Value : NA

  Statistics by Class:

                       Class:많음   Class:없음   Class:적음
     Sensitivity         0.7826      0.3750      0.7755
     Specificity         0.8421      0.9722      0.6774
     Pos Pred Value      0.6667      0.6000      0.7917
     Neg Pred Value      0.9057      0.9333      0.6562
     Prevalence          0.2875      0.1000      0.6125
     Detection Rate      0.2250      0.0375      0.4750
     Detection Prevalence 0.3375     0.0625      0.6000
     Balanced Accuracy   0.8124      0.6736      0.7265
```

모델 평가를 위해서 result <- confusionMatrix(test_predict,test$사망자범주) 명령문을 실행하였다. 사망자 범주의 많음 데이터 중 5개는 적음으로 분류되었고, 없음에서 5개 데이터는 적음으로 분류되었다. 적음의 데이터 중 9개는 많음으로 재분류되었으며 2개 데이터는 없음으로 재분류 되었다. 총 5+5+9+2=21개 데이터가 재분류되었다. 의사결정트리의 계산된 모형의 정확도는 73.75%이며 신뢰구간은 62.71~82.96의 범위를 가지고 있다. NIR은 61.25%이며 P-Value [Acc > NIR]은 0.01307로 정확도가 NIR보다 높다고 해석할 수 있다.

실습 party 패키지 5 – 도로교통공단_사고유형별 월별 교통사고 통계(2018)

```
> # 예측 및 모델평가의 데이터 결과값 비교
> train_predict <- predict(ctree_train, train)
> table(train_predict, train$사망자범주)

train_predict 많음 없음 적음
       많음    17    0   15
       없음     0    5    2
       적음     3    7   74

> train_combine <- data.frame(train, train_predict)
> test_combine <- data.frame(test, test_predict)
> colnames(train_combine)[11] <- "의사결정트리"
> colnames(test_combine)[11] <- "의사결정트리"
> t_combine <- rbind(train_combine, test_combine)

> t_combine %>% filter(사망자범주 != 의사결정트리)

  사고유형대분류 사고유형중분류 사고유형  월 사고건수 사망자수 중상자수 경상자수 부상신고자수 사망자범주 의사결정트리
1     차대사람       보도통행중   보도통행중   5    174        0       62      116           17        없음         적음
```

2	차대사람	기타	기타	1	1216	22	494	689	80	적음	많음
3	차대사람	기타	기타	3	1321	24	492	789	104	적음	많음
4	차대사람	기타	기타	5	1468	25	553	856	118	적음	많음
5	차대사람	기타	기타	10	1545	28	612	864	118	적음	많음
6	차대차	측면충돌	측면충돌	1	5560	28	1623	6748	500	적음	많음
7	차대차	후진중충돌	후진중충돌	3	208	0	30	247	12	없음	적음
8	차대차	후진중충돌	후진중충돌	5	223	0	22	281	5	없음	적음
9	차대차	후진중충돌	후진중충돌	7	251	0	35	295	9	없음	적음
10	차대차	후진중충돌	후진중충돌	8	235	0	26	288	17	없음	적음
11	차대차	후진중충돌	후진중충돌	10	222	0	26	278	10	없음	적음
12	차대차	후진중충돌	후진중충돌	11	218	0	22	255	16	없음	적음
13	차대차	추돌	추돌	4	2962	29	843	4403	353	적음	많음
14	차대차	추돌	추돌	11	3012	30	885	4452	323	적음	많음
15	차대차	추돌	추돌	12	2838	27	806	4336	324	적음	많음
16	차대차	기타	기타	1	2931	20	794	3194	331	적음	많음
… 〈생략〉 …											
41	차대차	기타	기타	9	3482	27	1016	3782	395	적음	많음
42	차량단독	공작물충돌	공작물충돌	5	339	39	160	188	58	많음	적음
43	차량단독	공작물충돌	공작물충돌	7	294	34	145	179	64	많음	적음
44	차량단독	공작물충돌	공작물충돌	8	363	42	196	203	66	많음	적음
45	차량단독	공작물충돌	공작물충돌	10	289	35	138	153	46	많음	적음
46	차량단독	공작물충돌	공작물충돌	11	288	35	152	161	56	많음	적음
47	차량단독	도로이탈	도로이탈기타	11	14	4	3	9	3	적음	없음
48	철길건널목	철길건널목	철길건널목	2	1	1	0	0	0	적음	없음

train 데이터에서 의사결정트리의 계산으로 재분류된 사망자범주를 확인해보면, 많음의 데이터 중 적음으로 3개 데이터가 재분류되었다. 없음의 데이터는 7개가 재분류되었다. 적음의 데이터는 없음으로 2개의 데이터가 재분류 되었고, 15개는 많음으로 재분류되었다. 즉, 3+7+15+2=27개의 데이터가 재분류되었다. train 데이터와 test 데이터를 결합하여 범주의 차이를 확인하면, 총 48개의 데이터가 재분류된 것을 확인할 수 있다.

4. 의사결정 트리 분석 실습(rpart) - 사고유형별/월별 교통사고 데이터

세 번째 의사결정트리 분석은 rpart 패키지를 활용하였다. rpart( ) 패키지는 재귀분할(recursive partitioning) 방식으로 계산을 진행한다. 여기서 재귀분할의 의미는 그대로 해결할 수 없는 문제를 작은 문제로 분할하여 문제를 해결하는 방법을 의미한다. 기존 ctree 함수에 비해 2수준 요인으로 분산분석을 실행한 결과를 토대로 트리 형태를 제공하여 모형을 단순화시켜주기 때문에 전체적인 분류기준을 쉽게 분석할 수 있다. 본 rpart( ) 패키지 실습을 위해 도로교통공단_사고유형별 월별 교통사고 통계(2018)의 데이터를 활용하였다.

▼ 실습   rpart 패키지 1 - 도로교통공단_사고유형별 월별 교통사고 통계(2018)

```
> install.packages("rpart")
> library(rpart)
> setwd("C:/Data Analysis/r_exam/")
> t_data <- read.csv("도로교통공단_사고유형별 월별 교통사고(2018).csv", header = TRUE)
> str(t_data)
'data.frame':   203 obs. of  9 variables:
 $ 사고유형대분류 : chr  "차대사람" "차대사람" "차대사람" "차대사람" ...
 $ 사고유형중분류 : chr  "횡단중" "횡단중" "횡단중" "횡단중" ...
 $ 사고유형       : chr  "횡단중" "횡단중" "횡단중" "횡단중" ...
 $ 월             : int  1 2 3 4 5 6 7 8 9 10 ...
 $ 사고건수       : int  1667 1511 1599 1544 1495 1357 1332 1373 1504 1741 ...
 $ 사망자수       : int  88 62 76 62 46 37 54 69 71 89 ...
 $ 중상자수       : int  917 760 798 766 739 691 688 705 764 891 ...
 $ 경상자수       : int  720 713 751 750 774 659 625 634 696 790 ...
 $ 부상신고자수   : int  70 60 80 62 60 56 47 57 67 66 ...
> library(dplyr)
> t_data <- t_data %>% mutate("사망자범주" = ifelse(t_data$사망자수 == 0, "없음",
+    ifelse(t_data$사망자수 <= 30 , "적음","많음")))
> head(t_data,4)
  사고유형대분류 사고유형중분류 사고유형 월 사고건수 사망자수 중상자수 경상자수 부상신고자수 사망자범주
1     차대사람         횡단중     횡단중   1     1667       88      917      720           70       많음
2     차대사람         횡단중     횡단중   2     1511       62      760      713           60       많음
3     차대사람         횡단중     횡단중   3     1599       76      798      751           80       많음
4     차대사람         횡단중     횡단중   4     1544       62      766      750           62       많음
> t_data$사망자범주 <- as.factor(t_data$사망자범주)
> set.seed(1117)
> intrain=sample(1:2, nrow(t_data), replace=TRUE, prob=c(0.6,0.4))
> #sample( ) 함수로 지정된 크기만큼 데이터를 무작위로 추출
> print(intrain)
  [1] 1 1 1 1 1 1 2 1 1 1 1 1 1 2 1 1 2 1 1 2 1 1 2 2 2 1 2 1 2 2 2 1 2 2 2 2 1 2 2 1 2 1 2 1 1
 [46] 1 1 1 1 1 1 2 1 1 1 1 2 2 2 1 2 1 1 1 1 2 1 1 2 1 1 1 2 2 1 1 2 1 1 2 2 2 2 1 2 1 1 2 2 2
 [91] 1 1 2 1 1 2 1 2 1 1 1 1 1 2 2 1 1 2 1 2 1 2 2 1 1 2 1 1 1 1 2 1 2 2 1 2 1 1 1 2 1 1 1 2 1
[136] 1 1 2 2 2 1 2 1 2 1 1 1 1 1 2 2 1 2 1 2 1 2 1 1 1 2 1 1 2 1 2 1 1 2 2 1 1 2 1 1 2 2 1 2 2
[181] 2 2 1 2 1 1 2 2 2 1 1 2 2 1 2 1 1 1 1 2 1 1 2
```

▼실습   rpart 패키지 2 – 도로교통공단_사고유형별 월별 교통사고 통계(2018)

```
> train=t_data[intrain==1,]   #학습데이터
> test=t_data[intrain==2,]    #검정데이터
> nrow(train) ; nrow(test)

[1] 119
[1] 84

> t_analysis <- 사망자범주~ 중상자수 + 경상자수 + 부상신고자수
> rtree_train <- rpart(t_analysis, data=train)
> print(rtree_train)

n= 119
node), split, n, loss, yval, (yprob)
    * denotes terminal node

 1) root 119 39 적음 (0.23529412 0.09243697 0.67226891)
   2) 중상자수>=577.5 32 10 많음 (0.68750000 0.00000000 0.31250000)
     4) 경상자수< 2019 12  0 많음 (1.00000000 0.00000000 0.00000000) *
     5) 경상자수>=2019 20 10 많음 (0.50000000 0.00000000 0.50000000)
      10) 경상자수>=4720.5 8  0 많음 (1.00000000 0.00000000 0.00000000) *
      11) 경상자수< 4720.5 12  2 적음 (0.16666667 0.00000000 0.83333333) *
   3) 중상자수< 577.5 87 17 적음 (0.06896552 0.12643678 0.80459770)
     6) 중상자수< 6 7  2 없음 (0.00000000 0.71428571 0.28571429) *
     7) 중상자수>=6 80 12 적음 (0.07500000 0.07500000 0.85000000)
      14) 경상자수>=177.5 43 12 적음 (0.13953488 0.13953488 0.72093023)
        28) 중상자수< 106 7  1 없음 (0.00000000 0.85714286 0.14285714) *
        29) 중상자수>=106 36  6 적음 (0.16666667 0.00000000 0.83333333)
          58) 경상자수< 197.5 7  3 많음 (0.57142857 0.00000000 0.42857143) *
          59) 경상자수>=197.5 29  2 적음 (0.06896552 0.00000000 0.93103448) *
      15) 경상자수< 177.5 37  0 적음 (0.00000000 0.00000000 1.00000000) *
```

실습에서 학습데이터는 119개이며 검정데이터는 84개로 분류되었다. 의사결정트리 계산을 위해서 t_analysis 변수에는 사망자범주를 종속(응답)변수로 설정하였고, 설명변수로는 사고건수, 중상자수, 경상자수, 부상신고자수 등으로 칼럼을 설정하였다. 이에 대한 명령문은 't_analysis <- 사망자범주~ 중상자수 + 경상자수 + 부상신고자수' 이다. 이를 rpat( ) 함수를 이용하여 의사결정트리를 계산하였다.

▼실습 | rpart 패키지 3 - 도로교통공단_사고유형별 월별 교통사고 통계(2018)

```
> install.packages("rpart.plot")
> library(rpart.plot)
> rpart.plot(rtree_train)
```

> rpart.plot(rtree_train, digits=2, fallen.leaves = FALSE, type=1, extra=101)

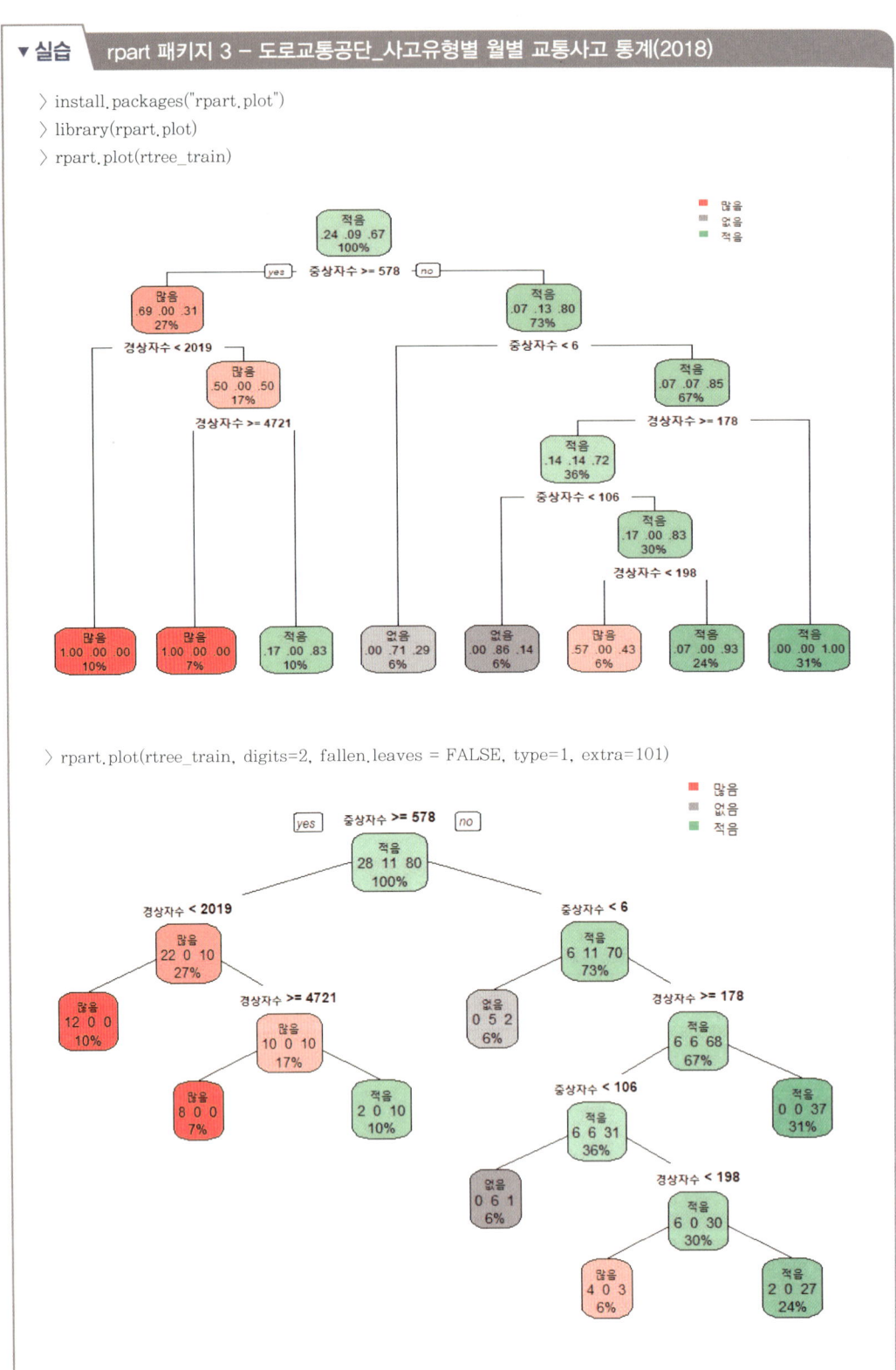

▼실습 rpart 패키지 4 – 도로교통공단_사고유형별 월별 교통사고 통계(2018)

```
> printcp(rtree_train) #기준이 되는 복잡도(Complexity parameter)

Classification tree:
rpart(formula = t_analysis, data = train)

Variables actually used in tree construction:
[1] 경상자수 중상자수

Root node error: 39/119 = 0.32773

n= 119

        CP      nsplit rel  error    xerror   xstd
1  0.307692       0        1.00000   1.00000  0.13129
2  0.102564       1        0.69231   0.82051  0.12402
3  0.076923       3        0.48718   0.82051  0.12402
4  0.064103       4        0.41026   0.89744  0.12745
5  0.025641       6        0.28205   0.92308  0.12848
6  0.010000       7        0.25641   0.94872  0.12947

> pruned_train <- prune(rtree_train, cp = 0.064) #cp값으로 가지치기
> rpart.plot(pruned_train)
```

rpart로 계산된 의사결정트리는 분석자가 필요하다면 printcp( ) 함수로 과대적합이 되어 있는 노드를 가지치기할 수 있다. 실습에서는 printcp(rtree_train) 명령문을 실행하였고, 가지치기와 관련된 모든 정보를 확인하였다. CP는 Complexity Parameter의 값이며, nsplit는 마지막 노드까지 오는 과정에서의 계산된 변수의 수를 설명한다. 즉, 전체 노드수에서 마지막 노드수를

제외한 노드로 총 8개의 노드를 말한다. 본 실습에서는 pruned_train <- prune(rtree_train, CP = 0.064) 명령문을 실행하여 CP의 값을 0.064의 수준에서 가지치기를 진행하였다.

> **실습** rpart 패키지 5 – 도로교통공단_사고유형별 월별 교통사고 통계(2018)

```
> library(caret)
> test_predict <- predict(pruned_train, test, type="class")
> result <- confusionMatrix(test_predict,test$사망자범주)
> print(result)
Confusion Matrix and Statistics

          Reference
Prediction 많음 없음 적음
      많음    8    0    2
      없음    0    8    4
      적음    7    1   54

Overall Statistics

               Accuracy : 0.8333
                 95% CI : (0.7362, 0.9058)
    No Information Rate : 0.7143
    P-Value [Acc > NIR] : 0.008402

                  Kappa : 0.6179

 Mcnemar's Test P-Value : NA

Statistics by Class:

                     Class:많음 Class:없음 Class:적음
Sensitivity             0.53333   0.88889   0.9000
Specificity             0.97101   0.94667   0.6667
Pos Pred Value          0.80000   0.66667   0.8710
Neg Pred Value          0.90541   0.98611   0.7273
Prevalence              0.17857   0.10714   0.7143
Detection Rate          0.09524   0.09524   0.6429
Detection Prevalence    0.11905   0.14286   0.7381
Balanced Accuracy       0.75217   0.91778   0.7833
```

모델 평가를 위해 result <- confusionMatrix(test_predict,test$사망자범주) 명령문을 실행한 결과, 정확도는 0.833이며 신뢰구간은 0.7362~0.9058로 나타났다. P-Value [Acc > NIR]이 0.008402로 정확도가 NIR보다 높은 값을 가진다고 해석된다. Kappa는 0.6179로 준수한 정도의 모델 일치도를 보여준다.

마지막으로 훈련 데이터(train)와 검증용 데이터(test)를 결합하여 범주의 차이를 확인하면 총

25개의 데이터가 재분류되었다. 분석자가 임의적으로 사망자범주를 분류한 내용과 중상자수, 경상자수, 부상신고자수를 의사결정 트리로 계산한 결과 내용에서 25개의 데이터가 차이가 있음을 확인할 수 있다. 종합해보면 tree, party, rpart 방법에 따라 의사결정 트리 분석 결과가 조금씩 다르게 나타나고 있다. 이에 학습을 통해 의미있는 의사결정트리 방법론을 선택하고, 긍정적인 분석 결과를 도출할 필요가 있다.

▼ 실습 rpart 패키지 6 – 도로교통공단_사고유형별 월별 교통사고 통계(2018)

```
> train_predict <- predict(pruned_train, train, type="class")
> table(train_predict, train$사망자범주)

     train_predict  많음  없음  적음
              많음   20     0     0
              없음    0    11     3
              적음    8     0    77

> train_combine <- data.frame(train, train_predict)
> test_combine <- data.frame(test, test_predict)
> colnames(train_combine)[11] <- "의사결정트리"
> colnames(test_combine)[11] <- "의사결정트리"
> t_combine <- rbind(train_combine, test_combine)

> t_combine %>% filter(사망자범주 != 의사결정트리)
```

	사고유형대분류	사고유형중분류	사고유형	월	사고건수	사망자수	중상자수	경상자수	부상신고자수	사망자범주	의사결정트리
1	차대사람	길가장자리구역통행중	길가장자리구역통행중	5	298	5	93	195	23	적음	없음
2	차대사람	기타	기타	8	1302	33	465	781	102	많음	적음
3	차대차	추돌	추돌	8	2997	47	843	4559	356	많음	적음
4	차대차	기타	기타	11	3853	32	1087	4321	430	많음	적음
5	차량단독	공작물충돌	공작물충돌	2	322	35	148	182	52	많음	적음
6	차량단독	공작물충돌	공작물충돌	4	329	41	156	190	51	많음	적음
7	차량단독	공작물충돌	공작물충돌	5	339	39	160	188	58	많음	적음
8	차량단독	공작물충돌	공작물충돌	7	294	34	145	179	64	많음	적음
9	차량단독	공작물충돌	공작물충돌	8	363	42	196	203	66	많음	적음
10	철길건널목	철길건널목	철길건널목	2	1	1	0	0	0	적음	없음
11	철길건널목	철길건널목	철길건널목	6	1	1	0	0	0	적음	없음
12	차대사람	길가장자리구역통행중	길가장자리구역통행중	4	320	6	100	196	30	적음	없음
13	차대사람	보도통행중	보도통행중	5	174	0	62	116	17	없음	적음
14	차대사람	기타	기타	9	1441	36	517	848	110	많음	적음
15	차대사람	기타	기타	10	1545	28	612	864	118	적음	많음
16	차대사람	기타	기타	11	1516	33	560	899	108	많음	적음
17	차대차	측면충돌	측면충돌	1	5560	28	1623	6748	500	적음	많음
18	차대차	후진중충돌	후진중충돌	12	217	2	24	250	8	적음	없음
19	차대차	기타	기타	6	3503	35	1035	3712	433	많음	적음
20	차대차	기타	기타	10	3823	38	1116	4106	404	많음	적음
21	차량단독	공작물충돌	공작물충돌	9	284	38	145	148	49	많음	적음
22	차량단독	공작물충돌	공작물충돌	10	289	35	138	153	46	많음	적음
23	차량단독	공작물충돌	공작물충돌	11	288	35	152	161	56	많음	적음
24	차량단독	주/정차차량 충돌	주/정차차량 충돌	5	2	1	0	0	1	적음	없음
25	차량단독	도로이탈	도로이탈 기타	11	14	4	3	9	3	적음	없음

5. 의사결정 트리 분석 실습(tree) - 혁신제품 만족 데이터

혁신제품 만족연구 데이터를 토대로 의사결정 트리 분석 실습을 진행하였고, 우선 tree 패키지로 의사결정트리 분석을 진행하였다.

혁신제품 만족연구

변수명		
성별 (int)	나이 (int)	학력 (int)
혁신_기술 (int)	혁신_디자인 (int)	혁신_소프트웨어 (int) · 혁신_실용성 (int) · 혁신_품질 (int)
편의성_인터페이스 (int)	편의성_사용자 (int)	편의성_소프트웨어 (int) · 편의성_AS서비스 (int) · 만족도 (int)

▼ 실습 tree 패키지 1 - 혁신제품 만족연구

```
> install.packages("tree")
> library(tree)
> setwd("C:/Data Analysis/r_exam/")
> t_data <- read.csv("new_tech.csv", header = TRUE)
> str(t_data)

'data.frame':   283 obs. of  13 variables:
 $ 성별            : int  2 2 2 1 1 2 1 2 2 1 ...
 $ 나이            : int  2 2 2 2 2 2 3 2 3 6 ...
 $ 학력            : int  2 2 2 2 2 2 2 2 3 1 ...
 $ 혁신_기술       : int  2 1 3 2 2 2 1 1 1 4 ...
 $ 혁신_디자인     : int  3 1 1 2 2 2 1 2 2 4 ...
 $ 혁신_소프트웨어 : int  4 2 1 2 2 2 1 2 2 3 ...
 $ 혁신_실용성     : int  2 1 1 2 1 2 5 1 2 3 ...
 $ 혁신_품질       : int  3 2 1 2 3 2 1 2 1 3 ...
 $ 편의성_인터페이스: int 2 2 1 3 2 1 1 2 2 2 ...
 $ 편의성_사용자   : int  1 1 1 1 1 1 1 1 1 1 ...
 $ 편의성_소프트웨어: int 2 3 2 1 1 3 5 1 2 2 ...
 $ 편의성_AS서비스 : int  1 2 1 2 1 2 2 1 3 2 ...
 $ 만족도          : int  1 1 1 2 2 2 2 2 3 3 ...
> library(dplyr)
> t_data <- t_data %>% mutate("만족도범주" = ifelse(t_data$만족도 < 3, "불만족",
+                            ifelse(t_data$만족도 <= 3.8 , "보통","만족")))
> head(t_data,4)
  성별 나이 학력 혁신_기술 혁신_디자인 혁신_소프트웨어 혁신_실용성 혁신_품질 편의성_인터페이스
1   2   2   2      2          3             4             2          3              2
2   2   2   2      1          1             2             1          2              2
3   2   2   2      3          1             1             1          1              1
4   1   2   2      2          2             2             2          2              3
```

	편의성_사용자	편의성_소프트웨어	편의성_AS서비스	만족도	만족도범주
1	1	2	1	1	불만족
2	1	3	2	1	불만족
3	1	2	1	1	불만족
4	1	1	2	2	불만족

혁신제품 만족 연구의 의사결정 트리분석을 위해서 종속변수는 만족도를 기준으로 범주를 설정하였다. 3점 미만은 불만족, 3~3.8점 이하는 보통, 그 이상은 만족으로 구분하여 만족도범주 칼럼을 새롭게 만들었다.

▼ 실습   tree 패키지 2 - 혁신제품 만족연구

```
> t_data$만족도범주 <- as.factor(t_data$만족도범주)
> #install.packages("caret")
> library(caret)
> set.seed(100)
> intrain <- createDataPartition(y=t_data$만족도범주, p=0.7, list=FALSE)
> head(intrain,5)

     Resample1
[1,]     3
[2,]     4
[3,]     5
[4,]     7
[5,]     8

> train <- t_data[intrain, ]
> test <- t_data[-intrain, ]
> nrow(train) ; nrow(test)

[1] 199
[1] 84

> t_analysis <- 만족도범주~ 혁신_기술 + 혁신_디자인 + 혁신_소프트웨어 + 혁신_품질
> tree_train <- tree(t_analysis, data=train)
> print(tree_train)

node), split, n, deviance, yval, (yprob)
    * denotes terminal node

1) root 199 397.800 만족 ( 0.51759 0.32161 0.16080 )
  2) 혁신_소프트웨어 < 2.5 35  60.280 불만족 ( 0.11429 0.22857 0.65714 )
    4) 혁신_기술 < 2.5 19  15.560 불만족 ( 0.05263 0.05263 0.89474 ) *
    5) 혁신_기술 > 2.5 16  33.390 보통 ( 0.18750 0.43750 0.37500 )
     10) 혁신_품질 < 3.5 10  17.960 불만족 ( 0.10000 0.30000 0.60000 ) *
     11) 혁신_품질 > 3.5 6   7.638 보통 ( 0.33333 0.66667 0.00000 ) *
  3) 혁신_소프트웨어 > 2.5 164 272.500 만족 ( 0.60366 0.34146 0.05488 )
```

```
      6) 혁신_품질 < 3.5 75 140.400 보통 ( 0.34667 0.54667 0.10667 )
       12) 혁신_기술 < 3.5 45  83.180 보통 ( 0.20000 0.62222 0.17778 )
         24) 혁신_소프트웨어 < 3.5 30  48.200 보통 ( 0.06667 0.66667 0.26667 )
           48) 혁신_품질 < 2.5 10  13.460 불만족 ( 0.00000 0.40000 0.60000 ) *
           49) 혁신_품질 > 2.5 20  25.560 보통 ( 0.10000 0.80000 0.10000 ) *
         25) 혁신_소프트웨어 > 3.5 15  20.730 보통 ( 0.46667 0.53333 0.00000 )
           50) 혁신_기술 < 2.5 6   0.000 보통 ( 0.00000 1.00000 0.00000 ) *
           51) 혁신_기술 > 2.5 9   9.535 만족 ( 0.77778 0.22222 0.00000 ) *
       13) 혁신_기술 > 3.5 30  41.050 만족 ( 0.56667 0.43333 0.00000 )
         26) 혁신_디자인 < 4.5 25  34.620 보통 ( 0.48000 0.52000 0.00000 ) *
         27) 혁신_디자인 > 4.5 5   0.000 만족 ( 1.00000 0.00000 0.00000 ) *
      7) 혁신_품질 > 3.5 89  91.330 만족 ( 0.82022 0.16854 0.01124 )
       14) 혁신_기술 < 3.5 28  37.520 만족 ( 0.60714 0.39286 0.00000 )
         28) 혁신_품질 < 4.5 19  26.290 보통 ( 0.47368 0.52632 0.00000 )
         29) 혁신_품질 > 4.5 9   6.279 만족 ( 0.88889 0.11111 0.00000 ) *
       15) 혁신_기술 > 3.5 61  39.600 만족 ( 0.91803 0.06557 0.01639 ) *
```

훈련용 데이터는 199개, 검증용 데이터는 84개로 나뉘었으며, 의사결정 트리 계산은 혁신_기술 + 혁신_디자인 + 혁신_소프트웨어 + 혁신_품질 등 4개의 설명변수로 만족도 범주를 계산하였다.

실습 | tree 패키지 3 - 혁신제품 만족연구

```
> plot(tree_train)
> text(tree_train)
```

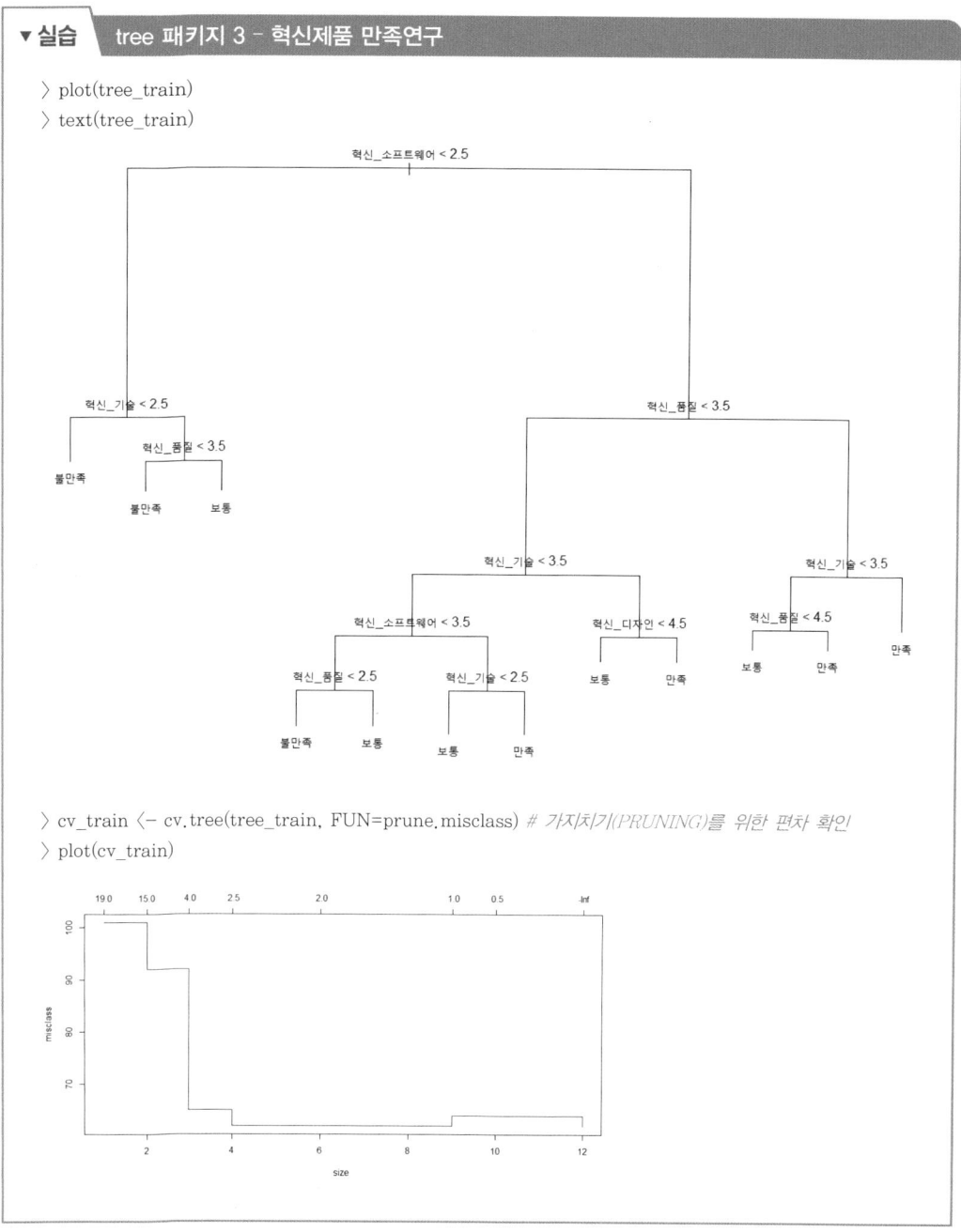

```
> cv_train <- cv.tree(tree_train, FUN=prune.misclass)  # 가지치기(PRUNING)를 위한 편차 확인
> plot(cv_train)
```

실습에서 의사결정트리의 과적합을 가지치기하기 위해서 cv_train <- cv.tree(tree_train, FUN=prune.misclass) 명령문을 실행하였다. 트리의 크기가 4 이상으로 높아질수록 편차가 낮아지는 것을 확인할 수 있다.

▼ 실습 | tree 패키지 4 – 혁신제품 만족연구

```
> prune.trees <- prune.misclass(tree_train, best=6)
> prune.trees
node), split, n, deviance, yval, (yprob)
      * denotes terminal node

 1) root 199 397.800 만족 ( 0.51759 0.32161 0.16080 )
   2) 혁신_소프트웨어 < 2.5 35  60.280 불만족 ( 0.11429 0.22857 0.65714 ) *
   3) 혁신_소프트웨어 > 2.5 164 272.500 만족 ( 0.60366 0.34146 0.05488 )
     6) 혁신_품질 < 3.5 75 140.400 보통 ( 0.34667 0.54667 0.10667 )
      12) 혁신_기술 < 3.5 45  83.180 보통 ( 0.20000 0.62222 0.17778 )
        24) 혁신_소프트웨어 < 3.5 30  48.200 보통 ( 0.06667 0.66667 0.26667 ) *
        25) 혁신_소프트웨어 > 3.5 15  20.730 보통 ( 0.46667 0.53333 0.00000 )
          50) 혁신_기술 < 2.5 6   0.000 보통 ( 0.00000 1.00000 0.00000 ) *
          51) 혁신_기술 > 2.5 9   9.535 만족 ( 0.77778 0.22222 0.00000 ) *
      13) 혁신_기술 > 3.5 30  41.050 만족 ( 0.56667 0.43333 0.00000 ) *
     7) 혁신_품질 > 3.5 89  91.330 만족 ( 0.82022 0.16854 0.01124 ) *

> plot(prune.trees)
> text(prune.trees)
```

실습에서는 prune.trees <- prune.misclass(tree_train, best=6) 명령문을 실행하여 6개의 값으로 가지치기를 진행하였다. 결과를 살펴보면, 소프트웨어의 혁신이 2.5 미만일 경우 불만족으로 분류하고 있으며, 2.5 이상이면 우측 노드로 이동하여 혁신_품질, 혁신_기술, 혁신_소프트웨어를 계산하여 만족도를 보통과 만족으로 분류하고 있다.

▼ 실습 | tree 패키지 5 - 혁신제품 만족연구

```
> # 예측 및 모델평가
> test_predict <- predict(prune.trees, test, type='class')
> result <- confusionMatrix(test_predict,test$만족도범주)
> print(result)
```

Confusion Matrix and Statistics

```
          Reference
Prediction  만족  보통  불만족
     만족    40    14     0
     보통     2    11     5
    불만족    2     2     8
```

Overall Statistics

```
               Accuracy : 0.7024
                 95% CI : (0.5927, 0.7973)
    No Information Rate : 0.5238
    P-Value [Acc > NIR] : 0.0006534

                  Kappa : 0.4799

 Mcnemar's Test P-Value : 0.0064658
```

Statistics by Class:

	Class:만족	Class:보통	Class:불만족
Sensitivity	0.9091	0.4074	0.61538
Specificity	0.6500	0.8772	0.94366
Pos Pred Value	0.7407	0.6111	0.66667
Neg PredValue	0.8667	0.7576	0.93056
Prevalence	0.5238	0.3214	0.15476
Detection Rate	0.4762	0.1310	0.09524
DetectionPrevalence	0.6429	0.2143	0.14286
Balanced Accuracy	0.7795	0.6423	0.77952

모델 평가를 살펴보면 분류정확도는 70.24%이며 NIR은 52.38%이고 p-value가 0.0006534로 정확도는 더 높다고 해석된다. Kappa의 값은 0.4799로 나타나 분류 일치도가 크게 높지 않다고 해석되며, Mcnemar's Test P-Value의 값이 0.0064658로 나타나 범주값과 의사결정 트리로 분류된 값이 차이가 있다고 나타났다.

실습 tree 패키지 6 - 혁신제품 만족연구

```
> # 예측 및 모델평가의 데이터 결과값 비교
> train_predict <- predict(prune.trees, train, type="class")
> table(train_predict, train$만족도범주)

    train_predict  만족  보통  불만족
        만족        97    30     1
        보통         2    26     8
        불만족       4     8    23

> train_combine <- data.frame(train, train_predict)
> test_combine <- data.frame(test, test_predict)
> colnames(train_combine)[15] <- "의사결정트리"
> colnames(test_combine)[15] <- "의사결정트리"
> t_combine <- rbind(train_combine, test_combine)

> t_com2 <- t_combine %>% filter(만족도범주 != 의사결정트리)
> tail(t_com2)

   성별 나이 학력 혁신_기술 혁신_디자인 혁신_소프트웨어 혁신_실용성 혁신_품질
73   2    2    2      4          2            3            4          2
74   2    2    2      3          4            3            4          3
75   2    2    2      3          2            2            3          3
76   1    2    2      3          3            3            2          1
77   1    2    2      4          2            3            3          4
78   1    2    2      5          1            3            4          4

   편의성_인터페이스 편의성_사용자 편의성_소프트웨어 편의성_AS서비스 만족도 만족도범주
73        4              4              4               2            3     보통
74        4              4              4               4            4     만족
75        5              5              5               5            5     만족
76        5              5              5               1            2     불만족
77        5              5              4               4            3     보통
78        5              5              2               5            3     보통

   의사결정트리
73     만족
74     보통
75     불만족
76     보통
77     만족
78     만족
```

train 변수와 test 변수를 통합하여 만족도 범주와 의사결정 트리로 분류된 범주 결과를 비교하여 볼 때, 총 78개의 데이터가 상호 불일치한다고 나타났다. 이에 대한 현황을 요약된 내용으로 보기 위해서 tail(t_com2) 명령문을 실행하여 확인하였다.

6. 의사결정 트리 분석 실습(party) - 혁신제품 만족 데이터

혁신제품 만족연구 데이터를 기반으로 ctree 패키지를 이용한 의사결정트리 분석을 진행하였다.

▼ 실습　party 패키지 1 - 혁신제품 만족연구

```
> install.packages("party")
> library(party)
> setwd("C:/Data Analysis/r_exam/")
> t_data <- read.csv("new_tech.csv", header = TRUE)
> library(dplyr)
> t_data <- t_data %>% mutate("만족도범주" = ifelse(t_data$만족도 < 3, "불만족",
+                             ifelse(t_data$만족도 <= 3.8 , "보통","만족")))
> head(t_data,4)
  성별 나이 학력 혁신_기술 혁신_디자인 혁신_소프트웨어 혁신_실용성 혁신_품질 편의성_인터페이스
1  2    2    2      2          3            4            2          3          2
2  2    2    2      1          1            2            1          2          2
3  2    2    2      3          1            1            1          1          1
4  1    2    2      2          2            2            2          2          3

  편의성_사용자 편의성_소프트웨어 편의성_AS서비스 만족도 만족도범주
1      1              2                1            1      불만족
2      1              3                2            1      불만족
3      1              2                1            1      불만족
4      1              1                2            2      불만족

> t_data$만족도범주 <- as.factor(t_data$만족도범주)
> #install.packages("caret")
> library(caret)
> set.seed(600)
> intrain <- createDataPartition(y=t_data$만족도범주, p=0.7, list=FALSE)
> head(intrain,5)
     Resample1
[1,]     1
[2,]     2
[3,]     3
[4,]     5
[5,]     7
> train <- t_data[intrain, ]
> test <- t_data[-intrain, ]
> nrow(train) ; nrow(test)
[1] 199
[1] 84
```

tree 패키지와 동일하게 만족도를 범주화하여 이를 종속변수로 지정하였다. 의사결정트리 분석에 활용되는 훈련 데이터는 199개이며, 검증용 데이터는 84개로 구분하여 진행하였다.

▼ 실습 party 패키지 2 - 혁신제품 만족연구

```
> t_analysis <- 만족도범주~ 혁신_기술 + 혁신_디자인 + 혁신_소프트웨어 + 혁신_품질
> tree_train <- ctree(t_analysis, data=train)
> print(tree_train)

Conditional inference tree with 6 terminal nodes

Response: 만족도범주
Inputs: 혁신_기술, 혁신_디자인, 혁신_소프트웨어, 혁신_품질
Number of observations: 199

1) 혁신_품질 <= 2; criterion = 1, statistic = 88.004
  2) 혁신_소프트웨어 <= 2; criterion = 0.999, statistic = 17.179
    3)* weights = 23
  2) 혁신_소프트웨어 > 2
    4)* weights = 23
1) 혁신_품질 > 2
  5) 혁신_디자인 <= 3; criterion = 1, statistic = 41.636
    6) 혁신_소프트웨어 <= 3; criterion = 1, statistic = 18.526
      7)* weights = 40
    6) 혁신_소프트웨어 > 3
      8)* weights = 42
  5) 혁신_디자인 > 3
    9) 혁신_품질 <= 3; criterion = 0.984, statistic = 8.274
      10)* weights = 19
    9) 혁신_품질 > 3
      11)* weights = 52

> plot(tree_train)
```

ctree( ) 함수로 계산된 내용을 살펴보면, 혁신_품질을 root로 시작하여 혁신_소프트웨어, 혁신_디자인, 혁신_품질을 계산하여 만족도 범주를 재분류하고 있다.

> ▼ 실습   party 패키지 3 – 혁신제품 만족연구

```
> # 예측 및 모델평가
> test_predict <- predict(tree_train, test)
> result <- confusionMatrix(test_predict,test$만족도범주)
> print(result)

Confusion Matrix and Statistics

          Reference
Prediction   만족  보통  불만족
    만족      32    11     0
    보통      10    16     6
    불만족     2     0     7

Overall Statistics

               Accuracy : 0.6548
                 95% CI : (0.5431, 0.7552)
    No Information Rate : 0.5238
    P-Value [Acc > NIR] : 0.01040

                  Kappa : 0.4176

 Mcnemar's Test P-Value : 0.04504

Statistics by Class     :

                     Class:만족  Class:보통  Class:불만족
Sensitivity             0.7273      0.5926      0.53846
Specificity             0.7250      0.7193      0.97183
Pos Pred Value          0.7442      0.5000      0.77778
Neg Pred Value          0.7073      0.7885      0.92000
Prevalence              0.5238      0.3214      0.15476
Detection Rate          0.3810      0.1905      0.08333
Detection Prevalence    0.5119      0.3810      0.10714
Balanced Accuracy       0.7261      0.6559      0.75515
```

모델 평가를 살펴보면, 분류정확도는 65.48%이며 NIR은 52.38%이고 p-value가 0.01040으로 정확도가 더 높다고 해석되었다. Kappa의 값은 0.4176으로 분류 일치도가 크게 높지 않다고 해석되며, Mcnemar's Test P-Value의 값이 0.04504로 나타나 범주값과 의사결정 트리로 분류된 값이 차이가 있다고 나타났다.

실습 party 패키지 4 - 혁신제품 만족연구

```
> # 예측 및 모델평가의 데이터 결과값 비교
> train_predict <- predict(tree_train, train)
> table(train_predict, train$만족도범주)

train_predict  만족  보통  불만족
        만족    92    19     2
        보통    10    42    11
        불만족   1     3    19

> train_combine <- data.frame(train, train_predict)
> test_combine <- data.frame(test, test_predict)
> colnames(train_combine)[15] <- "의사결정트리"
> colnames(test_combine)[15] <- "의사결정트리"
> t_combine <- rbind(train_combine, test_combine)

> t_com2 <- t_combine %>% filter(만족도범주 != 의사결정트리)
> tail(t_com2)
```

	성별	나이	학력	혁신_기술	혁신_디자인	혁신_소프트웨어	혁신_실용성	혁신_품질	편의성_인터페이스
70	1	3	2	4	3	3	4	4	4
71	2	2	2	4	2	3	4	2	4
72	2	2	2	4	3	3	4	3	4
73	2	2	2	4	4	4	4	3	5
74	2	2	2	3	3	3	5	5	3
75	1	2	2	4	3	3	5	3	5

	편의성_사용자	편의성_소프트웨어	편의성_AS서비스	만족도	만족도범주	의사결정트리
70	4	3	4	4	만족	보통
71	4	4	3	4	만족	보통
72	4	4	5	4	만족	보통
73	5	5	3	3	보통	만족
74	5	5	3	4	만족	보통
75	5	5	5	4	만족	보통

train 변수와 test 변수를 통합하여 만족도 범주와 의사결정 트리로 분류된 범주 결과를 비교해보면, 총 75개의 데이터가 서로 일치하지 않는다고 나타났다. 이에 대한 현황을 요약하여 확인하고자 tail(t_com2) 명령문을 실행하였다.

7. 의사결정 트리 분석 실습(rpart) - 혁신제품 만족 데이터

세 번째 의사결정트리 분석을 위해서 혁신제품 만족연구 데이터로 실습하였고, rpart 패키지로 진행하였다.

▼ 실습　rpart 패키지 1 - 혁신제품 만족연구

```
> install.packages("rpart")
> library(rpart)
> setwd("C:/Data Analysis/r_exam/")
> t_data <- read.csv("new_tech.csv", header = TRUE)
> library(dplyr)
> t_data <- t_data %>% mutate("만족도범주" = ifelse(t_data$만족도 < 3, "불만족",
+                                    ifelse(t_data$만족도 <= 3.8 , "보통","만족")))
> head(t_data,4)
    성별 나이 학력 혁신_기술 혁신_디자인 혁신_소프트웨어 혁신_실용성 혁신_품질 편의성_인터페이스
1    2    2    2      3           4              2           3            2
2    2    2    2      1           1              2           1            2            2
3    2    2    2      3           1              1           1            1            1
4    1    2    2      2           2              2           2            2            3

  편의성_사용자 편의성_소프트웨어 편의성_AS서비스 만족도 만족도범주
1       1              2                1           1      불만족
2       1              3                2           1      불만족
3       1              2                1           1      불만족
4       1              1                2           2      불만족

> t_data$만족도범주 <- as.factor(t_data$만족도범주)
> #install.packages("caret")
> library(caret)
> set.seed(7707)
> intrain <- createDataPartition(y=t_data$만족도범주, p=0.7, list=FALSE)
> head(intrain,5)
     Resample1
[1,]     1
[2,]     3
[3,]     5
[4,]     6
[5,]     7

> train <- t_data[intrain, ]
> test <- t_data[-intrain, ]
> nrow(train) ; nrow(test)

[1] 199
[1] 84
```

tree 패키지와 동일하게 만족도를 범주화하여 이를 종속변수로 지정하였다. 실습에서 사용된 훈련 데이터는 199개이며, 검증용 데이터는 84로 구분하여 진행하였다.

▼ 실습 rpart 패키지 2 - 혁신제품 만족연구

```
> t_analysis <- 만족도범주~ 혁신_기술 + 혁신_디자인 + 혁신_소프트웨어 + 혁신_품질
> tree_train <- rpart(t_analysis, data=train)
> print(tree_train)

n= 199

node), split, n, loss, yval, (yprob)
      * denotes terminal node

 1) root 199 96 만족 (0.51758794 0.32160804 0.16080402)
   2) 혁신_소프트웨어>=3.5 102 25 만족 (0.75490196 0.22549020 0.01960784)
     4) 혁신_품질>=3.5 70 10 만족 (0.85714286 0.12857143 0.01428571) *
     5) 혁신_품질< 3.5 32 15 만족 (0.53125000 0.43750000 0.03125000)
      10) 혁신_기술>=3.5 16  5 만족 (0.68750000 0.31250000 0.00000000) *
      11) 혁신_기술< 3.5 16  7 보통 (0.37500000 0.56250000 0.06250000) *
   3) 혁신_소프트웨어< 3.5 97 56 보통 (0.26804124 0.42268041 0.30927835)
     6) 혁신_기술>=2.5 71 35 보통 (0.33802817 0.50704225 0.15492958)
      12) 혁신_품질>=2.5 51 22 보통 (0.41176471 0.56862745 0.01960784)
        24) 혁신_디자인>=3.5 15  4 만족 (0.73333333 0.26666667 0.00000000) *
        25) 혁신_디자인< 3.5 36 11 보통 (0.27777778 0.69444444 0.02777778) *
      13) 혁신_품질< 2.5 20 10 불만족 (0.15000000 0.35000000 0.50000000) *
     7) 혁신_기술< 2.5 26  7 불만족 (0.07692308 0.19230769 0.73076923)
      14) 혁신_디자인>=2.5 7  4 보통 (0.28571429 0.42857143 0.28571429) *
      15) 혁신_디자인< 2.5 19  2 불만족 (0.00000000 0.10526316 0.89473684) *

> library(rpart.plot)
> rpart.plot(tree_train)
```

rpart( ) 함수를 사용하여 의사결정트리를 분석하였으며 혁신_소프트웨어를 시작으로 혁신_품질, 혁신_기술, 혁신_디자인을 계산하면서 만족, 보통, 불만족으로 재분류하고 있다.

실습 rpart 패키지 3 – 혁신제품 만족연구

```
> printcp(tree_train) #기준이 되는 복잡도(Complexity parameter)
```

Classification tree:
rpart(formula = t_analysis, data = train)

Variables actually used in tree construction:
[1] 혁신_기술   혁신_디자인   혁신_소프트웨어 혁신_품질

Root node error: 96/199 = 0.48241

n= 199

	CP	nsplit	rel error	xerror	xstd
1	0.156250	0	1.00000	1.00000	0.073427
2	0.145833	1	0.84375	1.02083	0.073464
3	0.052083	2	0.69792	0.88542	0.072688
4	0.015625	4	0.59375	0.79167	0.071394
5	0.010417	6	0.56250	0.71875	0.069936
6	0.010000	7	0.55208	0.68750	0.069183

```
> pruned_train <- prune(tree_train, cp = 0.050)
> rpart.plot(pruned_train)
```

printcp( ) 함수를 이용하여 rpart( )로 작성된 의사결정 트리를 가지치기 할 수 있으며, 본 실습에서는 cp값이 0.5 기준으로 설정하여 기존 트리에서 3개의 노드를 가지치기하였다.

> **실습** rpart 패키지 4 - 혁신제품 만족연구

```
> # 예측 및 모델평가
> test_predict <- predict(pruned_train, test, type="class")
> result <- confusionMatrix(test_predict,test$만족도범주)
> print(result)
Confusion Matrix and Statistics

          Reference
Prediction   만족   보통   불만족
    만족      39     11      0
    보통       4     10      1
    불만족     1      6     12

Overall Statistics

               Accuracy    : 0.7262
                 95% CI    : (0.618, 0.8179)
    No Information Rate    : 0.5238
    P-Value [Acc > NIR]    : 0.0001197

                  Kappa    : 0.5404

 Mcnemar's Test P-Value    : 0.0494790

Statistics by Class       :

                     Class:만족   Class:보통   Class:불만족
Sensitivity            0.8864       0.3704        0.9231
Specificity            0.7250       0.9123        0.9014
Pos Pred Value         0.7800       0.6667        0.6316
Neg Pred Value         0.8529       0.7536        0.9846
Prevalence             0.5238       0.3214        0.1548
Detection Rate         0.4643       0.1190        0.1429
Detection Prevalence   0.5952       0.1786        0.2262
Balanced Accuracy      0.8057       0.6413        0.9122
```

모델 평가를 위해 result <- confusionMatrix(test_predict,test$만족도범주) 명령문을 실행한 결과, 정확도는 0.7262이며 신뢰구간은 0.618~0.8179로 나타났다. P-Value [Acc > NIR]이 0.00001197로 정확도가 NIR보다 높은 값을 가진다고 해석되었다. 그리고 Kappa의 값은 0.5404로 분류 일치도가 적절한 일치도를 가진다고 해석되며 Mcnemar's Test P-Value의 값이 0.049479로 범주값과 의사결정 트리로 분류된 값이 차이가 있다고 나타났다.

train 변수와 test 변수를 통합하여 만족도 범주와 의사결정 트리로 분류된 범주 결과를 비교하였다. 비교 결과, 총 80개의 데이터가 서로 일치하지 않는다고 나타났다. 이에 대한 현황 내용을 보기 위해서 tail(t_com2) 명령문을 실행하여 확인하였다.

▼ 실습 | rpart 패키지 5 – 혁신제품 만족연구

```
> # 예측 및 모델평가의 데이터 결과값 비교
> train_predict <- predict(pruned_train, train, type="class")
> table(train_predict, train$만족도범주)
```

train_predict	만족	보통	불만족
만족	88	27	2
보통	10	25	1
불만족	5	12	29

```
> train_combine <- data.frame(train, train_predict)
> test_combine <- data.frame(test, test_predict)
> colnames(train_combine)[15] <- "의사결정트리"
> colnames(test_combine)[15] <- "의사결정트리"
> t_combine <- rbind(train_combine, test_combine)
> t_com2 <- t_combine %>% filter(만족도범주 != 의사결정트리)
> tail(t_com2)
```

	성별	나이	학력	혁신_기술	혁신_디자인	혁신_소프트웨어	혁신_실용성	혁신_품질
75	2	2	2	3	2	3	4	2
76	1	2	2	2	2	2	4	3
77	2	2	2	3	3	3	4	4
78	1	3	2	4	3	3	4	4
79	2	2	2	2	3	3	4	2
80	1	3	2	4	3	3	5	5

	편의성_인터페이스	편의성_사용자	편의성_소프트웨어	편의성_AS서비스	만족도	만족도범주
75	4	4	4	4	3	보통
76	4	4	2	3	3	보통
77	4	4	4	3	4	만족
78	4	4	3	4	4	만족
79	4	5	5	2	3	보통
80	5	5	3	5	4	만족

	의사결정트리
75	불만족
76	불만족
77	보통
78	보통
79	불만족
80	보통

CHAPTER 4 앙상블 기법

1. 앙상블 기법의 의미와 종류

앙상블 학습(Ensemble Learning)은 여러 개의 분류기를 생성하고, 그 예측을 결합함으로써 더욱 정확하고 종합적인 예측을 도출하는 기법이다. 강력한 하나의 모델을 사용하는 대신 보다 약한 모델 여러 개를 조합하여 더 정확한 예측에 도움을 주는 방식이 앙상블 기법의 특징이다.

1) Bagging의 의미

Bagging은 bootstrap aggregating의 준말로 원시(raw) 데이터 집합으로부터 크기가 같은 표본을 여러 번 단순 임의 복원추출하여 각 표본에 대해서 분류기(classifiers)를 생성하고 그 결과를 앙상블하는 방법이다. 여기서 bootstrap이란 복원추출을 의미한다. 복원추출은 그림과 같이 추출한 데이터를 다시 복원해 추출하는 것을 의미한다.

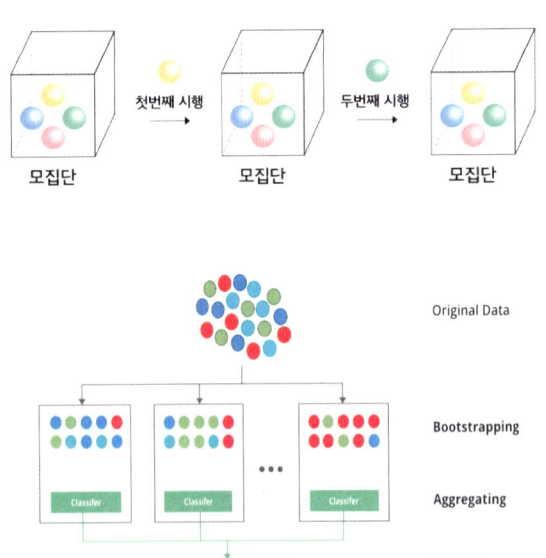

4개의 공이 들어있는 박스에서 무작위로 1개의 공을 꺼내는 것을 반복한다고 가정할 때, 복원추출은 전 시행에서 추출한 공을 다시 박스에 복원시킨 후 시행하는 방법이다. 따라서 노란 공, 녹색 공처럼 같은 값이 다시 중복될 수 있다.

Bagging은 전체 데이터세트(set)로부터 복원추출하는 방식으로 n개의 학습데이터 세트를 생성하는 부트스트랩 방식을 사용한다. 전체 데이터세트를 균등하게 추출하는 방법을 이용하는 병렬학습 방식으로 n개의 학습 데이터세트로부터 n개의 트리 모델을 생성하는 방식을 가지고 있다.

Bagging은 전체 데이터에서 복원추출하기 때문에 중복되는 데이터를 다수 갖고 있다. 그렇기에 발생하는 문제가 독립적이지 않으며, 반복 추출방법을 사용하기 때문에 같은 데이터가 한 표본에 여러번 추출될 수도 있고, 어떤 데이터는 추출되지 않을 수도 있다.

Bagging은 일반적으로 예측 모형의 변동성이 큰 경우, 그 변동성을 줄이기 위해서 사용된다. 트리 구조는 작은 편향(bias)과 큰 분산(variance)을 가지고 있어서 매우 많이 복잡하게 만들어진 트리는 훈련 데이터에 비해 과대적합하게 된다. 이러한 경우에 bagging은 트리들의 편향을 그래도 유지하면서 여러 가지 데이터세트(set)를 토대로 훈련시켜서 분산을 감소시켜준다. 한 개의 트리의 경우 train 데이터 있는 노이즈에 대해서 매우 민감하지만, 여러 트리를 만들면서 평균을 내기 때문에 노이즈를 대처하는데 더욱 강력하다.

> **문법** **Bagging 문법**
>
> ```
> bagging(formula : y~x, data, mfinal=3,
>         control=rpart.control(maxdepth=3, minsplit=3))
> ```
>
> - formula   : y~x 형식으로 종속변수와 설명변수
> - data   : 모델 생성에 사용된 변수
> - mfinal   : Tree 반복생성 횟수
> - control   : 통제(rpart.control)
>   rpart.control(minsplit, minbucket, cp, maxsurrogate, usesurrogate, xval, maxdepth)
> - minsplit   : Tree 최소 Node 수
> - minbucket   : Terminal Node의 최소 데이터수
> - CP   : 복잡성 계수
> - maxsurrogate : 최대 분기후보
> - usesurrogate : 허용 분기후보
> - xval   : 교차 인정값
> - maxdepth   : 최대 깊이

2) 부스팅(boosting)

부스팅(Boosting)은 Bagging의 계산 과정과 유사하나 부트스트랩 표본을 구성하는 재표본 과정에서 각 데이터에 동일한 확률을 부여하는 것이 아니라 분류가 잘못된 데이터에 더 큰 가중을 주어 표본을 추출하는 방법을 사용한다. Boosting에서는 부트스트랩 표본을 추출하여 분류기를 만든 후 그 분류 결과를 이용하여 각 데이터가 추출될 확률을 조정한 후, 다음 부트스트랩 표본을 추출하는 과정을 반복한다.

즉, Bagging과 동일한 복원 추출방식으로 학습 데이터세트를 생성하는 방법은 동일하지만, 학습된 트리 모델의 결과를 바탕으로 정확도가 낮은 영역에 대해서는 높은 가중치를 적용하여 해당 영역을 학습 데이터세트로 구성하는 방식을 가진다. 그래서 기계학습이 안 되는 데이터세트를 집중적으로 학습하여 트리 모델의 정확도를 높일 수 있다.

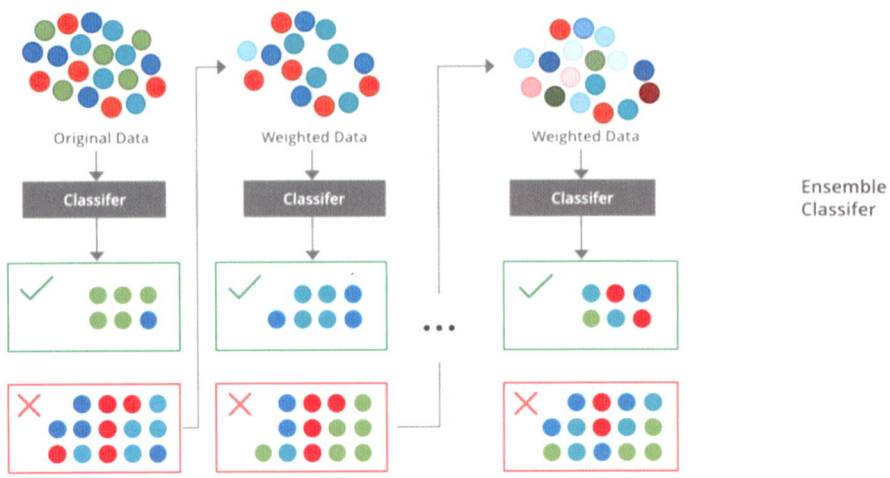

> **문법** Boosting 문법
>
> xgboost는 분류하기 어려운 특정 영역에 초점을 두고 정확도를 높이는 알고리즘으로 구현되어 있으며, 높은 정확도가 가장 큰 장점이 있다.
> xgboost(data, max_depth, nthread, nrounds, eat, verbose)
> data : 분석하고자하는 데이터명
> max_depth : tree의 깊이 지정(과적합 방지를 위해 사용되며 보통 3~10 사이의 값이 적용
> nthread : CPU 사용 수 지정
> nrounds : 반복 학습수 지정
> - eta : 학습률 지정으로 일반적으로 0.01~0.2값이 사용되며 숫자가 낮을수록 복잡도가 높아진다.
> - verbose : 평가값 메시지 출력 여부

3) Random Forest

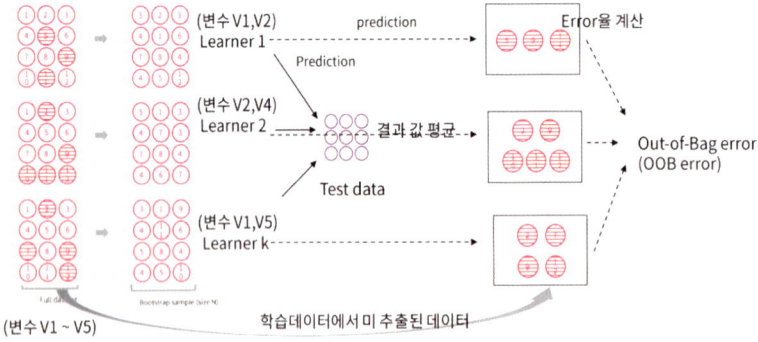

랜덤 포레스트(Random Forest)는 의사결정 트리에서 파생된 모델로 앙상블 학습기법을 적용한 모델이다. 랜덤 포레스트 방식은 기존 의사결정 트리 방식에 비해 많은 데이터를 이용하여

학습할 수 있게 도와주면서 예측력이 좋아지고, 과대 적합 문제를 해결해 준다.

랜덤 포레스트는 기본적으로 Ensemble learning의 "다양한 모델"이라는 기본 콘셉트에 충실한 모델이다. Bagging처럼 데이터를 반복 복원추출을 진행할 뿐만 아니라, 거기에 더해 변수 또한 무작위로 추출하여 다양한 모델을 만들어준다. 그래서 랜덤 포레스트는 표본에서 일부분만 복원추출 방법으로 랜덤하게 샘플링하는 방식으로 계산하며, 부스트래핑 표본(Boots- trap sample)을 통해 학습데이터를 추출하여 트리를 만든다.

🔍 문법 randomForest 문법

```
randomForest(formula : y~x, data, ntree, mtry, na.action, importance
 - formula    : y~x 형식으로 종속변수와 설명변수
 - data       : 모델 생성에 사용된 변수
 - ntree      : 복원 추출하여 생성할 트리 수 지정
 - mtry       : 자식 노드를 분류할 변수 수 지정
 - na.action  : 결측치를 제거할 함수 지정
 - importance : 분류모델 생성과정에서 중요변수 정보 제공 여부
```

2. Bagging 실습 – 사고유형별/월별 교통사고 데이터

Bagging의 실습을 위해서 도로교통공단_사고유형별 월별 교통사고 통계(2018) 데이터를 활용하였다.

도로교통공단_사고유형별 월별 교통사고 통계(2018)

변수명				
사고유형대분류 (chr)	사고유형중분류 (chr)	사고유형 (chr)	사고건수 (int)	월 (int)
사망자수 (int)	중상자수 (int)	경상자수 (int)	부상신고자수 (int)	

출처: https://www.data.go.kr/data/15070290/fileData.do#layer_data_infomation

▼ 실습 Bagging 1 – 도로교통공단_사고유형별 월별 교통사고 통계(2018)

```
> install.packages("adabag")
> library(adabag)
> setwd("C:/Data Analysis/r_exam/")
> t_data <- read.csv("도로교통공단_사고유형별 월별 교통사고(2018).csv", header = TRUE)
> str(t_data)

'data.frame' :    203 obs. of  9 variables:
 $ 사고유형대분류    : chr  "차대사람" "차대사람" "차대사람" "차대사람" ...
 $ 사고유형중분류    : chr  "횡단중" "횡단중" "횡단중" "횡단중" ...
 $ 사고유형          : chr  "횡단중" "횡단중" "횡단중" "횡단중" ...
```

```
$ 월              : int  1 2 3 4 5 6 7 8 9 10 ...
$ 사고건수        : int  1667 1511 1599 1544 1495 1357 1332 1373 1504 1741 ...
$ 사망자수        : int  88 62 76 62 46 37 54 69 71 89 ...
$ 중상자수        : int  917 760 798 766 739 691 688 705 764 891 ...
$ 경상자수        : int  720 713 751 750 774 659 625 634 696 790 ...
$ 부상신고자수   : int  70 60 80 62 60 56 47 57 67 66 ...
```
> library(dplyr)
> t_data <- t_data %>% mutate("사망자범주" = ifelse(t_data$사망자수 == 0, "없음",
+   ifelse(t_data$사망자수 <= 30 , "적음","많음")))
> head(t_data,4)

	사고유형대분류	사고유형중분류	사고유형	월	사고건수	사망자수	중상자수	경상자수	부상신고자수	사망자범주
1	차대사람	횡단중	횡단중	1	1667	88	917	720	70	많음
2	차대사람	횡단중	횡단중	2	1511	62	760	713	60	많음
3	차대사람	횡단중	횡단중	3	1599	76	798	751	80	많음
4	차대사람	횡단중	횡단중	4	1544	62	766	750	62	많음

실습을 위해서 read.csv( ) 함수를 이용하여 도로교통공단_사고유형별 월별 교통사고 (2018).csv의 데이터를 t_data 변수로 저장하였다. 실습의 분석 목적은 사망자범주에 따른 분류의 적합성을 확인하는 것이다. 이에 사망사고의 없음, 적음, 많음으로 분류하는 것을 목적으로 하였다. 사망자의 연속형 데이터에서 0명은 없음, 30명이하는 적음, 나머지는 많음으로 사망자 범주의 칼럼을 새롭게 만들어 t_data 변수에 새롭게 추가하였다. 새롭게 추가된 데이터가 올바르게 결합되었는지 head( ) 함수로 확인하였다.

목적변수(종속변수)를 factor 객체로 변환하고자 실습에서 t_data$사망자범주 <- as.factor (t_data$사망자범주) 명령문을 통해서 문자 객체로 되어 있는 데이터를 factor 객체로 재저장하였다.

▼실습   Bagging 2 - 도로교통공단_사고유형별 월별 교통사고 통계(2018)

> t_data$사망자범주 <- as.factor(t_data$사망자범주)
> t_data <- t_data[-c(1:6)]
> head(t_data,4)

	중상자수	경상자수	부상신고자수	사망자범주
1	917	720	70	많음
2	760	713	60	많음
3	798	751	80	많음
4	766	750	62	많음

> set.seed(2001)
> intrain=sample(1:2, nrow(t_data), replace=TRUE, prob=c(0.6,0.4))
> print(intrain)

  [1] 2 2 1 1 1 1 2 1 2 1 2 2 2 2 2 1 2 2 1 2 1 2 2 2 1 2 2 2 1 2 1 2 1 2 1 1 2 2 1
 [40] 2 2 1 1 1 1 1 1 1 1 1 1 1 1 1 1 1 2 2 1 2 2 1 1 1 2 1 1 1 2 1 1 1 1 1 1 1 2 2
 [79] 2 1 1 2 2 1 2 1 1 2 1 1 1 2 2 1 1 1 1 2 1 1 2 2 1 2 2 2 2 1 1 1 1 1 1 2 1 1 1
[118] 1 1 1 1 2 1 1 1 1 2 1 1 1 1 1 1 1 1 1 2 2 2 2 1 1 1 2 1 2 2 2 2 1 2 1 1 1

```
[157] 2 2 1 2 1 2 1 2 1 2 1 2 2 1 2 1 1 1 1 1 2 2 2 1 1 2 2 1 1 1 2 1 2 1 2 2 1
[196] 1 1 1 1 1 1 2 1
> train=t_data[intrain==1,]
> test=t_data[intrain==2,]

> library(rpart)
> bagging_data <- bagging(사망자범주~ 중상자수+경상자수+부상신고자수,data=train, mfinal=3,
+                 control=rpart.control(maxdepth=3, minsplit=3)) #최대깊이 5, 최소노드 3
```

sample( ) 함수를 이용하여 데이터의 60%는 훈련용 데이터인 train 변수로 저장하였으며, 40%는 검증용 데이터로 test 변수로 저장하였다. bagging( ) 함수를 이용하여 계산을 진행하였으며, 사망자범주를 종속변수로 지정하고, 중상자수와 경상자수, 부상신고자수를 설명변수로 구성하여 계산하였다. 트리의 반복생성 횟수(mfinal)는 3회로 지정하였고, control에서는 rpart.control를 사용하여 bagging 계산을 수행하라고 작성하였으며, 최대깊이는 5로 지정하고 최소노드는 3으로 설정하였다.

mfinal을 3로 설정하였기 때문에 총 3개의 의사결정나무가 만들어짐을 확인할 수 있다. 의사결정나무의 결과는 시각화로 해석하는 것이 편리하여서 rpart.plot( )함수를 이용해서 시각화하였다. 3개의 트리를 살펴보면 중상자수, 경상자수, 부상신고자의 확률 계산을 다르게 하여 트리 구조를 표현하고 있다.

▼실습 Bagging 3 – 도로교통공단_사고유형별 월별 교통사고 통계(2018)

```
> print(bagging_data$trees)

[[1]]
n= 122

node), split, n, loss, yval, (yprob)
    * denotes terminal node

 1) root 122 28 적음 (0.16393443 0.06557377 0.77049180)
   2) 중상자수>=556.5 36 17 많음 (0.52777778 0.00000000 0.47222222)
     4) 부상신고자수< 112 10  0 많음 (1.00000000 0.00000000 0.00000000) *
     5) 부상신고자수>=112 26  9 적음 (0.34615385 0.00000000 0.65384615)
      10) 경상자수>=4481 11  3 많음 (0.72727273 0.00000000 0.27272727) *
      11) 경상자수< 4481 15  1 적음 (0.06666667 0.00000000 0.93333333) *
   3) 중상자수< 556.5 86  9 적음 (0.01162791 0.09302326 0.89534884)
     6) 중상자수< 34.5 25  8 적음 (0.00000000 0.32000000 0.68000000)
      12) 경상자수>=126.5 6  0 없음 (0.00000000 1.00000000 0.00000000) *
      13) 경상자수< 126.5 19  2 적음 (0.00000000 0.10526316 0.89473684) *
     7) 중상자수>=34.5 61  1 적음 (0.01639344 0.00000000 0.98360656) *

[[2]]
n= 122
```

node), split, n, loss, yval, (yprob)
      * denotes terminal node

 1) root 122 33 적음 (0.19672131 0.07377049 0.72950820)
   2) 경상자수>=4015 21 4 많음 (0.80952381 0.00000000 0.19047619)
     4) 부상신고자수>=344 19 2 많음 (0.89473684 0.00000000 0.10526316) *
     5) 부상신고자수< 344 2 0 적음 (0.00000000 0.00000000 1.00000000) *
   3) 경상자수< 4015 101 16 적음 (0.06930693 0.08910891 0.84158416)
     6) 중상자수< 4.5 8 1 없음 (0.00000000 0.87500000 0.12500000)
      12) 중상자수>=0.5 7 0 없음 (0.00000000 1.00000000 0.00000000) *
      13) 중상자수< 0.5 1 0 적음 (0.00000000 0.00000000 1.00000000) *
     7) 중상자수>=4.5 93 9 적음 (0.07526882 0.02150538 0.90322581) *

[[3]]
n= 122

node), split, n, loss, yval, (yprob)
      * denotes terminal node

 1) root 122 43 적음 (0.25409836 0.09836066 0.64754098)
   2) 부상신고자수>=41 57 26 많음 (0.54385965 0.00000000 0.45614035)
     4) 중상자수>=1637.5 9 0 많음 (1.00000000 0.00000000 0.00000000) *
     5) 중상자수< 1637.5 48 22 적음 (0.45833333 0.00000000 0.54166667)
      10) 경상자수< 789.5 25 7 많음 (0.72000000 0.00000000 0.28000000) *
      11) 경상자수>=789.5 23 4 적음 (0.17391304 0.00000000 0.82608696) *
   3) 부상신고자수< 41 65 12 적음 (0.00000000 0.18461538 0.81538462)
     6) 경상자수>=192 15 7 없음 (0.00000000 0.53333333 0.46666667)
      12) 중상자수< 77 9 1 없음 (0.00000000 0.88888889 0.11111111) *
      13) 중상자수>=77 6 0 적음 (0.00000000 0.00000000 1.00000000) *
     7) 경상자수< 192 50 4 적음 (0.00000000 0.08000000 0.92000000)
      14) 경상자수< 3 5 1 없음 (0.00000000 0.80000000 0.20000000) *
      15) 경상자수>=3 45 0 적음 (0.00000000 0.00000000 1.00000000) *

▼실습 Bagging 4 - 도로교통공단_사고유형별 월별 교통사고 통계(2018)

```
> library(rpart.plot)
> rpart.plot(bagging_data$trees[[1]])
```

```
> rpart.plot(bagging_data$trees[[2]])
```

```
> rpart.plot(bagging_data$trees[[3]])
```

> **실습** Bagging 5 – 도로교통공단_사고유형별 월별 교통사고 통계(2018)

```
> test_predict <- predict(bagging_data,test)
> test_factor_pred <- as.factor(test_predict$class)
> result <- confusionMatrix(test_factor_pred,test$사망자범주)
> print(result)

Confusion Matrix and Statistics

          Reference
Prediction 많음 없음 적음
      많음   12    0    0
      없음    0    7    0
      적음    7    3   52

Overall Statistics

              Accuracy : 0.8765
                95% CI : (0.7847, 0.9392)
   No Information Rate : 0.642
   P-Value [Acc > NIR] : 1.846e-06

                 Kappa : 0.7335

 Mcnemar's Test P-Value : NA

Statistics by Class:

                     Class:많음  Class:없음  Class:적음
Sensitivity             0.6316    0.70000     1.0000
Specificity             1.0000    1.00000     0.6552
Pos Pred Value          1.0000    1.00000     0.8387
Neg Pred Value          0.8986    0.95946     1.0000
Prevalence              0.2346    0.12346     0.6420
Detection Rate          0.1481    0.08642     0.6420
Detection Prevalence    0.1481    0.08642     0.7654
Balanced Accuracy       0.8158    0.85000     0.8276

> bagging_data$importance

  경상자수   부상신고자수   중상자수
  44.30276    21.45102     34.24622
```

모델 평가를 위해 result <- confusionMatrix(test_factor_pred,test$사망자범주) 명령문을 실행한 결과, 정확도는 0.8765이며 신뢰구간은 0.7847~0.9392로 나타났다. P-Value [Acc > NIR]은 1.846e-06으로 나타나 정확도가 NIR보다 높다고 해석된다. 그리고 Kappa의 값은 0.7335로 분류 일치도가 만족스러운 일치도를 가진다고 해석된다. 그리고 bagging 계산을 통해서 중요한 변인이 무엇인지 확인하고자 bagging_data$importance 명령문을 실행하였으며, 이에 경상자수가 44.30276으로 높게 나타났다. 이는 트리구조에서 사망자수에 영향을 미치는 요인으로 경상자수 변수가 중요하다는 것을 의미한다.

train 변수와 test 변수를 통합하여 사망자범주와 Bagging으로 분류된 범주 결과를 비교하였다. 결과를 살펴보면, 총 25개의 데이터가 서로 일치하지 않는다고 나타났다. 이에 대한 현황을 요약하여 살펴보고자 tail(t_com2) 명령문을 실행하여 확인하였다.

▼실습 Bagging 6 – 도로교통공단_사고유형별 월별 교통사고 통계(2018)

```
> train_predict <- predict(bagging_data, train)
> train_factor_pred <- as.factor(train_predict$class)
> table(train_factor_pred, train$사망자범주)

 train_factor_pred  많음  없음  적음
             많음    13    0    1
             없음     0    8    1
             적음    11    2   86

> train_combine <- data.frame(train, train_factor_pred)
> test_combine <- data.frame(test, test_factor_pred)
> colnames(train_combine)[5] <- "비교결과"
> colnames(test_combine)[5] <- "비교결과"
> t_combine <- rbind(train_combine, test_combine)
> t_com2 <- t_combine %>% filter(사망자범주 != 비교결과)
> tail(t_com2)
     중상자수  경상자수  부상신고자수  사망자범주  비교결과
20      1035      3712          433          많음        적음
21       160       188           58          많음        적음
22       145       179           64          많음        적음
23       145       148           49          많음        적음
24         0         1            1          없음        적음
25         0         1            0          없음        적음
```

3. Boosting 실습 – 사고유형별/월별 교통사고 데이터

Boosting의 실습을 위해서 도로교통공단_사고유형별 월별 교통사고 통계(2018) 데이터를 활용하였다.

도로교통공단_사고유형별 월별 교통사고 통계(2018)

변수명			
사고유형대분류 (chr)	사고유형중분류 (chr)	사고유형 (chr)	사고건수 (int)	월 (int)
사망자수 (int)	중상자수 (int)	경상자수 (int)	부상신고자수 (int)

출처: https://www.data.go.kr/data/15070290/fileData.do#layer_data_infomation

▼실습 Boosting 1 – 도로교통공단_사고유형별 월별 교통사고 통계(2018)

```
> install.packages("xgboost")
> library(xgboost)
> setwd("C:/Data Analysis/r_exam/")
> t_data <- read.csv("도로교통공단_사고유형별 월별 교통사고(2018).csv", header = TRUE)
> library(dplyr)
> t_data <- t_data %>% mutate("사망자범주" = ifelse(t_data$사망자수 == 0, 0,
+                              ifelse(t_data$사망자수 <= 30 , 1, 2)))
> #Boosting에서는 범주의 값을 숫자로 지정해야 함
> head(t_data,4)
  사고유형대분류 사고유형중분류 사고유형 월 사고건수 사망자수 중상자수 경상자수 부상신고자수 사망자범주
1     차대사람        횡단중     횡단중  1    1667       88      917      720           70          2
2     차대사람        횡단중     횡단중  2    1511       62      760      713           60          2
3     차대사람        횡단중     횡단중  3    1599       76      798      751           80          2
4     차대사람        횡단중     횡단중  4    1544       62      766      750           62          2

> t_data <- t_data[-c(1:6)] #Boosting 계산에서 사용하지 않는 칼럼을 제거하지 않으면 오류발생
> # Boosting 계산에서 중상자수, 경상자수, 부상신고자수, 사망자범주만 사용
> head(t_data,4)
  중상자수 경상자수 부상신고자수 사망자범주
1      917      720           70          2
2      760      713           60          2
3      798      751           80          2
4      766      750           62          2
```

실습을 위해서 read.csv( ) 함수로 도로교통공단_사고유형별 월별 교통사고(2018).csv 데이터를 t_data 변수로 저장하였다. 실습의 분석 목적은 사망자범주에 따른 분류의 적합성을 확인하는 것이다. 이에 사망사고가 0이면 0 값으로 지정, 30이하이면 1 값으로 지정, 그 이상은 3값으로 지정하였다. xgboost에서는 문자값으로 범주형을 계산하는 경우 오류가 발생할 수 있으므로 숫자값으로 지정하였다.

데이터가 올바르게 결합하였는지 head( ) 함수로 확인하였다. 또한, Boosting 계산에서 사용하

지 않는 칼럼이 변수 계산에 방해가 되지 않도록 1~4 칼럼인 사고유형대분류부터 월칼럼은 제거하여 t_data를 정제하였다.

▼ 실습 Boosting 2 – 도로교통공단_사고유형별 월별 교통사고 통계(2018)

```
> set.seed(1005)
> intrain=sample(1:2, nrow(t_data), replace=TRUE, prob=c(0.6,0.4))
> print(intrain)
 [1] 1 1 1 1 2 1 1 1 1 1 1 1 2 1 1 1 2 1 2 2 1 2 2 1 2 1 2 2 1 2 1 1 2 1 2 2 1 2 2 1 1 2 1 1 1 1 1 2
 2 1 2 1 2 1 1 2 2 1 2 1 2 2 2 2 1 1 2 1 1 2 2 1 1 1 2 2 1 1 1 2 2 1 2 2 1 1 1 1 2 1 1 2 1 2 1 1 2
 1 2 1 1 1 2 1 2 1 1 2 1 1 2 2 1 1 2 1 1 1 1 2 1 1 1 2 1 1 1 2 2 2 1 2 2 2 1 1 1 1 1 1 1 1 1 1 2 2 2 1 2 1
 1 2 2 2 1 2 1 2 1 1 2 1 1 2 2 2 2 2 1 2 1 1 2 2 1 1 2 1 1 1 1 1 2 2 1 1 2 1 2 1 2 1
> train=t_data[intrain==1,]
> test=t_data[intrain==2,]
> # Boosting 계산을 위해서 데이터 타입 구조를 matrix 구조로 변환하고
> # 4번째 칼럼인 사망자범주 변수는 계산에 boosting 설명변수에 포함되지 않아야 하므로 제외함
> train_mat <- as.matrix(train[-4])
> test_mat <- as.matrix(test[-4])
> dim(train_mat) ; head(train_mat,5)
[1] 118   3
     중상자수  경상자수  부상신고자수
1       917      720            70
2       760      713            60
3       798      751            80
4       766      750            62
5       739      774            60

> #사망자범주 칼럼을 별도의 변수로 저장
> train_lab <- train$사망자범주
> test_lab <- test$사망자범주
> # 훈련용 데이터가 xgboost( ) 함수에서 계산이 될 수 있으려면 xgb.DMatrix( ) 함수를 이용하여
> # 별도의 매트릭스 구조로 재저장해야 함
> dtrain <- xgb.DMatrix(data=train_mat, label=train_lab)
```

sample( ) 함수를 이용하여 데이터의 60%는 훈련용 데이터인 train 변수로 저장하였고, 40%는 검증용 데이터로서 test 변수로 저장하였다. 그다음, 훈련용 데이터와 검증용 데이터를 boosting 계산이 될 수 있도록 매트릭스 구조로 변환하였다. 이때 범주형 칼럼인 사망자범주는 설명변수가 아니므로 제외하였다. 범주형 칼럼인 사망자범주 데이터는 별도로 train_lab, test_lab으로 저장하였다.

그리고 훈련용 변수인 train_mat을 xgboost( ) 함수로 계산할 수 있도록 xgb.Dmatrix( ) 함수를 이용하여 다시금 계산 가능한 데이터세트로 구성하였다.

▼실습   Boosting 3 - 도로교통공단_사고유형별 월별 교통사고 통계(2018)

```
> xgb_model <- xgboost(data=dtrain, max_depth=4, eta=1, verbose=0, nrounds=150,
+                     objective="multi:softmax", num_class=3)
> print(xgb_model)

##### xgb.Booster
raw: 292.4 Kb
call:
  xgb.train(params = params, data = dtrain, nrounds = nrounds,
    watchlist = watchlist, verbose = verbose, print_every_n = print_every_n,
    early_stopping_rounds = early_stopping_rounds, maximize = maximize,
    save_period = save_period, save_name = save_name, xgb_model = xgb_model,
    callbacks = callbacks, max_depth = 4, eta = 1, objective = "multi:softmax",
    num_class = 3)
params (as set within xgb.train):
  max_depth = "4", eta = "1", objective = "multi:softmax", num_class = "3", validate_parameters = "TRUE"
xgb.attributes:
  niter
callbacks:
  cb.evaluation.log()
# of features: 3
niter: 150
nfeatures : 3
evaluation_log:
    iter train_mlogloss
       1       0.405373
       2       0.257328
    ---
     149       0.033342
     150       0.033309
```

실습에서 Boosting 계산을 위해서, xgb_model <- xgboost(data=dtrain, max_depth=4, eta=1, verbose=0, nrounds=150, objective="multi:softmax", num_class=3) 명령문을 실행하였다. xgboost( ) 함수는 dtrain 변수의 데이터를 분석하라고 지정하였고, max_depth=4로 트리의 깊이 지정을 4로 하였다. eta=1은 학습률로서 1로 지정하였다. verbose는 xgboost의 성능에 대한 정보를 명령문 실행 시 바로 보여주는데 본 실습에서는 0으로 하여 확인하지 않았으며, 별도로 print( ) 함수로 살펴보았다. nrounds=150으로 반복 학습수는 150으로 지정하였다. objective="multi:softmax"는 xgboost 속성값으로 다중 클래스 분류를 수행하도록 설정하는 것을 의미하며, num_class는 3개의 클래스를 가지고 있다는 것을 알려주는 것이다. 이러한 결과를 확인하고자 print(xgb_model) 명령문을 실행하면, xgb_model에 적용된 수식을 알려준다. 그리고 train_mlogloss(multiclass log loss)값을 보여주며, 학습은 150번 하면서 mlogloss의 값이 낮아지는 것을 확인할 수 있다. 이는 로지스틱 계산의 손실값은 학습수가 많아지면 작아진다는 것을 말한다.

▼실습 Boosting 4 – 도로교통공단_사고유형별 월별 교통사고 통계(2018)

```
> test_predict <- predict(xgb_model, test_mat, type="class")
> test_factor_pred <- as.factor(test_predict)
> factor_사망자범주 <- as.factor(test$사망자범주)
> result <- confusionMatrix(test_factor_pred,factor_사망자범주)
> print(result)
Confusion Matrix and Statistics

          Reference
Prediction  0  1  2
         0  8  3  0
         1  2 53  2
         2  0  7 10

Overall Statistics

               Accuracy : 0.8353
                 95% CI : (0.7391, 0.9069)
    No Information Rate : 0.7412
    P-Value [Acc > NIR] : 0.02753

                  Kappa : 0.6416

 Mcnemar's Test P-Value : NA

Statistics by Class:

                     Class: 0  Class: 1  Class: 2
Sensitivity           0.80000    0.8413    0.8333
Specificity           0.96000    0.8182    0.9041
Pos Pred Value        0.72727    0.9298    0.5882
Neg Pred Value        0.97297    0.6429    0.9706
Prevalence            0.11765    0.7412    0.1412
Detection Rate        0.09412    0.6235    0.1176
Detection Prevalence  0.12941    0.6706    0.2000
Balanced Accuracy     0.88000    0.8297    0.8687
```

모델 평가를 위해 result <- confusionMatrix(test_factor_pred,test$사망자범주) 명령문을 실행한 결과, 정확도는 0.8353이며 신뢰구간은 0.7391~0.9069로 나타났다. P-Value [Acc > NIR]은 0.02753으로 나타나 정확도가 NIR보다 높다고 해석된다. 그리고 Kappa의 값은 0.6416로 분류 일치도가 평범한 일치도를 가진다고 해석된다.

▼ 실습　Boosting 5 – 도로교통공단_사고유형별 월별 교통사고 통계(2018)

```
> train_predict <- predict(xgb_model, train_mat, type="class")
> train_factor_pred <- as.factor(train_predict)
> table(train_factor_pred, train_lab)
                 train_lab
train_factor_pred  0  1  2
                0 10  1  0
                1  0 75  0
                2  0  1 31

> train_combine <- data.frame(train, train_factor_pred)
> test_combine <- data.frame(test, test_factor_pred)
> colnames(train_combine)[5] <- "비교결과"
> colnames(test_combine)[5] <- "비교결과"
> t_combine <- rbind(train_combine, test_combine)
> t_com2 <- t_combine %>% filter(사망자범주 != 비교결과)
> tail(t_com2)
   중상자수 경상자수 부상신고자수 사망자범주 비교결과
11      916     4692          337          1        2
12     1035     3712          433          2        1
13      131      157           46          1        2
14        0        1            1          0        1
15        3        9            3          1        0
16        0        0            0          1        0
```

train 변수와 test 변수를 통합하여 사망자범주와 Boosting으로 분류된 범주 결과를 비교하였다. 총 16개의 데이터가 서로 일치하지 않는다고 나타났다. 이에 대한 현황을 요약하여 보기 위해서 tail(t_com2) 명령문을 실행하여 확인하였다.

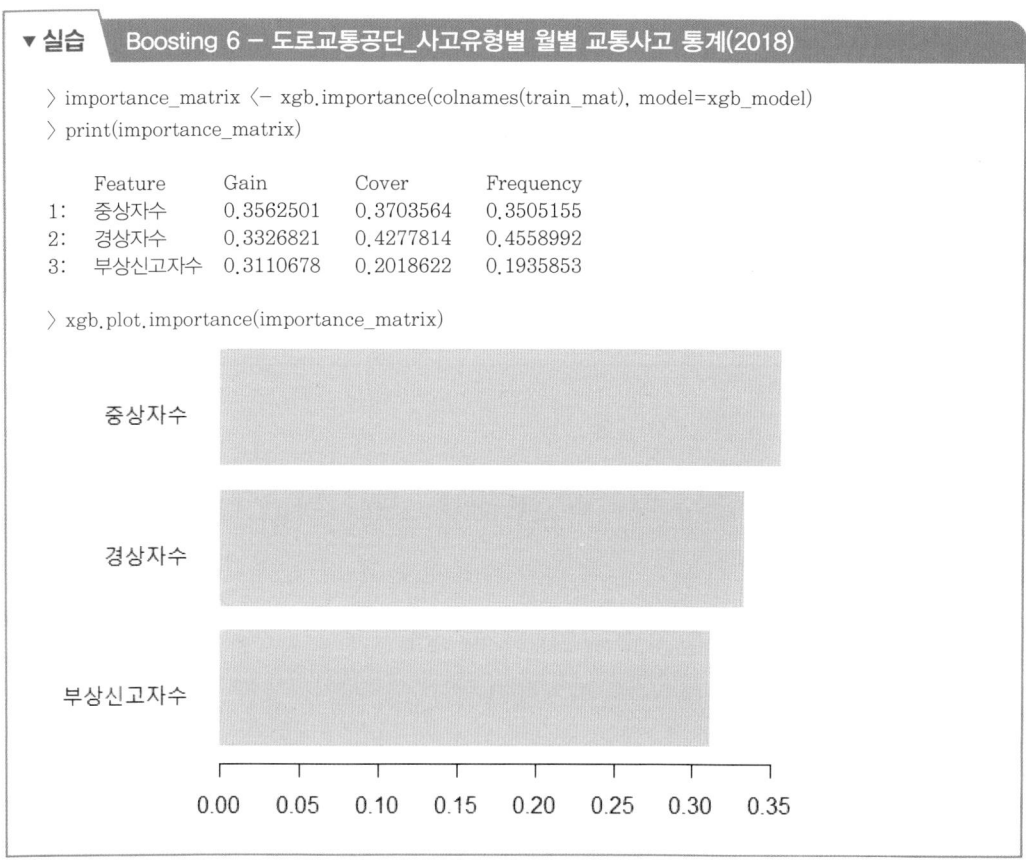

그리고 boosting 계산을 통해서 중요한 변인이 무엇인지 확인하고자 importance_matrix <- xgb.importance(colnames(train_mat), model=xgb_model) 명령문을 실행하였다 Gain은 각각의 트리를 만들어가는 과정에서 상대적인 기여도를 말하며 여기서 제일 높은값이 예측 생성에 매우 중요하다는 것을 의미한다. Cover는 트리에서 발생한 관측치 수의 비율을 말하며 Frequency는 트리 형상에 사용된 상대 횟수의 비율을 말한다. 본 결과에서는 중상자수가 중요한 변수라고 설명하고 있다.

앞서 Bagging에서는 경상자수가 중요한 변수라고 나타났고, boosting에서는 중상자수가 중요한 변수라고 나타났다. 즉, 두 방법론의 계산 차이와 랜덤 추출로 선정한 훈련용 데이터에 의해서 중요 변수가 다르게 나타남을 확인할 수 있다.

4. Random Forest 실습 - 사고유형별/월별 교통사고 데이터

랜덤 포레스트의 실습을 위해서 도로교통공단_사고유형별 월별 교통사고 통계(2018) 데이터를 활용하였다.

도로교통공단_사고유형별 월별 교통사고 통계(2018)

변수명				
사고유형대분류 (chr)	사고유형중분류 (chr)	사고유형 (chr)	사고건수 (int)	월 (int)
사망자수 (int)	중상자수 (int)	경상자수 (int)	부상신고자수 (int)	

출처: https://www.data.go.kr/data/15070290/fileData.do#layer_data_infomation

---

▼ 실습 Random Forest 1 - 도로교통공단_사고유형별 월별 교통사고 통계(2018)

```
> install.packages("randomForest")
> library(randomForest)
> setwd("C:/Data Analysis/r_exam/")
> t_data <- read.csv("도로교통공단_사고유형별 월별 교통사고(2018).csv", header = TRUE)
> str(t_data)

'data.frame':    203 obs. of 9 variables:
 $ 사고유형대분류 : chr "차대사람" "차대사람" "차대사람" "차대사람" ...
 $ 사고유형중분류 : chr "횡단중" "횡단중" "횡단중" "횡단중" ...
 $ 사고유형       : chr "횡단중" "횡단중" "횡단중" "횡단중" ...
 $ 월             : int 1 2 3 4 5 6 7 8 9 10 ...
 $ 사고건수       : int 1667 1511 1599 1544 1495 1357 1332 1373 1504 1741 ...
 $ 사망자수       : int 88 62 76 62 46 37 54 69 71 89 ...
 $ 중상자수       : int 917 760 798 766 739 691 688 705 764 891 ...
 $ 경상자수       : int 720 713 751 750 774 659 625 634 696 790 ...
 $ 부상신고자수   : int 70 60 80 62 60 56 47 57 67 66 ...

> library(dplyr)
> t_data <- t_data %>% mutate("사망자범주" = ifelse(t_data$사망자수 == 0, "없음",
+     ifelse(t_data$사망자수 <= 30 , "적음","많음")))
> head(t_data,4)

  사고유형대분류 사고유형중분류 사고유형 월 사고건수 사망자수 중상자수 경상자수 부상신고자수 사망자범주
1      차대사람         횡단중   횡단중  1     1667       88      917      720           70       많음
2      차대사람         횡단중   횡단중  2     1511       62      760      713           60       많음
3      차대사람         횡단중   횡단중  3     1599       76      798      751           80       많음
4      차대사람         횡단중   횡단중  4     1544       62      766      750           62       많음
```

실습을 위해서 read.csv( ) 함수로 도로교통공단_사고유형별 월별 교통사고(2018).csv 데이터를 t_data 변수를 생성하였다. 실습의 분석 목적은 사망자범주에 따른 분류의 적합성을 확인하는 것이다. 이에 사망사고의 없음, 적음, 많음으로 분류하는 것을 목적으로 하였다. 이에 사망자의 연속형 데이터를 0명은 없음, 30명 이하는 적음, 나머지는 많음으로 사망자범주의 칼럼을

새롭게 만들어 t_data 변수에 새롭게 추가하였다. 이에 데이터가 올바르게 결합되었는지 head( ) 함수로 확인하였다.

목적변수(종속변수)를 factor 객체를 변환하고자 실습에서 t_data$사망자범주 <- as.factor (t_data$사망자범주) 명령문을 통해서 문자 객체로 되어 있는 데이터를 factor 객체로 재저장하였다.

▼실습　**Random Forest 2 – 도로교통공단_사고유형별 월별 교통사고 통계(2018)**

```
> t_data$사망자범주 <- as.factor(t_data$사망자범주)

> install.packages("caret")
> library(caret)
> set.seed(5000)
> intrain <- createDataPartition(y=t_data$사망자범주, p=0.7, list=FALSE)
> head(intrain,5)
     Resample1
[1,]     2
[2,]     3
[3,]     4
[4,]     5
[5,]     6
```

그다음, t_data 변수의 전체 203개 데이터 중 훈련용 데이터와 검증용 데이터를 랜덤으로 분류하기 위해 caret 패키지를 설치하였다. caret 패키지에서 제공하는 createDataPartition( ) 함수를 이용하여 사고유형대분류 칼럼을 기준으로 70% 데이터를 훈련용 데이터로 랜덤으로 분류하였다. 이때 createDataPartition( ) 함수를 계속 실행하면 203개 데이터 중 70% 데이터가 지속적으로 랜덤으로 추출하게 되어 결과값이 계속 변동되는 문제점이 발생한다. 이에 set.seed( ) 함수를 이용하여 임의의 수치를 제공하여 한번 실행된 랜덤값이 변동되지 않도록 진행하였다. set.seed( ) 함수는 특정값을 지정하여 실행하면 createDataPartition( ) 함수를 계속 실행하여도 한번 추출된 훈련용 데이터가 변동되지 않도록 고정시켜준다. 분류된 결과를 하인하고자 head(intrain, 5) 명령문을 실행하였다. 결과를 살펴보면 2, 3, 4, 5, 6번째 데이터가 훈련용 데이터로 선별된 것을 확인할 수 있다.

> ▼실습   Random Forest 3 – 도로교통공단_사고유형별 월별 교통사고 통계(2018)

```
> train <- t_data[intrain, ]
> test <- t_data[-intrain, ]
> nrow(train) ; nrow(test)

[1] 143
[1] 60
```

실습에서 train <- t_data[intrain,] 명령문을 실행하여 70%로 선별된 데이터를 train 변수로 저장하였다. 다음 test <- t_data[-intrain,] 명령문을 실행하여 남은 30%의 데이터를 검증용 데이터로 test 변수에 저장하였다. 이에 대한 데이터 수를 확인하면 train 변수는 143개가 있으며, test 변수에는 60개의 데이터가 있다.

▼실습 Random Forest 4 – 도로교통공단_사고유형별 월별 교통사고 통계(2018)

```
> t_data$사망자범주 <- as.factor(t_data$사망자범주)
> model1 = randomForest(사망자범주~ 중상자수+경상자수+부상신고자수, data=train)
> print(model1)

Call:
 randomForest(formula = 사망자범주 ~ 중상자수 + 경상자수 + 부상신고자수, data = train)
               Type of random forest: classification
                     Number of trees: 500
No. of variables tried at each split: 1

        OOB estimate of  error rate: 20.28%
Confusion matrix:
      많음 없음 적음  class.error
많음    19    0   12    0.3870968
없음     0    9    5    0.3571429
적음     9    3   86    0.1224490

> plot(model1)
> legend("topright",colnames(model1$err.rate),col=1:4,cex=0.8,fill=1:4)
```

model1 변수에는 랜덤포레스트 함수로 계산된 결과값이 저장되어 있으며, 명령문은 randomForest(사망자범주~ 중상자수+경상자수+부상신고자수, data=train) 이다. print(model1) 명령문을 실행하면, 랜덤포레스트 결과값을 확인할 수 있다. 사망자범주를 종속변수로 하였고, 중상자수와 경상자수, 부상자수를 설명변수로 계산하였다. Number of trees: 500은 학습데이터로 500개를 Forest 복원추출 방식으로 생성하였다는 의미이다. 그리고 No. of variables tried at each split: 1은 1개의 변수를 이용하여 트리의 자식 노드를 분류하였다는 의미이다.

OOB(out-of-bag) 데이터는 부트스트랩을 통한 임의 중복추출 시 훈련 데이터 집합에 속하지 않는 데이터를 말한다. OOB-오차는 데이터의 실제 값과 각 트리로부터 나온 예측 결과 사이의 오차로 정의된다. model1 결과에서는 20.28%의 오차율을 보여주고 있으며 사망자분류에서 적음은 0.1224490로 오차율이 OOB보다 작으며 많음과 없음은 각각 0.3870968, 0.3571429로 OOB보다는 높게 나타났다. 이를 plot 함수로 확인하였다.

▼실습 Random Forest 5 - 도로교통공단_사고유형별 월별 교통사고 통계(2018)

```
> model2 = randomForest(사망자범주~ 중상자수+경상자수+부상신고자수, ntree=500, mtry=3,
+                       importance=TRUE, na.action=na.omit, data=train)
> print(model2)
Call:
 randomForest(formula = 사망자범주 ~ 중상자수 + 경상자수 + 부상신고자수, data = train, ntree = 500,
          mtry = 3, importance = TRUE, na.action = na.omit)
               Type of random forest: classification
                     Number of trees: 500
No. of variables tried at each split: 3

        OOB estimate of  error rate: 18.88%
Confusion matrix:
     많음 없음 적음 class.error
많음   21    0   10   0.3225806
없음    0    9    5   0.3571429
적음    9    3   86   0.1224490

> plot(model2)
> legend("topright",colnames(model1$err.rate),col=1:4,cex=0.8,fill=1:4)
```

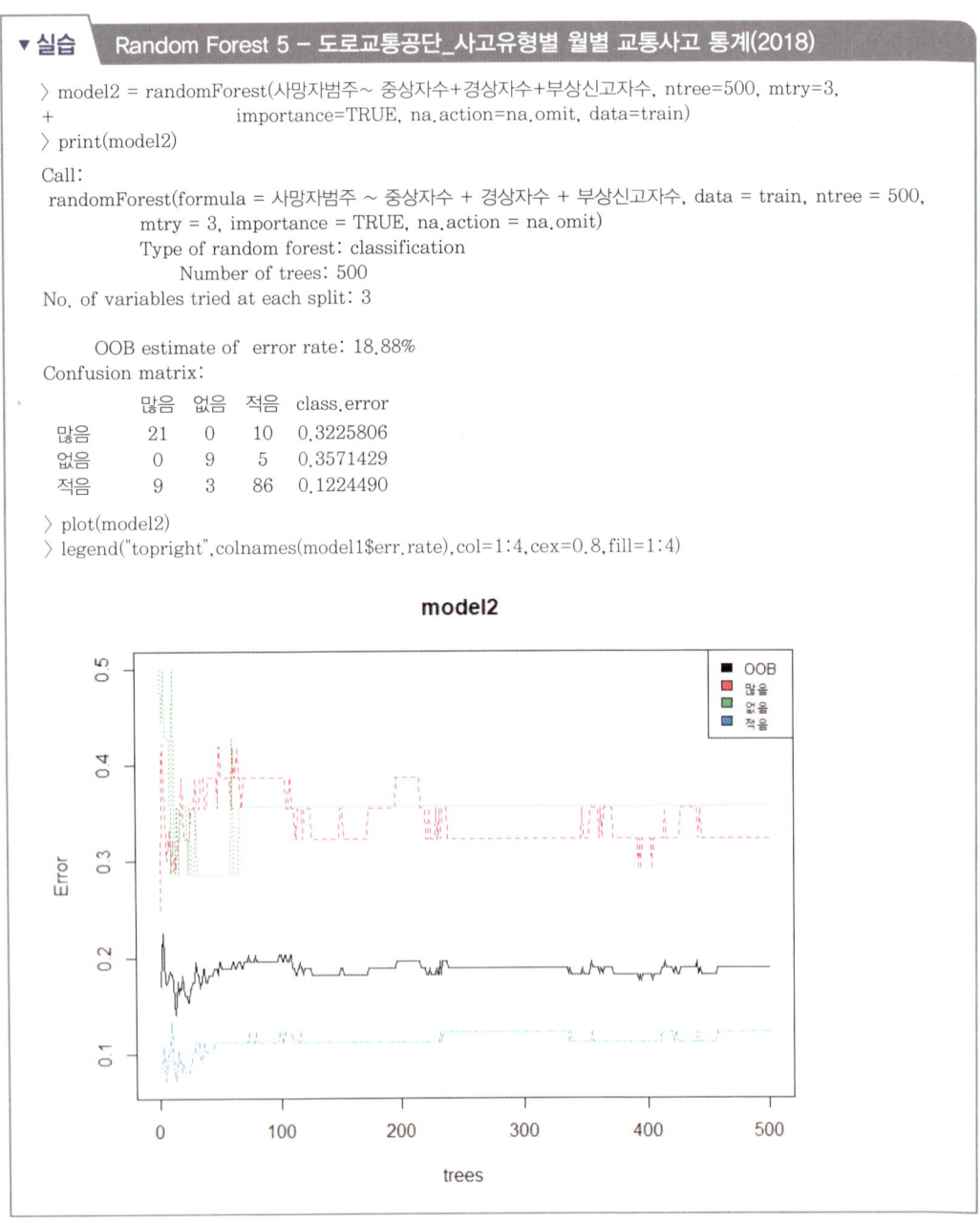

model2 변수에는 트리의 개수(ntree), 자식노드를 분류할 변수의 수(mtry)를 지정하였고, ntree=500, mtry=3으로 지정하였다. 결과 내용에서 OOB(Out-Of-Bag) error rat의 랜덤 포레스트 성능평가를 확인하면 오류율은 18.88로 나타났다. 적음의 분류는 0.1224490으로 OOB보다 적으며 많음은 0.3225806, 없음은 0.3571429로 OBB보다는 높게 나타났다.

▼ **실습** Random Forest 6 – 도로교통공단_사고유형별 월별 교통사고 통계(2018)

```
> # 예측 및 모델평가
> test_predict <- predict(model2, test)
> result <- confusionMatrix(test_predict,test$사망자범주)
> print(result)
Confusion Matrix and Statistics

          Reference
Prediction 많음 없음 적음
      많음    9    0    4
      없음    0    4    1
      적음    3    2   37

Overall Statistics
                                          
               Accuracy : 0.8333          
                 95% CI : (0.7148, 0.9171)
    No Information Rate : 0.7             
    P-Value [Acc > NIR] : 0.01388         
                                          
                  Kappa : 0.6364          
                                          
 Mcnemar's Test P-Value : NA              

Statistics by Class:

                     Class:많음 Class:없음 Class:적음
Sensitivity             0.7500    0.66667    0.8810
Specificity             0.9167    0.98148    0.7222
Pos Pred Value          0.6923    0.80000    0.8810
Neg Pred Value          0.9362    0.96364    0.7222
Prevalence              0.2000    0.10000    0.7000
Detection Rate          0.1500    0.06667    0.6167
Detection Prevalence    0.2167    0.08333    0.7000
Balanced Accuracy       0.8333    0.82407    0.8016
```

model2를 기준으로 모형을 평가하였으며 result <- confusionMatrix(test_predict,test$사망자범주) 명령문을 실행한 결과, 정확도는 0.83333이며 신뢰구간은 0.7148~0.9171로 나타났다. P-Value [Acc > NIR]이 0.01388로 정확도가 NIR보다 높은 값을 가진다고 해석된다. 그리고 Kappa의 값은 0.6364로 분류 일치도가 적절한 일치도를 보인다고 해석되었다.

train 변수와 test 변수를 통합하여 사망자범주와 Random Forest로 분류된 범주 결과를 비교하였다. 총 37개의 데이터가 서로 일치하지 않는다고 나타났다. 이에 대한 현황을 살펴보기 위해서 tail(t_com2) 명령문을 실행하였다.

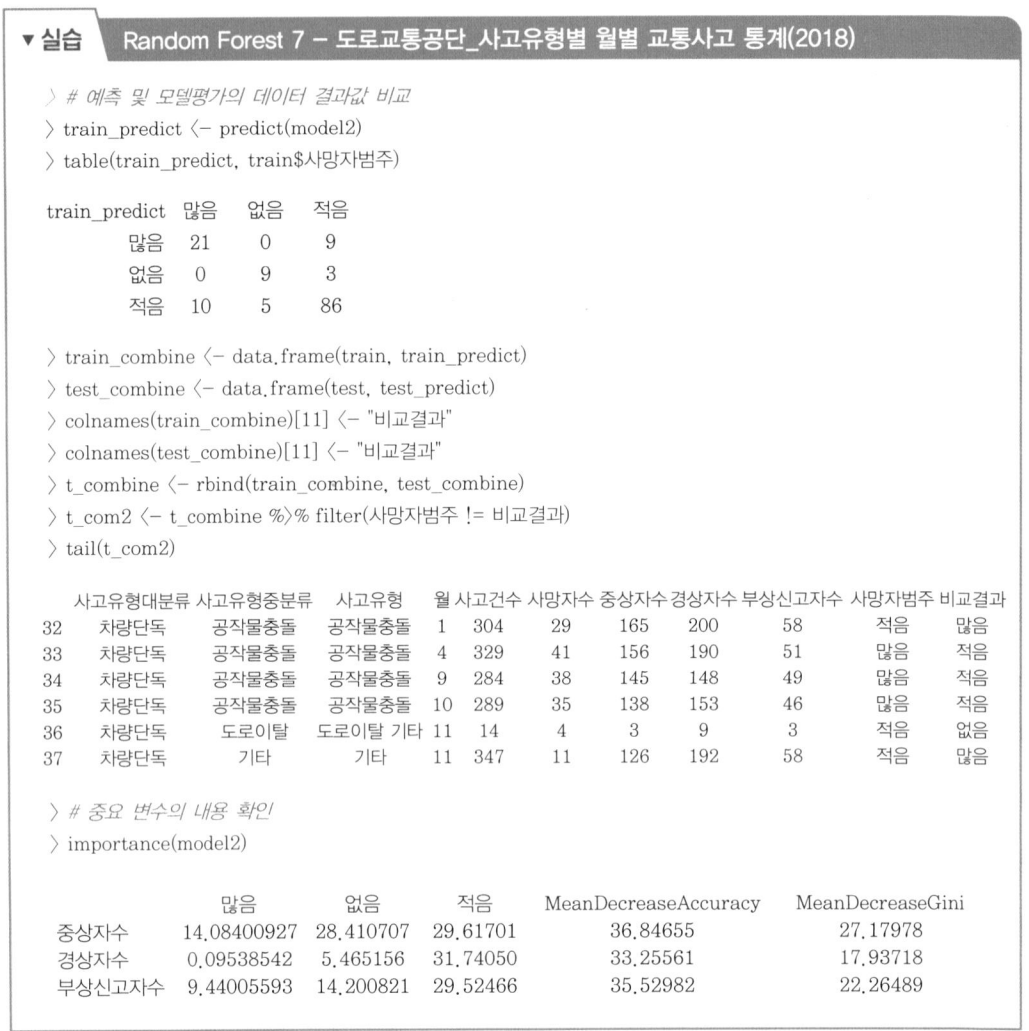

다음은 중요 변수의 내용을 확인하기 위해서 importance(model2) 명령문을 실행하였다. importance( ) 함수는 랜덤 포레스트 분류모델을 생성하는 과정에서 입력변수 중 가장 중요한 변수가 어떤 변수인지 알려주는 역할을 한다. importance( ) 함수의 실행 결과에서 MeanDecreaseAccuracy는 분류정확도를 개선하는데 기여한 변수의 수치로 정확도를 의미한다. MeanDecreaseGini는 노드 불순도(불확실성)를 개선하는데 기여한 변수를 수치로 설명해준다.

본 실습 결과에서는 중상자수, 경상자수, 부상신고자수 중에 가장 크게 기여한 변수는 중상자로 나타났다. 즉, 중상자수 〉부상신고자수 〉경상자수로 MeanDecreaseAccuracy의 정확도 개선에 중요한 변수라는 것을 확인할 수 있다. 노드 불순도 개선에 중요한 변수도 중상자수 〉부상신고자수 〉경상자수로 나타났다. varImpPlot(model2) 명령문을 실행하면 importance( ) 함수의 결과 내용을 시각화로 표현해준다.

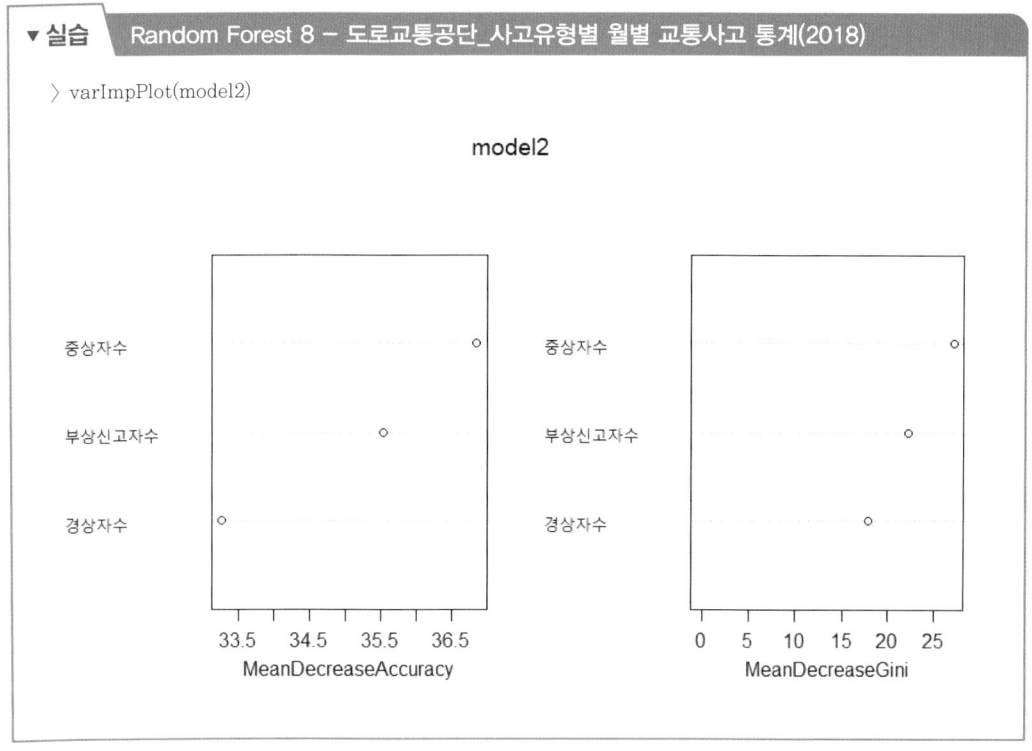

5. Bagging 실습 – 혁신제품 만족 데이터

다음은 Bagging 실습을 위해서 혁신제품 만족연구 파일을 활용하였다.

혁신제품 만족연구

변수명				
성별 (int)		나이 (int)	학력 (int)	
혁신_기술 (int)	혁신_디자인 (int)	혁신_소프트웨어 (int)	혁신_실용성 (int)	혁신_품질 (int)
편의성_인터페이스 (int)	편의성_사용자 (int)	편의성_소프트웨어 (int)	편의성_AS서비스 (int)	만족도 (int)

▼ 실습   **Bagging 1 – 혁신제품 만족연구**

```
> install.packages("adabag")
> library(adabag)
> t_data <- read.csv("new_tech.csv", header = TRUE)
> str(t_data)

'data.frame':   283 obs. of  13 variables:
 $ 성별             : int  2 2 2 1 1 2 1 2 2 1 ...
 $ 나이             : int  2 2 2 2 2 2 3 2 3 6 ...
 $ 학력             : int  2 2 2 2 2 2 2 2 3 1 ...
 $ 혁신_기술        : int  2 1 3 2 2 2 1 1 1 4 ...
 $ 혁신_디자인      : int  3 1 1 2 2 2 1 2 2 4 ...
 $ 혁신_소프트웨어  : int  4 2 1 2 2 2 1 2 2 3 ...
 $ 혁신_실용성      : int  2 1 1 2 1 2 5 1 2 3 ...
 $ 혁신_품질        : int  3 2 1 2 3 2 1 2 1 3 ...
 $ 편의성_인터페이스: int  2 2 1 3 2 1 1 2 2 2 ...
 $ 편의성_사용자    : int  1 1 1 1 1 1 1 1 1 1 ...
 $ 편의성_소프트웨어: int  2 3 2 1 1 3 5 1 2 2 ...
 $ 편의성_AS서비스  : int  1 2 1 2 1 2 2 1 3 2 ...
 $ 만족도           : int  1 1 1 2 2 2 2 2 3 3 ...

> library(dplyr)
> t_data <- t_data %>% mutate("만족도범주" = ifelse(t_data$만족도 < 3, "불만족",
+                             ifelse(t_data$만족도 <= 3.8 , "보통","만족")))
> t_data$만족도범주 <- as.factor(t_data$만족도범주)
> head(t_data,4)
  성별 나이 학력 혁신_기술 혁신_디자인 혁신_소프트웨어 혁신_실용성 혁신_품질 편의성_인터페이스
1   2    2    2       2          3             4             2          3              2
2   2    2    2       1          1             2             1          2              2
3   2    2    2       3          1             1             1          1              1
4   1    2    2       2          2             2             2          2              3
  편의성_사용자 편의성_소프트웨어 편의성_AS서비스 만족도 만족도범주
1      1               2                 1            1      불만족
2      1               3                 2            1      불만족
3      1               2                 1            1      불만족
4      1               1                 2            2      불만족
```

```
> set.seed(630)
> intrain=sample(1:2, nrow(t_data), replace=TRUE, prob=c(0.6,0.4))
> train=t_data[intrain==1,]
> test=t_data[intrain==2,]
> nrow(train) ; nrow(test)

[1] 160
[1] 123
```

우선 new_tech.csv 파일의 데이터를 read.csv( ) 함수를 이용하여 t_data 변수로 저장하였다. 실습의 분석 목적은 만족도 범주에 따른 분류의 적합성을 확인하는 것이다. 이에 만족도의 불만족, 보통, 만족으로 분류하는 것을 목적으로 하였다. 만족도의 연속형 데이터에서 3 미만은 불만족, 3.8 미만은 보통, 그 이상은 만족의 값으로 만족도범주 칼럼으로 작성하였으며 이를 t_data 변수에 새롭게 추가하였다.

그다음, sample( ) 함수로 데이터의 60%는 훈련용 데이터로 train 변수에 저장하였고, 40%는 검증용 데이터로 test 변수에 저장하였다. 실습에서는 train 변수를 토대로 bagging( ) 함수를 이용하여 계산을 진행하였다. 만족도 범주를 종속변수로 지정하고, 혁신_기술, 혁신_디자인, 혁신_소프트웨어, 혁신_품질을 설명변수로 구성하여 계산을 진행하였다. 트리의 반복생성 횟수(mfinal)는 3회로 지정하였고, control에서는 rpart.control를 사용하여 bagging 계산을 수행하는데 최대깊이는 3으로 지정하고 최소노드는 3으로 설정하였다.

분석에서 mfinal을 3로 설정하였기 때문에 총 3개의 의사결정나무가 만들어짐을 확인할 수 있다. 의사결정나무의 결과는 시각화로 해석하는 것이 편리하므로 rpart.plot( ) 함수를 이용해서 시각화하였다. 3개의 트리를 살펴보면 혁신_디자인, 혁신_소프트웨어, 혁신_품질, 혁신_기술의 변수를 토대로 확률 계산을 다르게 하여 트리 구조를 표현하는 것을 확인할 수 있다.

실습 Bagging 2 - 혁신제품 만족연구

```
> library(rpart)
> bagging_data <- bagging(만족도범주~ 혁신_기술+혁신_디자인+혁신_소프트웨어+
+           혁신_품질, data=train,mfinal=3, control=rpart.control(maxdepth=3, minsplit=3))
> print(bagging_data$trees)

[[1]]
n= 160

node), split, n, loss, yval, (yprob)
      * denotes terminal node

 1) root 160 67 만족 (0.58125000 0.32500000 0.09375000)
   2) 혁신_디자인)=3.5 63  5 만족 (0.92063492 0.07936508 0.00000000)
     4) 혁신_기술>=2.5 59  3 만족 (0.94915254 0.05084746 0.00000000) *
     5) 혁신_기술< 2.5 4  2 만족 (0.50000000 0.50000000 0.00000000)
      10) 혁신_품질>=3.5 2  0 만족 (1.00000000 0.00000000 0.00000000) *
      11) 혁신_품질< 3.5 2  0 보통 (0.00000000 1.00000000 0.00000000) *
   3) 혁신_디자인< 3.5 97 50 보통 (0.36082474 0.48453608 0.15463918)
     6) 혁신_소프트웨어>=3.5 40 14 만족 (0.65000000 0.35000000 0.00000000)
      12) 혁신_품질>=2.5 35  9 만족 (0.74285714 0.25714286 0.00000000) *
      13) 혁신_품질< 2.5 5  0 보통 (0.00000000 1.00000000 0.00000000) *
     7) 혁신_소프트웨어< 3.5 57 24 보통 (0.15789474 0.57894737 0.26315789)
      14) 혁신_소프트웨어>=2.5 35  7 보통 (0.08571429 0.80000000 0.11428571) *
      15) 혁신_소프트웨어< 2.5 22 11 불만족 (0.27272727 0.22727273 0.50000000) *

[[2]]
n= 160

node), split, n, loss, yval, (yprob)
      * denotes terminal node

 1) root 160 76 만족 (0.52500000 0.36250000 0.11250000)
   2) 혁신_기술>=3.5 77 14 만족 (0.81818182 0.18181818 0.00000000) *
   3) 혁신_기술< 3.5 83 39 보통 (0.25301205 0.53012048 0.21686747)
     6) 혁신_품질>=2.5 49 17 보통 (0.34693878 0.65306122 0.00000000)
      12) 혁신_디자인>=3.5 20  6 만족 (0.70000000 0.30000000 0.00000000) *
      13) 혁신_디자인< 3.5 29  3 보통 (0.10344828 0.89655172 0.00000000) *
     7) 혁신_품질< 2.5 34 16 불만족 (0.11764706 0.35294118 0.52941176)
      14) 혁신_소프트웨어>=2.5 21  9 보통 (0.04761905 0.57142857 0.38095238) *
      15) 혁신_소프트웨어< 2.5 13  3 불만족 (0.23076923 0.00000000 0.76923077) *

[[3]]
n= 160

node), split, n, loss, yval, (yprob)
      * denotes terminal node

 1) root 160 71 만족 (0.55625000 0.32500000 0.11875000)
   2) 혁신_소프트웨어>=3.5 96 17 만족 (0.82291667 0.17708333 0.00000000)
     4) 혁신_기술>=3.5 55  2 만족 (0.96363636 0.03636364 0.00000000) *
     5) 혁신_기술< 3.5 41 15 만족 (0.63414634 0.36585366 0.00000000)
      10) 혁신_품질>=2.5 34 10 만족 (0.70588235 0.29411765 0.00000000) *
      11) 혁신_품질< 2.5 7  2 보통 (0.28571429 0.71428571 0.00000000) *
   3) 혁신_소프트웨어< 3.5 64 29 보통 (0.15625000 0.54687500 0.29687500)
     6) 혁신_소프트웨어>=2.5 46 13 보통 (0.19565217 0.71739130 0.08695652)
      12) 혁신_디자인>=3.5 11  3 만족 (0.72727273 0.27272727 0.00000000) *
      13) 혁신_디자인< 3.5 35  5 보통 (0.02857143 0.85714286 0.11428571) *
     7) 혁신_소프트웨어< 2.5 18  3 불만족 (0.05555556 0.11111111 0.83333333)
      14) 혁신_기술>=3.5 2  0 보통 (0.00000000 1.00000000 0.00000000) *
      15) 혁신_기술< 3.5 16  1 불만족 (0.06250000 0.00000000 0.93750000) *
```

▼ 실습   **Bagging 3 – 혁신제품 만족연구**

```
> library(rpart.plot)
> rpart.plot(bagging_data$trees[[1]])
```

```
> rpart.plot(bagging_data$trees[[2]])
```

```
> rpart.plot(bagging_data$trees[[3]])
```

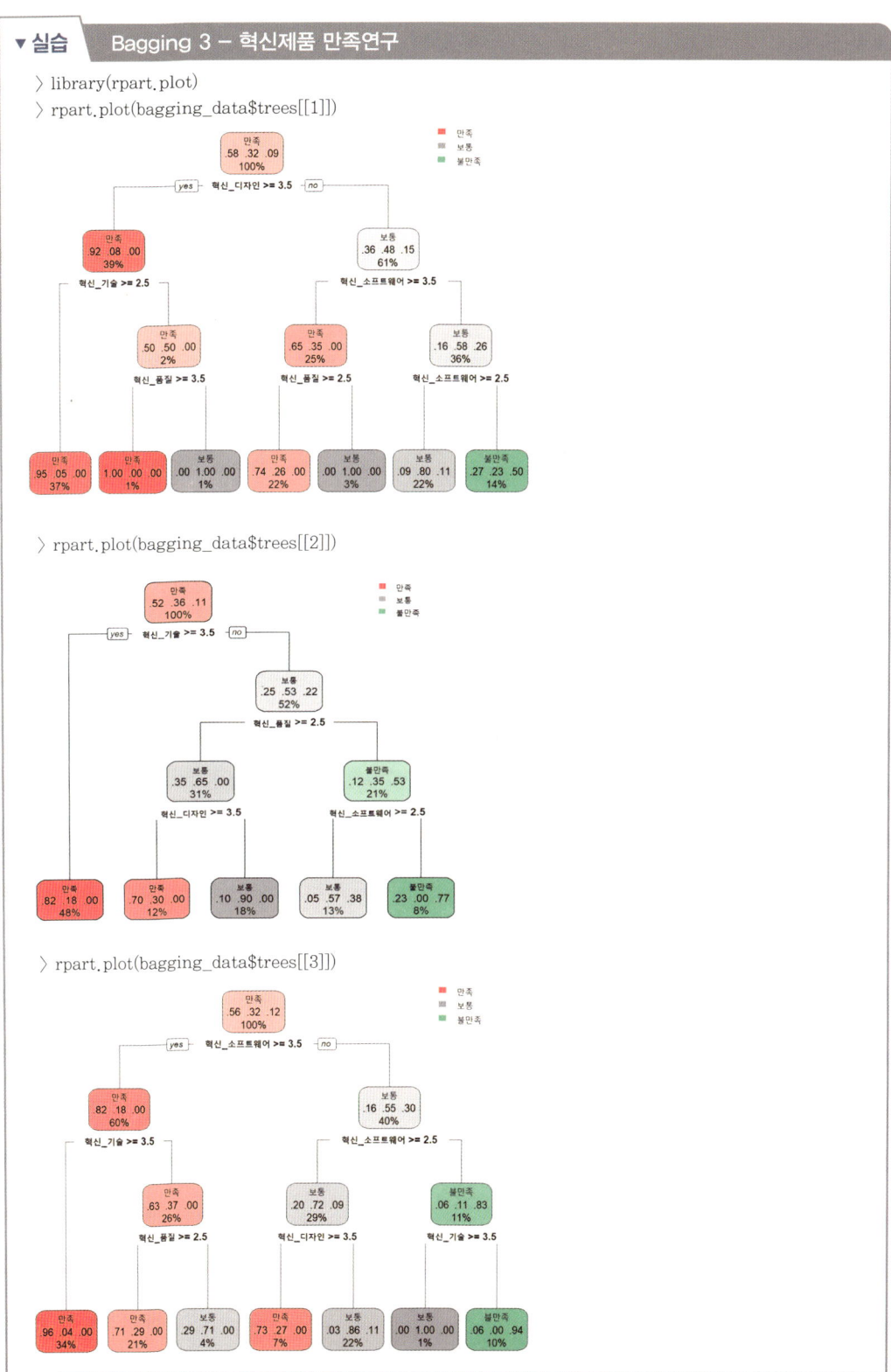

실습 Bagging 4 – 혁신제품 만족연구

```
> test_predict <- predict(bagging_data,test)
> test_factor_pred <- as.factor(test_predict$class)
> result <- confusionMatrix(test_factor_pred,test$만족도범주)
> print(result)
```

Confusion Matrix and Statistics

	Reference		
Prediction	만족	보통	불만족
만족	52	12	5
보통	9	15	4
불만족	2	5	19

Overall Statistics

```
               Accuracy : 0.6992
                 95% CI : (0.61, 0.7786)
    No Information Rate : 0.5122
    P-Value [Acc > NIR] : 1.929e-05

                  Kappa : 0.5031

 Mcnemar's Test P-Value : 0.6094
```

Statistics by Class :

	Class:만족	Class:보통	Class:불만족
Sensitivity	0.8254	0.4688	0.6786
Specificity	0.7167	0.8571	0.9263
Pos Pred Value	0.7536	0.5357	0.7308
Neg Pred Value	0.7963	0.8211	0.9072
Prevalence	0.5122	0.2602	0.2276
Detection Rate	0.4228	0.1220	0.1545
Detection Prevalence	0.5610	0.2276	0.2114
Balanced Accuracy	0.7710	0.6629	0.8024

```
> bagging_data$importance
```

혁신_기술	혁신_디자인	혁신_소프트웨어	혁신_품질
21.19251	24.92784	41.37862	12.50103

모델 평가를 위해 result <- confusionMatrix(test_factor_pred,test$만족도) 명령문을 실행한 결과, 정확도는 0.6992이며 신뢰구간은 0.61~0.7786으로 나타났다. P-Value [Acc >NIR] 값은 1.929e-05로 정확도가 NIR보다 높다고 해석된다. 그리고 Kappa의 값은 0.6094로 분류 일치도는 평범한 수준의 일치도를 가진다고 해석된다.

그리고 bagging 계산을 통해서 중요한 변인이 무엇인지 확인하고자 bagging_data-$importance 명령문을 실행하였으며, 이에 혁신_소프트웨어가 가장 높게 나타났다. 이는 트리 구조에서 만족도 영향에 미치는 요인으로 혁신_소프트웨어 변수가 가장 중요하다는 것을 설명해주는 것이다.

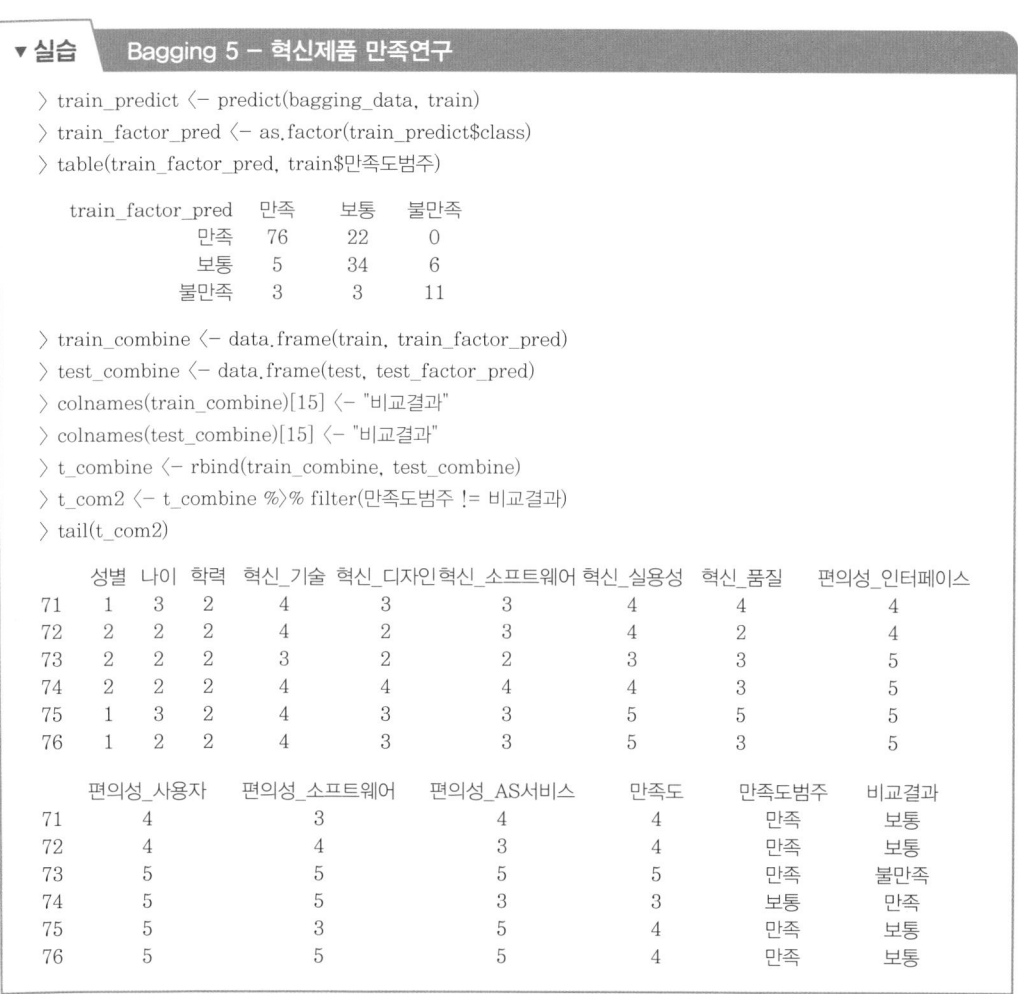

모델 평가 이후 비교검토를 위해서 train 변수와 test 변수를 통합하였으며, 만족도 범주와 의사결정 트리로 분류된 범주 결과를 비교하였다. 이에 총 76개의 데이터가 서로 일치하지 않는다고 나타났다. 이에 대한 현황을 살펴보기 위해서 tail(t_com2) 명령문을 실행하여 확인하였다.

6. Boosting 실습 – 혁신제품 만족 데이터

다음 Boosting의 실습을 위해서 혁신제품 만족연구 데이터로 분석을 시작하였다.

▼ **실습** Boosting 1 – 혁신제품 만족연구

```
> install.packages("xgboost")
> library(xgboost)
> t_data <- read.csv("new_tech.csv", header = TRUE)
> library(dplyr)
> t_data <- t_data %>% mutate("만족도범주" = ifelse(t_data$만족도 < 3, 0,
+                                         ifelse(t_data$만족도 <= 3.8 , 1,2)))
> head(t_data,4)
    성별  나이  학력  혁신_기술  혁신_디자인  혁신_소프트웨어  혁신_실용성  혁신_품질
1    2    2    2      2          3             4            2          3
2    2    2    2      1          1             2            1          2
3    2    2    2      3          1             1            1          1
4    1    2    2      2          2             2            2          2

    편의성_인터페이스  편의성_사용자  편의성_소프트웨어  편의성_AS서비스  만족도  만족도범주
1          2              1              2              1            1         0
2          2              1              3              2            1         0
3          1              1              2              1            1         0
4          3              1              1              2            2         0

> set.seed(2052)
> intrain=sample(1:2, nrow(t_data), replace=TRUE, prob=c(0.6,0.4))
> train=t_data[intrain==1,]
> test=t_data[intrain==2,]
> nrow(train) ; nrow(test)

[1] 170
[1] 113

> train_adj <- train[-c(1:3,7,9:14)]  #혁신_기술, 혁신_디자인, 혁신_소프트웨어, 혁신_품질 칼럼만 저장
> test_adj <- test[-c(1:3,7,9:14)]    #혁신_기술, 혁신_디자인, 혁신_소프트웨어, 혁신_품질 칼럼만 저장
> train_mat <- as.matrix(train_adj)
> test_mat <- as.matrix(test_adj)
> train_lab <- train$만족도범주
> test_lab <- test$만족도범주
```

분석을 위해 new_tech.csv 파일의 데이터를 read.csv( ) 함수를 이용하여 t_data 변수로 저장하였다. 실습의 분석 목적은 만족도범주에 따른 분류의 적합성을 확인하는 것이다. Boosting에서는 문자변수를 읽지 못하므로 숫자로 범주값을 지정하였다. 3점 미만이면 0, 3.8이하이면 1, 그 이상이면 2로 지정하였다. 또한, sample( ) 함수로 데이터의 60%는 훈련용 데이터로 train 변수로 지정하였으며, 40%는 검증용 데이터로 test 변수로 지정하였다.

그다음, 훈련용 데이터와 검증용 데이터를 boosting 계산이 될 수 있도록 매트릭스 구조로 변환하였으며 이 때 범주형 칼럼인 만족도범주는 설명변수가 아니므로 제외하였다. 즉, 혁신_기술, 혁신_디자인, 혁신_소프트웨어, 혁신_품질의 칼럼만 남기고 모든 칼럼은 제거하여 train_adj, test_adj로 저장하였다. 범주형 칼럼인 만족도범주 데이터는 별도로 train_lab, test_lab으로 저장하였다. 그리고 훈련용 변수인 train_mat을 xgboost( ) 함수로 계산할 수 있도록 xgb.Dmatrix( ) 함수를 이용하여 다시 한번 계산 가능한 데이터세트로 구성하였다.

▼ 실습   Boosting 2 – 혁신제품 만족연구

```
> dtrain <- xgb.DMatrix(data=train_mat, label=train_lab)
> xgb_model <- xgboost(data=dtrain, max_depth=3, eta=1, verbose=0, nrounds=2, nthread=2,
    objective="multi:softmax", num_class=3)
> print(xgb_model)

##### xgb.Booster
raw: 9.3 Kb
call:
  xgb.train(params = params, data = dtrain, nrounds = nrounds,
    watchlist = watchlist, verbose = verbose, print_every_n = print_every_n,
    early_stopping_rounds = early_stopping_rounds, maximize = maximize,
    save_period = save_period, save_name = save_name, xgb_model = xgb_model,
    callbacks = callbacks, max_depth = 3, eta = 1, nthread = 2,
    objective = "multi:softmax", num_class = 3)
params (as set within xgb.train):
  max_depth = "3", eta = "1", nthread = "2", objective = "multi:softmax", num_class = "3",
  validate_parameters = "TRUE"
xgb.attributes:
  niter
callbacks:
  cb.evaluation.log( )
# of features: 4
niter: 2
nfeatures : 4
evaluation_log:
 iter train_mlogloss
    1       0.660790
    2       0.536845
```

실습에서 Boosting 계산을 위해 xgb_model <- xgboost(data=dtrain, max_depth=3, eta=1, verbose=0, nrounds=2, objective="multi:softmax", num_class=3) 명령문을 실행하였다. xgboost( ) 함수는 dtrain 변수의 데이터를 분석하라고 지정하였고, max_depth=3으로 트리의 깊이 지정을 3으로 하였다. 학습율(eta)은 1로 지정하였다. verbose는 xgboost의 성능에 대한 정보를 명령문 실행 시 바로 보여주는데 본 실습에서는 0으로 하여 확인하지 않았으며, 별도로 print( ) 함수로 살펴보았다. 학습수(nrounds)는 2로 지정하였다. objective="multi:softmax"는 xgboost를 다중 클래스 분류를 수행하도록 설정하는 것을 의미하며 num_class으로 3개의 클래스를 가지고 있다고 지정하였다. 결과 내용을 살펴보면 train의 mlogloss(multiclass log loss)값에서 학습을 총 2번하여 mlogloss의 값이 낮아지는 것을 확인할 수 있다. 이는 로지스틱 계산의 손실값이 학습수가 높아질수록 작아지는 것을 말한다.

▼실습　Boosting 3 – 혁신제품 만족연구

```
> test_predict <- predict(xgb_model, test_mat, type="class")
> test_factor_pred <- as.factor(test_predict)
> factor_만족도범주 <- as.factor(test$만족도범주)
> result <- confusionMatrix(test_factor_pred,factor_만족도범주)
> print(result)
```

Confusion Matrix and Statistics

```
          Reference
Prediction  0   1   2
         0 10   1   2
         1  6  24   5
         2  0  16  49
```

Overall Statistics

　　Overall Statistics

```
               Accuracy : 0.7345
                 95% CI : (0.6432, 0.8132)
    No Information Rate : 0.4956
    P-Value [Acc > NIR] : 1.946e-07

                  Kappa : 0.5472

 Mcnemar's Test P-Value : 0.01005
```

Statistics by Class　:

	Class:0	Class:1	Class:2
Sensitivity	0.6250	0.5854	0.8750
Specificity	0.9691	0.8472	0.7193
Pos Pred Value	0.7692	0.6857	0.7538
Neg Pred Value	0.9400	0.7821	0.8542
Prevalence	0.1416	0.3628	0.4956
Detection Rate	0.0885	0.2124	0.4336
Detection Prevalence	0.1150	0.3097	0.5752
Balanced Accuracy	0.7970	0.7163	0.7971

모델 평가를 위해 result <- confusionMatrix(test_factor_pred,test$만족도범주) 명령문을 실행한 결과, 정확도는 0.677이며 신뢰구간은 0.6432~0.8132로 나타났다. P-Value [Acc > NIR]은 1.946e-07로 나타나 정확도가 NIR보다 높다고 해석되었다. 그리고 Kappa의 값은 0.5472로 분류 일치도가 평범한 일치도를 가진다고 해석되었다. Mcnemar's Test P-Value의 값은 0.01005로 범주값과 의사결정 트리로 분류된 값이 차이가 있다고 나타났다.

실습 | Boosting 4 – 혁신제품 만족연구

```
> train_predict <- predict(xgb_model, train_mat, type="class")
> train_factor_pred <- as.factor(train_predict)
> table(train_factor_pred, train_lab)
                 train_lab
train_factor_pred  0  1  2
                0 23  4  2
                1  5 34  9
                2  1 12 80

> train_combine <- data.frame(train, train_factor_pred)
> test_combine <- data.frame(test, test_factor_pred)
> colnames(train_combine)[15] <- "비교결과"
> colnames(test_combine)[15] <- "비교결과"
> t_combine <- rbind(train_combine, test_combine)
> t_com2 <- t_combine %>% filter(만족도범주 != 비교결과)
> tail(t_com2)
   성별 나이 학력 혁신_기술 혁신_디자인 혁신_소프트웨어 혁신_실용성 혁신_품질 편의성_인터페이스 편의성_사용자
58   1    2    2         2           2               2           4         3              4                4
59   2    2    2         2           3               2           2         2              2                4
60   1    2    2         4           3               3           4         3              4                4
61   1    3    2         4           3               3           4         4              4                4
62   1    2    2         2           4                           4         4              5                5
63   1    2    2         4           3               3           5         3              5                5

   편의성_소프트웨어  편의성_AS서비스  만족도  만족도범주  비교결과
58        2                  3              3         1           0
59        4                  4              4         2           0
60        4                  3              4         2           1
61        3                  4              4         2           1
62        4                  2              4         2           1
63        5                  5              4         2           1
```

train 변수와 test 변수를 통합하여 만족도 범주와 Boosting으로 분류된 범주 결과를 비교하였다. 총 63개의 데이터가 서로 일치하지 않는다고 나타났다. 이에 대한 현황을 확인하기 위해서 tail(t_com2) 명령문을 실행하였다.

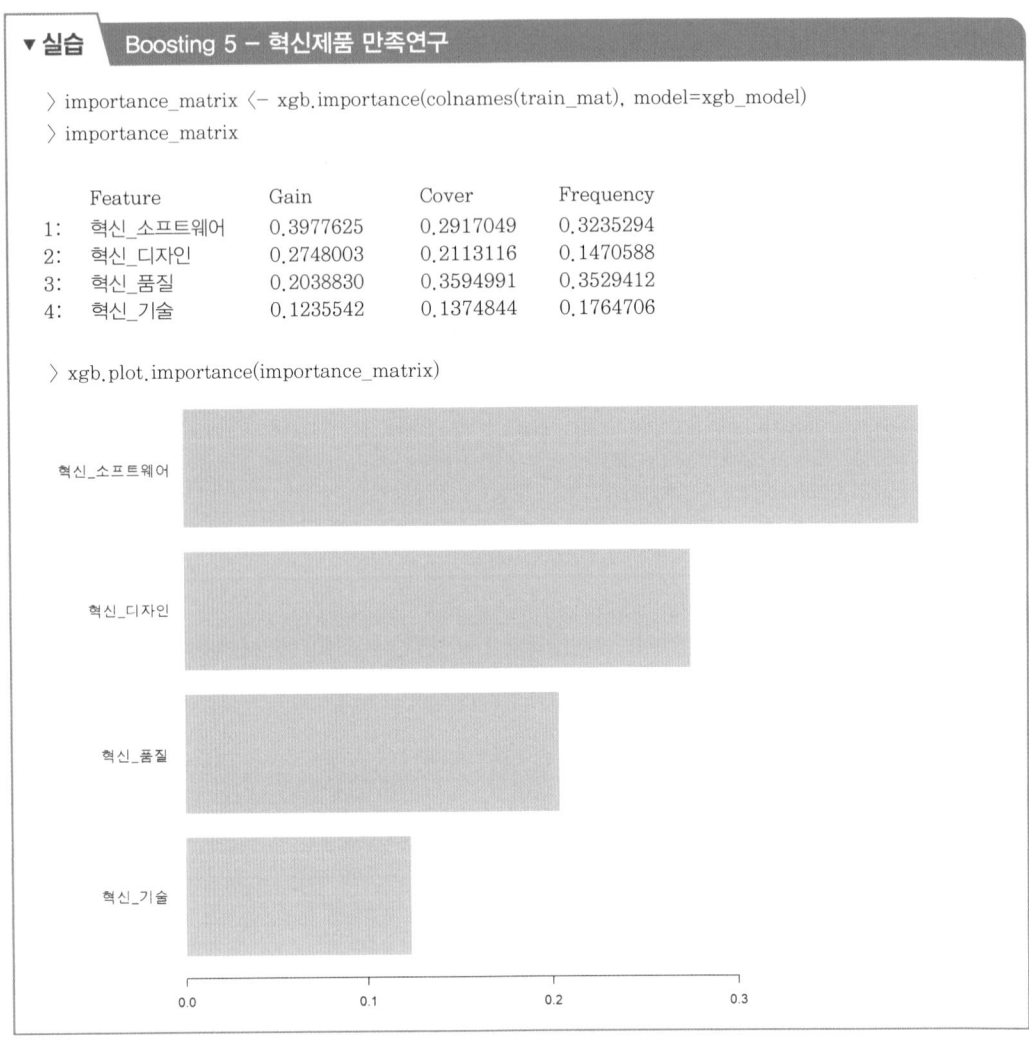

importance_matrix <- xgb.importance(colnames(train_mat), model=xgb_model) 명령문을 통해 boosting에서 중요한 변인이 무엇인지 확인하였다. Gain은 각각의 트리를 만들어 가는 과정에서 상대적인 기여도를 말하며, 여기서 제일 높은 값이 예측 생성에 매우 중요하다는 것을 의미한다. Cover는 트리에서 발생한 관측치의 수의 비율을 말하며, Frequency는 트리 형상에 사용된 상대 횟수의 비율을 말한다. 본 결과에서는 혁신_소프트웨어가 가장 중요한 변수라고 설명하고 있다.

7. Random Forest 실습 - 혁신제품 만족 데이터

다음 Random Forest의 실습을 위해서 혁신제품 만족연구 데이터로 분석을 시작하였다.

▼실습 | Random Forest 1 - 혁신제품 만족연구

```
> install.packages("randomForest")
> library(randomForest)

> setwd("C:/Data Analysis/r_exam/")
> t_data <- read.csv("new_tech.csv", header = TRUE)

> library(dplyr)
> t_data <- t_data %>% mutate("만족도범주" = ifelse(t_data$만족도 < 3, "불만족",
+                                       ifelse(t_data$만족도 <= 3.8 , "보통","만족")))
> t_data$만족도범주 <- as.factor(t_data$만족도범주)
> head(t_data,4)
  성별  나이  학력  혁신_기술 혁신_디자인 혁신_소프트웨어 혁신_실용성 혁신_품질
1   2    2     2       2            2              3             4           2          3
2   2    2     2       2            1              1             2           1          2
3   2    2     2       2            3              1             1           1          1
4   1    2     2       2            2              2             2           2          2

  편의성_인터페이스 편의성_사용자 편의성_소프트웨어 편의성_AS서비스 만족도 만족도범주
1        2              1              2                 1              1      불만족
2        2              1              3                 2              1      불만족
3        1              1              2                 1              1      불만족
4        3              1              1                 2              2      불만족

> # install.packages("caret")
> library(caret)
> set.seed(5000)
> intrain <- createDataPartition(y=t_data$만족도범주, p=0.7, list=FALSE)
> head(intrain,5)
     Resample1
[1,]     3
[2,]     4
[3,]     5
[4,]     6
[5,]     7
> train <- t_data[intrain, ]    # 훈련 데이터
> test <- t_data[-intrain, ]    # 검증 데이터
> nrow(train) ; nrow(test)
[1] 199
[1] 84
```

▼실습 Random Forest 2 – 혁신제품 만족연구

```
> model = randomForest(만족도범주~ 혁신_기술+혁신_디자인+혁신_소프트웨어+혁신_품질, data=train,
+                      ntree=500, mtry=3, importance=TRUE, na.action=na.omit)
> print(model)

Call:
 randomForest(formula = 만족도범주 ~ 혁신_기술 + 혁신_디자인 + 혁신_소프트웨어 + 혁신_품질,
     data = train, ntree = 500, mtry = 3,      importance = TRUE, na.action = na.omit)
               Type of random forest: classification
                     Number of trees: 500
No. of variables tried at each split: 3

        OOB estimate of  error rate: 28.64%
Confusion matrix:
        만족  보통  불만족  class.error
만족     81    20     2    0.2135922
보통     22    37     5    0.4218750
불만족    3     5    24    0.2500000

> plot(model)
> legend("topright",colnames(model$err.rate),col=1:4,cex=0.8,fill=1:4)
```

랜덤포레스트 분석을 위한 model 변수에서는 트리의 개수(ntree), 자식노드를 분류할 변수의 수(mtry)를 각각 ntree=500, mtry=3으로 지정하였다. 결과에서 OOB(Out-Of-Bag) error rate의 랜덤 포레스트의 성능평가를 확인하면, 오류율은 28.64%로 나타났으며, 만족의 분류는 0.213으로 OOB보다 작았으며, 보통은 0.4218로 OOB보다 높고, 만족은 0.250으로 OBB보다 낮게 나타났다. 이를 plot( ) 함수로 시각화하여 확인하였다.

실습 | Random Forest 3 – 혁신제품 만족연구

```
> test_predict <- predict(model, test)
> result <- confusionMatrix(test_predict,test$만족도범주)
> print(result)
```

Confusion Matrix and Statistics

```
          Reference
Prediction  만족  보통  불만족
    만족     36    11     2
    보통      6    15     5
    불만족    2     1     6
```

Overall Statistics

```
               Accuracy : 0.6786
                 95% CI : (0.5678, 0.7764)
    No Information Rate : 0.5238
    P-Value [Acc > NIR] : 0.002883

                  Kappa : 0.4443

 Mcnemar's Test P-Value : 0.247019
```

Statistics by Class :

	Class:만족	Class:보통	Class:불만족
Sensitivity	0.8182	0.5556	0.46154
Specificity	0.6750	0.8070	0.95775
Pos Pred Value	0.7347	0.5769	0.66667
Neg Pred Value	0.7714	0.7931	0.90667
Prevalence	0.5238	0.3214	0.15476
Detection Rate	0.4286	0.1786	0.07143
Detection Prevalence	0.5833	0.3095	0.10714
Balanced Accuracy	0.7466	0.6813	0.70964

Random Forest로 분석한 모델을 평가하고자 result <- confusionMatrix (test_predict, test$만족도범주) 명령문을 실행한 결과, 정확도는 0.6786이며 신뢰구간은 0.5678~0.7764로 나타났다. P-Value [Acc > NIR]값은 0.002883으로 정확도가 NIR보다 높은 값을 가진다고 해석되었다. 그리고 Kappa의 값은 0.4443으로 분류 일치도는 낮다고 해석할 수 있고, Mcnemar's Test P-Value이 0.247019로 분석자가 임의로 지정한 범주값과 Random Forest로 계산된 결과값은 차이가 없다고 해석되었다.

그리고 train 변수와 test 변수를 통합하여 사망자범주와 Random Forest로 분류된 범주 결과를 비교하였다. 총 87개의 데이터가 서로 일치하지 않는다고 나타났다. 이에 대한 현황을 살펴보기 위해서 tail(t_com2) 명령문을 실행하였다.

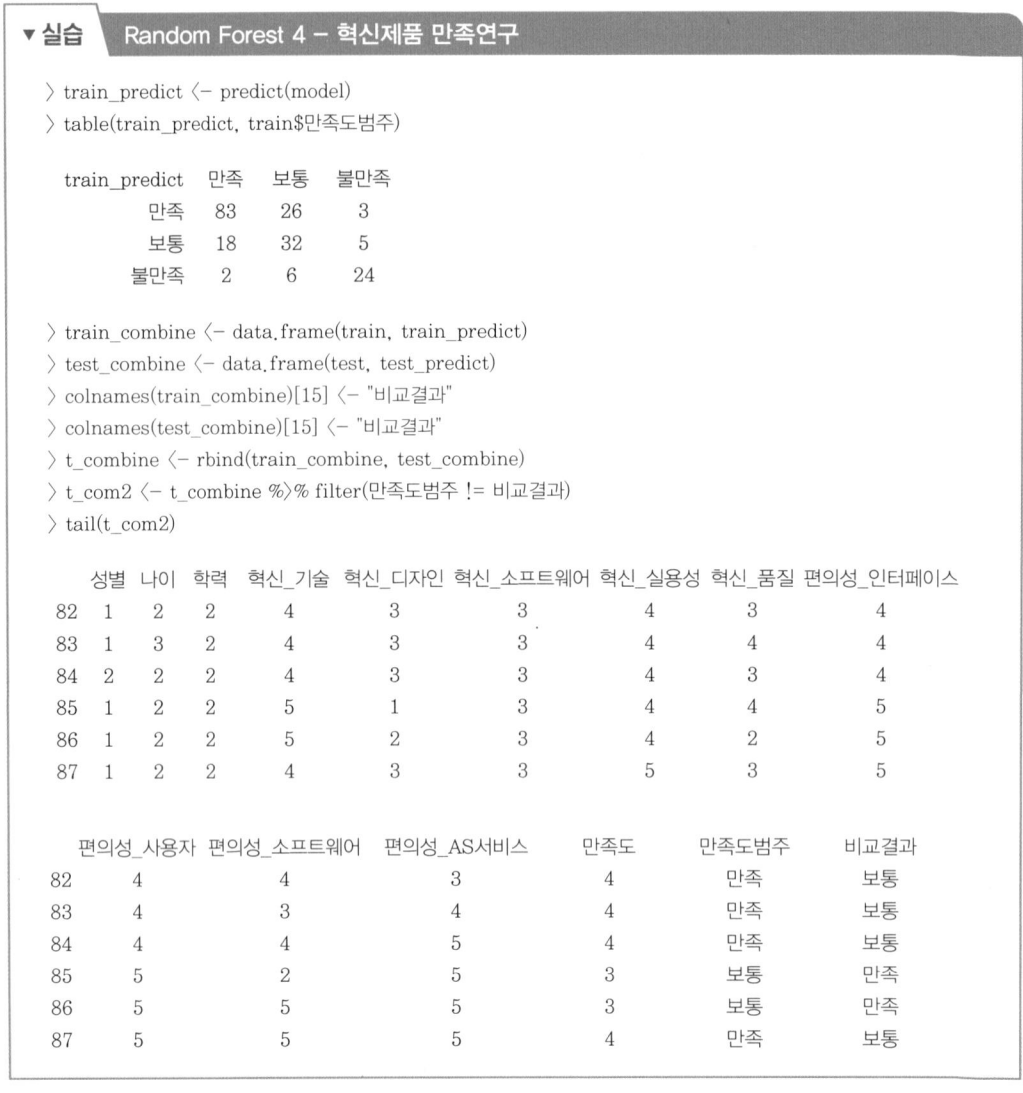

다음은 중요 변수의 내용 확인을 위해서 importance(model) 명령문을 실행하였다.

본 실습 결과에서는 혁신_소프트웨어, 혁신_품질, 혁신_기술, 혁신_디자인 중에 가장 크게 기여한 변수(MeanDecreaseAccuracy)는 혁신_소프트웨어로 나타났다. 즉, 혁신_소프트웨어 > 혁신_품질 > 혁신_기술 > 혁신_디자인으로 나타났고, MeanDecreaseAccuracy의 정확도 개선에 중요한 변수를 확인할 수 있다.

노드 불순도 개선(MeanDecreaseGini)에 중요한 변수는 혁신_품질 > 혁신_소프트웨어 > 혁신_기술 > 혁신_디자인 순으로 나타났다.

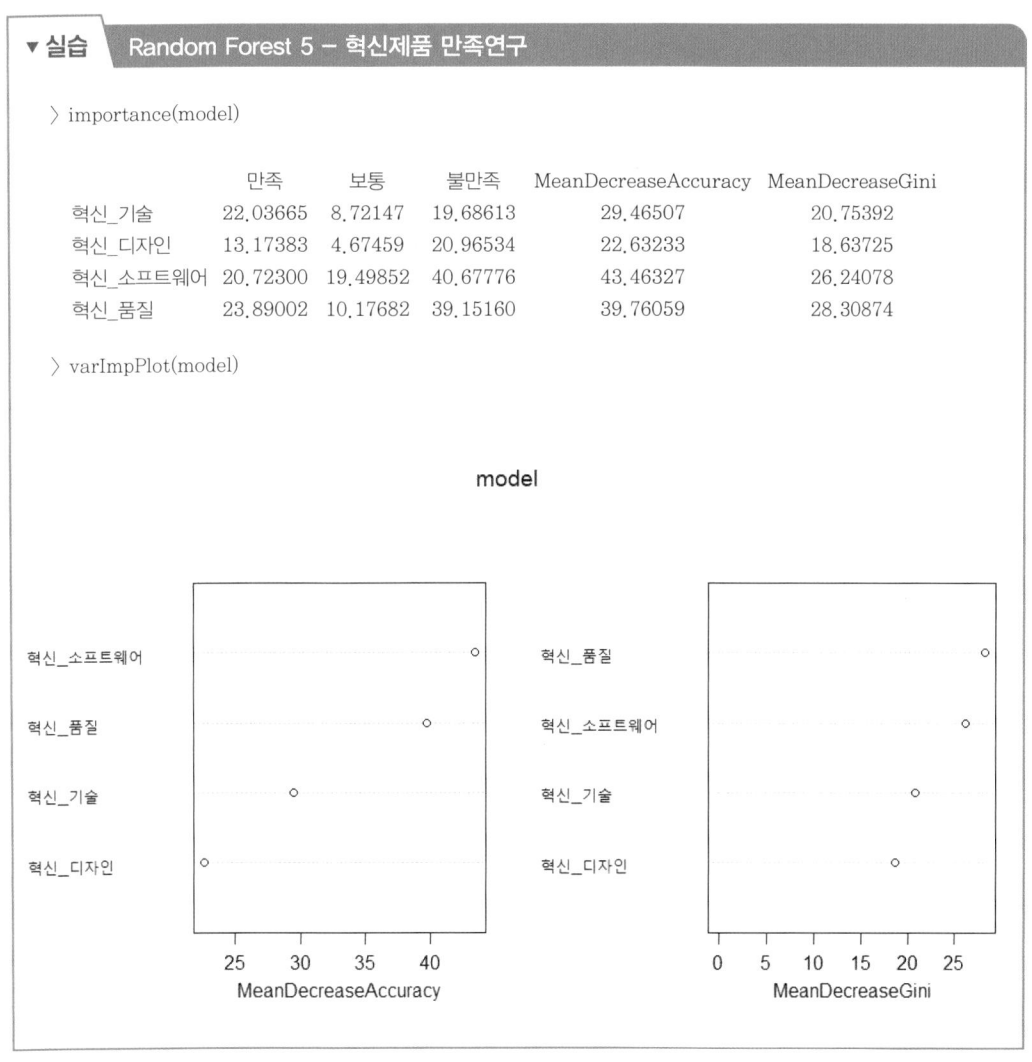

▼실습 Random Forest 5 – 혁신제품 만족연구

> importance(model)

	만족	보통	불만족	MeanDecreaseAccuracy	MeanDecreaseGini
혁신_기술	22.03665	8.72147	19.68613	29.46507	20.75392
혁신_디자인	13.17383	4.67459	20.96534	22.63233	18.63725
혁신_소프트웨어	20.72300	19.49852	40.67776	43.46327	26.24078
혁신_품질	23.89002	10.17682	39.15160	39.76059	28.30874

> varImpPlot(model)

CHAPTER 5 인공신경망

1. 인공신경망의 의미

인공신경망은 기계학습과 인지과학에서 생물학의 신경망(뇌)에서 영감을 얻은 통계학적인 학습 알고리즘이다. 인공신경망은 인간의 뉴런 동작 원리에 기초하여 인공적으로 구축한 신경망이며, 다른 여러 개의 뉴런으로부터 입력값을 받아 세포체에 저장하다가 자신의 용량을 넘어서면 외부로 출력값을 내보내는 것처럼 인공신경망도 여러 입력값을 받아서 일정 수준이 넘어서면 활성화되어 출력값을 내보낸다. 이러한 인공신경망에 관심이 높은 이유는 컴퓨터가 스스로 인지 및 추론, 판단하여 사물과 같은 객체를 구분하거나 특정 상황의 미래를 예측하는 데 이용될 수 있는 기계학습이기 때문이다. 즉, 인공신경망은 시냅스의 결합으로 네트워크를 형성한 인공 뉴런(노드)이 학습을 통해 시냅스의 결합 세기를 변화시켜, 문제해결 능력을 만들어내는 모델이다.

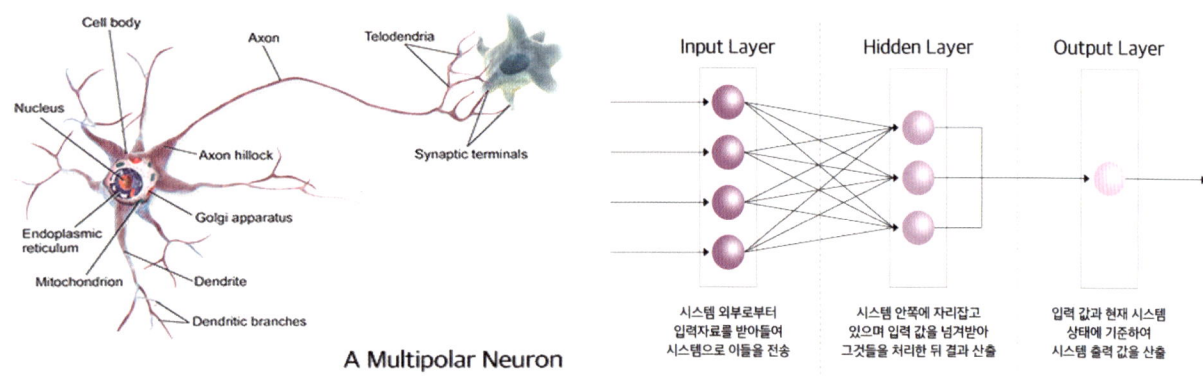

인공신경망은 생물학적 구조를 모방해서 뉴런 입력으로서 연산 장치를 운영하며, 시냅스 연결 강도를 지시할 수 있는 가중치를 부여한다. 각각의 입력으로 부여된 가중치를 조절하면서 학습이 발생하며, 학습을 통해서 신경망처럼 일련의 입력과 출력 쌍을 발생시킨다. 또한 학습 프로세스는 가중치를 조절해서 예측 결과를 높여준다.

인공신경망은 기본적으로 단방향 망으로 구성되어 있으며 입력층 → 은닉층 → 출력층으로 한 방향으로 전파되는 특징을 가진다. 최근에는 단방향으로 이동하는 전파 방식을 개선한 역전파 알고리즘도 많이 사용된다. 역전파 알고리즘은 출력층 → 은닉층으로 역방향으로 오차(E)를 전파하여 은닉층의 가중치와 경계값을 조정하면서 분류정확도를 높이는 특징을 가진다. 역전파 알고리즘은 출력에서 생긴 오차를 신경망의 역방향(입력층)으로 전파하여 순차적으로 편미분을 수행하면서 가중치와 경계값들을 수정하는 알고리즘의 특징을 가진다.

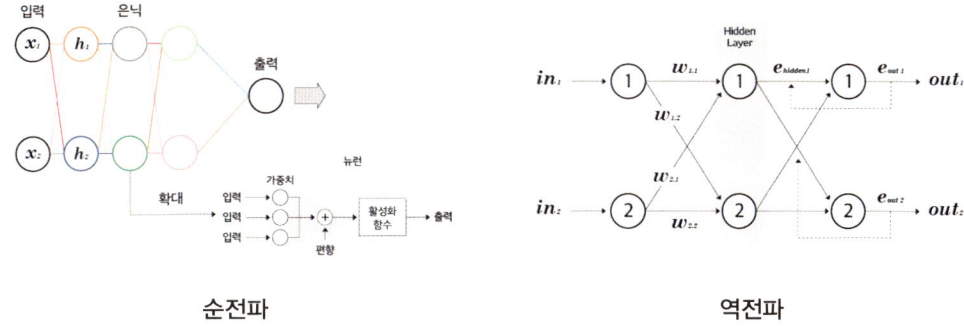

순전파　　　　　　　　　　　　　역전파

2. 인공신경망 실습 – 사고유형별/월별 교통사고 데이터

인공신경망의 실습을 위해서 도로교통공단_사고유형별 월별 교통사고 통계(2018) 데이터를 활용하였다.

도로교통공단_사고유형별 월별 교통사고 통계(2018)

변수명				
사고유형대분류 (chr)	사고유형중분류 (chr)	사고유형 (chr)	사고건수 (int)	월 (int)
사망자수 (int)	중상자수 (int)	경상자수 (int)	부상신고자수 (int)	

출처: https://www.data.go.kr/data/15070290/fileData.do#layer_data_infomation

> 🔍 **문법**　nnet 인공신경망 문법
>
> ```
> install.packages("nnet")
> library(nnet)
> nnet(formula, data, weights, size, rang, decay, maxit)
>   - formula  : y~x 형식으로 종속변수와 설명변수
>   - data     : 모델 생성 및 분석에 사용되는 변수명
>   - weights  : 각 case에 적용할 가중치
>   - size     : 은닉층(hidden layer)의 개수 지정
>   - rang     : 최초 random 가중치(기본값 0.5)
>   - decay    : overfitting을 피하기 위해 사용하는 weight decay parameter
>   - maxit    : 반복횟수
> ```

▼ 실습 인공신경망 1 – 도로교통공단_사고유형별 월별 교통사고 통계(2018)

```
> install.packages("nnet")
> library(nnet)

> setwd("C:/Data Analysis/r_exam/")
> t_data <- read.csv("도로교통공단_사고유형별 월별 교통사고(2018).csv", header = TRUE)

> library(dplyr)
> t_data <- t_data %>% mutate("사망자범주" = ifelse(t_data$사망자수 == 0, "없음",
+                                    ifelse(t_data$사망자수 <= 30 , "적음", "많음")))
> head(t_data,4)
   사고유형대분류 사고유형중분류 사고유형 월 사고건수 사망자수 중상자수 경상자수 부상신고자수 사망자범주
1       차대사람         횡단중     횡단중  1     1667       88      917      720           70         많음
2       차대사람         횡단중     횡단중  2     1511       62      760      713           60         많음
3       차대사람         횡단중     횡단중  3     1599       76      798      751           80         많음
4       차대사람         횡단중     횡단중  4     1544       62      766      750           62         많음
```

우선, 도로교통공단_사고유형별 월별 교통사고(2018).csv 데이터를 t_data 변수에 저장하였다. 실습의 분석 목적은 사망자범주에 따른 분류의 적합성을 확인하는 것이다. 이에 사망사고의 없음, 적음, 많음으로 분류하는 것을 목적으로 하였다.

▼ 실습 인공신경망 2 – 도로교통공단_사고유형별 월별 교통사고 통계(2018)

```
> t_data$사망자범주 <- as.factor(t_data$사망자범주)

> # install.packages("caret")
> library(caret)
> set.seed(9025)
> intrain <- createDataPartition(y=t_data$사망자범주, p=0.7, list=FALSE)
> head(intrain,5)
     Resample1
[1,]         1
[2,]         2
[3,]         4
[4,]         5
[5,]         7

> train <- t_data[intrain, ]
> test <- t_data[-intrain, ]
> nrow(train) ; nrow(test)

[1] 143
[1] 60
```

```
> model1 = nnet(사망자범주~ 중상자수+경상자수+부상신고자수, size=1, data=train)
# weights:  10
initial  value 168.275553
iter  10 value 96.970782
iter  20 value 93.505457
iter  30 value 92.848942
iter  40 value 92.740057
iter  50 value 92.514422
iter  60 value 87.599159
iter  70 value 87.576389
final  value 87.576325
converged
```

실습에서 훈련 데이터는 70%이며, 검증용 데이터는 30%의 비율로 지정하여 각각 143개와 60개 데이터로 진행하였다. 인공신경망의 분석을 위해 model1 = nnet(사망자범주~ 중상자수+경상자수+부상신고자수, size=1, data=train) 명령문을 실행하였다. 사망자 범주를 종속변수로 하고, 중상자수, 경상자수, 부상신고자를 설명변수로 지정하여 분석을 진행하였다. 은닉층의 수는 1개로 size=1로 지정하여 분석을 진행하였다.

▼실습 인공신경망 3 – 도로교통공단_사고유형별 월별 교통사고 통계(2018)

```
> print(model1)

a 3-1-3 network with 10 weights
inputs: 중상자수 경상자수 부상신고자수
output(s): 사망자범주
options were - softmax modelling

> summary(model1)

a 3-1-3 network with 10 weights
options were - softmax modelling
 b->h1 i1->h1 i2->h1 i3->h1
 52.53 -19.97   7.79 -54.34
 b->o1 h1->o1
  0.22  -2.19
 b->o2 h1->o2
 -3.19   3.82
 b->o3 h1->o3
  1.36  -1.90

> library("devtools")
> source_url('https://gist.githubusercontent.com/fawda123/7471137/raw/466c1474d0a505ff0444127
   03516c34f1a4684a5/nnet_plot_update.r')
> library("reshape2")
> plot.nnet(model1)
```

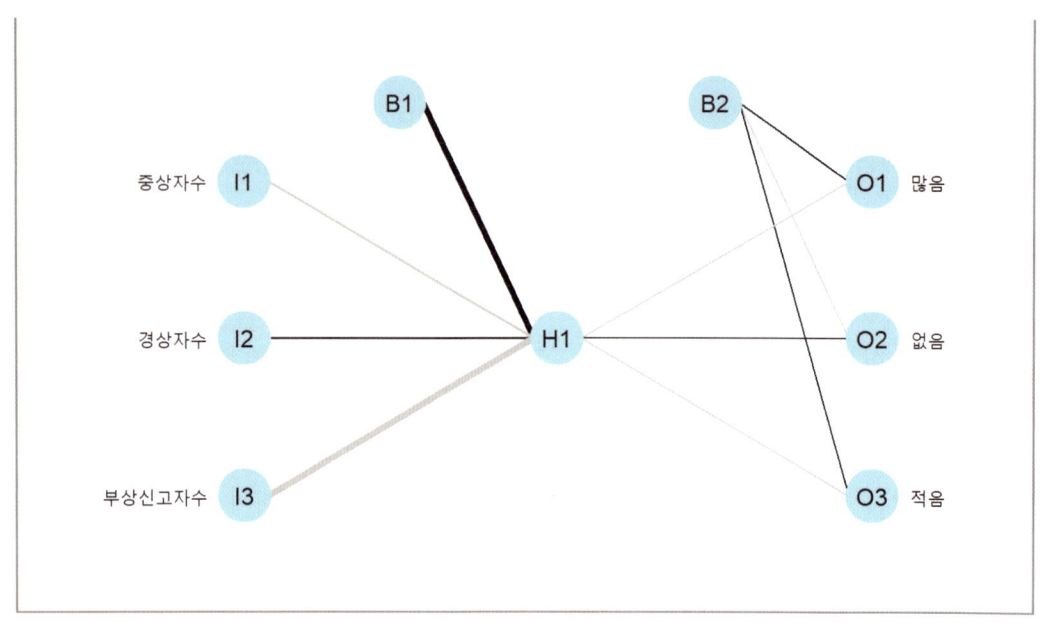

분석에서 print(model1) 명령문을 실행한 결과를 살펴보면, 중상자수, 경상자수, 부상신고자수는 입력층(input layer)이고, 출력변수(output)는 사망자 많음, 없음, 적음으로 지정되어 분류 모델이 생성되어 있다. 은닉층은 1개이고, 10개의 가중치를 가진다. softmax modelling은 표준화지수(일반화 로지스틱) 함수로 불리며, 각 범주에 속할 확률을 계산한 것을 말한다. 실습에서 summary(model1) 명령문을 실행하면 연결선의 방향과 가중치를 보여준다. 만약, nnet( ) 함수에 초기값을 별도로 지정하지 않으면 실행될 때마다 결과가 달리질 수 있다. nnet( ) 함수로 생성된 인공신경망을 시각화하기 위해서 plot.nnet( ) 함수를 이용한다.

▼ 실습 인공신경망 4 – 도로교통공단_사고유형별 월별 교통사고 통계(2018)

```
> model2 = nnet(사망자범주~ 중상자수+경상자수+부상신고자수, size=3, data=train)

# weights:  24
initial  value 136.095699
iter  10 value 101.353881
iter  20 value 89.858755
iter  30 value 77.890235
iter  40 value 65.159010
iter  50 value 56.947412
iter  60 value 49.970094
iter  70 value 48.993650
iter  80 value 48.961449
iter  90 value 48.811054
iter 100 value 48.473608
final  value 48.473608
```

stopped after 100 iterations

> print(model2)

a 3-3-3 network with 24 weights
inputs: 중상자수 경상자수 부상신고자수
output(s): 사망자범주
options were - softmax modelling

> summary(model2)

a 3-3-3 network with 24 weights
options were - softmax modelling
 b->h1 i1->h1 i2->h1 i3->h1
192.18 -0.47   0.33 -4.04
 b->h2 i1->h2 i2->h2 i3->h2
 -3.80 -0.88   0.76 -5.38
 b->h3 i1->h3 i2->h3 i3->h3
-37.35   2.20   0.78 24.96
 b->o1 h1->o1 h2->o1 h3->o1
 -0.07 -60.57 -1.69   5.32
 b->o2 h1->o2 h2->o2 h3->o2
 -5.09 35.64   3.80 -5.06
 b->o3 h1->o3 h2->o3 h3->o3
  5.30 24.66 -2.38 -0.22

> plot.nnet(model2)

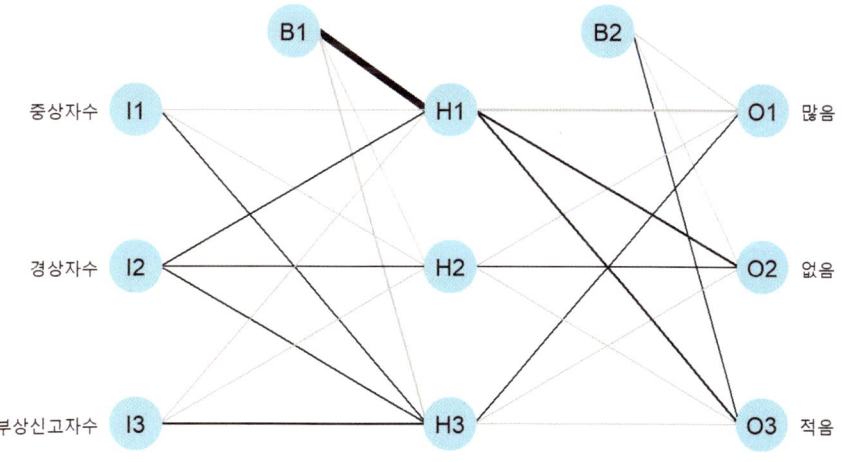

두 번째 생성한 모델을 살펴보고자 print(model2)과 summary(model2) 명령문을 실행하였다. print(model2) 결과 내용을 살펴보면, 인공신경망은 입력층 3개, 은닉층 3개, 결과층 3개로 구성되어 있으며, 25개의 가중치로 계산된 내용을 확인할 수 있다. summary(model2) 명령문을 실행하면, 각 입력층과 은닉층, 결과층의 연결선의 방향과 가중치의 값을 확인할 수 있다. 실습에서는 plot.nnet( ) 함수를 이용하여 시각화하였다.

▼ **실습** 인공신경망 5 – 도로교통공단_사고유형별 월별 교통사고 통계(2018)

```
> # 모델1 평가
> test_predict_M1 <- predict(model1, test, type="class")
> test_predict_M1 <- as.factor(test_predict_M1)
> result <- confusionMatrix(test_predict_M1,test$사망자범주)
> print(result)
```

Confusion Matrix and Statistics

```
          Reference
Prediction 많음 없음 적음
      많음   0    0    0
      없음   2    6    2
      적음  10    0   40
```

Overall Statistics

```
               Accuracy : 0.7667
                 95% CI : (0.6396, 0.8662)
    No Information Rate : 0.7
    P-Value [Acc > NIR] : 0.162108

                  Kappa : 0.4167

 Mcnemar's Test P-Value : 0.002905
```

Statistics by Class:

	Class:많음	Class:없음	Class:적음
Sensitivity	0.0	1.0000	0.9524
Specificity	1.0	0.9259	0.4444
Pos Pred Value	NaN	0.6000	0.8000
Neg Pred Value	0.8	1.0000	0.8000
Prevalence	0.2	0.1000	0.7000
Detection Rate	0.0	0.1000	0.6667
Detection Prevalence	0.0	0.1667	0.8333
Balanced Accuracy	0.5	0.9630	0.6984

> ▼ 실습   인공신경망 6 – 도로교통공단_사고유형별 월별 교통사고 통계(2018)

```
> # 모델1 평가 및 비교
> train_predict_M1 <- predict(model1, train, type="class")
> train_factor_pred_M1 <- as.factor(train_predict_M1)
> table(train_factor_pred_M1, train$사망자범주)

   train_factor_pred_M1   많음   없음   적음
             없음           1     13      4
             적음          30      1     94

> # 모델1 훈련 및 평가 데이터 결합 후 비교 결과
> train_combine_M1 <- data.frame(train, train_predict_M1)
> test_combine_M1 <- data.frame(test, test_predict_M1)
> colnames(train_combine_M1)[11] <- "비교결과"
> colnames(test_combine_M1)[11] <- "비교결과"
> t_combine_M1 <- rbind(train_combine_M1, test_combine_M1)
> t_com2_M1 <- t_combine_M1 %>% filter(사망자범주 != 비교결과)
> tail(t_com2_M1)
```

	사고유형대분류	사고유형중분류	사고유형	월	사고건수	사망자수	중상자수	경상자수	부상신고자수	사망자범주	비교결과
45	차대차	추돌	추돌	3	2928	30	840	4212	268	적음	없음
46	차대차	추돌	추돌	10	3343	45	946	5020	350	많음	없음
47	차대차	추돌	추돌	12	2838	27	806	4336	324	적음	없음
48	차대차	기타	기타	10	3823	38	1116	4106	404	많음	적음
49	차량단독	공작물충돌	공작물충돌	2	322	35	148	182	52	많음	적음
50	차량단독	공작물충돌	공작물충돌	5	339	39	160	188	58	많음	적음

모델1의 평가내용을 살펴보면, 정확도는 76.67%이며 NIR은 0.7이고, P-Value [Acc > NIR]의 값은 0.162108로 정확도가 NIR보다 좋다고 설명하기는 어렵다. 그리고 Kappa의 값은 0.4167로 분류 일치도가 높지 않은 수치를 보인다. Mcnemar's Test P-Value 값은 0.002905로 사망자범주와 인공신경망으로 계산된 결과와 차이가 있다고 해석된다.

평가 데이터를 확인해보면 많음이 없음으로 2개의 데이터가 재분류되었고, 많음이 적음으로 10개의 데이터가 재분류되었다. 적음은 없음으로 2개 데이터가 재분류 되었다. 훈련 데이터를 확인해보면 많음 데이터가 없음으로 1개, 적음으로 30개 데이터가 재분류되었다. 그리고 없음의 데이터가 적음으로 1개 데이터가 재분류되었고, 적음의 데이터의 4개가 없음으로 재분류 되었다. 이에 총 2+10+2+1+30+1+4=50개 데이터가 분류 차이가 있었다.

> ▼ 실습   인공신경망 7 – 도로교통공단_사고유형별 월별 교통사고 통계(2018)

```
> # 모델2 평가
> test_predict_M2 <- predict(model2, test, type="class")
> test_predict_M2 <- as.factor(test_predict_M2)
> result <- confusionMatrix(test_predict_M2,test$사망자범주)
> print(result)
Confusion Matrix and Statistics

          Reference
Prediction 많음 없음 적음
      많음   10    0    7
      없음    2    6    1
      적음    0    0   34

Overall Statistics

               Accuracy : 0.8333
                 95% CI : (0.7148, 0.9171)
    No Information Rate : 0.7
    P-Value [Acc > NIR] : 0.01388

                  Kappa : 0.6865

 Mcnemar's Test P-Value : 0.01857

Statistics by Class:

                     Class:많음 Class:없음 Class:적음
Sensitivity             0.8333    1.0000    0.8095
Specificity             0.8542    0.9444    1.0000
Pos Pred Value          0.5882    0.6667    1.0000
Neg Pred Value          0.9535    1.0000    0.6923
Prevalence              0.2000    0.1000    0.7000
Detection Rate          0.1667    0.1000    0.5667
Detection Prevalence    0.2833    0.1500    0.5667
Balanced Accuracy       0.8438    0.9722    0.9048
```

다음 모델2의 평가내용을 살펴보면, 정확도는 83.33%이며 NIR은 0.7이고 P-Value [Acc > NIR]의 값은 0.01388로 정확도가 NIR보다 좋다고 설명된다. 그리고 Kappa의 값은 0.6865로 분류 일치도가 모델1보다 높은 수치를 보이고 있다. Mcnemar's Test P-Value 값은 0.01857로 사망자 범주와 인공신경망으로 계산된 결과와 차이가 있다고 해석되었다.

> ▼ **실습** 인공신경망 1 - 도로교통공단_사고유형별 월별 교통사고 통계(2018)

```
> # 모델2 평가 및 비교
> train_predict_M2 <- predict(model2, train, type="class")
> train_factor_pred_M2 <- as.factor(train_predict_M2)
> table(train_factor_pred_M2, train$사망자범주)

train_factor_pred_M2 많음 없음 적음
                많음   31    0   21
                없음    0   13    4
                적음    0    1   73

> # 모델2 훈련 및 평가 데이터 결합 후 비교 결과
> train_combine_M2 <- data.frame(train, train_predict_M2)
> test_combine_M2 <- data.frame(test, test_predict_M2)
> colnames(train_combine_M2)[11] <- "비교결과"
> colnames(test_combine_M2)[11] <- "비교결과"
> t_combine_M2 <- rbind(train_combine_M2, test_combine_M2)
> t_com2_M2 <- t_combine_M2 %>% filter(사망자범주 != 비교결과)
> tail(t_com2_M2)
```

	사고유형대분류	사고유형중분류	사고유형	월	사고건수	사망자수	중상자수	경상자수	부상신고자수	사망자범주	비교결과
31	차대차	추돌	추돌	3	2928	30	840	4212	268	적음	없음
32	차대차	추돌	추돌	10	3343	45	946	5020	350	많음	없음
33	차대차	추돌	추돌	11	3012	30	885	4452	323	적음	많음
34	차대차	추돌	추돌	12	2838	27	806	4336	324	적음	많음
35	차대차	기타	기타	3	2783	26	776	3075	324	적음	많음
36	차대차	기타	기타	7	3635	30	1086	3960	411	적음	많음

평가 데이터를 확인해보면 많음이 없음으로 2개로 재분류되었고, 적음은 없음으로 1개, 적음이 많음으로 7개 데이터가 재분류 되었다. 훈련 데이터를 확인해보면, 없음 데이터가 적음으로 1개의 데이터가 재분류되었다. 그리고 적음의 데이터가 많음으로 21개 데이터가 재분류되었고, 없음으로 4개의 데이터가 재분류 되었다.

이에 총 2+1+7+1+21+4=36개 데이터가 분류상 차이를 보였다.

3. 인공신경망 실습(역전파) – 사고유형별/월별 교통사고 데이터

도로교통공단_사고유형별 월별 교통사고(2018).csv 데이터를 활용하여 neuralnet 패키지를 이용한 인공신경망 분석을 진행하였다.

🔍 문법 neuralnet 인공신경망 문법(역전파)

install.packages("neuralnet")
library(neuralnet)
neuralnet(formula, data, err.fct, act.fct, linear.output, likelihood, hidden, threshold)
- formula : y~x 형식으로 종속변수와 설명변수
- data : ormula로 지정된 변수
- err.fct : 미분 오차 함수(a differentiable error function). 문자열 "sse" 그리고 "ce"를 사용할 수 있다. '제곱합 에러(sum of squared errors)' 그리고 '교차 엔트로피(cross entropy)'. 기본값 "sse"
- act.fct : 미분 활성화 함수(differentiable activation function). 로지스틱 함수(logistic function) 그리고 탄젠트 쌍곡선(tangent hyperbolicus)을 위한 문자열로 "logistic" 그리고 "tanh"이 가능하다. 기본값은"logistic"이다.
- liner.output : 논리값 여부로 act.fct가 출력 뉴런에 적용되지 않는다면, linear.output는 TRUE로 지정
- likelihood : 논리값 여부로만약 에러 함수가 음의 로그-우도 함수가 아니면, likelihood는 TRUE로 지정
- hidden : 각 층에서 숨김 층과 숨김 뉴런의 수를 지정하는 벡터
- threshold : 중단 기준으로 에러 함수의 편미분(partial derivatives)을 위한 임계값을 지정하는 숫자

▼ 실습 인공신경망 1 (neuralnet) – 도로교통공단_사고유형별 월별 교통사고 통계(2018)

```
> install.packages("neuralnet")
> library(neuralnet)

> setwd("C:/Data Analysis/r_exam/")
> t_data <- read.csv("도로교통공단_사고유형별 월별 교통사고(2018).csv", header = TRUE)

> library(dplyr)
> t_data <- t_data %>% mutate("사망자범주" = ifelse(t_data$사망자수 == 0, 1,
+                             ifelse(t_data$사망자수 <= 30 , 2, 3)))

> t_data <- t_data %>% mutate("없음" = ifelse(t_data$사망자범주==1,1,0))
> t_data <- t_data %>% mutate("적음" = ifelse(t_data$사망자범주==2,1,0))
> t_data <- t_data %>% mutate("많음" = ifelse(t_data$사망자범주==3,1,0))

> t_data <- t_data[-c(1:4)]   #인공신경망에서 문자데이터가 있으면 계산오류가 발생

> head(t_data,4)
  사고건수 사망자수 중상자수 경상자수 부상신고자수 사망자범주 없음 적음 많음
1     1667       88      917      720           70          3    0    0    1
2     1511       62      760      713           60          3    0    0    1
3     1599       76      798      751           80          3    0    0    1
4     1544       62      766      750           62          3    0    0    1

> # install.packages("caret")
```

```
> library(caret)
> set.seed(5001)
> intrain <- createDataPartition(y=t_data$사망자범주, p=0.7, list=FALSE)
> head(intrain,5)
     Resample1
[1,]     1
[2,]     2
[3,]     4
[4,]     5
[5,]     6
```

neuralnet 패키지의 인공신경망 분석에서 종속변수는 수치형으로 지정해야 한다. 그래서 본 실습에서 사망자범주를 문자값이 아닌 숫자값으로 지정하였다. 사망자가 없으면 1, 사망자가 30명 이하이면 2, 그 이상이면 3으로 설정하여 t_data에 저장하였다.

또한 Output layer을 3개(없음, 적음, 많음)으로 구성하기 위해서 별도의 칼럼을 만들었으며, 사망자범주가 1이면 없음 칼럼에 1로 지정하고, 그렇지 않으며 0으로 지정하였다. 사망자범주가 2이면 적음 칼럼에 1로 지정하고, 그렇지 않으면 0으로 지정하였다. 사망자범주가 3이면 많음 칼럼에 1로 지정하고, 그렇지 않으면 0으로 지정하였다.

> **실습** 인공신경망 2 (neuralnet) – 도로교통공단_사고유형별 월별 교통사고 통계(2018)

```
> train <- t_data[intrain, ]
> test <- t_data[-intrain, ]
> nrow(train) ; nrow(test)

[1] 143
[1] 60

> normal <- function(x) { return((x-min(x))/(max(x)-min(x))) }
> train_nor <- as.data.frame(lapply(train,normal))
> test_nor <- as.data.frame(lapply(test,normal))
> head(train_nor, 4)
```

	사고건수	사망자수	중상자수	경상자수	부상신고자수	사망자범주	없음	적음	많음
1	0.2445325	0.9887640	0.4052143	0.09082881	0.09762901	1	0	0	1
2	0.2216351	0.6966292	0.3358374	0.08994576	0.08368201	1	0	0	1
3	0.2264788	0.6966292	0.3384887	0.09461335	0.08647141	1	0	0	1
4	0.2192867	0.5168539	0.3265577	0.09764097	0.08368201	1	0	0	1

t_data 데이터값을 전체적으로 정규화하도록 사용자 정의함수를 만들었다. 정규화를 하는 목적은 인공신경망에서 입력과 출력이 정규화가 잘되면 학습이 잘 이루어지는 효과를 얻을 수 있고, 지역 최적화 상태의 가능성을 줄여준다. 또한 표준화된 입력으로 Gradient Descent 및 Bayesian estimation을 더욱 편리하게 수행할 수 있다.

실습에서 normal( )의 사용자 정의함수로 정규화를 계산하도록 함수를 만들었다. 그리고 lappy( ) 함수를 이용하여 train 변수와 test 변수인 훈련 데이터와 검증 데이터를 0과 1 사이의 값으로 정규화하였다. 정규화된 값을 확인하기 위해서 head(train_nor, 4) 명령문을 실행하여 확인하였다.

▼ 실습   인공신경망 3 (neuralnet) – 도로교통공단_사고유형별 월별 교통사고 통계(2018)

```
> model = neuralnet(없음+적음+많음~ 중상자수+경상자수+부상신고자수, data=train_nor,
+ act.fct = "logistic", linear.output = TRUE, likelihood = TRUE, hidden=c(4,4), threshold=0.01)
> print(model)

$call
neuralnet(formula = 없음 + 적음 + 많음 ~ 중상자수 + 경상자수 +
    부상신고자수, data = train_nor, hidden = c(4, 4), threshold = 0.01,
    act.fct = "logistic", linear.output = TRUE, likelihood = TRUE)

$response
   없음 적음 많음
1    0    0    1
2    0    0    1
3    0    0    1
4    0    0    1
… 〈생략〉…

$covariate
         중상자수         경상자수        부상신고자수
[1,]  0.4052143173    0.0908288129      0.097629010
[2,]  0.3358373840    0.0899457550      0.083682008
[3,]  0.3384887318    0.0946133468      0.086471409
… 〈생략〉…

$model.list
$model.list$response
[1] "없음" "적음" "많음"

$model.list$variables
[1] "중상자수"    "경상자수"    "부상신고자수"

$net.result
$net.result[[1]]
             [,1]            [,2]           [,3]
[1,]   -0.0010553912   -0.054968959    1.0544107997
[2,]   -0.0007390633   -0.026205489    1.0253703175
[3,]   -0.0007183386   -0.024000459    1.0231488352
… 〈생략〉…
```

인공신경망의 모델은 다음과 같다. model = neuralnet(사망자범주~ 중상자수+경상자수+부상신고자수, data=train_nor, act.fct="logistic", linear.output=TRUE, likelihood=TRUE, hidden=c(4,5), threshold=0.01) 명령문으로 실행하였다. 은닉층의 노도수는 c(4,4)로 hidden node가 각각 4개씩 구성된 모델을 가지고 있으며 에러의 감소분이 threshold 값보다 작으면 멈출 수 있도록 threshold=0.01을 설정하였다.

▼ **실습** 인공신경망 4 (neuralnet) – 도로교통공단_사고유형별 월별 교통사고 통계(2018)

> plot(model)

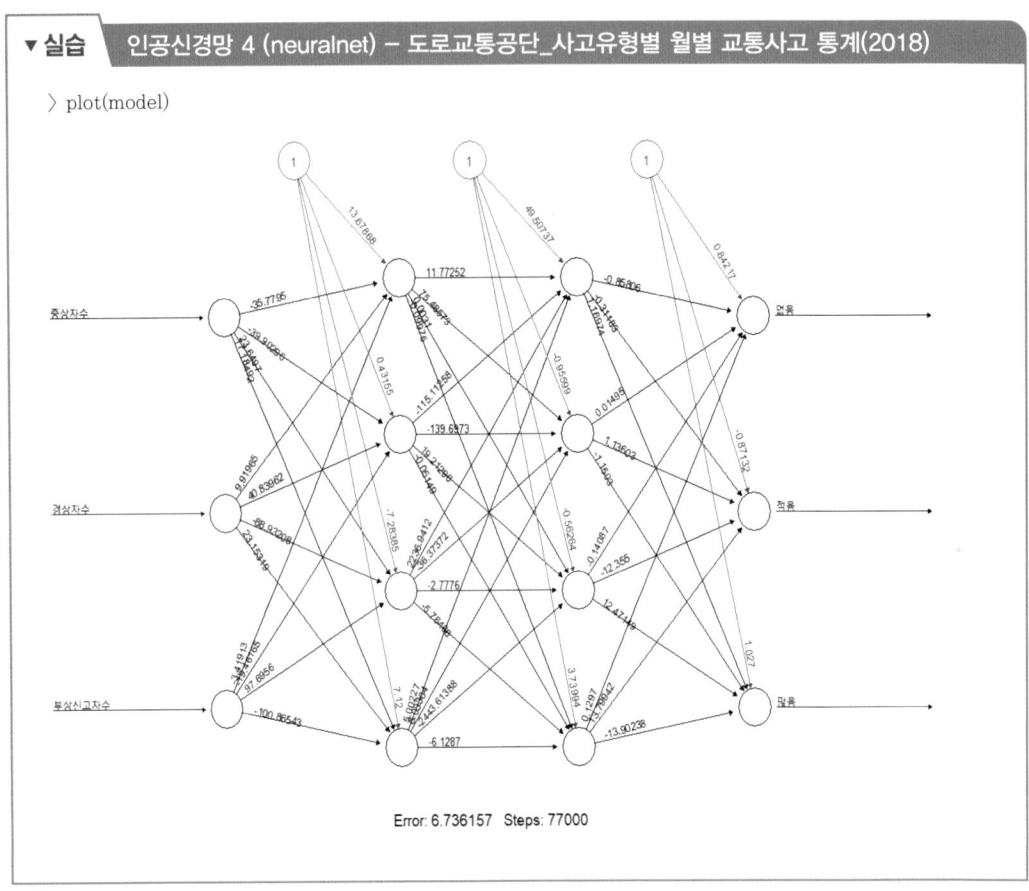

plot( ) 함수로 인공신경망의 내용을 살펴보면, 입력층에는 3개의 변수로서 중상자수, 경상자수, 부상신고자수에 대한 가중치, 경계값 가중치가 출력층으로 전달되는 과정을 확인할 수 있다. 또한, 기본 훈련된 시냅스 가중치와 모든 교차점, 전체 에러, 수렴에 필요한 반복 수 같은 훈련 과정도 그림으로 출력해준다.

print(model$result.matrix) 명령문을 실행하면 인공신경망 데이터 모델의 학습된 정보를 확인할 수 있다. print(model$result.matrix) 값은 매 반복마다 발생된 오차, 실제 임계값, 필요 횟수, AIC와 BIC의 값(likelihood=TRUE라고 명시한 경우 계산)으로서 추정된 가중치이며 이에 대한 현황을 콘솔장으로 보여준다.

한편, model = neuralnet(없음+적음+많음~ 중상자수+경상자수+부상신고자수, data=train_nor, act.fct = "logistic", linear.output = TRUE, likelihood = TRUE, hidden=c(4,4), threshold=0.01) 명령문을 재실행할 때마다 계산된 결과가 다르게 나타날 것이다. 이는 입력층, 은닉층 등에 일부 가중치를 컴퓨터가 랜덤으로 조정하면서 나타난 결과로서 plot(model) 명령문을 실행하면 확인할 수 있다. 이에 독자가 실행한 내용과 교재와 다른 수치값을 보일 수 있다.

▼실습 | 인공신경망 5 (neuralnet) – 도로교통공단_사고유형별 월별 교통사고 통계(2018)

```
> print(model$result.matrix)
```

```
                              [,1]
error                         6.736157e+00
reached.threshold             9.098670e-03
steps                         7.700000e+04
aic                           1.154723e+02
bic                           2.665774e+02
Intercept.to.1layhid1         1.367868e+01
중상자수.to.1layhid1           -3.577950e+01
경상자수.to.1layhid1            9.919654e+00
부상신고자수.to.1layhid1       -3.419127e+00
Intercept.to.1layhid2         4.315526e-01
중상자수.to.1layhid2           -3.990296e+01
경상자수.to.1layhid2            4.083962e+01
부상신고자수.to.1layhid2       -1.946165e+01
Intercept.to.1layhid3        -7.283851e+00
중상자수.to.1layhid3            2.364970e+01
경상자수.to.1layhid3           -8.893208e+01
부상신고자수.to.1layhid3        9.769560e+01
Intercept.to.1layhid4         7.120000e+00
중상자수.to.1layhid4            1.718492e+01
경상자수.to.1layhid4            2.315319e+01
부상신고자수.to.1layhid4       -1.008654e+02
Intercept.to.2layhid1         4.950737e+01
1layhid1.to.2layhid1          1.177252e+01
1layhid2.to.2layhid1         -1.151126e+02
1layhid3.to.2layhid1          2.236941e+03
1layhid4.to.2layhid1          5.002266e+00
Intercept.to.2layhid2        -9.559890e-01
1layhid1.to.2layhid2          7.548573e+01
1layhid2.to.2layhid2         -1.396973e+02
1layhid3.to.2layhid2         -3.637372e+01
1layhid4.to.2layhid2          8.033636e+00
Intercept.to.2layhid3        -5.626425e-01
1layhid1.to.2layhid3          3.099526e-03
1layhid2.to.2layhid3          1.921296e+01
1layhid3.to.2layhid3         -2.777598e+00
1layhid4.to.2layhid3         -2.443614e+03
Intercept.to.2layhid4         3.739943e+00
1layhid1.to.2layhid4         -9.974663e-02
1layhid2.to.2layhid4         -5.149328e-02
1layhid3.to.2layhid4         -5.764678e+00
1layhid4.to.2layhid4         -6.128697e+00
Intercept.to.없음              8.421723e-01
2layhid1.to.없음              -8.580568e-01
2layhid2.to.없음               1.494881e-02
2layhid3.to.없음              -1.408733e-01
2layhid4.to.없음               1.296983e-01
Intercept.to.적음             -8.713223e-01
2layhid1.to.적음              -3.118267e-01
2layhid2.to.적음               1.136030e+00
2layhid3.to.적음              -1.235500e+01
```

```
2layhid4.to.적음         1.379942e+01
Intercept.to.많음        1.026999e+00
2layhid1.to.많음         1.169743e+00
2layhid2.to.많음        -1.150303e+00
2layhid3.to.많음         1.247149e+01
2layhid4.to.많음        -1.390238e+01
```

일반화된 가중치(generalized weights)는 각 공변량들의 효과를 나타내는 것이며, 공변량의 효과가 선형적인지를 표현해준다. 작은 분산은 선형효과를 제시하며, 큰 분산은 관측치 공간상에서 변화가 심하다는 뜻으로 비선형적 관계가 존재함을 말한다. 또한 일반화된 가중치의 값들은 로지스틱 회귀모델에서 회귀계수와 유사하게 해석된다. 그러나 로지스틱 회귀모델과는 달리 generalized weights는 모든 공변량에 의존하여 각 데이터의 부분에서 국소적인 기여도도 나타낸다. 예를 들어, 중상자 변수가 어떤 변수에 대해서는 양의 영향을 가질수도 있고 동시에 다른 변수에 대해서는 음의 영향을 가질 수 있어서 평균적으로는 0과 가까운 영향력을 가지는 것이 가능하다. 모든 데이터에 대한 generalized weights는 특정 공변량의 효과가 선형적인지를 나타낸다. 즉 작은 분산은 선형효과를 제시하며, 큰 분산은 관측치 공간상에서 변화가 심하다는 뜻으로 비선형적 관계가 존재함을 말한다.

실습에서는 head(model$generalized.weights[[1]]) 명령문을 실행하여 중상자수, 경상자수, 부상신고자수를 없음, 적음, 많음으로 세분화하여 일반화된 가중치 값을 확인하였다.

▼ 실습 | 인공신경망 6 (neuralnet) – 도로교통공단_사고유형별 월별 교통사고 통계(2018)

```
> head(model$generalized.weights[[1]])

            [,1]        [,2]       [,3]       [,4]       [,5]       [,6]        [,7]
[1,]  103.077835   -39.07917   22.13698  142.76330   -54.34109    30.89397  -146.11620
[2,]    7.594783   -28.63263   31.29308   22.22378   -83.78453    91.56951   -23.14548
[3,]    8.904408   -33.55073   36.64717   27.71106  -104.41192   114.04823   -28.96898
[4,]   86.476273  -325.14100  355.62076 -101.40112   381.25673  -416.99696    97.45104
[5,]   34.625810  -129.74049  141.77980 -517.01598  1937.22280 -2116.98791   395.15164
[6,]  -72.773978   273.95690 -300.43009  -47.04864   177.11411  -194.22912    46.75874

            [,8]        [,9]
[1,]    55.61343   -31.61531
[2,]    87.25939   -95.36723
[3,]   109.15161  -119.22537
[4,]  -366.40487   400.75284
[5,] -1480.60565  1617.99884
[6,]  -176.02281   193.03236
```

일반화된 가중치를 변수별로 시각화하고자 gwplot() 함수를 이용하였다. 중상자수와 경상자수, 부상신고자수를 시각화하였고, output layer는 없음, 적음, 많음을 기준으로 중상자수, 경상자수, 부상신고자수별로 확인하였다.

▼ 실습   인공신경망 7 (neuralnet) – 도로교통공단_사고유형별 월별 교통사고 통계(2018)

```
> par(mfrow=c(2,2))
> gwplot(model, selected.covariate = "중상자수",selected.response = "없음", min=-20,max=20)
> gwplot(model, selected.covariate = "경상자수",selected.response = "없음", min=-20,max=20)
> gwplot(model, selected.covariate = "부상신고자수",selected.response = "없음", min=-20,max=20)
```

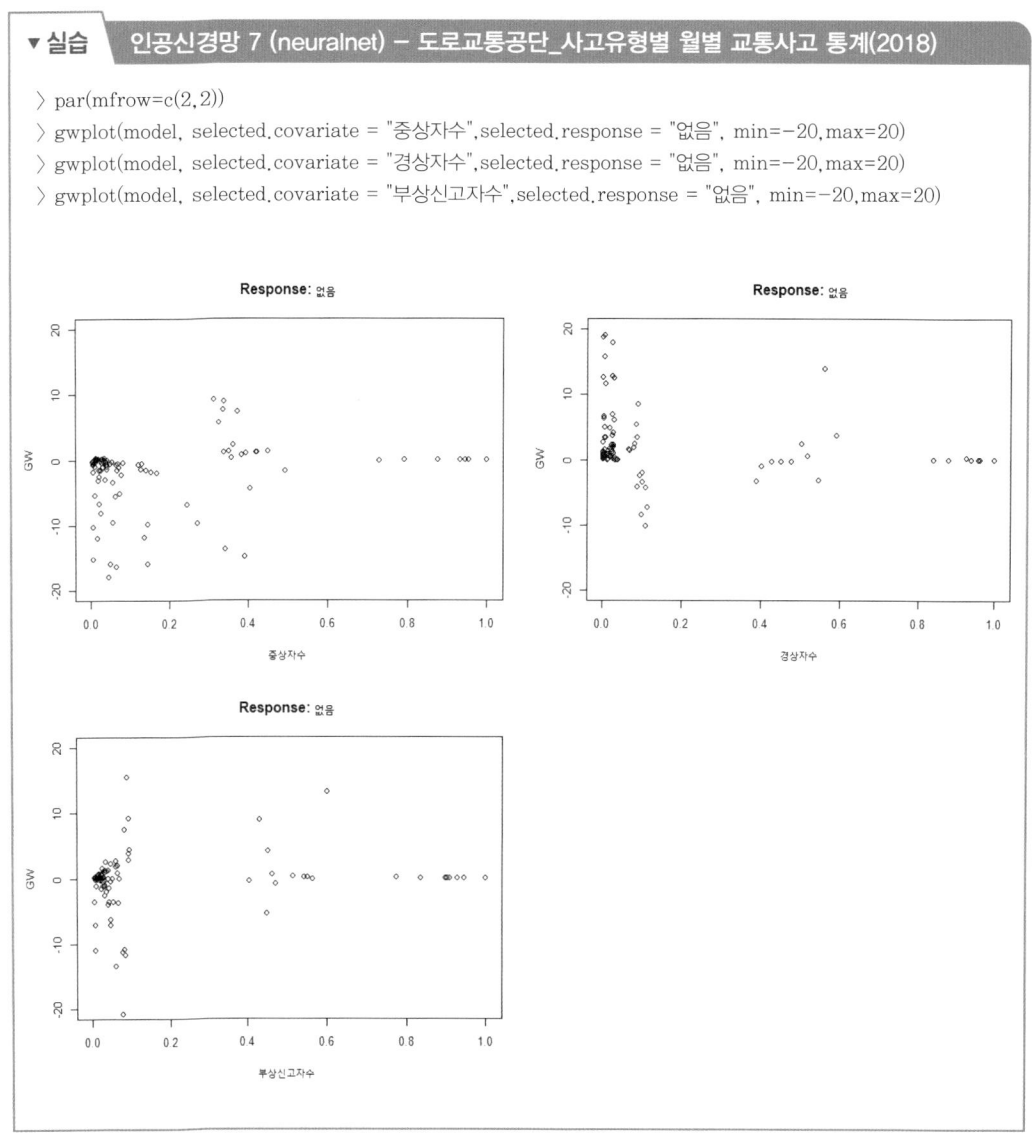

사망자수 없음의 데이터 중 중상자수, 경상자수, 부상신고자수를 확인하면, 일부값들이 0에 가까이 다수가 분포하고 있다. 0에 가까이 있다는 것은 변수가 결과에 미치는 영향이 거의 없다고 볼 수 있다. 하지만 세부적으로 살펴보면, 중상자수는 0~-20 사이에 데이터가 분포되어 있으며 음의 증가를 보이는 비선형 관계로 보여주고 있다. 경상자수는 가중치의 분산이 0~20의 양의 관계를 갖는 비선형 관계를 보여주고 있다. 다음 부상신고자의 수는 -20 ~ 10 사이의 양과 음의 범위에 위치해 있는 비선형 관계를 보여주고 있다.

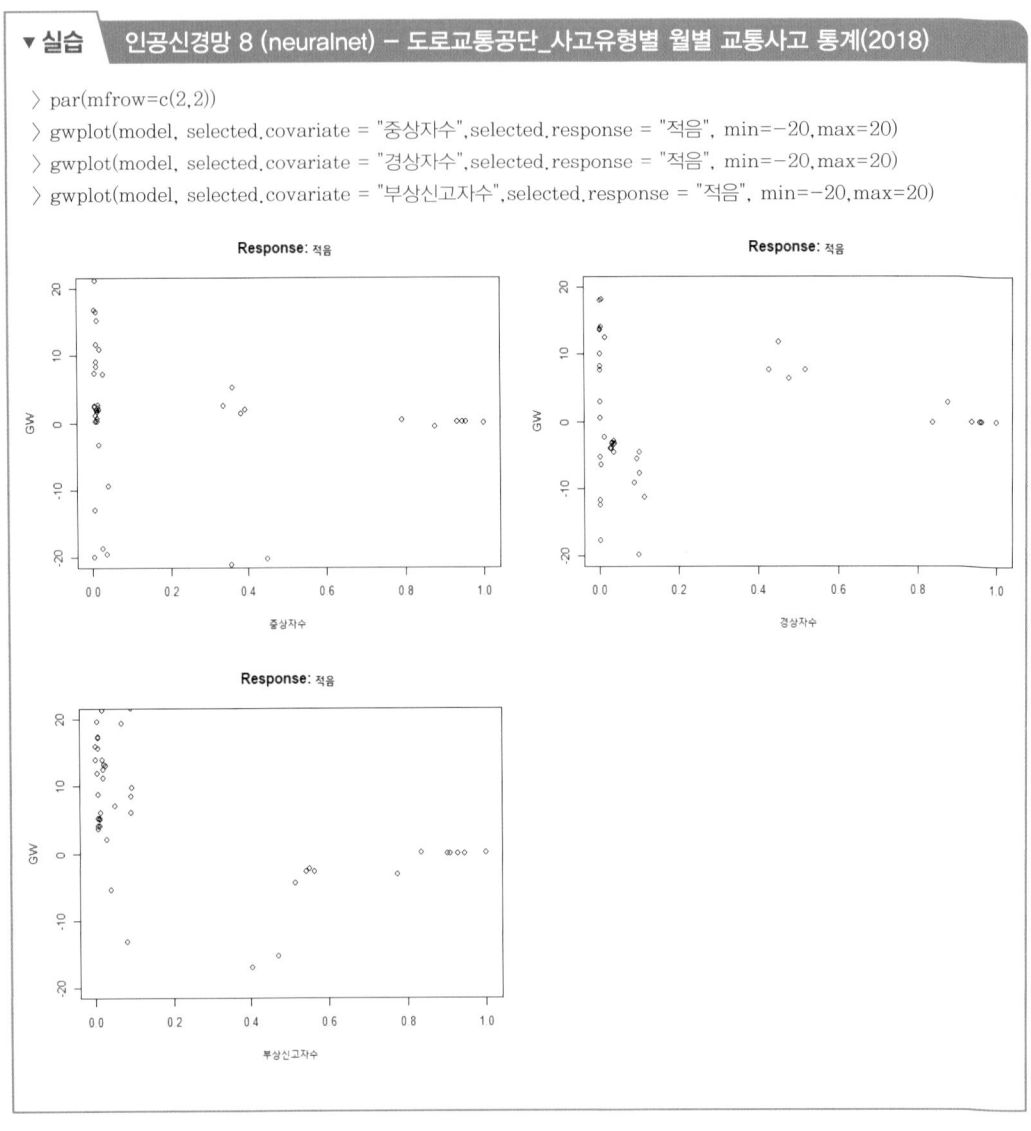

사망자수 적음의 데이터 중 중상자수, 경상자수, 부상신고자수를 확인하면, 일부값들이 0에 가까이 다수가 분포하고 있다. 0에 가까이 있다는 것은 변수가 결과에 미치는 영향이 거의 없다고 볼 수 있다. 하지만 세부적으로 살펴보면, 중상자수의 다수는 -20~20 사이에 데이터가 분포되어 있으며 음과 양의 비선형 관계로 보여주고 있다. 경상자수도 가중치의 분산이 -20~20의 음과 양의 관계를 갖는 비선형 관계를 보여주고 있다. 부상신고자수 역시 -20 ~ 20 사이의 양과 음을 모두 포함하는 비선형 관계를 보여주고 있다.

▼ 실습 **인공신경망 9 (neuralnet) – 도로교통공단_사고유형별 월별 교통사고 통계(2018)**

> par(mfrow=c(2,2))
> gwplot(model, selected.covariate = "중상자수",selected.response = "많음", min=-20,max=20)
> gwplot(model, selected.covariate = "경상자수",selected.response = "많음", min=-20,max=20)
> gwplot(model, selected.covariate = "부상신고자수",selected.response = "많음", min=-20,max=20)

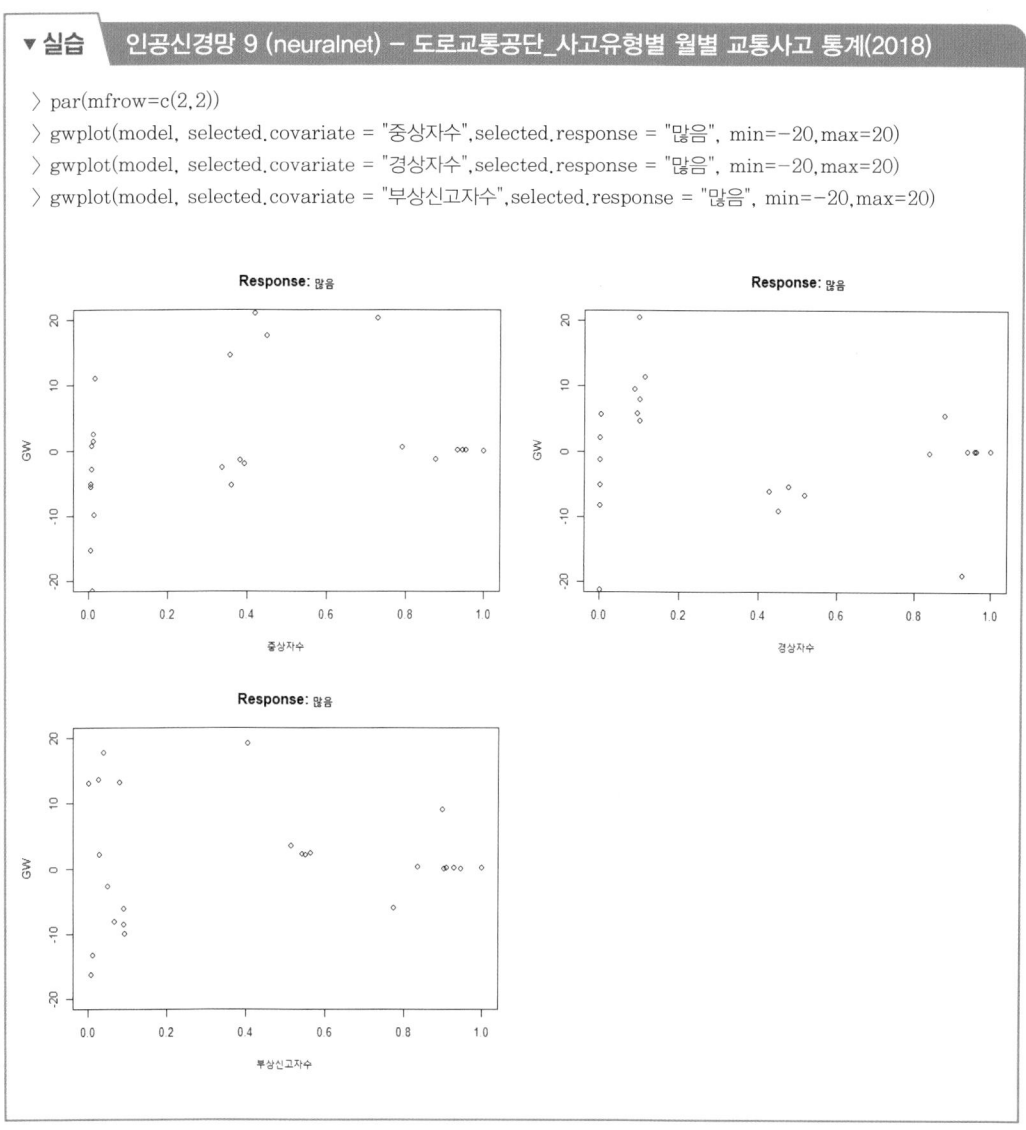

사망자수 많음의 데이터 중 중상자수, 경상자수, 부상신고자수를 확인하면, 일부값들이 0에 가까이 다수가 분포하고 있다. 0에 가까이 있다는 것은 변수가 결과에 미치는 영향이 거의 없다고 볼 수 있다. 하지만 세부적으로 살펴보면, 중상자수의 다수는 −20~20 사이에 데이터가 분포되어 있으며 음과 양의 비선형 관계로 보여주고 있다. 경상자수도 가중치의 분산이 -20~20의 음과 양의 관계를 갖는 비선형 관계를 보여주고 있다. 부상신고자수 역시 −20 ~ 20 사이의 양과 음을 모두 포함하는 비선형 관계를 보여주고 있다.

> **실습** 　인공신경망 10 (neuralnet) – 도로교통공단_사고유형별 월별 교통사고 통계(2018)

```
> test_nor2 <- test_nor[c(3:5)] #중상자수. 경상자수. 부상신고자수 칼럼만 추출
> test_predict <- neuralnet::compute(model, test_nor2)$net.result
> test_prediction <- c(1,2,3)[apply(test_predict, 1, which.max)]
> predict.table <- table(test$사망자범주, test_prediction)
> confusionMatrix(predict.table)
```

Confusion Matrix and Statistics

```
   test_prediction
    1   2   3
1   5   0   0
2   1  37   5
3   1   4   7
```

Overall Statistics

```
              Accuracy : 0.8167
                95% CI : (0.6956, 0.9048)
   No Information Rate : 0.6833
   P-Value [Acc > NIR] : 0.01548

                 Kappa : 0.6019

 Mcnemar's Test P-Value : 0.54967
```

Statistics by Class:

	Class:1	Class:2	Class:3
Sensitivity	0.71429	0.9024	0.5833
Specificity	1.00000	0.6842	0.8958
Pos Pred Value	1.00000	0.8605	0.5833
Neg Pred Value	0.96364	0.7647	0.8958
Prevalence	0.11667	0.6833	0.2000
Detection Rate	0.08333	0.6167	0.1167
Detectio Prevalence	0.08333	0.7167	0.2000
Balanced Accuracy	0.85714	0.7933	0.7396

모델의 정확도를 평가하기 위해서 predict( ) 함수 대신에 compute( ) 함수를 이용하여 모델을 예측하였다. 인공신경망으로 분석한 모델을 평가해보면, 정확성은 0.8167이며 NIR은 0.6833으로 나타났다. P-Value [Acc > NIR] 값은 0.0158로 정확도가 NIR보다 높다고 해석되며 Kappa의 값은 0.6019로 준수한 일치도를 보여주고 있다. Mcnemar's Test P-Value은 0.54967로 분석자가 임의로 지정한 사망자 범주값과 인공신경망으로 계산된 결과값과 차이는 없다고 해석되었다.

▼ 실습 | 인공신경망 11 (neuralnet) – 도로교통공단_사고유형별 월별 교통사고 통계(2018)

```
> train_nor2 <- train_nor[c(3:5)] #중상자수, 경상자수, 부상신고자수 칼럼만 추출
> train_predict <- neuralnet::compute(model,train_nor2)$net.result
> train_prediction <- c(1,2,3)[apply(train_predict,1,which.max)]
> table(train$사망자범주,train_prediction)

   train_prediction
     1   2   3
 1  14   1   0
 2   4  91   2
 3   0   2  29

> train_s <- apply(train_predict,1,which.max)
> test_s <- apply(test_predict,1,which.max)
> train_combine <- data.frame(train, train_s)
> test_combine <- data.frame(test, test_s)
> colnames(train_combine)[10] <- "비교결과"
> colnames(test_combine)[10] <- "비교결과"
> t_combine <- rbind(train_combine, test_combine)
> t_com2 <- t_combine %>% filter(사망자범주 != 비교결과)
> tail(t_com2)
```

	사고건수	사망자수	중상자수	경상자수	부상신고자수	사망자범주	없음	적음	많음	비교결과
15	1502	33	592	844	117	3	0	0	1	2
16	3109	31	845	4736	319	3	0	0	1	1
17	2962	29	843	4403	353	2	0	1	0	3
18	3126	25	875	4682	332	2	0	1	0	1
19	3100	45	946	4749	334	3	0	0	1	2
20	3635	30	1086	3960	411	2	0	1	0	3

```
> cor(test_predict[,1], test_nor$없음); cor(test_predict[,2], test_nor$적음);
> cor(test_predict[,3], test_nor$많음)
[1] 0.8019041
[1] 0.6127379
[1] 0.5088437
```

인공신경망과 분석자가 임의로 지정한 범주값과 비교하였을 때 총 20개의 데이터가 불일치하고 있다. 그리고 모델의 평가를 상관분석으로도 진행하였으며 피어슨의 상관계수로 분류정확도를 확인하였다. 본 분석 모델에서는 없음은 0.8019041, 적음은 0.6127379이며, 많음은 0.5088437로 나타났다. 많음이 다른 계수값보다 작게 나타나 분류정확도가 높지 않았으나 없음은 0.8019로 높은 상관관계의 값을 보여주었다.

4. 인공신경망 실습 – 혁신제품 만족 데이터

두 번째 인공신경망 분석을 위해서 혁신제품 만족연구 데이터로 실습을 진행하였다. 분석의 목적은 혁신_기술, 혁신_디자인, 혁신_소프트웨어, 혁신_품질의 변수를 토대로 사용자 만족 집단을 분류하는 데 목적이 있다.

혁신제품 만족연구

변수명		
성별 (int)	나이 (int)	학력 (int)
혁신_기술 (int)	혁신_디자인 (int)	혁신_소프트웨어 (int)	혁신_실용성 (int)	혁신_품질 (int)
편의성_인터페이스 (int)	편의성_사용자 (int)	편의성_소프트웨어 (int)	편의성_AS서비스 (int)	만족도 (int)

▼ 실습 인공신경망 1 (nnet) – 혁신제품 만족연구

```
> install.packages("nnet")
> library(nnet)
> setwd("C:/Data Analysis/r_exam/")
> t_data <- read.csv("new_tech.csv", header = TRUE)
> str(t_data)
'data.frame':    283 obs. of  13 variables:
 $ 성별              : int  2 2 2 1 1 2 1 2 2 1 ...
 $ 나이              : int  2 2 2 2 2 2 3 2 3 6 ...
 $ 학력              : int  2 2 2 2 2 2 2 2 3 1 ...
 $ 혁신_기술         : int  2 1 3 2 2 2 1 1 1 4 ...
 $ 혁신_디자인       : int  3 1 1 2 2 2 1 2 2 4 ...
 $ 혁신_소프트웨어   : int  4 2 1 2 2 2 1 2 2 3 ...
 $ 혁신_실용성       : int  2 1 1 2 1 2 5 1 2 3 ...
 $ 혁신_품질         : int  3 2 1 2 3 2 1 2 1 3 ...
 $ 편의성_인터페이스 : int  2 2 1 3 2 1 1 2 2 2 ...
 $ 편의성_사용자     : int  1 1 1 1 1 1 1 1 1 1 ...
 $ 편의성_소프트웨어 : int  2 3 2 1 1 3 5 1 2 2 ...
 $ 편의성_AS서비스   : int  1 2 1 2 1 2 2 1 3 2 ...
 $ 만족도            : int  1 1 1 2 2 2 2 2 3 3 ...
> library(dplyr)
> t_data <- t_data %>% mutate("만족도범주" = ifelse(t_data$만족도 < 3, 1,
+                       ifelse(t_data$만족도 <= 3.8 , 2,3)))
> head(t_data,3)
  성별 나이 학력 혁신_기술 혁신_디자인 혁신_소프트웨어 혁신_실용성 혁신_품질
1   2    2    2      2           3              4             2          3
2   2    2    2      2           1              1             2          1           2
3   2    2    2      2           3              1             1          1

  편의성_인터페이스 편의성_사용자 편의성_소프트웨어 편의성_AS서비스 만족도 만족도범주
1         2                1              2                   1               1        1
2         2                1              3                   2               1        1
3         1                1              2                   1               1        1
```

우선, 혁신제품 만족 연구 데이터에서 만족도를 기준으로 범주 설정을 하였다. 3점 미만은 1로 불만족, 3.8점 미만은 2로 보통, 그 이상은 만족으로 3의 값을 설정하여 만족도범주 칼럼을 만들었다.

> **실습** 　인공신경망 2 (nnet) – 혁신제품 만족연구

```
> t_data$만족도범주 <- as.factor(t_data$만족도범주)

> library(caret)
> set.seed(7000)
> intrain <- createDataPartition(y=t_data$만족도범주, p=0.7, list=FALSE)
> head(intrain,5)
     Resample1
[1,]     1
[2,]     2
[3,]     4
[4,]     6
[5,]     7
> train <- t_data[intrain, ]
> test <- t_data[-intrain, ]
> nrow(train) ; nrow(test)

[1] 199
[1] 84

> model = nnet(만족도범주~ 혁신_기술 + 혁신_디자인 + 혁신_소프트웨어 + 혁신_품질, size=5,
+             decay = 0.0005, maxit = 1500, data=train)

# weights:  43
initial  value 306.138867
iter  10 value 185.588718
iter  20 value 133.378352
iter  30 value 114.236910
iter  40 value 102.659051
iter  50 value 97.031958
iter  60 value 95.205255
iter  70 value 94.194242
 … 〈생략〉 …
iter 210 value 92.252997
iter 220 value 92.252625
iter 230 value 92.252539
iter 240 value 92.252489
iter 250 value 92.252443
iter 260 value 92.252268
final  value 92.252245
converged

> print(model)

a 4-5-3 network with 43 weights
inputs: 혁신_기술 혁신_디자인 혁신_소프트웨어 혁신_품질
output(s): 만족도범주
options were - softmax modelling  decay=5e-0
```

인공신경망 분석을 위해서 nnet( ) 함수에 만족도범주를 종속변수로 설정하고, 혁신_기술, 혁신_디자인, 혁신_소프트웨어, 혁신_품질을 설명변수로 지정하였다. 은닉층(size)은 5개, overfitting을 피하기 위해 0.0005 값을 지정하였다. 또한, 반복횟수(maxit)는 1500번 반복하여 가장 좋은 모델을 생성하도록 설정하였다.

▼ 실습   인공신경망 3 (nnet) – 혁신제품 만족연구

> summary(model)

a 4-5-3 network with 43 weights
options were - softmax modelling decay=5e-04
 b->h1 i1->h1 i2->h1 i3->h1 i4->h1
  5.97 -11.91 7.71 4.95 -10.22
 b->h2 i1->h2 i2->h2 i3->h2 i4->h2
 -5.22 2.54 9.75 -4.83 -10.52
 b->h3 i1->h3 i2->h3 i3->h3 i4->h3
  5.24 13.24 -9.29 5.51 -21.88
 b->h4 i1->h4 i2->h4 i3->h4 i4->h4
 -29.42 5.66 3.60 2.16 3.56
 b->h5 i1->h5 i2->h5 i3->h5 i4->h5
 -9.23 0.72 0.26 0.68 0.63
 b->o1 h1->o1 h2->o1 h3->o1 h4->o1 h5->o1
 10.01 -10.59 6.72 -2.05 -10.27 -6.76
 b->o2 h1->o2 h2->o2 h3->o2 h4->o2 h5->o2
 -5.39 15.41 -12.16 7.42 6.39 -1.27
 b->o3 h1->o3 h2->o3 h3->o3 h4->o3 h5->o3
 -4.64 -4.82 5.45 -5.36 3.88 8.05

> library("devtools")
> source_url('https://gist.githubusercontent.com/fawda123/7471137/raw/466c1474d0a505ff04441270351
6c34f1a4684a5/nnet_plot_update.r')
> library("reshape2")
> plot.nnet(model)

실습에서 인공신경망은 입력층 4개, 은닉층 5개, 결과층 3개로 구성하였다. 결과를 살펴보면 43개의 가중치로 계산이 된 내용을 확인할 수 있다. summary(model) 명령문을 실행하면, 연결선의 방향과 가중치의 값이 출력되며, plot.nnet( )함수로 시각화하여 인공신경망의 경로를 확인할 수 있다.

▼ 실습 　인공신경망 4 (nnet) – 혁신제품 만족연구

```
> test_predict <- predict(model, test, type="class")
> test_predict <- as.factor(test_predict)
> result <- confusionMatrix(test_predict, test$만족도범주)
> print(result)
```

Confusion Matrix and Statistics

```
          Reference
Prediction  1  2  3
         1  6  0  0
         2  7 21  6
         3  0  6 38
```

Overall Statistics

```
               Accuracy : 0.7738
                 95% CI : (0.6695, 0.858)
    No Information Rate : 0.5238
    P-Value [Acc > NIR] : 2.008e-06

                  Kappa : 0.613

 Mcnemar's Test P-Value : NA
```

Statistics by Class:

	Class:1	Class:2	Class:3
Sensitivity	0.46154	0.7778	0.8636
Specificity	1.00000	0.7719	0.8500
Pos Pred Value	1.00000	0.6176	0.8636
Neg Pred Value	0.91026	0.8800	0.8500
Prevalence	0.15476	0.3214	0.5238
Detection Rate	0.07143	0.2500	0.4524
Detection Prevalence	0.07143	0.4048	0.5238
Balanced Accuracy	0.73077	0.7749	0.8568

인공신경망의 모델을 평가해보면 정확도는 77.38%이며 신뢰구간은 0.6695~0.858이다. NIR은 0.5238이며 P-Value [Acc > NIR]는 2.008e-06으로 정확도가 NIR보다 높다고 해석되었다. 그리고 Kappa의 값은 0.613으로 준수한 모델 일치도를 보여준다고 해석되었다.

▼ **실습** 　**인공신경망 5 (nnet) – 혁신제품 만족연구**

```
> train_predict <- predict(model, train, type="class")
> train_factor_pred <- as.factor(train_predict)
> table(train_factor_pred, train$만족도범주)

 train_factor_pred  1   2   3
                 1  24   0   2
                 2   7  49  14
                 3   1  15  87

> train_combine <- data.frame(train, train_predict)
> test_combine <- data.frame(test, test_predict)
> colnames(train_combine)[15] <- "비교결과"
> colnames(test_combine)[15] <- "비교결과"
> t_combine <- rbind(train_combine, test_combine)
> t_com <- t_combine %>% filter(만족도범주 != 비교결과)
> tail(t_com)
```

	성별	나이	학력	혁신_기술	혁신_디자인	혁신_소프트웨어	혁신_실용성	혁신_품질	편의성_인터페이스
53	1	3	2	4	3	4	4	4	4
54	1	4	5	2	3	4	4	4	4
55	2	2	2	4	2	3	4	2	4
56	1	2	2	5	1	3	4	4	5
57	2	2	2	1	5	3	3	5	5
58	1	2	2	4	3	3	5	3	5

	편의성_사용자	편의성_소프트웨어	편의성_AS서비스	만족도	만족도범주	비교결과
53	4	4	4	3	2	3
54	4	5	2	4	3	2
55	4	4	3	4	3	2
56	5	2	5	3	2	3
57	5	5	5	4	3	2
58	5	5	5	4	3	2

훈련용 데이터(train)와 검증용 데이터(test)를 통합하여 만족도 범주와 인공신경망으로 분류된 범주 결과를 비교하였다. 비교 결과를 살펴보면, 총 58개의 데이터가 서로 일치하지 않는다고 나타났다. 이에 대한 현황을 확인해보기 위해서 tail(t_com2) 명령문을 실행하여 확인하였다.

5. 인공신경망 실습(역전파) – 혁신제품 만족 데이터

두 번째 인공신경망 분석으로 neuralnet 패키지를 이용하여 혁신제품 만족 연구의 만족도를 분석하였다. nnet( ) 실습과 동일하게 만족도범주를 불만족은 1, 보통 2, 만족 3으로 구분하여 만족도범주 칼럼을 생성하였다. 인공신경망에서는 만족도범주의 값이 문자값이 아닌 숫자값으로 지정되어야만 한다.

또한 output layer가 세 가지로 불만족, 보통, 만족이므로 별도의 칼럼을 만들었다. 만족도범주가 1이면 불만족 칼럼에서 1을 주고 아니면 0을 주었다. 만족도범주가 2이면 보통 칼럼에서 1을 주고 아니면 0을 주었다. 만족도범주가 3이면 만족 칼럼에서 1을 주고 0을 주었다. 이렇게 만들어진 새로운 칼럼의 값을 확인하기 위해서 head(t_data,4) 명령문을 확인하였다.

▼실습 인공신경망 1 (neuralnet) – 혁신제품 만족연구

```
> setwd("C:/Data Analysis/r_exam/")
> t_data <- read.csv("new_tech.csv", header = TRUE)

> library(dplyr)
> t_data <- t_data %>% mutate("만족도범주" = ifelse(t_data$만족도 < 3, 1,
+                                     ifelse(t_data$만족도 <= 3.8 , 2, 3)))

> t_data <- t_data %>% mutate("불만족" = ifelse(t_data$만족도범주==1,1,0))
> t_data <- t_data %>% mutate("보통" = ifelse(t_data$만족도범주==2,1,0))
> t_data <- t_data %>% mutate("만족" = ifelse(t_data$만족도범주==3,1,0))
> head(t_data,4)
    성별  나이  학력  혁신_기술  혁신_디자인  혁신_소프트웨어  혁신_실용성  혁신_품질
1    2    2    2       2           2              4             2          3
2    2    2    2       2           1              2             1          2
3    2    2    2       3           1              1             1          1
4    1    2    2       2           2              2             2          2

    편의성_인터페이스  편의성_사용자  편의성_소프트웨어  편의성_AS서비스  만족도  만족도범주
1         2               1              2                 1             1         1
2         2               1              3                 2             1         1
3         1               1              2                 1             1         1
4         3               1              1                 2             2         1

    불만족 보통 만족
1     1    0    0
2     1    0    0
3     1    0    0
4     1    0    0
```

▼ **실습** 인공신경망 2 (neuralnet) – 혁신제품 만족연구

```
> # install.packages("caret")
> library(caret)
> set.seed(5001)
> intrain <- createDataPartition(y=t_data$만족도범주, p=0.7, list=FALSE)
> head(intrain,5)

     Resample1
[1,]     1
[2,]     2
[3,]     4
[4,]     5
[5,]     7

> train <- t_data[intrain, ]
> test <- t_data[-intrain, ]
> nrow(train) ; nrow(test)

[1] 199
[1] 84

> normal <- function(x) { return((x-min(x))/(max(x)-min(x))) }
> train_nor <- as.data.frame(lapply(train,normal))
> test_nor <- as.data.frame(lapply(test,normal))
> head(train_nor, 4)
```

	성별	나이	학력	혁신_기술	혁신_디자인	혁신_소프트웨어	혁신_실용성	혁신_품질
1	1	0	0.25	0.25	0.50	0.75	0.25	0.50
2	1	0	0.25	0.00	0.00	0.25	0.00	0.25
3	0	0	0.25	0.25	0.25	0.25	0.25	0.25
4	0	0	0.25	0.25	0.25	0.25	0.00	0.50

	편의성_인터페이스	편의성_사용자	편의성_소프트웨어	편의성_AS서비스	만족도	만족도범주
1	0.25	0	0.25	0.00	0.00	0
2	0.25	0	0.50	0.25	0.00	0
3	0.50	0	0.00	0.25	0.25	0
4	0.25	0	0.00	0.00	0.25	0

	불만족	보통	만족
1	1	0	0
2	1	0	0
3	1	0	0
4	1	0	0

인공신경망이 최적화된 상태에서 분류분석이 잘 될 수 있도록 정규화를 진행하였다. normal 변수로 정규화하고자 하였다. 즉, t_data 데이터값을 전체적으로 정규화하도록 사용자 정의함수를 만든 것이다. lappy( ) 함수를 이용하여 train 변수와 test 변수인 훈련 데이터와 검증 데이터를 0과 1 사이의 값으로 정규화하였다.

▼실습 인공신경망 3 (neuralnet) – 혁신제품 만족연구

```
> model = neuralnet(불만족+보통+만족~ 혁신_기술 + 혁신_디자인 + 혁신_소프트웨어 + 혁신_품질,
+             data=train_nor,act.fct = "logistic", linear.output = TRUE, likelihood = TRUE,
+             hidden=c(2,2), threshold=0.01)
> plot(model)
```

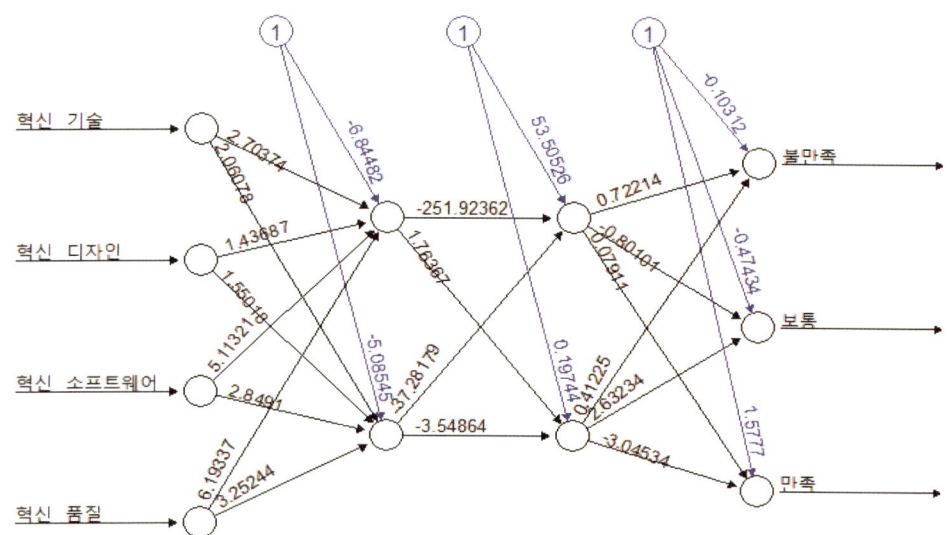

Error: 30.391695   Steps: 27339

```
> print(model$result.matrix)
```

	[,1]
error	3.039169e+01
reached.threshold	9.491101e-03
steps	2.733900e+04
aic	1.107834e+02
bic	1.931160e+02
Intercept.to.1layhid1	−6.844817e+00
혁신_기술.to.1layhid1	2.703743e+00
혁신_디자인.to.1layhid1	1.436872e+00
혁신_소프트웨어.to.1layhid1	5.113209e+00
혁신_품질.to.1layhid1	6.193370e+00
Intercept.to.1layhid2	−5.085448e+00
혁신_기술.to.1layhid2	2.060784e+00
혁신_디자인.to.1layhid2	1.550181e+00
혁신_소프트웨어.to.1layhid2	2.849095e+00
혁신_품질.to.1layhid2	3.252437e+00
… 〈생략〉 …	

실습에서는 혁신_기술, 혁신_디자인, 혁신_소프트웨어, 혁신품질을 토대로 만족도 범주를 계산하였으며 hidden 노드는 각각 2개씩 지정하였고, 에러의 감소분이 threshold 값보다 작으면 멈출 수 있도록 threshold=0.01을 설정하였다. 그리고 print(model$result.matrix) 명령문을 통해 인공신경망 데이터 모델의 학습된 정보를 확인하였다. model$result.matrix 값은 매 반복마다 오차, 실제 임계값, 필요횟수, AIC와 BIC의 값(likelihood=TRUE라고 명시한 경우 계산)으로 추정된 가중치를 포함된 값을 보여준다.

plot( ) 함수로 인공신경망의 내용을 살펴보면, 입력층에는 4개의 변수로 혁신_기술, 혁신_디자인, 혁신_소프트웨어, 혁신_품질에 대한 가중치와 경계값 가중치가 출력층으로 전달되는 과정을 확인할 수 있다. 그림에서 기본 훈련된 시냅스 가중치와 모든 교차점, 전체 에러, 수렴에 필요한 반복 수 같은 훈련 과정을 화면에 출력해준다. 그리고 일반화된 가중치를 변수별로 확인하고자 head(model$generalized.weights[[1]]) 명령문을 실행하였으며, 각 공변량들의 효과를 확인하였다.

▼실습 | 인공신경망 4 (neuralnet) – 혁신제품 만족연구

```
> head(model$generalized.weights[[1]])
```

	[,1]	[,2]	[,3]	[,4]	[,5]	[,6]	[,7]
[1,]	-1.36906035	-1.22619167	-1.44045035	-1.52718479	-4.0868337	-3.6603511	-4.2999427
[2,]	-0.08631809	-0.07878427	-0.08742371	-0.09153185	-0.6749128	-0.6160066	-0.6835575
[3,]	-0.16747189	-0.16128203	-0.15020380	-0.15039637	-2.2090401	-2.1273927	-1.9812652
[4,]	-83.47939271	-45.89551985	-154.34503817	-186.28211059	91.7283075	49.8492165	170.9358442
[5,]	-0.03067094	-0.02393775	-0.04040804	-0.04561155	-0.1951148	-0.1522813	-0.2570579
[6,]	-0.08013167	-0.06462407	-0.10077092	-0.11244255	-0.5920449	-0.4774686	-0.7445360

	[,8]	[,9]	[,10]	[,11]	[,12]
[1,]	-4.5588570	6.993483	6.263676	7.358160	7.801220
[2,]	-0.7156787	2.559508	2.336114	2.592291	2.714106
[3,]	-1.9838052	2.005370	1.931250	1.798595	1.800901
[4,]	206.5653679	-42.685328	-20.620999	-85.478668	-104.436360
[5,]	-0.2901603	-46.641279	-36.402132	-61.448485	-69.361461
[6,]	-0.8307708	3.147678	2.538519	3.958415	4.416892

한편, model = neuralnet(불만족+보통+만족~ 혁신_기술 + 혁신_디자인 + 혁신_소프트웨어 + 혁신_품질, data=train_nor,act.fct = "logistic", linear.output = TRUE, likelihood = TRUE, hidden=c(2,2), threshold=0.01)) 명령문을 재실행할 때마다 계산된 결과가 다르게 나타날 것이다. 이는 입력층, 은닉층 등에 일부 가중치를 컴퓨터가 랜덤으로 조정하면서 나타난 결과로서 plot(model) 명령문을 실행하면 확인할 수 있다. 이에 독자가 실행한 내용과 교재와 다른 수치값을 보일 수 있다.

실습 | 인공신경망 5 (neuralnet) – 혁신제품 만족연구

```
> par(mfrow=c(2,2))
> gwplot(model, selected.covariate = "혁신_기술",selected.response = "불만족", min=-30,max=20)
> gwplot(model, selected.covariate = "혁신_디자인",selected.response = "불만족", min=-30,max=20)
> gwplot(model, selected.covariate = "혁신_소프트웨어",selected.response = "불만족", min=-30,max=20)
> gwplot(model, selected.covariate = "혁신_품질",selected.response = "불만족", min=-30,max=20)
```

일반화된 가중치를 변수별로 시각화를 진행하고자 gwplot( ) 함수를 이용하였다. 혁신_기술, 혁신_디자인, 혁신_소프트웨어, 혁신_품질을 시각화하였다. 불만족 데이터를 기준으로 살펴보면, 혁신_기술, 혁신_디자인, 혁신_소프트웨어, 혁신_품질의 일부값들이 0을 중심으로 −20~−20 사이에 데이터가 분포되어 있고 양과 음의 비선형 효과의 모습을 보여주고 있다. 만약 모든 값이 0에 가까이 있다면 그 해당 변수는 결과에 미치는 영향이 거의 없다고 해석하게 된다.

▼ 실습　인공신경망 6 (neuralnet) – 혁신제품 만족연구

```
> par(mfrow=c(2,2))
> gwplot(model, selected.covariate = "혁신_기술",selected.response = "보통", min=-30,max=30)
> gwplot(model, selected.covariate = "혁신_디자인",selected.response = "보통", min=-30,max=30)
> gwplot(model, selected.covariate = "혁신_소프트웨어",selected.response = "보통", min=-30,max=30)
> gwplot(model, selected.covariate = "혁신_품질",selected.response = "보통", min=-30,max=30)
```

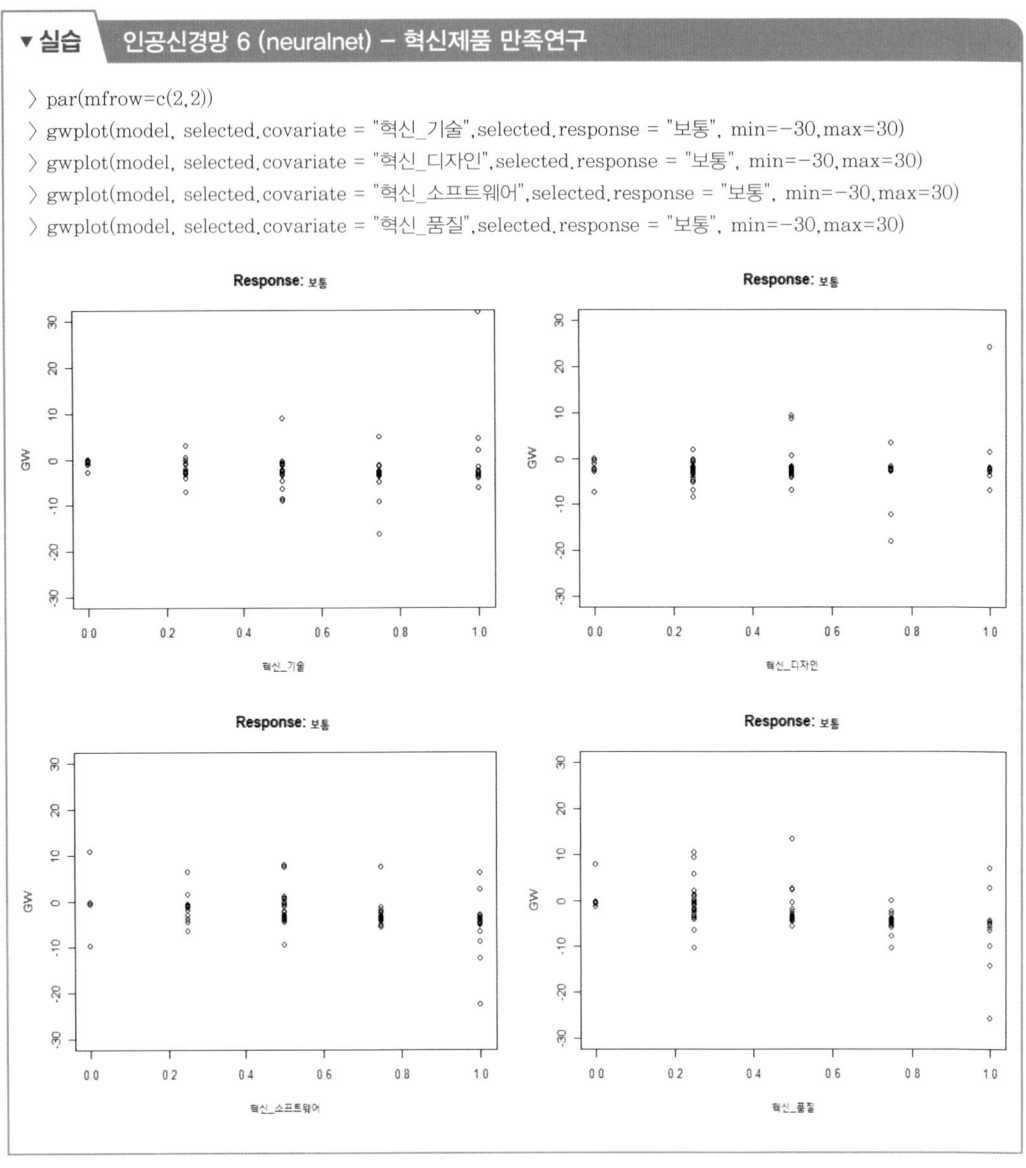

일반화된 가중치를 변수별로 시각화를 진행하고자 gwplot( ) 함수를 이용하였다. 혁신_기술, 혁신_디자인, 혁신_소프트웨어, 혁신_품질을 시각화하였다. 보통 데이터를 기준으로 살펴보면, 혁신_기술, 혁신_디자인, 혁신_소프트웨어, 혁신_품질의 일부값들이 0을 중심으로 −20~−20 사이에 데이터가 분포되어 있고 양과 음의 비선형 효과의 모습을 보여주고 있다. 만약 모든 값이 0에 가까이 있다면 그 해당 변수는 결과에 미치는 영향이 거의 없다고 해석하게 된다.

▼ 실습 인공신경망 7 (neuralnet) – 혁신제품 만족연구

> par(mfrow=c(2,2))
> gwplot(model, selected.covariate = "혁신_기술",selected.response = "만족", min=-50,max=50)
> gwplot(model, selected.covariate = "혁신_디자인",selected.response = "만족", min=-50,max=50)
> gwplot(model, selected.covariate = "혁신_소프트웨어",selected.response = "만족", min=-50,max=50)
> gwplot(model, selected.covariate = "혁신_품질",selected.response = "만족", min=-50,max=50)

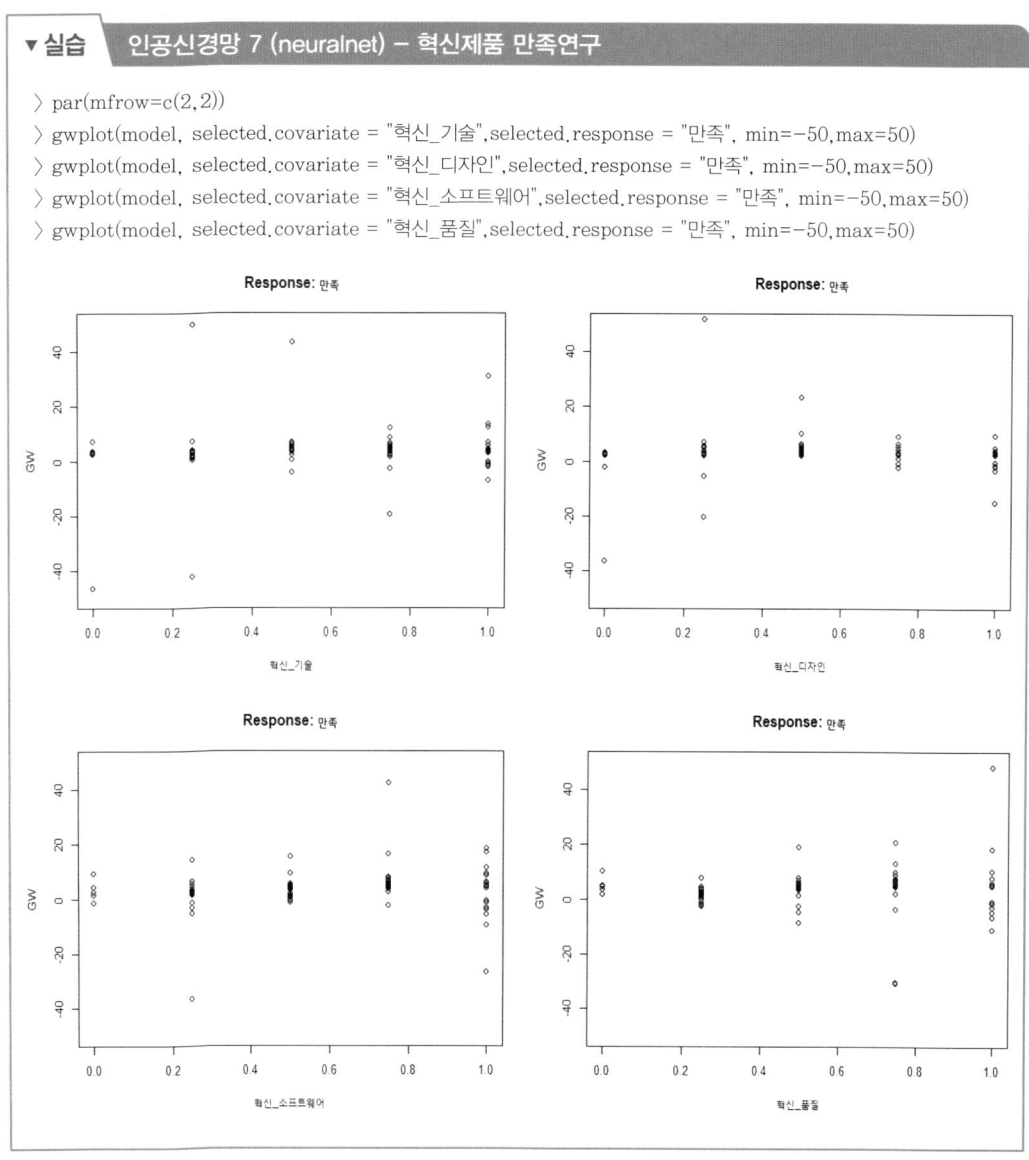

일반화된 가중치를 변수별로 시각화를 진행하고자 gwplot( ) 함수를 이용하였다. 혁신_기술, 혁신_디자인, 혁신_소프트웨어, 혁신_품질을 시각화하였다. 만족 데이터를 기준으로 살펴보면, 혁신_기술, 혁신_디자인, 혁신_소프트웨어, 혁신_품질의 일부값들이 0을 중심으로 -40~-40 사이에 데이터가 분포되어 있고 양과 음의 비선형 효과의 모습을 보여주고 있다. 만약 모든 값이 0에 가까이 있다면 그 해당 변수는 결과에 미치는 영향이 거의 없다고 해석하게 된다.

실습 인공신경망 8 (neuralnet) – 혁신제품 만족연구

```
> test_nor2 <- test_nor[c(4:6,8)]  #혁신기술, 혁신디자인, 혁신소프트웨어, 혁신품질 칼럼만 추출
> test_predict<- neuralnet::compute(model,test_nor2)$net.result
> test_prediction <-c(1,2,3)[apply(test_predict,1,which.max)]
> predict.table<-table(test$만족도범주,test_prediction)
> confusionMatrix(predict.table)
```

Confusion Matrix and Statistics

```
   test_prediction
    1   2   3
 1  9   5   1
 2  2  19   4
 3  0   7  37
```

Overall Statistics

```
               Accuracy : 0.7738
                 95% CI : (0.6695, 0.858)
    No Information Rate : 0.5
    P-Value [Acc > NIR] : 2.374e-07

                  Kappa : 0.6261

 Mcnemar's Test P-Value : 0.3759
```

Statistics by Class:

	Class:1	Class:2	Class:3
Sensitivity	0.8182	0.6129	0.8810
Specificity	0.9178	0.8868	0.8333
Pos Pred Value	0.6000	0.7600	0.8409
Neg Pred Value	0.9710	0.7966	0.8750
Prevalence	0.1310	0.3690	0.5000
Detection Rate	0.1071	0.2262	0.4405
Detection Prevalence	0.1786	0.2976	0.5238
Balanced Accuracy	0.8680	0.7498	0.8571

모델의 정확도를 평가하기 위해서 predict( ) 함수 대신에 compute( ) 함수를 이용하여 모델을 예측하였다. 모델 평가를 확인하면, 정확도는 0.7738로 나타났고, 신뢰구간은 0.6695에서 0.858 사이에 있으며 NIR은 0.5이다.

P-Value [Acc > NIR]는 2.374e-07로 정확도가 NIR보다 높은 수치를 보였다. Kappa는 0.6261로 분류 일치도가 준수하다고 해석되지만 Mcnemar's Test P-Value 값이 0.3759로 분석자가 임의로 지정한 범주값과 인공신경망으로 계산된 결과값은 차이가 없다고 해석할 수 있다.

실습 인공신경망 9 (neuralnet) - 혁신제품 만족연구

```
> train_nor2 <- train_nor[c(4:6,8)]  #혁신기술, 혁신디자인, 혁신소프트웨어, 혁신품질 칼럼만 추출
> train_predict<- neuralnet::compute(model,train_nor2)$net.result
> train_prediction <-c(1,2,3)[apply(train_predict,1,which.max)]
> table(train$만족도범주,train_prediction)

  train_prediction
     1   2   3
  1  24   6   0
  2   2  44  20
  3   3  15  85

> train_s <- apply(train_predict,1,which.max)
> test_s <- apply(test_predict,1,which.max)
> train_combine <- data.frame(train, train_s)
> test_combine <- data.frame(test, test_s)
> colnames(train_combine)[18] <- "비교결과"
> colnames(test_combine)[18] <- "비교결과"
> t_combine <- rbind(train_combine, test_combine)
> t_com2 <- t_combine %>% filter(만족도범주 != 비교결과)
> tail(t_com2)
```

	성별	나이	학력	혁신_기술	혁신_디자인	혁신_소프트웨어	혁신_실용성	혁신_품질	편의성_인터페이스
60	1	3	2	4	3	4	4	4	4
61	1	2	2	4	2	4	4	3	4
62	2	2	2	4	3	3	4	3	4
63	1	6	5	3	3	4	4	3	4
64	2	2	2	3	2	2	3	3	5
65	1	2	2	3	2	1	3	2	5

	편의성_사용자	편의성_소프트웨어	편의성_AS서비스	만족도	만족도범주	불만족	보통	만족	비교결과
60	4	4	4	3	2	0	1	0	3
61	4	5	5	4	3	0	0	1	2
62	4	4	5	4	3	0	0	1	2
63	4	4	3	4	3	0	0	1	2
64	5	5	5	5	3	0	0	1	2
65	5	5	5	3	2	0	1	0	1

```
> cor(test_predict[,1], test_nor$불만족); cor(test_predict[,2], test_nor$보통)
> cor(test_predict[,3], test_nor$만족)

[1] 0.6669177
[1] 0.497907
[1] 0.7285519
```

인공신경망과 분석자가 임의로 지정한 범주값과 비교하였을 때 65개의 데이터가 불일치하고 있다. 이러한 모델의 분류 평가를 피어슨의 상관계수로 분류정확도를 계산하였다. 본 분석 모델에서는 불만족은 0.66이며, 보통은 0.49, 만족은 0.72로 나타났다. 보통의 계수는 높지 못하였으나 만족의 계수는 0.72로 긍정적인 수치를 보여주고 있다.

CHAPTER 6 종합 연습문제

01 로지스틱회귀분석 – '도로교통공단_사고유형별 월별 교통사고(2019)'에서 경상자수를 범주화 하여 250명 이하는 0, 그 이상은 1로 기준으로 경상자수의 분류와 인과관계를 살펴보자.
로지스틱회귀 모형은 경상자범주를 기준으로 중상자수, 사망자수, 부상신고자수를 독립변수를 정하여 검증해보자. 검증 결과를 분류모형으로 평가하고, 불일치하는 데이터가 어느정도인지 확인하고 설명하여라.

※) '도로교통공단_사고유형별 월별 교통사고(2019)'에서 경상자수를 범주화하여 0명은 없음, 150명 이하는 적음, 그 이상은 많음으로 기준으로 경상자수를 분류해보자.

02 tree 패키지분석 – 검증 결과를 분류모형으로 평가하고, 불일치하는 데이터가 어느 정도인지 확인하고 설명하여라. 또한, 2018년도 데이터와 비교하여 분류모형을 평가하고, 불일치하는 데이터가 어느 정도인지 확인하고 설명하여라.

03 party 패키지분석 – 검증 결과를 분류모형으로 평가하고, 불일치하는 데이터가 어느정도인지 확인하고 설명하여라. 또한, 2018년도 데이터와 비교하여 분류모형을 평가하고, 불일치하는 데이터가 어느 정도인지 확인하고 설명하여라.

04 rparty 패키지분석 – 검증 결과를 분류모형으로 평가하고, 불일치하는 데이터가 어느정도인지 확인하고 설명하여라. 또한, 2018년도 데이터와 비교하여 분류모형을 평가하고, 불일치하는 데이터가 어느 정도인지 확인하고 설명하여라.

05 Bagging – 검증 결과를 분류모형으로 평가하고, 불일치하는 데이터가 어느정도인지 확인하고 설명하여라. 또한, 2018년도 데이터와 비교하여 분류모형을 평가하고, 불일치하는 데이터가 어느 정도인지 확인하고 설명하여라.

06 Boosting – 검증 결과를 분류모형으로 평가하고, 불일치하는 데이터가 어느 정도인지 확인하고 설명하여라. 또한, 2018년도 데이터와 비교하여 분류모형을 평가하고, 불일치하는 데이터가 어느 정도인지 확인하고 설명하여라.

07 Random Forest – 검증결과를 분류모형으로 평가하고, 불일치하는 데이터가 어느 정도인지 확인하고 설명하여라. 또한, 2018년도 데이터와 비교하여 분류모형을 평가하고, 불일치하는 데이터가 어느 정도인지 확인하고 설명하여라.

08 인공신경망(nnet) – 검증결과를 분류모형으로 평가하고, 불일치하는 데이터가 어느 정도인지 확인하고 설명하여라. 또한, 2018년도 데이터와 비교하여 분류모형을 평가하고, 불일치하는 데이터가 어느 정도인지 확인하고 설명하여라.

09 인공신경망(neuralnet) – 검증결과를 분류모형으로 평가하고, 불일치하는 데이터가 어느 정도 인지 확인하고 설명하여라. 또한, 2018년도 데이터와 비교하여 분류모형을 평가하고, 불일치하는 데이터가 어느 정도인지 확인하고 설명하여라.

09

R programming

빅데이터 분석 및 시각화

: 비지도학습과 분류분석

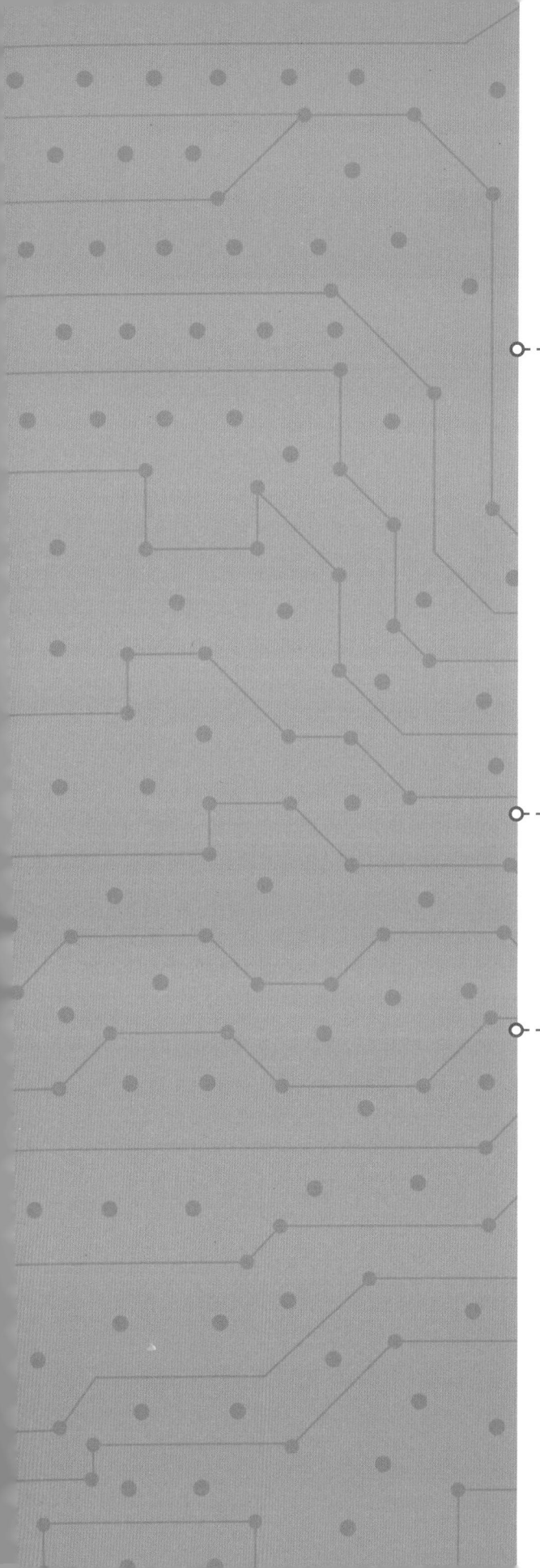

학습배경

- 비지도학습은 분석자가 어떤 입력에 대해서 어떤 결과가 출력되는지 사전지식이 없는 상태에서 컴퓨터가 스스로 공통점과 차이점 등의 패턴을 찾아서 규칙을 생성해주는 방식을 가진다. 비지도학습은 특징 집단을 탐색하여 컴퓨터가 스스로 집단을 분류해주고, 고객 행동의 패턴을 분석하여 미래를 예측하는 데 도움을 제공한다. 예를 들어, 혁신제품을 선호하는지 아닌지를 분석자가 스스로 판단하지 못하는 경우에 컴퓨터는 몇 개의 변수를 분석하여 얼리어답터인지 아닌지를 집단으로 분류시켜주기도 하며, 특정 화장품 브랜드의 선호도에서 어떤 브랜드를 더 선호하는지를 분류하는 데도 도움을 받을 수 있다. 이처럼 분석자가 사전에 지식이 없더라도 비지도 학습기법을 사용하면 특정 집단을 탐색하고 행동 패턴을 이해할 수 있다. 이에 본 장에서는 군집분석과 연관규칙 분석을 실습하여 비지도학습 기법의 역량을 높일 것이다.

학습목표

- 계층적 군집분석 방법으로 데이터를 분석하고 결과를 해석할 수 있다.
- 비계층적 군집분석 방법으로 데이터를 분석하고 결과를 해석할 수 있다.
- 연관규칙 분석으로 데이터를 분석하고 결과를 해석할 수 있다.

학습구성

1. 비지도 학습의 이해

2. 군집분석

3. 연관규칙 분석

4. 종합 연습문제

CHAPTER 1 비지도 학습의 이해

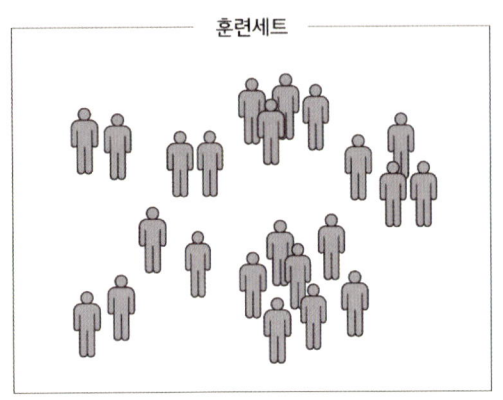

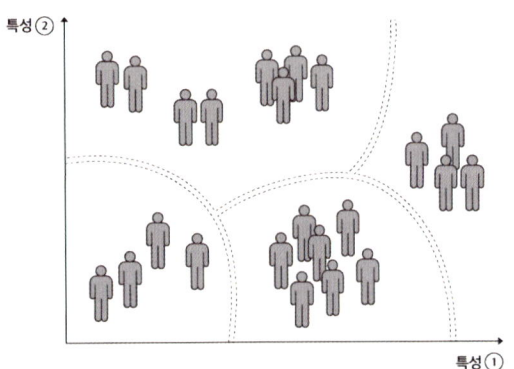

비지도 학습 (Unsupervised Learning)은 기계학습의 일종으로, 데이터가 어떻게 구성되었는지를 알아내는 문제의 범주에 속한다. 비지도 학습은 입력값에 대한 목표치가 주어지지 않으며, 데이터에 의한 학습을 통해 최적의 판단이나 예측을 가능하게 해주는 기계학습의 한 종류이다.

비지도 학습은 분석자가 어떤 입력에 대해서 어떠한 결과가 출력되는지 사전지식이 없는 상태에서 컴퓨터가 스스로 공통점과 차이점 등의 패턴을 찾아서 규칙을 생성한 다음 결과를 도출하는 방식이다.

이러한 비지도 학습은 비정제 데이터를 입력하여 훈련 데이터를 별도로 생성하지 않고 데이터의 특징을 요약하고 군집(Clustering)을 수행한다. 즉, 목표값을 정해주지 않아도 되기 때문에 사전 학습이 필요가 없어서 분석 속도가 빠르다.

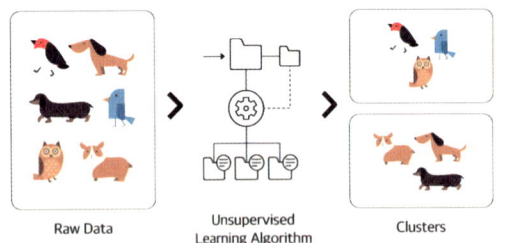

이처럼 비지도학습은 지도학습과는 달리 정답 라벨이 없는 데이터를 분류하는 데 도움을 제공한다. 비지도 학습은 비슷한 특징끼리 군집화하여 새로운 데이터의 결과를 예측하는 방법을 수행 한다. 즉, 라벨링 되어있지 않은 데이터로부터 패턴이나 형태를 찾아내야 하므로 지도학습보다는 조금 더 난이도가 있다고 할 수 있다. 실제로 지도학습에서 적절한 특징을 찾아내기 위한 전처리 방법으로 비지도 학습을 이용하기도 한다.

CHAPTER 2 군집분석

1. 군집분석의 이해

군집분석은 각 개체의 유사성을 측정하여 유사성이 높은 대상끼리 집단을 분류하고, 군집에 속한 개체들의 유사성과 서로 다른 군집에 속한 개체 간의 상이성을 규명해주는 통계분석이다. 그래서 군집분석은 데이터 간의 유사도를 먼저 정의한 다음, 그 유사도에 가까운 것부터 순서대로 결합해가는 방법으로 집단을 형성시켜준다.

군집분석의 목적은 전체 데이터세트를 대상으로 서로 유사한 개체들을 몇 개의 군집으로 세분화하여 대상 집단을 정확하게 이해하고, 효율적으로 활용하는 데 목적이 있다. 그래서 마케팅에서는 구매패턴에 따른 고객을 분류하거나 충성고객과 이탈고객을 분류하는 데 사용한다. 또한, 교육의 수준과 소득의 수준, 생활 수준, 성격, 가치관을 구분하고자 할 경우와 분석자가 인위적으로 데이터를 범주화하기 어려운 경우에 군집분석을 사용하게 된다.

이처럼 군집분석은 비슷한 특성을 가진 개체를 합쳐가면서 최종적으로 유사 특성의 그룹을 발굴하는 데 사용되며 군집분석을 통해서 각 집단의 성격을 파악하거나 그룹 간의 비교분석을 통해서 데이터 전체 구조를 파악하는 데 도움을 받을 수 있다. 또한, 특정 집단에 대해서 더욱 정확하게 이해할 수 있도록 군집을 세분화시키기도 한다. 분석에서 사용되는 군집분석의 종류로는 크게 계층적 군집분석과 비계층적 군집분석이 있다.

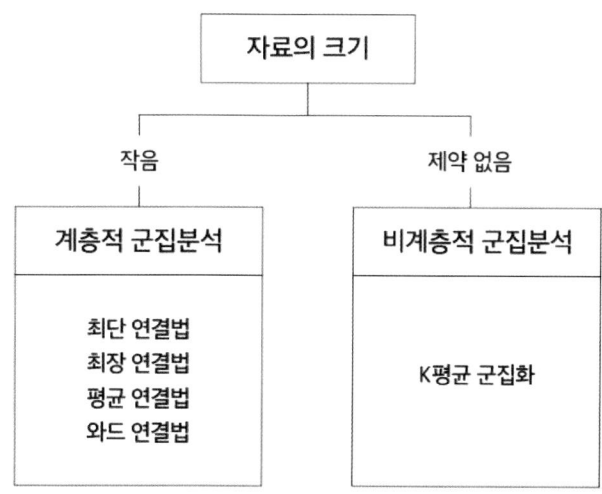

2. 계층적 군집분석

2.1 계층적 군집분석의 의미

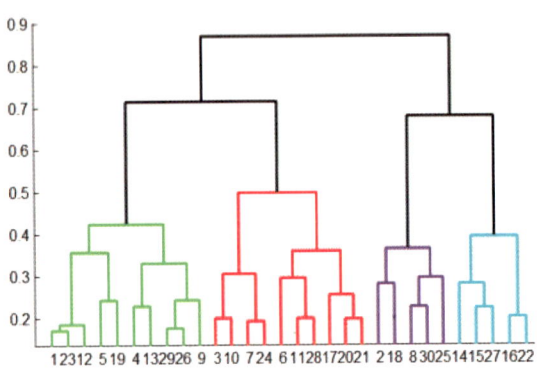

계층적 군집분석이란 계층적 트리 모형을 이용해 개체들을 순차적, 계층적으로 유사한 개체끼리 통합하여 군집화를 수행하는 분석 기법이다.

계층적 군집분석은 데이터 하나와 데이터 하나 사이의 거리를 토대로 쉽게 계산하여 군집화를 구한다. 이때 euclidean, Manhattan, Minkowski, Cosine, Mahalanobis 방법 등을 이용하여 군집 거리를 계산하고, 군집화를 실시하게 된다.

1) 거리 계산법

계층적 군집 분석에서 군집화 거리 계산은 기본적으로 유클리드 거리 계산식을 사용한다. 유클리드 거리 방식으로 데이터를 계산하고, 거리 기반으로 데이터를 축소(군집)하면서 기존 관측치 간의 모든 거리를 계산한다. 즉, 계층적 군집분석에서는 데이터가 서로 비슷하거나 서로 가까운 것들끼리 묶어서 구분하는 특징을 가지고 있으며, 유사도와 거리로 판단하여 군집을 형성한다. 유사도(similarity)란 두 데이터가 얼마나 가까운지를 나타내는 척도를 말하며, 거리(distance)는 두 개의 데이터 사이의 거리를 의미한다.

거리(Distance)를 계산하는 데 있어서 연속형 변수의 경우에는 유클리드거리, 맨하탄 거리, 캔버라 거리, 민코우스키 거리 등을 활용하여 계산한다. 예를 들어, 거리를 계산하는 방식에서 유클리드 거리는 주로 표준화된 데이터에 사용된다. 캔버라 거리는 두 점 사이의 차이에 대한 절대값을 두 점의 합으로 나눈 값을 모두 합하여 거리를 계산하는 방식을 가지고 있다. 민코우스키 거리는 맨하탄 거리와 유클리디안 거리를 한번에 표현한 거리 계산 방식을 가진다. 한편, 마할라노비스 거리는 통계적 개념이 내포된 거리 계산 방식으로 변수들의 산포를 고려하여 표준화한 거리값을 보여주며, 공분산 행렬에서도 사용된다. 대표적으로 유클리드 거리와 맨하탄 거리의 의미는 다음과 같다.

유클리드 거리는 가장 많이 사용되는 거리계산 방식으로 통계적 개념이 내포되지 않아 변수들의 산포를 고려하지 않아도 되며, 두 점을 잇는 가장 짧은 직선 거리로 계산이 진행된다. 그림으로 예로 들면, x 지점에서 y 지점으로 이동한다고 할 때 x와 y 지점 사이에 아무리 많은 빌딩과 자동차가 있더라도 최단 직선코스로 이동하는 개념을 말한다.

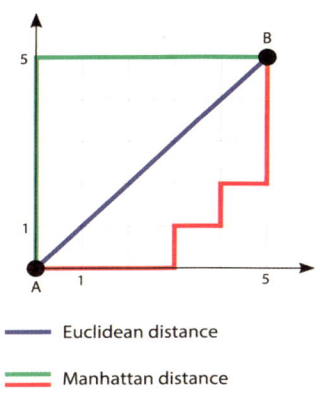

맨하탄 거리는 뉴욕의 거리 이름에서 가져왔다. 뉴욕의 택시가 출발지에서 도착지까지 이동하는 과정에서 빌딩을 뚫고 대각선으로 지나갈 수는 없으며, 빌딩 사이로 동, 서, 남, 북의 통과해야 한다. 이처럼 빌딩을 피해 '도로'가 놓여진 한계 안에서 '최단 route'를 찾는 수밖에 없다. 이러한 방식의 거리를 계산하는 것이 맨하탄 거리의 특징이 된다. 즉, A와 B의 사이의 거리차의 절대값에 대한 총합을 가진다.

범주형 변수의 경우에는 코사인 유사도, 자카드 유사도 등으로 계산한다. 코사인 유사도는 내적 공간에서 두 벡터의 방향을 이루는 코사인값(0,1)에 의해서 계산되며, 자카드 유사도는 두 집합 사이의 유사도를 측정하는 대표적인 방법으로 페이스북 친구 추천, 넷플릭스 영화 추천 등의 전체 집합의 크기와 교집합의 크기로 유사도를 측정하는 방법을 사용한다.

2) 군집 구성법

군집을 계산하는 방식으로는 대표적으로 최단거리법과 최장거리법, 평균기준법, Ward방법, 중심연결법 등이 있다.

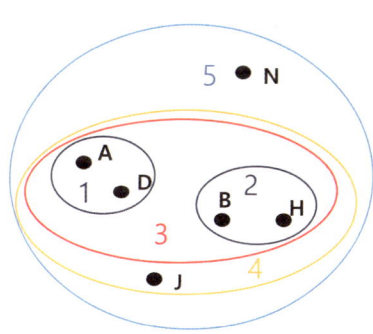

① 최단거리법(single) : 생성된 군집에서 중심과 거리가 가까운 데이터끼리 비교하면서 군집화하는 방식이다.

예를 들어, A와 D가 가까운 거리로서 군집이 우선되고, B와 H가 가까이 있으므로 군집되면서 각각 개별 군집이 이루어진다. 그다음, 1번 군집과 2번 군집이 J와 N보다는 가까우므로 상호 간 군집이 추가로 형성된다. 다음으로 가까운 J를 군집으로 묶고, 마지막으로 N을 군집으로 묶어준다.

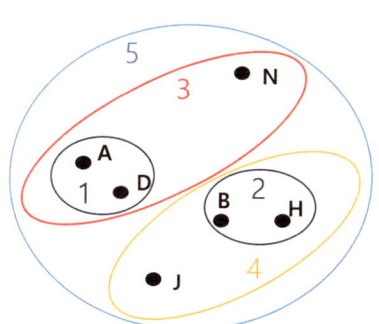

② 최장거리법(complete) : 생성된 군집에서 중심과 거리가 먼 데이터끼리 비교한 후 가장 가까운 데이터끼리 군집화하는 방식이다.

예를 들어 우선 가장 가까운 거리에 있는 데이터를 군집을 형성한다. 이는 최단거리법과 동일하므로 A와 D를 개별 군집을 진행하고, B와 H를 개별 군집하게 된다. 그다음, H와 J의 사이의 거리, H와 A의 거리, H와 N의 거리를 구할 때 H와 A가 가장 멀리 있다. 이에 H와 가까운 J를 군집화를 진행한다. 다음으로 N의 관점에서 볼 때 J가 가장 멀리 있으므로 가까이 있는 A와 D와 군집화를 진행하게 된다.

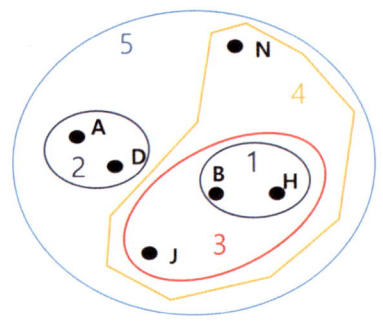

③ 평균연결법(average) : 평균연결법은 최단연결법과 최장연결법을 합친 것으로, 군집 안에 속한 모든 데이터와 다른 군집에 속한 모든 데이터의 두 집단에 대해서 거리 평균을 계산하고, 가까운 데이터끼리 군집화하는 방식이다.

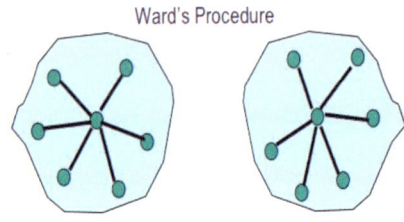

④ Ward 연결법은 노이즈나 이상치에 덜 민감한 장점이 있으며 비슷한 크기의 군집끼리 묶어주는 경향이 있다. 군집 간 정보의 손실을 최소화하는 군집화 방식으로 군집 내 편차들의 제곱합을 고려하여 군집 내 거리(within cluster distance, ESS)를 최소화해주어 비슷한 크기의 군집을 생성하는 경향을 보여준다.

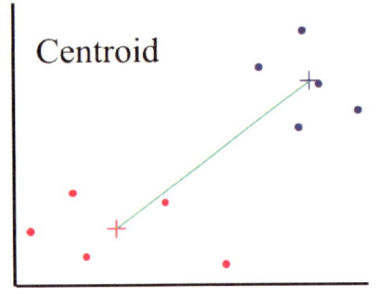

⑤ 중심 연결법(centroid linkage method)은 두 군집 간의 거리를 측정할 때 각 군집의 중심(centroid) 간의 거리를 사용한다. 두 군집의 중심 간의 거리를 측정하면서 두 군집이 결합될 때 새로운 군집의 평균은 가중평균을 통해서 계산되는 특징을 가진다.

2.2 계층적 군집분석 실습 – 음식점 점수 데이터

▼ 실습 계층적 군집분석 1 – (음식점 군집분석)

```
> a <- c(90,55,36,46,65,85)
> b <- c(93,70,20,60,35,90)

> data <- cbind(a,b)
> colnames(data) <- c("식당맛집점수", "식당청결점수")
> rownames(data) <- c("강릉찌개","수원갈비","한라식당","김천국밥","양양햄버거","제주식당")
> print(data)
```

	식당맛집점수	식당청결점수
강릉찌개	90	93
수원갈비	55	70
한라식당	36	20
김천국밥	46	60
양양햄버거	65	35
제주식당	85	90

```
> eu_dist <- round(dist(data, method = "euclidean"), digits=2) #유클리디안 거리행렬
> print(eu_dist)
```

	강릉찌개	수원갈비	한라식당	김천국밥	양양햄버거
수원갈비	41.88				
한라식당	90.80	53.49			
김천국밥	55.00	13.45	41.23		
양양햄버거	63.16	36.40	32.65	31.40	
제주식당	5.83	36.06	85.45	49.20	58.52

```
> result1 <- hclust(eu_dist, method="single") #최단연결법
> plot(result1, main="식당 선호집단분류-single방법:최단연결법")
> rect.hclust(result1,k=3)
```

음식점 데이터로 군집분석 실습을 진행하였다. a 변수에는 식당맛집점수의 데이터를 저장하였으며, b 변수에는 식당청결점수가 저장되어 있다. 이를 cbind( ) 함수를 이용하여 데이터 결합을 진행하였고, colnames( )와 rownames( ) 함수를 이용하여 식당맛집점수, 식당청결점수, 식당이름을 지정하였으며, print(data)로 정확히 입력되었는지 확인하였다.

우선 유클리드 거리행렬 계산을 위해서 eu_dist <- round(dist(data, method = "euclidean"), digits=2) 명령문을 실행하였다. print(eu_dist) 명령문을 실행한 내용을 살펴보면, 강릉찌개는 제주식당과 거리가 5.83으로 매우 가깝게 계산되었다. 수원갈비는 김천국밥과의 거리가 13.45로 매우 가깝게 계산되었다. 양양햄버거는 강릉찌개, 제주식당보다 김천국밥, 한라식당과 거리가 가깝게 나타났다.

이러한 유클리드 거리행렬로 계산된 식당의 점수들을 최단연결법에 의한 계층적 군집분석으로 계산하고자 result1 <- hclust(eu_dist, method="single") 명령문을 실행하였으며, plot( ) 함수로 시각화하였다. 시각화 결과를 살펴보면, 강릉찌개와 제주식당은 가장 가까운 거리이기 때문에 함께 군집된 형태를 보여주고 있으며, 그리고 수원갈비와 김천국밥도 함께 군집된 형태를 보여주고 있다. 양양햄버거는 강릉찌개, 제주식당보다 수원갈비, 김천국밥과 거리가 가까우므로 수원갈비와 김천국밥의 다음 군집으로 형성되었다. 한라식당은 양양햄버거와 거리가 가깝게 위치하면서 양양햄버거 다음 군집을 형성한 모습을 보여주고 있다. 이러한 결과를 집단으로 표현하고자 rect.hclust(result1,k=3) 명령문을 실행하였다. 3개의 집단으로 설정하였을 때 해당 군집이 어떻게 형성되는지 표현해준다.

▼ **실습** 계층적 군집분석 2 – (음식점 군집분석)

```
> man_dist <- round(dist(data, method="manhattan"), digits=2) #맨하탄 거리행렬
> print(man_dist)
           강릉찌개  수원갈비  한라식당  김천국밥  양양햄버거
수원갈비      58
한라식당     127        69
김천국밥      77        19        50
양양햄버거    83        45        44        44
제주식당       8        50       119        69        75
> result2 <- hclust(man_dist, method="single") #최단연결법
> plot(result2, main="식당 선호집단분류-single방법:최단연결법")
> rect.hclust(result2,k=3)
```

다음은 맨하탄 거리행렬을 기준으로 식당맛집점수와 식당청결점수를 계산하였다. 거리의 계산 결과값은 유클리드 거리값과 다르지만 식당 간의 거리를 비교하였을 때 유사한 결과를 보여주고 있다. 결과에서, 강릉찌개와 제주식당은 유클리드 거리와 맨하탄 거리와 동일하게 가깝다고 보고 있으며, 수원갈비와 김천국밥도 유클리드와 동일하게 가깝다고 계산하였다. 이에 대한 최단거리를 기준으로 계산하기 위한 계층적 군집분석의 명령문은 man_dist <- round(dist(data, method="manhattan"), digits=2) 이며, plot( ) 함수를 이용하여 시각화하였다. 유클리드 거리를 계산하였을 때와 차이점은 유클리드 거리에서 한라식당을 별도의 계층으로 분류하였지만 맨하탄 거리에서는 양양햄버거와 한라식당을 공통집단으로 분류하였다. 하지만 rect.hclust(result2, k=3) 명령문으로 3개의 집단으로 하였을 때 유클리드 거리와 동일하게 군집이 형성되는 것을 확인할 수 있다.

▶ **실습** 계층적 군집분석 3 - (음식점 군집분석)

```
> can_dist <- round(dist(data, method="canberra"), digits=2) #캔버라 거리행렬
> print(can_dist)
            강릉찌개   수원갈비   한라식당   김천국밥   양양햄버거
수원갈비     0.38
한라식당     1.07      0.76
김천국밥     0.54      0.17      0.62
양양햄버거   0.61      0.42      0.56      0.43
제주식당     0.04      0.34      1.04      0.50      0.57

> result3 <- hclust(can_dist, method="single") #최단연결법
> plot(result3, main="식당 선호집단분류-single방법:최단연결법")
> rect.hclust(result3,k=3)
```

다음 캔버라 거리행렬로 식당 점수들을 계산하였다. 유클리드 거리 계산과 동일하게 강릉찌개와 제주식당의 거리는 가깝게 계산되었고, 수원갈비와 김천국밥도 동일하게 가깝다고 계산되었다. 즉, 캔버라 거리에서도 유클리드, 맨하탄 거리에서 보여준 가까운 식당은 변동이 없었다. 하지만 result3 <- hclust(can_dist, method="single") 명령문을 실행하고, plot( ) 함수로 시각화된 형태를 살펴보면, 군집 설정에서 다른 측면을 보여주고 있다. 즉, 한라식당과 양양햄버거는 별도의 군집으로 형성되어 있는 모습을 보여주고 있다. 이에 rect.hclust(result3,k=3) 명령문으로 3개의 집단을 분류하였을 때 강릉찌개, 제주식당, 수원갈비, 김천국밥이 하나의 집단으로 형성되는 차이를 보여주었고, 양양햄버거와 한라식당은 별도의 군집으로 표현해주고 있다.

▼ 실습   계층적 군집분석 4 – (음식점 군집분석)

> result4 <- hclust(dist(data, method="euclidean"), method="complete") #최장연결법
> plot(result4, main="식당 선호집단분류-complete방법:최장연결법")
> rect.hclust(result4,k=3)

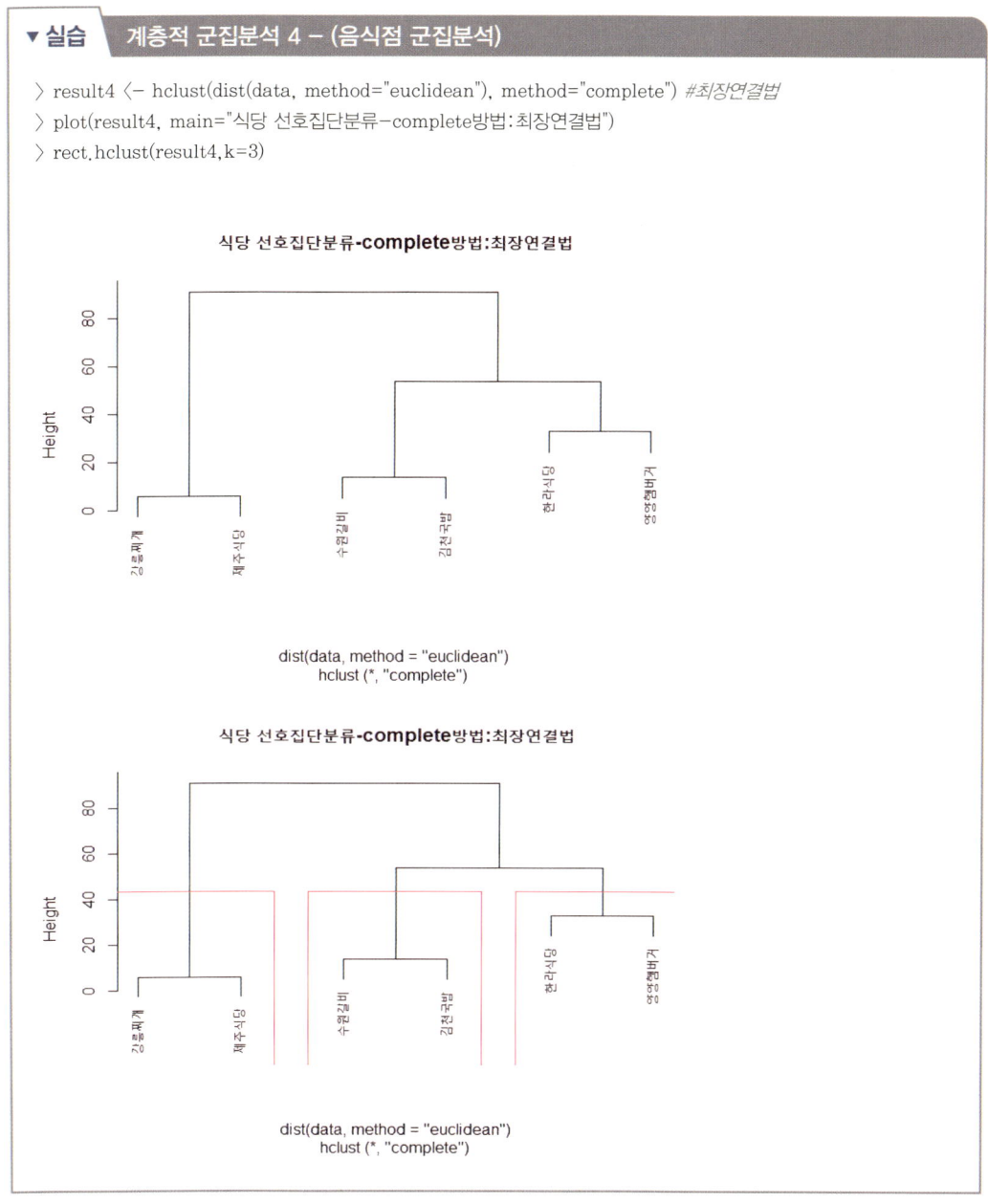

다음은 계층적 군집분석에서 주로 많이 사용되는 유클리디안 거리로 계산된 값을 기준으로 여러 군집 구성법을 확인하였다. 우선 유클리드안 거리에서 최단 거리법은 앞서 살펴보았으며, 최장 연결법을 확인하고자 result4 <- hclust(dist(data, method="euclidean"), method="complete") 명령문을 실행하고, plot( ) 함수로 확인하였다. 최장 연결법에 의한 3 집단의 군집 형성을 살펴보면, 강릉찌개와 제주식당이 1개의 군집, 수원갈비와 김밥천국이 1개의 군집, 한라식당과 양양햄버거가 1개의 군집으로 형성되면서 최단거리로 계산된 군집과 다른 형태의 군집을 보여주고 있다.

▼ 실습 | 계층적 군집분석 5 – (음식점 군집분석)

```
> result5 <- hclust(dist(data, method="euclidean"), method="centroid") #중심연결법
> plot(result5, main="식당 선호집단분류-centroid방법:중심연결법")
> rect.hclust(result5,k=3)
```

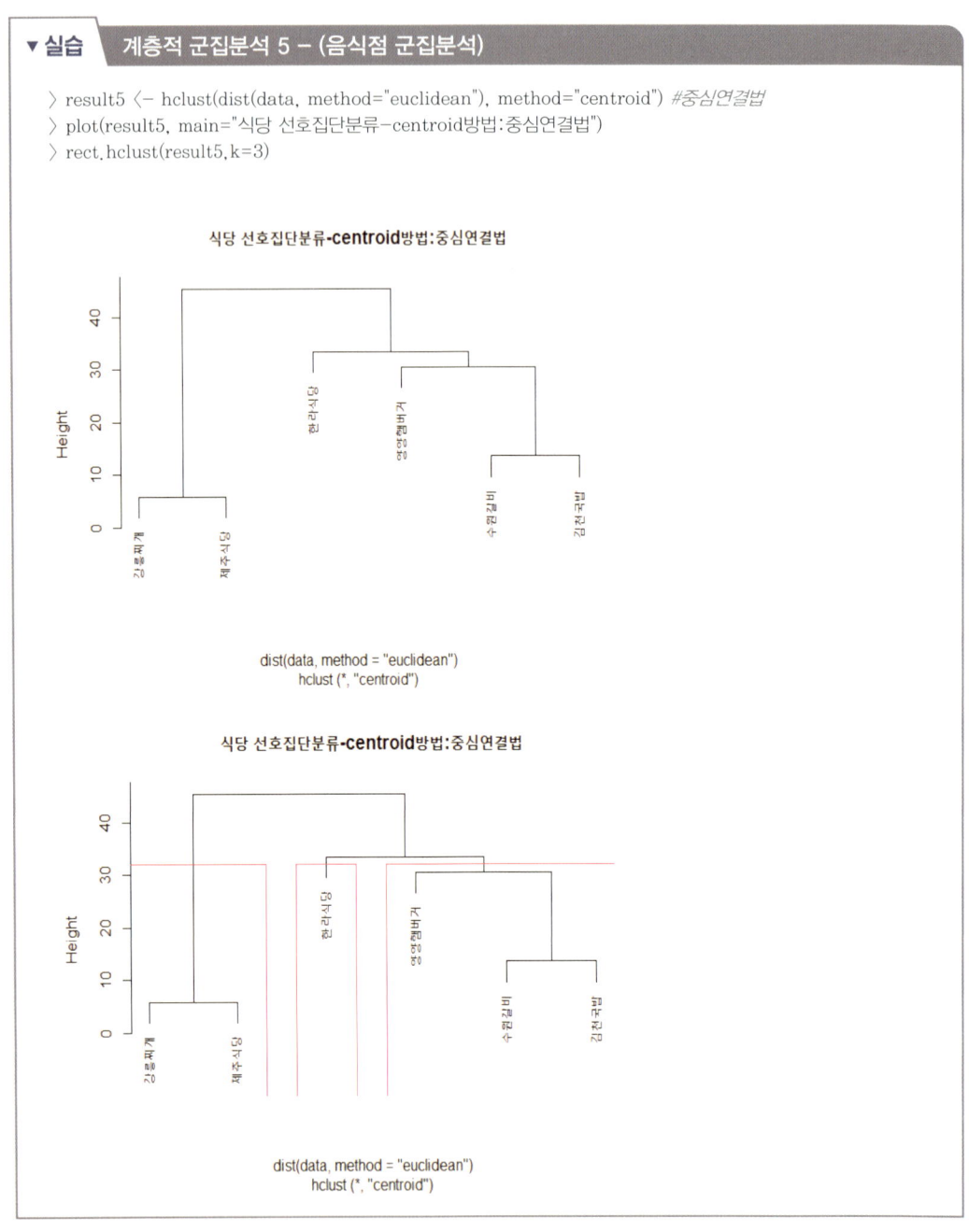

중심 연결법을 확인하고자 result5 <- hclust(dist(data, method="euclidean"), method="centroid") 명령문을 실행하였고, plot( ) 함수로 확인하였다. 중심 연결법에 의한 3 집단의 군집 형성을 살펴보면, 최단 연결법과 동일한 군집 형성을 보여주고 있으며, 강릉찌개와 제주식당이 1개의 군집이며, 수원갈비, 김밥천국, 양양햄버거가 1개의 군집, 한라식당은 혼자 1개의 군집으로 형성되면서 최단거리로 계산된 군집과 동일한 형태의 군집을 보여주고 있다.

▶ 실습 계층적 군집분석 6 – (음식점 군집분석)

```
> result6 <- hclust(dist(data, method="euclidean"), method="ward.D2") #와드연결법
> plot(result6, main="식당 선호집단분류-ward방법:와드연결법")
> rect.hclust(result6,k=3)
```

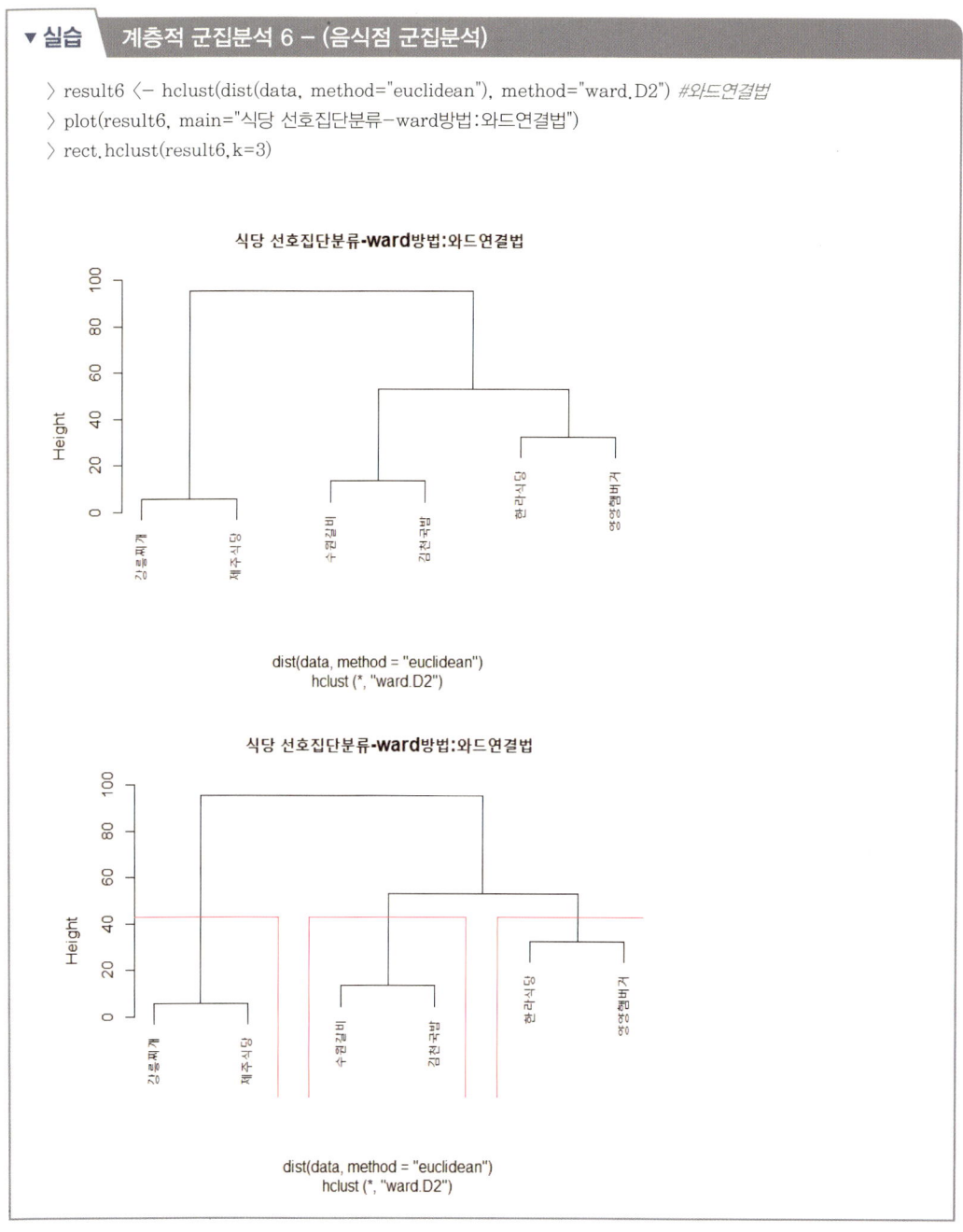

와드 연결법을 확인하고자 result6 <- hclust(dist(data, method="euclidean"), method="ward.D2") 명령문을 실행하고, plot( ) 함수로 확인하였다. 와드 연결법에 의한 3 집단의 군집 형성을 살펴보면, 최장 연결법과 동일한 군집 형성을 보여주고 있으며 중심연결법, 최단연결법에 의한 군집과는 다른 형태의 군집을 보여주고 있다.

▼ **실습** 계층적 군집분석 7 – (음식점 군집분석)

```
> result7 <- hclust(dist(data, method="euclidean"), method="average") #평균연결법
> plot(result7, main="식당 선호집단분류-average방법:평균연결법")
> rect.hclust(result7,k=3)
```

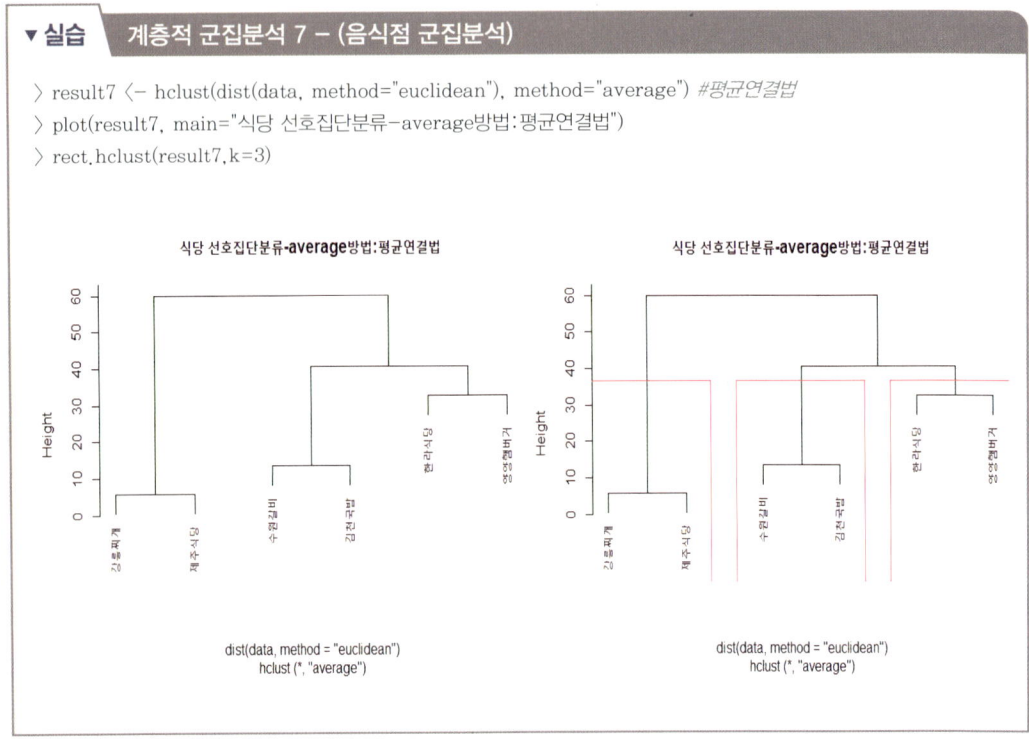

평균 연결법을 확인하고자 result7 <- hclust(dist(data, method="euclidean"), method="average") 명령문을 실행하고 plot( ) 함수로 확인하였다. 평균 연결법에 의한 3개의 집단으로 형성된 군집을 살펴보면, 최장 연결법, 와드 연결법과 동일한 군집 형성을 보여주고 있으며, 중심 연결법, 최단연결법에 의한 군집과는 다른 형태의 군집을 보여주고 있다.

이에 계층적 군집분석은 거리 계산(유클리드, 맨하탄 거리 등)과 군집 구성(최단 거리, 최장 거리 등)의 다양한 조합에 따라서 군집의 형성이 다를 수 있다는 것을 확인할 수 있다.

이처럼 계층적 군집분석을 통해서 나타난 군집 결과를 결정하는 것은 쉬운 일이 아닐 수 있다. 계층적 군집분석에서 어떤 거리와 어떤 군집 구성 방법을 선택할 것인지는 해당 분야(산업경영, 환경, 의료 등)의 배경도 고려해야 한다. 그리고 최고 의사결정자 또는 분석자는 분석할 데이터의 원천적 의미도 객관적으로 판단할 수 있어야 한다. 부가적으로 해당 분야에서 쌓아온 오랜 경험을 토대로 종합적으로 판단하여 군집분석의 방법과 결과를 결정해야 한다.

2.3 계층적 군집분석 실습 – 공항철도 역간거리 데이터

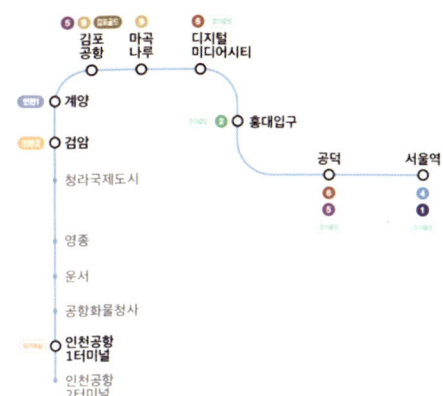

두 번째 계층적 군집분석의 실습을 위해서 국가철도공단의 공항철도 역간거리(2020.11.21.)의 데이터를 활용하였다.

국가철도공단_공항철도_역간거리_20201121.csv 데이터에는 서울역, 공덕역, 홍대입구역, 인천공항1터미널역 등이 있으며, 서울역을 출발점으로 인천공항2터미널까지의 총 거리수가 저장되어 있다.

본 실습의 목적은 서울역~인천공항 2터미널까지 4개의 구간별로 집단을 구성하는 데 있다.

▼ 실습 계층적 군집분석 1 – (국가철도공단 공항철도 역간거리)

```
> setwd("C:/Data Analysis/r_exam")
> data <- read.csv("국가철도공단_공항철도_역간거리_20201121.csv", header=TRUE)
> print(data)

   철도운영기관명   선명      역명         영업거리
1     공항철도    공항      서울           0.0
2     공항철도    공항      공덕           3.3
3     공항철도    공항      홍대입구        6.1
4     공항철도    공항      디지털미디어시티  9.5
5     공항철도    공항      마곡나루        18.1
6     공항철도    공항      김포공항        20.4
7     공항철도    공항      계양           27.0
8     공항철도    공항      검암           32.5
9     공항철도    공항      청라국제도시    37.3
10    공항철도    공항      영종           47.6
11    공항철도    공항      운서           51.1
12    공항철도    공항      공항화물청사    55.4
13    공항철도    공항      인천공항1터미널  58.0
14    공항철도    공항      인천공항2터미널  63.8
```

계층적 군집분석을 진행하고자 국가철도공단_공항철도_역간거리_20201121.csv 데이터를 read.csv( ) 함수를 이용하여 data 변수로 저장하였다. print(data) 명령문을 실행하여 공항노선의 역명과 서울역에서 시작한 영업거리의 데이터를 확인할 수 있다.

▼ 실습 계층적 군집분석 2 - (국가철도공단 공항철도 역간거리)

```
> data2 <- data.frame(data[,4])
> colnames(data2) <- "영업거리"
> data_name <- data[,3]
> rownames(data2) <- data_name
> print(data2)
                  영업거리
서울               0.0
공덕               3.3
홍대입구           6.1
디지털미디어시티    9.5
마곡나루          18.1
김포공항          20.4
계양              27.0
검암              32.5
청라국제도시       37.3
영종              47.6
운서              51.1
공항화물청사       55.4
인천공항1터미널     58.0
인천공항2터미널     63.8

> eu_dist <- round(dist(data2, method = "euclidean"), digits=2) #유클리드안 거리행렬
> print(eu_dist)
                 서울  공덕  홍대입구 디지털미디어시티 마곡나루 김포공항 계양  검암  청라국제도시 영종  운서  공항화물청사 인천공항1터미널
공덕              3.3
홍대입구          6.1   2.8
디지털미디어시티   9.5   6.2   3.4
마곡나루         18.1  14.8  12.0       8.6
김포공항         20.4  17.1  14.3      10.9      2.3
계양             27.0  23.7  20.9      17.5      8.9    6.6
검암             32.5  29.2  26.4      23.0     14.4   12.1   5.5
청라국제도시      37.3  34.0  31.2      27.8     19.2   16.9  10.3   4.8
영종             47.6  44.3  41.5      38.1     29.5   27.2  20.6  15.1     10.3
운서             51.1  47.8  45.0      41.6     33.0   30.7  24.1  18.6     13.8      3.5
공항화물청사      55.4  52.1  49.3      45.9     37.3   35.0  28.4  22.9     18.1      7.8   4.3
인천공항1터미널    58.0  54.7  51.9      48.5     39.9   37.6  31.0  25.5     20.7     10.4   6.9    2.6
인천공항2터미널    63.8  60.5  57.7      54.3     45.7   43.4  36.8  31.3     26.5     16.2  12.7    8.4        5.8
```

계층적 군집분석의 계산에 필요한 영업거리 데이터만 data2 변수에 별도로 저장하였으며, rownames( ) 함수로 각 데이터의 행 값에 역명의 값을 추가하였다. data2 변수가 구성되었는지 확인하기 위해서 print( ) 함수를 실행하여 확인하였다. 그다음, 역명 간의 거리는 유클리드 거리로 계산하였으며 역과 역 사이의 교통 방해 요소가 없으므로 유클리드 거리로 계산을 하였다. print( ) 함수로 확인하였을 때 영업 거리에 비례해서 거리가 계산된 것을 확인할 수 있다.

▼ **실습** 계층적 군집분석 3 – (국가철도공단 공항철도 역간거리)

> result1 <- hclust(eu_dist, method="single") #최단연결법
> plot(result1, main="공항철도 집단분류-single방법:최단연결법")
> rect.hclust(result1, k=4)

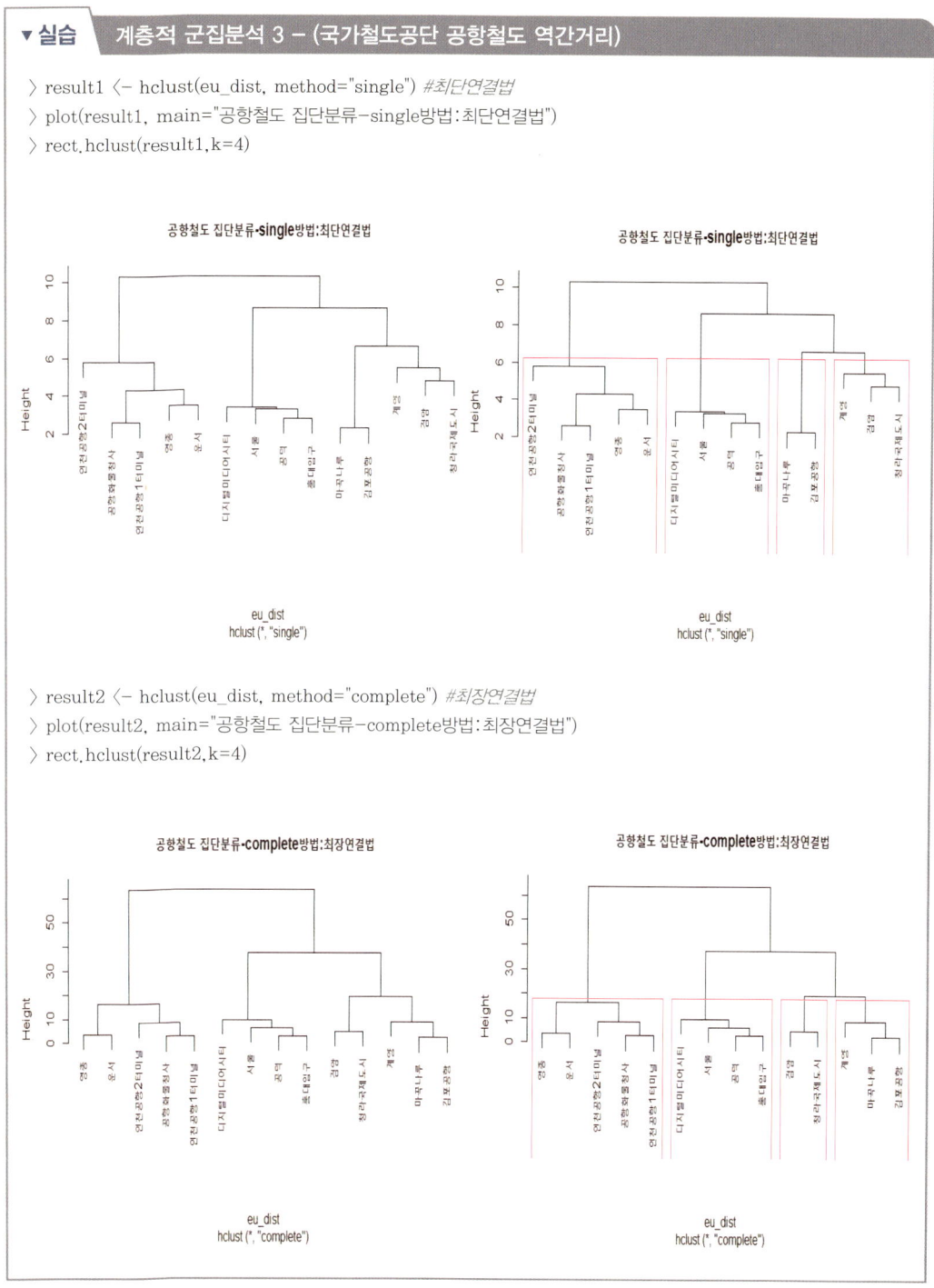

> result2 <- hclust(eu_dist, method="complete") #최장연결법
> plot(result2, main="공항철도 집단분류-complete방법:최장연결법")
> rect.hclust(result2, k=4)

군집 구성 방법에 따른 차이점을 확인하고자 최단 연결법, 최장 연결법, 중심 연결법, 와드 연결법, 평균 연결법을 진행하였다.

최단 연결법을 확인하면 공덕과 홍대입구가 가장 짧은 거리구간으로 공덕, 홍대입구를 하나의 집단으로 묶어주고 있으며, 다음으로 마곡나루와 김포공항이 가까운 거리로 계산되면서 두 역간을 군집으로 형성하고 있다. 최단 연결법을 최종적으로 4 집단으로 구성하게 되면, 서울, 공덕, 홍대입구, 디지털미디어시티는 1개의 군집으로 형성되고, 마곡나루, 김포공항을 1개의 군집으로 형성하게 된다. 그리고 검암, 청라국제도시, 계양을 하나의 군집으로 형성하며, 영종, 운서, 공항화물청사, 인천공항1터미널, 인천공항2터미널을 1개의 군집으로 형성시켜 총 4개의 군집을 만들어주고 있다.

다음으로 최장 연결법을 확인해보면, 최단 연결법과는 다르게 검암과 청라국제도시를 1개의 집단으로 설정하였고, 마곡나루, 김포공항, 계양을 1개의 집단으로 형성하였다. 즉, 최단 연결법에서는 가까운 거리부터 군집을 진행하면서 묶어가는 순서로서 계양을 마곡나루와 청라국제도시에 집단으로 형성시켰지만, 최장 연결법에서는 계양을 마곡나루와 김포공항으로 하나의 집단으로 묶어주었다.

▼ 실습 계층적 군집분석 4 – (국가철도공단 공항철도 역간거리)

```
> result3 <- hclust(eu_dist, method="average") #평균연결법
> plot(result3, main="공항철도 집단분류--average방법:평균연결법")
> rect.hclust(result3,k=4)
```

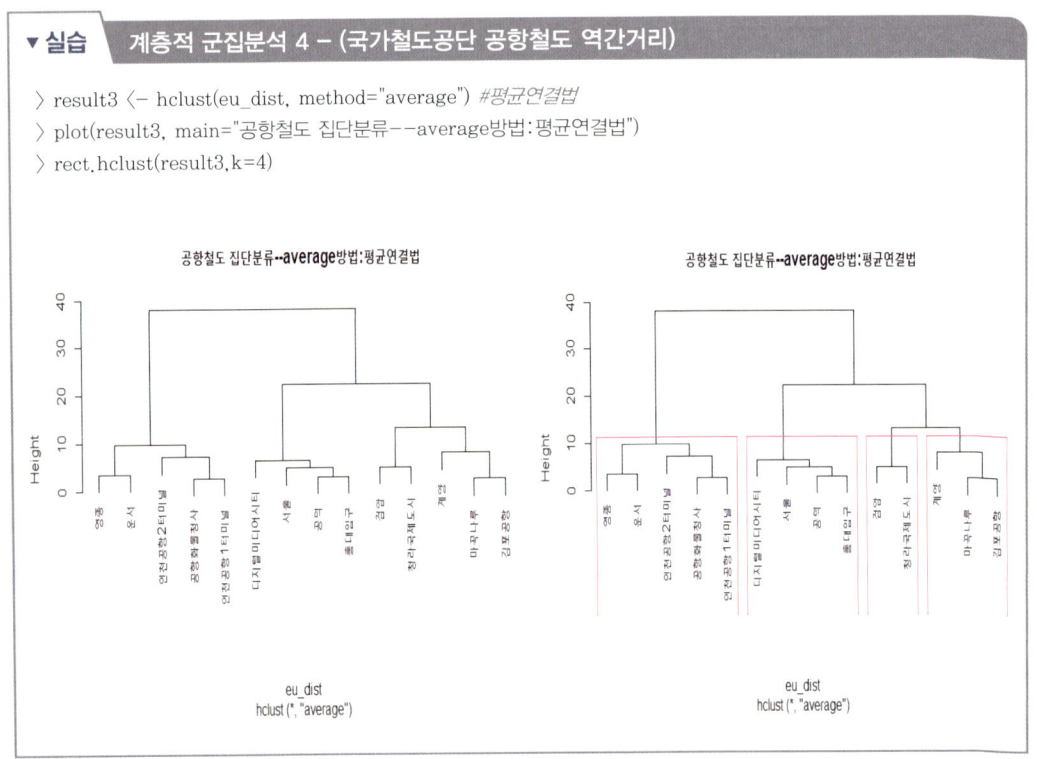

다음 평균 연결법을 확인해보면 최단 연결법과 거리 차이는 있으나 동일한 집단으로 구성되어 있는 형태를 보여주고 있다.

그리고 중심 연결법에서는 거리 계산값이 최단 연결법과 조금 차이는 있으나 최단 연결법과 동일한 집단으로 구성되어 있는 형태를 확인할 수 있다. 와드 연결법에서는 최장 연결법과 동일한 집단으로 구성된 형태를 확인할 수 있다.

▼ 실습 | 계층적 군집분석 5 – (국가철도공단 공항철도 역간거리)

```
> result4 <- hclust(eu_dist,method="centroid") #중심연결법
> plot(result4, main="공항철도 집단분류-centroid방법:중심연결법")
> rect.hclust(result4,k=4)
```

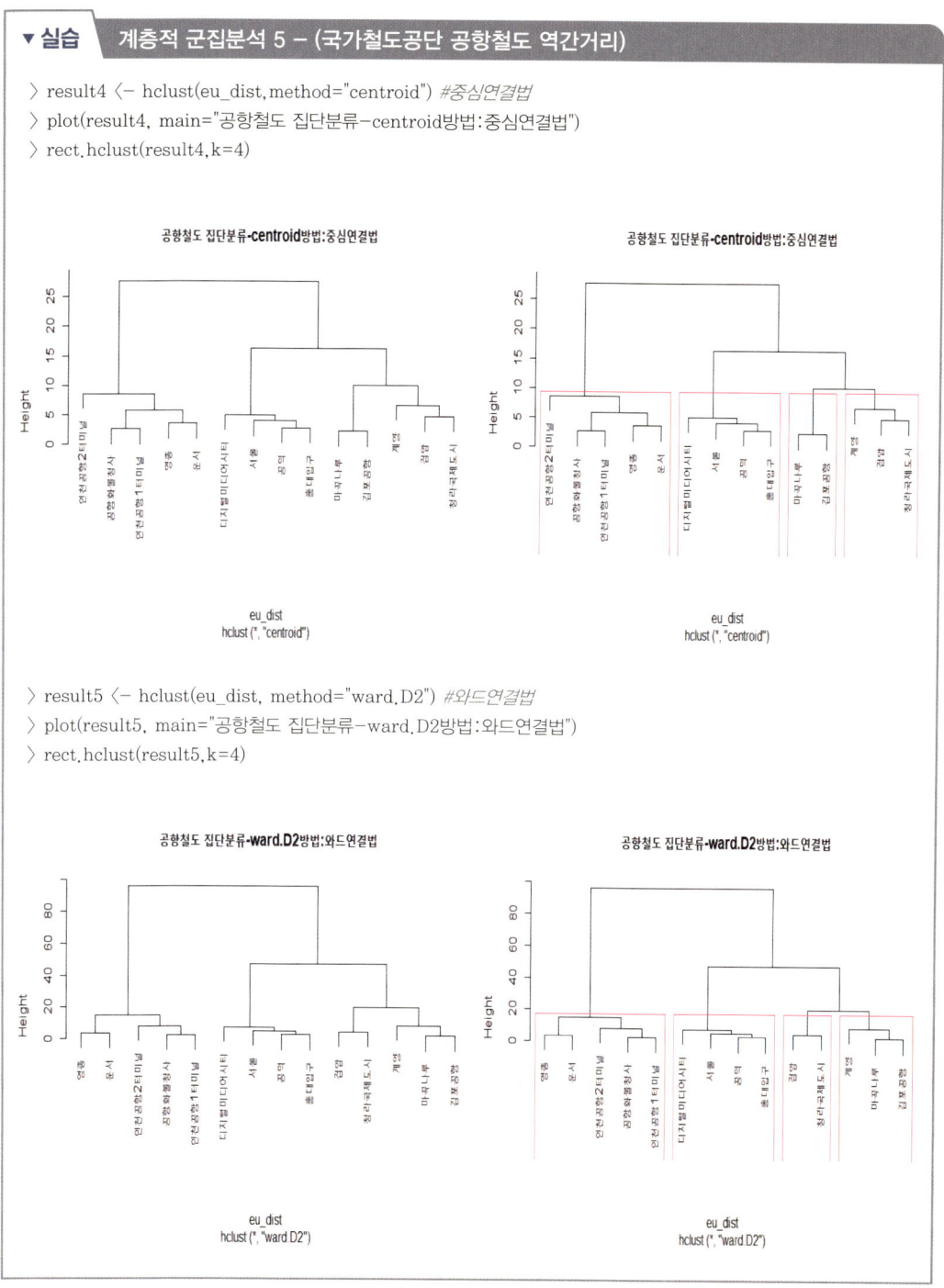

```
> result5 <- hclust(eu_dist, method="ward.D2") #와드연결법
> plot(result5, main="공항철도 집단분류-ward.D2방법:와드연결법")
> rect.hclust(result5,k=4)
```

▶ **실습** 계층적 군집분석 2 - (국가철도공단 공항철도 역간거리)

```
> g_group <- cutree(result5, k=4)
> print(g_group)
         서울         공덕      홍대입구  디지털미디어시티     마곡나루      김포공항
          1            1            1              1              2            2
         계양         검암    청라국제도시        영종          운서    공항화물청사
          2            3            3              4              4            4
   인천공항1터미널  인천공항2터미널
          4            4

> g_cluster <- cbind(data,g_group)
> print(g_cluster)
                    철도운영기관명 선명       역명       영업거리     g_group
서울                 공항철도 공항           서울           0.0           1
공덕                 공항철도 공항           공덕           3.3           1
홍대입구             공항철도 공항          홍대입구         6.1           1
디지털미디어시티     공항철도 공항      디지털미디어시티     9.5           1
마곡나루             공항철도 공항         마곡나루         18.1           2
김포공항             공항철도 공항         김포공항         20.4           2
계양                 공항철도 공항           계양          27.0           2
검암                 공항철도 공항           검암          32.5           3
청라국제도시         공항철도 공항      청라국제도시       37.3           3
영종                 공항철도 공항           영종          47.6           4
운서                 공항철도 공항           운서          51.1           4
공항화물청사         공항철도 공항      공항화물청사       55.4           4
인천공항1터미널      공항철도 공항     인천공항1터미널      58.0           4
인천공항2터미널      공항철도 공항     인천공항2터미널      63.8           4
```

실습에서는 와드 연결법에 의한 군집 결과를 선택하였다. 서울역, 공덕, 홍대입구, 디지털미디어시티를 1집단(서울중심)으로 정의할 수 있겠으며, 김포공항, 마곡나루, 계양은 2집단(서울외곽)으로 정의하였고, 검암, 청라국제도시는 3집단(인천 신도시 구역)으로 정의하였고, 영종, 운서, 공항화물청사, 인천공항1터미널, 인천공항2터미널은 4집단(인천공항 구역)으로 정의하였다. 즉, 집단의 구역 설정은 본 저자가 임의적으로 설정하였지만, 데이터의 성격과 이론적 근거를 토대로 집단을 결정해야 한다.

이렇게 설정된 집단을 데이터로 생성하고자 g_group <- cutree(result4, k=4) 명령문을 실행하였으며 cnind() 함수로 data 변수와 g_group 변수를 결합하였다. 실습에서 결합된 데이터가 정확히 구성되었는지 print(g_cluster)로 확인하였다.

3. K-means (비계층적) 군집분석

3.1 K-means (비계층적) 군집분석의 의미

비계층적 군집 분석의 대표적인 방법으로 K-means Clustering이 있다. K-means Clustering 방법은 분석자가 미리 적절한 군집 수를 결정하고, 군집 대상의 분포에 따라 군집의 초기값을 설정해주면, 초기값에서 가장 가까운 거리에 있는 대상을 하나씩 더해가는 방식으로 군집화를 수행하는 특징을 가진다. K-means Clustering 방법은 구하고자 하는 군집의 수를 정한 상태에서 군집의 중심에서 가장 가까운 개체를 하나씩 포함해나가는 특징을 가지고 있다.

비계층적 군집화의 장점은 주어진 데이터의 내부구조에 대한 사전정보 없이 의미있는 데이터 구조를 찾을 수 있도록 도와주기 때문에 다양한 형태의 데이터에서 적용이 가능하다. 하지만 비계층적 군집화의 단점은 가중치와 거리 정의가 어렵고, 초기 군집수를 결정하기 어렵다. 또한, 사전에 주어진 목적이 없으면 결과 해석이 어려워진다.

K-평균 클러스터 알고리즘

우선, n개의 개체를 미리 정의된 K개의 클러스터를 나누고, 각 클러스터의 중심을 계산 한 다음 클러스터의 평균을 클러스터의 중심으로 사용한다. 각 개체와 클러스터의 중심과의 거리를 계산하며, 이때 제곱합을 거리로 계산한다. 그리고 각 개체를 거리가 가장 짧은 클러스터에 분류하고, 더 이상의 분류가 필요 없을 때까지 위의 단계를 반복한다. 만약, 특이한 데이터(noise)가 있다면, k means 알고리즘은 마지막 그림과 같이 k=2로 군집한다.

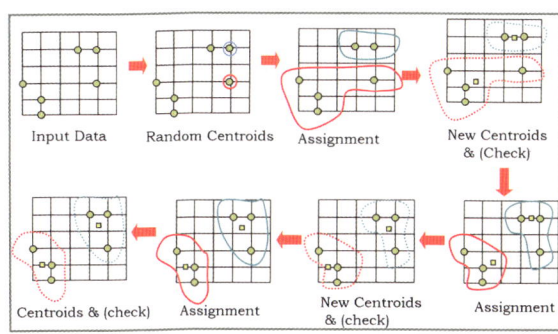

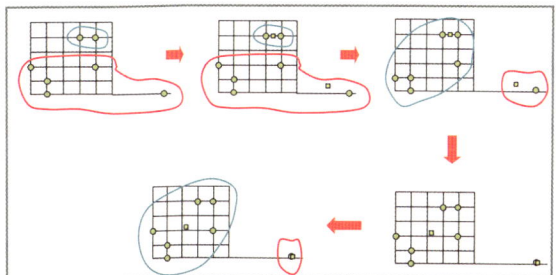

3.2 비계층적 군집분석 실습 – 음식점 점수 데이터

비계층적 군집분석 실습을 위해서 음식점 점수 데이터를 기반으로 분석을 진행하였다.

> **실습** 비계층적 군집분석 1 – (음식점 군집분석)

```
> a <- c(90,55,36,46,65,85)
> b <- c(93,70,20,60,35,90)
> data <- cbind(a,b)
> colnames(data) <- c("식당맛집점수", "식당청결점수")
> rownames(data) <- c("강릉찌개","수원갈비","한라식당","김천국밥","양양햄버거","제주식당")
> print(data)
         식당맛집점수  식당청결점수
강릉찌개        90           93
수원갈비        55           70
한라식당        36           20
김천국밥        46           60
양양햄버거      65           35
제주식당        85           90

> k_means <- kmeans(data,3)
> k_means
K-means clustering with 3 clusters of sizes 2, 2, 2

Cluster means:
   식당맛집점수  식당청결점수
1        50.5         65.0
2        50.5         27.5
3        87.5         91.5

Clustering vector:
강릉찌개  수원갈비  한라식당  김천국밥  양양햄버거  제주식당
   3         1         2         1         2          3

Within cluster sum of squares by cluster:
[1] 90.5 533.0 17.0
 (between_SS / total_SS =  90.3 %)

Available components:
[1] "cluster"    "centers"    "totss"     "withinss"    "tot.withinss"
    "betweenss"  "size"       "iter"      "ifault"
```

k_means( ) 함수로 비계층적 군집분석을 실시하였다.

kmeas(data,3) 명령문을 실행하면 data 변수를 토대로 3개의 집단을 비계층적 군집분석을 수행하라는 의미이다.

K-means clustering with 3 clusters of sizes 2, 2, 2 의미는 3개의 집단이 집단별 2, 2, 2씩 구성되었다는 의미이다.

1번 집단의 식당맛집점수의 평균은 50.50이며, 식당철결점수의 평균은 65.00이다. 2번 집단의 평균은 50.5, 27.50이며 3번 집단의 평균은 87.5, 91.50이다.

Clustering vector를 확인하면 수원갈비, 김천국밥이 1번 집단에 속하며 2번 집단은 한라식당, 양양햄버거가 속한다. 3번 집단은 강릉찌개와 제주식당이 해당된다.

Within cluster sum of squares by cluster 값은 각 군집의 중심(centroid)와 각 군집에 속한 개체간 거리의 제곱합의 값을 의미하며, Available components는 계층적 군집분석의 세부 속성을 확인할 수 있는 매개변수이다.

① cluster : 각 개체별 할당된 군집 번호, 1부터 k번째 군집 숫자

② centers : 군집의 중심 (centroid) 좌표 행렬

③ totss : 제곱합의 총합 (total sum of squares)

④ withinss : 군집 내 군집과 개체간 거리의 제곱합 벡터

⑤ tot.withinss : 군집 내 군집과 개체간 거리의 제곱합의 총합

⑥ betweenss : 군집과 군집 간 중심의 거리 제곱합.

⑦ size : 각 군집의 개체의 개수

⑧ iter : 반복 회수

⑨ ifault : 전문가들에게 알고리즘 문제 가능성을 지표로 제시한 값을 알려준다

k_mean$cluster 명령문을 실행하면 개별 데이터가 어떤 집단으로 구성되어 있는지 확인이 가능하다. 실습에서 k-means로 분류된 집단의 데이터를 data 변수에 저장하기 위해서 k_group <- k_means$cluster 명령문과 data <- cbind(data,k_group) 명령문을 실행하였다. 그리고 head(data)로 내용을 확인하였으며 또한 plot( )명령문을 통해서 군집의 식당청결점수와 식당맛집점수를 기준으로 위치 상태를 확인하였다.

▼ **실습** 비계층적 군집분석 2 – (음식점 군집분석)

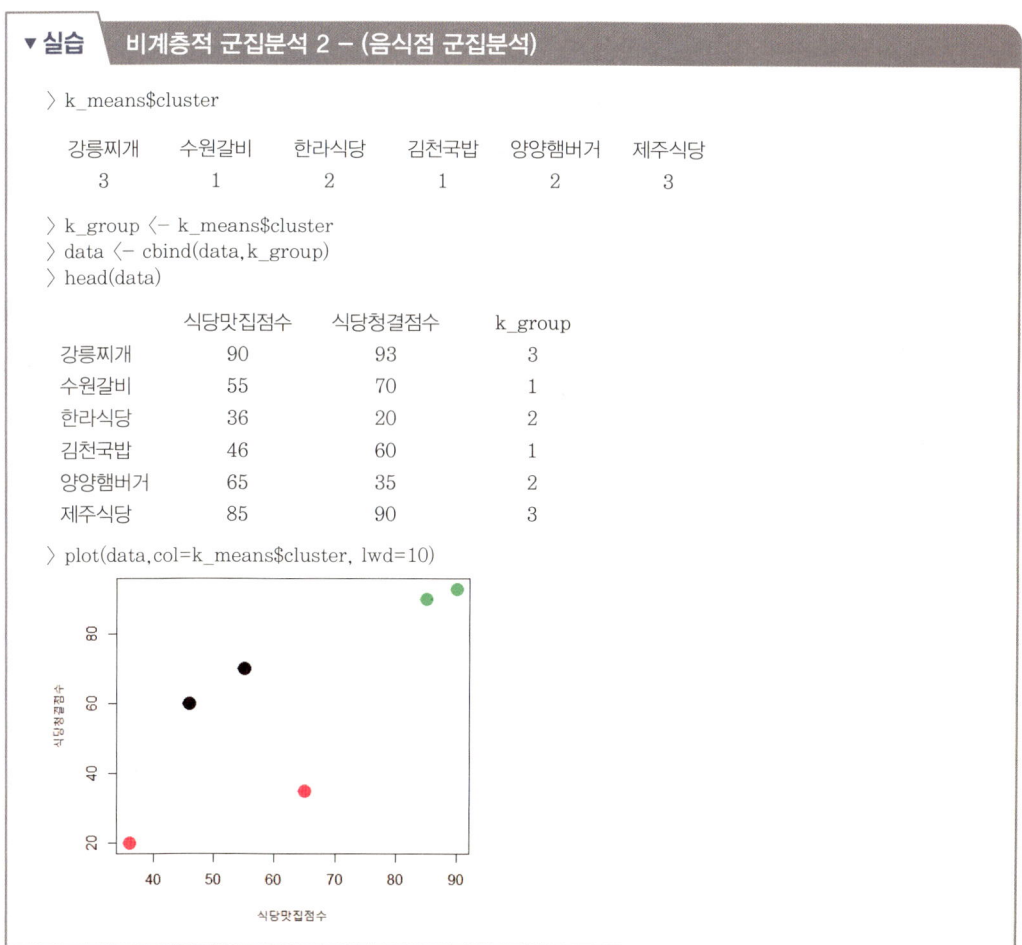

3.3 비계층적 군집분석 실습 – 혁신제품 만족 데이터

두 번째 k-means 비계층적 군집분석 실습을 위해서 혁신제품 만족연구 데이터로 실습을 진행하였고, 분석의 목적은 혁신_기술, 혁신_디자인, 혁신_소프트웨어, 혁신_실용성, 혁신_품질 데이터를 기준으로 혁신 등급을 분류하는 것이다.

혁신제품 만족연구

변수명		
성별 (int)	나이 (int)	학력 (int)
혁신_기술 (int)	혁신_디자인 (int)	혁신_소프트웨어 (int)	혁신_실용성 (int)	혁신_품질 (int)
편의성_인터페이스 (int)	편의성_사용자 (int)	편의성_소프트웨어 (int)	편의성_AS서비스 (int)	만족도 (int)

▼ 실습   비계층적 군집분석 1 – (혁신제품 만족연구)

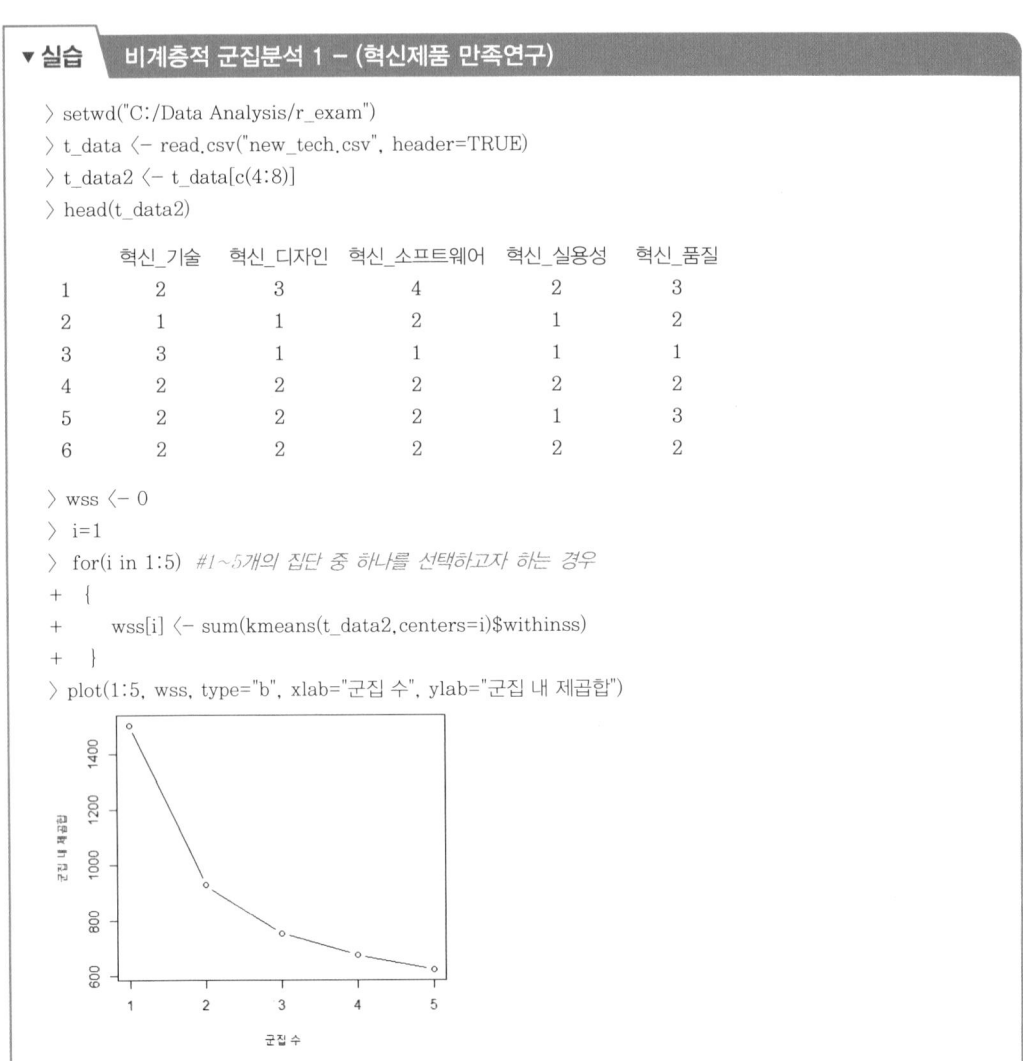

우선, new_tech.csv 데이터를 t_data 변수로 저장하였다. 이중 혁신 관련 데이터만 비계층적 군집분석을 위해서 t_data2 <- t_data[c(4:8)] 명령문을 실행하여 혁신 관련 칼럼만 추출하였다.

다음 비계층적 군집분석을 시작하기 이전에 혁신 관련 데이터로 몇 개의 집단을 분류할 수 있는지 탐색할 필요가 있다. 이에 for( )문 실행 시 분석자가 선택하고자 하는 집단 수만큼 반복 횟수를 지정하면 된다. 그래서 for( )을 작성하여 집단수를 결정하고자 한다. for( )문 안에 내용은 wss[i] <- sum(kmeans(t_data2, centers=i)$withinss) 명령문으로 작성하여 실행하였다. wss는 만들고자 하는 군집수 당 withinss(클러스터 내부 데이터의 분산 정도)를 계산하여 분산값을 저장시켜 준다. 이를 plot(1:5, wss, type="b", xlab="군집 수", ylab="군집 내 제곱합") 명령문을 실행하면, 스크리 도표(scree plot)를 출력해준다. 스크리 도표에서 군집수가 증가할수록, 클러스터 내의 분산이 작아지는 것을 확인할 수 있으며, 스크리 도표를 보고 군집 수를 결정할 수 있다. 본 실습에서는 3개의 집단으로 설정하였다. 만약 4개 집단 이상으로 군집수를 지정할 경우, 군집 간의 특성 차이가 모호해질 수 있다. 예를들어 1번 집단과 2번 집단의 혁신성의 특성이 모호해질 수 있다는 의미이다.

한편, k_cluster <- kmeans(t_data2,3) 명령문 실행 시 컴퓨터가 임의로 선정한 데이터를 중심으로 클러스터 중심을 계산하면서 거리 계산, 제곱합의 수치가 다를 수 있다. 즉, 군집(집단)을 구성하는 과정에서 집단의 개수가 교재와 다른 수치값을 보여줄 수 있다. 따라서 k_cluster <- kmeans(t_data2,3) 명령문을 반복 실행해보면 분류된 집단 개수가 일부 조정되는 것을 확인할 수 있다.

▼ 실습 비계층적 군집분석 2 – (혁신제품 만족연구)

```
> k_cluster <- kmeans(t_data2,3)
> k_cluster
```

K-means clustering with 3 clusters of sizes 59, 134, 90

Cluster means:

	혁신_기술	혁신_디자인	혁신_소프트웨어	혁신_실용성	혁신_품질
1	2.271186	2.084746	2.152542	2.406780	1.966102
2	3.313433	2.873134	3.470149	3.664179	3.365672
3	4.133333	4.244444	4.300000	4.188889	4.111111

Clustering vector:
```
  [1] 2 1 1 1 1 1 1 1 1 2 3 1 1 1 1 1 1 1 1 2 2 2 1 2 2 2 3 1 1 1 1 1 1 1 1 1 1
 [38] 1 1 1 1 1 1 1 1 1 1 2 2 2 2 2 1 2 2 2 1 2 2 2 1 2 2 2 2 2 2 2 2 2 2 2
 [75] 3 2 2 3 2 3 2 2 2 3 2 2 3 3 2 3 2 3 3 3 3 3 2 3 2 2 3 3 3 2 1 2 1 1 1 1 1
[112] 2 1 3 2 1 2 2 2 2 2 2 2 3 3 3 2 2 3 2 2 2 2 2 2 2 2 2 2 2 1 1 2 2 2 2 2
[149] 2 2 2 2 2 1 2 2 2 1 2 2 2 2 2 2 3 3 3 3 2 1 3 3 2 2 3 2 3 3 3 2 3 2 2 2 3 2
[186] 2 3 3 2 3 3 2 2 3 2 3 3 3 2 2 3 3 2 2 2 3 2 2 2 2 2 2 2 2 2 3 3 3 2 2
[223] 3 2 3 3 3 3 3 3 3 3 3 3 3 1 1 2 2 1 2 2 2 2 2 3 1 2 3 3 3 3 2 3 2 3 2 2
[260] 3 3 2 3 3 3 3 3 3 3 3 3 3 2 3 3 3 3 3 3 3 3 3 1
```

Within cluster sum of squares by cluster:

```
 [1] 196.0339 342.0299 212.6000
 (between_SS / total_SS =  50.1 %)

Available components:

[1] "cluster"     "centers"    "totss"    "withinss"    "tot.withinss"
[6] "betweenss"   "size"       "iter"     "ifault"
```

비계층적 군집분석을 생성하기 위해서 k_cluster <- kmeans(t_data2,3) 명령문을 실행하였으며, 비계층적 군집분석의 결과 상태를 확인하기 위해서 print(k_cluster) 명령문을 실행하였다. 결과 내용을 살펴보면, 1번 집단의 샘플 크기는 59개이고, 2번 집단의 샘플크기는 134개이며, 3번 집단의 샘플크기는 90개이다.

Cluster means에는 각 집단의 평균값을 보여주고 있다. 1번 집단의 경우 혁신 관련 칼럼값에서 모두 2.4점 미만의 값을 보여주며 특히 혁신_품질은 1.96의 값을 가지고 있다. 즉, 1번 집단은 혁신성이 거부하고 부정적으로 생각하는 집단이다. 반대로 3번 집단의 경우에는 혁신 관련 점수가 4점대를 보여주고 있어 혁신성을 신속하게 흡수하고, 혁신 제품을 즐기는 집단이라고 해석할 수 있다. 이러한 집단 형성에 대한 개별 데이터는 Clustering vector에서 확인 가능하며, 별도로 k_cluster$cluster 명령문을 실행하면 확인할 수 있다.

비계층적 군집분석의 군집 결과값을 t_data 변수에 결합하고자 k_group <- k_cluster$cluster 명령문과 data2 <- cbind(t_data2,k_group) 명령문을 실행하였다. 그리고 결합이 올바르게 되었는지 head(data2) 명령문으로 상위 6개의 데이터를 확인하였다.

▼ 실습   비계층적 군집분석 3 - (혁신제품 만족연구)

```
> k_cluster$cluster
  [1] 2 1 1 1 1 1 1 1 2 3 1 1 1 1 1 1 1 2 2 2 1 2 2 2 3 1 1 1 1 1 1 1 1 1 1 1 1
 [38] 1 1 1 1 1 1 1 1 1 1 2 2 2 2 2 1 2 2 2 1 2 2 2 1 2 2 2 2 2 2 2 2 2 2 2 2 2
 [75] 3 2 2 3 2 3 2 2 2 3 2 2 3 3 2 3 2 3 3 3 3 3 2 3 2 2 3 3 3 2 1 2 1 1 1 1 1
[112] 2 1 3 2 1 2 2 2 2 2 2 2 2 2 3 3 3 2 2 3 2 2 2 2 2 2 2 2 2 2 2 2 1 1 2 2 2 2
[149] 2 2 2 2 1 2 2 2 1 2 2 2 2 2 2 3 3 3 3 2 1 3 3 2 2 3 2 3 3 3 2 3 2 2 2 3 2
[186] 2 3 3 2 3 3 2 2 2 3 2 3 3 3 2 2 3 3 2 2 2 3 2 2 2 2 2 2 3 3 3 3 2 2
[223] 3 2 3 3 3 3 3 3 3 3 3 3 1 1 2 2 1 2 2 2 2 2 3 1 2 3 3 3 3 2 3 2 3 2 3 2 2
[260] 3 3 2 3 3 3 3 3 3 3 3 3 3 2 3 3 3 3 3 3 3 3 3 1
> k_group <- k_cluster$cluster
> data2 <- cbind(t_data2,k_group)
> head(data2)
    혁신_기술   혁신_디자인   혁신_소프트웨어   혁신_실용성   혁신_품질   k_group
1       2           3               4              2           3         2
2       1           1               2              1           2         1
3       3           1               1              1           1         1
4       2           2               2              2           2         1
5       2           2               2              1           3         1
6       2           2               2              2           2         1
```

▼ 실습   비계층적 군집분석 4 – (혁신제품 만족연구)

```
> library(dplyr)
> group_sum <- data2 %>% group_by(집단=k_group) %>% summarise(mean(혁신_기술), mean(혁신_디자인))
> group_sum

# A tibble: 3 x 3
  집단  `mean(혁신_기술)`  `mean(혁신_디자인)`
  <int>        <dbl>              <dbl>
1   1          2.27                2.08
2   2          3.31                2.87
3   3          4.13                4.24

> plot(t_data2[,c("혁신_기술","혁신_디자인")],col=t_data2$k_group)
> points(k_cluster$centers[,c("혁신_기술","혁신_디자인")],col=1:3,pch=8,cex=5)
```

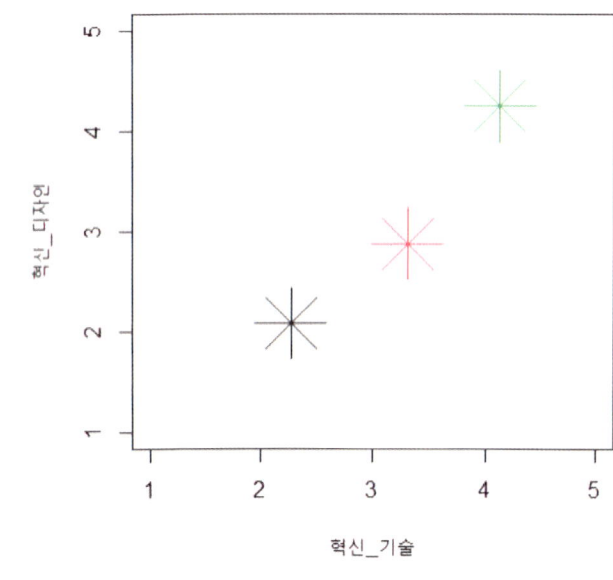

비계층적 군집분석으로 분류된 집단별로 혁신_기술, 혁신_디자인, 혁신_소프트웨어, 혁신_실용성, 혁신_품질별의 평균값을 확인할 수 있다. 실습에서는 대표적으로 혁신_기술과 혁신_디자인만 확인하였으며 plot( ) 함수로 시각화하였다. 혁신_디자인과 혁신_기술을 y축과 x축으로 살펴보면 3개의 집단이 위치가 명확히 구분되어 있으며 각각의 성격을 구분할 수 있다. 3번 집단의 경우는 혁신_기술과 혁신_디자인의 점수가 4.5의 위치해 있으며, 1번 집단은 2점대에 위치해 있고, 2번 집단은 3점대에 위치해 있다. 즉, 비계층적 군집분석을 통해 5개의 혁신변수 점수로 3개의 집단을 분류하였을 때, 3개의 집단 성격이 명확히 구분되어 있으며 3번 집단을 혁신 집단(early adopter), 2번 집단을 일반집단(majority), 3번 집단을 혁신 거부자(refuse) 집단으로 이름을 정의할 수 있겠다.

CHAPTER 3 연관규칙 분석

1. 연관규칙 분석의 의미

1) 연관규칙의 의미

연관규칙 또는 연관성 규칙(Association Rules)이란 어떤 항목이 어떤 항목을 동반하여 등장하는지에 대한 분석 기법이다. 주로 유통 거래 데이터 구매항목들 사이의 연관성에 대해 규칙을 추론하였기 때문에, 장바구니 분석이라고도 한다. 연관규칙은 복잡한 알고리즘 없이도 아주 간단하고 명료하며 효과적인 결과를 얻어 낼 수 있는 알고리즘이다. 예를 들어, 연관규칙을 통해 우리는 '만약 A가 구매되었다면, B를 구매할 것이다' 라는 아주 명쾌하고 빠르게 해결 가능한 문제 정의를 가능하게 할 수 있다.

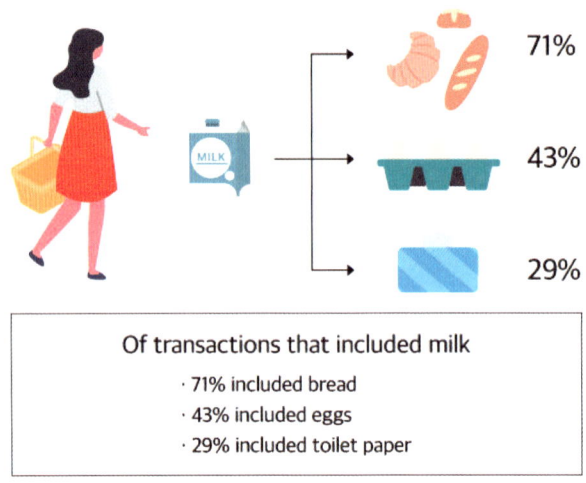

2) 연관규칙의 평가

(1) 지지도(Support) : 지지도는 전체 품목에서 관련 품목의 거래 확률을 나타낸다. 전체 품목에 대한 품목 A와 품목 B가 동시에 일어나는 확률을 의미한다. 예를 들어 고객이 마트에서 구매한 전체 거래 내역 중에서 빵과 우유를 동시에 구매한 거래 건수를 계산하는 것을 말한다. 지지도는 좋은 규칙(빈도가 많은, 구성비가 높은)을 찾거나, 불필요한 연산을 줄일 때 (pruning, 가지치기)의 기준으로 사용된다.

지지도 = 우유와 빵 모두 포함된 거래 수 / 전체 거래 수

(2) 신뢰도(Confidence) : 품목 A가 구매될 때 품목 B가 구매되는 경우의 조건부확률을 의미한다. 신뢰도가 높을수록 유용한 규칙일 가능성이 크다고 설명한다.

신뢰도 = 우유와 빵 모두 포함된 거래 수 / 우유가 포함된 거래 수

(3) 향상도(Lift) : 하위 항목들이 독립에서 얼마나 벗어나는지의 정도를 측정하는 값을 말한다. 향상도 값이 1인 경우에는 상품 A와 상품 B가 독립적인 관계로 상관성이 없다고 해석한다.

향상도 = (우유와 빵 모두 포함된 거래 수 × 전체 거래 수) / (우유가 포함된 거래 수 × 빵이 포함된 거래 수)

3) 연관규칙의 해석

구분	내용
지지도	• 지지도도 낮으면 해당 조합의 거래수가 적다는 것을 의미한다. • A 상품과 B 상품의 연관성을 측정한다.
신뢰도	• 신뢰도가 낮으면 A 상품 구매 시 B 상품을 함께 구매하는 거래 수가 적다는 의미이다. • A 상품에서 B 상품으로의 인과성을 측정한다.
향상도	• 향상도가 1이 아니라면 상품 A와 상품 B가 독립이 아닌 경우로서 종속관계를 가지며 상관성이 있다고 해석한다. • 향상도가 1에 가까우면 두 상품은 독립적이다. • 1보다 작으면 두 상품은 음의 상관성을 가지며, 1보다 크면 두 상품은 양의 상관성을 가진다. • 연관규칙이 의미가 있으려면 향상도가 1보다 큰 값이어야 한다. 향상도의 값이 클수록 상품 간의 연관성이 높다고 해석하게 된다. • 향상도는 어떤 품목 X의 값이 주어지지 않은 경우에 품목 Y의 확률을 대비하여 품목 X를 계산하여 품목 Y의 확률 비율을 계산한다. 이 값이 클수록 품목 X의 구매 여부가 품목 Y의 구매여부에 큰 영향을 미친다.

R에서는 arules(Association Rule)라는 패키지를 이용하여 연관규칙 분석을 진행할 수 있다. arules 패키지는 최소 지지도의 가지치기 알고리즘인 Apriori 알고리즘을 제공하며, 이를 통해 연관규칙을 분석할 수 있다.

> **Q문법** 연관규칙 분석 문법

```
install.packages("arules")
library(arules)
split(분리할 변수명(칼럼), 분리할 기준을 저장한 변수명(칼럼)) : 주어진 기준에 따라 데이터를 분리한다.
transactions()    : 트랜잭션 객체를 생성해주는 함수로 거래한 데이터에 대하여 희소 매트릭스를 생성해준다.
itemFrequency()   : 제품이 포함된 거래비율 계산
apriori(변수명)    : 트랜잭션 객체를 대상으로 연관 규칙을 발견해 주는 함수이다.
inspect(변수명)    : 트랜잭션 객체에 대한 연관 규칙의 내용을 확인하기 위한 함수이다.
image(변수명)      :  격자 형식으로 데이터를 시각화한다.  행은 트랜잭션, 열은 항목을 보여준다.
```

2. 연관규칙 실습 – 영화시청 데이터

첫 번째, 연관규칙 실습을 위해서 영화시청 데이터를 토대로 분석을 하였다. 실습에서 사용한 데이터는 총 10명의 사람이 영화를 시청한 기록이다. 첫 번째 사람은 아이언맨1, 킹덤1, 아이언맨2, 범죄도시, 킹덤2를 시청하였다. 이렇듯, 사람들이 어떤 영화에 관심을 가지고 있는지를 파악하기 위해서 특정 영화를 시청 후 다음에는 어떤 영화를 시청할지를 분석해보자.

ID	TITLE	ID	TITLE	ID	TITLE	ID	TITLE
1	아이언맨1	3	아이언맨1	6	킹덤1	9	범죄도시
1	킹덤1	3	포켓몬스터	6	킹덤2	9	포켓몬스터
1	아이언맨2	3	식스센스	6	미나리	9	미나리
1	범죄도시	4	아이언맨2	7	킹덤1	10	아이언맨1
1	킹덤2	4	킹덤1	7	킹덤2	10	아이언맨2
2	모가디슈	5	모가디슈	8	모가디슈	10	모가디슈
2	포켓몬스터	5	킹덤2	8	아이언맨1	10	범죄도시
2	아이언맨2	5	식스센스	8	아이언맨2	10	킹덤2

▼실습 연관규칙 1 – (영화시청)

```
> install.packages("arules")
> library(arules)
> setwd("c:/Data Analysis/r_exam/")
> person <- c(1,1,1,1,1,2,2,2,3,3,3,4,4,5,5,5,6,6,6,7,7,8,8,8,9,9,9,10,10,10,10,10)
> m_data <-c("아이언맨1","킹덤1","아이언맨2","범죄도시","킹덤2","모가디슈","포켓몬스터","아이언맨2",
+            "아이언맨1","포켓몬스터","식스센스","아이언맨2","킹덤1","모가디슈","킹덤2","식스센스",
+            "킹덤1","킹덤2","미나리","킹덤1","킹덤2","모가디슈","아이언맨1","아이언맨2","범죄도시",
+            "포켓몬스터","미나리","아이언맨1","아이언맨2","모가디슈","범죄도시","킹덤2")
> movie <- data.frame(person,m_data)
> colnames(movie) <- c("ID","TITLE")
> str(movie)

'data.frame':    32 obs. of  2 variables:
 $ ID   : num  1 1 1 1 1 2 2 2 3 3 ...
 $ TITLE: chr  "아이언맨1" "킹덤1" "아이언맨2" "범죄도시" ...
```

실습하기 위해서 직접 분석자가 데이터를 입력한다. person 변수에는 영화를 시청한 사람의 데이터를 입력하여 저장한다. 영화시청 데이터는 m_data 변수로 저장한다. person 변수와 m_data 변수는 하나로 통합하여 movie 변수로 저장할 수 있도록 데이터프레임 객체로 처리하였다.

▼ 실습 연관규칙 2 – (영화시청)

```
> head(movie, 3)
     ID    TITLE
1    1    아이언맨1
2    1    킹덤1
3    1    아이언맨2

> movie$TITLE[movie$ID==1]
[1] "아이언맨1"  "킹덤1"  "아이언맨2" "범죄도시" "킹덤2"

> movie.list <- split(movie$TITLE, movie$ID)
> head(movie.list, 3)

$`1`
[1] "아이언맨1" "킹덤1"    "아이언맨2" "범죄도시" "킹덤2"

$`2`
[1] "모가디슈"  "포켓몬스터" "아이언맨2"

$`3`
[1] "아이언맨1" "포켓몬스터" "식스센스"

> movie.watch <- as(movie.list, "transactions")
> movie.watch

transactions in sparse format with
 10 transactions (rows) and
 9 items (columns)

> itemFrequency(x = movie.watch)
  모가디슈  미나리  범죄도시  식스센스  아이언맨1  아이언맨2  킹덤1  킹덤2  포켓몬스터
     0.4     0.2      0.3       0.2       0.4        0.5     0.4   0.5      0.3
```

실습에서 movie 변수의 데이터를 확인하기 위해 head(movie, 3) 명령문을 실행하였고, ID와 TITLE에 값이 화면에 출력된다. 다음 movie$TITLE[movie$ID==1] 명령문을 실행하면 ID값이 1로 설정되어 있는 사람이 시청한 영화의 TITLE 값을 보여준다. 1번 사람은 아이언맨1, 킹덤1, 아이언맨2, 범죄도시, 킹덤2를 시청한 내용으로 확인된다.

다음, 연관규칙 계산을 위해서 as( ) 함수로 트랜잭션 처리를 진행하였다. 실습에서는 movie.list 변수를 transactions 구조(연관규칙 구조)로 변환하여 저장한다. 변환된 movie.watch 변수를 실행해보면, 해당 거래건수는 10건(rows)이며, 9개의 거래 품목(columns)이 있다. 즉, 10명의 사람이 9개의 영화시청 품목을 거래하였다고 해석할 수 있다. 그리고 itemFrequency( ) 함수는 제품이 포함된 거래 비율로서 itemFrequency(x = movie.watch) 명령문은 특정 영화가 포함된 시청 비율을 말하며 킹덤2의 시청 거래비율은 0.5로 나타났다.

▼ 실습   연관규칙 3 – (영화시청)

> image(movie.watch)

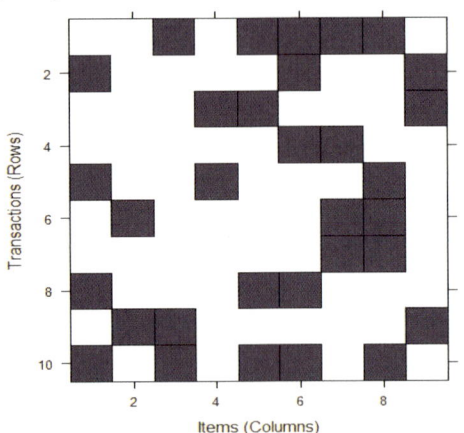

image( ) 함수로 movie.watch를 살펴보면, y축의 행은 사람(ID), x축의 열은 영화시청(item)을 말한다. 1번 사람은 5개의 영화, 2번 사람은 3개의 영화를 보았다는 형태로 검은색 사각형으로 표현되어 있다. 데이터를 보면 1번 사람과 2번 사람은 아이언맨2를 둘 다 시청하였기 때문에 시청한 영화를 표현하는 사각형의 박스 중 한 개는 서로 중첩된 모습을 확인할 수 있다.

총 10명의 사람이 여러 영화를 시청하였지만 중복되는 영화도 있지만 그렇지 않은 영화도 있다는 것을 그림으로 확인할 수 있다.

> summary(movie.watch)

```
transactions as itemMatrix in sparse format with
 10 rows (elements/itemsets/transactions) and
 9 columns (items) and a density of 0.3555556

most frequent items:
아이언맨2   킹덤2  모가디슈 아이언맨1   킹덤1  (Other)
      5         5        4         4         4        10

element (itemset/transaction) length distribution:
sizes
2 3 5
2 6 2

   Min. 1st Qu.  Median    Mean 3rd Qu.    Max.
    2.0     3.0     3.0     3.2     3.0     5.0

includes extended item information - examples:
       labels
1    모가디슈
2      미나리
3    범죄도시

includes extended transaction information - examples:
   transactionID
1              1
2              2
3              3
```

summary( ) 함수로 movie.watch를 실행하면 아이템에 해당되는 트랜잭션 개수(거래 개수)를 확인할 수 있다. 실습에는 데이터의 구성이 10개의 행과 9개의 열로 구성되어 있으며 density of 0.3555556은 매트릭스에서 0이 아닌 채워져 있는 칸의 비율을 말한다. image( ) 함수에서 살펴본 것처럼 비워있는 칸과 채워져 있는 칸이 어느 정도 구성되어 있는지 비율을 말하는 것이다.

영화시청 거래건수 = 10(행) * 10(열)
* 0.3555556 = 35.5556개
거래 건수당 평균 시청 개수는 35.5556 / 10 = 3.56개

most frequent items은 가장 빈도가 많은 품목을 설명해주고 있으며, 아이언맨2가 5개로 단일 품목에서는 제일 많다.

element (itemset/transaction) length distribution은 물건이 팔린 개수를 의미하며 영화시청을 2번한 사람이 2명, 3개의 영화를 시청한 사람이 6명, 5개를 시청한 사람이 2명이라는 것을 의미한다.

summary( ) 함수에서는 영화명의 고유번호도 샘플로 설명하고 있다. 모가디슈는 1번, 미나리는 2번, 범죄도시는 3번의 ID 값을 가지고 있다.

▼실습   연관규칙 4 - (영화시청)

```
> movie.rules1 <- apriori(movie.watch)
Apriori

Parameter specification:
 confidence minval smax arem  aval originalSupport maxtime support minlen maxlen target  ext
        0.8    0.1    1 none FALSE            TRUE       5     0.1      1     10  rules TRUE

Algorithmic control:
 filter tree heap memopt load sort verbose
    0.1 TRUE TRUE  FALSE TRUE    2    TRUE

Absolute minimum support count: 1

set item appearances ...[0 item(s)] done [0.00s].
set transactions ...[9 item(s), 10 transaction(s)] done [0.00s].
sorting and recoding items ... [9 item(s)] done [0.00s].
creating transaction tree ... done [0.00s].
checking subsets of size 1 2 3 4 5 done [0.00s].
writing ... [66 rule(s)] done [0.00s].
creating S4 object  ... done [0.00s].

> summary(movie.rules1)
set of 66 rules

rule length distribution (lhs + rhs):sizes
 3  4  5
32 26  8

   Min.  1st Qu.  Median    Mean  3rd Qu.    Max.
  3.000    3.000   4.000   3.636    4.000   5.000

summary of quality measures:
    support         confidence      coverage         lift          count
 Min.   :0.1000   Min.   :1    Min.   :0.1000   Min.   :2.00   Min.   :1.000
 1st Qu.:0.1000   1st Qu.:1    1st Qu.:0.1000   1st Qu.:2.00   1st Qu.:1.000
 Median :0.1000   Median :1    Median :0.1000   Median :2.50   Median :1.000
 Mean   :0.1227   Mean   :1    Mean   :0.1227   Mean   :2.51   Mean   :1.227
 3rd Qu.:0.1000   3rd Qu.:1    3rd Qu.:0.1000   3rd Qu.:2.50   3rd Qu.:1.000
 Max.   :0.2000   Max.   :1    Max.   :0.2000   Max.   :5.00   Max.   :2.000

mining info:
        data ntransactions support confidence
 movie.watch            10     0.1        0.8
```

movie.watch 변수(트랜잭션 객체)를 기반으로 연관규칙을 발견하기 위해서 movie.rules1 <- apriori movie.watch) 명령문을 실행하였다. apriori( ) 함수의 속성값을 지정하지 않고 변수만 지정하였을 때, 기본값으로 설정된 Support 값은 0.1이며, Confidence의 값은 0.8로 연관규칙이 계산된다.

▼ 실습 연관규칙 5 – (영화 연관규칙)

```
> inspect(movie.rules1)
```

	lhs		rhs	support	confidence	coverage	lift	count
[1]	{식스센스,포켓몬스터}	=>	{아이언맨1}	0.1	1	0.1	2.500000	1
[2]	{식스센스,아이언맨1}	=>	{포켓몬스터}	0.1	1	0.1	3.333333	1
[3]	{아이언맨1,포켓몬스터}	=>	{식스센스}	0.1	1	0.1	5.000000	1
[4]	{모가디슈,식스센스}	=>	{킹덤2}	0.1	1	0.1	2.000000	1
[5]	{식스센스,킹덤2}	=>	{모가디슈}	0.1	1	0.1	2.500000	1
[6]	{미나리,포켓몬스터}	=>	{범죄도시}	0.1	1	0.1	3.333333	1
	… 〈생략〉 …							
[53]	{범죄도시,아이언맨1,아이언맨2}	=>	{킹덤2}	0.2	1	0.2	2.000000	2
[54]	{범죄도시,아이언맨1,킹덤2}	=>	{아이언맨2}	0.2	1	0.2	2.000000	2
[55]	{범죄도시,아이언맨2,킹덤2}	=>	{아이언맨1}	0.2	1	0.2	2.500000	2
[56]	{아이언맨1,아이언맨2,킹덤2}	=>	{범죄도시}	0.2	1	0.2	3.333333	2
[57]	{모가디슈,아이언맨1,킹덤2}	=>	{아이언맨2}	0.1	1	0.1	2.000000	1
[58]	{모가디슈,아이언맨2,킹덤2}	=>	{아이언맨1}	0.1	1	0.1	2.500000	1
	… 〈생략〉 …							
[64]	{모가디슈,범죄도시,아이언맨1,킹덤2}	=>	{아이언맨2}	0.1	1	0.1	2.000000	1
[65]	{모가디슈,범죄도시,아이언맨2,킹덤2}	=>	{아이언맨1}	0.1	1	0.1	2.500000	1
[66]	{모가디슈,아이언맨1,아이언맨2,킹덤2}	=>	{범죄도시}	0.1	1	0.1	3.333333	1

lhs(left hand side)는 선행거래를 의미하며, rhs(right hand side)는 후행거래를 의미한다. 실습 결과를 살펴보면 첫 번째 행에서 {식스센스, 포켓몬스터}를 시청한 사람은 다음 {아이언맨1}을 시청할 경우에 지지도(support)는 0.1로 나타났다. 지지도가 낮다는 것은 해당 조합의 거래 수가 적다는 것을 의미한다. 즉, {식스센스, 포켓몬스터}를 시청한 사람이 다음 {아이언맨1}을 시청한 거래 수가 많지 않았다는 것이다. 하지만 지지도가 작더라도 신뢰도(confidence)는 1로 나타나 {식스센스, 포켓몬스터}를 시청한 사람이 {아이언맨1}를 시청할 가능성은 매우 높다는 것을 말하며, 향상도(lift)는 2.500으로 나타났다. 이는 {식스센스, 포켓몬스터}를 시청한 경우에 {아이언맨1}를 향후에 시청하겠다는 관계가 양의 상관관계를 가진다고 것이다. 결국, {식스센스, 포켓몬스터}를 시청한 고객이 {아이언맨1}을 시청하였다는 거래수는 없더라도 향후 예약시청의 가능성은 매우 높다고 해석되며 양의 상관관계를 가진다고 설명할 수 있다. 그리고 3번째에 있는 {아이언맨1, 포켓몬스터}를 본 시청자가 다음 {식스센스}를 시청할 경우의 수를 보면 지지도는 0.1, 신뢰도는 1, 향상도는 5.0으로 상관관계가 가장 강하며, 두 편의 영화를 보고 다른 영화를 예약하는 경우의 수에서도 가장 높은 확률을 보여주고 있다.

세 편의 영화를 시청하였을 경우를 살펴보면, {아이언맨1, 아이언맨2, 킹덤2}를 시청한 고객이 다음 영화로 {범죄도시}를 시청할 수 있는 경우의 수는 지지도가 0.2로 나타났고, 거래 건수는 2건이다. 신뢰도는 1이며, 향상도는 3.333으로 다른 세 편의 영화를 보고 다음 범죄도시 영화를 예약하는 경우의 수에서 가장 높은 확률을 보여주고 있다.

실습 연관규칙 6 – (영화 연관규칙)

```
> movie.rules2 <- apriori(movie.watch, parameter=list(support=0.2, confidence = 0.8,
+                       target="rules"))
```

Apriori

Parameter specification:
 confidence minval smax arem   aval originalSupport maxtime support minlen maxlen target ext
        0.8   0.1   1 none FALSE   TRUE   5   0.2   1   10 rules TRUE

Algorithmic control:
 filter tree heap memopt load sort verbose
    0.1 TRUE TRUE FALSE TRUE   2   TRUE

Absolute minimum support count: 2

set item appearances ...[0 item(s)] done [0.00s].
set transactions ...[9 item(s), 10 transaction(s)] done [0.00s].
sorting and recoding items ... [9 item(s)] done [0.00s].
creating transaction tree ... done [0.00s].
checking subsets of size 1 2 3 4 done [0.00s].
writing ... [15 rule(s)] done [0.00s].
creating S4 object ... done [0.00s].

```
> summary(movie.rules2)
```

set of 15 rules

rule length distribution (lhs + rhs):sizes
 3 4
11 4

   Min. 1st Qu. Median   Mean 3rd Qu.   Max.
  3.000   3.000 3.000 3.267   3.500 4.000

summary of quality measures:
   support   confidence   coverage   lift   count
 Min. :0.2   Min. :1   Min. :0.2   Min. :2.000   Min. :2
 1st Qu.:0.2   1st Qu.:1   1st Qu.:0.2   1st Qu.:2.000   1st Qu.:2
 Median :0.2   Median :1   Median :0.2   Median :2.000   Median :2
 Mean :0.2   Mean :1   Mean :0.2   Mean :2.400   Mean :2
 3rd Qu.:0.2   3rd Qu.:1   3rd Qu.:0.2   3rd Qu.:2.500   3rd Qu.:2
 Max. :0.2   Max. :1   Max. :0.2   Max. :3.333   Max. :2

mining info:
        data ntransactions support confidence
 movie.watch   10   0.2   0.8

▼실습 연관규칙 7 – (영화 연관규칙)

```
> inspect(movie.rules2)
```

	lhs		rhs	support	confidence	coverage	lift	count
[1]	{범죄도시,아이언맨1}	=>	{아이언맨2}	0.2	1	0.2	2.000000	2
[2]	{범죄도시,아이언맨2}	=>	{아이언맨1}	0.2	1	0.2	2.500000	2
[3]	{범죄도시,아이언맨1}	=>	{킹덤2}	0.2	1	0.2	2.000000	2
[4]	{범죄도시,킹덤2}	=>	{아이언맨1}	0.2	1	0.2	2.500000	2
[5]	{아이언맨1,킹덤2}	=>	{범죄도시}	0.2	1	0.2	3.333333	2
[6]	{범죄도시,아이언맨2}	=>	{킹덤2}	0.2	1	0.2	2.000000	2
[7]	{범죄도시,킹덤2}	=>	{아이언맨2}	0.2	1	0.2	2.000000	2
[8]	{아이언맨2,킹덤2}	=>	{범죄도시}	0.2	1	0.2	3.333333	2
[9]	{모가디슈,아이언맨1}	=>	{아이언맨2}	0.2	1	0.2	2.000000	2
[10]	{아이언맨1,킹덤2}	=>	{아이언맨2}	0.2	1	0.2	2.000000	2
[11]	{아이언맨2,킹덤2}	=>	{아이언맨1}	0.2	1	0.2	2.500000	2
[12]	{범죄도시,아이언맨1,아이언맨2}	=>	{킹덤2}	0.2	1	0.2	2.000000	2
[13]	{범죄도시,아이언맨1,킹덤2}	=>	{아이언맨2}	0.2	1	0.2	2.000000	2
[14]	{범죄도시,아이언맨2,킹덤2}	=>	{아이언맨1}	0.2	1	0.2	2.500000	2
[15]	{아이언맨1,아이언맨2,킹덤2}	=>	{범죄도시}	0.2	1	0.2	3.333333	2

연관규칙 변수를 추가로 만들고자 실습에서 movie.rules2 <- apriori(movie.watch, parameter=list(support=0.2, confidence = 0.8, target="rules")) 명령문을 실행하였다. 명령문의 내용은 movie.watch 변수에서 지지도가 0.2이상, 신뢰도가 0.8이상인 값들만 연관규칙을 계산하여 movie.rule2에 저장하라는 것이다. 총 15개의 규칙을 발견하였으며 inpsect( ) 함수로 연관규칙 결과를 확인하였다.

{범죄도시, 아이언맨1}을 시청한 고객이 다음 영화로 {아이언맨2}를 시청할 경우의 수를 살펴보면, 지지도는 0.2로 2번의 거래가 이루어졌으며, 시청 가능성의 신뢰도는 1로 나타났고, 향상도는 2.0으로 양의 상관관계를 가진다고 나타난다. 그리고 [5]번 규칙인 {아이언맨1, 킹덤2}를 시청한 고객이 {범죄도시}을 시청할 경우의 수를 살펴보면, 지지도는 0.2로 2번의 거래가 이루어졌고, 시청 가능성의 신뢰도는 1.0으로 높게 나타났다. 향상도는 3.333으로 다른 연관규칙 결과값에 비해 높은 양의 상관관계를 보이고 있다. 즉, 확률적으로 {아이언맨1, 킹덤2}를 시청한 고객이 [8]번 규칙인 {아이언맨2,킹덤2} => {범죄도시}와 동일하게 2편의 영화 중 가장 높은 연관규칙의 확률을 보여주고 있다. 세 편의 영화에서는 [15]번 규칙인 {아이언맨1, 아이언맨2, 킹덤2}를 시청한 고객이 다음영화로 {범죄도시}를 시청할 경우의 수를 살펴보면, 지지도는 0.2로 2번의 거래가 이루어졌으며, 시청 가능성의 신뢰도는 1로 나타났고, 향상도는 3.333으로 다른 연관규칙 결과값에 비해 높은 양의 상관관계를 보여주고 있다.

> **문법** 연관규칙 시각화 문법

```
install.packages("arulesViz")
library(arulesViz)
plot(변수명 , method=grouped/two-key plot/graph/paracoord, control=데이터 표현
```

arulesViz 패키지를 설치하면 plot( ) 함수에 연관규칙 속성값을 지정하여 시각화를 표현할 수 있다.

▼ **실습** 연관규칙 8 – (영화 연관규칙) 시각화

```
> install.packages("arulesViz")
> library(arulesViz)
> plot(movie.rules2, jitter=1, color=seq(30,100,by=10))
> #movie.rules2 변수의 연관규칙의 지지도와 신뢰도의 값을 표현
> #jitter은 데이터값이 차트에서 겹치면 조금씩 이동시켜 구분하도록 도와주는 속성값
```

```
> plot(movie.rules2, method="grouped", control=list(k=8))
> # movie.rules2 변수의 Lhs와 Rhs의 조건에 따른 지지도와 향상도를 시각화
> # 총 8개의 영역을 구분하여 15개의 연관규칙을 색상으로 표현
```

▶ 실습 연관규칙 9 – (영화 연관규칙) 시각화

> plot(movie.rules2, method="graph", color=seq(50,100,by=10))
> #movie.rules2 변수의 지지도와 향상도를 바탕으로 상호 연관성을 소셜네트워크로 표현

> plot(movie.rules2, method = "paracoord", control = list(reorder = TRUE))
> #movie.rules2 변수의 lhs와 rhs의 관계를 표현

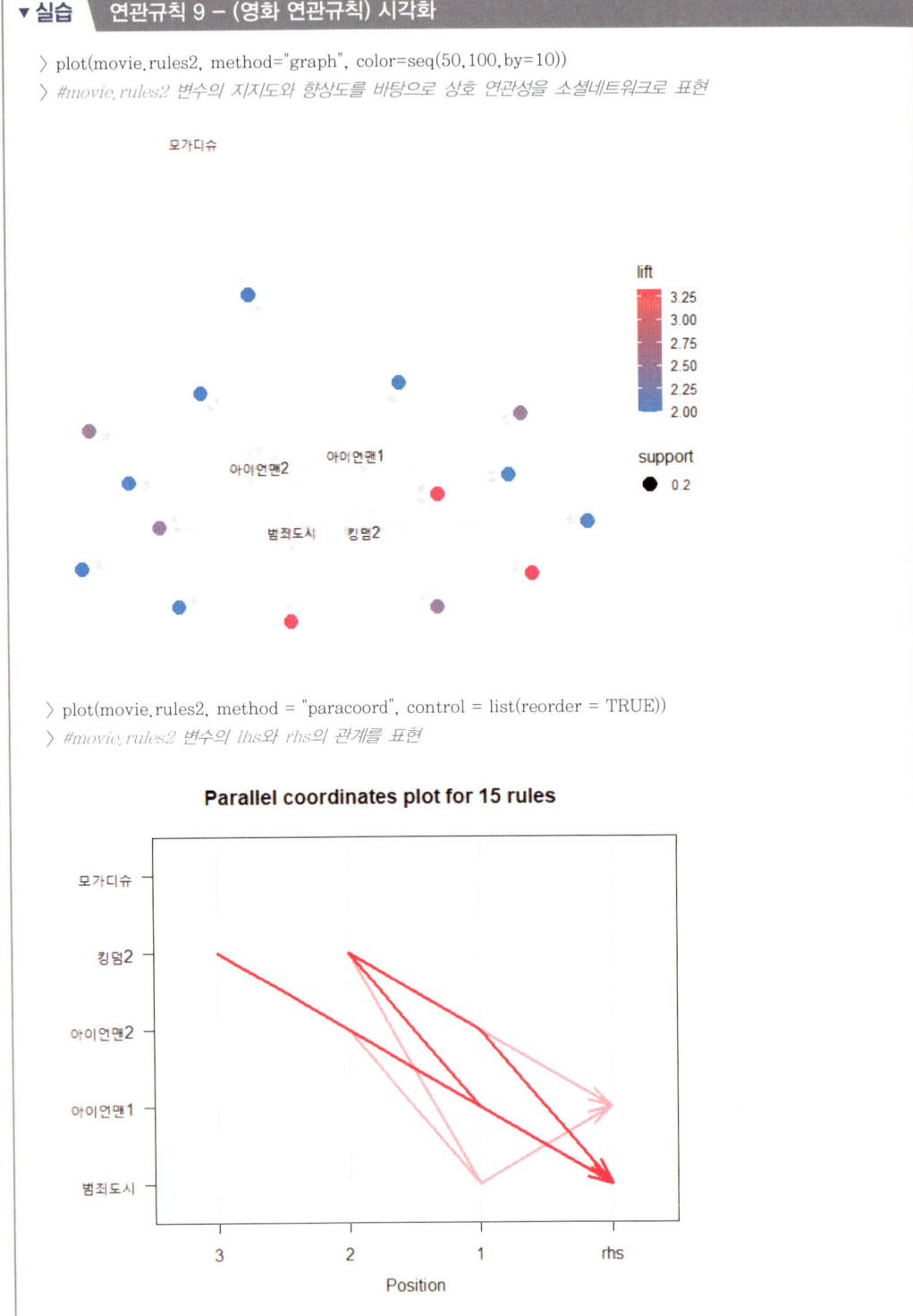

3. 연관규칙 실습 – 한국소비자보호원 소비자 피해구제 데이터

연관규칙 두 번째 실습에서는 국가 공공데이터에 공개되어있는 '2021년도 4월부터 6월까지의 한국소비자원 소비자 피해구제 정보' 데이터를 사용하였다. 한국소비자원 피해구제 데이터에는 사건번호, 접수일(년월일), 성별, 연령대, 지역, 판매유형, 물품소분류, 청구이유 등 총 8 개의 칼럼으로 구성되어 있다.

한국소비자원 소비자 피해구제 정보

변수명	변수타입	데이터값
사건번호	int	2021013007 2021013008 2021013009 …
접수일(년월일)	chr	"2021-04-01" "2021-04-01" "2021-04-01" "2021-04-01" …
성별	chr	"남성" "남성" "여성" "여성" …
연령대	chr	"30 – 39세" "65 – 69세" "30 – 39세" "40 – 49세" …
지역	chr	"대전광역시" "경기도" "경기도" "경기도" …
판매유형	chr	"국내온라인거래" "일반판매" "기타" "일반판매" …
물품소분류	chr	"티셔츠" "변호서비스" "취업 · 이민알선" "점퍼 · 재킷류" …
청구이유	chr	청약철회" "계약해제.해지/위약금" "계약불이행(불완전이행)" …

출처: https://www.data.go.kr/data/3040720/fileData.do

▼ 실습　연관규칙 1 – (한국소비자원 소비자 피해구제 정보)

```
> install.packages("arules")
> library(arules)
> setwd("c:/Data Analysis/r_exam/")
> customer<-read.csv("한국소비자원 소비자 피해구제 정보_20210413.csv", header = TRUE, as.is=T)
> str(customer)

'data.frame' :	9814 obs. of  8 variables:
 $ 사건번호       : int  2021013007 2021013008 2021013009 2021013010 2021013011 …
 $ 접수일.년월일. : chr  "2021-04-01" "2021-04-01" "2021-04-01" "2021-04-01" …
 $ 성별           : chr  "남성" "남성" "여성" "여성" …
 $ 연령대         : chr  "30 – 39세" "65 – 69세" "30 – 39세" "40 – 49세" …
 $ 지역           : chr  "대전광역시" "경기도" "경기도" "경기도" …
 $ 판매유형       : chr  "국내온라인거래" "일반판매" "기타" "일반판매" …
 $ 물품소분류     : chr  "티셔츠" "변호서비스" "취업 · 이민알선" "점퍼 · 재킷류" …
 $ 청구이유       : chr  "청약철회" "계약해제.해지/위약금" "계약불이행(불완전이행)" "품질(물품/용역)"
```

실습에서 한국소비자원 소비자 피해구제 정보_20210413.csv 데이터를 read.csv( ) 함수를 통해 불러오기 하였다. 이때 read.csv( ) 함수의 속성값으로 as.is를 추가하였다. 속성값을 as.is를 TRUE를 지정하여 데이터를 요인(Factor) 객체가 아닌 문자열 객체로 인식시켰다. 이에 customer 변수에는 사건번호 칼럼인 정수형 데이터와 접수일(년월일), 성별, 연령대, 지역, 판매유형, 물품소분류, 청구이유 칼럼은 문자 데이터로 구성된다.

> ▼ 실습   연관규칙 2 – (한국소비자원 소비자 피해구제 정보)

```
> customer<-read.csv("한국소비자원 소비자 피해구제 정보_20210413.csv", header = TRUE, as.is=F)
> str(customer)

'data.frame':    9814 obs. of  8 variables:
 $ 사건번호      : int  2021013007 2021013008 2021013009 2021013010 2021013011 ...
 $ 접수일.년월일.: Factor w/ 91 levels "2021-04-01","2021-04-02",..: 1 1 1 1 1 1 1 1 1 1 ...
 $ 성별          : Factor w/ 2 levels "남성","여성": 1 1 2 2 2 2 1 2 2 1 ...
 $ 연령대        : Factor w/ 13 levels "(구)60 - 69세",..: 6 10 6 7 6 8 5 6 6 9 ...
 $ 지역          : Factor w/ 18 levels "강원도","경기도",..: 7 2 2 2 9 9 9 2 2 9 ...
 $ 판매유형      : Factor w/ 12 levels "TV홈쇼핑","국내온라인거래",..: 2 11 4 11 2 11 9 2 2 11 ...
 $ 물품소분류    : Factor w/ 662 levels "","CCTV","CD · LD · DVD(영화 · 음악 · 게임)",..: 606 281 564 527 ...
 $ 청구이유      : Factor w/ 17 levels "","AS불만","가격.요금",..: 15 6 5 17 17 6 15 17 2 2 ...
```

반면에 read.csv( ) 함수에서 as.is 속성값을 as.is=FALSE로 하면 데이터 타입을 Factor 형태로 저장하게 된다. 즉, as.is는 비수치형 데이터를 Factor 객체 요인으로 해석할지 여부를 물어보는 속성값이다. 본 실습에서는 as.is의 값을 FALSE로 지정하였고, 이렇게 해야 트랜잭션 함수처리가 가능하다. 그래서 접수일(년월일), 성별, 연령대, 지역, 판매유형, 물품소분류, 청구이유의 문제 데이터가 Factor 객체 형태로 변환되어 저장된다.

> ▼ 실습   연관규칙 3 – (한국소비자원 소비자 피해구제 정보)

```
> tail(customer)

     사건번호   접수일.년월일.  성별  연령대    지역      판매유형  물품소분류       청구이유
9809 2021026893 2021-06-30      남성  80세이상  전라남도  기타      기타여객운송서비스 부당행위
9810 2021026894 2021-06-30      여성  30 - 39세 부산광역시 기타      기타인테리어설비
9811 2021026895 2021-06-30      남성  30 - 39세 서울특별시 기타      기타숙박시설
9812 2021026896 2021-06-30      여성  50 - 59세 서울특별시 기타      정수기대여(렌트)   품질(물품/용역)
9813 2021026897 2021-06-30      남성  40 - 49세 부산광역시 일반판매  운동화             품질(물품/용역)
9814 2021026898 2021-06-30      남성  30 - 39세 전라남도  일반판매  전자게임기기

> #연관규칙에서 사용하지 않는 사건번호와 접수일(년월일), 지역은 데이터 제외
> customer_adj <- customer[,-c(1:2,5)]
> customer_adj
> head(customer_adj,3)

  성별   연령대    판매유형       물품소분류    청구이유
1 남성   30 - 39세 국내온라인거래  티셔츠        청약철회
2 남성   65 - 69세 일반판매        변호서비스    계약해제.해지/위약금
3 여성   30 - 39세 기타            취업 · 이민알선 계약불이행(불완전이행)
```

연관규칙에 사용하지 않을 칼럼인 날짜와 사건번호와 접수일(년월일), 지역 데이터는 제외하고 나머지 데이터들은 customer_adj 변수로 저장하였다.

▼ 실습 | 연관규칙 4 - (한국소비자원 소비자 피해구제 정보)

```
> #연령대 불명과 미입력값 추출하기
> cu1 <- which(customer_adj$연령대=="불명")
> length(cu1)

[1] 127

> print(cu1)

  [1]   98  178  228  234  322  368  394  411  494  519  551  682  707  775  794  802  806  828
 [19]  834  859  968 1108 1113 1611 1626 1627 1659 1765 1776 1860 1899 2036 2093 2190 2209 2256
 [37] 2264 2381 2475 2597 2774 2890 2907 3055 3078 3130 3426 3435 3452 3529 3533 3683 3833 3886
 [55] 3984 4006 4037 4171 4188 4193 4194 4208 4264 4318 4816 4945 4978 5339 5372 5375 5385 5394
 [73] 5536 5650 5765 5775 5875 6082 6195 6377 6576 6578 6612 6710 6717 6742 6759 6764 6828 6830
 [91] 6838 7023 7208 7221 7314 7329 7534 7543 7548 7637 7676 7785 7793 7820 7828 7829 7865 7932
[109] 7943 7999 8078 8135 8391 8395 8449 8515 8622 8760 9064 9066 9357 9362 9676 9692 9708 9716
[127] 9740

> cu2 <- which(customer_adj$연령대=="(미입력)")
> length(cu2)

[1] 19

> print(cu2)

 [1]   53  240  510  512 1274 1741 2956 3121 4170 5997 6621 7050 7190 7303 7786 7821 8729 8919
[19] 9500

> cu3 <- which(customer_adj$청구이유=="")
> length(cu3)

[1] 130

> print(cu3)

  [1] 1804 2412 2660 3286 3677 4705 4715 4730 5013 5034 5314 5449 5484 5989 6116 6117 6146 6468
 [19] 6673 6676 7092 7142 7443 7462 7695 7717 7748 7769 7893 7917 7922 8037 8066 8072 8178 8206
 [37] 8222 8337 8341 8346 8354 8371 8480 8481 8482 8487 8489 8497 8503 8511 8513 8518 8527 8649
 [55] 8656 8665 8670 8678 8688 8694 8813 8836 8837 8856 8976 8993 8996 9003 9007 9021 9025 9135
 [73] 9153 9154 9157 9163 9171 9175 9176 9178 9270 9275 9278 9290 9291 9310 9314 9318 9328 9331
 [91] 9345 9349 9350 9351 9444 9450 9456 9457 9459 9461 9465 9473 9487 9490 9491 9608 9610 9612
[109] 9614 9616 9623 9625 9637 9642 9643 9652 9765 9774 9777 9778 9786 9790 9791 9794 9802 9803
[127] 9808 9810 9811 9814

> # 미입력된 값 또는 결측치 값 삭제후 남은 데이터를 customer_adj 변수에 저장
> customer_adj <- customer_adj[!(customer_adj$연령대=="불명"), ]
> customer_adj <- customer_adj[!(customer_adj$연령대=="(미입력)"), ]
> customer_adj <- customer_adj[!(customer_adj$청구이유==""), ]
```

한편, 한국소비자원 피해구제 데이터에는 결측치가 존재한다. 연령대 칼럼의 결측치와 미입력이라는 문자값이 있으며, 청구이유 칼럼에도 결측치 값이 있다. 이에 which( ) 제어문을 활용하여 결측치와 미입력값 데이터가 몇 개인지 확인하였다. 그다음, 결측값을 제거하고자 customer_adj <- customer_adj[!(customer_adj$연령대=="불명"),] , customer_adj <- customer_adj[!(customer_adj$연령대=="(미입력)"),] , customer_adj <- customer_adj[!(customer_adj$청구이유==""),] 명령문을 실행하여 결측치가 없는 customer_adj 변수로 다시 재구성하였다.

▼실습 연관규칙 5 - (한국소비자원 소비자 피해구제 정보)

```
> c_data <- as(customer_adj, "transactions")
> c_data
transactions in sparse format with
 9538 transactions (rows) and
 706 items (columns)

> # itemFrequency(x = c_data)
> # image(c_data)
> summary(c_data)

transactions as itemMatrix in sparse format with
 9538 rows (elements/itemsets/transactions) and
 706 columns (items) and a density of 0.007082153

most frequent items:
         성별=여성              성별=남성         판매유형=일반판매
             4876                  4662                      3550
   청구이유=계약해제.해지/위약금      연령대=30 - 39세          (Other)
             2919                  2859                     28824

element (itemset/transaction) length distribution:
sizes
   5
9538

   Min.  1st Qu.  Median    Mean  3rd Qu.    Max.
      5        5       5       5        5       5

includes extended item information - examples:
       labels       variables       levels
1     성별=남성         성별           남성
2     성별=여성         성별           여성
3  연령대=(구)60 - 69세   연령대       (구)60 - 69세

includes extended transaction information - examples:
  transactionID
1             1
2             2
3             3
```

판매유형 칼럼			
국내온라인거래	일반판매	방문판매	기타통신판매
소셜커머스(쇼핑)	전화권유판매	국제온라인거래	TV홈쇼핑
모바일거래	노상판매	다단계판매	기타

판매유형 칼럼에는 국내온라인거래부터 기타까지 총 12가지 항목이 있다. 이중 소셜커머스(쇼핑), 국내온라인거래, 국제온라인거래, TV홈쇼핑 데이터만 어떤 민원이 재발생할 수 있는지 확인하고자 연관규칙을 분석하였다.

▼실습   연관규칙 5 – (한국소비자원 소비자 피해구제 정보)

```
> #판매유형을 기준으로 연관분석 수행
> rules1 <- apriori(customer_adj, parameter = list(minlen=3, support=0.001, confidence= 0.8),
+                   appearance = list(rhs=c("판매유형=소셜커머스(쇼핑)", "판매유형=국내온라인거래",
+                                           "판매유형=국제온라인거래","판매유형=TV홈쇼핑")))
Apriori

Parameter specification:
 confidence minval smax arem  aval originalSupport maxtime support minlen maxlen target  ext
        0.8    0.1    1 none FALSE            TRUE       5   0.001      3     10  rules TRUE

Algorithmic control:
 filter tree heap memopt load sort verbose
    0.1 TRUE TRUE  FALSE TRUE    2    TRUE

Absolute minimum support count: 9

set item appearances ...[4 item(s)] done [0.00s].
set transactions ...[692 item(s), 9538 transaction(s)] done [0.00s].
sorting and recoding items ... [206 item(s)] done [0.00s].
creating transaction tree ... done [0.00s].
checking subsets of size 1 2 3 4 5 done [0.00s].
writing ... [13 rule(s)] done [0.00s].
creating S4 object  ... done [0.00s].

> inspect(sort(rules1,by="lift"))
     lhs                                                                    rhs                         support     confidence coverage    lift     count
[1]  {물품소분류=각종공연관람,청구이유=계약불이행(불완전이행)}              => {판매유형=국내온라인거래} 0.001048438 1.0000000  0.001048438 4.868811 10
[2]  {성별=여성,연령대=20 - 29세,물품소분류=각종공연관람}                    => {판매유형=국내온라인거래} 0.001572657 1.0000000  0.001572657 4.868811 15
[3]  {성별=여성,물품소분류=각종공연관람,청구이유=계약불이행(불완전이행)}   => {판매유형=국내온라인거래} 0.001048438 1.0000000  0.001048438 4.868811 10
[4]  {성별=여성,연령대=20 - 29세,물품소분류=각종공연관람,청구이유=계약해제.해지/위약금} => {판매유형=국내온라인거래} 0.001048438 1.0000000  0.001048438 4.868811 10
[5]  {연령대=20 - 29세,물품소분류=각종공연관람}                             => {판매유형=국내온라인거래} 0.001677501 0.9411765  0.001782344 4.582410 16
[6]  {성별=여성,물품소분류=각종공연관람}                                    => {판매유형=국내온라인거래} 0.002830782 0.9310345  0.003040470 4.533031 27
[7]  {성별=여성,물품소분류=각종공연관람,청구이유=계약해제.해지/위약금}      => {판매유형=국내온라인거래} 0.001362969 0.9285714  0.001467813 4.521038 13
[8]  {물품소분류=기타간편복,청구이유=청약철회}                              => {판매유형=국내온라인거래} 0.001153282 0.9166667  0.001258125 4.463076 11
[9]  {연령대=20 - 29세,물품소분류=각종공연관람,청구이유=계약해제.해지/위약금} => {판매유형=국내온라인거래} 0.001153282 0.9166667  0.001258125 4.463076 11
[10] {물품소분류=캐주얼바지,청구이유=청약철회}                              => {판매유형=국내온라인거래} 0.001572657 0.8333333  0.001887188 4.057342 15
[11] {성별=남성,연령대=40 - 49세,청구이유=표시.광고}                        => {판매유형=국내온라인거래} 0.002096876 0.8333333  0.002516521 4.057342 20
[12] {성별=여성,물품소분류=기타간편복}                                      => {판매유형=국내온라인거래} 0.001677501 0.8000000  0.002096876 3.895048 16
[13] {물품소분류=티셔츠,청구이유=청약철회}                                  => {판매유형=국내온라인거래} 0.001258125 0.8000000  0.001572657 3.895048 12
```

청구이유 칼럼			
청약철회	계약해제.해지/위약금	계약불이행(불완전이행)	품질(물품/용역)
AS불만	부당행위	안전(제품/시설)	표시.광고
가격.요금	거래관행	이자.수수료	단순문의.상담
약관	부당채권추심		

청구이유 칼럼에는 국내온라인거래부터 기타까지 총 14가지 항목이 있다. 이중 표시.광고, AS불만, 가격.요금, 계약해제/해지/위약금 중 어떤 민원이 재발생할 수 있는지 확률 계산하고자 연관규칙을 분석하였다.

▼ 실습 연관규칙 6 – (한국소비자원 소비자 피해구제 정보)

```
> #청구이유를 기준으로 연관분석 수행
> rules2<-apriori(customer_adj, parameter = list(minlen=3, support=0.009, confidence= 0.8),
+             appearance = list(rhs=c("청구이유=표시.광고", "청구이유=AS불만",
+             "청구이유=가격.요금","청구이유=계약해제.해지/위약금")))
Apriori

Parameter specification:
 confidence minval smax arem  aval originalSupport maxtime support minlen maxlen target  ext
        0.8    0.1    1 none FALSE            TRUE       5   0.009      3     10  rules TRUE

Algorithmic control:
 filter tree  heap memopt load sort verbose
    0.1 TRUE  TRUE  FALSE TRUE    2    TRUE

Absolute minimum support count: 85

set item appearances ...[4 item(s)] done [0.00s].
set transactions ...[692 item(s), 9538 transaction(s)] done [0.00s].
sorting and recoding items ... [43 item(s)] done [0.00s].
creating transaction tree ... done [0.00s].
checking subsets of size 1 2 3 4 5 done [0.00s].
writing ... [15 rule(s)] done [0.00s].
creating S4 object  ... done [0.00s].

> inspect(sort(rules2,by="lift"))
     lhs                                                      rhs                              support     confidence coverage    lift     count
[1]  {연령대=20 - 29세,판매유형=일반판매,물품소분류=헬스장}   => {청구이유=계약해제.해지/위약금} 0.013315160 0.9407407  0.01415391 3.073924 127
[2]  {성별=여성,물품소분류=필라테스}                          => {청구이유=계약해제.해지/위약금} 0.009960159 0.9313725  0.01069407 3.043313  95
[3]  {연령대=20 - 29세,물품소분류=헬스장}                     => {청구이유=계약해제.해지/위약금} 0.020549381 0.9245283  0.02222688 3.020949 196
[4]  {성별=여성,연령대=20 - 29세,물품소분류=헬스장}           => {청구이유=계약해제.해지/위약금} 0.012581254 0.9230769  0.01362969 3.016207 120
[5]  {연령대=30 - 39세,물품소분류=헬스장}                     => {청구이유=계약해제.해지/위약금} 0.015936255 0.9212121  0.01729922 3.010113 152
[6]  {성별=남성,판매유형=일반판매,물품소분류=헬스장}          => {청구이유=계약해제.해지/위약금} 0.011323129 0.9152542  0.01237157 2.990646 108
[7]  {성별=남성,물품소분류=헬스장}                            => {청구이유=계약해제.해지/위약금} 0.017404068 0.9071038  0.01918641 2.964014 166
[8]  {성별=여성,물품소분류=헬스장}                            => {청구이유=계약해제.해지/위약금} 0.025581883 0.9070632  0.02820298 2.963881 244
[9]  {판매유형=일반판매,물품소분류=헬스장}                    => {청구이유=계약해제.해지/위약금} 0.028517509 0.8976898  0.03176767 2.933253 272
[10] {성별=남성,판매유형=기타통신판매,물품소분류=유사투자자문} => {청구이유=계약해제.해지/위약금} 0.014258754 0.8947368  0.01593625 2.923604 136
[11] {연령대=30 - 39세,판매유형=일반판매,물품소분류=헬스장}   => {청구이유=계약해제.해지/위약금} 0.009960159 0.8878505  0.01121828 2.901102  95
[12] {성별=여성,판매유형=일반판매,물품소분류=헬스장}          => {청구이유=계약해제.해지/위약금} 0.017194380 0.8864865  0.01939610 2.896645 164
[13] {판매유형=기타통신판매,물품소분류=유사투자자문}          => {청구이유=계약해제.해지/위약금} 0.024533445 0.8796992  0.02788845 2.874468 234
[14] {성별=여성,판매유형=기타통신판매,물품소분류=유사투자자문} => {청구이유=계약해제.해지/위약금} 0.010274691 0.8596491  0.01195219 2.808953  98
[15] {성별=남성,연령대=30 - 39세,물품소분류=유사투자자문}     => {청구이유=계약해제.해지/위약금} 0.010694066 0.8160000  0.01310547 2.666327 102
```

▼ 실습　연관규칙 6 - (한국소비자원 소비자 피해구제 정보)

```
> #청구이유를 기준으로 연관분석 수행
> rules2<-apriori(customer_adj, parameter = list(minlen=3, support=0.009, confidence= 0.8),
+                 appearance = list(rhs=c("청구이유=표시.광고", "청구이유=AS불만",
+                 "청구이유=가격.요금","청구이유=계약해제.해지/위약금")))
Apriori

Parameter specification:
 confidence minval smax arem  aval originalSupport maxtime support minlen maxlen target  ext
        0.8    0.1    1 none FALSE            TRUE       5   0.009      3     10  rules TRUE

Algorithmic control:
 filter tree heap memopt load sort verbose
    0.1 TRUE TRUE  FALSE TRUE    2    TRUE

Absolute minimum support count: 85

set item appearances ...[4 item(s)] done [0.00s].
set transactions ...[692 item(s), 9538 transaction(s)] done [0.00s].
sorting and recoding items ... [43 item(s)] done [0.00s].
creating transaction tree ... done [0.00s].
checking subsets of size 1 2 3 4 5 done [0.00s].
writing ... [15 rule(s)] done [0.00s].
creating S4 object  ... done [0.00s].

> inspect(sort(rules2,by="lift"))
     lhs                                                        rhs                            support     confidence coverage   lift     count
[1]  {연령대=20 - 29세,판매유형=일반판매,물품소분류=헬스장}      => {청구이유=계약해제.해지/위약금} 0.013315160 0.9407407  0.01415391 3.073924 127
[2]  {성별=여성,물품소분류=필라테스}                             => {청구이유=계약해제.해지/위약금} 0.009960159 0.9313725  0.01069407 3.043313  95
[3]  {연령대=20 - 29세,물품소분류=헬스장}                        => {청구이유=계약해제.해지/위약금} 0.020549381 0.9245283  0.02222688 3.020949 196
[4]  {성별=여성,연령대=20 - 29세,물품소분류=헬스장}              => {청구이유=계약해제.해지/위약금} 0.012581254 0.9230769  0.01362969 3.016207 120
[5]  {연령대=30 - 39세,물품소분류=헬스장}                        => {청구이유=계약해제.해지/위약금} 0.015936255 0.9212121  0.01729922 3.010113 152
[6]  {성별=남성,판매유형=일반판매,물품소분류=헬스장}             => {청구이유=계약해제.해지/위약금} 0.011323129 0.9152542  0.01237157 2.990646 108
[7]  {성별=남성,물품소분류=헬스장}                               => {청구이유=계약해제.해지/위약금} 0.017404068 0.9071038  0.01918641 2.964014 166
[8]  {성별=여성,판매유형=일반판매,물품소분류=헬스장}             => {청구이유=계약해제.해지/위약금} 0.025581683 0.9070632  0.02820298 2.963881 244
[9]  {판매유형=일반판매,물품소분류=헬스장}                       => {청구이유=계약해제.해지/위약금} 0.028517509 0.8976898  0.03176767 2.933253 272
[10] {성별=남성,판매유형=기타통신판매,물품소분류=유사투자자문}   => {청구이유=계약해제.해지/위약금} 0.014258754 0.8947368  0.01593625 2.923604 136
[11] {연령대=30 - 39세,판매유형=일반판매,물품소분류=헬스장}     => {청구이유=계약해제.해지/위약금} 0.009960159 0.8878505  0.01121828 2.901102  95
[12] {성별=여성,판매유형=일반판매,물품소분류=헬스장}             => {청구이유=계약해제.해지/위약금} 0.017194380 0.8864865  0.01939610 2.896645 164
[13] {판매유형=기타통신판매,물품소분류=유사투자자문}             => {청구이유=계약해제.해지/위약금} 0.024533445 0.8796992  0.02788845 2.874468 234
[14] {성별=여성,판매유형=기타통신판매,물품소분류=유사투자자문}   => {청구이유=계약해제.해지/위약금} 0.010274691 0.8596491  0.01195219 2.808953  98
[15] {성별=남성,연령대=30 - 39세,물품소분류=유사투자자문}        => {청구이유=계약해제.해지/위약금} 0.010694066 0.8160000  0.01310547 2.666327 102
```

▼ 실습 | 연관규칙 7 - (한국소비자원 소비자 피해구제 정보) 시각화

```
> install.packages("arulesViz")
> library(arulesViz)
> plot(head(sort(rules1,by="lift"),13), method = "graph")
```

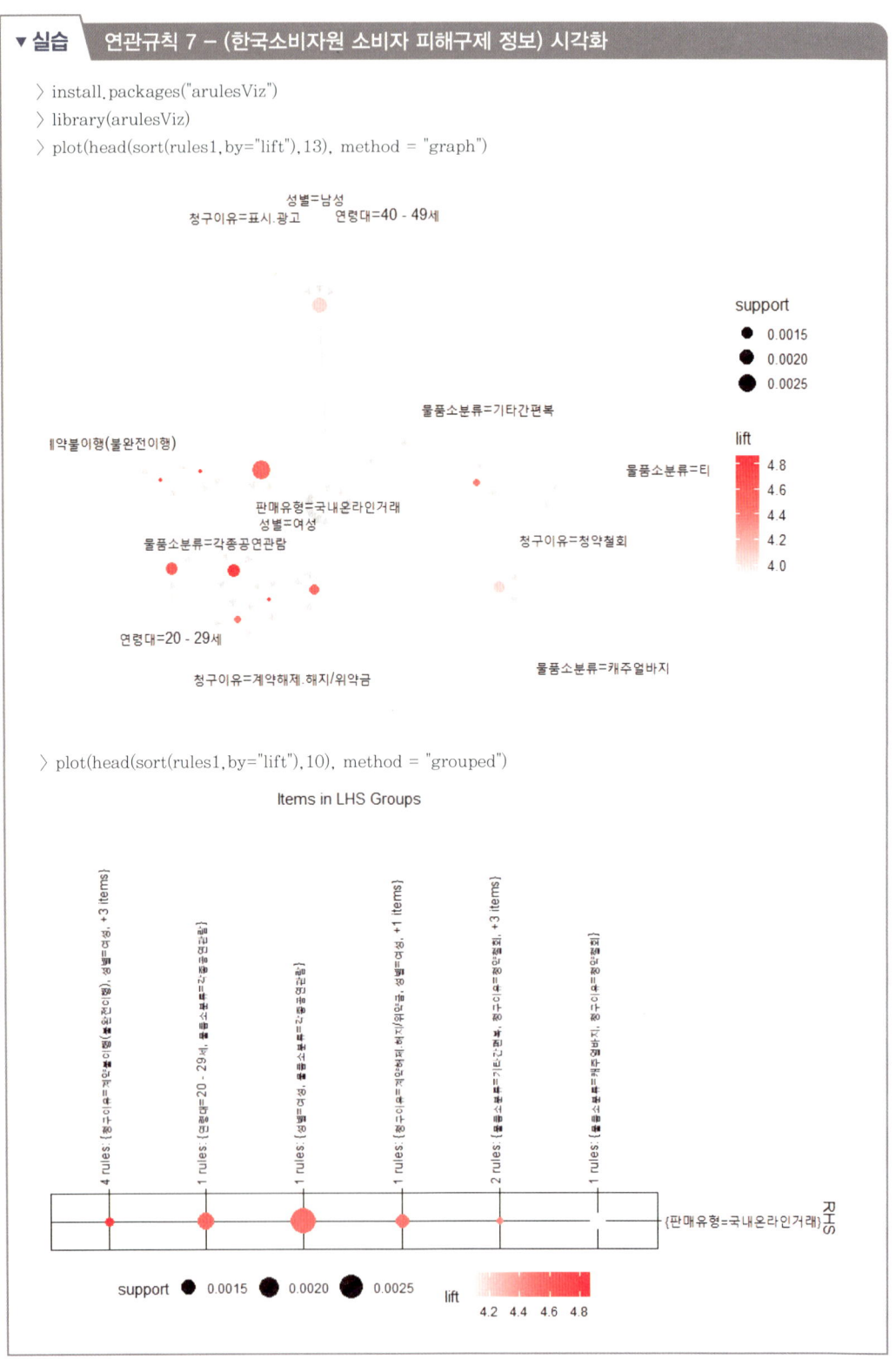

```
> plot(head(sort(rules1,by="lift"),10), method = "grouped")
```

▼실습 연관규칙 8 – (한국소비자원 소비자 피해구제 정보) 시각화

> plot(head(sort(rules2,by="lift"),15), method = "graph")

> plot(head(sort(rules2,by="lift"),10), method = "grouped")

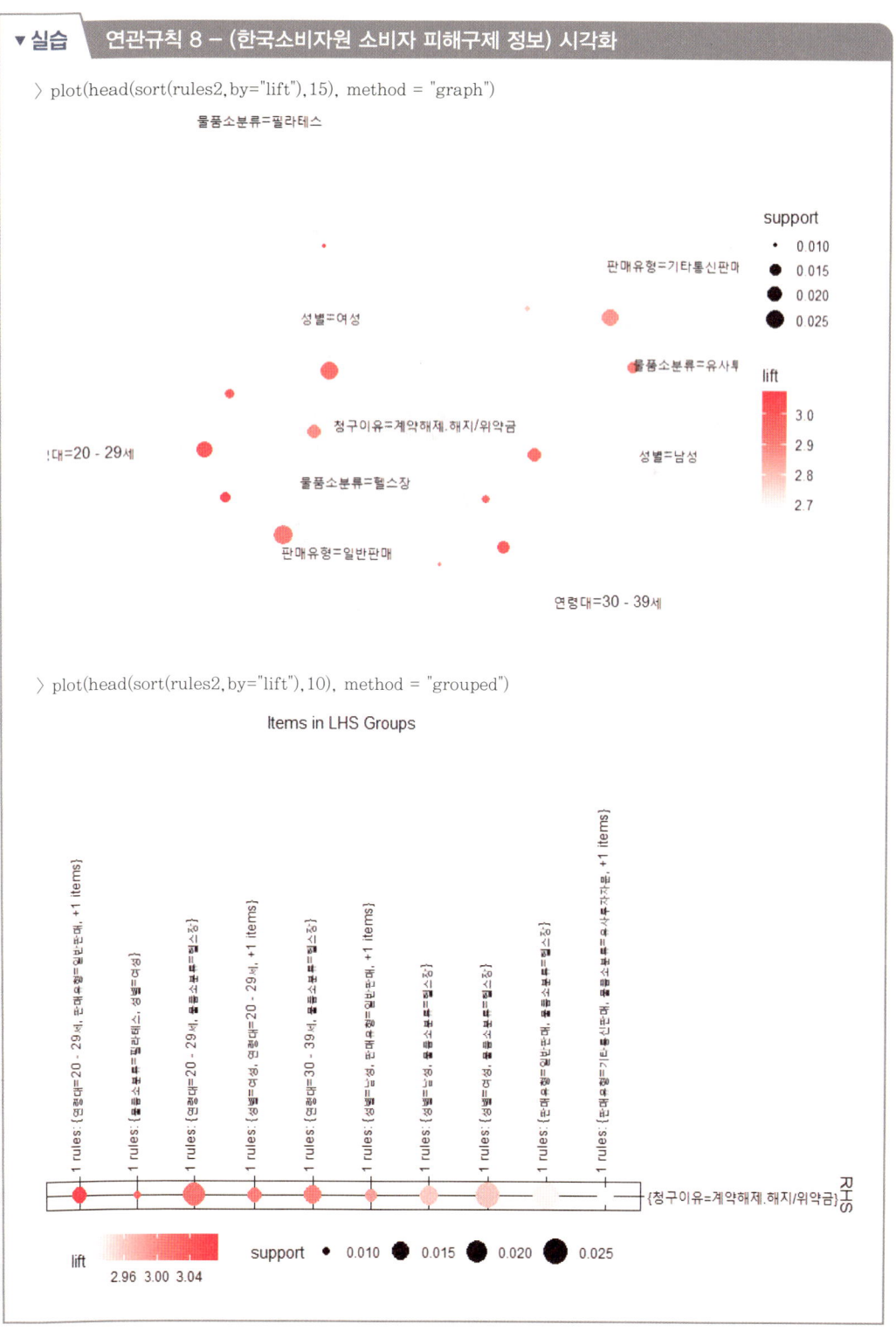

rules1의 판매유형에 따른 민원 결과 내용을 간략히 살펴보면, [1번] 규칙이 신뢰도와 향상도에서 높은 값을 보여주고 있다. 내용은 각종공연관람으로 계약불이행에 의해서 피해를 보았으며, 이는 국내온라인거래로 인하여 발생하게 된다고 나타났다. 2021년도 4월부터 6월까지의 한국소비자원 소비자 피해구제 정보 데이터이므로 코로나19로 인한 공연취소 및 연기 등으로 발생한 사항으로 추측된다. 이 결과의 지지도는 0.001048438이고, 신뢰도는 1이며 향상도는 4.868811로 나타났다. 즉, 향상도가 1보다 크기 때문에 공연 관람의 계약불이행이 국내온라인거래에서 발생한다는 형태로 양의 상관관계가 높다고 해석할 수 있겠다. plot( ) 함수로 시각화해서 확인해보면, 판매유형은 국내온라인거래이며, 각종공연관람, 계약불이행과 계약해제,해지 등에서 상호 네트워크가 복잡하게 연결된 모습을 확인할 수 있다. 또한 [2], [3], [4], [6], [7] 규칙에서 성별이 여성이면서 각종 공연 관람으로 인하여 민원 발생이 나타난다는 결과이며 가장 높은 향상도의 값을 보여주고 있다.

rules2의 청구이유에 다른 민원 결과 내용을 간략히 살펴보면, 연령대가 20~29세이고 헬스장에서 계약해제, 해지/위약금이 나타난다는 민원 발생의 결과를 보여주고 있다. 지지도는 0.013315160이고 신뢰도는 0.9407407이며, 향상도는 3.073924로 나타났다. 향상도가 1보다 높은 수치를 보이므로 lhs에서 rhs의 관계가 높은 양의 상관관계를 가진다고 해석할 수 있겠다. 2021년도 4월부터 6월까지의 한국소비자원 소비자 피해구제 정보 데이터이므로 코로나19로 인한 헬스장 폐쇄와 사회적거리로 운동 참여가 불가능하게 되면서 계약해제 요청 민원건수가 증가한 것으로 추측된다. plot( ) 함수의 결과를 보면 헬스장, 계약헤제,해지/위약금이 있으며, 연령대는 20~29세, 성별은 남성뿐만 아니라 여성도 있으며 여성은 필라테스로 인하여 계약해제,해지/위약금의 요청이 발생하고 있다는 네트워크의 그림을 확인할 수 있다.

4. 연관규칙 실습 – 2021 한국프로야구 롯데팀 홈런기록 데이터

연관규칙 세 번째 실습으로는 '2021년 3월부터 6월까지 한국프로야구의 롯데경기 홈런기록' 데이터를 사용하여 롯데 타자들이 홈런을 칠 수 있는 확률을 확인하였다.

2021 한국프로그야구 롯데팀 홈런기록 데이터

변수명	변수타입	데이터값
월	int	3 3 3 4 4 4 4 4 4 4 …
타순	int	1 9 5 5 7 1 4 8 4 8 …
선수	chr	"안치홍" "마차도" "추재현" "정훈" …
홈런	chr	"좌홈" "좌중홈" "중홈" "좌홈" …
회차	int	1 5 8 9 5 9 3 9 3 7 …
상대투수	chr	"안우진" "안우진" "임창민" "김상수" …
경기일	chr	"2021-03-21" "2021-03-21" "2021-03-30" "2021-04-04" …
상대팀	chr	"키움" "키움" "NC" "SSG" …

출처: http://www.giantsclub.com/html/

▼ 실습   연관규칙 1 – (2021 한국프로그야구 롯데팀 홈런기록 데이터)

```
> install.packages("arules")
> library(arules)
> setwd("c:/Data Analysis/r_exam/")
> b_data <- read.csv("20210306_롯데야구기록.csv", header=TRUE, as.is=FALSE)
> str(b_data)

'data.frame':    62 obs. of  8 variables:
$ 월       : int  3 3 3 4 4 4 4 4 4 4 ...
$ 타순     : int  1 9 5 5 7 1 4 8 4 8 ...
$ 선수     : Factor w/ 19 levels "강로한","강태율",..: 12 8 18 16 6 12 14 19 14 19 ...
$ 홈런     : Factor w/ 5 levels "우중홈","우홈",..: 4 3 5 4 2 4 4 5 2 4 ...
$ 회차     : int  1 5 8 9 5 9 3 9 3 7 ...
$ 상대투수 : Factor w/ 45 levels "고봉재","김건태",..: 23 23 36 6 12 25 2 14 23 35 ...
$ 경기일   : Factor w/ 40 levels "2021-03-21","2021-03-30",..: 1 1 2 3 3 4 4 5 5 ...
$ 상대팀   : Factor w/ 10 levels "KT","LG","NC",..: 9 9 3 4 4 3 3 9 9 ...

> tail(b_data)
    월  타순  선수    홈런    회차  상대투수  경기일      상대팀
57  6    5    정훈    좌중홈  9     배민서    2021-06-21  NC
58  6    5    정훈    좌홈    6     루친스키  2021-06-23  NC
59  6    8    나승엽  중홈    2     루친스키  2021-06-23  NC
60  6    7    한동희  좌홈    9     이승진    2021-06-26  두산
61  6    5    안치홍  좌중홈  1     최원태    2021-06-29  키움
62  6    6    이대호  좌중홈  1     안우진    2021-06-30  키움
```

20210306_롯데야구기록.csv 데이터에서 as.is=FALSE 속성을 추가하여 read.csv() 함수로 불러오기하였으며 이를 b_data 변수로 저장하였다.

str(b_data) 함수를 실행하여 데이터의 구조를 살펴보았을 때 총 8개의 변수와 62개의 홈런 데이터가 기록되어 있다. 숫자 데이터의 경우에는 Factor 타입이 아닌 정수형 타입으로 저장되어 있다. tail(b_data) 함수를 실행하여 데이터의 마지막 내용을 확인하였으며 2021년 6월 30일까지의 경기 중 홈런 데이터가 기록되어 있는 것을 확인할 수 있다.

▼ 실습 연관규칙 2 – (2021 한국프로야구 롯데팀 홈런기록 데이터)

```
> b_data1 <- as.factor(b_data$월)       #int 타입의 변수를 트랜잭션 처리를 위한 factor 객체로 재처리
> b_data2 <- as.factor(b_data$타순)     #int 타입의 변수를 트랜잭션 처리를 위한 factor 객체로 재처리
> b_data3 <- as.factor(b_data$선수)
> b_data4 <- as.factor(b_data$회차)     #int 타입의 변수를 트랜잭션 처리를 위한 factor 객체로 재처리
> b_data5 <- as.factor(b_data$상대투수)
> b_data6 <- as.factor(b_data$홈런)

> ball <- data.frame(b_data1,b_data2,b_data3,b_data4,b_data5,b_data6)
> colnames(ball) <- c("월","타순","선수","회차","상대투수","홈런")
> head(ball)
    월  타순  선수    회차  상대투수  홈런
1   3   1    안치홍   1    안우진     좌홈
2   3   9    마차도   5    안우진     좌중홈
3   3   5    추재현   8    임창민     중홈
4   4   5    정훈     9    김상수     좌홈
5   4   7    김준태   5    르위키     우홈
6   4   1    안치홍   9    원종현     좌홈

> baseball <- as(ball, "transactions")
> print(baseball)
transactions in sparse format with
 62 transactions (rows) and
 91 items (columns)
```

월, 타순, 회차 칼럼이 숫자형 타입으로 되어 있어 연관규칙 분석 시 트랜잭션 처리에서 에러가 나오게 된다. 그러므로 월, 타순, 회차 칼럼을 factor 타입으로 변환하기 위하여 as.factor() 함수를 이용하여 변환하였다. 그리고 변환된 변수를 data.frame 객체로 통합하여 ball 변수로 새롭게 구성하였다. head(ball) 명령문으로 데이터가 올바르게 구성되어 있는지 확인하였다. 그다음 baseball <- as(ball, "transactions") 명령문을 실행하여 연관규칙 분석을 위한 트랜잭션 처리를 진행하였다.

▼ 실습 연관규칙 3 - (2021 한국프로그야구 롯데팀 홈런기록 데이터)

```
> summary(baseball)

transactions as itemMatrix in sparse format with
 62 rows (elements/itemsets/transactions) and
 91 columns (items) and a density of 0.06593407

most frequent items:
  홈런=좌홈     월=6      월=4      월=5    타순=8   (Other)
      29        25        18        16        11       273

element (itemset/transaction) length distribution:
sizes
 6
62
   Min.  1st Qu.  Median    Mean  3rd Qu.    Max.
    6        6        6       6        6        6

includes extended item information - examples:
  labels variables levels
1   월=3       월      3
2   월=4       월      4
3   월=5       월      5

includes extended transaction information - examples:
  transactionID
1             1
2             2
3             3

> baseball@itemInfo[["labels"]]   #91개의 칼럼(item)

 [1] "월=3"             "월=4"             "월=5"             "월=6"             "타순=1"
 [6] "타순=2"           "타순=3"           "타순=4"           "타순=5"           "타순=6"
[11] "타순=7"           "타순=8"           "타순=9"           "선수=강로한"      "선수=강태율"
[16] "선수=김민수"      "선수=김민식"      "선수=김재유"      "선수=김준태"      "선수=나승엽"
[21] "선수=마차도"      "선수=배성근"      "선수=손아섭"      "선수=신용수"      "선수=안치홍"
[26] "선수=오윤석"      "선수=이대호"      "선수=전준우"      "선수=정훈"        "선수=지시완"
[31] "선수=추재현"      "선수=한동희"      "회차=1"           "회차=2"           "회차=3"
[36] "회차=4"           "회차=5"           "회차=6"           "회차=7"           "회차=8"
[41] "회차=9"           "상대투수=고봉재"  "상대투수=김건태"  "상대투수=김기중"  "상대투수=김명신"
[46] "상대투수=김민우"  "상대투수=김상수"  "상대투수=김윤수"  "상대투수=김재윤"  "상대투수=김현수"
[51] "상대투수=데스파이네" "상대투수=루친스키" "상대투수=르위키" "상대투수=멩덴"   "상대투수=문경찬"
[56] "상대투수=박정수"  "상대투수=배동현"  "상대투수=배민서"  "상대투수=배제성"  "상대투수=뷰캐넌"
[61] "상대투수=브리검"  "상대투수=서진용"  "상대투수=송명기"  "상대투수=안우진"  "상대투수=양창섭"
[66] "상대투수=원종형"  "상대투수=원태인"  "상대투수=유희관"  "상대투수=이민우"  "상대투수=이상영"
[71] "상대투수=이승민"  "상대투수=이승진"  "상대투수=이영하"  "상대투수=이의리"  "상대투수=이정현"
[76] "상대투수=임규빈"  "상대투수=임창민"  "상대투수=장웅정"  "상대투수=전유수"  "상대투수=정인욱"
[81] "상대투수=조제영"  "상대투수=최금강"  "상대투수=최원태"  "상대투수=최채흥"  "상대투수=켈리"
[86] "상대투수=폰트"    "홈런=우중홈"      "홈런=우홈"        "홈런=좌중홈"      "홈런=좌홈"
[91] "홈런=중홈"
```

▼실습 연관규칙 4 –(2021 한국프로그야구 롯데팀 홈런기록 데이터)

```
> rules1<-apriori(baseball, parameter = list(minlen=2, support=0.016, confidence=0.8),
+                 appearance=list(lhs=c(paste0("선수=", unique(ball$선수)),
+                                       paste0("상대투수=", unique(ball$상대투수))),
+                                 rhs=paste0("홈런=", unique(ball$홈런))))
Apriori

Parameter specification:
 confidence minval smax arem  aval originalSupport maxtime support minlen maxlen target  ext
        0.8    0.1    1 none FALSE            TRUE       5   0.016      2     10  rules TRUE

Algorithmic control:
 filter tree heap memopt load sort verbose
    0.1 TRUE TRUE  FALSE TRUE    2    TRUE

Absolute minimum support count: 0

set item appearances ...[69 item(s)] done [0.00s].
set transactions ...[69 item(s), 62 transaction(s)] done [0.00s].
sorting and recoding items ... [69 item(s)] done [0.00s].
creating transaction tree ... done [0.00s].
checking subsets of size 1 2 3 done [0.00s].
writing ... [110 rule(s)] done [0.00s].
creating S4 object  ... done [0.00s].

summary(rules1)

set of 110 rules

rule length distribution (lhs + rhs):sizes
 2  3
50 60
   Min. 1st Qu. Median   Mean 3rd Qu.   Max.
  2.000   2.000  3.000  2.545   3.000  3.000

summary of quality measures:
    support          confidence       coverage          lift           count
 Min.   :0.01613   Min.   :1    Min.   :0.01613   Min.   : 2.138   Min.   :1.000
 1st Qu.:0.01613   1st Qu.:1    1st Qu.:0.01613   1st Qu.: 2.138   1st Qu.:1.000
 Median :0.01613   Median :1    Median :0.01613   Median : 5.636   Median :1.000
 Mean   :0.01760   Mean   :1    Mean   :0.01760   Mean   : 5.077   Mean   :1.091
 3rd Qu.:0.01613   3rd Qu.:1    3rd Qu.:0.01613   3rd Qu.: 6.200   3rd Qu.:1.000
 Max.   :0.03226   Max.   :1    Max.   :0.03226   Max.   :15.500   Max.   :2.000

mining info:
     data ntransactions support confidence
 baseball            62   0.016        0.8
```

연관규칙을 분석하기 위해서 rules1<-apriori(baseball, parameter = list(minlen=2, support=0.016, confidence=0.8), appearance=list(lhs=c(paste0("선수=",unique(ball$선수)), paste0("상대투수=", unique(ball$상대투수))),rhs=paste0("홈런=",unique(ball$홈런)))) 명령문을 실행하였다. minlen 속성은 lhs 값과 rhs의 값을 합하여 출력값이 2개 이상이 되는 결과값만 화면에 출력하라는 의미이다. 즉 { } => {홈런=좌홈} 결과값은 제외시키고, {선수=오윤석} => {홈런=좌홈}처럼 lhs에는 1개 이상의 값이 있어야 하며 rhs도 값이 1개 이상이 출력될 수 있도록 설정한 것이다. appearance 매개변수에서는 lhs가 선수 칼럼과 상대투수 칼럼은 무조건 계산되어야 하는 것으로 지정하였다. 그리고 rhs 결과값으로는 홈런 칼럼의 내용을 포함해야 한다고 지정하였다. 그리고 속성값에서 paste0( ) 함수는 띄어쓰기 없이 값과 값을 붙여서 출력하라는 의미를 가진다.

▼ 실습 연관규칙 5 – (2021 한국프로그야구 롯데팀 홈런기록 데이터)

> inspect(sort(rules1,by="support"))

	lhs		rhs	support	confidence	coverage	lift	count
[1]	{상대투수=이승진}	=>	{홈런=좌홈}	0.03225806	1	0.03225806	2.137931	2
[2]	{상대투수=양창섭}	=>	{홈런=좌중홈}	0.03225806	1	0.03225806	5.636364	2
[3]	{선수=오윤석}	=>	{홈런=좌홈}	0.03225806	1	0.03225806	2.137931	2
[4]	{선수=강로한}	=>	{홈런=좌홈}	0.03225806	1	0.03225806	2.137931	2
[5]	{상대투수=장웅정}	=>	{홈런=좌홈}	0.03225806	1	0.03225806	2.137931	2
[6]	{상대투수=김기중}	=>	{홈런=좌홈}	0.03225806	1	0.03225806	2.137931	2
[7]	{상대투수=김민우}	=>	{홈런=좌홈}	0.03225806	1	0.03225806	2.137931	2
[8]	{상대투수=브리검}	=>	{홈런=좌홈}	0.03225806	1	0.03225806	2.137931	2
[9]	{선수=김민수}	=>	{홈런=좌홈}	0.03225806	1	0.03225806	2.137931	2
[10]	{상대투수=이정현}	=>	{홈런=좌홈}	0.03225806	1	0.03225806	2.137931	2
[11]	{상대투수=정인욱}	=>	{홈런=우홈}	0.01612903	1	0.01612903	6.200000	1
[12]	{상대투수=문경찬}	=>	{홈런=중홈}	0.01612903	1	0.01612903	7.750000	1
[13]	{상대투수=임규빈}	=>	{홈런=좌홈}	0.01612903	1	0.01612903	2.137931	1
[14]	{상대투수=김윤수}	=>	{홈런=우중홈}	0.01612903	1	0.01612903	15.500000	1
[15]	{상대투수=고봉재}	=>	{홈런=좌홈}	0.01612903	1	0.01612903	2.137931	1
[16]	{상대투수=조제영}	=>	{홈런=좌홈}	0.01612903	1	0.01612903	2.137931	1
			…〈생략〉…					
[105]	{선수=김준태,상대투수=이영하}	=>	{홈런=우홈}	0.01612903	1	0.01612903	6.200000	1
[106]	{선수=한동희,상대투수=이영하}	=>	{홈런=우홈}	0.01612903	1	0.01612903	6.200000	1
[107]	{선수=지시완,상대투수=안우진}	=>	{홈런=좌홈}	0.01612903	1	0.01612903	2.137931	1
[108]	{선수=안치홍,상대투수=안우진}	=>	{홈런=좌홈}	0.01612903	1	0.01612903	2.137931	1
[109]	{선수=마차도,상대투수=안우진}	=>	{홈런=좌중홈}	0.01612903	1	0.01612903	5.636364	1
[110]	{선수=추재현,상대투수=안우진}	=>	{홈런=우홈}	0.01612903	1	0.01612903	6.200000	1

inspect(sort(rules1,by="support")) 명령문으로 연관규칙의 결과를 확인할 수 있다. 이때 by=support(지지도)는 내림차순으로 정렬하여 화면에 출력하라는 의미이다. 결과 내용을 살펴보면, 다수의 support의 값들이 0.01612903 및 0.03225806으로 나타났으며, 신뢰도는 1의

값을 보여주고 있다. 하지만 향상도(lift)에서 양의 상관관계 값으로 차이를 보이고 있으므로 향상도와 지지도, 신뢰도의 결과값을 함께 고려하면서 평가해야 한다. 결과를 살펴보면, 상대투수로 김윤수가 등판하면 우중홈을 맞출 확률로 지지도는 0.016이며, 신뢰도는 1이고, 향상도는 15.5로 강한 양의 상관관계를 보여주고 있다.

▼실습   연관규칙 6 – (2021 한국프로그야구 롯데팀 홈런기록 데이터)

```
> inspect(subset(rules1, subset = lhs %pin% c("선수=")))
```

	lhs		rhs	support	confidence	coverage	lift	count
[1]	{선수=강태율}	=>	{홈런=좌홈}	0.01612903	1	0.01612903	2.137931	1
[2]	{선수=김민식}	=>	{홈런=우중홈}	0.01612903	1	0.01612903	15.500000	1
[3]	{선수=김재유}	=>	{홈런=우홈}	0.01612903	1	0.01612903	6.200000	1
[4]	{선수=신용수}	=>	{홈런=좌홈}	0.01612903	1	0.01612903	2.137931	1
[5]	{선수=나승엽}	=>	{홈런=중홈}	0.01612903	1	0.01612903	7.750000	1
[6]	{선수=손아섭}	=>	{홈런=우홈}	0.01612903	1	0.01612903	6.200000	1
[7]	{선수=배성근}	=>	{홈런=좌홈}	0.01612903	1	0.01612903	2.137931	1
[8]	{선수=오윤석}	=>	{홈런=좌홈}	0.03225806	1	0.03225806	2.137931	2
[9]	{선수=강로한}	=>	{홈런=좌홈}	0.03225806	1	0.03225806	2.137931	2
[10]	{선수=김민수}	=>	{홈런=좌홈}	0.03225806	1	0.03225806	2.137931	2
[11]	{선수=김재유,상대투수=정인욱}	=>	{홈런=우홈}	0.01612903	1	0.01612903	6.200000	1
[12]	{선수=한동희,상대투수=문경찬}	=>	{홈런=중홈}	0.01612903	1	0.01612903	7.750000	1
[13]	{선수=한동희,상대투수=임규빈}	=>	{홈런=좌홈}	0.01612903	1	0.01612903	2.137931	1
[14]	{선수=김준태,상대투수=김윤수}	=>	{홈런=우중홈}	0.01612903	1	0.01612903	15.500000	1
[15]	{선수=정훈,상대투수=고봉재}	=>	{홈런=좌홈}	0.01612903	1	0.01612903	2.137931	1
[16]	{선수=전준우,상대투수=조제영}	=>	{홈런=좌홈}	0.01612903	1	0.01612903	2.137931	1
[17]	{선수=오윤석,상대투수=김명신}	=>	{홈런=좌홈}	0.01612903	1	0.01612903	2.137931	1
[18]	{선수=한동희,상대투수=전유수}	=>	{홈런=중홈}	0.01612903	1	0.01612903	7.750000	1
			… 〈생략〉 …					
[58]	{선수=김민수,상대투수=김기중}	=>	{홈런=좌홈}	0.01612903	1	0.01612903	2.137931	1
[59]	{선수=정훈,상대투수=김민우}	=>	{홈런=좌홈}	0.01612903	1	0.01612903	2.137931	1
[60]	{선수=이대호,상대투수=김민우}	=>	{홈런=좌홈}	0.01612903	1	0.01612903	2.137931	1
[61]	{선수=김민수,상대투수=브리검}	=>	{홈런=좌홈}	0.01612903	1	0.01612903	2.137931	1
[62]	{선수=정훈,상대투수=루친스키}	=>	{홈런=좌홈}	0.01612903	1	0.01612903	2.137931	1
[63]	{선수=이대호,상대투수=이정현}	=>	{홈런=좌홈}	0.01612903	1	0.01612903	2.137931	1
[64]	{선수=안치홍,상대투수=이영하}	=>	{홈런=좌홈}	0.01612903	1	0.01612903	2.137931	1
[65]	{선수=김준태,상대투수=이영하}	=>	{홈런=우홈}	0.01612903	1	0.01612903	6.200000	1
[66]	{선수=한동희,상대투수=이영하}	=>	{홈런=우홈}	0.01612903	1	0.01612903	6.200000	1
[67]	{선수=지시완,상대투수=안우진}	=>	{홈런=좌홈}	0.01612903	1	0.01612903	2.137931	1
[68]	{선수=안치홍,상대투수=안우진}	=>	{홈런=좌홈}	0.01612903	1	0.01612903	2.137931	1
[69]	{선수=마차도,상대투수=안우진}	=>	{홈런=좌중홈}	0.01612903	1	0.01612903	5.636364	1
[70]	{선수=추재현,상대투수=안우진}	=>	{홈런=우홈}	0.01612903	1	0.01612903	6.200000	1

inspect( ) 함수의 명령문으로 inspect(subset(rules1, subset = lhs %pin% c("선수=")))를 실행하였다. lhs 속성값으로 선수 칼럼을 우선적으로 고려하여 화면에 출력하라고 지정하였고,

연관규칙 결과값은 선수 칼럼을 우선으로 보여주고 있다. 이때 %pin% 속성값은 선수 칼럼을 포함한 데이터에 한정하여 결과값을 보여주라는 의미이다. 결과값에서 [14] 규칙을 확인하면, 김준태 선수가 김윤수 상대투수를 만나게 되면 우중간 홈런을 때릴 가능성이 15.5(향상도)로 높다는 것을 확인할 수 있다. plot( ) 확인하면 김준태 선수가 김윤수, 데스파이네 투수를 만나면 우중홈이 나올 가능성이 높다는 네트워크 결과를 확인할 수 있다.

▼ 실습 연관규칙 7 – (2021 한국프로그야구 롯데팀 홈런기록 데이터) 시각화

> library(arulesViz)
> plot(head(sort(rules1,by="lift"),13), method = "graph", color=seq(50,100,by=10))

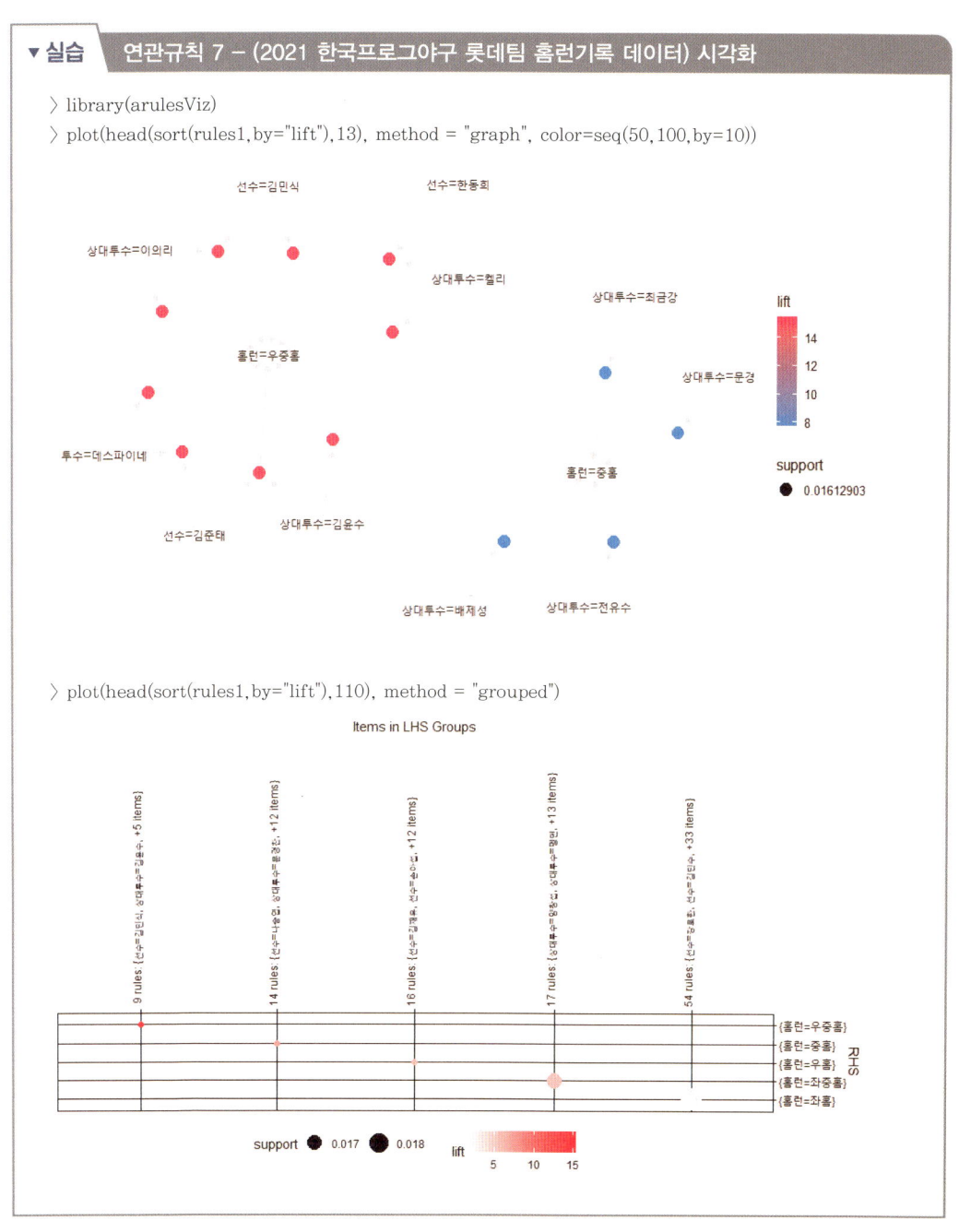

> plot(head(sort(rules1,by="lift"),110), method = "grouped")

CHAPTER 4 종합 연습문제

01 20210306_롯데야구기록.csv 파일을 이용하여 홈런별로 비슷한 선수끼리 계층적으로 군집 분석을 실시하시오. 계층적 군집분석위해 홈런과 선수별로 하나의 테이블로 합계를 만들고, 총 5개의 집단으로 분류하시오. 계층적 군집분석은 최단거리법, 평균연결법, 와드연결법으로 각각 계산하고 표현하시오.

	우중홈	우홈	좌중홈	좌홈	중홈	Sum
강로한	0	0	0	2	0	2
강태율	0	0	0	1	0	1
김민수	0	0	0	2	0	2
김민식	1	0	0	0	0	1
김재유	0	1	0	0	0	1
김준태	2	2	0	0	0	4
나승엽	0	0	0	0	1	1
마차도	0	0	2	2	0	4
배성근	0	0	0	1	0	1
손아섭	0	1	0	0	0	1
신용수	0	0	0	1	0	1
안치홍	0	0	1	3	0	4
오윤석	0	0	0	2	0	2
이대호	0	1	3	6	0	10
전준우	0	0	1	1	1	3
정훈	0	0	2	5	1	8
지시완	0	1	0	1	1	3
추재현	0	3	0	0	2	5
한동희	1	1	2	2	2	8
Sum	4	10	11	29	8	62

02 new_tech.csv 파일을 이용하여 편의성 변수들을 토대로 편의성을 추구하는 세 개의 집단을 만드시오. 세 개의 집단으로 분류된 샘플 수는 몇 개인지 설명하고, 편의성_사용자와 편의성_AS서비스를 토대로 집단 평균을 시각화로 표현하시오.

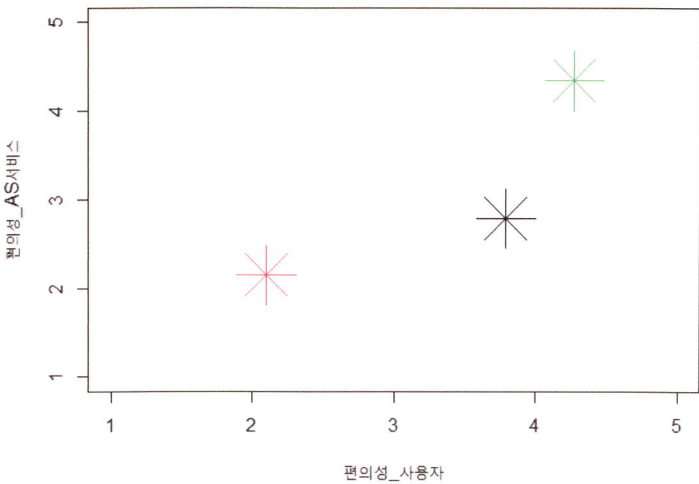

03 한국소비자원 소비자 피해구제 정보_20210413.csv를 이용하여 lhs는 연령대를 기준으로 하고 rhs는 물품소분류로 연관규칙을 계산하시오. 조건은 minlen=2, support=0.002, confidence= 0.02 이다.

```
> inspect(sort(rules1,by="lift"))
     lhs                 rhs                              support     confidence  coverage    lift       count
[1]  {연령대=20 - 29세} => {물품소분류=헬스장}                0.022226882 0.14940099  0.14877333  3.1526252  212
[2]  {연령대=70 - 79세} => {물품소분류=이동전화서비스}         0.002935626 0.10937500  0.02684001  3.0063941   28
[3]  {연령대=60 - 64세} => {물품소분류=건강(암·기타질병)보험}  0.002096876 0.03913894  0.05357517  2.5223462   20
[4]  {연령대=20 - 29세} => {물품소분류=필라테스}              0.004508283 0.03030303  0.14877333  2.5133070   43
[5]  {연령대=70 - 79세} => {물품소분류=유사투자자문}          0.008911722 0.33203125  0.02684001  2.4323457   85
[6]  {연령대=60 - 64세} => {물품소분류=유사투자자문}          0.015831411 0.29549902  0.05357517  2.1647232  151
[7]  {연령대=50 - 59세} => {물품소분류=건강(암·기타질병)보험}  0.005556720 0.03147268  0.17655693  2.0282869   53
[8]  {연령대=65 - 69세} => {물품소분류=유사투자자문}          0.007653596 0.24496644  0.03124345  1.7945391   73
[9]  {연령대=50 - 59세} => {물품소분류=유사투자자문}          0.040889075 0.23159145  0.17655693  1.6965586  390
[10] {연령대=20 - 29세} => {물품소분류=이동전화서비스}        0.007758440 0.05214940  0.14877333  1.4334322   74
[11] {연령대=50 - 59세} => {물품소분류=양복(서양식 의복)세탁} 0.004508283 0.02553444  0.17655693  1.3759746   43
[12] {연령대=50 - 59세} => {물품소분류=운동화}                0.006080939 0.03444181  0.17655693  1.3463358   58
[13] {연령대=30 - 39세} => {물품소분류=헬스장}                0.017299224 0.05771249  0.29974837  1.2178356  165
[14] {연령대=50 - 59세} => {물품소분류=기타세탁서비스}        0.004927658 0.02790974  0.17655693  1.1232198   47
[15] {연령대=30 - 39세} => {물품소분류=기타세탁서비스}        0.007968127 0.02658272  0.29974837  1.0698143   76
[16] {연령대=40 - 49세} => {물품소분류=기타세탁서비스}        0.006605158 0.02634881  0.25068148  1.0604006   63
[17] {연령대=40 - 49세} => {물품소분류=유사투자자문}          0.035751730 0.14261815  0.25068148  1.0447711  341
[18] {연령대=40 - 49세} => {물품소분류=운동화}                0.006605158 0.02634881  0.25068148  1.0299792   63
[19] {연령대=50 - 59세} => {물품소분류=이동전화서비스}        0.006080939 0.03444181  0.17655693  0.9467030   58
[20] {연령대=20 - 29세} => {물품소분류=운동화}                0.003250157 0.02184637  0.14877333  0.8539782   31
[21] {연령대=30 - 39세} => {물품소분류=운동화}                0.006395471 0.02133613  0.29974837  0.8340329   61
[22] {연령대=40 - 49세} => {물품소분류=이동전화서비스}        0.007443909 0.02969469  0.25068148  0.8162188   71
[23] {연령대=30 - 39세} => {물품소분류=이동전화서비스}        0.006919690 0.02308499  0.29974837  0.6345380   66
[24] {연령대=30 - 39세} => {물품소분류=유사투자자문}          0.020863913 0.06960476  0.29974837  0.5099003  199
[25] {연령대=20 - 29세} => {물품소분류=유사투자자문}          0.005347033 0.03594080  0.14877333  0.2632898   51
```

10

R programming

텍스트마이닝

R

학습배경

- 인터넷에 업로드되는 수많은 문자 데이터는 다양한 사람들의 삶과 이야기가 내포되어 있다. 실시간으로 업로드되는 소셜미디어와 포털 사이트의 댓글은 개인들의 감정과 생각을 이해하는 데 도움이 되며, 미래의 발생할 수 있는 개인들의 반응도 사전에 파악할 수 있다. 또한, 기업들도 텍스트마이닝을 통해 자사가 판매하는 제품과 서비스에 대해서 소비자가 느끼는 감정을 분석하여 고객 만족과 불만을 판단하고 있다. 이처럼 과거와 다르게 인터넷에 기록되어 있는 문자 데이터는 가치있는 데이터이다. 그리고 인터넷 문자 데이터는 기하급수적으로 증가하고 있어서 이를 분석할 수 있는 텍스트마이닝 기법도 많이 발전하고 있다. 따라서 본 장에서는 stringr 패키지를 활용하여 텍스트 데이터를 전처리하는 방법과 웹 데이터 크롤링 및 시각화를 학습할 것이다.

학습목표

- stringr 패키지를 활용하여 텍스트 데이터를 전처리할 수 있다.
- 크롤링의 문법을 작성하여 웹 데이터를 수집할 수 있다.
- KoNLP 패키지를 이용하여 명사 단어를 추출할 수 있다.
- WordCloud 패키지를 이용하여 텍스트 데이터를 시각화할 수 있다.

학습구성

1. 텍스트마이닝의 이해

2. stringr 패키지를 활용한 텍스트 데이터 전처리

3. 웹 데이터의 수집

4. 종합 연습문제

텍스트마이닝의 이해

1. 텍스트마이닝의 소개

텍스트마이닝이란 비정형 텍스트 데이터에서 가치와 의미가 있는 정보를 찾아내는 (Mining) 기술이다. 분석자는 텍스트마이닝 기술을 통해 방대한 정보 뭉치에서 의미있는 정보를 추출해내고, 다른 정보와의 연계성도 파악할 수 있으며, 텍스트가 가진 카테고리를 찾아내는 등의 단순한 정보 검색 그 이상의 새로운 결과를 발견할 수 있다.

또한, 텍스트마이닝은 데이터마이닝, 자연어처리, 정보검색 등의 이론 및 실무까지 다양한 분야가 융합되어 많은 분석자에게 주목받고 있다.

텍스트마이닝은 웹페이지, 블로그, 전자저널, 이메일 등 전자문서로 된 텍스트 데이터에서 유용한 정보를 추출하고 분석 도구로 많이 사용되며, 텍스트 데이터를 분석하여 새로운 고급 정보를 이끌어내기도 한다.

즉, 텍스트 마이닝 기술은 자연언어처리(Natural Language Processing) 기술에 기반하고 있다. 인간의 말은 각 언어별로 어휘적, 문법적 독특성이 있을 뿐만 아니라, 그 표현의 형태가 시간 변화에 따라서도 매우 다양하고 복잡하여 일괄된 규칙으로 규정하기 힘든 경우가 많다. 그래서 언어는 환경에 따라서 끊임없이 변화하는 특성도 지니고 있다. 즉, 컴퓨터가 인간이 사용하는 언어로 기록된 정보를 깊이 분석하고 그 안에 숨겨진 정보를 발굴해 내기 위해서는 대용량 언어자원과 복잡한 통계적, 규칙적 알고리즘이 적용되어야만 한다. 변화하는 언어 환경에서 문자로 표현된 언어를 컴퓨터로 분석 처리하고, 그 구조와 의미를 이해시키는 기술이 바로 자연언어처리 기술이다.

	데이터마이닝	텍스트마이닝
대상	수치 또는 범주화된 데이터	텍스트
구조	관계형 데이터 구조	비정형 또는 정형의 텍스트 데이터
목적	미래 상황 결과의 예견 및 예측	적합한 정보를 획득하고 의미를 정제하고 범주화시킴
방법	기계학습	기계학습, 인덱싱, 언어처리 온톨로지 등

2. 텍스트마이닝 분석 이전에 주의사항

분석자가 데이터를 수집하고자 하는 웹사이트는 누구의 저작물이 된다. 만약 분석자가 악의적으로 저작물로 보호받고 있는 데이터를 크롤링하여 수집한 데이터를 인터넷에 공개하는 것은 저작권법에 위반될 수 있다. 또한, 데이터를 수집하는 과정에서 웹사이트 서버를 과부하시키고, 다른 이용자가 웹사이트 접속하는 것을 불가능하게 만들거나 어렵게 만드는 행위도 업무 방해가 될 수 있다. 이에 해당 문제를 일으키지 않도록 분석자는 주의가 요구된다.

최근 언론보도에 따르면 크롤링으로 경쟁사들의 영업데이터를 훔쳐 가는 행위가 발생하면서 법적 분쟁이 많이 나타나는 추세이다. 기업 간 데이터가 중요한 경쟁력으로 떠오르면서 데이터 분석으로만 경쟁기업의 영업기밀을 어느 정도 판단할 수 있기에 기업들은 크롤링으로 자신의 핵심 데이터가 외부로 유출되는 것을 좋아하지 않는 상황이라고 말할 수 있다.
(출처 : http://it.chosun.com /site data/html_dir/2019/05/06/2019050601401.html)

이에 분석자들은 개인적인 실습 훈련용이나 한정된 범위에서 사용하는 용도로 텍스트마이닝 또는 크롤링을 진행할 필요가 있으며, 복제한 데이터를 원본 그대로 외부의 블로그나 SNS 등에 공개하는 것을 금지해야 한다.

클로링 남의 자산 훔치는 범죄행위, 인식 변화 갖자

크롤링을 하는 이유에는 여러 가지가 있겠지만 대표적으로 각 산업계 후발 주자들이 선두 기업을 빠르게 따라잡기 위해 크롤링을 계속 시도한다고 한다. 그런데 무심코 했던 행위 크롤링이 범죄가 되기에 이제는 인식 변화가 필요할 때다. 특히 4차산업 시대 데이터의 가치는 높아졌지만, 인식은 제자리에 머물러 있는 상태이다.

출처 : http://it.chosun.com/site/data/html_dir/2019/05/06/2019050601401.html

CHAPTER 2
stringr 패키지를 활용한 텍스트 데이터 전처리

1. stringr 패키지 설명

stringr 패키지는 문자열을 쉽게 처리할 수 있게 도와주는 함수 패키지이다. 웹 데이터에서 가져오는 텍스트 데이터는 별도의 가공 처리가 필요할 수 있다. 예를 들어 웹사이트에 작성된 글들은 띄어쓰기가 올바르게 되어 있지 않다던가, 오타가 발생하는 등의 잘못된 텍스트가 다수 포함되어 있다. 그래서 분석자는 원치 않는 텍스트를 별도로 추출해야 하거나 변경해야 하는 작업이 빈번하게 발생한다. 이에 문자열 처리 함수를 숙지할 필요가 있다.

문자열 처리 함수는 대부분 정규표현식을 이용하여 문자열 패턴을 검사하고, 변경하고자 하는 문자열을 교체하거나 추출할 수 있게 도와준다. 정규 표현식은 약속된 기호(메타문자)들에 의해서 표현된다. 정규표현식에서 [ ]기호는 문자가 한 번만 반복되고 것이고, {x}은 x만큼 반복된다는 것을 의미한다. 예를 들어, [0-9]{3}은 숫자가 연속적으로 3개 발생하는 조건을 의미한다.

2. stringr 함수 실습

> **🔍 문법** stringr 패키지 문법 1
>
> 문자열에서 특정 문자열 패턴의 첫 번째 문자열 추출하는 함수로 조건값은 정규식으로 표현한다.
> str_extract(변수명, 조건값)

> **▼ 실습** stringr( ) 함수 실습 1 - str_extract( )

```
> install.packages("stringr")
> library(stringr)
> x <- "josasasa92대한민국100미국90HARUHARUHARU1274유럽92kimmin4쿠jung95"
> str_extract(x, "[0-9]{2}") #특정 문자열 패턴의 첫번째 문자열 추출
> #x 변수에서 숫자로 시작하는 값에서 두 글자만 추출

[1] "92"
```

```
> str_extract(x,"[a-z]{3}") #x 변수에서 영문 소문자로 시작하는 값에서 세 글자만 추출
[1] "jos"
> str_extract(x,"[가-힣]{2}") #x 변수에서 한글로 시작하는 값에서 두 글자만 추출
[1] "대한"
```

실습에서 x 변수에는 "josasasa92대한민국100미국90hanaruru1274유럽92kimmin4쿠jung95" 값이 저장되어 있다. x 변수의 값을 가지고 str_extract( ) 함수를 이용하여 데이터값을 추출하고자 한다. 이때 str_extract(x, "[0-9]{2}") 명령문은 x 변수에서 [0-9]이므로 0부터 9까지의 숫자 중 {2} 두 글자만 추출하라는 명령문이다. 그래서 x 변수에 제일 먼저 나타나는 92가 화면에 출력된다. str_extract(x,"[a-z]{3}") 명령문도 a-z까지 소문자로 이루어진 값에서 {3} 세글자만 추출하라는 명령문이다. 다음 str_extract(x,"[가-힣]{2}")은 한글로 된 값에서 x 변수에서 제일 먼저 보이는 2글자만 추출하라는 명령문이 된다.

🔍 문법 stringr 패키지 문법 2

문자열에서 특정 문자열 패턴의 모든 문자열 추출하는 함수로 조건값은 정규식으로 표현한다.
str_extract_all(변수명, 조건값)

▼ 실습 stringr( ) 함수 실습 2 - str_extract_all( )

```
> str_extract_all(x,"[0-9]{2}")
> #x 변수의 데이터에서 모든 숫자값 중 2글자 이상이면 2글자만 별도로 추출하여 화면에 출력
[[1]]
[1] "92" "10" "90" "12" "74" "92" "95"

> str_extract_all(x,"[가-힣]{2}")
> #x 변수의 데이터에서 모든 한국어값 중 2글자 이상이면 2글자만 별도로 추출하여 화면에 출력
[[1]]
[1] "대한" "민국" "미국" "유럽"

> str_extract_all(x,"[a-z]{3}")
> #x 변수의 데이터에서 모든 영문 소문자값 중 3글자 이상이면 3글자만 별도로 추출하여 화면 출력
[[1]]
[1] "jos" "asa" "han" "aru" "kim" "min" "jun"

> str_extract_all(x,"[a-z]{8}")
> #x 변수의 데이터에서 모든 영문 소문자값 중 8글자 이상이면 8글자만 별도로 추출하여 화면 출력
[[1]]
[1] "josasasa"
```

실습에서 str_extract_all(x, "[0-9]{2}") 명령문의 실행은 x 변수의 전체 값에서 0부터 9까지 숫자값이 두 글자이상 있다면 두 글자 형태로 모두 화면에 출력하라는 의미이다. 이에 따른 결과 값은 92, 10, 90, 12, 74, 92, 95의 값으로서 화면에 출력해준다.

str_extract_all( ) 함수는 str_extract( ) 함수와 다르게 특정 변수의 값에서 분석자가 지정한 조건에 부합하는 모든 값을 출력하라는 명령문도 된다. str_extract_all(x, "[가-힣]{2}") 명령문 은 한국어가 포함된 값에서 2글자 이상 한국어가 있으면 모두 2글자씩 구분하여 화면에 출력하라 는 명령문이다. str_extract_all(x,"[a-z]{3}") 명령문은 소문자로 구성된 영문자 중에서 변수 값에 소문자가 3글자 이상 있으면 모두 3글자씩 구분하여 화면에 출력하라는 명령문이 된다. str_extract_all(x,"[a-z]{8}") 명령문에서는 josasasa의 값이 화면에 출력된다. 하지만, x 변 수에 저장된 다른 영문의 소문자들은 8단어가 안되거나 HARUHARUHARU처럼 대문자이기 때문에 화면에 출력되지 않는다.

▼ **실습** stringr( ) 함수 실습 3 - str_extract_all( )

```
> str_extract_all(x,"유럽")   #x 변수에서 유럽의 글자가 있는지 확인하여 추출

[[1]]
[1] "유럽"

> str_extract_all(x,"남극")   #x1 변수에서 남극의 글자가 있는지 확인하여 추출

[[1]]
character(0)
```

실습에서 str_extract_all(x,"유럽") 명령문은 x 변수값에 유럽 글자가 포함되어 있으므로 유럽 글자를 화면에 출력하게 된다. 하지만 str_extract_all(x,"남극") 명령문은 x 변수값에 남극 글 자가 없으므로 character(0)의 값이 화면에 출력된다.

▼ 실습 | **stringr( ) 함수 실습 4 – str_extract_all( )**

```
> str_extract_all(x,"[a-z]{3,}")
> # x 변수의 데이터에서 영문 소문자가 3글자 이상 연속하는 경우 3글자 이상 모두 추출

[[1]]
[1] "josasasa" "kimmin"  "jung"

> str_extract_all(x,"[가-힣]{3,}")
> # x 변수의 데이터에서 한글이 3글자 이상 연속하는 경우 3글자 이상 모두 추출

[[1]]
[1] "대한민국"

> str_extract_all(x,"[a-z]{6,8}")
> # x 변수의 데이터에서 영문 소문자가 6~8글자 연속하는 경우 6~8글자 모두 추출

[[1]]
[1] "josasasa" "kimmin"
```

실습에서 str_extract_all(x,"[a-z]{3,}") 명령문은 x 변수에서 소문자로 구성된 값들 중 3글자 이상 연속되는 문자값이 있으며 모두 화면에 출력하라는 것이다. 결과물로 josasasa, kimmin, jung이 출력되며 HARUHARUHARU는 대문자라서 제외되었다. 다음 str_extract_all(x,"[가-힣]{3,}") 명령문은 한국어가 3글자 이상 연속되는 문자값이 있으면 모두 화면에 출력하라는 명령문이다. 세 번째로 str_extract_all(x,"[a-z]{6,8}") 명령문은 x 변수에서 소문자로 구성된 값 중 6글자 이상 8글자 이하로 구성된 문자값은 모두 출력하라는 명령문이다. 화면에 josasasa, kimmin이 출력된다.

▼ 실습 **stringr( ) 함수 실습 5 – str_extract_all( )**

> str_extract_all(x,"[^a-z]") #소문자로 된 영문자를 제외한 나머지 값을 출력

[[1]]
 [1] "9" "2" "대" "한" "민" "국" "1" "0" "0" "미" "국" "9" "0" "H" "A" "R" "U" "H"
[19] "A" "R" "U" "H" "A" "R" "U" "1" "2" "7" "4" "유" "럽" "9" "2" "4" "쿠" "9"
[37] "5"

> str_extract_all(x,"[^가-힣]") #한글을 제외한 나머지 값을 출력

[[1]]
 [1] "j" "o" "s" "a" "s" "a" "s" "a" "9" "2" "1" "0" "0" "9" "0" "H" "A" "R" "U" "H" "A" "R" "U"
[24] "H" "A" "R" "U" "1" "2" "7" "4" "9" "2" "k" "i" "m" "m" "i" "n" "4" "j" "u" "n" "g" "9" "5"

> str_extract_all(x,"[^a-z]{4}") #소문자로 된 영문자를 제외한 나머지 값 중 연속된 4글자만 출력

[[1]]
[1] "92대한" "민국10" "0미국9" "0HAR"   "UHAR"   "UHAR"   "U127"   "4유럽9"

> str_extract_all(x,"[^0-9]{4}") #숫자를 제외한 나머지 값 중 연속된 4글자만 출력

[[1]]
[1] "josa"   "sasa"   "대한민국" "HARU"   "HARU"   "HARU"   "kimm"   "쿠jun"

실습에서 str_extract_all(x,"[^a-z]") 명령문은 소문자로 구성된 영문자는 제외하고, 나머지 모든 값을 화면에 출력하라는 명령문이다. str_extract_all(x,"[^가-힣]") 명령문도 한글로 구성된 모든 값은 제외하고, 나머지 모든 값을 화면에 출력하라는 명령문이다. str_extract_all(x,"[^a-z]{4}") 명령문은 소문자로 된 영문자를 제외하고, 나머지 모든 값에서 4글자 이상으로 구성된 값이 있다면 4글자씩 묶어서 화면에 출력하라는 명령문이다. str_extract_all(x,"[^0-9]{4}") 명령문은 숫자를 제외한 나머지 값에서 4글자 이상의 값이 있다면 4글자씩 묶어서 화면에 출력하라는 명령문이다.

문법 — stringr 패키지 문법 3

str_length(변수명) : 문자열 길이 반환
str_locate(변수명) : 문자열에서 특정 문자열 패턴의 첫 번째 위치 찾기
str_to_upper(x) : 대문자 변경
str_to_lower(x) : 소문자 변경

실습 — stringr( ) 함수 실습 6

> str_length(x) *#문자열 길이 구하기*

[1] 55

> str_locate(x, "대한민국") *#문자열 특정 위치 반환하기*

```
     start   end
[1,]  11     14
```

> str_to_upper(x) *#문자열 대문자 변경*

[1] "JOSASASA92대한민국100미국90HARUHARUHARU1274유럽92KIMMIN4쿠JUNG95

> str_to_lower(x) *#문자열 소문자 변경*

[1] "josasasa92대한민국100미국90haruharuharu1274유럽92kimmin4쿠jung95"

실습에서 str_length(x) 명령문은 x 변수의 값에 대한 길이를 화면에 출력하라는 명령문이다. str_locate(x, "대한민국") 명령문은 x 변수에서 대한민국 글자가 위치한 값을 화면에 출력해주라는 명령문이다. 또한, 영문자 중 소문자를 대문자로, 대문자는 소문자로 변경하고자 한다면, str_to_upper( ) 함수와 str_to_lower( ) 함수를 이용하면 된다.

🔍문법 stringr 패키지 문법 4

str_sub(변수명, 시작위치, 마지막 위치) : 범위에 해당하는 문자열(sub string) 추출
str_replace(변수명, 바꿀값, 변경할 값) : 기존 문자열을 특정 문자로 교체
str_c(변수명, 추가할 값)   : 문자열 연결(결합)
str_split(변수명, 구분기호설정)   : 구분자를 기준으로 문자열을 분리하여 부분 문자열 생성

▼실습 stringr( ) 함수 실습 7

```
> str_sub(x, 5,8)  # 시작과 끝 위치를 지정하여 부분 문자열 만들기 (변수명, 시작위치, 마지막위치)

[1 ]"sasa"

> str_sub(x, 1,-40) # 시작과 끝 위치를 지정하여 부분 문자열 만들기 (변수명, 시작위치, 마지막위치)
> # str_sub(x, 1,-40)은 x값의 첫 번째 위치값에서 마지막위치 16번째까지 추출 (55-40+1)

[1] "josasasa92대한민국10"

> x2 <- str_replace(x, "josasasa", "조사사-")    #문자열 변경하기
> x2 <- str_replace(x2, "대한민국", "korea-")
> x2

[1] "조사사-92korea-100미국90HARUHARUHARU1274유럽92kimmin4쿠jung95"

> x3 <- str_c(x2, "하와이86") #문자열 결합하기
> x3

[1] "조사사-92korea-100미국90HARUHARUHARU1274유럽92kimmin4쿠jung95하와이86"

> x4 <- str_split(x3, "-")   #문자열 분리하기
> x4

[[1]]
[1] "조사사"
[2] "92korea"
[3] "100미국90HARUHARUHARU1274유럽92kimmin4쿠jung95하와이86하와이86"
```

실습에서 str_sub(x, 5,8) 명령문은 x 변수값에서 다섯 번째부터 여덟 번째까지 위치한 값을 화면에 출력하라는 명령문이며, 결과값으로는 sasa가 화면에 출력된다. str_sub(x, 1, -40) 명령문은 x 변수의 끝자리 값에서 역순으로 40글자 위치까지 올라온 값을 기준으로, 첫 글자부터 역순으로 올라온 위치까지 화면에 값을 출력하라는 명령문이다.

그리고 str_replace(변수명, 바꿀값, 변경할 값) 명령문은 특정 변수명에서 바꾸고 싶은 값과 변경하고 싶은 값을 작성하여 실행하는 명령문이다. str_replace(x, "josasasa", "조사사-") 명령문은 x 변수에서 josasasa의 값을 조사사-로 변경하라는 명령문이다. 다음 str_c(x2, "하와이86") 명령문은 x2 변수값에서 오른쪽 맨 끝으로 하와이86 값을 새롭게 결합하라는 명령문이다. str_split(x3, "-") 명령문은 -를 기준으로 문자열을 분리하라는 명령문이다.

CHAPTER 3 웹 데이터의 수집

1. 네이버 영화 평점 크롤링

웹 데이터의 수집과 크롤링 실습을 위해서 네이버 영화 평점을 대상으로 크롤링을 해보고자 한다. 본 실습에서는 인셉션 영화를 대상으로 진행하였다. 홈페이지 주소는 다음과 같으며 홈페이지에 접속하면 관람객 평점으로 별점과 점수, 평점 내용 등이 작성되어 있다. 홈페이지 내용 중 사람들의 영화 관람평만 수집하여 정리하고자 한다.

https://movie.naver.com/movie/bi/mi/pointWriteFormList.naver?code=52515&type=after&isActualPointWriteExecute=false&isMileageSubscriptionAlready=false&isMileageSubscriptionReject=false&page=1

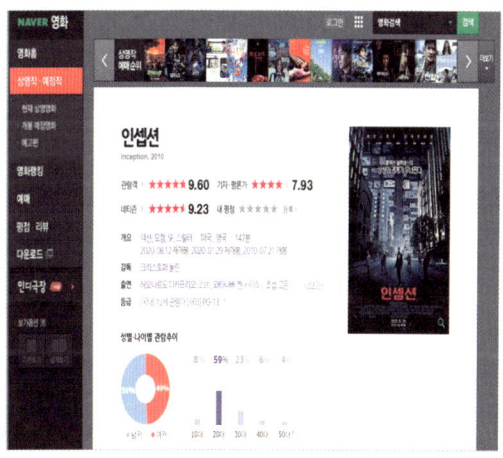
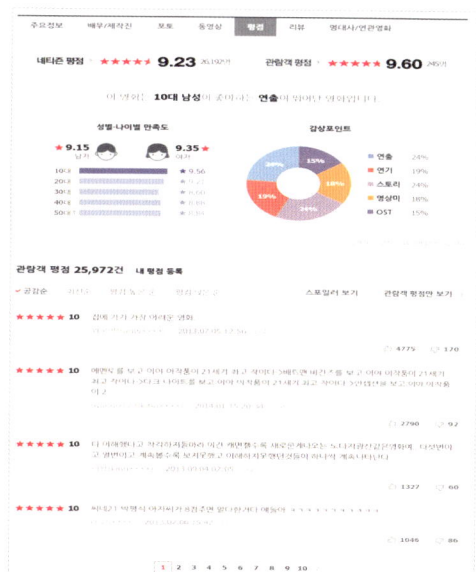

인셉션 영화번호 52515

실습에서는 영화 관람평에 대해서만 데이터를 수집하고, 시각화를 진행할 것이다. 인터넷 웹브 라우저인 익스플로러, 엣지, 크롬에서 F12키를 누르면 개발자모드 창을 별도로 화면에 보여준 다. 분석하고자 하는 영역에 마우스를 이동하면 해당 HTML 코드표를 개발자모드 창에서 표시해 준다.

● 네이버 영화 평점 및 HTML 1

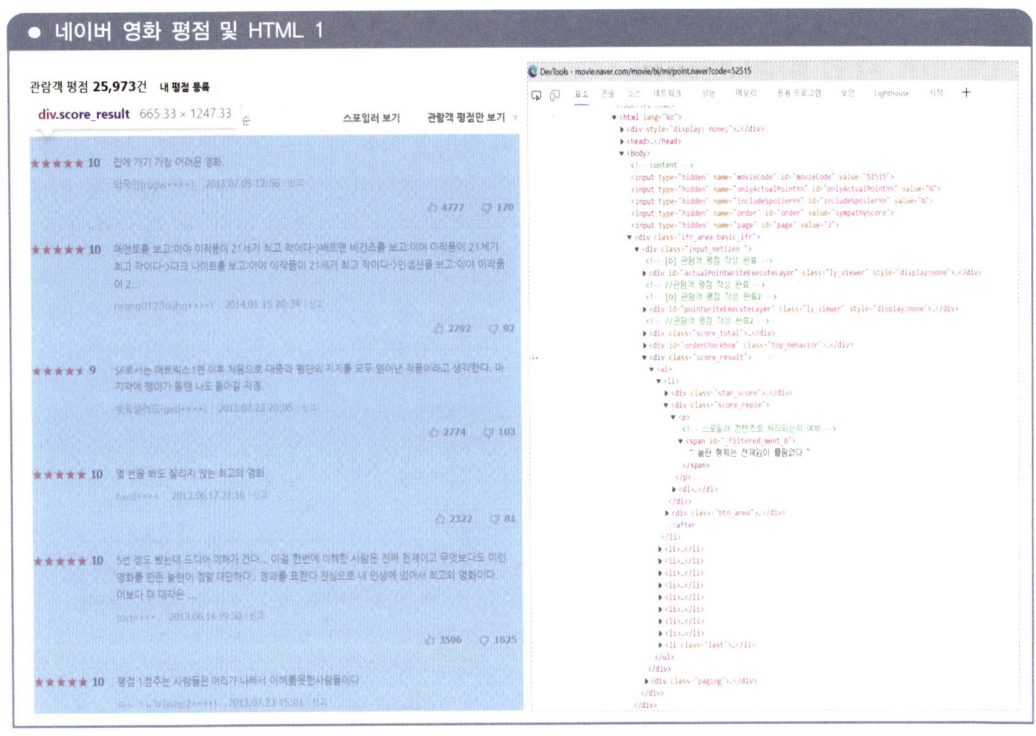

● 네이버 영화 평점 및 HTML 2

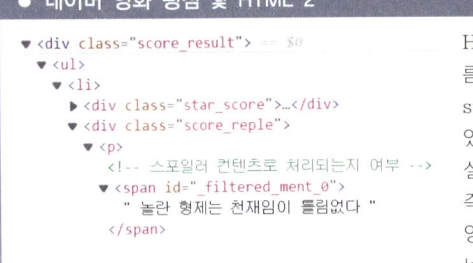

HTML을 살펴보면 관람평의 영역명(class 영역)은 score_result 이름으로 지정되어 있으며, 다음 내부 영역(class 영역)에는 star_score가 있다. 그리고 바로 아래 이름은 score_reple로 되어 있다. 마지막에는 관람평이 작성된 영역은 _filtered_ment_0으로 설정된 것을 확인할 수 있다.

즉, 서울시 / 강남구 / 압구정로 / 79길26 / 주소처럼 홈페이지도 각 영역별로 구분하여 쉽게 관리하기 위해서 별도의 이름을 가지고 있다. 네이버 영화 평점이 작성된 홈페이지에서는 단계별로 score_result, score_score, score_reple, _filtered_ment_0으로 구분되어 있다. 여기서 _filtered_ment_은 관람평이 작성된 영역으로 페이지 하나당 총 10개의 관람평이 작성되어 있으므로 _filtered_ment_의 값은 0부터 9까지의 값이 존재한다.

🔍문법 웹 데이터 수집 문법

install.packages("rvest") *#rvest는 R의 웹 스크래핑(Web Scraping)을 위한 패키지*
library(rvest)
read_html( ) : 응답 객체를 HTML로 변환하는 함수
html_node( ), html_nodes( ) : HTML 요소를 추출하는 함수
html_attr( ), html_name( ) : HTML 속성 관련 함수
html_text( ), html_table( ) : 데이터를 추출하는 함수
html_elements

install.packages("httr") *#서버의 URL을 요청(http 요청 및 응답에 관한 작업에 사용하는 패키지)*
library(httr)
GET( ), POST( ) : HTTP 요청에 관한 함수들
Status_code( ), content( ) : HTTP 응답에 관한 함수들
warn_for_status( ), stop_for_status( ) : HTTP 응답에 성공하지 못했을 때 사용하는 함수

▼실습 네이버 영화 댓글 가져오기 실습 1

```
> install.packages("rvest")   #rvest는 R의 웹 스크래핑(Web Scraping)을 위한 패키지
> install.packages("httr")
> library(rvest)
> library(httr)   #서버의 URL을 요청
> x <- scan( )   #영화 인셉션 52515

1: 52515
2:
Read 1 item
```

rvest는 웹페이지로부터 데이터를 수집할 때 사용하는 패키지이다. 실습에서는 웹 스크래핑을 도와주는 패키지를 설치하고, 불러오기를 하였다. 그리고 httr 패키지는 홈페이지 URL 요청 및 응답에 관한 작업을 도와주는 패키지로써 실습을 위해서 설치 및 불러오기를 하였다.

x 변수에는 네이버 영화마다 고유번호를 가지고 있으므로 분석자가 직접 입력할 수 있도록 처리하였다. scan( ) 함수를 이용하면 1개의 숫자값을 입력받을 수 있으며, 실습에서는 인셉션의 번호로 52515를 입력하였다.

▶ 실습 | 네이버 영화 댓글 가져오기 실습 2

```
> url <- paste("https://movie.naver.com/movie/bi/mi/pointWriteFormList.naver?code=",x,sep='')

> url_base <- paste(url, "&type=after&isActualPointWriteExecute=false
+           &isMileageSubscriptionAlready=false&isMileageSubscriptionReject=false&page=",sep='')

> all.reviews <- c( )
> k=0

> for(page in 1:80){
+   for(k in 0:9){
+     url <- paste(url_base,page,sep='')
+     url <- GET(url)
+     #print(url)
+     htxt <- read_html(url)
+     table <- html_nodes(htxt,'.score_result')
+     content <- html_nodes(table, '.score_reple')
+     content2 <- html_elements(content, paste('#_filtered_ment_',k,sep=''))
+     print(paste('#_filtered_ment_',k,sep=''))
+     reviews <- html_text(content2)
+     all.reviews <- c(all.reviews, reviews)
+     k=k+1
+   }
+   if(length(reviews)==0){break}
+   if(k==10){k=0}
+ }
[1] "#_filtered_ment_0"
[1] "#_filtered_ment_1"
… 〈생략〉 …
```

url 변수에는 "https://movie.naver.com/movie/bi/mi/pointWriteFormList.naver? code =" 홈페이지 주소가 저장되어 있다. 이를 paste( ) 함수를 통해서 앞서 영화번호가 저장된 x 변수를 url 변수 뒤에 이어 붙을 수 있도록 명령문을 처리하였다. 또한, 영화 관람평의 웹페이지가 변경 될 때마다 페이지 번호는 변경이 되어야 한다. 그래서 페이지 번호가 계속 변경될 수 있도록 paste( ) 함수를 이용하여 url 변수와 페이지를 변경할 수 있는 홈페이지 주소를 url_base 변수로 새롭게 저장하였다. 한편, 영화 관람평의 텍스트 데이터를 저장해야 하므로 all.reviews 변수를 벡터 방식으로 선언하였다.

하나의 웹페이지에는 관람평이 총 10개가 있으며, 관람평이 저장되어 있는 html 명칭은 _filtered_ment_이다. 즉, html에서 관람평 내용이 있는 위치 이름은 _filtered_ment_이며 이는 _filtered_ment_0 값부터 시작하여 _filtered_ment_9까지 있다. 그래서 마지막에 있는 숫자값이 0부터 9까지 계속 변경되어야 하므로 k 변수를 만들어서 선언하였다. k 변수가 한 페이지에서 10번 순환되어야 하므로 for(k in 0:9)문을 실행하였다.

for문은 제어문으로써 1부터 80번을 순환하라고, 본 실습에서 임의적으로 지정하였다. 이는 관람평을 1페이지부터 시작하여 80페이지까지 순차적으로 읽어 들이라는 명령문이다. 80을 지정하면 80페이지까지 순환하라는 것이며, 페이지당 10개의 관람평이 있으니 총 10 × 80 = 800개의 영화 관람평의 데이터를 가져오게 된다.

for문 안에 명령문을 살펴보면

① url_base 변수에 page 값을 paste( ) 함수로 붙여 url 변수로 재저장하라고 명령하였다. 명령문대로 진행하면https://movie.naver.com/movie/bi/mi/pointWriteFormList.naver?code=52515&type=after&isActualPointWriteExecute=false&isMileageSubscriptionAlready=false&isMileageSubscriptionReject=false&page=1부터 시작하며 page=뒤에 for문이 반복할 때마다 1,2,3⋯80까지 붙여서 홈페이지 주소를 저장한다.

② for(k in 0:9)문은 한 페이지에 총 10개의 댓글이 있으므로 페이지 번호가 넘어가기 전 10개의 댓글을 모두 가져올 수 있도록 순환문을 작성하였다.

③ url에 저장되어 있는 홈페이지 주소를 GET( ) 함수를 이용하여 홈페이지 진입을 요청하여 html 문서를 받게 된다. GET( ) 함수는 header, cookie 등 옵션도 사용할 수 있으며, 현재 읽어 들이는 웹페이지의 상세 정보도 확인이 가능하다.

④ print(url) 명령문은 url 변수가 정상적으로 작동하는지 확인하는 명령문이다.

⑤ htxt <- read_html(url) 명령문은 url에 기록되어 있는 홈페이지 주소의 html 파일을 읽어오기 위해서 read_html( ) 함수를 이용한 것이며, 웹페이지의 html 문서를 htxt 변수로 저장하였다.

⑥ htxt 변수에 저장되어 있는 관람평 데이터로 접근하기 위해서 htmal_nodes( ) 함수를 이용하였고, score_result와 score_reple에 순차적으로 접근하도록 명령문으로 작성하였다. 이때 class명으로 접근하기 때문에 score_result와 score_reple 이름앞에 '.'을 붙여서 명령문을 작성하였다. 그리고 관람평은 〈span id="_filtered_ment_0"〉으로 안에 기록되어 있으므로 html_elements( ) 함수를 이용하여 접근하였다. html_elements( ) 명령문 작성은 html_elements(content, paste('#_filtered_ment_',k,sep=''))으로 작성하였다. 이때, k 변수의 값을 받을 수 있도록 paste( ) 함수를 같이 사용하였다. id="_filtered_ment_0"로 작성되어 있으므로 #을 붙여서 위치값을 저장하였다. 관람평이 작성된 텍스트 위치까지 찾아갔으면 html_text( ) 함수를 이용하여 텍스트 데이터를 저장할 수 있다. 실습에서는 reviews <- html_text(content2) 명령문으로 작성하였고, content2 변수에 저장된 위치명에서 html 문서의 텍스트를 읽어 reviews 변수로 저장하라고 명령문을 작성하였다.

⑦ 하나의 웹페이지에는 총 10개의 관람평이 작성되어 있으므로 _filtered_ment_의 값이 _filtered_ment_0부터 _filtered_ment_9까지 가져올 수 있도록 k=k+1로 하여 k변수의 값을 증가시켰다.

⑧ if(length(reviews)==0){break} 명령문은 예를 들어 해당 영화의 관람평이 5페이지(10 × 5 =50개 관람평)만 존재한다면, for문은 80번(80 페이지)까지 순환으로 작동되기 때문에 6페이지가 존재하지 않는다는 것이다. 즉, 6 페이지가 넘어가면 오류가 발생한다. 6페이지로 넘어간 순간 length(reviews)의 값은 0이 되므로 for( )문을 빠져나가야 한다. 이러한 작동이 수행되도록 if(length(reviews)==0){break} 명령문을 작성되었다.

⑨ all.reviews <- c(all.reviews, reviews) 명령문은 reviews에 있는 관람평 텍스트 데이터는 웹페이지 변경될 때마다 reviews에 저장되는 텍스트 데이터가 달라진다. 이에 reviews 변수에 저장된 텍스트 데이터를 all.reviews 변수로 다시 저장하라는 명령문이다. 즉, all.reivews에는 새로운 관람평 텍스트 데이터를 계속 저장하게 되는 임무를 수행한다.

⑩ if(k==10){k=0} 명령문은 k 변수값이 10이 되었을 때, 페이지수는 이미 다음 페이지로 새롭게 넘어간다. 그래서 _filtered_ment_의 값이 0부터 다시 시작해 한다. 그러므로 k 값을 다시 0으로 초기화하는 명령문이다.

▼ **실습**   네이버 영화 댓글 가져오기 실습 3

> head(all.reviews,3)

[1] "WrWtWrWnWtWtWtWtWtWtWtWtWtWtWtWtWtWtWtWtWtWtWtWtWtWtWtWt 집에 가기 가장 어려운 영화. WrWnWtWtWtWtWtWtWtWtWtWtWtWtWtWtWtWtWt"

[2] "WtWtWrWnWtWtWtWtWtWtWtWtWtWtWtWtWtWtWtWrWnWtWtWtWtWtWtWtWtWt WtWtWtWtWt메멘토를 보고:이야 이작품이 21세기 최고 작이다->배트맨 비긴즈를 보고:이야 이작품이 21세기 최고 작이다->다크 나이트를 보고:이야 이작품이 21세기 최고 작이다->인셉션을 보고:이야 이작품이 2...WWt WtWtWtW"

[3] tSF로서는 매트릭스1편 이후 처음으로 대중과 평단의 지지를 모두 얻어낸 작품이라고 생각한다. 마지막에 팽이가 돌땐 나도 돌아갈 지경. WrWnWtWWtWtWtWtWtWtWrWnWt WtWtWtW"

… 〈생략〉 …

for( )문을 통해서 저장된 관람평의 텍스트 데이터를 확인하기 위해서 head(all.reviews, 3) 명령문을 실행하였으며, 무수한 많은 ₩t(수평탭), ₩n(줄바꿈) 기호와 함께 관람평이 작성된 것을 확인할 수 있다.

> **실습** 　네이버 영화 댓글 가져오기 실습 4

> all.reviews <- gsub("[₩r₩n₩t]","", all.reviews) #캐리지 리턴, 줄바꿈, 탭 등의 문자를 공백으로 변경
> all.reviews <- gsub("[:cntrl:]","",all.reviews) #제어문자 *ASCII CODE*를 공백으로 변경
> all.reviews <- gsub("[:punct:]","",all.reviews) #특수기호 문자를 공백으로 변경
> head(all.reviews,3)
[1] "집에 가기 가장 어려운 영화. "

[2] "메멘토를 보고이야 이작품이 21세기 최고 작이다-›배트맨 비긴즈를 보고이야 이작품이 21세기 최고 작이다-›다크나이트를 보고이야 이작품이 21세기 최고 작이다-›인셉션을 보고이야 이작품이 2…"

[3] "SF로서는 매트릭스1편 이후 처음으로 대중과 평단의 지지를 모두 얻어낸 작품이라고 생각한다. 마지막에 팽이가 돌땐 나도 돌아갈 지경. "

gsub( ) 함수를 이용하여 특수기호 문자, 제어문자 등을 삭제하였으며, head(all.reviews, 3) 명령문을 실행하면 텍스트 글자만 남는 모습을 확인할 수 있다.

정규식	내용		
[:alnum:]	문자와 숫자가 나오는 경우 : [:alpha:] and [:digit:]		
[:alpha:]	문자가 나오는 경우 : [:lower:] and[:upper:]		
[:blank:]	공백이 있는 경우 : e.g. space, tab		
[:cntrl:]	제어문자가 있는 경우		
[:digit:]	Digits : 0 1 2 3 4 5 6 7 8 9		
[:graph:]	Graphical characters: [:alnum:] and [:punct:]		
[:lower:]	소문자가 있는 경우		
[:upper:]	대문자가 있는 경우		
[:print:]	숫자, 문자, 특수문자, 공백 모두: [:alnum:], [:punch:] and space		
[:punch:]	특수 문자예 : ! " # $ % ' ( ) * + , − . / : ; ⟨ = ⟩ ? @ [₩] ^ _ ` {	} ~		
[:space:]	공백문자: tab, newline, vertical tab, form feed, carriage return, space		
[:xdigit:]	16진수가 있는 경우 : 0 1 2 3 4 5 6 7 8 9 A B C D E F a b c d e f		
*	0 또는 그 이상		
+	1 또는 그 이상		
?	0 또는 1		
₩₩d	Digit, 0,1,2,....,9	₩₩D	숫자가 아닌 것
₩₩s	공백	₩₩S	공백이 아닌 것
₩₩w	단어	₩₩W	단어가 아닌 것
₩₩t	Tab		
₩₩n	줄바꿈, New line(엔터문자)		
₩₩r	캐리지 리턴		

2. 네이버 영화 – KoNLP와 워드 클라우드

- KoNLP(Korean Natural Language Processing) 패키지는 한국어를 분석할 수 있는 함수를 제공한다. KoNLP는 한글 자연어 분석 패키지로서 한국어를 분석할 수 있는 27개의 함수가 내장되어 있으며, 이 중에서 형태소를 분석할 수 있는 함수도 제공한다. 다음은 KoNLP가 설치되지 않는 오류를 해결하기 위한 절차의 방법이다.

▼ 실습 KoNLP 설치 오류

> install.packages("KoNLP")

WARNING: Rtools is required to build R packages but is not currently installed. Please download and install the appropriate version of Rtools before proceeding:

https://cran.rstudio.com/bin/windows/Rtools/
Warning in install.packages :
  package 'KoNLP' is not available for this version of R

A version of this package for your version of R might be available elsewhere,
see the ideas at
https://cran.r-project.org/doc/manuals/r-patched/R-admin.html#Installing-packages

> library(KoNLP)

Error in library(KoNLP) : 'KoNLP'이라고 불리는 패키지가 없습니다

▼ 실습 컴퓨터에 rJAVA 설치가 안되어 있을 경우 KoNLP 설치 오류

> install.packages("remotes")   #외부 깃허브와 연동을 위해 패키지 설치
> library(remotes) #KoNLP 설치오류시 설치방법
> remotes::install_github('haven-jeon/KoNLP', upgrade = "never", INSTALL_opts=c("--no-multiarch"))

에러: .onLoad가 loadNamespace( )에서 'rJava'때문에 실패했습니다:
  호출: fun(libname, pkgname)
  에러: JAVA_HOME cannot be determined from the Registry
실행이 정지되었습니다
ERROR: lazy loading failed for package 'KoNLP'
* removing 'C:/Data Analysis/R-4.1.1/library/KoNLP'
Warning message:
In i.p(...) :
  installation of package 'C:/TEMP/RtmpMXTcJs/file17585f5294b/KoNLP_0.80.2.tar.gz' had non-zero exit status

> library(KoNLP)

Error in library(KoNLP) : 'KoNLP'이라고 불리는 패키지가 없습니다

KoNLP 설치를 위한 JAVA 설치

JAVA 설치를 위해서 https://java.com/ko/download/manual.jsp로 홈페이지에 접속한다. JAVA 설치 시 윈도우가 64비트인 경우 Windows 오프라인(64비트)로 설치해야 KoNLP 작동이 올바르게 진행된다. 분석자의 컴퓨터에 설치된 윈도우 운영체제가 32비트인지 64비트인지 확인하여 JAVA를 설치해야 한다. 만약 윈도우 64비트에서 32비트를 설치하면 KoNLP 설치는 역시 오류가 발생한다. 또한 R 프로그램의 설치버전도 64비트인지 확인해야 한다.

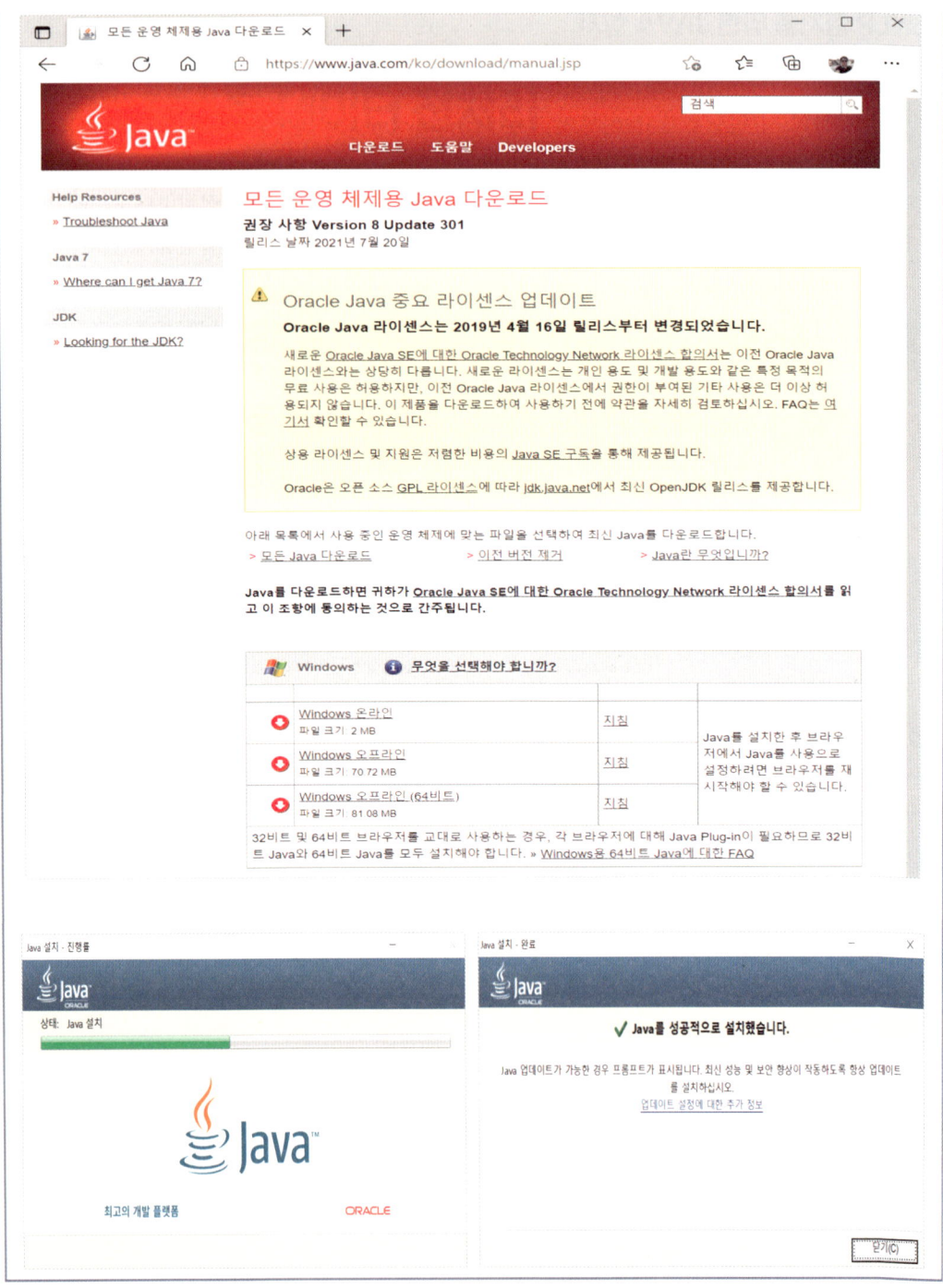

컴퓨터에 java가 올바르게 설치되고 remotes로 KoNLP 패키지를 설치하면 KoNLP는 올바르게 설치된다.

▼ 실습 　KoNLP 설치가 올바르게 진행된 모습

```
> install.packages("remotes")    #KoNLP 설치오류시 설치방법
> library(remotes)
> remotes::install_github('haven-jeon/KoNLP', upgrade = "never", INSTALL_opts=c("--no-multiarch"),
+       force=TRUE)

[1] "'method' parameter for download.file( ) function in your R: wininet"
URL 'https://repo1.maven.org/maven2/org/scala-lang/scala-library/2.11.8/scala-library-2.11.8.jar'
을 시도합니다
Content type 'application/java-archive' length 5744974 bytes (5.5 MB)
==================================================
downloaded 5.5 MB


[1] TRUE
[1] 5744974
Successfully installed Scala runtime library in
C:/Data Analysis/R-4.1.1/library/00LOCK-KoNLP/00new/KoNLP/java/scala-library-2.11.8.jar
** testing if installed package can be loaded from final location
** testing if installed package keeps a record of temporary installation path
* DONE (KoNLP)

> library(KoNLP)

Checking user defined dictionary!
```

다음은 한국어 표현을 위해서 세종 사전을 설치한다. 만약 useSejongDic( ) 함수를 실행하여 다음 화면이 나오면 1을 선택하여 ALL로 진행하면 된다.

▼ 실습 　useSejongDic( )

```
> useSejongDic( )
Backup was just finished!
WARNING: Rtools is required to build R packages, but is not currently installed.

Please download and install Rtools 4.0 from https://cran.r-project.org/bin/windows/Rtools/.
Downloading package from url: https://github.com/haven-jeon/NIADic/releases/download/0.0.1/NIADic_0.0.1.tar.gz
These packages have more recent versions available.
It is recommended to update all of them.
Which would you like to update?

1: All
2: CRAN packages only
3: None
4: xfun (0.25 -> 0.26) [CRAN]

Enter one or more numbers, or an empty line to skip updates: 1
```

> **문법**　KoNLP 패키지

library(KoNLP)
useSejongDic( ) : 세종 사전(9만)
useNIADic( ) : 형태소 사전(93만 단어)
extractNoun( ) : 명사 단어를 추출시켜주는 함수

▼ **실습**　KoNLP 실습 - 단어 분리 실습 1 (useSejongDic)

> library(KoNLP)
> useSejongDic( )
> x <- "설악산풍경은역시가을이최고다"
> extractNoun(x) #extractNoun( ) 함수는 문장을 단어로 분리한 후 한글 명사를 추출하는 함수

[1] "설악산풍경은역시가을이최고"

> imsi <- "설악산 풍경은 역시 가을이 최고다"
> extractNoun(imsi)

[1] "설악" "산" "풍경" "가을" "최고"

실습에서는 KoNLP( ) 패키지의 함수를 이용하여 단어를 분리하였다. 한국어사전은 useSejongDic( ), useNIADic( ) 등의 사전을 활용하였다. 첫 번째 x 변수에는 띄어쓰기가 없는 '설악산풍경은역시가을이최고다' 문자값이 저장되어 있다. 이때 extractNoun( ) 함수를 사용하면 하나의 문장으로 인식하는 것을 확인할 수 있다. 두 번째 imsi 변수에는 띄어쓰기가 되어 있는 '설악산 풍경은 역시 가을이 최고다'의 문자값을 extractNoun( ) 함수로 실행하였을 때 설악, 산, 풍경, 가을, 최고로 단어를 구분하여 명사값을 구분하여 출력해준다.

▼ **실습**　KoNLP 실습 - 단어 분리 실습 2 (useNIADic)

> useNIADic( )
> x <- "설악산풍경은역시가을이최고다"
> extractNoun(x) #extractNoun( ) 함수는 문장을 단어로 분리한 후 한글 명사를 추출하는 함수

[1] "설악" "산풍" "경은" "역시" "가을" "이최"

> imsi <- "설악산 풍경은 역시 가을이 최고다"
> extractNoun(imsi)

[1] "설악산" "풍경" "가을" "최고"

두 번째 실습에서 useNIADic( ) 사전을 활용하여 NoNLP 패키지 함수의 결과를 살펴보았다. x 변수에는 띄어쓰기가 없는 '설악산풍경은역시가을이최고다' 문자값이 저장되어 있고, extractNoun( ) 함수를 실행하였을 때 설악, 산풍, 경은, 역시, 가을, 이최로 단어를 분리되는 것을 확인할 수 있다. 두 번째 imsi 변수에는 띄어쓰기가 되어 있는 '설악산 풍경은 역시 가을이

최고다'의 문자값을 extractNoun( ) 함수로 실행하였을 때, 설악산, 풍경, 가을, 최고 등 명사 단어를 조금 더 명확하게 분리하는 형태를 확인할 수 있다.

여기서 살펴보아야 하는 점은 띄어쓰기가 안 되어 있는 문장의 경우 올바르게 명사 단어를 구분하지 못하는 점이다. 만약, 문장의 표현이 명확할수록 단어의 명사 구분은 더욱 잘할 수 있다는 것을 이해할 수 있다.

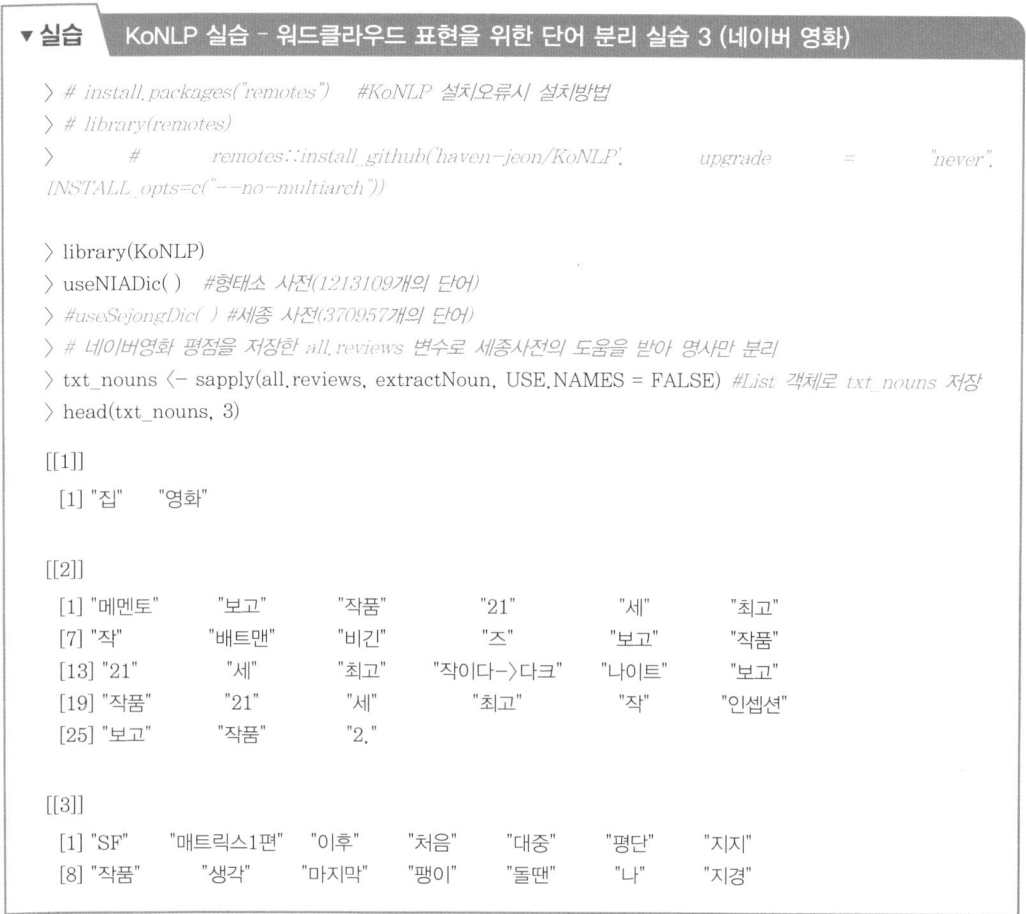

실습을 위해 네이버 영화에서 가져온 텍스트 데이터를 기반으로 명사 단어를 분리하였다. 명사 단어 분리를 위해서 useNIADic( ) 사전을 이용하였고, KoNLP 패키지의 함수를 이용하였다.

실습에서는 txt_nouns <- sapply(all.reviews, extractNoun, USE.NAMES = FALSE) 명령문을 실행하였으며, all.reviews에 있는 데이터를 extractNoun( ) 함수로 명사를 분류하였고, 각 관람평의 내용을 List 객체로 txt_nouns 변수에 저장하였다. 그다음, txt_nouns 변수가 어떻게 저장되어 있는지 head(txt_nouns, 3) 명령문을 실행하였다. 그 결과, 개인별 관람평이 리스트 객체로 구분되어 명사만 저장된 모습을 확인할 수 있다.

> ▼ 실습   KoNLP 실습 – 워드클라우드 표현을 위한 단어 분리 실습 4 (네이버 영화)

```
> noun2 <- unlist(txt_nouns) #단어의 개수를 확인하기 위해 list객체를 해체
> library(stringr)
> noun2 <- str_replace_all(noun2,"\\^","")
> head(noun2,10)

 [1] "집"    "영화"  "메멘토" "보고"  "작품"  "21"   "세"    "최고"   "작"    "배트맨"

> noun2 <- noun2[nchar(noun2)>=2]   # 한글자로 구성되었는 단어는 삭제후 noun2 변수에 저장
> wordcount <- table(noun2)
> head(sort(wordcount, decreasing = TRUE),10)

noun2
  영화    최고   영화관  인셉션   진짜    인생    이해     10   재개봉   생각
   389    120     81      79      75      72      68      56      56      46
```

wordcloud 패키지는 텍스트 데이터를 대상으로 시각화를 도와준다. wordcloud 패키지는 단어의 빈도수가 많을수록 색상과 크기를 다르게 표현해준다. txt_nouns 변수에는 개인별 관람평이 개별 공간으로 저장되어 있다. list 객체로 개별 공간에 단어가 저장되어 있어서 많이 발생한 단어의 빈도수를 계산하기 어려우므로 list 객체로 저장된 변수를 unlist( ) 함수를 이용하여 빈도수 계산을 해야 한다. 실습에서는 noun2 <- unlist(txt_nouns) 명령문을 실행하여 txt_nouns를 vector 객체로 변환시켰고, noun2 변수로 저장하였다. 이를 통해 list 객체로 저장되어 있던 명사 단어를 하나의 통합 문서처럼 하나의 공간에 모든 문자를 모아두면서 단어별 빈도수를 계산할 수 있게 되었다.

그리고 noun2 <- str_replace_all(noun2,"\\^","") 명령문을 실행하여 noun2 변수에 있는 특수기호 값을 다시한번 삭제하였다. noun2 <- noun2[nchar(noun2)>=2] 명령문을 실행하여 두 글자 이상의 단어만 noun2 변수로 다시 저장하였다. noun2 변수는 다시금 정제된 문자 데이터가 저장되어 있다. 이 변수에서 문자의 빈도수를 계산하기 위해 wordcount <- table(noun2) 명령문을 실행하였고, wordcount에 단어별 빈도수를 저장하였다. head(sort(wordcount, decreasing = TRUE),10) 명령문을 실행하여 단어의 빈도수를 내림차순으로 확인하였다.

🔍 문법   WordCloud 패키지

```
install.packages("wordcloud2")
library(wordcloud2)
wordcloud2(변수명, shape=모형(circle/cardioid/diamond/triangle-forward/triangle/pentagon/star),
           size=크기, fontFamily = 폰트)

install.packages("wordcloud")
library(wordcloud)
brewer.pal(값,팔레트) Accent,8 / Dark2,8 / Paired1,2 / Pastel1,9 / Pastel2,8 / Set1,9 / Set2, 8 / Set3,12
wordcloud(word=names(변수명), freq=변수명, min.freq=최저 빈도수, colors=변수명, random.color=색상 랜덤
          지정여부)
```

실습에서 wordCloud2 함수와 wordCloud 함수를 이용하여 시각화하였다.

▼ 실습 　워드클라우드 실습

```
> install.packages("wordcloud2")
> library(wordcloud2)
> wordcloud2(wordcount, shape='circle', size=1.5, fontFamily = '나눔바른고딕')
```

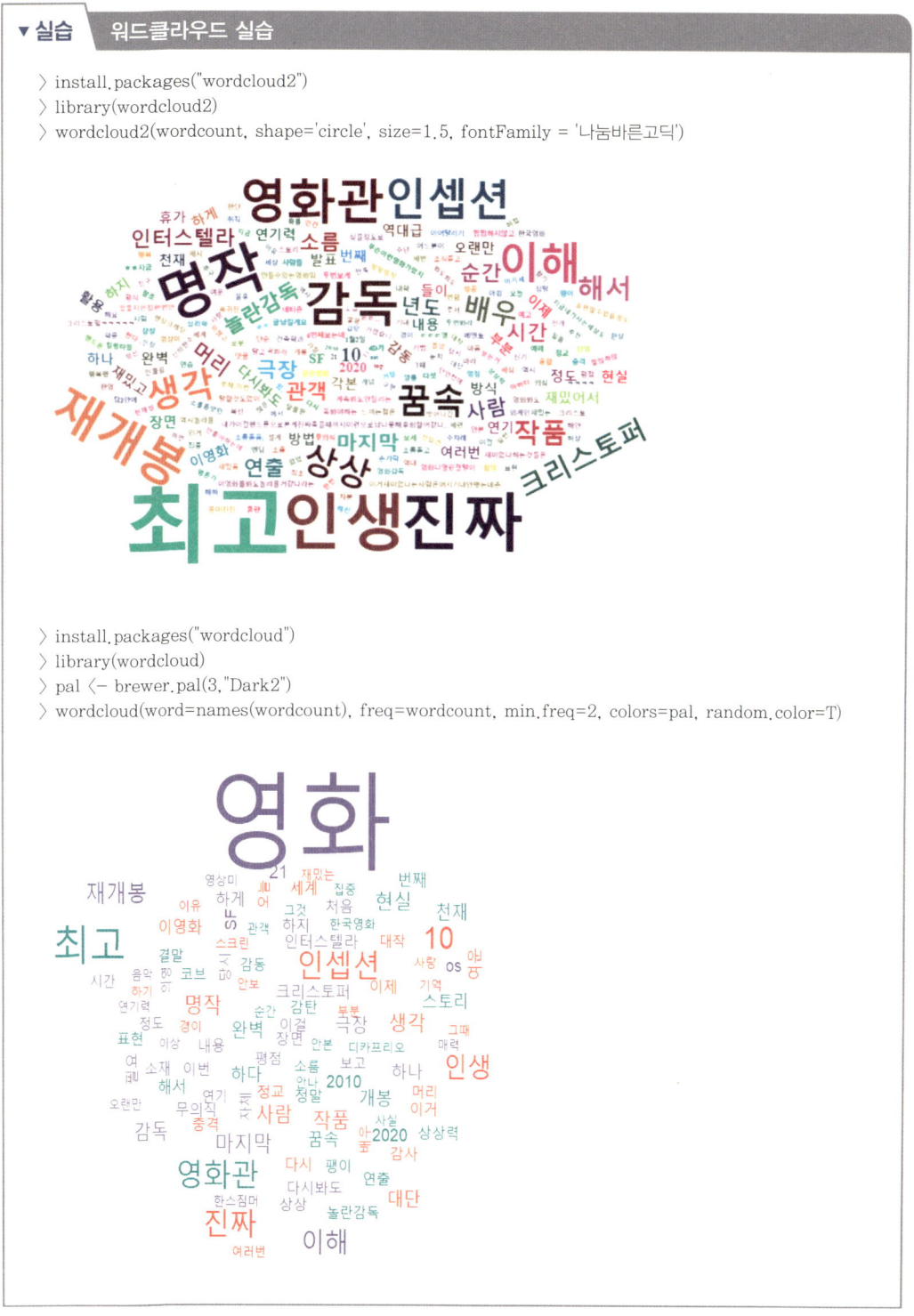

```
> install.packages("wordcloud")
> library(wordcloud)
> pal <- brewer.pal(3,"Dark2")
> wordcloud(word=names(wordcount), freq=wordcount, min.freq=2, colors=pal, random.color=T)
```

3. 네이버 뉴스 크롤링

두 번째 실습으로 네이버 뉴스 기사의 내용을 가져와서 텍스트마이닝을 진행하였다.

웹페이지 주소는 "https://search.naver.com/search.naver?where=news&sm=tab_pge&query =키워드&start=페이지번호" 이며, 웹페이지 주소의 중간에는 분석자가 직접 입력한 검색 키워드와 뉴스의 페이지번호를 입력할 수 있는 공간이 필요하다.

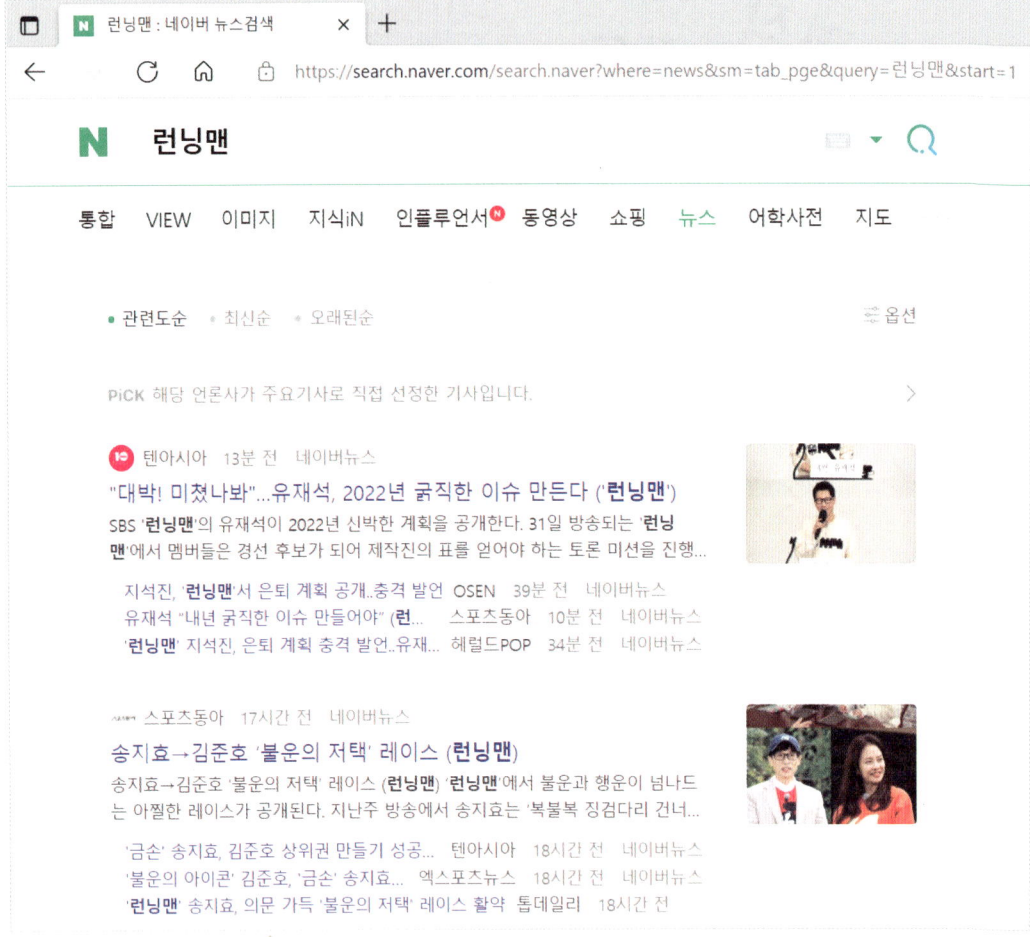

● 네이버 뉴스 및 HTML 1

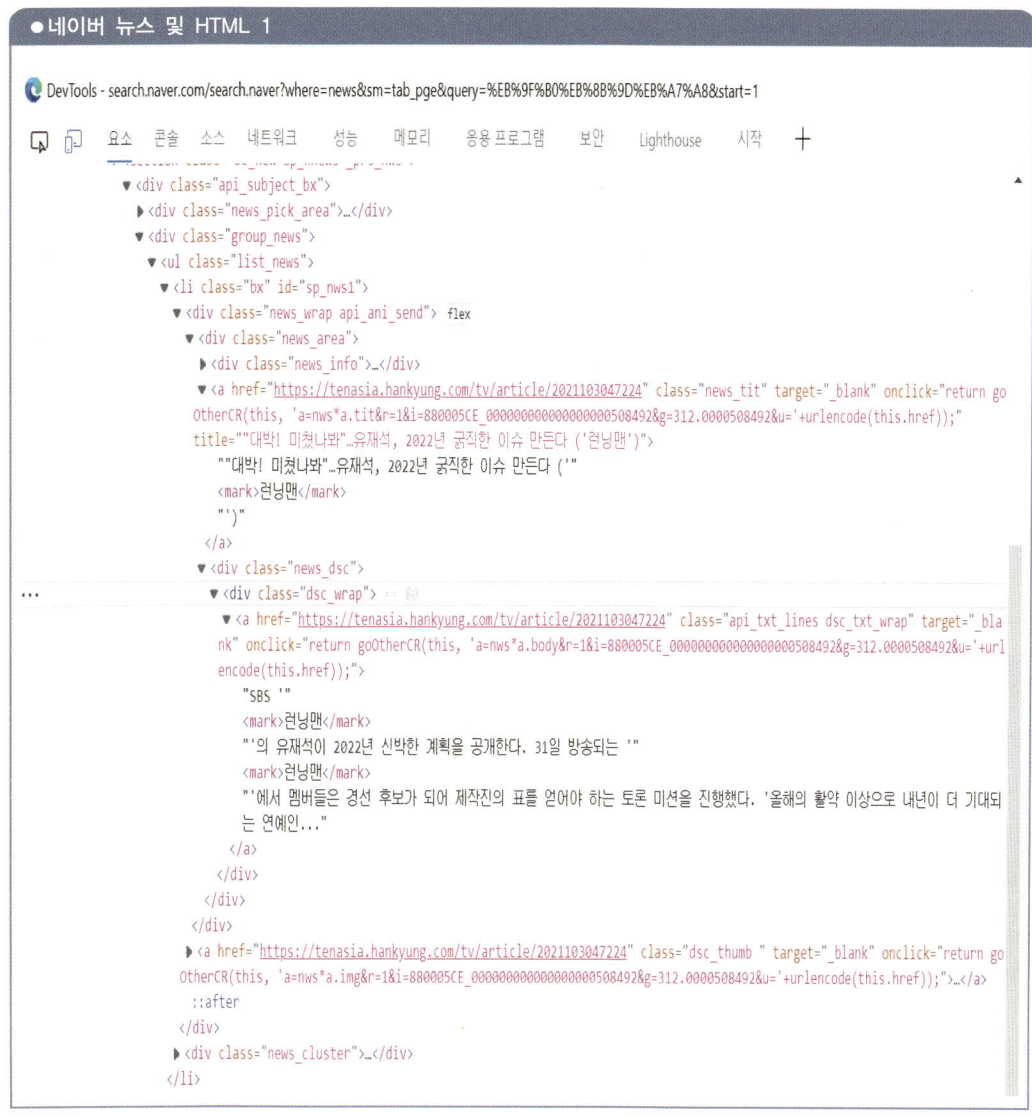

네이버 뉴스 크롤링 실습은 네이버 뉴스에 업로드된 인터넷 기사 내용을 수집하여 시각화하는 것이다. 인터넷 웹브라우저인 익스플로러, 엣지, 크롬에서 F12키를 누르면 개발자모드 창이 별도로 화면에 나타난다. 분석하고자 하는 영역에 마우스를 이동하면 개발자모드 창에서 해당 HTML 코드표를 상세 내용을 보여준다.

● 네이버 뉴스 및 HTML 2

```
▼ <div class="group_news"> == $0
  ▼ <ul class="list_news">
    ▼ <li class="bx" id="sp_nws1">
      ▼ <div class="news_wrap api_ani_send"> flex
        ▼ <div class="news_area">
          ▶ <div class="news_info">…</div>
          ▼ <a href="https://tenasia.hankyung.com/tv/article/2021103047224"
              00000000000000508492&g=312.0000508492&u='+urlencode(this.href));" t
              ""대박! 미쳤나봐"…유재석, 2022년 굵직한 이슈 만든다 ('"
              <mark>런닝맨</mark>
              "')"
            </a>
            ▼ <div class="news_dsc">
              ▼ <div class="dsc_wrap">
                ▼ <a href="https://tenasia.hankyung.com/tv/article/20211030472
                    dy&r=1&i=880005CE_000000000000000000508492&g=312.0000508492&u=
                    "SBS '"
                    <mark>런닝맨</mark>
                    "'의 유재석이 2022년 신박한 계획을 공개한다. 31일 방송되는 '"
                    <mark>런닝맨</mark>
                    "'에서 멤버들은 경선 후보가 되어 제작진의 표를 얻어야 하는 토론
                  </a>
              </div>
            </div>
        </div>
```

html 문서를 살펴보면, 기사의 세부 내용을 관리하는 영역명(class 영역)은 group_news 이름으로 지정되어 있으며, 해당 영역의 하위 영역(class 영역)으로는 dsc_wrap가 있다. 이에 해당 class로 접근하여 텍스트 내용을 수집하고자 한다.

▼ 실습 | 네이버 뉴스 기사내용 가져오기 1

```
> install.packages("rvest")
> library(rvest)
> library(httr)
> x <- scan(what=character())
1: 런닝맨
2:
Read 1 item
```

실습에서 뉴스의 키워드는 문자로 입력받아야 하므로 x <- scan(what=character()) 명령문을 작성하였다. 이때 what=character() 속성을 추가하여 x 변수에 문자값이 저장되도록 하였다.

▼실습 네이버 뉴스 기사내용 가져오기 2

```
> url <- paste("https://search.naver.com/search.naver?where=news&sm=tab_pge&query=",x,sep='')
> url_base <- paste(url, "&start=",sep='')
> all.reviews <- c( )

> for(page in seq(1, 41, by=10)){
+
+    url <- paste(url_base,page,sep='')
+    url <- GET(url)
+    print(url)
+    htxt <- read_html(url)
+    table <- html_nodes(htxt,'.group_news')
+    content <- html_nodes(table, '.dsc_wrap')
+    reviews <- html_text(content)
+     if(length(reviews)==0){break}
+    all.reviews <- c(all.reviews, reviews)
+ }

> head(all.reviews,3)
[1] " 여자 배구 국가대표팀 7인이 '런닝맨' 멤버들과 레이스를 펼친다. 26일 오후 4시 55분 방송되는 SBS 예능프로그램 '런닝맨'에서는 '2020 도쿄 올림픽'에서 4강 역사를 쓰며 감동을 안긴 여자 배구 국가대표팀 7인이 게스트로… "
[2] " 대전시청 전경  대전시가 24일부터 도로명주소 활용과 재난 안전교육을 접목한 체험형 게임 '도로명런닝맨'을 장태산 휴양림에서 운영한다. '도로명런닝맨'은 도로명주소의 활용 활성화를 위해 방송프로그램'런닝맨'과… "
[3] " SBS 예능 '런닝맨'이 19일부터 '집사부일체' 특집 편성에 따라 3주간 평소보다 5분 이른 오후 4시55분에 방송된다. 이날 오후 4시55분에 방송되는 '런닝맨'에서는 지석진 결혼의 '1등 공신' 유재석이 폭로한 '소개팅 주선… "
```

분석자가 입력한 검색 키워드의 네이버 뉴스 주소를 저장할 수 있도록 url 변수와 url_base 변수에 홈페이지 주소를 저장하였다. 네이버 뉴스에서는 웹페이지가 변경될 때마다 페이지 번호가 1, 2, 3…으로 변경되지 않고 1, 11, 21, 31… 순으로 웹페이지가 변화되므로 for문의 명령문은 for(page in seq(1, 41, by=10))로 작성하였다. 이는 1부터 시작하여 10씩 더해가면서 기사 내용을 저장하라는 명령문이다. 본 실습에서는 총 1~4페이지의 텍스트만 저장하도록 순환문을 작성하였다. html의 class에서 group_news 영역 내 하위 영역의 dsc_wrap에는 기사의 텍스트가 저장되어 있다. 그래서 for문을 실행하여 dsc_wrap 영역의 기록되어 있는 기사 내용을 저장하도록 순환문이 작성되어 있으며, 1페이지부터 4페이지까지 순환하면서 텍스트를 저장한다. 모든 기사의 텍스트 내용은 all.reviews 변수에 저장된다.

4. 네이버 뉴스 – KoNLP와 워드 클라우드

▼실습 KoNLP 실습 – 워드클라우드 표현을 위한 단어 분리 실습 (네이버 뉴스 기사내용)

```
> # install.packages("remotes")   #KoNLP 설치오류시 설치방법
> # library(remotes)
> # remotes::install_github('haven-jeon/KoNLP', upgrade = "never", INSTALL_opts=c("--no-multiarch"))
> library(KoNLP)
> useNIADic( )   #형태소 사전(1213109개의 단어)
> #useSejongDic( ) #세종 사전(370957개의 단어)
> txt_nouns <- sapply(all.reviews, extractNoun, USE.NAMES = FALSE) #List 객체로 txt_nouns 저장
> head(txt_nouns, 3)
[[1]]
 [1] "여자"          "배구"       "국가대표팀"   "7"       "인"      "런닝맨"
 [7] "멤버"          "들"         "레이스"       "26"      "오후"    "4"
[13] "시"            "55"         "분"           "방송"    "되"      "SBS"
[19] "예능프로그램"  "런닝맨"     "2020"         "도쿄"    "올림픽"  "4강"
[25] "역사"          "감동"       "여자"         "배구"    "국가대표팀"  "7"
[31] "인"            "게스트"

[[2]]
 [1] "대전시청"   "전경"       "대전시"   "24"       "일"       "도로명주소"  "활용"
 [8] "재난"       "안전"       "교육"     "접목"     "한"       "체험"        "형"
[15] "게임"       "도로명"     "런닝맨"   "장태산"   "휴양림"   "운영"        "도로명"
[22] "런닝맨"     "도로명주소" "활용"     "활성화"   "방송"     "프로그램"    "런닝맨"
                              … 〈생략〉 …
> noun2 <- unlist(txt_nouns) #단어의 개수를 확인하기 위해 list객체를 해체
> library(stringr)
> noun2 <- str_replace_all(noun2,"[:punct:]","")
> head(noun2,10)
[1] "집"   "영화" "상상" "상상" "상상" "한"   "화"   "꿈속" "꿈속" "꿈속"

> noun2 <- noun2[nchar(noun2)>=2]  # 한글자로 구성되었는 단어는 삭제후 noun2 변수에 저장
> wordcount <- table(noun2)
> head(sort(wordcount, decreasing = TRUE),10)
noun2
런닝맨  SBS  멤버  예능  레이스  김종국  체육관  미주  프로그램  국가대표
   91    45    25    20      18      15      14     13       13        12
```

실습에서는 네이버 뉴스 기사가 저장되어 있는 all.reviews 변수를 txt_nouns <- sapply(all.reviews, extractNoun, USE.NAMES = FALSE) 명령문을 실행하여 명사 단어만 추출하였다. 다음에 불필요한 단어를 제거하고자 noun2 <- str_replace_all(noun2,"[:punct:]","") 명령문을 실행하여 특수문자를 제거하였다. 또한, noun2 <- noun2[nchar(noun2)>=2] 명령문을 실행하여 2글자 이상의 단어만 noun2 변수로 저장하였다. 그다음, 많이 발생한 명사 단어의 빈도수를 계산하기 위해서 wordcount <- table(noun2) 명령문을 실행하였다.

▼실습   워드 클라우드 실습 - 네이버 뉴스

```
> install.packages("wordcloud2")
> library(wordcloud2)
> wordcloud2(wordcount, shape='circle', size=1.5, fontFamily = '나눔바른고딕')
```

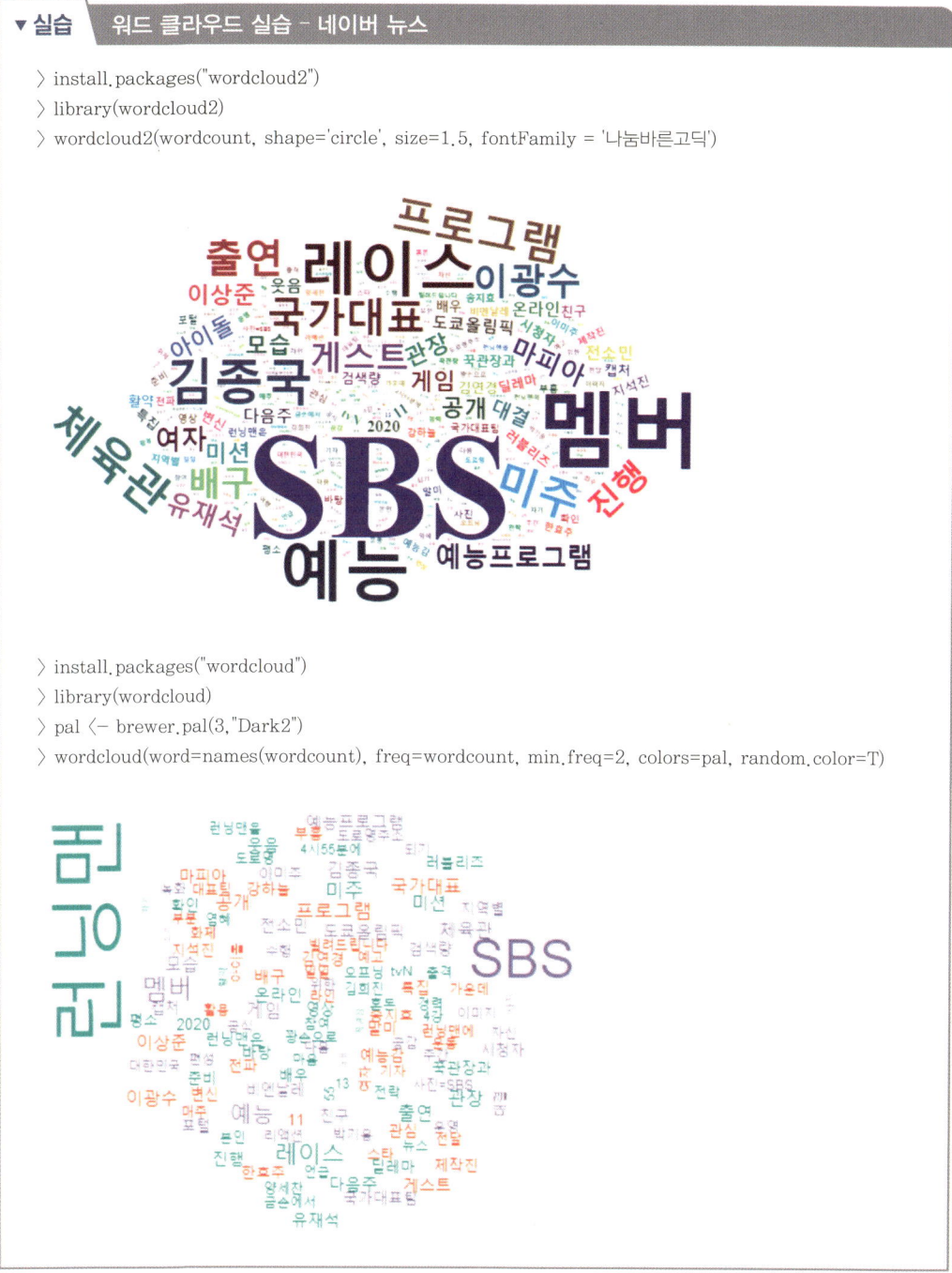

```
> install.packages("wordcloud")
> library(wordcloud)
> pal <- brewer.pal(3,"Dark2")
> wordcloud(word=names(wordcount), freq=wordcount, min.freq=2, colors=pal, random.color=T)
```

빈도수가 저장되어 있는 wordcount 변수를 토대로 wordcount2() 함수와 wordcount 함수를 이용하여 텍스트를 시각화하였다.

5. 음원사이트 댓글 크롤링 - Selenium 활용

세 번째 실습은 음원사이트에 기록되어 있는 댓글을 크롤링하고자 한다. 음원사이트의 분석은 Selenium 프로그램을 이용하여 분석하고자 한다. Selenium은 웹사이트 크롤링을 도와주는 분석 프로그램이다.

● [설치방법] Selenium

Selenium standalone server / gecko driver / chrome driver 설치
1. R_selenium 폴더 생성
2. Selenium standalone server 설치 사이트 : http://selenium-release.storage.googleapis.com/index.html
3. gecko driver 설치 사이트 : https://github.com/mozilla/geckodriver/releases/tag/v0.17.0
4. chrome driver 설치 : https://sites.google.com/chromium.org/driver/downloads

● [설치1]

제일 먼저 R_selenium 폴더를 C 드라이브에 만든다. 저자는 C 드라이브에 R_selenium 폴더를 생성하였다. 그다음 폴더 안에 Selenium standalone server, gecko driver, chrome driver 파일을 설치하였다.

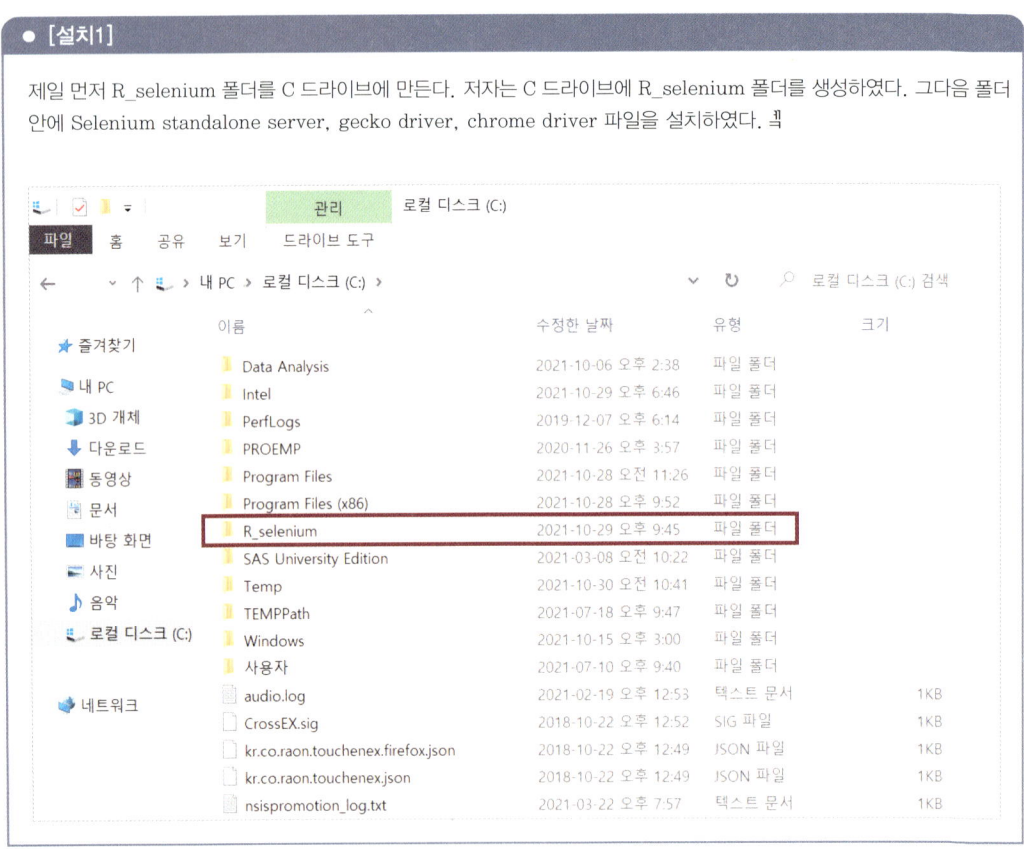

● [설치2]

Selenium standalone server 설치 파일을 얻기 위해서 http://selenium-release.storage.googleapis.com/index.html 사이트에 접속한다. 그 다음 4.0 폴더를 클릭한다. 홈페이지에서 제공하는 여러 파일 중 selenium-server-standalone-4.0.0-alpha-1.jar 파일을 R_selenium 폴더에 저장한다.

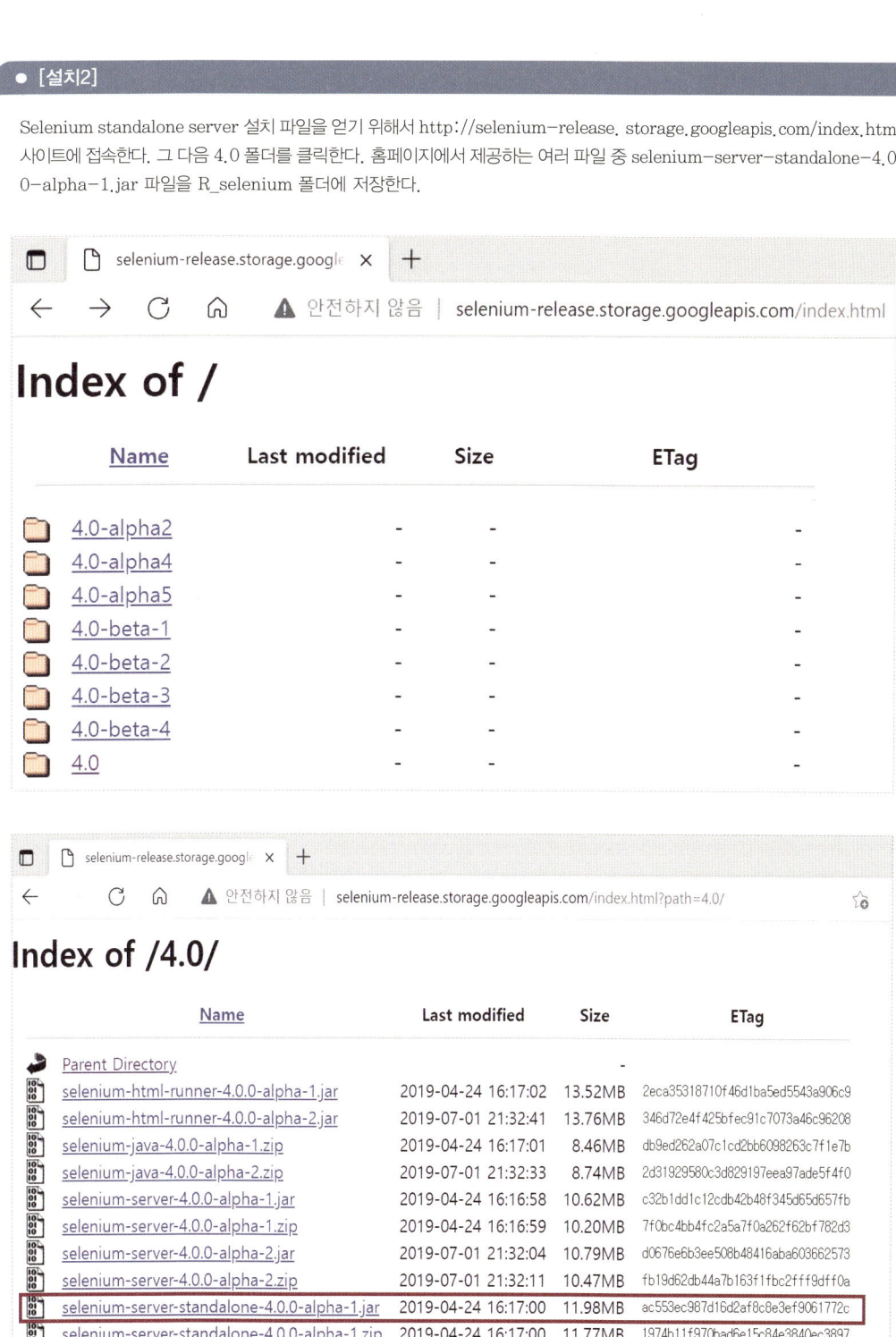

● **[설치3]**

gecko driver 설치 사이트 (https://github.com/mozilla/geckodriver/releases/tag/v0.17.0)에 접속하여 분석자의 PC 환경에 맞는 파일을 선택하여 파일을 다운로드 받는다. 윈도우 64비트 사용자는 geckodriver-v0.17.0-win64.zip 파일을 다운로드 받으면 된다.

● [설치4]

저자는 크롤링을 이용할 웹브라우저로 크롬을 선택하였다.
이에 크롬 드라이브를 다운받기 위해서 https://sites.google.com/chromium.org/driver/downloads 접속하여 저자가 이용하는 크롬 버전과 일치한 드라이버를 다운로드 받았다. 여기서 저자는 95.0.4638.69 버전을 사용하고 있으므로 해당 버전과 일치하거나 버전이 유사한 드라이버로 다운로드 받았다.

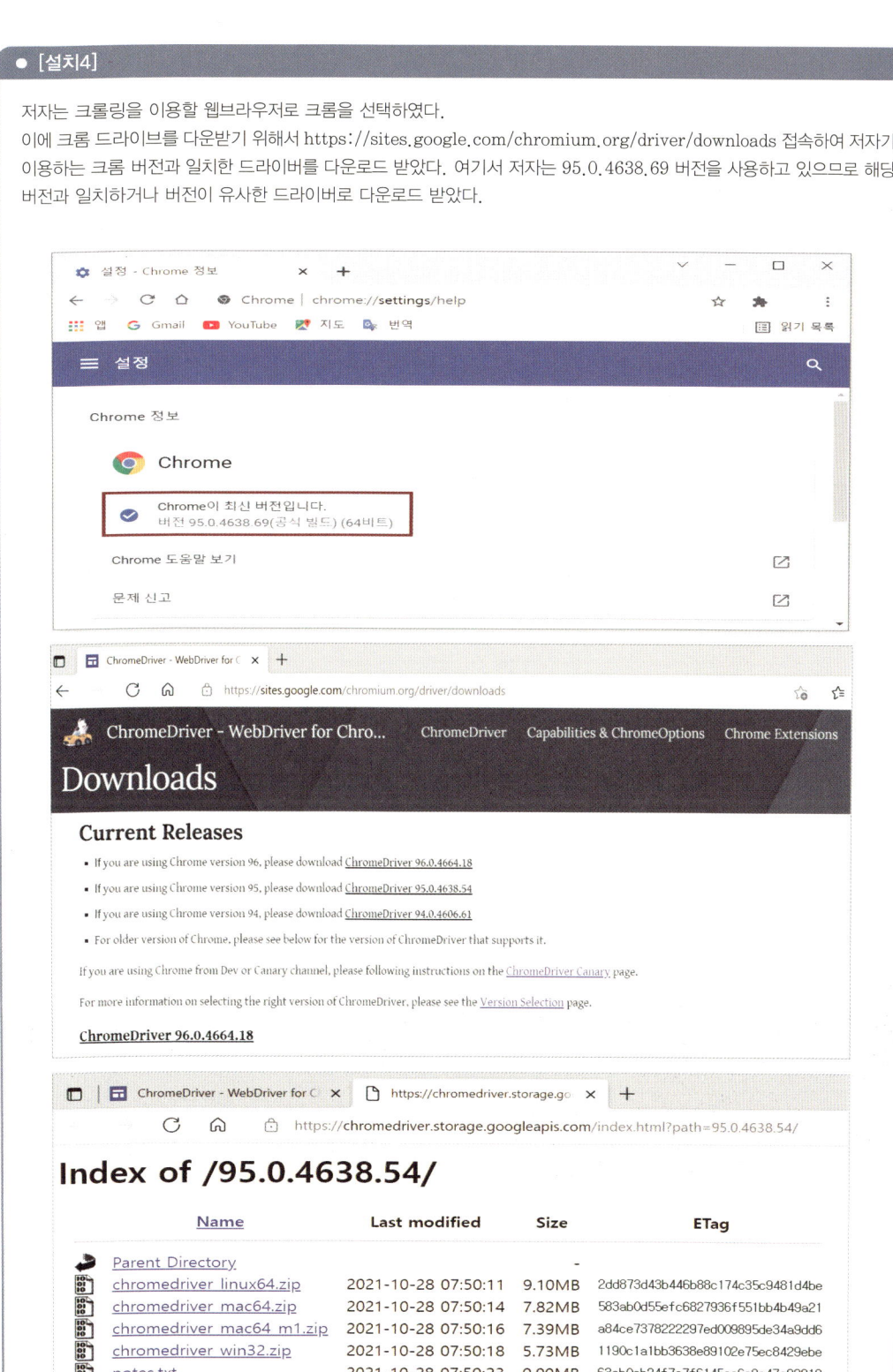

설치가 완료되었으며 이제 실행하여 크롤링을 진행할 수 있다. 실행 방법은 총 2가지 단계를 가진다.

● 실행 - Selenium 실행

1. 명령 프롬프트에서 cd C:\R_selenium 실행
2. java -Dwebdriver.gecko.driver="geckodriver.exe" -jar selenium-server-standalone-4.0.0-alpha-1.jar -port 4445   명령 프롬프트에서 실행 후 화면 창을 닫지 않기
3. R 코드 실행에서 웹브라우저(크롬) 버전과 일치하지 않으면 오류가 발생한다.

크롤링을 하기 이전에 우선적으로 명령 프롬프트를 실행하여 r_selenium 폴더로 이동한다. 명령 프롬프트에서 명령문은 cd c:\r_selenium을 입력하여 엔터키를 누르면 된다.

그 다음 java -Dwebdriver.gecko.driver="geckodriver.exe" -jar selenium-server-standalone-4.0.0-alpha-1.jar -port 4445 명령문을 프롬프트에서 실행한다. 이 때 중요한 점은 명령 프롬프트를 실행하고 창을 닫으면 안 된다. 즉, 명령 프롬프트의 창을 윈도우에서 그대로 유지시켜야 한다.

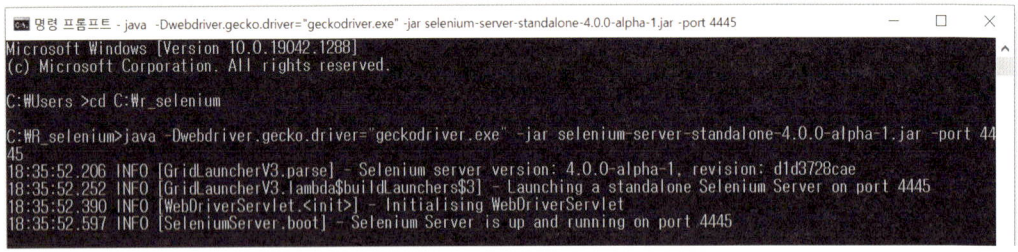

▼ 실습   음원사이트 댓글 가져오기 1

```
> install.packages("RSelenium")
> install.packages("seleniumPipes")

> library(RSelenium)
> library(seleniumPipes)
> library(rvest)
> library(httr)

> remDr = remoteDriver(remoteServerAddr="localhost", port=4445, browserName="chrome")
> remDr$open( )

[1] "Connecting to remote server"
$acceptInsecureCerts
[1] FALSE

$browserName
[1] "chrome"

$browserVersion
[1] "95.0.4638.54"

$chrome
$chrome$chromedriverVersion
… 〈생략〉 …
```

R에서 Selenium을 사용하기 위해서 install.packages("RSelenium")과 install.packages("seleniumPipes") 명령문을 실행하여 패키지를 설치해야 한다. 그다음 library(RSelenium), library(seleniumPipes), library(rvest), library(httr)을 실행한다.

remoteDriver는 seleniumPipes 패키지에 포함된 함수로 분석자가 지정한 웹브라우저로 인터넷 접속을 도와주는 드라이버 역할을 수행한다. 실습에서는 remDr = remoteDriver(remoteServerAddr="localhost", port=4445, browserName="chrome") 명령문을 실행하

였다. 명령문의 속성값에는 크롬 브라우저로 웹서버에 접속하라는 방식으로 속성을 지정하였으며, 이를 remDr 변수로 저장하였다. 다음 remDr$open( ) 명령문을 실행하였다. 이는 크롤링을 위한 서버 접속이 준비된 상태로 유지되고 있는지 확인하는 것이다. 이때 앞서 명령 프롬프트로 실행한 java -Dwebdriver.gecko.driver="geckodriver.exe" -jar selenium-server-standalone-4.0.0-alpha-1.jar -port 4445의 프롬프트 창이 닫혀 있으면 remDr 변수는 올바르게 실행되지 않는다.

● 음원사이트 댓글 및 HTML

Selenium이 올바르게 작동된다면 다음으로 음원사이트에 접속하여 사람들의 댓글 내용의 일부를 크롤링을 할 수 있다. 본 실습에서는 악동뮤지션의 NEXT EPISODE 앨범에 대한 댓글을 가져오고자 한다. 음원의 정보가 있는 웹사이트는 다음과 같다.

https://www.melon.com/album/detail.htm?albumId=10661658#cmtpgn=&pageNo=1&sortType=0&srchType=2&srchWord= 웹페이지에서 댓글 내용을 가져오고자 하며, 앨범의 ID는 10661658이며, 페이지 번호는 &pageNo=1로 지정되어 있다.

> ▼ 실습   음원사이트 댓글 가져오기 2

```
> x <- scan( ) # 10661658 악동뮤지션의 NEXT EPISODE 앨범

1: 10661658
2:
Read 1 item

> x <- scan( )
> url <- paste("https://www.melon.com/album/detail.htm?albumId=",x,sep="")
> url_base <- paste(url, "#cmtpgn=&pageNo=",sep="")

> all.reviews <- c( )
> for(page in 1:40){
+   url <- paste(url_base,page,sep="")
+   remDr$navigate(url)
+   txt_page <- remDr$getPageSource( )[[1]]
+   txt_page <- read_html(txt_page, encoding="UTF-8")
+   reviews <- txt_page %>% html_nodes(".cmt_text") %>% html_text( )

+   if(length(reviews)==0){break}
+   all.reviews <- c(all.reviews, reviews)
+ }

> all.reviews <- gsub("[\r\n\t]","", all.reviews) #캐리지 리턴, 줄바꿈, 탭 등의 문자를 공백으로 변경
> all.reviews <- gsub("[:cntrl:]","",all.reviews) #제어문자 ASCII CODE를 공백으로 변경
> all.reviews <- gsub("[:punct:]","",all.reviews) #특수기호 문자를 공백으로 변경

> all.reviews <- iconv(all.reviews, "UTF-8", "CP949", sub="Unicode")
> all.reviews <- gsub("[<].*[>]","",all.reviews) #<U+####> 등의 문자를 공백
```

실습에서 remDr$navigate(url) 명령문은 접속할 웹페이지를 실행한 문장이다. 다음 txt_page <- remDr$getPageSource()[[1]] 명령문은 remDr로 접속한 웹페이지에서 html 문서 내용을 txt_page 변수로 저장하는 명령문이다. txt_page <- read_html(txt_page, encoding="UTF-8") 명령문은 txt_page를 html로 읽어올 때 UTF-8 형식으로 문서 내용을 저장하라는 의미이다. reviews <- txt_page %>% html_nodes(".cmt_text") %>% html_text( ) 명령문은 html_nodes에서 .com_text 이름으로 지정된 class 영역에서 텍스트 내용을 모두 reviews 변수로 저장하라는 명령문이다. 이때 .cmt_text는 html 문서에서 class 이름 중 com_text로 이름 지정된 class에서 모든 텍스트를 가져오라는 것이다. 이를 실행하면 1~40 페이지에 걸쳐 악동뮤지션의 NEXT EPISODE 앨범과 관련된 댓글을 가져오게 된다. all.reviews 변수에는 악동뮤지션 앨범의 댓글들이 저장되어 있다. gsub 함수를 이용하여 캐리지 리턴, 줄바꿈 문자, 탭 문자, 제어문자, 특수기호 문자 등은 공백으로 처리하였다.

또한, 그림문자를 제거하기 위해서 all.reviews <- iconv(all.reviews, "UTF-8", "CP949", sub="Unicode") 명령문을 실행하여 UTF-8 형식을 CP949로 문자코드로 변환하였다. 이때 문자형태는 Unicode로 표현하였다. 유니코드는 〈U+2764〉〈U+FE0F〉 등처럼 표현된다. 유니코드로 변환된 값들은 아래 워드 클라우드에 표현된 바처럼 아이콘 및 이모티콘 그림을 보여준다. 본 실습에서는 아이콘과 이모티콘 그림을 제거하기 위해서 all.reviews <- iconv (all.reviews, "UTF-8", "CP949", sub="Unicode") 명령문을 실행하여 아이콘 그림을 유니코드 문자로 변환하였다. all.reviews <- gsub("[〈].*[〉]","",all.reviews) 명령문을 실행하여 유니코드 문자를 모두 공백으로 처리하였다.

▼ 실습　음원사이트 댓글 가져오기 3

> all.reviews <- gsub("내용","", all.reviews)
> all.reviews <- gsub("재생","",all.reviews)
> all.reviews <- gsub("다운로드","",all.reviews)
> all.reviews <- gsub("곡명","",all.reviews)
> all.reviews <- gsub("가수","",all.reviews)
> head(all.reviews,3)
[1] "아 맞짱 갑자기 너무좋다ㅠ마지막부분 가사 너무 회의주의에 빠질거같은 느낌이 들기도하지만 현실적임 ㅠ"
[2] "째깍 째깍 째깍 제각각 ~째깍 째깍 째깍 (wih Beezio)아티스트명AKMU (악뮤)AKMU (악뮤)앨범명NEXT EPISODE"
[3] "실제 겪은 이별로 노래를 만들었는데 사람들이 따라 부르는걸 보고 느낀길 이 노래에 담았다면 진짜 천재다Sid ove sog (wih Csh)아티스트명AKMU (악뮤)AKMU (악뮤)앨범명NEXT EPISODE"

추가적으로, 음원사이트에서 반복되는 글자인 내용, 재생, 다운로드, 곡명, 가수 단어는 댓글 문자와 무관하므로 이를 gsub( ) 함수를 이용하여 공백으로 처리하였다.

6. 음원사이트 댓글 - KoNLP와 워드 클라우드

다음은 음원사이트에서 가져온 문자 데이터를 KoNLP로 명사 단어를 분리하였고, 워드 클라우드로 시각화하였다.

▼ **실습** KoNLP 실습 - 워드클라우드 표현을 위한 단어 분리 실습 (음원사이트 댓글)

```
> library(KoNLP)
> useNIADic( )     #형태소 사전(1213109개의 단어)
> txt_nouns <- sapply(all.reviews, extractNoun, USE.NAMES = FALSE)
> head(txt_nouns, 3)

[[1]]
 [1] "맞짱"           "너무좋다ㅠ마지막부분"    "가사"        "회의"        "주의"
 [6] "빠질거같은"                "듣기"        "도하"        "현실"        "적"
[11] "ㅠ"

[[2]]
 [1] "제각각"         "~째깍"         "wih"         "Beezio)아티스트명AKMU"    "악뮤"
 [6] "AKMU"      "(악뮤)앨범명NEXT"    "EPISOD"                  "E"

[[3]]
 [1] "실제"           "이별"         "노래"        "사람"        "노래"        "진짜"
 [7] "천재다Sid"      "ove"          "sog"         "wih"         "Csh)아티스트명AKMU"    "악뮤"
[13] "AKMU"      "(악뮤)앨범명NEXT"    "EPISOD"      "E"
                            … 〈생략〉 …
> noun2 <- unlist(txt_nouns)
> library(stringr)
> #all.reviews 변수에서 제거되지 못한 부분을 다시 한번 stringr 패키지를 이용하여 공백으로 처리
> noun2 <- str_replace_all(noun2,"[:punct:]","")
> noun2 <- str_replace_all(noun2,"[:cntrl:]","")
> noun2 <- str_replace_all(noun2,"[:digit:]","")   #숫자값을 공백으로 제거
> noun2 <- str_replace_all(noun2,"[:lower:]","")
> noun2 <- str_replace_all(noun2,"[:upper:]","")
> noun2 <- str_replace_all(noun2,"[WrWnWt]","")
> noun2 <- str_replace_all(noun2,"WW^","")    #^ 값을 공백으로 제거
> noun2 <- str_replace_all(noun2,"가사","")
> noun2 <- str_replace_all(noun2,"내용","")
> noun2 <- str_replace_all(noun2,"앨범","")
> noun2 <- str_replace_all(noun2,"아티스트명","")
> head(noun2,10)

 [1] "맞짱"           "너무좋다ㅠ마지막부분"    ""        "회의"        "주의"
 [6] "빠질거같은"                "듣기"        "도하"        "현실"        "적"
```

▶실습 　워드 클라우드 실습 – 음원사이트 댓글

```
> noun2 <- noun2[nchar(noun2)>=2]
> wordcount <- table(noun2)
> head(sort(wordcount, decreasing = TRUE),10)

noun2
  악뮤   낙하   노래  악뮤명  진짜  아이유 중독성 전쟁터  천재   생각
  126    109    82     65     59     30     20     19     19     14

> #install.packages("wordcloud2")
> library(wordcloud2)
> wordcloud2(wordcount, shape='star', size=8, fontFamily = '나눔바른고딕')
```

```
> #install.packages("wordcloud")
> library(wordcloud)
> pal <- brewer.pal(3,"Dark2")
> wordcloud(word=names(wordcount), freq=wordcount, min.freq=3, colors=pal, random.color=T)
```

CHAPTER 4 종합 연습문제

01 다음(Daum)에 있는 사용자가 입력한 날짜에 맞추어 해당 날짜의 랭킹 뉴스를 크롤링하고, 워드클라우드로 표현하시오. (https://news.daum.net/ranking/popular)

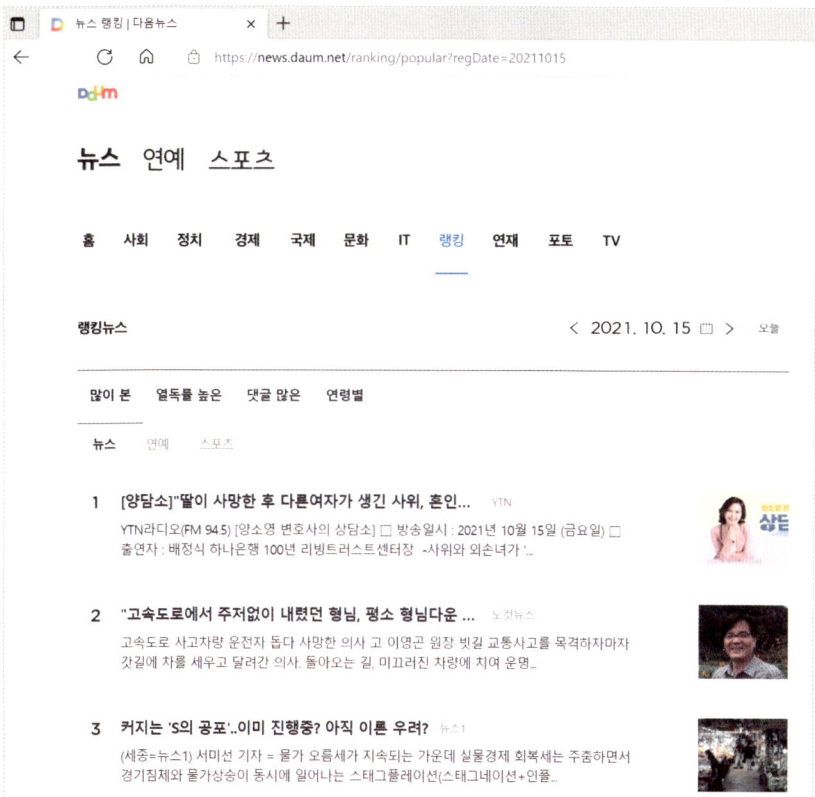

02 Selenium을 이용하여 음원 사이트에서 특정 가수의 앨범을 크롤링하고, 워드 클라우드로 표현하시오.

11

R programming

시계열 데이터 분석

학습배경

- 시계열 데이터는 시간의 변화에 따라 통계치의 변화를 기록해 놓은 데이터이다. 시계열 데이터를 통해서 분석을 진행하면 미래에 발생할 수 있는 관측치를 예측할 수 있다. 그래서 많은 기업은 시계열 분석으로 제품의 판매수요를 예측하고자 하며, 국가는 인구수 변화, 질병의 확산 추세, 부동산 가격변동 등을 시계열로 분석하여 사회적 안정을 도모하는 데 도움을 받으려고 한다. 이러한 시간적 변화에 따른 데이터 분석은 기업, 국가, 개인 관점에서 많이 다루어지고 있다. 따라서 본 장에서는 시계열 데이터의 분석 실습을 해서 미래 예측치를 분석해보고, 다양한 분석 모델을 통해 예측치의 변화량도 판단해 볼 것이다.

학습목표

- 시계열 데이터의 특징을 이해한다.
- R Studio에서 시계열 데이터의 비정상성과 정상성 시계열 분석을 수행할 수 있다.
- R Studio에서 시계열 데이터를 분해 요소법으로 분해할 수 있다.
- R Studio에서 시계열 데이터를 다양한 예측기법으로 미래를 예측하고 분석할 수 있다.

학습구성

1. 시계열 분석의 의미

2. 시계열 데이터의 시각화 및 예측 실습 1
   - AirPassengers

3. 시계열 데이터의 시각화 및 예측 실습 2
   - 대구도시철도공사_ 월별승차인원

4. 시계열 데이터의 시각화 및 예측 실습 3
   - 사고유형별/월별 교통사고 데이터

5. 종합 연습문제

CHAPTER 1 시계열 데이터 분석의 의미

1. 시계열 분석의 의미

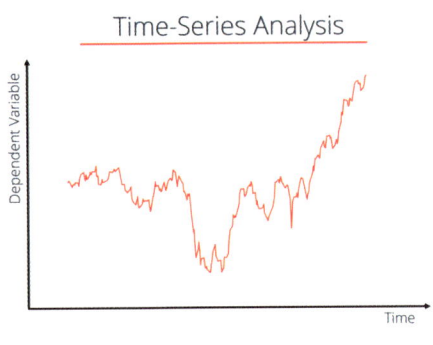

분석자가 수집한 데이터는 시간 영향의 존재하는지에 따라서 횡단면 데이터(Cross Sectional Data)와 시계열 데이터(Time Series Data)로 구분할 수 있다.

시계열 데이터란 관측치가 시간적 순서를 가진 데이터를 의미한다. 어떤 현상을 시간 변화에 따라서 요약한 데이터가 시계열 데이터이며, 미래 변화의 추세를 분석하는 데 도움을 주는 데이터이다.

시계열 데이터는 연, 월, 일, 분기와 같은 시간 간격으로 이루어진 데이터를 말하며, 시계열 데이터들은 독립적이지 않고 상호 연관된 특징을 가진다.

시계열 데이터를 분석한다는 것은 시계열 데이터의 구조를 파악하는 것뿐만 아니라 분석 대상인 시계열 데이터의 구조와 특성을 토대로 미래를 예측하고, 변화를 추정하는 것을 목적으로 한다.

- 기존 사실의 결과 규명 : 주별, 월별, 분기별, 연도별 분석으로 고객의 구매패턴 확인
- 시계열 데이터 특성 규명 : 시계열에 영향을 주는 일반적 요소(추세, 계절, 순환, 불규칙)를 분해하여 분석
- 미래에 대한 시나리오 규명 : 코로나19와 같은 특정 질병에 대한 치료의 성공과 실패했을 때 변화 분석
- 변수 간의 규명 : 경기선행지수와 종합주가지수의 관계 분석

> **문법** 시계열 분석의 의미
>
> ts(data, start, end, frequency, deltat, tseps, class, name) : 시계열 분석 대상을 생성시켜주는 함수
> - data : 분석할 변수
> - start : 분석할 데이터의 시작 시간, 입력이 없으면 기본 1로 지정
> - end : 분석할 데이터의 끝나는 시간, 입력이 없으면 데이터의 끝으로 추정
> - frequency : 분석할 데이터의 구분으로 분기 4, 월 12, 연 1, 주 52
> - deltat : 시간 간격
> - class : 분석 결과의 형태(mts, ts, matrix 등으로 구분)
> - names : multiple Series의 이름 부여
>
> ts.plot : 시계열 데이터의 시각화

2. 정상 시계열과 비정상 시계열

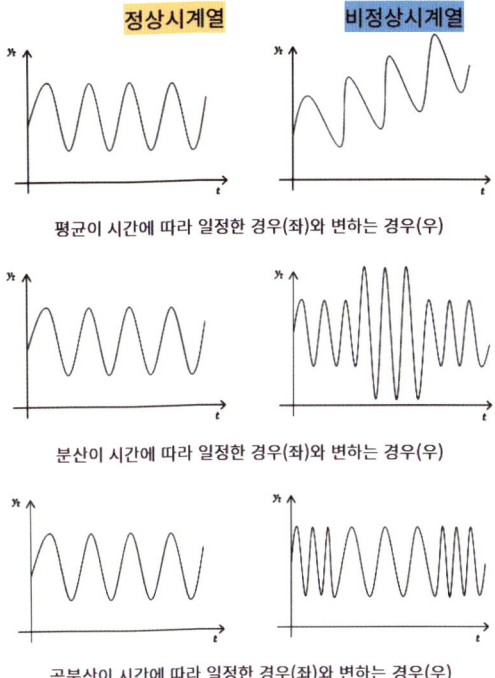

평균이 시간에 따라 일정한 경우(좌)와 변하는 경우(우)

분산이 시간에 따라 일정한 경우(좌)와 변하는 경우(우)

공분산이 시간에 따라 일정한 경우(좌)와 변하는 경우(우)

시계열 데이터에서는 정상 시계열과 비정상 시계열을 우선 이해할 필요가 있다.

정상 시계열 데이터 또는 정상성(Stationary)이란 시간의 변화 패턴이 일정하고, 평균값을 중심으로 일정한 변동폭을 가지는 시계열 데이터를 의미한다. 정상 시계열 데이터는 모든 시간 t에 대해서, 평균이 일정하고, 분산이 일정하며 변화하지 않고 균형적으로 변동하는 특징을 가진다.

하지만 정상성 시계열이 아닌 나머지는 비정상 시계열이라고 한다. 예를 들어 비정상성 시계열은 평균 또는 분산이 시간에 따라 일정하지 않고, 변동폭의 변화량이 클 때 비정상 시계열이라 한다. 그리고 공분산이 시간에 따라 일정해야 하지만 그렇지 않고 변화하는 경우를 비정상 시계열이라고 한다.

우리가 관찰하고 수집되는 대다수의 시계열 데이터는 정상성 시계열 데이터라기보다는 비정상성 시계열 데이터의 특징을 많이 가지고 있다. 예를 들어 주식, 열차의 탑승객수, 계절 변화에 따른 감기 환자의 증가수 등은 여러 변인으로 인하여 생성된 시계열 데이터이다. 이러한 비정상성 시계열 데이터는 시간의 흐름에 따라 기계적으로 동일하지 않기 때문에 비정상성 시계열 데이터의 특징을 가진다.

시계열 데이터 분석을 진행하려면 비정상 시계열을 정상 시계열로 변환해야 한다. 비정상 시계열 데이터를 정상 시계열 데이터로 변환해야 하는 이유는 비정상성을 띠는 시계열 데이터의 경우에 시계열 분석 시 예측 범위가 무한대로 나타날 수 있다. 그리고 데이터의 분산(Variance), 자기상관(Autocorrelation) 등의 다양한 파라미터를 고려해야 하므로 예측의 어려움이 발생하게 된다. 그래서 비정상성 시계열 데이터를 정상성 시계열 데이터로 변환하여 분석을 진행해야 한다. 비정상성 시계열 데이터를 정상성 시계열 데이터로 변환하는 방법으로는 시계열 데이터의 평균 정상화를 위해 차분(differencing)을 진행하고, 분산의 안정화를 위해서 자연로그 변환 또는 제곱/제곱근 변환을 진행하여 정상성 시계열을 만들면 된다. 정상성 변환 과정을 거치면 시계열 데이터의 예측 범위가 무한대에서 일정 범위로 줄어들고, 고려해야 하는 여러 파라미터의 수도 감소하여 예측 효과를 증대시킬 수 있다.

3. 비정상 시계열 데이터의 요인

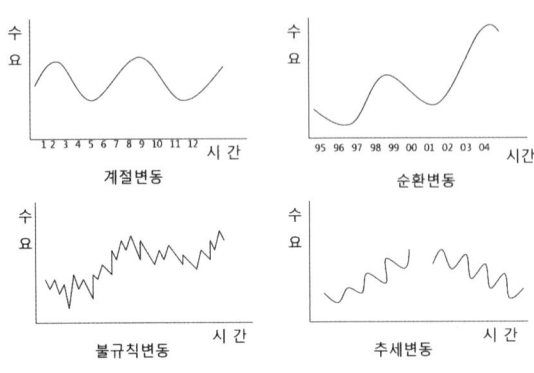

비정상성 시계열은 규칙성이 있는 패턴으로 시간의 추이에 따라서 점진적으로 증가하거나 하강하는 추세를 보이기도 하며, 일정한 주기 단위에 따라서 동일한 규칙이 반복되는 계절성도 보여준다.

시계열 데이터는 한 가지 이상의 패턴으로만 발견될 수 있으며, 계절변동, 순환변동, 불규칙변동, 추세변동, 우연변동 등이 이에 해당된다.

- 계절(Seasonality) 변동이란 보통 계절을 주기로 발생하는 변동요인을 말한다. 계절에 따라 순환하면서 변하는 특성을 보인다. 그리고 특정 날짜나 하루, 특정 시점과 같은 요인들과 관련되어 있어서 단기적이고, 비교적 규칙적인 변동을 보여준다. 일반적으로 1년 이하의 단기적이고 반복적인 형태를 계절변동으로 구분하고, 1년 이상의 장기적이고 반복적인 형태는 순환변동으로 구분한다.
- 순환(Cycle) 변동은 1년 이상의 지속적인 파동모양의 변동을 말한다. 이들은 정치적, 경제적, 농업 상황과 관련되어 있다.
- 추세(trend) 변동은 데이터가 장기적인 상향 또는 하향 이동을 보이는 변동을 말하며, 인구변동, 소득변화, 문화적 변동 등이 이에 해당한다.
- 불규칙(Irregular) 변동은 기상상황, 파업, 제품이나 서비스의 변동(사재기) 등에서 상당한 변화로 비정상적인 상황이 발생되는 변동이다. 전형적인 형태를 반영하지는 않지만, 시계열에 이들 요인이 도입되면 전반적인 그림을 왜곡시킬 수 있다. 따라서 가능한 경우에는 언제나 불규칙 요인들을 식별하여 이들 불규칙 요인들을 데이터에서 제거해야 한다.
- 우연(Random) 변동은 추세, 계절, 순환, 불규칙 변동에서 설명하고 남은 잔차의 변동을 말한다.

모든 시계열 데이터를 분석할 때 시계열의 근본적인 행태를 파악하는 것이 필요하다. 분석자는 데이터에 대한 도표를 작성하거나 도표를 시각적으로 분석할 수 있어야 한다. 특히 시각화는 시계열 데이터의 행태를 쉽게 해석할 수 있도록 도와준다. 즉, 시계열 분석에서 시계열 데이터의 특징을 정확하고 손쉽게 파악하려면 시각화는 필수적으로 수행해야 한다. 시각화는 시계열의 데이터의 추세, 계절성, 순환성, 우연성 등의 변동을 설명해준다.

4. 시계열 분석 시 고려사항

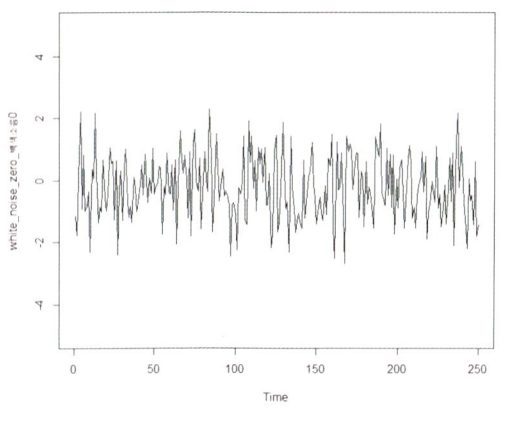

(μ =0, σ =1인 백색잡음 시계열의 모습)

- 시계열 분석에서 추세(Trend) 분석 시 대부분 시계열 데이터는 Trend가 없는 독립성을 가정하고 있다. 시계열 데이터가 일정하게 상승하거나 또는 하강하는 추세를 보이면 시계열 데이터 분석 이전에 이를 제거해야 한다.
- 시계열 분석에서 연속 의존성(Serial Dependence)을 판단할 시 인접한 데이터들 사이에는 상관성이 없다는 것을 가정한다. 시계열 데이터가 인접한 데이터 사이에 상관관계가 있으면 분석하기 전에 이를 통제해야 한다.
- 즉, 시계열 분석은 정상성(Stationary)을 유지하기 위해서 데이터가 같은 성질을 가져야 하는 것을 가정한다. 즉, 백색잡음(white noise)의 평균은 0이고, 분산은 $\sigma^2 > 0$의 상호독립적인 임의변수의 시계열을 가져야 한다는 것을 말한다. 백색잡음은 시점에 상관없이 평균이 0이고, 추세와 분산이 커지는 시계열을 의미한다..

5. 시계열 데이터의 정상성 확인

정상성(Stationary)이란 시계열의 확률적인 성질들이 시간의 흐름에 따라 불변(time-invariant)하는 것을 이야기한다. 정상성 시계열 데이터의 특징은 뚜렷한 추세가 없어야 하는 시계열로 평균은 시간 축에서 평행하고, 시계열의 진폭(변동)은 시간의 흐름에 따라 일정한 특징을 가져야 한다.

만약 시계열 데이터가 비정상성 시계열이라면, 정상성 시계열로 변환시켜야만 시계열 모형을 생성하고 평가할 수 있다. 비정상성 시계열 데이터를 정상성 시계열 데이터로 만드는 대표적인 방법은 차분과 로그변환이 있다.

차분(Difference)은 현재 시점 데이터에서 이전 시점의 데이터를 빼는 연산을 진행하여 평균을 정상화하는 데 이용된다. 시계열 데이터가 추세를 내포하고 있는 경우 이를 제거할 때 차분을 사용한다. 로그변환은 log( ) 함수를 이용하여 분산을 정상화시키는 데 이용된다.

시계열 데이터의 정상성 검정지표는 두 가지로 구분된다. 첫 번째는 자기상관함수(ACF : Auto-Correlation)와 편자기상관함수(Partial Auto-Correlation)가 있다. 시계열 데이터가 정상성인 경우에는 자기상관함수와 편자기상관함수이 모두 시차에서 신뢰한계의 범위 내에 존재하는 것으로 나타난다.

- 자기상관함수(ACF : Auto-Correlation)는 연속적인 관측값 사이의 상호 연관관계를 나타내는 척도이다. Time별 Signal과 Time Lag별 Signal의 유사성을 기준으로 시계열 데이터의 정상성을 파악한다. 즉, 시점에 따라 데이터 간 상호 연관관계를 보여주는 척도이다.

- 편자기상관함수(Partial Auto-Correlation)은 부분 자기상관 함수이다. 산정하고자 하는 연속적인 2개의 시계열 데이터에서 상관계수를 구하는데 이때 산정하고자 하는 두 변수를 제외한 모든 변수의 영향을 제거한 상태에서 두 변수 사이에 존재하는 순수 상관계수를 계산하여 정상성을 살펴보는 특징이 있다.

Q 문법 독립성과 정상성 검정함수

- 독립성 검정(Box Test(Box-Pierce, Ljung-Box)) : 자기상관의 여부를 검정
  Box.test(변수명, t=c("b", "L"))
    Box-Pierce : 카이-제곱 통계량의 수정된 변형으로 Ljung-Box 검정을 단순화시킨 버전
    Ljung-Box : Portmanteau 검정으로 일정기간 동안 일련의 관측치가 랜덤이고 독립적인지 여부를
               검사하는 데 사용
- 정상성 검정(Kwiatkowski-Phillips-Schmidt-Shin Test) : 시계열 데이터의 정상성 수준과 추세를 검정
  - kpss.test(변수명, c("Level","Trend"))
    Level : 추세성을 고려하지 않은 검정 / Trend : 추세성을 고려한 검정
- 정상성(Unit Root Test) : 시계열 데이터가 차분을 가지는지를 검정
  - PP.test(변수명)
  - ADF.test(변수명)

6. 시계열 데이터의 요소 분해

시계열 데이터는 계절, 추세, 우연 변동 등 다양한 변동의 성분들이 중복적으로 중첩되어 있다. 시간의 변화에 따라 측정된 시계열 데이터는 다양한 변동요인을 가지고 있기 때문에 추세, 주기성의 유무와 크기 등을 사전에 파악해야 한다. 추세 및 주기를 파악하기 위해서는 요소 분해 방법을 사용한다. 시계열 데이터의 중첩된 변동요인을 요소 분해 방법으로 분해하는 목적은 시계열

데이터에서 추세 변동과 주기 변동을 제거하고 남은 Residual 시계열 데이터를 우연 변동에 의한 정상 시계열로 만들 수 있기 때문이다. 시계열 데이터의 대다수는 추세 변동과 주기 변동을 제외하고 남은 잔차 시계열이 정상 시계열이 된다.

시계열 데이터의 요소 분해 방법은 선형적으로 구성되는 가법모형(Additive)과 비선형적으로 구성되는 승법모형(Multiplicative)으로 구분된다. 일반적으로 시계열의 원본 데이터가 일정하면서 안정적인 그래프를 그린다면 가법모형을 선택하고, 원본 데이터가 증가하거나 감소하는 형태를 보인다면 승법모형으로 선택하여 요소를 분해하면 된다.

- 가법모형이 적용된 분해법 : 보통 불규칙 성분을 바로 추정하지 않기 때문에 불규칙 성분을 추정하기 위해서는 Raw data에서 Trend와 Seasonal 성분 하나씩 빼주어 계산한다.
  예) 추세가 조정된 데이터를 확인하기 위해서는 [Raw data − Trend = Seasonal + 불규칙]으로 계산하면 된다.

- 승법모형이 적용된 분해법 : 가법모형과 마찬가지로 불규칙 성분을 직접적으로 추정하지 않고, Raw data에서 Trend와 Seasonal 성분을 하나씩 나누어서 계산한다.
  예) 추세가 조정된 데이터를 확인하기 위해서는 [Raw data / Trend = Seasonal * 불규칙]으로 계산하면 된다.

가법모형과 승법모형과 같은 전통적인 분해 방법은 추세, 순환 성분을 추정할 때 정보손실이 발생한다. 이는 결국 불규칙 성분 추정 시 정보손실이 발생한다는 것을 의미한다. 또한 급등하거나 급락하는 기간에 데이터값이 크게 변화된다. 그리고 전통 분해 방법은 계절 성분 값이 주기별로 일정한 것을 가정한다. 따라서 단기간의 데이터를 분해하는 방식으로는 적합하지만, 장기간의 데이터를 분해하는 방식으로는 부적합하다는 단점이 있다.

> **Q 문법** 요소 분해
>
> decompose(x, type=c("additive", "multiplicative"), filter...)
> library(forecast)
> tsdisplay(변수명, main="",)

7. 시계열 데이터의 분석 모형

① ARIMA(Auto Regressive Integrated Moving Average Model)

ARIMA는 자기회귀 누적 이동평균 모형 또는 자기회귀 결합 이동 평균의 이름으로 ARIMA(p,d,q)의 형태를 가진 모형이다. ARIMA 모형은 1970년 Box와 Jenkins에 의해서 기존의 AR 모형과 MA 모형을 일관성 있게 하나로 통합한 모형이다. ARIMA 모형은 과거의 관측값과 오차를 사용해서 현재의 시계열 값을 설명하는 ARMA(Auto-regressive Moving Average) 모델을 일반화한 것으로, 분기/반기/연간 단위로 미래를 예측한다거나 주간/월간 단위로 지표를 리뷰를 한다든지, 트렌드에 이상치가 없는지를 확인하는 데 사용된다. ARMA 모델이 안정적 시계열(Stationary Series)에만 적용 가능한 것에 비해, 분석 대상이 다소 비안정적인 시계열 (Non Stationary Series)에서도 적용이 가능한 장점이 있다. ARIMA의 데이터는 d번 차분 (differencing)한 후에 AICc를 최소화하여 p와 q를 고르며, 알고리즘에서는 p와 q의 모든 가능한 조합을 살펴보는 것이 아니라, 모델 공간을 탐색할 시 단계적(stepwise) 탐색을 사용하는 특징을 가진다.

문법 ARIMA

```
install.packages("forecast")
library(forecast)
arima(변수명, order=c(0L,0L,0L), seasonal=list(order=c(0L,0L,0L), period=NA) ….)
auto.arima( ) : 자동으로 ARIMA 모형의 차수를 결정해 주는 함수(최소 AIC, AICc or BIC 차수 결정)
```

② ETS(Error, Trend, Seasonal, ExponenTial Smoothing) 모형

ETS 모델은 잔차(실제값-예측값) 즉, Error를 보정 해주는 모델이다. ETS의 모델의 인자에는 여러 가지가 들어갈 수 있고, 이는 다양한 모델을 만들 수 있다는 것이다. ETS는 상태공간 모형을 이용하며, 대표적인 예측 함수로 지수 평활 추정방법을 이용하여 예측한다.

Error	Trend	Seasonal
A: Additive	N: None	N: None
M: Multiplicative	A : Additive	A : Additive
Z: Automatically	M: Multiplicative	M: Multiplicative
	Z: Automatically	Z: Automatically

ETS(A, N, N) : 단순 지수평활 선형 모형
ETS(A, A, N) : 추세변동 고려(Holt Linear 모형 - Holt's Method)
ETS(A, A, A) : 추세, 계절변동 고려, Holt Winter's Linear 모형
ETS(M, N, N) : 단순 지수평활 비선형 (승법) 모형
ETS(M, A, M) : 추세, 계정변동 고려, Holt Winter's Non-Linear 모형

문법 ETS

```
ets(y, model="ZZZ", damped, alpha, beta, gamma, phi, additive.only, lambda, biasadj, …)
```

③ Naive Method

최근 데이터로 미래값을 예측하는 방법론이다. 주어진 데이터의 가장 마지막 데이터로 미래값을 동일하게 예측한다.

④ nnetar(Neural Network Time Series Forecasts)

nnetar 모형은 비선형 자기회귀 모형으로서 전방전달 신경망(feed-forward neural network)의 시계열 분석 모형이다. nnetar 모형은 단일 은닉층을 가진 분석 기법이다. 모형에서 p는 계절 차수가 아닌 입력값의 수를 말하며, P는 입력으로 사용되는 계절 차수의 수를 말한다. size는 은닉 계층의 노드 수를 말한다.

> **문법** Neural Network Time Series Forecasts
>
> nnetar (y, p, P = 1, size, repeats = 20, xreg = NULL, ...)

⑤ TBATS(Trigonometric exponential smoothing state space model with Box-Cox transformation)

BATS모형과 TBATS모형은 계절성이 고려된 Holt-Winters의 지수 평활 모형을 변형한 모형이다. TBATS 모형은 기존의 지수평활법을 이용한 모형에서는 다룰 수 없었던 소수의 삼각함수의 합으로 주기성을 계산한 모형이다. 삼각함수로 주기성을 설명하기 때문에 추정해야 하는 모수가 줄어들어서 모형 추정에 소요되는 시간이 줄어드는 장점이 있고, 오차항의 비독립성을 고려하기 때문에 예측력을 높일 수 있는 장점을 가진다.

TBATS 모형은 삼중 계절성 모형으로서 비선형 문제를 해결하기 위해 지수변환을 수행한다. 또한, 지수평활모형의 오차항으로 자기상관이 없는 백색잡음을 가정하고 있으나, 오차항이 백색잡음을 따르지 않는다는 기존 연구를 반영하여 ARMA(p,q) 모형을 따르는 특징이 있다. 비정수 주기의 주기성을 고려할 수 있어 연간 주기성을 고려할 때 정확한 양력주기인 365.25일을 가정할 수 있다. 즉, 계절성을 잡아내기 위해 삼각함수항을 사용하고 있으며, 이질성을 탐색하기 위해 Box-Cox 변환을 사용한다. 단기적 동적 움직임(short-term dynamics)을 잡아내기 위해 ARMA 모형을 사용하며, 추세를 잡아내기 위해서 추세항을 사용하고, 계절성을 잡아내기 위해 계절항도 사용한다.

⑥ BATS(Exponential smoothing state space model with Box-Cox transformation, ARMA errors, Trend and Seasonal components)

BATS모형과 TBATS모형은 계절성을 고려한 Holt-Winters의 지수평활모형의 변형된 모형으로 이를 부분적으로 활용한 상태공간 모형이다. 평활계수, 추세평활계수, AR계수, MA계수, 계절평활계수를 추정하며, 최적의 계수 추정에서 AIC(Akaike's Information Criterion) 값을 최소화시키는 방법으로 계산을 수행한다.

> **문법** BATS
>
> bats(변수명, use.box.cox, use.trend, use.damped.trend, seasonal.periods, use.arma.errors, use.parallel, num.cores, bc.lower, bc.upper, biasadj, model ...)

⑦ STL(Seasonal and Trend decomposition using Loess(Loess를 사용한 계절성과 추세 분해))

STL은 시계열 데이터를 trend와 seasonality, remainder로 분해해 준다. 모든 예측값은 Loess를 기초로 한다. decompose( ) 함수를 사용하여 얻는 결과값과 유사하지만, STL이 좀 더 분석자가 수용할 만한 긍정적인 결과값을 제공해준다.

시계열 데이터를 체계적 성분으로 분해해주는 함수 중 하나로 시계열 데이터를 계절성분, 추세성분, 불규칙성분으로 분해시켜 준다. STL은 월별이나 분기별 데이터를 포함하여 여러 종류의 계절성을 다룰 수 있으며, 계절적인 성분이 시간에 따라 변화하여도 이와 상관없이 다룰 수 있다. 계절 성분의 변화율을 분석자가 조절할 수 있으며 추세-주기의 매끄러운 정도도 분석자가 직접 조절할 수 있다. 또한 분석자는 가끔 발생하는 이상치에 대해서도 추세-주기와 계절 성분에 영향을 주지 않게 만들 수 있다. 하지만 이상치는 나머지 성분(remainder)에 영향을 제공하기도 한다.

문법 STL

stl(변수명, s.window, s.degree, t.window, t.degree...)
t.window(추세-주기) : 추세-주기를 추정할 때 사용할 연이은 관측값의 개수를 말한다.
s.window(계절성) : 계절 성분에서 각 값을 추정할 때 사용할 연이은 관측값의 개수를 말한다. s.window는 기본 설정값을 분석자가 설정해야 한다. 시계열 데이터에서 seasonal 성분을 추출하기 위한 파라미터로 계절의 패턴이 시간에 따라 일정하다고 판단되면 periodic 작성 또는 7 이상의 큰 수를 작성하면 된다. 그렇지 않고 계절의 패턴이 시간의 흐름에 따라 진화한다고 탐색되면 최근 데이터만 사용하도록 작은 숫자를 입력한다.

⑧ StructTS

최대 우도의 방법으로 시계열 구조 모형을 접합시켜준다.

문법 StructTS

StructTS(변수명, type = c("level", "trend", "BSM"), init = NULL, fixed = NULL, optim.control = NULL)

8. 시계열 데이터의 예측오차와 평가

시계열 데이터 분석의 예측 결과에는 언제나 예측오차가 포함된다. 예측오차는 예측 방법에서 신뢰성(Reliability)을 평가하는 기준으로 사용된다.

- ME(Mean of Errors) : 예측오차의 대푯값을 나타내는 지표로 예측오차의 산술평균을 의미한다.
- RMSE(Root Mean of Squared Errors) : 예측오차는 양수와 음수로 표현되며, 이를 그대로 모두 합산하면 예측오차의 크기를 이해하기가 어려워진다. 그래서 예측오차를 제곱하고, 모든 단위시간을 n으로 나눈 다음 평균 제곱오차(MSE)의 지표를 다시 제곱근 시켜서 만들어낸 지표가 'RMSE'다.
- MAE(Mean of Absolute Errors) : 예측오차는 각 시간 단위별로 산정하고 이를 합산한 크기로 측정한다. 그래서 특정 기간에 발생한 모든 시간의 예측오차를 더하면 예측오차의 크기를 파악하기 어렵다. 이에 오차의 크기만 고려하기 위해서 오차에 절대값을 씌우고 데이터 수로 나눈 것이 MAE가 된다.
- MPE(Mean of Percentage Errors) : 평균 절대오차(MAE)와 평균 제곱 오차(RMSE)는 모두 조사된 값과 예측값의 절대적인 오차에 기반하여 예측오차의 크기를 나타낸 지표이다. 그러나 예측오차는 이러한 절대적인 의미의 예측오차뿐 아니라 상대적 의미에서 예측오차를 이해할 필요성도 발생한다. 예를 들어 어떠한 값에서 100에 대한 예측오차가 1이고, 또한 어떠한 값에서 500에 대한 예측오차가 1이라고 한다면, 같은 예측오차가 1이라도 상대적인 의미에서 오차 크기는 다르다고 할 수 있다. 이러한 관점으로 MPE를 계산하게 된다.
- MAPE(Mean of Absolute Precentage Errors) : MPE는 상대적인 예측오차의 비율을 의미하며 예측오차를 양과 음의 수로 나타내고 있어, 그 크기를 더욱 정확하게 확인하기 위해서 예측오차의 절대값으로 상대적인 오차 크기를 측정해야 한다. 이러한 문제점을 개선한 지표로 예측오차에 절대값을 씌어서 계산한 것이 MAPE가 된다.
- MASE(Mean of Absolute Scaled Errors) : MAPE는 데이터 척도에 따라 유동적인 성격을 가진다. 이에 조사된 데이터를 척도화하고자 예측오차의 절대값에 대한 평균을 계산한 다음 예측오차의 크기를 나타내는 지표가 MASE이다.
- ACF1 : 시차 1에서의 자기상관 오차값
- Theil's U : Theil's U 통계량은 예측된 결과치와 최소한으로 사용한 과거 데이터를 토대로 예측 결과를 비교하는 상대적인 정확도 측도이다. 이 통계량은 큰 오차값과 과장된 오차값에 가중치를 부여하여 편차를 제곱한다. 이를 통해서 오차값을 제거하는 데 도움을 준다. Theil's U가 1이면 예측기법(forecasting technique)이 추측한 것과 매우 유사하다고 해석한다. 그리고 Theil's U가 1 보다 작으면 예측기법이 추측하는 것보다 좋다고 해석한다. 하지만 Theil's U가 1보다 크면 예측기법이 추측하는 것보다 좋지 못하다고 해석한다.

> **Q 문법** 예측모형 평가 및 예측 결과의 우열에 대한 검정(Diebold-Mariano Test)
>
> accuracy(변수명) : 예측모형 평가
> dm.test(변수명, 변수명, alternative=c("two.sided", "greater", "less") ...)

CHAPTER 2 시계열 데이터의 시각화 및 예측 실습 1 – AirPassengers

첫 번째 시계열 분석은 1949년부터 1960년까지의 월별 국제 항공사 승객 총계 데이터를 활용하였다. 이 데이터는 R 프로그램에서 기본으로 제공하고 있다. 이에 data( ) 함수를 실행하여 AirPassengers 데이터를 R 프로그램에서 읽어왔다. 다음 print( ) 함수를 이용하여 시계열 데이터의 내용을 확인하였다. 데이터를 확인해보면 1949년부터 1960년까지 12개월로 데이터가 구성되어 있으며, 천명 단위의 작성된 데이터로 구성되어 있다.

AirPassengers 데이터는 시계열 데이터 타입으로 되었으며, 총 데이터 수는 144개이다. 이 중 1949년 1월부터 1958년 12월까지는 본 실습에서 테스트 데이터로 사용하고자 하였다. 이를 airpass_ts 변수로 재저장하였다. 그리고 1959~1960년의 2년간의 데이터는 검증용 데이터로 사용하기 위해 airpass_ts_test 변수로 재저장하였다.

▼ 실습   시계열 분석 실습 1 – AirPassengers

```
> #12년간 항공기 탑승 승객 수가 있는 시계열 데이터
> data(AirPassengers)
> print(AirPassengers)
     Jan Feb Mar Apr May Jun Jul Aug Sep Oct Nov Dec
1949 112 118 132 129 121 135 148 148 136 119 104 118
1950 115 126 141 135 125 149 170 170 158 133 114 140
1951 145 150 178 163 172 178 199 199 184 162 146 166
1952 171 180 193 181 183 218 230 242 209 191 172 194
1953 196 196 236 235 229 243 264 272 237 211 180 201
1954 204 188 235 227 234 264 302 293 259 229 203 229
1955 242 233 267 269 270 315 364 347 312 274 237 278
1956 284 277 317 313 318 374 413 405 355 306 271 306
1957 315 301 356 348 355 422 465 467 404 347 305 336
1958 340 318 362 348 363 435 491 505 404 359 310 337
1959 360 342 406 396 420 472 548 559 463 407 362 405
1960 417 391 419 461 472 535 622 606 508 461 390 432

> str(AirPassengers)
 Time-Series [1:144] from 1949 to 1961: 112 118 132 129 121 135 148 148 136 119 ...

> airpass_ts <- window(AirPassengers, start=1949, end=1958.99)
> airpass_ts_test <- window(AirPassengers, start=1959)
> print(airpass_ts_test)
```

	Jan	Feb	Mar	Apr	May	Jun	Jul	Aug	Sep	Oct	Nov	Dec
1959	360	342	406	396	420	472	548	559	463	407	362	405
1960	417	391	419	461	472	535	622	606	508	461	390	432

시계열 데이터의 이해를 위해서 시각화를 진행하였고, plot( ) 함수를 이용하여 데이터 형태를 확인하였다. 1949년부터 1958년까지 항공기 탑승 승객 수를 살펴보았으며 1~12개월로 월별 형태로 표현하였다. 항공기 탑승 승객 수의 시계열 데이터를 시각화하여 확인하면, 시간의 흐름에 따라 변동하는 모습을 확인할 수 있다.

- 1949년 이후 국제항공 이용자 수가 지속해서 증가하면서 추세(trend)를 보여주고 있다.
- 연도가 지날수록 국제항공 이용자 수의 변동성은 커지고 있다.
- 12개월마다 반복되는 계절성이 뚜렷하게 관측되면서 계절성(seasonality)을 보여주고 있다.

▼ 실습   시계열 분석 실습 2 – AirPassengers

```
> par(mfrow=c(2,1))
> par(mar=c(2, 4, 1, 1))
> plot(airpass_ts, ylab="항공여객 (천명)", type="c", pch =20, xaxt='n', xlab="")
> text(airpass_ts, col=1:12, labels=1:12, cex=0.7)
> plot(airpass_ts, ylab="항공여객 (천명)", type="o", pch =20, xlab="")
```

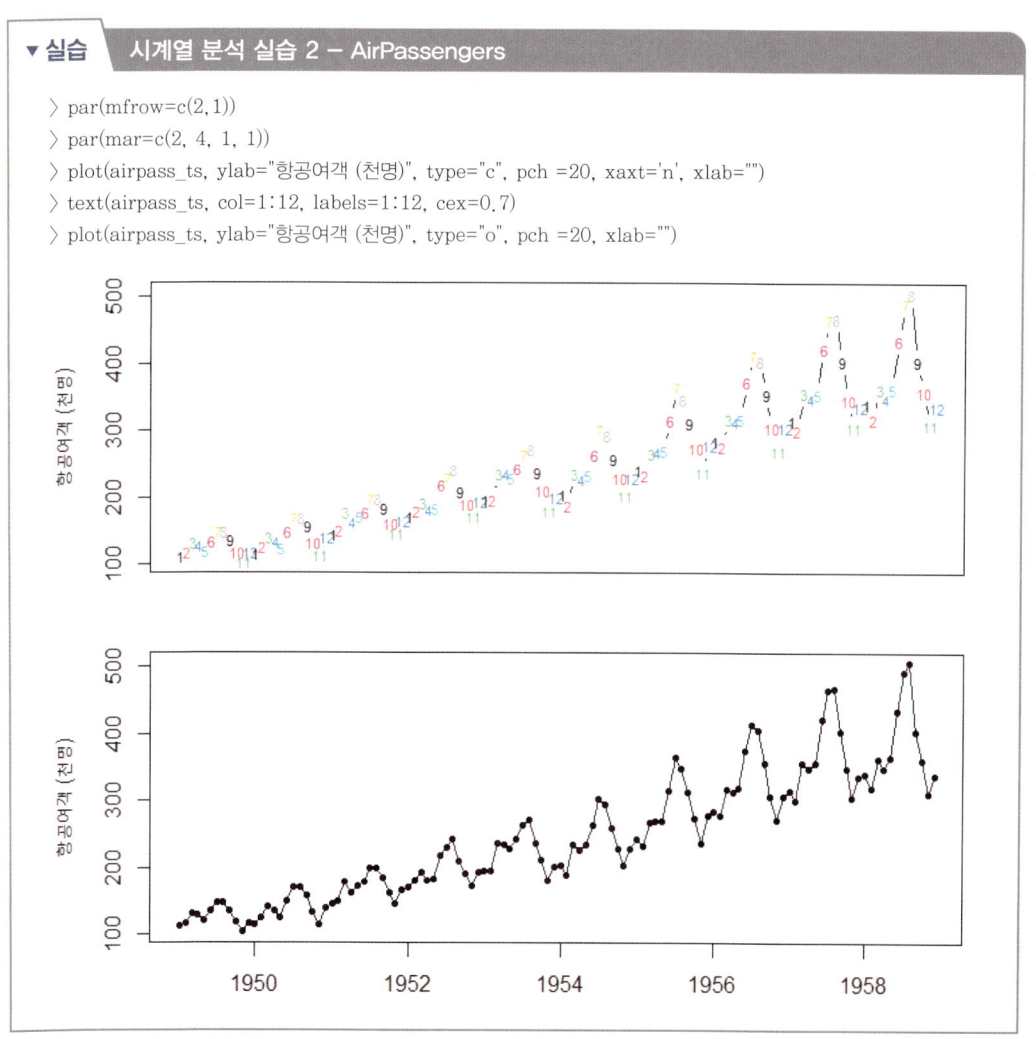

시계열 데이터의 정상성을 검정하는 지표인 자기상관(auto-correlation)과 편자기상관(Partial Auto-Correlation)을 시각화를 진행하여 확인하였다. plot(acf(airpass_ts), main="자기상관(auto-correlation) 분석 : acf") 명령문을 실행한 결과, 파란선인 95% 신뢰구간 내에 대다수 데이터가 벗어나고 있다. 그래프에서 대부분 데이터가 신뢰구간 내에 존재해야 정상성을 가진다고 판단할 수 있지만, 분석에서는 모든 데이터가 파란선인 95% 신뢰구간을 벗어나고 있어 비정상성을 보여주고 있다. 그리고 plot(acf(airpass_ts, type="covariance"), main="자기공분산 분석 : acf") 명령문을 실행하여 자기공분산도 확인하였다.

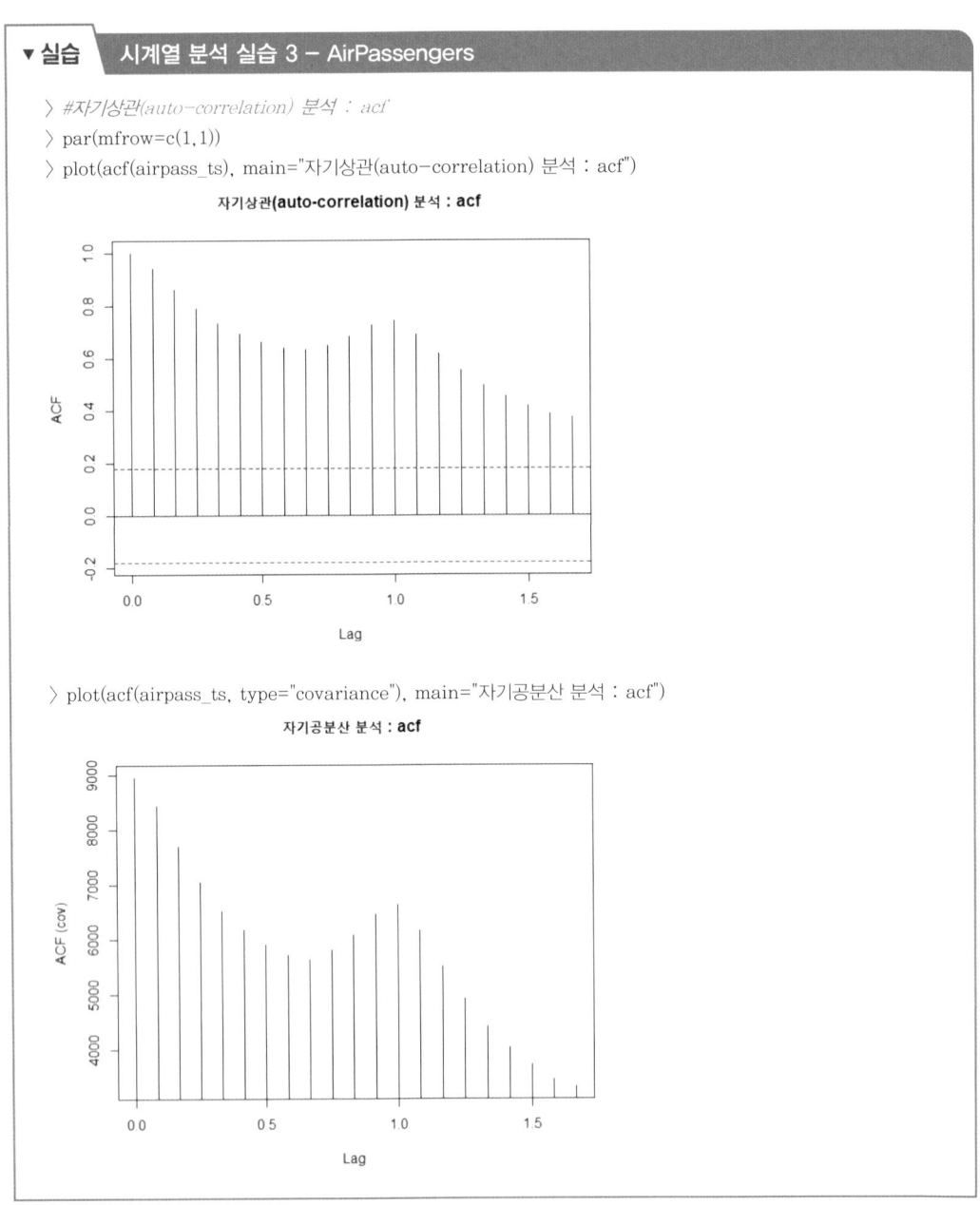

▼ 실습   시계열 분석 실습 3 - AirPassengers

> #자기상관(auto-correlation) 분석 : acf
> par(mfrow=c(1,1))
> plot(acf(airpass_ts), main="자기상관(auto-correlation) 분석 : acf")

> plot(acf(airpass_ts, type="covariance"), main="자기공분산 분석 : acf")

편자기상관도 확인하기 위해서 plot(acf(airpass_ts, type="covariance"), main="자기공분산 분석 : acf") 명령문을 실행하였고, 대다수 시계열 데이터가 신뢰구간 95%의 범위 내에서 존재하지만, 12번째 시계열 데이터는 95% 범위를 많이 벗어나는 모습도 보여주고 있다. 각각의 ACF와 PCAF를 plot( ) 함수로 시각화하여 확인할 수 있지만, forecast 패키지 내 tsdisplay( ) 함수를 사용하면 시계열 데이터의 형태와 ACF, PACF를 한꺼번에 확인할 수 있다.

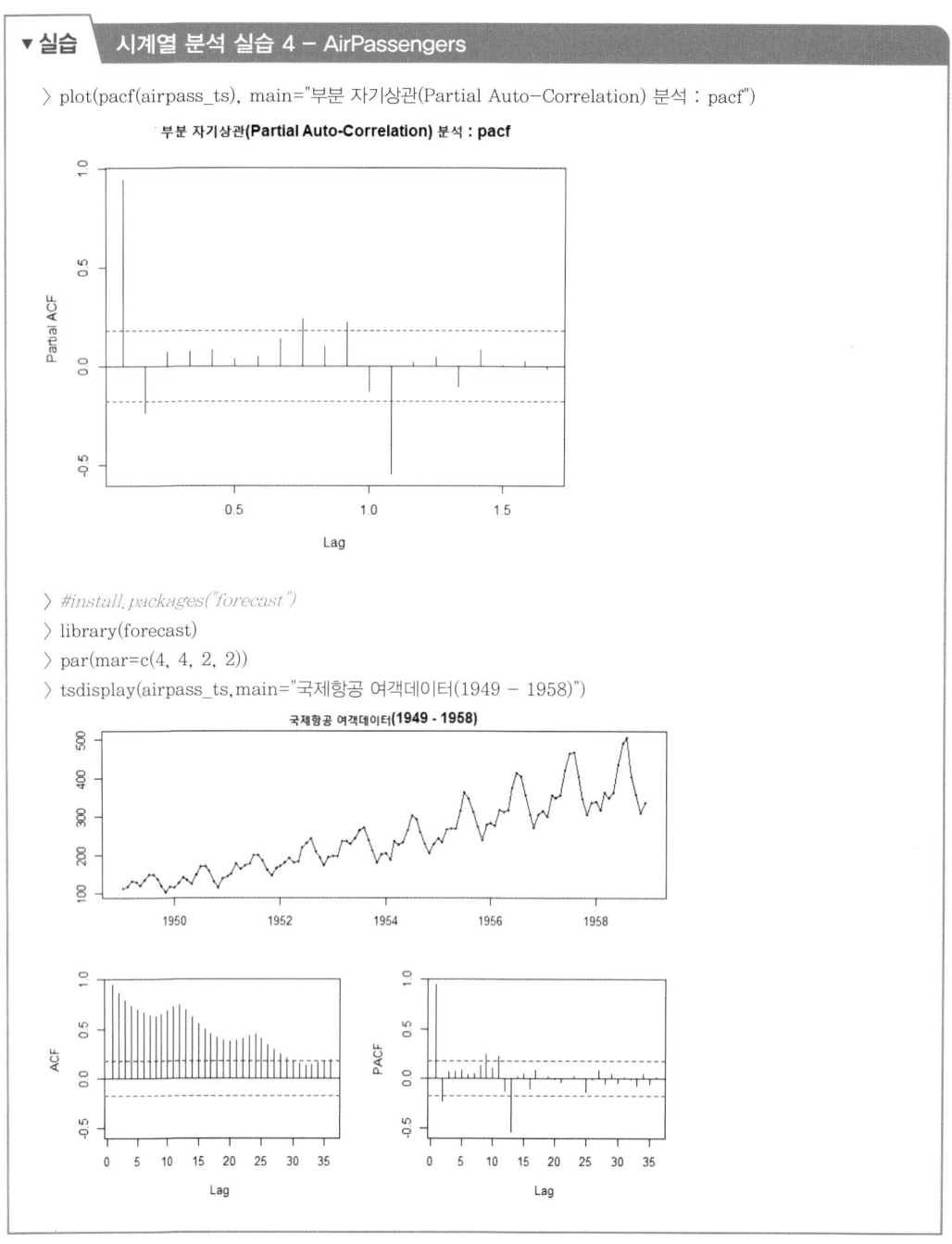

다음은 시계열 데이터의 정상성 검정을 통계적 수치로 확인하고자 한다. 우선 시계열 데이터의 독립성 검정을 위해서 Box Test를 실행하였다. Box.test(airpass_ts, t="B") 명령문과 Box.test(airpass_ts, t="L") 명령문을 실행한 결과를 살펴보면, x2은 각각 106.49, 109.17이며, p-value 값은 0.05보다 낮은 값인 2.2e-16으로 나타났다. 이에 귀무가설인 자기상관이 없다는 가설을 기각하고, 대립가설인 자기상관이 존재한다는 주장을 채택하게 된다. 즉, 앞서 시각화에서 살펴본 바와 같이 통계적 검정에서도 자기상관이 존재한다고 나타났다.

다음 시계열 데이터의 정상성 검정 방법으로 KPSS Test(Kwiatkowski-Phillips-Schmidt-Shin Test) 분석 방법을 사용하였다. 첫 번째, 추세성을 고려하지 않는 정상성 수준의 검사를 위해서 kpss.test(airpass_ts, "Level") 명령문을 실행하였다. 검정통계량은 2.2762, p=0.01로 나타나 시계열 데이터가 정상이라는 귀무가설을 기각하였다. 즉, 비정상성을 보여주고 있다. 그리고 추세성이 고려된 정상성 수준을 검사하기 위해서 kpss.test(airpass_ts, "Trend") 명령문을 실행하였다. 검정통계량은 0.086115, p=0.1로 나타났다. 추세성이 고려된 정상성 수준 검사에서는 정상성을 보여준다는 귀무가설을 채택하게 되었다. 즉, 추세성을 고려하지 않는 정상성 검정에서는 비정상성을 보여주고 있고, 추세성을 고려한 정상성 검정에서는 정상상을 보여주고 있어 두 검정의 차이가 일치하지 않는 모습을 보여주고 있다. 이에 모든 정상성 검정에서 정상성 시계열을 나타낼 수 있도록 요소 분해를 시행하고자 한다.

▼ 실습　시계열 분석 실습 5 - AirPassengers

```
> #독립성 검정(자기상관 검정)
> Box.test(airpass_ts, t="B")

        Box-Pierce test

data:  airpass_ts
X-squared = 106.49, df = 1, p-value < 2.2e-16

> Box.test(airpass_ts, t="L")

        Box-Ljung test

data:  airpass_ts
X-squared = 109.17, df = 1, p-value < 2.2e-16

> #정상성 검정(정상성 수준과 추세성 수준 검정)
> install.packages("tseries")
> library(tseries)
> kpss.test(airpass_ts, "Level")

        KPSS Test for Level Stationarity

data:  airpass_ts
KPSS Level = 2.2762, Truncation lag parameter = 4, p-value = 0.01

> kpss.test(airpass_ts, "Trend")

        KPSS Test for Trend Stationarity
data:  airpass_ts
KPSS Trend = 0.086115, Truncation lag parameter = 4, p-value = 0.1
```

항공기 탑승 승객 수의 시계열 데이터를 정상성 시계열로 확보하고자 차분과 로그변환을 진행하였다. 차분은 평균이 일정하지 않을 때 수행하며, 분산이 일정하지 않을 때는 log 변환으로 정상성을 만들 수 있다. 첫 번째 시각화 그림은 평균과 분산이 모두 변동하는 그래프로서 시계열로 다루기 어려운 형태를 보여주고 있다. 두 번째 시각화 그림은 차분으로 계산한 시계열 데이터의 형태로서, 평균은 일정하지만 분산변동이 크게 나타나고 있다. 세 번째 시각화 그림은 log 변환으로 분산은 일정하게 만들었지만, 평균이 시간이 지날수록 커지는 모습을 보여주고 있다. 네 번째 시각화 그림은 평균과 분산이 일정한 모습을 보여주고 있으며, 시계열의 수준과 분산이 체계적인 변화없이 안정적인 모습을 보여주고 있다.

▼실습 시계열 분석 실습 6 – AirPassengers

```
> par(mfrow=c(2,2))
> par(mar=c(2, 2, 2, 2))
> ts.plot(airpass_ts, main="(1) 비정상성(평균변동-분산변동))")
> abline(reg=lm(airpass_ts~time(airpass_ts)))

> ap_diff <- diff(airpass_ts) #차분 계산
> ts.plot(ap_diff, main="(2) 비정상성(평균일정-분산변동)")

> ap_log <- log(airpass_ts) #로그로 계산
> ts.plot(ap_log, main="(3) 비정상성(평균변동-분산일정)")

> ap_difflog <- diff(log(airpass_ts)) #차분과 로그로 계산
> ts.plot(ap_difflog, main="(4) 차분과 로그의 계산으로 정상화")
```

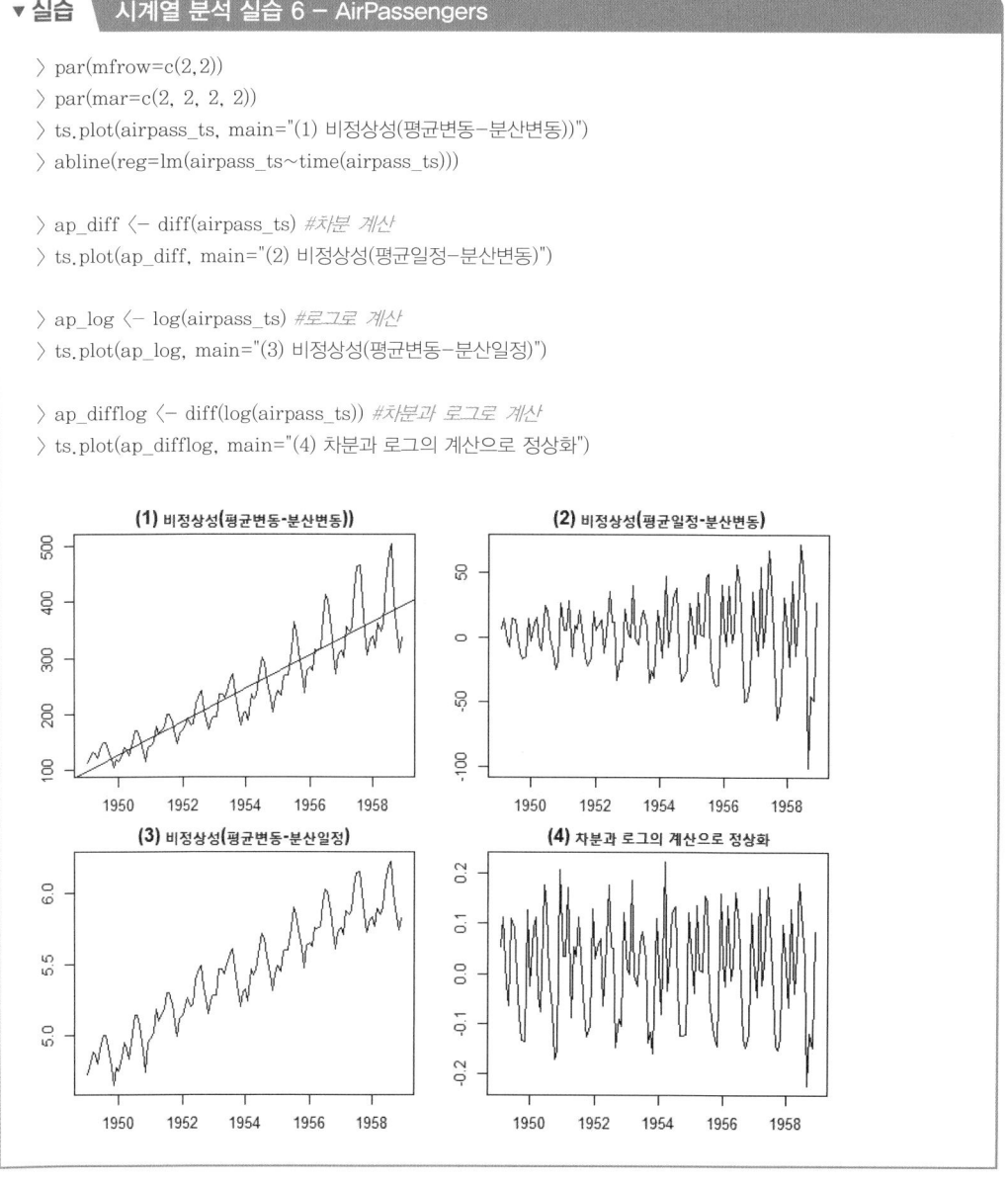

시계열 데이터에서 추세 성분과 계절 성분을 별도로 추정하기 위해서 요소 분해법으로 시계열 데이터의 성분을 분리하였다. 시계열 데이터에서 요소를 분해해서 나타난 데이터는 추세와 주기 변동 데이터를 제외하였을 때 남은 잔차 데이터는 정상 시계열이 된다. 만약 정상 시계열이 되지 않을 경우 별도의 추가 분석이 요구된다. 요소 분해를 도와주는 decompose( ) 함수는 observed / trend / seasonal / random으로 데이터를 분해하여 list 객체로 데이터를 저장시켜준다.

실습에서는 decompose( ) 함수를 이용하여 가법과 승법 모형으로 분해를 진행하였다. 첫 번째는 원본 데이터가 일정하게 안정적인 그래프를 보여질 때 사용하는 가법모형으로 분해된 데이터를 air_add 변수로 저장하였다. 두 번째는 원본 데이터가 증가하거나 감소하는 형태를 보일 때 주로 사용되는 승법모형으로 air_multi 변수를 저장하였다. plot( ) 함수를 이용하면 가법 모형과 승법 모형으로 분해된 시계열 데이터를 화면에서 확인할 수 있다.

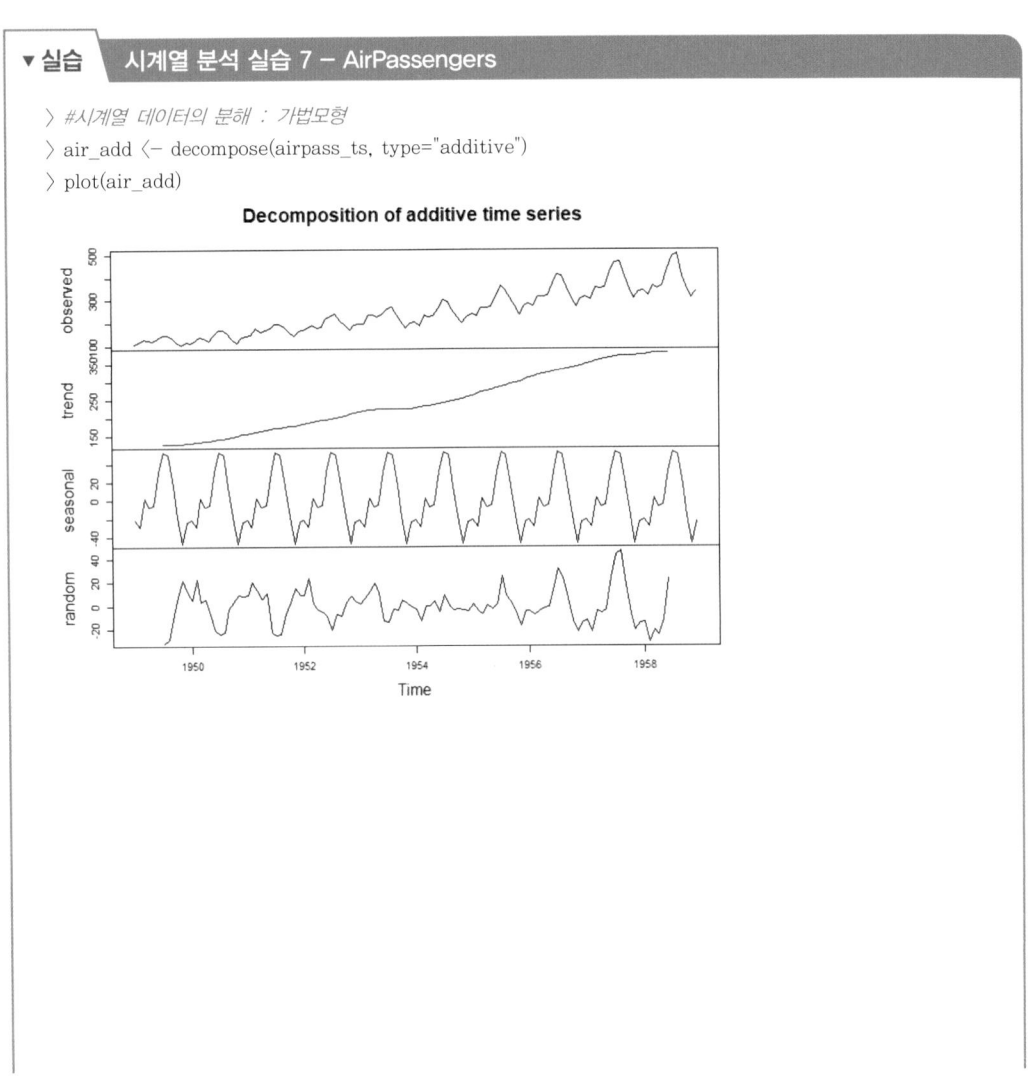

```
> #시계열 데이터의 분해 : 승법모형
> air_multi <- decompose(airpass_ts, type="multiplicative")
> plot(air_multi)
```

Decomposition of multiplicative time series

가법모형과 승법모형으로 저장된 air_add 변수와 air_multi 변수에서 계절변동을 제거한 시계열 데이터와 추세 변동을 제거한 시계열 데이터를 계산하였으며 이를 plot( ) 함수로 확인하였다. 가법모형에서는 계절 및 추세-주기를 원본 데이터에서 빼주어서 계산하였다. 승법모형에서는 원본 데이터에서 요인을 나눗셈하여 계산하였다. plot( ) 함수를 이용하여 결과 내용을 살펴보면, 승법모형이 가법모형보다 계절변동과 추세변동에서 평균과 분산의 형태가 조금 더 우수한 모습을 보여주고 있다.

▼ 실습 시계열 분석 실습 8 – AirPassengers

```
> par(mfrow=c(2,2))
> par(mar=c(2, 2, 2, 2))
> plot(airpass_ts-air_add$seasonal, main="계절 변동을 제거한 시계열 데이터:가법모형")
> plot(airpass_ts/air_multi$seasonal,main="계절 변동을 제거한 시계열 데이터:승법모형")
> plot(airpass_ts-air_add$trend, main="추세 변동을 제거한 시계열 데이터:가법모형")
> plot(airpass_ts/air_multi$trend, main="추세 변동을 제거한 시계열 데이터:승법모형")
```

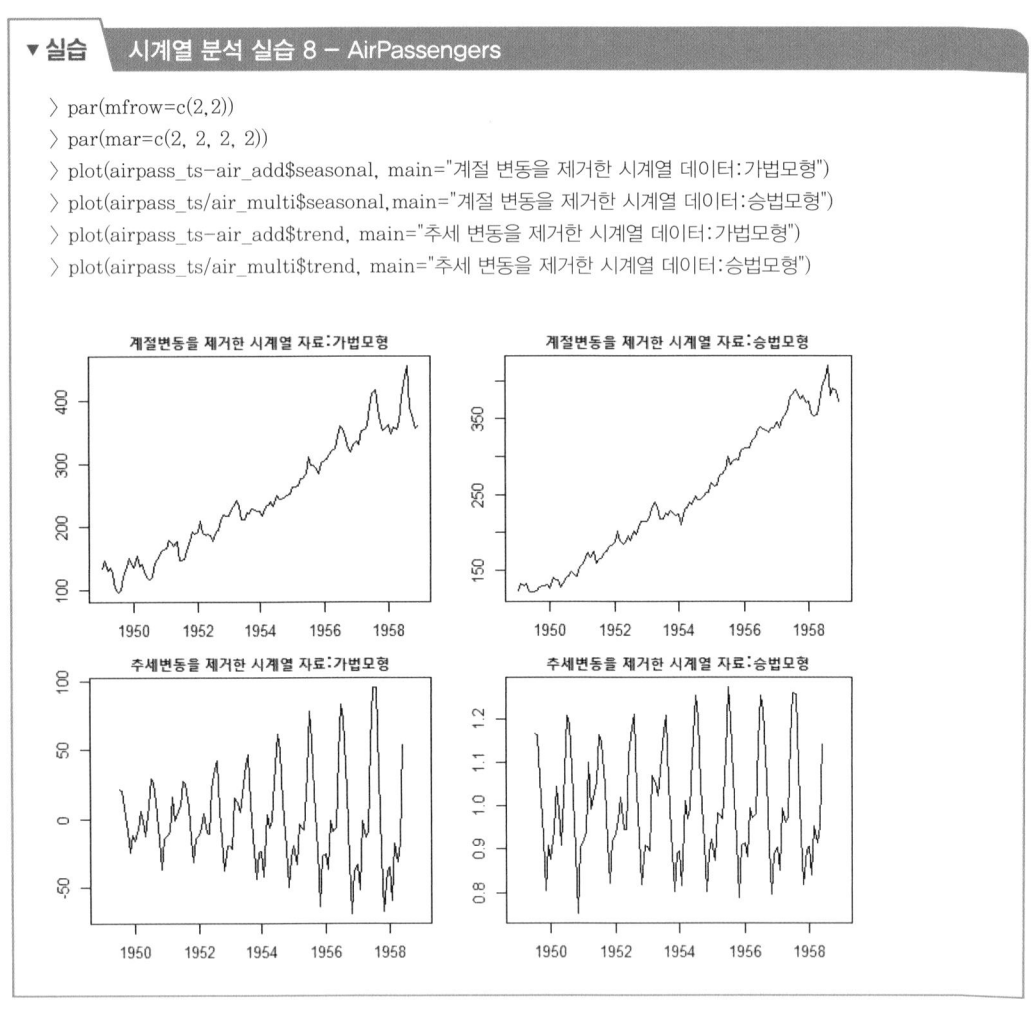

다음은 가법모형과 승법모형으로 만들어진 시계열 데이터를 기준으로 정상성을 검정하였다. kpss.test(air_add$random), kpss.test(air_multi$random), kpss.test(air_add$random, "Trend"), kpss.test(air_multi$random, "Trend") 명령문을 각각 실행한 결과 p-value 값이 0.1로 나타나 가법모형과 승법모형에 따른 우연변동 데이터는 모두 정상 시계열로 판단되었다.

kpss.test( ) 함수를 여러 번 실행해보면 KPSS Level 값이 일부 변경되는 것을 확인할 수 있다. Newey-West estimator 방법을 사용하여 계산되며 수치값이 변경되더라도 p-value 값은 변동되지 않는다. 이에 p-value 값으로 정상 시계열을 판단하면 된다.

▼실습 시계열 분석 실습 9 - AirPassengers

> #시계열 데이터의 분해 : 가법모형과 승법모형의 정상성 검정
> library(tseries)
> kpss.test(air_add$random)

    KPSS Test for Level Stationarity

data: air_add$random
KPSS Level = 0.021563, Truncation lag parameter = 4, p-value = 0.1

> kpss.test(air_multi$random)

    KPSS Test for Level Stationarity

data: air_multi$random
KPSS Level = 2.8846e-09, Truncation lag parameter = 4, p-value = 0.1

> kpss.test(air_add$random, "Trend")

    KPSS Test for Trend Stationarity

data: air_add$random
KPSS Trend = 0.00048647, Truncation lag parameter = 4, p-value = 0.1

> kpss.test(air_multi$random, "Trend")

    KPSS Test for Trend Stationarity

data: air_multi$random
KPSS Trend = 0.030268, Truncation lag parameter = 4, p-value = 0.1

tsdisplay( ) 함수로 모든 변동요인에서 남은 random 변동(잔차변동(residual variations))을 토대로 자기상관과 편자기상관을 시각화하여 살펴보면, 최초 airpass_ts 변수의 결과와 다르게 ACF, PACF에서 대다수 데이터가 파란색 선인 95% 신뢰구간 내에 데이터가 분포된 모습을 확인할 수 있다.

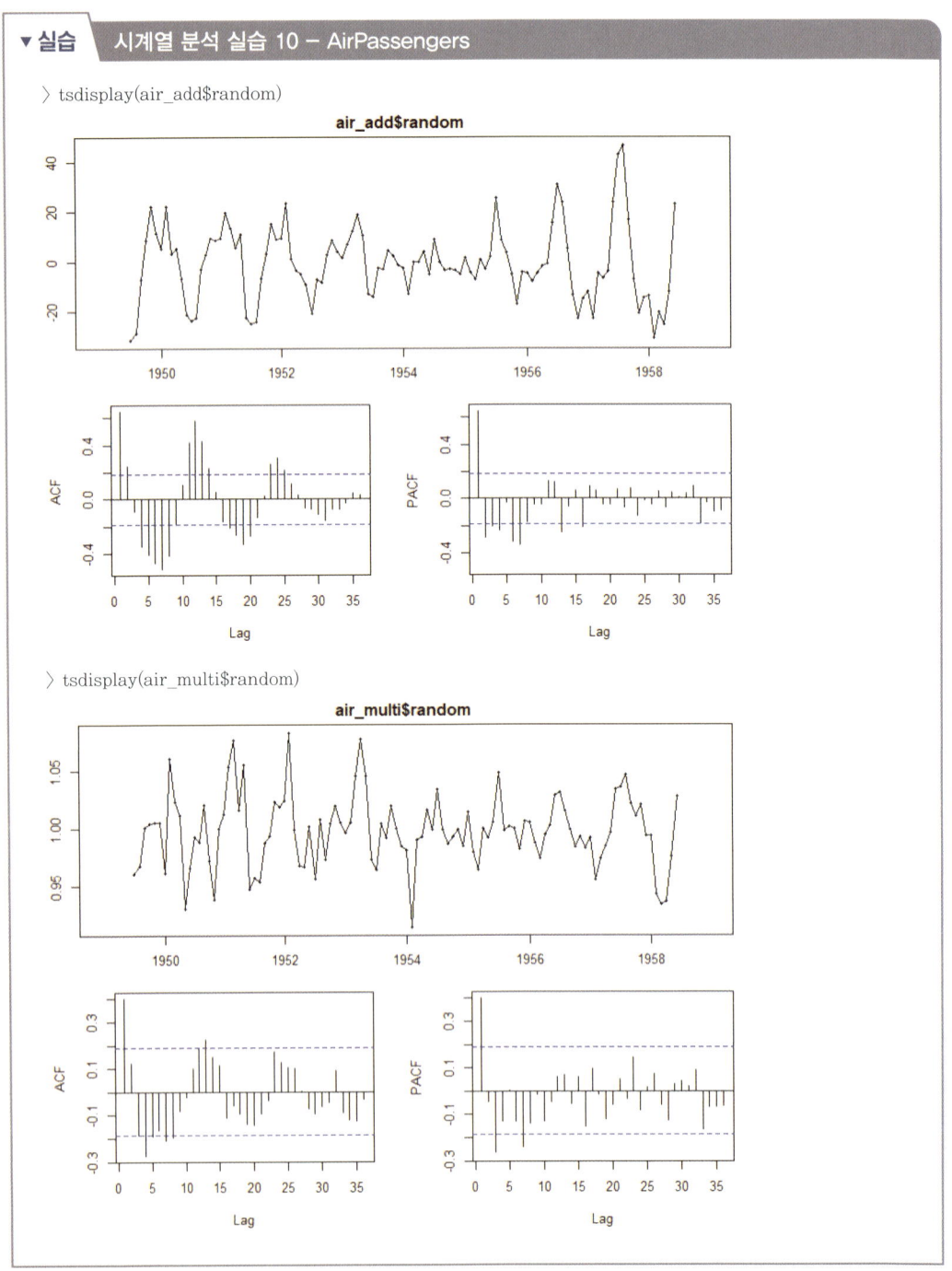

▼ 실습 　시계열 분석 실습 10 – AirPassengers

> tsdisplay(air_add$random)

> tsdisplay(air_multi$random)

다음은 시계열의 여러 예측분석 기법들을 토대로 항공기 탑승 승객 수의 미래 예측을 진행하였다. 예측 모형으로는 ARIMA, ETS, Neural, TBAT, BATS, STL, StructTS, NAIVE 등을 사용하였다. ARIMA_Model은 auto.arima( ) 함수를 이용하여 최적의 모형을 탐색하는 방식으로 시계열을 분석하였다. TS_Model은 ets( ) 함수로 예측을 실행하였으며 이때 model="ZZZ"로 매개변수 값을 주어서 시계열 데이터에서 분석해야 하는 모든 성분을 정보 기준에 따라 선택하라고 지정하였다. Neural_Model은 12개의 입력변수와 12개의 은닉층으로 분석을 진행하였다. TBAT_Model과 BAT_Model은 계절 기간을 12로 지정하여 분석하였다. STL_Model은 s.windw의 값을 12로 지정하였고, 분석 방법은 ETS로 설정하였다. 즉 STL+ETS 기법을 결합하여 분석하게 된다. StructTS_Model은 최대우도법을 토대로 항공기 탑승 승객 수를 예측하였다.

다음 air_forecasts <- lapply(air_ts_models, forecast, 24) 명령문을 통해서 air_ts_models로 만들어진 여러 시계열 모형들의 24개월 예측치를 air_forecasts 변수에 저장하였다. 그리고 Naive 모형도 예측치로 추가하고자 air_forecasts$naive <- naive(airpass_ts, 24) 명령문을 실행하였고, 24개월의 예측치를 air_forecasts$naive로 저장하였다.

print(air_forecasts) 명령문을 실행하면, 모형별로 2년치(24개월)의 예측치 값을 확인할 수 있으며 이때 신뢰구간 80%, 95%에서의 수치도 함께 확인할 수 있다.

▼ 실습   시계열 분석 실습 11 – AirPassengers

```
> #시계열 분석모형
> air_ts_models <- list (
+ ARIMA_Model = auto.arima(airpass_ts, ic='aicc', stepwise=FALSE),
+ ETS_Model = ets(airpass_ts, ic='aicc', restrict=FALSE, model = "ZZZ"),
+ Neural_Model = nnetar(airpass_ts, p=12, size=12),
+ TBATS_Model = tbats(airpass_ts, ic='aicc', seasonal.periods=12),
+ BATS_Model = bats(airpass_ts, ic='aicc', seasonal.periods=12),
+ STL_Model = stlm(airpass_ts, s.window=12, ic='aicc', robust=TRUE, method='ets'),
+ StructTS_Model = StructTS(airpass_ts)
+ )

> air_forecasts <- lapply(air_ts_models, forecast, 24)
> air_forecasts$Naive_Model <- naive(airpass_ts, 24)
> print(air_forecasts)

$ARIMA_Model
         Point Forecast    Lo 80      Hi 80      Lo 95      Hi 95
Jan 1959    343.6794     330.8208   356.5381   324.0138   363.3450
Feb 1959    320.0788     304.2180   335.9396   295.8218   344.3359
Mar 1959    367.1940     348.1237   386.2643   338.0285   396.3595
Apr 1959    353.1940     332.7467   373.6412   321.9226   384.4653
May 1959    368.1940     346.4569   389.9311   334.9499   401.4380
                              … 〈생략〉 …
```

여러 예측기법으로 만들어진 모형이 정상성을 보이는지 확인하기 위해서 Box.test( ) 함수를 이용하여 확인하였다. 정상 시계열을 확인하기 위해서 잔차 시계열 데이터를 기반으로 정상 시계열 여부를 확인하였다. 잔차(residual)는 시계열 모델이 데이터의 정보를 적절하게 보여주는지를 확인할 때 유용하다. 그리고 시계열 모델에서 잔차(residual)는 관측값과 대응되는 적합값(fitted value) 및 관측값의 차이와 같다. 한편, TBAT 기법과 BATS는 잔차값을 별도로 제공하지 않아 실제값에서 적합값을 뺄셈하여 잔차값을 직접 구하였다.

▼ 실습 시계열 분석 실습 12 – AirPassengers

```
> TBATS_Model_residuals <- air_ts_models$TBATS_Model$y - air_ts_models$TBATS_Model$fitted.values
> BATS_Model_residuals <- air_ts_models$BATS_Model$y - air_ts_models$BATS_Model$fitted.values

> library(forecast)
> Box.test(air_ts_models$ARIMA_Model$residuals, t="L")

        Box-Ljung test

data:  air_ts_models$ARIMA_Model$residuals
X-squared = 0.053928, df = 1, p-value = 0.8164

> Box.test(air_ts_models$ETS_Model$residuals, t="L")

        Box-Ljung test

data:  air_ts_models$ETS_Model$residuals
X-squared = 0.17377, df = 1, p-value = 0.6768

> Box.test(air_ts_models$Neural_Model$residuals, t="L")

        Box-Ljung test

data:  air_ts_models$Neural_Model$residuals
X-squared = 1.0851, df = 1, p-value = 0.2976

> Box.test(TBATS_Model_residuals, t="L")

        Box-Ljung test

data:  TBATS_Model_residuals
X-squared = 0.55115, df = 1, p-value = 0.4578
```

Box.test( ) 검정을 통해서 독립성(자기상관) 여부를 판단하였으며 ARIMA Model, ETS Model, Neural Model, TBATS Model의 검정 결과를 보면, p 값이 모두 0.05보다 높은 수치를 보여 자기상관이 없다는 귀무가설을 채택할 수 있었다.

▼ 실습 | 시계열 분석 실습 13 – AirPassengers

```
> Box.test(BATS_Model_residuals, t="L")

        Box-Ljung test

data: BATS_Model_residuals
X-squared = 0.013448, df = 1, p-value = 0.9077

> Box.test(air_ts_models$STL_Model$residuals, t="L")

        Box-Ljung test

data: air_ts_models$STL_Model$residuals
X-squared = 0.025657, df = 1, p-value = 0.8727

> Box.test(air_ts_models$StructTS_Model$residuals, t="L")

        Box-Ljung test

data: air_ts_models$StructTS_Model$residuals
X-squared = 20.43, df = 1, p-value = 6.185e-06

> Box.test(air_forecasts$Naive_Model$residuals, t="L")

        Box-Ljung test

data: air_forecasts$Naive_Model$residuals
X-squared = 9.8069, df = 1, p-value = 0.001739
```

또한, BAT Model, STL Model도 Box.test( ) 검정을 통해서 독립성(자기상관) 여부를 판단하였을 때 p 값이 모두 0.05보다 높은 수치를 보여 자기상관이 없다는 귀무가설을 채택할 수 있었다. 하지만, StructTS_Model과 Naive_Mode은 p값이 0.05 이하의 수치를 보여 자기상관이 존재한다는 대립가설을 채택하게 되었다. 이는 StructTS Model과 Naive_Model이 시계열 예측값을 설명하는데 타당성이 부족함이 있다는 것을 나타낸다.

그리고 kpss.test( ) 함수를 통해서 여러 시계열 모형들이 정상성을 보이는지 확인하기 위해서 추세를 고려하지 않은 정상성과 추세를 고려한 정상성을 검정을 진행하였다. 검정 결과를 살펴보면, 추세를 고려하지 않은 정상성과 추세를 고려한 정상성 검정에서 모든 모델이 p-value 값에 대해서 0.1로 나타나 시계열 데이터의 정상성을 가진다는 귀무가설을 채택하고 있었다..

> **실습** 시계열 분석 실습 14 – AirPassengers

```
> kpss.test(air_ts_models$ARIMA_Model$residuals)

        KPSS Test for Level Stationarity

data: air_ts_models$ARIMA_Model$residuals
KPSS Level = 0.19341, Truncation lag parameter = 4, p-value = 0.1

> kpss.test(air_ts_models$ARIMA_Model$residuals , "Trend")

        KPSS Test for Trend Stationarity

data: air_ts_models$ARIMA_Model$residuals
KPSS Trend = 0.058508, Truncation lag parameter = 4, p-value = 0.1

> kpss.test(air_ts_models$ETS_Model$residuals)

KPSS Test for Level Stationarity

data: air_ts_models$ETS_Model$residuals
KPSS Level = 0.063343, Truncation lag parameter = 4, p-value = 0.1

> kpss.test(air_ts_models$ETS_Model$residuals , "Trend")

KPSS Test for Trend Stationarity

data: air_ts_models$ETS_Model$residuals
KPSS Trend = 0.063152, Truncation lag parameter = 4, p-value = 0.1

> kpss.test(c(air_ts_models$Neural_Model$residuals[-c(1:12)]))

        KPSS Test for Level Stationarity

data: c(air_ts_models$Neural_Model$residuals[-c(1:12)])
KPSS Level = 0.031684, Truncation lag parameter = 4, p-value = 0.1

> kpss.test(c(air_ts_models$Neural_Model$residuals[-c(1:12)]) , "Trend")

        KPSS Test for Trend Stationarity

data: c(air_ts_models$Neural_Model$residuals[-c(1:12)])
KPSS Trend = 0.031581, Truncation lag parameter = 4, p-value = 0.1

> kpss.test(TBATS_Model_residuals)

        KPSS Test for Level Stationarity

data: TBATS_Model_residuals
KPSS Level = 0.07638, Truncation lag parameter = 4, p-value = 0.1

> kpss.test(TBATS_Model_residuals , "Trend")

KPSS Test for Trend Stationarity

data: TBATS_Model_residuals
KPSS Trend = 0.027435, Truncation lag parameter = 4, p-value = 0.1
```

▼ 실습 | 시계열 분석 실습 15 – AirPassengers

```
> kpss.test(BATS_Model_residuals)

        KPSS Test for Level Stationarity

data: BATS_Model_residuals
KPSS Level = 0.082862, Truncation lag parameter = 4, p-value = 0.1

> kpss.test(BATS_Model_residuals , "Trend")

        KPSS Test for Trend Stationarity

data: BATS_Model_residuals
KPSS Trend = 0.04764, Truncation lag parameter = 4, p-value = 0.1

> kpss.test(air_ts_models$STL_Model$residuals)

        KPSS Test for Level Stationarity

data: air_ts_models$STL_Model$residuals
KPSS Level = 0.059116, Truncation lag parameter = 4, p-value = 0.1

> kpss.test(air_ts_models$STL_Model$residuals , "Trend")

        KPSS Test for Trend Stationarity

data: air_ts_models$STL_Model$residuals
KPSS Trend = 0.038019, Truncation lag parameter = 4, p-value = 0.1

> kpss.test(air_ts_models$StructTS_Model$residuals)

KPSS Test for Level Stationarity

data: air_ts_models$StructTS_Model$residuals
KPSS Level = 0.02779, Truncation lag parameter = 4, p-value = 0.1

> kpss.test(air_ts_models$StructTS_Model$residuals , "Trend")

KPSS Test for Trend Stationarity

data: air_ts_models$StructTS_Model$residuals
KPSS Trend = 0.017579, Truncation lag parameter = 4, p-value = 0.1

> kpss.test(c(air_forecasts$Naive_Model$residuals[-1]))

        KPSS Test for Level Stationarity

data: c(air_forecasts$Naive_Model$residuals[-1])
KPSS Level = 0.024219, Truncation lag parameter = 4, p-value = 0.1

> kpss.test(c(air_forecasts$Naive_Model$residuals[-1]) , "Trend")

KPSS Test for Trend Stationarity

data: c(air_forecasts$Naive_Model$residuals[-1])
KPSS Trend = 0.022036, Truncation lag parameter = 4, p-value = 0.1
```

실습 시계열 분석 실습 16 – AirPassengers

```
> adf.test(air_ts_models$ARIMA_Model$residuals)

        Augmented Dickey-Fuller Test

data:  air_ts_models$ARIMA_Model$residuals
Dickey-Fuller = -4.7563, Lag order = 4, p-value = 0.01
alternative hypothesis: stationary

> adf.test(air_ts_models$ETS_Model$residuals)

        Augmented Dickey-Fuller Test

data:  air_ts_models$ETS_Model$residuals
Dickey-Fuller = -5.5151, Lag order = 4, p-value = 0.01
alternative hypothesis: stationary

> adf.test(c(air_ts_models$Neural_Model$residuals[-c(1:12)]))

        Augmented Dickey-Fuller Test

data:  c(air_ts_models$Neural_Model$residuals[-c(1:12)])
Dickey-Fuller = -5.5356, Lag order = 4, p-value = 0.01
alternative hypothesis: stationary

> adf.test(TBATS_Model_residuals)

        Augmented Dickey-Fuller Test

data:  TBATS_Model_residuals
Dickey-Fuller = -6.0762, Lag order = 4, p-value = 0.01
alternative hypothesis: stationary

> adf.test(air_ts_models$StructTS_Model$residuals)

        Augmented Dickey-Fuller Test

data:  air_ts_models$StructTS_Model$residuals
Dickey-Fuller = -6.0943, Lag order = 4, p-value = 0.01
alternative hypothesis: stationary

> adf.test(c(air_forecasts$Naive_Model$residuals[-1]))

        Augmented Dickey-Fuller Test

data:  c(air_forecasts$Naive_Model$residuals[-1])
Dickey-Fuller = -6.0809, Lag order = 4, p-value = 0.01
alternative hypothesis: stationary
```

adf.test( ) 함수를 이용하여 정상성(단위근) 검정을 실시하였을 때, 모든 시계열 모형에서 p-value 값이 0.01로 나타났다. adf.test( ) 함수의 결과에서는 p-value 값이 0.05 이상이면 시계열 데이터에 단위근이 존재한다는 귀무가설을 채택하고, 시계열 데이터를 차분해야 한다고 판단하게 된다. 하지만, 본 실습에서 사용된 모든 모형에서는 p-value 값이 0.05이하인 0.01로 나타나 귀무가설을 기각하고, 차분이 필요없는 정상 시계열로 판단할 수 있었다.

여러 예측기법으로 만들어진 시계열 모형들에서 예측값을 확인하고자 for( )문을 사용하였다. 예측은 시각화로 표현하였다. 시각화에서는 1949년~1958년의 데이터를 토대로 만들어진 예측치(1959~1960년, 2년)를 파란선으로 표현하였다. 그리고 이를 검증용과 비교하고자 만들어 놓은 1959~1960년의 실제 관찰치인 airpass_ts_test 변수는 빨강선으로 표현하였다. 그래서 파란색과 빨강색으로 예측치와 실제 관찰치를 붙여서 비교하였다.

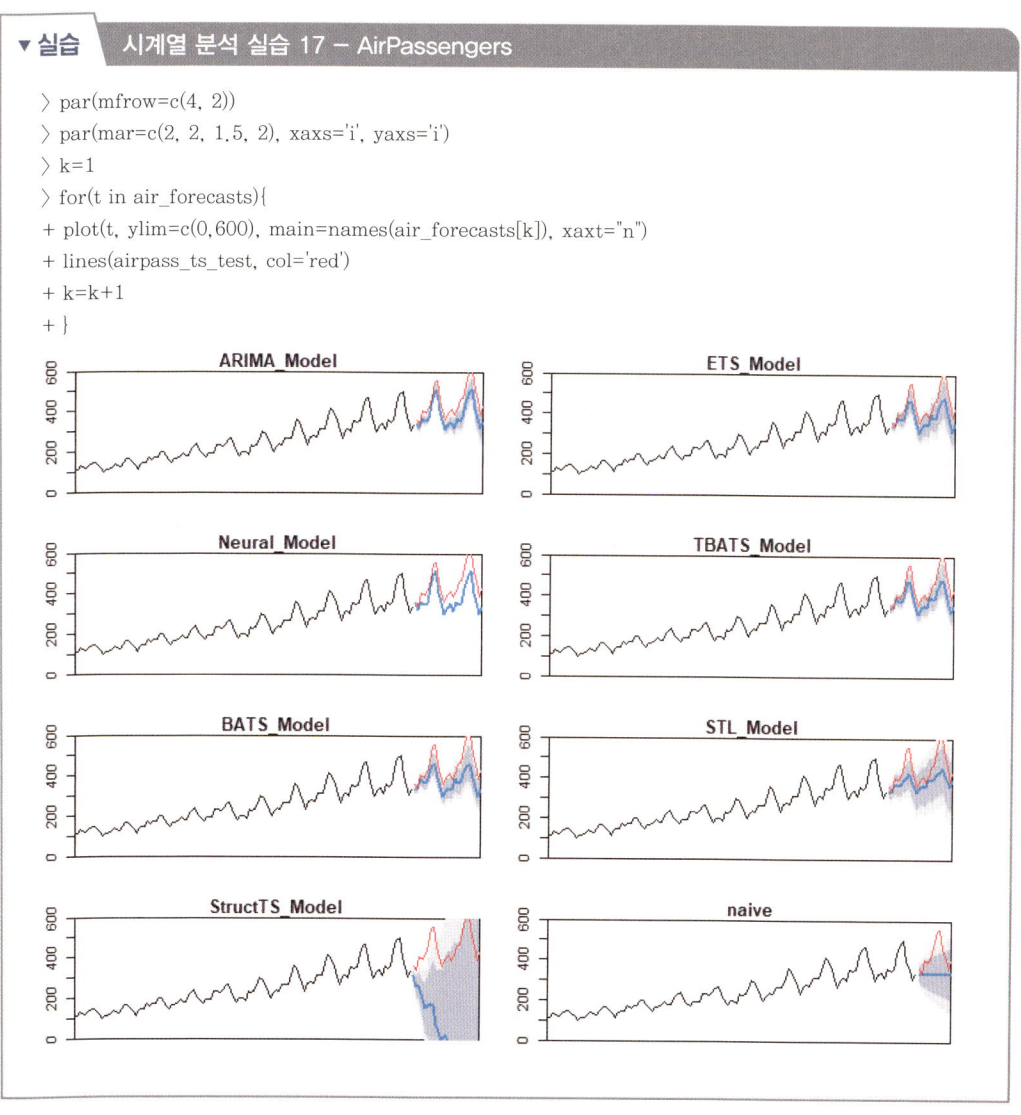

▼ 실습　시계열 분석 실습 17 – AirPassengers

```
> par(mfrow=c(4, 2))
> par(mar=c(2, 2, 1.5, 2), xaxs='i', yaxs='i')
> k=1
> for(t in air_forecasts){
+ plot(t, ylim=c(0,600), main=names(air_forecasts[k]), xaxt="n")
+ lines(airpass_ts_test, col='red')
+ k=k+1
+ }
```

여러 예측기법으로 만들어진 시계열 모형 중 어떤 모형이 우수한지를 판단하기 위해서 accuracy( ) 함수로 예측오차를 생성하였다. 그리고 model_est[order(model_est[,8]),] 명령문을 통해서 Theil's U 기준으로 정렬을 진행하였다. 모형평가 결과를 살펴보면, TBATS_Model이 Theil's U값은 1.32, MASE값은 2.15로 나타나 다른 예측모형에 비해 긍정적인 모형결과로 나타났다.

Theil's U의 값과 MASE 값이 우수한 TBATS_Model과 ETS_Model 중 어떤 모형이 더 우수한지 판단하기 위해서 dm.test( ) 함수를 이용하였고, 양측 검정을 진행하였다. 양측 검정의 결과에서는 검정통계량이 -2.1396으로 나타났고, p 값이 0.06967로 나타나 두 모형의 우수성에서는 차이가 없다고 나타났다.

▼ 실습   시계열 분석 실습 18 – AirPassengers

```
> model_est <- lapply(air_forecasts, function(t){
+ accuracy(t, airpass_ts_test)[2,,drop=F]})

> model_est <- Reduce(rbind, model_est)
> row.names(model_est) <- names(air_forecasts)
> model_est <- model_est[order(model_est[,8]),]
> round(model_est, 2)
                    ME     RMSE    MAE    MPE    MAPE    MASE   ACF1   Theil's U
TBATS_Model       61.41   70.74   61.41  12.91  12.91   2.15   0.74   1.32
ETS_Model         63.21   72.55   63.21  13.30  13.30   2.21   0.75   1.36
ARIMA_Model       63.84   69.24   63.84  13.89  13.89   2.23   0.69   1.36
STL_Model         63.46   78.75   63.46  12.86  12.86   2.22   0.69   1.42
Neural_Model      71.11   78.77   71.11  15.37  15.37   2.49   0.71   1.56
BATS_Model        76.38   86.16   76.38  16.16  16.16   2.67   0.78   1.62
Naive_Model      115.25  137.33  115.25  23.58  23.58   4.03   0.73   2.51
StructTS_Model   456.08  506.08  456.08  98.69  98.69  15.96   0.88   9.83

> dm.test(model_est[1,], model_est[2,], alternative = "two.sided")

        Diebold-Mariano Test

data:  model_est[1, ]model_est[2, ]
DM = -2.1396, Forecast horizon = 1, Loss function power = 2, p-value = 0.06967
alternative hypothesis: two.sided
```

실습에서는 TBATS로 만들어진 시계열 모형을 토대로 4년(forecast(aa_air, h=48)의 예측치를 확인하였다. 그리고 이를 plot( ) 함수로 시각화하였다.

실습 시계열 분석 실습 20 – AirPassengers

```
> aa_air <- tbats(airpass_ts, ic='aicc', seasonal.periods=12)
> forecast(aa_air, h=48)
```

Point	Forecast	Lo 80	Hi 80	Lo 95	Hi 95
Jan 1959	346.9468	331.3397	363.2890	323.3641	372.2494
Feb 1959	342.0076	322.6797	362.4933	312.8942	373.8298
Mar 1959	394.1521	368.0654	422.0877	354.9623	437.6686
Apr 1959	377.3403	349.2459	407.6946	335.2305	424.7395
May 1959	377.2172	346.4429	410.7251	331.1817	429.6517
Jun 1959	424.7973	387.3794	465.8294	368.9248	489.1314
Jul 1959	472.9656	428.4678	522.0846	406.6327	550.1191
… 〈생략〉 …					
Apr 1962	402.0083	322.9398	500.4356	287.5884	561.9505
May 1962	401.4316	321.6793	500.9563	286.0909	563.2727
Jun 1962	451.5736	360.9701	564.9182	320.6168	636.0192
Jul 1962	502.2400	400.4915	629.8382	355.2604	710.0275
Aug 1962	495.2080	393.9611	622.4746	349.0350	702.5961
Sep 1962	436.8216	346.6805	550.4000	306.7568	622.0329
Oct 1962	377.1772	298.6640	476.3298	263.9519	538.9712
Nov 1962	330.3152	260.9595	418.1034	230.3506	473.6605
Dec 1962	368.9719	290.8398	468.0933	256.4184	530.9294

```
> par(mfrow = c(1,1))
> plot(forecast(aa_air))
> lines(airpass_ts_test, col='red')
```

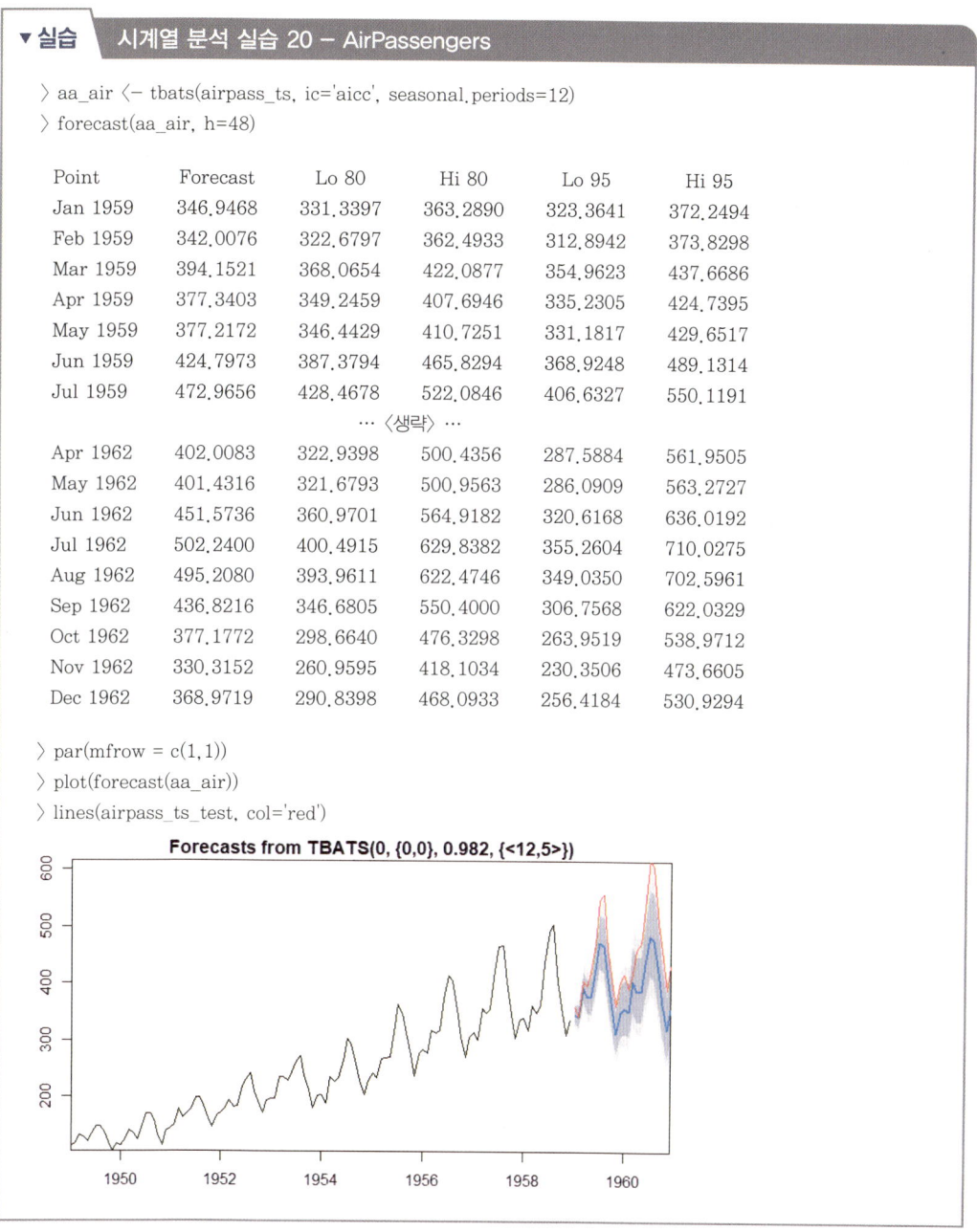

CHAPTER 3 시계열 데이터의 시각화 및 예측 실습 2 – 대구도시철도공사_월별승차인원

두번째 시계열 분석은 대구도시철도공사에서 공개한 대구지하철 월별 승차인원 데이터로 진행하였다. 이 데이터는 1997년부터 2021년(1997.11 ~ 2021.08)까지의 월별, 역별로 정리된 승차인원 데이터이다. 이중 대구지하철 1호선에 있는 진천역을 토대로 시계열 데이터 분석을 진행하였다.

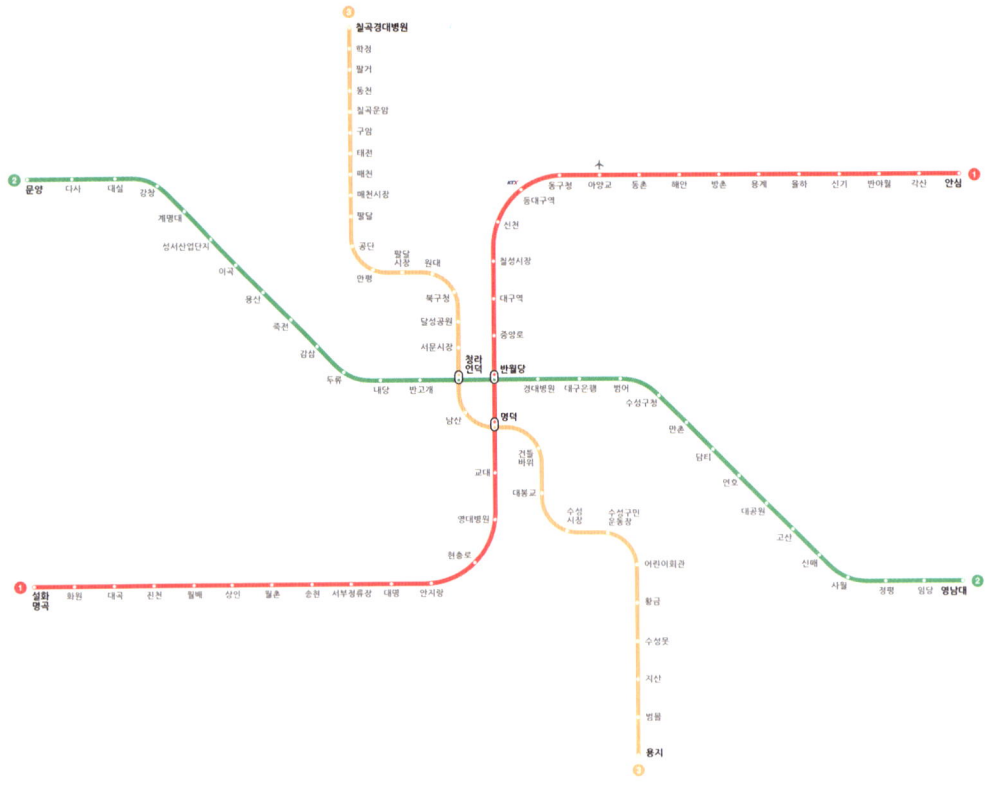

데이터 출처: https://www.data.go.kr/data/15060371/fileData.do

시계열 데이터 분석을 위해서 대구도시철도공사_월별승차인원_20210731.csv 파일의 데이터를 daegu_data 변수로 저장하였다. 데이터의 구조를 확인하고자 str(daegu_data) 명령문을 실행하였으며, 총 285개의 관찰값이 있으며, 1~3호선들의 역사별 월별 승차 인원수가 데이터로 구성된 것을 확인할 수 있다.

▼실습 시계열 분석 실습 1 - 대구도시철도공사_월별승차인원

```
> #https://www.data.go.kr/data/15060371/fileData.do
> setwd("C:/Data Analysis/r_exam")
> daegu_data <- read.csv("대구도시철도공사_월별승차인원_20210731.csv", header=T)
> str(daegu_data)

'data.frame':   285 obs. of  93 variables:
 $ 년       : int  1997 1997 1998 1998 1998 1998 1998 1998 1998 1998 ...
 $ 월       : int  11 12 1 2 3 4 5 6 7 8 ...
 $ 설화명곡 : int  0 0 0 0 0 0 0 0 0 0 ...
 $ 화원     : int  0 0 0 0 0 0 0 0 0 0 ...
 $ 대곡     : int  0 0 0 0 0 0 0 0 0 0 ...
 $ 진천     : int  52042 191050 164212 145247 155849 147328 211038 186372 188705 ...
 $ 월배     : int  22003 106584 93112 88743 95529 93840 122310 110988 111364 106360 ...
                              ... 〈생략〉 ...
```

대구지하철 모든 역사 데이터 중에서 진천역만 시계열 분석을 진행하고자 daegu_data1 <- daegu_data[,6] 명령문을 실행하였다. 분석용과 검증용으로 구분하여 데이터를 분석하고자, 1997년부터 2018년까지 승차인원 데이터를 분석용으로 저장하였다. 이에 dsubway_ts <- window(daegu_subway_data, end=2018.99) 명령문을 실행하여 분석용 데이터를 생성하였다. 그리고, 2019년부터 2021년까지의 데이터는 시계열 데이터의 예측 검증을 위해서 별도로 추출하여 dsubway_ts_test 변수로 저장하였다.

1997~2018년까지의 시계열 데이터를 확인해보면 2000~2005년 사이에 그래프가 급격히 하강하는 모습을 보여주고 있다. 이는 2003년 2월에 대구지하철 방화사건으로 화재가 일어나면서 승객수가 감소된 모습을 보여주고 있다. 하지만 2004년부터는 꾸준히 진천역 탑승자가 증가하는 모습의 형태로 추세 변동을 보여주고 있다.

▼실습 시계열 분석 실습 2 - 대구도시철도공사_월별승차인원

```
> daegu_data1 <- daegu_data[,6]  #1997~2021년까지의 대구지하철의 진천역 월별승차인원
> daegu_subway_data <- ts(daegu_data1, start=c(1997,11), frequency = 12)

> dsubway_ts <- window(daegu_subway_data, end=2018.99)
> dsubway_ts_test <- window(daegu_subway_data, start=2019)
> print(dsubway_ts_test)

        Jan    Feb    Mar    Apr    May    Jun    Jul    Aug    Sep    Oct    Nov    Dec
2019 224426 197785 230398 224414 238080 218271 227696 212345 209397 229851 231951 234186
2020 215113 146294  80120 109731 145192 157711 172494 154521 153304 168890 174867 153142
2021 142135 143446 178606 176742 175497 171401 164838
```

```
> par(mfrow=c(2,1))
> par(mar=c(2, 4, 1, 1))
> plot(dsubway_ts, ylab="월별승차인원(명)", type="c", pch =20)
> text(dsubway_ts, col=1:12, labels=1:12, cex=0.7)
> plot(dsubway_ts, ylab="월별승차인원(명)", type="o", pch =20)
```

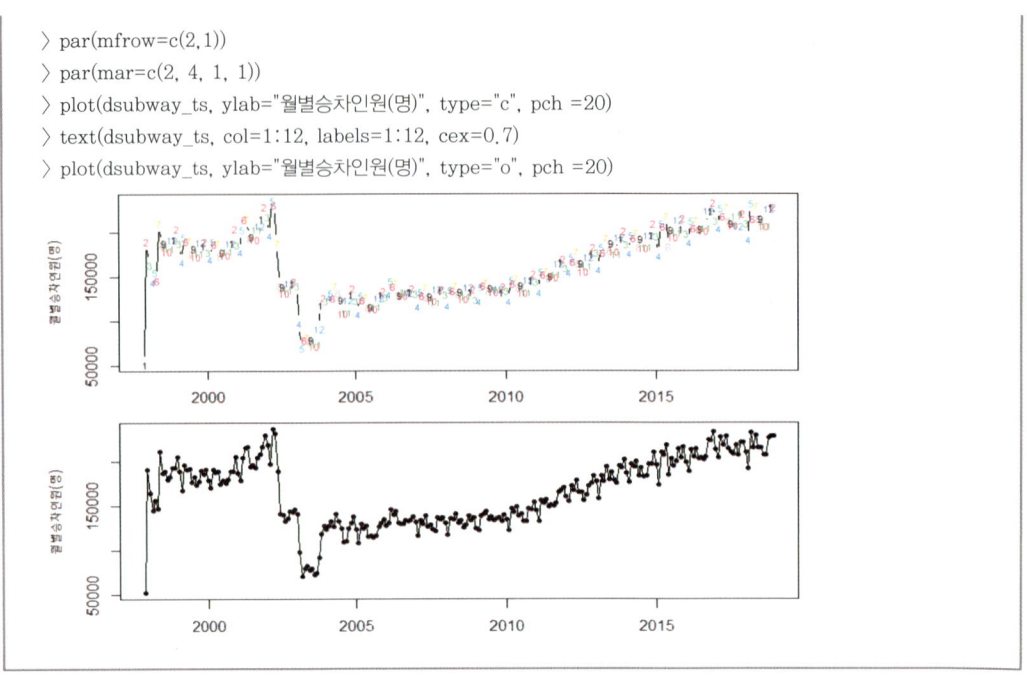

▼ 실습   시계열 분석 실습 3 - 대구도시철도공사_월별승차인원

```
> #install.packages("forecast")
> library(forecast)
> par(mar=c(4, 4, 2, 2))
> tsdisplay(dsubway_ts,main="대구지하철 월별승차인원(1997 - 2017)")
```

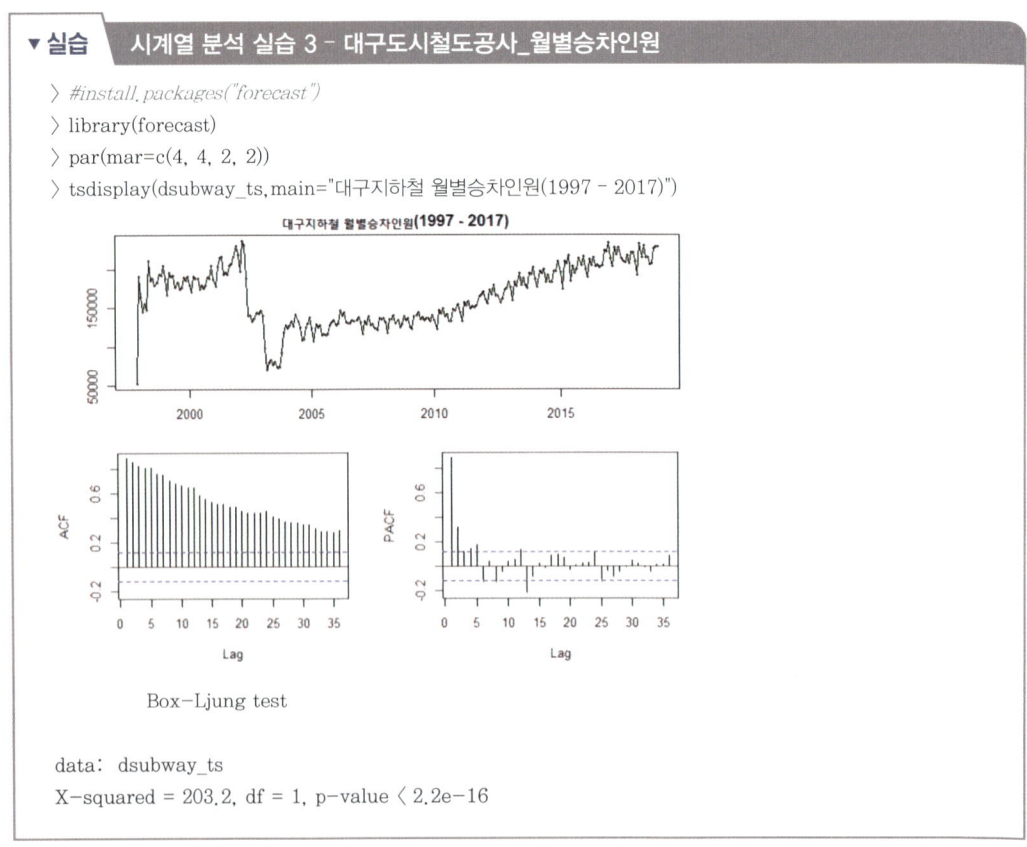

Box-Ljung test

data: dsubway_ts
X-squared = 203.2, df = 1, p-value < 2.2e-16

다음은 시계열 데이터의 정상성 검정지표인 자기상관(auto-correlation)과 편자기상관(Partial Auto-Correlation)을 시각화를 진행하였다. tsdisplay(dsubway_ts,main="대구지하철 월별승차인원(1997 - 2017)") 명령문을 실행한 결과, 자기상관 ACF에서는 파란선인 95% 신뢰구간을 대다수 데이터가 벗어나는 형태를 보여주고 있다. 그리고 편자기상관은 대다수 데이터가 신뢰구간 95%의 범위에 존재하여 부분 자기상관은 존재하지 않는 것으로 판단할 수 있다.

시계열 데이터가 정상성을 보이는지 통계 검정으로 확인하였다. 우선 Box.test(dsubway_ts, t="L") 명령문을 실행하여 자기상관의 존재 여부를 검정하였다. 검정통계량 값은 203.2로 나타났고, p 값은 0.05보다 낮은 2.2e-16으로 나타나 시계열 데이터가 자기상관이 존재한다는 대립가설을 채택하게 되었다.

▼ 실습　시계열 분석 실습 4 - 대구도시철도공사_월별승차인원

```
> library(tseries)
> kpss.test(dsubway_ts, "Level")

        KPSS Test for Level Stationarity

data: dsubway_ts
KPSS Level = 1.3458, Truncation lag parameter = 5, p-value = 0.01

> kpss.test(dsubway_ts, "Trend")

        KPSS Test for Trend Stationarity

data: dsubway_ts
KPSS Trend = 0.77173, Truncation lag parameter = 5, p-value = 0.01

> pp.test(dsubway_ts)

        Phillips-Perron Unit Root Test

data: dsubway_ts
Dickey-Fuller Z(alpha) = -24.765, Truncation lag parameter = 5, p-value = 0.02365
alternative hypothesis: stationary

> adf.test(dsubway_ts)

        Augmented Dickey-Fuller Test

data: dsubway_ts
Dickey-Fuller = -1.6665, Lag order = 6, p-value = 0.7163
alternative hypothesis: stationary
```

다음 시계열 데이터의 정상성 검정으로 KPSS Test(Kwiatkowski-Phillips-Schmidt-Shin Test) 분석 방법을 사용하였다. 첫 번째 추세성을 고려하지 않는 정상성 수준의 검사를 위해 kpss.test(dsubway_ts, "Level") 명령문을 실행하였다. 검정통계량은 1.3458, p=0.01로 시계열 데이터가 비정상성을 가진다는 대립가설을 채택하였다. 또한, 추세성이 고려된 정상성 수준을 검사에서도 검정통계량이 0.77173, p=0.01로 나타났다. 이에 추세성이 고려된 정상

성 수준 검사에서도 비정상성을 보여준다는 대립가설을 채택하게 되었다.

그리고, 정상성(단위근) 검정에서 pp.test(dsubway_ts) 명령문을 실행하여 검정한 결과, 검정통계량이 -24.765, p값은 0.02365로 나타나 비정상성을 보여준다는 귀무가설을 채택하여 차분이 필요한 시계열로 판단할 수 있겠다. 하지만 adf.test(dsubway_ts) 명령문을 실행하여 나타난 검정 결과에서는 검정통계량이 -1.6665, p값이 0.7163으로 나타나 pp.test( )와는 다른 정상성(단위근) 검정 결과값을 보여주었다. 이에 kpss.test와 pp.test( )에서 비정상성을 보여주는 검정 결과 모두가 시계열 데이터가 정상성이 만족할 수 있도록 요소 분해를 시행할 필요가 있겠다.

▼ 실습 | 시계열 분석 실습 5 - 대구도시철도공사_월별승차인원

```
> dsubway_add <- decompose(dsubway_ts, type="additive")  #시계열 데이터의 분해 : 가법모형
> plot(dsubway_add)
```

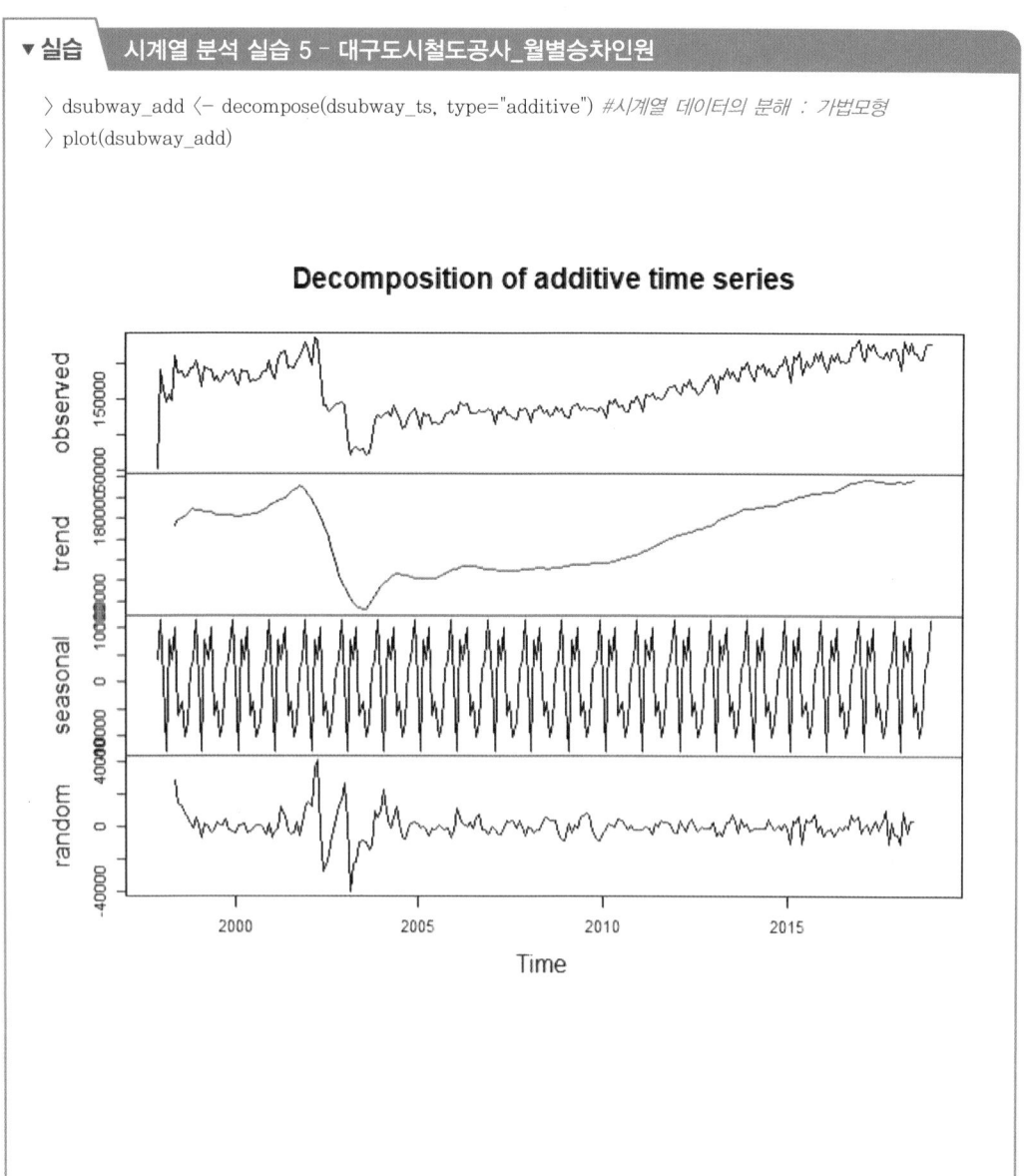

```
> dsubway_multi <- decompose(dsubway_ts, type="multiplicative")   #시계열 데이터의 분해 : 승법모형
> plot(dsubway_multi)
```

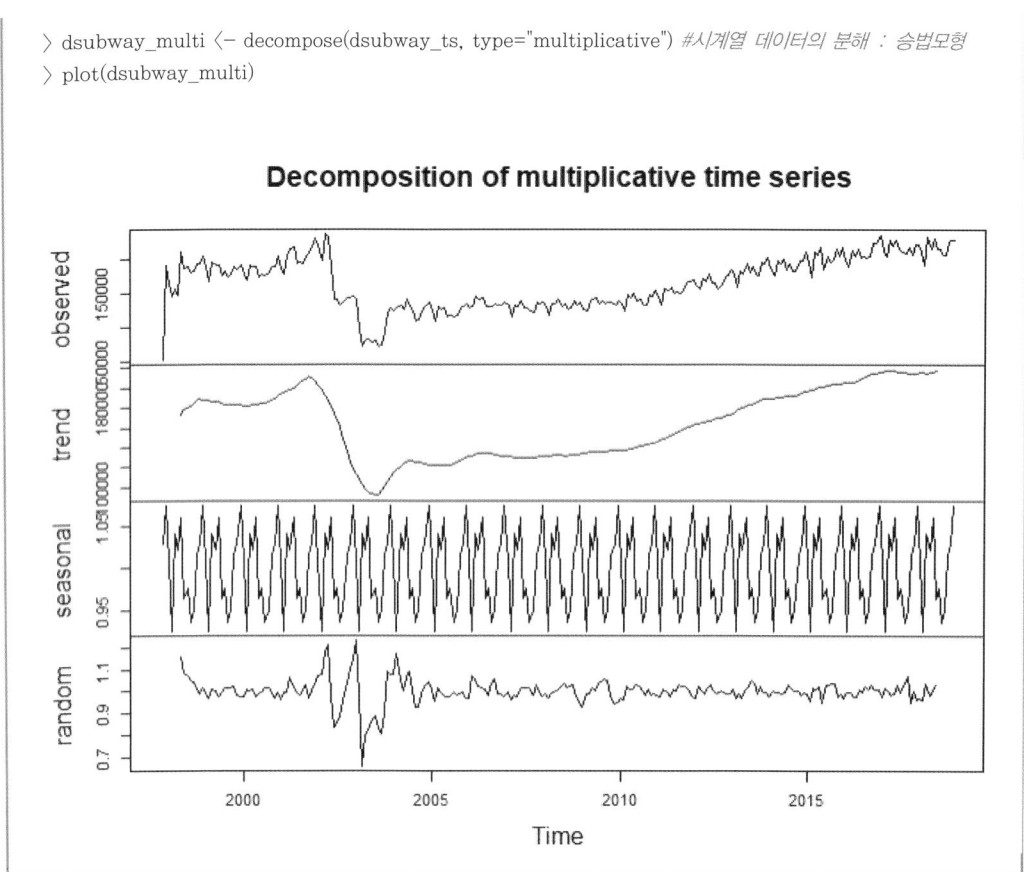

시계열 데이터에서 추세 성분과 계절 성분을 별도로 추정하기 위해 요소 분해법으로 시계열 데이터의 성분을 분리하였다. 요소 분해를 도와주는 decompose( ) 함수를 통해서 observed / trend / seasonal / random으로 데이터를 분해하였고, 가법모형은 dsubway_add 변수로 저장하였으며, 승법 모형은 dsubway_multi 변수로 저장하였다. 분해 요소의 결과를 확인하기 위해 plot( ) 함수를 사용하였다. 추세성은 시계열이 시간에 따라 증가 또는 감소, 일정 수준으로 유지하는 경우인데 본 모형에서는 2004년부터 데이터가 증가하는 추세성을 보여주고 있다. 그리고 계절성으로도 일정한 빈도로 시계열 데이터가 반복되는 패턴을 보여주고 있다.

▼ 실습 | 시계열 분석 실습 6 – 대구도시철도공사_월별승차인원

```
> par(mfrow=c(2,2))
> par(mar=c(2, 2, 2, 2))
> plot(dsubway_ts-dsubway_add$seasonal, main="계절변동을 제거한 시계열 데이터:가법모형")
> plot(dsubway_ts/dsubway_multi$seasonal, main="계절변동을 제거한 시계열 데이터:승법모형")
> plot(dsubway_ts-dsubway_add$trend, main="추세변동을 제거한 시계열 데이터:가법모형")
> plot(dsubway_ts/dsubway_multi$trend, main="추세변동을 제거한 시계열 데이터:승법모형")
```

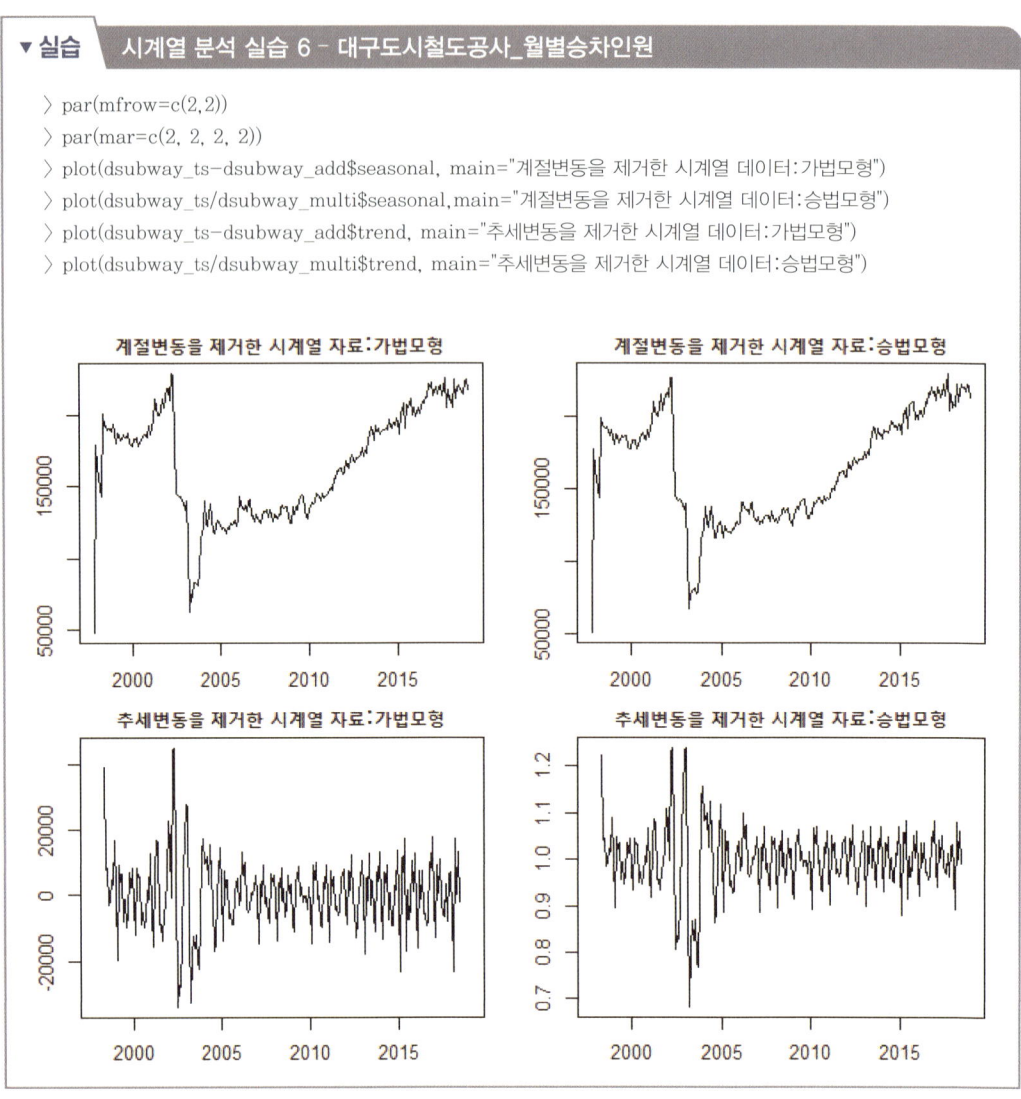

가법모형과 승법모형으로 저장된 dsubway_add 변수와 dsubway_multi 변수에서 계절변동을 제거한 시계열 데이터와 추세 변동을 제거한 시계열 데이터를 plot( ) 함수로 확인하였다. 가법모형에서는 계절 및 추세-주기를 원본 데이터에서 빼주어서 계산하였다. 승법 모형에서는 원본 시계열 데이터에서 요인을 나눗셈하여 계산하였다. plot( ) 함수를 통한 결과 내용을 살펴보면, 계절변동과 추세변동에서 평균과 분산의 형태가 승법모형과 가법모형이 유사한 형태를 보여주고 있다.

> **실습** 시계열 분석 실습 7 – 대구도시철도공사_월별승차인원

```
> library(tseries)
> kpss.test(dsubway_add$random)

        KPSS Test for Level Stationarity

data: dsubway_add$random
KPSS Level = 0.067455, Truncation lag parameter = 5, p-value = 0.1

> kpss.test(dsubway_multi$random)

        KPSS Test for Level Stationarity

data: dsubway_multi$random
KPSS Level = 8.976e-14, Truncation lag parameter = 5, p-value = 0.1

> kpss.test(dsubway_add$random, "Trend")

        KPSS Test for Trend Stationarity

data: dsubway_add$random
KPSS Trend = 0.036545, Truncation lag parameter = 5, p-value = 0.1

> kpss.test(dsubway_multi$random, "Trend")

        KPSS Test for Trend Stationarity

data: dsubway_multi$random
KPSS Trend = -3.6859e-09, Truncation lag parameter = 5, p-value = 0.1
```

plot( ) 함수에 이어서 가법 모형과 승법 모형의 시계열 형태가 정상성을 보이는지를 검정하였다. kpss.test(dsubway_add$random), kpss.test(dsubway_multi$random), kpss.test (dsubway_add$random, "Trend"), kpss.test(dsubway_multi$random, "Trend") 명령문을 각각 실행한 결과 p-value 값이 0.1로 나타나 가법 모형과 승법 모형에 따른 우연변동 데이터는 모두 정상성을 가진 시계열로 판단되었다.

> ▼ 실습   시계열 분석 실습 8 - 대구도시철도공사_월별승차인원

> tsdisplay(dsubway_add$random)

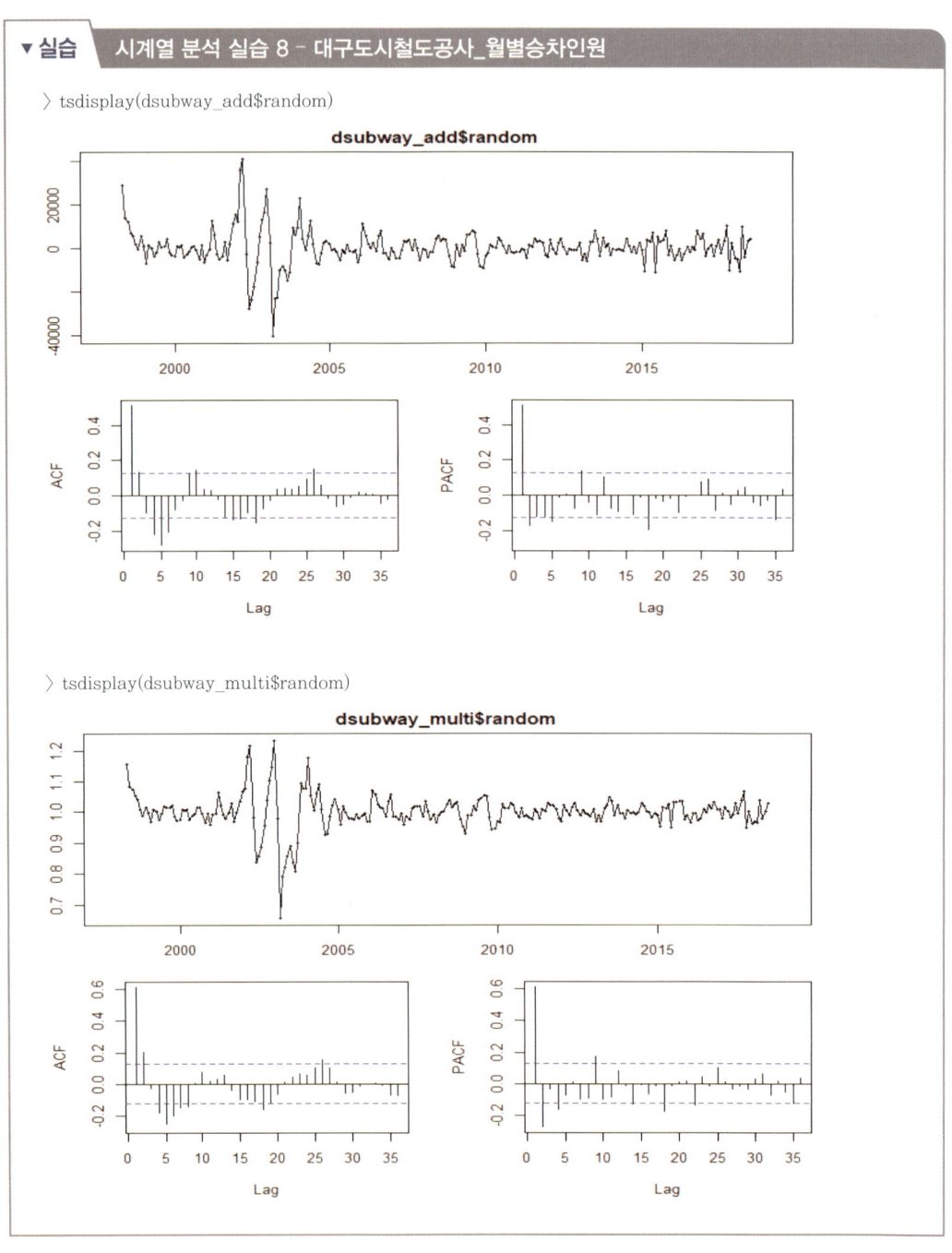

> tsdisplay(dsubway_multi$random)

tsdisplay( ) 함수로 모든 변동요인에서 남은 random 변동(잔차변동(residual variations))을 토대로 자기상관과 편자기 상관 여부를 시각화하여 살펴보았다. 최초 dsubway_ts 변수의 결과와 다르게 ACF, PACF에서 대다수 데이터가 파란색 선인 95% 신뢰구간 내에 분포된 모습을 확인할 수 있다. ACF와 PACF의 95% 신뢰구간에서 가법모형이 승법모형보다 조금 더 우수한 결과를 보여주고 있다.

다음은 시계열의 여러 예측분석 기법들을 토대로 대구도시철도공사의 진천역 승객수를 예측하고자 한다. 예측 모형으로는 ARIMA, ETS, Neural, TBAT, BATS, STL, StructTS, NAIVE 등을 사용하였다. 예측 모형에서 사용한 매개변수값들은 시계열 실습1(항공기 탑승 승객수)에서 설정한 동일한 값으로 분석을 진행하였다.

그리고 dsubway_forecasts <- lapply(dsubway_ts_models, forecast, 36) 명령문을 통해서 각 시계열 모형들의 36개월 예측치를 dsubway_forecasts 변수에 저장하였다. 여기에 Naive 모형의 예측치도 추가하고자 dsubway_forecasts$Naive_Model <- naive(dsubway_ts, 36) 명령문을 실행하였고, 36개월의 예측치를 dsubway_forecasts$Naive_Model로 저장하였다.

print(cross_forecasts) 명령문을 실행하면, 모형별로 3년치(36개월)의 예측치 값을 확인할 수 있으며 신뢰구간 80%, 95%에서의 수치도 함께 확인할 수 있다.

▼ 실습 | 시계열 분석 실습 9 - 대구도시철도공사_월별승차인원

```
> #시계열 분석모형
> dsubway_ts_models <- list (
+ ARIMA_Model = auto.arima(dsubway_ts, ic='aicc', stepwise=FALSE),
+ ETS_Model = ets(dsubway_ts, ic='aicc', restrict=FALSE, model = "ZZZ"),
+ Neural_Model = nnetar(dsubway_ts, p=12, size=6),
+ TBATS_Model = tbats(dsubway_ts, ic='aicc', seasonal.periods=12),
+ BATS_Model = bats(dsubway_ts, ic='aicc', seasonal.periods=12),
+ STL_Model = stlm(dsubway_ts, s.window=12, ic='aicc', robust=TRUE, method='ets'),
+ StructTS_Model = StructTS(dsubway_ts)
+ )

> dsubway_forecasts <- lapply(dsubway_ts_models, forecast, 36)
> dsubway_forecasts$Naive_Model <- naive(dsubway_ts, 36)
> print(dsubway_forecasts)

$ARIMA_Model
          Point Forecast   Lo 80     Hi 80     Lo 95      Hi 95
Jan 2019    218382.0     201572.5  235191.6  192674.10  244090.0
Feb 2019    208219.7     185900.5  230538.9  174085.39  242354.0
Mar 2019    232168.0     206555.1  257780.9  192996.47  271339.5
Apr 2019    222232.7     193448.3  251017.1  178210.77  266254.6
May 2019    231383.4     199648.2  263118.6  182848.64  279918.2
Jun 2019    220683.4     186291.9  255075.0  168086.10  273280.7
Jul 2019    219313.5     182463.2  256163.7  162955.85  275671.1
Aug 2019    215433.9     176273.0  254594.9  155542.41  275325.5
Sep 2019    218751.1     177408.3  260094.0  155522.68  281979.5
Oct 2019    223043.1     179628.7  266457.6  156646.52  289439.8
Nov 2019    228646.6     183255.0  274038.2  159226.11  298067.1
```

··· 〈생략〉 ···

> **실습** 시계열 분석 실습 10 - 대구도시철도공사_월별승차인원

```
> TBATS_Model_residuals <- dsubway_ts_models$TBATS_Model$y -
  dsubway_ts_models$TBATS_Model$fitted.values
> BATS_Model_residuals <- dsubway_ts_models$BATS_Model$y -
  dsubway_ts_models$BATS_Model$fitted.values

> library(forecast)
> Box.test(dsubway_ts_models$ARIMA_Model$residuals, t="L")

          Box-Ljung test

data: dsubway_ts_models$ARIMA_Model$residuals
X-squared = 0.094639, df = 1, p-value = 0.7584

> Box.test(dsubway_ts_models$ETS_Model$residuals, t="L")

          Box-Ljung test

data: dsubway_ts_models$ETS_Model$residuals
X-squared = 0.26257, df = 1, p-value = 0.6084

> Box.test(dsubway_ts_models$Neural_Model$residuals, t="L")

          Box-Ljung test

data: dsubway_ts_models$Neural_Model$residuals
X-squared = 0.00056543, df = 1, p-value = 0.981

> Box.test(TBATS_Model_residuals, t="L")

          Box-Ljung test

data: TBATS_Model_residuals
X-squared = 0.0013135, df = 1, p-value = 0.9711
```

여러 예측기법으로 만들어진 모형이 정상성을 가지는지 확인하기 위해서 Box.test( ) 함수를 이용하여 확인하였다. Box.test( ) 검정을 통해서 독립성(자기상관) 여부를 판단하였다. ARIMA Model, ETS Model, Neural Model, TBATS Model의 검정 결과를 보면, p 값이 모두 0.05보다 높은 수치를 보여 자기상관이 없다는 귀무가설을 채택할 수 있었다.

> **실습** 시계열 분석 실습 11 - 대구도시철도공사_월별승차인원

```
> Box.test(BATS_Model_residuals, t="L")

        Box-Ljung test

data: BATS_Model_residuals
X-squared = 0.13795, df = 1, p-value = 0.7103

> Box.test(dsubway_ts_models$STL_Model$residuals, t="L")

        Box-Ljung test

data: dsubway_ts_models$STL_Model$residuals
X-squared = 0.0097744, df = 1, p-value = 0.9212

> Box.test(dsubway_ts_models$StructTS_Model$residuals, t="L")

        Box-Ljung test

data: dsubway_ts_models$StructTS_Model$residuals
X-squared = 0.0012173, df = 1, p-value = 0.9722

> Box.test(dsubway_forecasts$Naive_Model$residuals, t="L")

        Box-Ljung test

data: dsubway_forecasts$Naive_Model$residuals
X-squared = 10.798, df = 1, p-value = 0.001016
```

또한, BAT Model, STL Model, StructTS Model의 Box.test( ) 검정 결과에서도, p 값이 모두 0.05보다 높은 수치를 보여 자기상관이 없다는 귀무가설을 채택할 수 있었다. 하지만 Naive_Model은 p값이 0.001016으로 나타나 자기상관이 존재하는 것으로 나타나 Naive_Model의 예측치를 해석하는 데는 어려움이 있겠다.

실습 | 시계열 분석 실습 12 – 대구도시철도공사_월별승차인원

```
> kpss.test(dsubway_ts_models$ARIMA_Model$residuals)

        KPSS Test for Level Stationarity

data: dsubway_ts_models$ARIMA_Model$residuals
KPSS Level = 0.044916, Truncation lag parameter = 5, p-value = 0.1

> kpss.test(dsubway_ts_models$ARIMA_Model$residuals , "Trend")

        KPSS Test for Trend Stationarity

data: dsubway_ts_models$ARIMA_Model$residuals
KPSS Trend = 0.039839, Truncation lag parameter = 5, p-value = 0.1

> kpss.test(dsubway_ts_models$ETS_Model$residuals)

        KPSS Test for Level Stationarity

data: dsubway_ts_models$ETS_Model$residuals
KPSS Level = 0.1968, Truncation lag parameter = 5, p-value = 0.1

> kpss.test(dsubway_ts_models$ETS_Model$residuals , "Trend")

        KPSS Test for Trend Stationarity

data: dsubway_ts_models$ETS_Model$residuals
KPSS Trend = 0.041984, Truncation lag parameter = 5, p-value = 0.1

> kpss.test(c(dsubway_ts_models$Neural_Model$residuals[-c(1:12)]))

        KPSS Test for Level Stationarity

data: c(dsubway_ts_models$Neural_Model$residuals[-c(1:12)])
KPSS Level = 0.045332, Truncation lag parameter = 4, p-value = 0.1

> kpss.test(c(dsubway_ts_models$Neural_Model$residuals[-c(1:12)]) , "Trend")

        KPSS Test for Trend Stationarity

data: c(dsubway_ts_models$Neural_Model$residuals[-c(1:12)])
KPSS Trend = 0.022293, Truncation lag parameter = 4, p-value = 0.1
```

▼ **실습** 시계열 분석 실습 13 - 대구도시철도공사_월별승차인원

```
> kpss.test(TBATS_Model_residuals)

        KPSS Test for Level Stationarity

data: TBATS_Model_residuals
KPSS Level = 0.20467, Truncation lag parameter = 5, p-value = 0.1

> kpss.test(TBATS_Model_residuals, "Trend")

        KPSS Test for Trend Stationarity

data: TBATS_Model_residuals
KPSS Trend = 0.037255, Truncation lag parameter = 5, p-value = 0.1

> kpss.test(BATS_Model_residuals)

        KPSS Test for Level Stationarity

data: BATS_Model_residuals
KPSS Level = 0.21879, Truncation lag parameter = 5, p-value = 0.1

> kpss.test(BATS_Model_residuals, "Trend")

        KPSS Test for Trend Stationarity

data: BATS_Model_residuals
KPSS Trend = 0.036482, Truncation lag parameter = 5, p-value = 0.1

> kpss.test(dsubway_ts_models$STL_Model$residuals)

        KPSS Test for Level Stationarity

data: dsubway_ts_models$STL_Model$residuals
KPSS Level = 0.10345, Truncation lag parameter = 5, p-value = 0.1

> kpss.test(dsubway_ts_models$STL_Model$residuals, "Trend")

        KPSS Test for Trend Stationarity

data: dsubway_ts_models$STL_Model$residuals
KPSS Trend = 0.10904, Truncation lag parameter = 5, p-value = 0.1
```

> ▼실습   시계열 분석 실습 14 - 대구도시철도공사_월별승차인원

```
> kpss.test(dsubway_ts_models$StructTS_Model$residuals)

        KPSS Test for Level Stationarity

data: dsubway_ts_models$StructTS_Model$residuals
KPSS Level = 0.21248, Truncation lag parameter = 5, p-value = 0.1

> kpss.test(dsubway_ts_models$StructTS_Model$residuals , "Trend")

        KPSS Test for Trend Stationarity

data: dsubway_ts_models$StructTS_Model$residuals
KPSS Trend = 0.049236, Truncation lag parameter = 5, p-value = 0.1

> kpss.test(c(dsubway_forecasts$Naive_Model$residuals[-1]))

        KPSS Test for Level Stationarity

data: c(dsubway_forecasts$Naive_Model$residuals[-1])
KPSS Level = 0.098499, Truncation lag parameter = 5, p-value = 0.1

> kpss.test(c(dsubway_forecasts$Naive_Model$residuals[-1]) , "Trend")

        KPSS Test for Trend Stationarity

data: c(dsubway_forecasts$Naive_Model$residuals[-1])
KPSS Trend = 0.10059, Truncation lag parameter = 5, p-value = 0.1
```

kpss.test( ) 함수를 통해서 여러 시계열 모형들이 정상성을 보이는지를 확인하기 위해 추세를 고려하지 않은 정상성과 추세를 고려한 정상성을 검정하였다. 검정 결과를 살펴보면, 추세를 고려하지 않은 정상성과 추세를 고려한 정상성 모두에서 모든 예측 모형이 p-value 값이 0.1로 나타나 시계열 데이터의 정상성을 가진다는 귀무가설을 채택하게 되었다.

▼ 실습   시계열 분석 실습 15 - 대구도시철도공사_월별승차인원

```
> adf.test(dsubway_ts_models$ARIMA_Model$residuals)

        Augmented Dickey-Fuller Test

data:  dsubway_ts_models$ARIMA_Model$residuals
Dickey-Fuller = -5.7291, Lag order = 6, p-value = 0.01
alternative hypothesis: stationary

> adf.test(dsubway_ts_models$ETS_Model$residuals)

        Augmented Dickey-Fuller Test

data:  dsubway_ts_models$ETS_Model$residuals
Dickey-Fuller = -5.7968, Lag order = 6, p-value = 0.01
alternative hypothesis: stationary

> adf.test(c(dsubway_ts_models$Neural_Model$residuals[-c(1:12)]))

        Augmented Dickey-Fuller Test

data:  c(dsubway_ts_models$Neural_Model$residuals[-c(1:12)])
Dickey-Fuller = -6.6163, Lag order = 6, p-value = 0.01
alternative hypothesis: stationary

> adf.test(TBATS_Model_residuals)

        Augmented Dickey-Fuller Test

data:  TBATS_Model_residuals
Dickey-Fuller = -5.9935, Lag order = 6, p-value = 0.01
alternative hypothesis: stationary

> adf.test(BATS_Model_residuals)

        Augmented Dickey-Fuller Test

data:  BATS_Model_residuals
Dickey-Fuller = -5.6638, Lag order = 6, p-value = 0.01
alternative hypothesis: stationary

> adf.test(dsubway_ts_models$STL_Model$residuals)

        Augmented Dickey-Fuller Test

data:  dsubway_ts_models$STL_Model$residuals
Dickey-Fuller = -6.6292, Lag order = 6, p-value = 0.01
alternative hypothesis: stationary
```

> **실습** 시계열 분석 실습 16 - 대구도시철도공사_월별승차인원

```
> adf.test(dsubway_ts_models$StructTS_Model$residuals)

        Augmented Dickey-Fuller Test

data:  dsubway_ts_models$StructTS_Model$residuals
Dickey-Fuller = -6.5836, Lag order = 6, p-value = 0.01
alternative hypothesis: stationary

> adf.test(c(dsubway_forecasts$Naive_Model$residuals[-1]))

        Augmented Dickey-Fuller Test

data:  c(dsubway_forecasts$Naive_Model$residuals[-1])
Dickey-Fuller = -6.2566, Lag order = 6, p-value = 0.01
alternative hypothesis: stationary
```

adf.test( ) 함수를 이용하여 정상성(단위근) 검정을 시행하였다. 검정 결과, 모든 시계열 모형에서 p-value 값이 0.01로 나타났다. p-value 값이 0.05 이상이면 시계열 데이터에 단위근이 존재한다는 귀무가설을 채택하고 시계열 데이터를 차분해야 한다. 하지만, 본 실습에서 사용된 모든 모형에서는 p-value 값이 0.05 이하인 0.01로 나타나 귀무가설을 기각하였다. 이는 차분이 필요 없는 정상 시계열로 판단할 수 있겠다.

여러 예측기법으로 만들어진 시계열 모형들이 가지고 있는 예측값을 시각화하고자 for( )문을 사용하였다. 시각화에서는 1997년~2018년까지의 데이터를 토대로 만들어진 3년의 예측치 (2019~2021년)는 파란선으로 표현하였다. 그리고 검증용으로 2019년부터 2021년까지의 실제 관찰치인 dsubway_ts_test 변수는 빨강선으로 표현하였다. 그래서 파란색과 빨강색으로 예측치와 실제 관찰치를 겹쳐서 비교하였다. 그림을 살펴보면, 2019년도는 예측치와 실제치가 매우 비슷하게 일치하는 모습을 보여주지만, 2020년도에는 코로나19로 인해서 실제 관찰치에서 이용률이 급격히 낮아지지만 예측치는 과거 데이터를 기반으로 분석하였기 때문에 예측치와 실제치에서 차이를 보여주고 있다.

▼ 실습 시계열 분석 실습 17 - 대구도시철도공사_월별승차인원

```
> par(mfrow=c(4, 2))
> par(mar=c(2, 2, 3, 2))
> k=1
> for(t in dsubway_forecasts){
+   plot(t, ylim=c(50000,300000), main=names(dsubway_forecasts[k]))
+   lines(dsubway_ts_test, col='red')
+   k=k+1
+ }
```

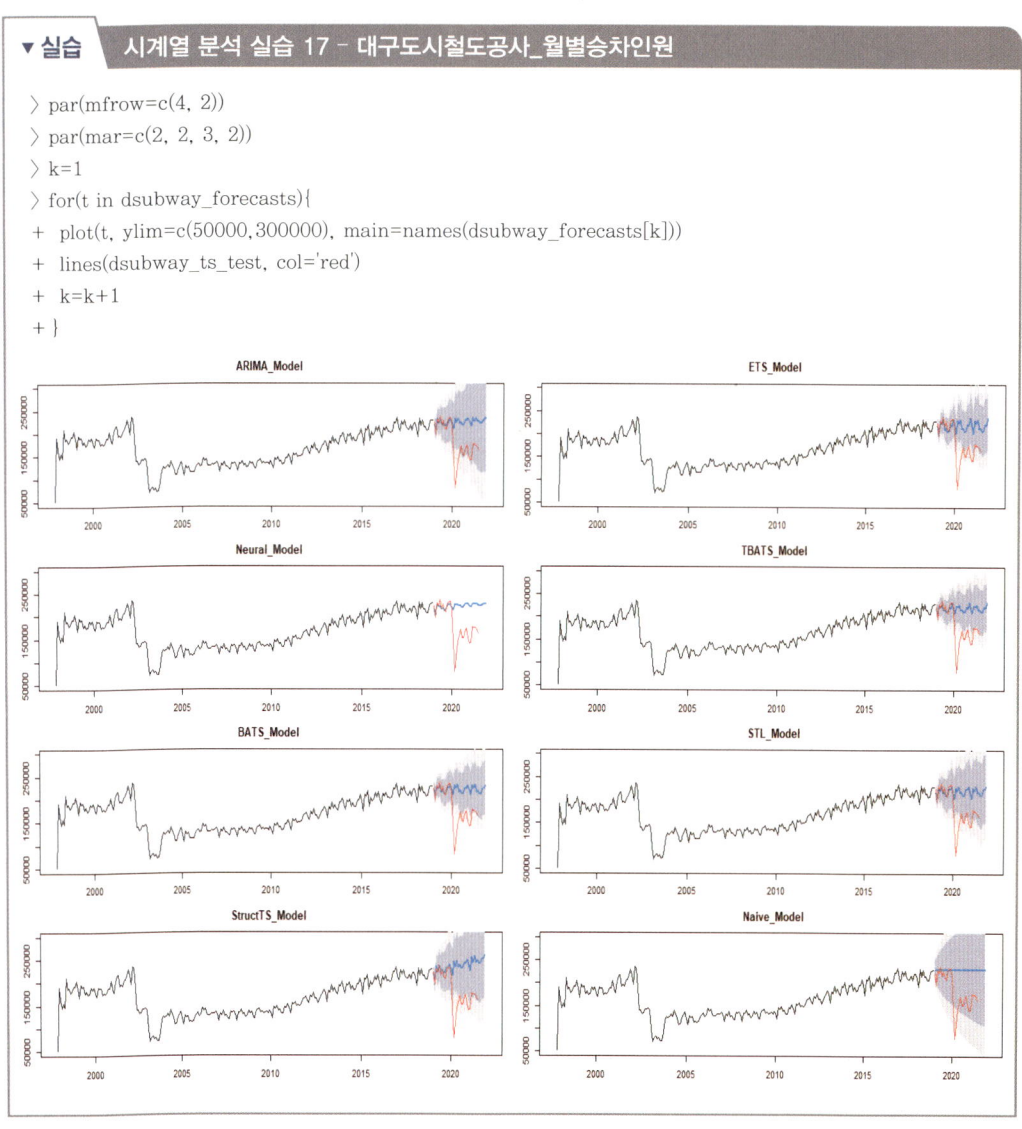

여러 예측기법으로 만들어진 시계열 모형들 중 어떤 모형이 우수한지를 판단하기 위해서 accuracy( ) 함수로 예측오차를 생성하였다. 그리고 model_est[order(model_est[,8]),] 명령문을 통해서 Theil's U 기준으로 정렬을 진행하였다. Theil's U값이 모두 2점대 이상으로 나타나 예측값이 실제값보다 못하다는 결론을 도출할 수 있겠다. 즉, 코로나19로 인한 환경변화에 따른 이용률 변화가 예측치에는 반영되지 못한 결과이다.

그럼에도 불구하고, Theil's U의 값과 MASE 값이 우수한 STL_Model과 TBATS_Model 중 어떤 모델이 더 우수한지 판단하기 위해서 dm.test( ) 함수를 이용하였고, 양측 검정을 시행하였다. 양측 검정의 결과에서는 검정통계량이 -1.3441이고 p 값이 0.2209로 나타나 두 모형의 우수성 차이는 없다고 나타났다.

▼ 실습 │ 시계열 분석 실습 18 – 대구도시철도공사_월별승차인원

```
> model_est <- lapply(dsubway_forecasts, function(t){
+   accuracy(t, dsubway_ts_test)[2,,drop=F]
+ })

> model_est <- Reduce(rbind, model_est)
> row.names(model_est) <- names(dsubway_forecasts)
> model_est <- model_est[order(model_est[,8]),]
> round(model_est, 2)
```

	ME	RMSE	MAE	MPE	MAPE	MASE	ACF1	Theil's U
STL_Model	-36635.69	53792.94	40132.08	-27.38	28.91	2.35	0.81	2.68
TBATS_Model	-36596.64	53955.47	40504.31	-27.40	29.11	2.37	0.81	2.69
ETS_Model	-36417.89	54351.94	40326.93	-27.37	29.09	2.36	0.80	2.73
BATS_Model	-39091.61	55638.43	41477.73	-28.86	29.89	2.43	0.82	2.77
Neural_Model	-39574.23	57216.20	43507.02	-29.32	31.03	2.55	0.82	2.82
ARIMA_Model	-41618.39	58213.04	44106.97	-30.46	31.54	2.58	0.81	2.86
Naive_Model	-46304.61	60795.61	47567.90	-32.98	33.51	2.78	0.80	2.95
StructTS_Model	-52157.53	68715.03	52642.67	-36.93	37.15	3.08	0.82	3.30

```
> dm.test(model_est[1,], model_est[2,], alternative = "two.sided")

    Diebold-Mariano Test

data:  model_est[1, ]model_est[2, ]
DM = -1.3441, Forecast horizon = 1, Loss function power = 2, p-value = 0.2209
alternative hypothesis: two.sided
```

본 실습에서는 시계열 모형에서 가장 우수하게 나타난 TBATS_Model로 만들어진 시계열 모형을 토대로 4년(2019년~2022년)까지 예측치를 확인하기 위해서 forecast(aa_air, h=48) 명령문을 실행하였다. 그리고 이를 시각화로 확인하고자 plot( ) 함수를 이용하였다.

▼ 실습 시계열 분석 실습 19 – 대구도시철도공사_월별승차인원

```
> aa_dsubway <- stlm(dsubway_ts, s.window=12, ic='aicc', robust=TRUE, method='ets')
> forecast(aa_dsubway, h=48)
```

	Point Forecast	Lo 80	Hi 80	Lo 95	Hi 95
Jan 2019	216211.7	201006.3	231417.0	192957.06	239466.3
Feb 2019	204124.0	184426.4	223821.6	173999.18	234248.8
Mar 2019	227651.6	204311.0	250992.2	191955.20	263348.0
Apr 2019	220762.9	194275.7	247250.2	180254.16	261271.7
May 2019	230208.5	200910.6	259506.3	185401.22	275015.7
Jun 2019	215706.3	183844.8	247567.8	166978.29	264434.3
Jul 2019	217391.4	183157.7	251625.1	165035.43	269747.3
	… 〈생략〉 …				
Aug 2022	210486.1	126980.5	293991.8	82775.22	338197.1
Sep 2022	211699.1	127259.8	296138.3	82560.35	340837.8
Oct 2022	225514.2	140151.6	310876.9	94963.34	356065.1
Nov 2022	223686.6	137410.5	309962.7	91738.65	355634.6
Dec 2022	229804.7	142624.7	316984.8	96474.33	363135.1

```
> par(mfrow = c(1,1))
> plot(forecast(aa_dsubway))
> lines(dsubway_ts_test, col='red')
```

Forecasts from STL + ETS(A,N,N)

CHAPTER 4
시계열 데이터의 시각화 및 예측 실습 3 – 사고유형별/월별 교통사고 데이터

세 번째 시계열 분석은 도로교통공단에서 공개하고 있는 사고유형별/월별 교통사고 데이터를 활용하였다. 2014년부터 2019년까지의 데이터를 한 개의 파일로 통합한 파일이 도로교통공단_사고유형별 월별 교통사고(2014~2019).csv 이다. csv 파일에는 횡단중, 차도통행중, 보도통행중, 길가장자리구역통행중 등의 여러 데이터가 포함되어 있는데 이중 '차대사람 사고로 횡단중' 데이터만 추출하여 시계열 데이터 분석을 진행하였다.

t_data1 <- t_data[1:72,6] 명령문으로 '횡단중' 데이터만 추출하여 2014년부터 2019년까지 '횡단중' 데이터를 t_data1 변수로 저장하였다. 또한, 시계열 데이터의 예측 검증을 위해서 2019년 데이터만 별도로 추출하여 cross_ts_test 변수로 저장하였으면 분석 데이터로는 2014년부터 2018년 데이터로 cross_ts 변수에 저장하였다.

▼실습 시계열 분석 실습 1 – 사고유형별/월별 교통사고 데이터

```
> setwd("C:/Data Analysis/r_exam")
> t_data <- read.csv("도로교통공단_사고유형별 월별 교통사고(2014~2019).csv", header=T)
> head(t_data)

    사고유형대분류 사고유형중분류 사고유형 연도 월 사고건수 사망자수 중상자수 경상자수 부상신고자수
1      차대사람        횡단중       횡단중  2014  1   1370     81     806     518       36
2      차대사람        횡단중       횡단중  2014  2   1220     64     694     512       35
3      차대사람        횡단중       횡단중  2014  3   1547     56     884     676       65
4      차대사람        횡단중       횡단중  2014  4   1521     64     825     675       64
5      차대사람        횡단중       횡단중  2014  5   1568     58     854     668       84
6      차대사람        횡단중       횡단중  2014  6   1294     55     679     595       45

> t_data1 <- t_data[1:72,6]  #2014~2019년까지의 차대사람(횡단중) 교통사고
> cross <- ts(t_data1, start=c(2014,1), frequency = 12)
> print(cross)

      Jan  Feb  Mar  Apr  May  Jun  Jul  Aug  Sep  Oct  Nov  Dec
2014  1370 1220 1547 1521 1568 1294 1378 1347 1361 1608 1593 1737
2015  1693 1410 1724 1746 1787 1431 1462 1419 1684 1787 2619 3151
2016  2278 2048 2140 2317 2321 2056 2047 1863 2053 2472 2582 2646
2017  2433 2307 2545 2521 2527 2240 2183 1833 1655 1622 1749 1766
2018  1667 1511 1599 1544 1495 1357 1332 1373 1504 1741 1622 1645
2019  1532 1201 1453 1604 1516 1364 1399 1372 1516 1716 1798 1630

> cross_ts <- window(cross, end=2018.99)
> cross_ts_test <- window(cross, start=2019)
```

```
> print(cross_ts_test)
      Jan  Feb  Mar  Apr  May  Jun  Jul  Aug  Sep  Oct  Nov  Dec
2019 1532 1201 1453 1604 1516 1364 1399 1372 1516 1716 1798 1630
```

시계열 데이터의 정상성을 판단하고자 시각화를 진행하였으며, plot( ) 함수를 이용하여 데이터 형태를 확인하였다. 2014년부터 2018년까지의 '횡단중' 사고건수를 살펴보았으며 1~12개월로 월별 형태로 시각화하였다. 차트를 살펴보면 연도가 지날수록 사고건수가 지속적으로 증가하는 추세는 보여주지는 않는다. 그리고 사고건수도 시간이 지날수록 변동성이 크게 높아지는 모습도 보여주지는 않는다. 하지만 12개월 주기로 3~5월, 10~12월에는 사고건수가 높아지는 반복적인 계절성을 보이는 형태가 차트에서 확인된다..

▼ 실습 시계열 분석 실습 2 – 사고유형별/월별 교통사고 데이터

```
> par(mfrow=c(2,1))
> par(mar=c(2, 4, 1, 1))
> plot(cross_ts, ylab="차대사람 – 횡단중 사고건수", type="c", pch =20)
> text(cross_ts, col=1:12, labels=1:12, cex=0.7)
> plot(cross_ts, ylab="차대사람 – 횡단중 사고건수", type="o", pch =20)
```

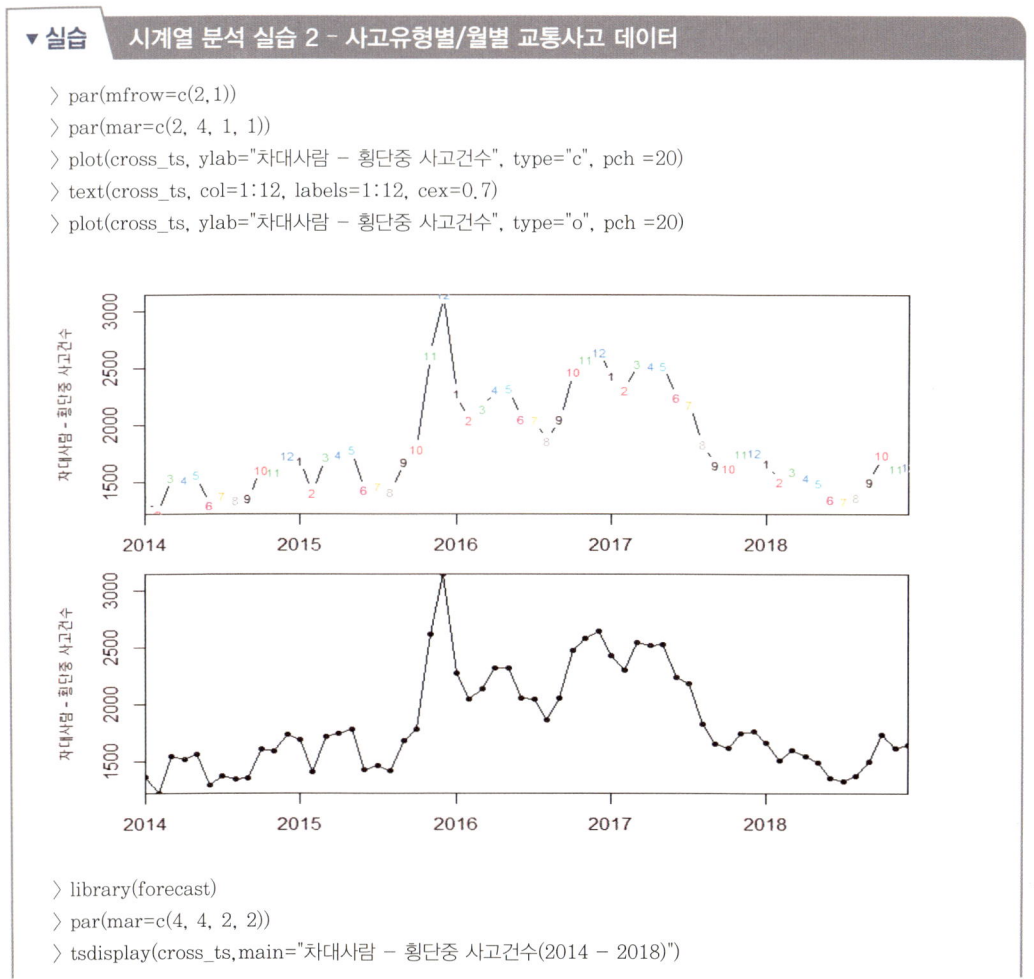

```
> library(forecast)
> par(mar=c(4, 4, 2, 2))
> tsdisplay(cross_ts,main="차대사람 – 횡단중 사고건수(2014 – 2018)")
```

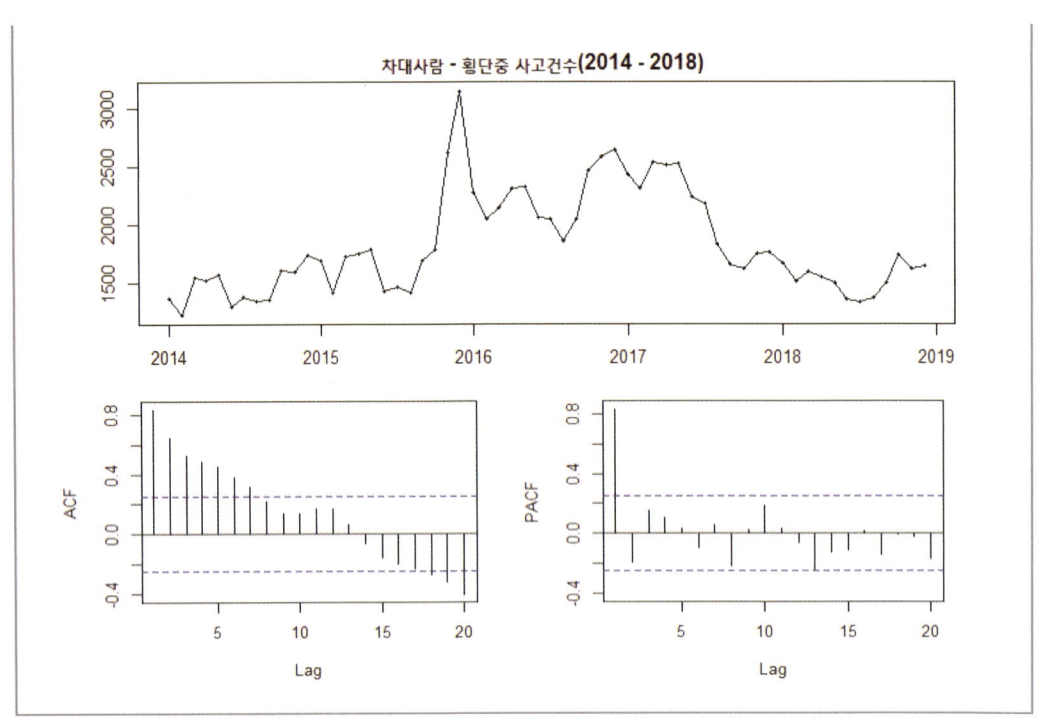

시계열 데이터의 정상성 검정지표인 자기상관(auto-correlation)과 편자기상관(Partial Auto-Correlation)은 확인하고자 시각화하였다. 그래서 tsdisplay(cross_ts,main="차대사람 - 횡단중 사고건수(2014 - 2018)") 명령문을 실행하였다. 그 결과, 자기상관 ACF에서는 파란선인 95% 신뢰구간에서 시계열 데이터들이 주기감소 형태의 모습을 보여주고 있었다. 하지만, 일부 시계열 데이터는 95% 신뢰구간을 벗어나고 있다. 그리고 편자기상관에서는 대다수 시계열 데이터가 신뢰구간 95%의 범위에 존재하여 부분 자기상관은 존재하지 않는 것으로 판단된다.

▼ 실습   시계열 분석 실습 3 - 사고유형별/월별 교통사고 데이터

```
> Box.test(cross_ts, t="L")

        Box-Ljung test

data:  cross_ts
X-squared = 44.334, df = 1, p-value = 2.769e-11

> kpss.test(cross_ts, "Level")

        KPSS Test for Level Stationarity

data:  cross_ts
KPSS Level = 0.35151, Truncation lag parameter = 3, p-value = 0.09806
```

```
> kpss.test(cross_ts, "Trend")

        KPSS Test for Trend Stationarity

data: cross_ts
KPSS Trend = 0.30639, Truncation lag parameter = 3, p-value = 0.01
> library(tseries)
> adf.test(cross_ts)

        Augmented Dickey-Fuller Test

data: cross_ts
Dickey-Fuller = -1.61, Lag order = 3, p-value = 0.7324
alternative hypothesis: stationary
```

시계열 데이터의 정상성 검정을 통계적 수치로 확인하고자 한다. 우선 시계열 데이터의 독립성 검정을 위해서 Box Test를 적용하였다. Box.test(cross_ts, t="L") 명령문을 실행한 결과를 살펴보면, x2은 각각 44.334이며, p-value 값은 0.05보다 낮은 값인 2.769e-11로 나타났다. 이에 귀무가설인 자기상관이 없다는 가설을 기각하고, 대립가설인 자기상관이 존재한다는 주장을 채택하게 되었다. 즉, 앞서 시각화에서 살펴본 바처럼 통계적 검정에서도 자기상관이 존재한다고 나타났다.

다음 시계열 데이터의 정상성 검정으로 KPSS Test(Kwiatkowski-Phillips-Schmidt-Shin Test) 분석 방법을 사용하였다. 첫 번째 추세성을 고려하지 않는 정상성 수준의 검사를 위해 kpss.test(cross_ts, "Level") 명령문을 실행하였다. 검정통계량은 0.35151, p=0.09806으로 시계열 데이터가 정상이라는 귀무가설을 채택하였다. 하지만, 추세성이 고려된 정상성 수준을 검사에서는 검정통계량이 0.30639, p=0.01로 나타났다. 이에 추세성이 고려된 정상성 수준 검사에서는 비정상성을 보여준다는 대립가설을 채택하게 되었다. 즉, 추세성을 고려하지 않는 정상성 검정에서는 정상성을 보여주고 있고, 추세성을 고려한 정상성 검정에서는 비정상상을 보여주고 있어 두 검정의 차이가 일치하지 않는 모습을 보여주고 있다. 또한, 정상성(단위근) 검정에서 adf.test(cross_ts) 명령문으로 검정을 실시한 결과, 검정통계량이 -1.61, p값이 0.7324로 나타나 비정상성을 보여준다는 귀무가설을 채택하여, 차분이 필요한 시계열로 판단할 수 있겠다. 이에 정상성을 가질 수 있도록 요소 분해를 진행할 필요가 있겠다.

▼ 실습　시계열 분석 실습 4 - 사고유형별/월별 교통사고 데이터

```
> cross_add <- decompose(cross_ts, type="additive") #시계열 데이터의 분해 : 가법모형
> plot(cross_add)
```

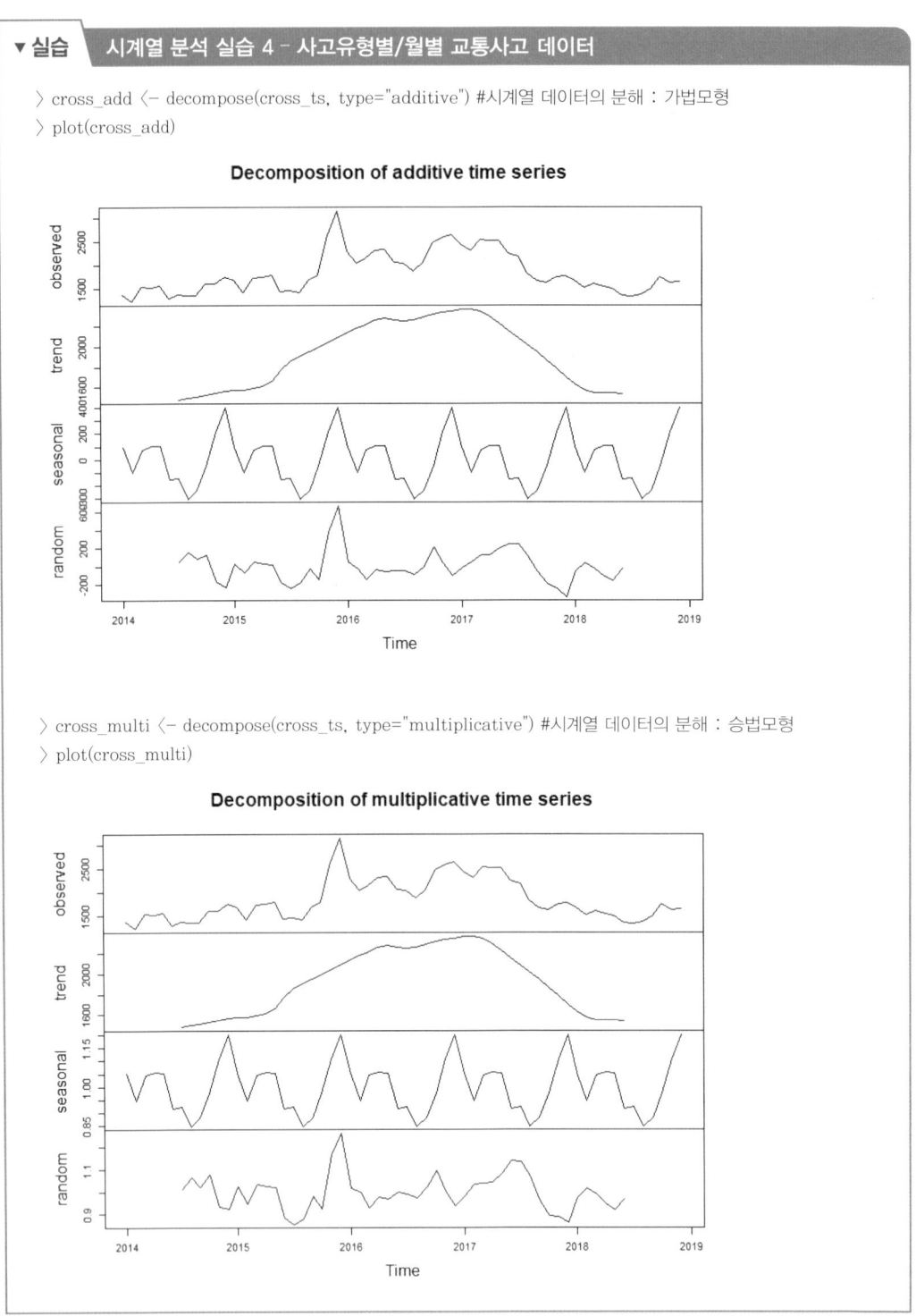

```
> cross_multi <- decompose(cross_ts, type="multiplicative") #시계열 데이터의 분해 : 승법모형
> plot(cross_multi)
```

시계열 데이터에서 추세 성분과 계절 성분을 별도로 추정하기 위해 요소 분해법으로 시계열 데이터의 성분을 분리하였다. 요소 분해를 도와주는 decompose( ) 함수를 통해서 observed / trend

/ seasonal / random으로 데이터를 분해하였고, 가법모형은 cross_add 변수로 저장하였으며, 승법 모형은 cross_multi 변수로 저장하였다. 그다음, 분해 요소를 시각화하기 위해 plot() 함수를 사용하였다. 추세성은 시계열이 시간에 따라 증가 또는 감소, 일정 수준 유지하는 경우인데 본 모형에서는 추세성을 보여주지는 않았다. 하지만 계절성으로 일정한 빈도로 반복되는 패턴을 보여주고 있다.

▼ 실습   시계열 분석 실습 5 – 사고유형별/월별 교통사고 데이터

```
> par(mfrow=c(2,2))
> par(mar=c(2, 2, 2, 2))
> plot(cross_ts-cross_add$seasonal, main="계절변동을 제거한 시계열 데이터:가법모형")
> plot(cross_ts/cross_multi$seasonal, main="계절변동을 제거한 시계열 데이터:승법모형")
> plot(cross_ts-cross_add$trend, main="추세변동을 제거한 시계열 데이터:가법모형")
> plot(cross_ts/cross_multi$trend, main="추세변동을 제거한 시계열 데이터:승법모형")
```

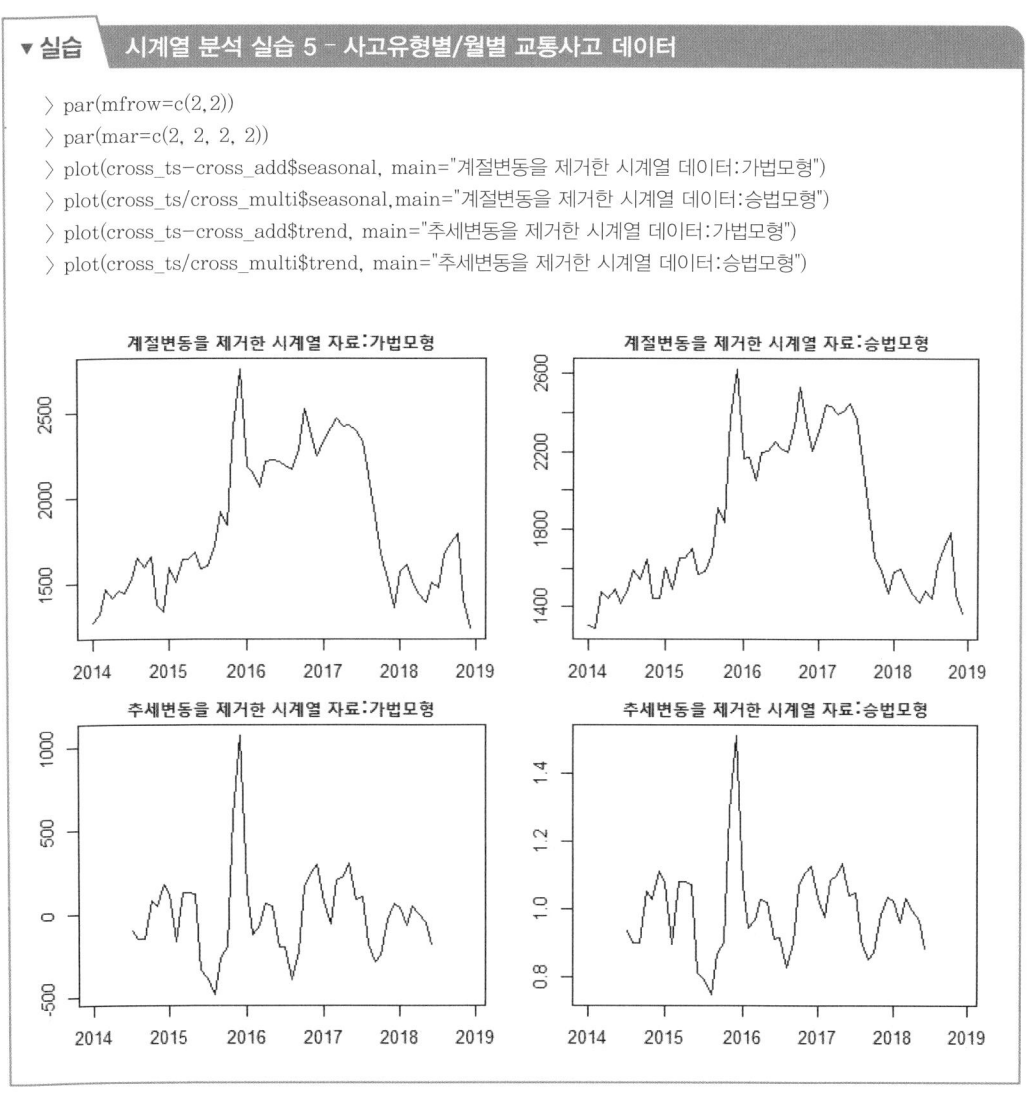

가법모형과 승법모형으로 저장된 cross_add 변수와 cross_multi 변수에서 계절변동을 제거한 시계열 데이터와 추세 변동을 제거한 시계열 데이터를 plot( ) 함수로 확인하였다. 가법모형에서는 계절 및 추세-주기를 원본 데이터에서 빼주어서 계산하였다. 승법 모형에서는 원본 시계열 데이터에서 요인을 나눗셈하여 계산하였다. plot( ) 함수를 통한 결과 내용을 살펴보면, 계절변동과 추세변동에서 평균과 분산의 형태가 승법모형과 가법모형이 유사한 형태를 보여주고 있다.

> **실습** 시계열 분석 실습 6 – 사고유형별/월별 교통사고 데이터

```
> library(tseries)
> kpss.test(cross_add$random)

        KPSS Test for Level Stationarity

data: cross_add$random
KPSS Level = 0.058001, Truncation lag parameter = 3, p-value = 0.1

> kpss.test(cross_multi$random)

        KPSS Test for Level Stationarity

data: cross_multi$random
KPSS Level = 1.1779e-09, Truncation lag parameter = 3, p-value = 0.1

> kpss.test(cross_add$random, "Trend")

        KPSS Test for Trend Stationarity

data: cross_add$random
KPSS Trend = 0.051929, Truncation lag parameter = 3, p-value = 0.1

> kpss.test(cross_multi$random, "Trend")

        KPSS Test for Trend Stationarity

data: cross_multi$random
KPSS Trend = 0.053966, Truncation lag parameter = 3, p-value = 0.1
```

가법모형과 승법모형의 시계열 형태가 정상성을 가지는지 검정하였다. 이를 위해 kpss.test cross_add$random), kpss.test(cross_multi$random), kpss.test(cross_add$random, "Trend"), kpss.test(cross_multi$random, "Trend") 명령문을 각각 실행한 결과, 모두 p-value 값이 0.1로 나타나 가법모형과 승법모형에 따른 우연변동 데이터는 정상성을 가진 시계열 데이터로 판단되었다.

그다음, tsdisplay( ) 함수로 모든 변동요인에서 남은 random 변동(잔차변동(residual variations))을 토대로 자기상관과 편 자기상관 여부를 시각화하여 살펴보게 되면, 최초 cross_ts 변수의 결과와 다르게 ACF, PACF에서 대다수 데이터가 파란색 선인 95% 신뢰구간 내에 대다수 시계열 데이터가 분포된 모습을 확인할 수 있다.

▼ 실습   시계열 분석 실습 7 – 사고유형별/월별 교통사고 데이터

> tsdisplay(cross_add$random)

> tsdisplay(cross_multi$random)

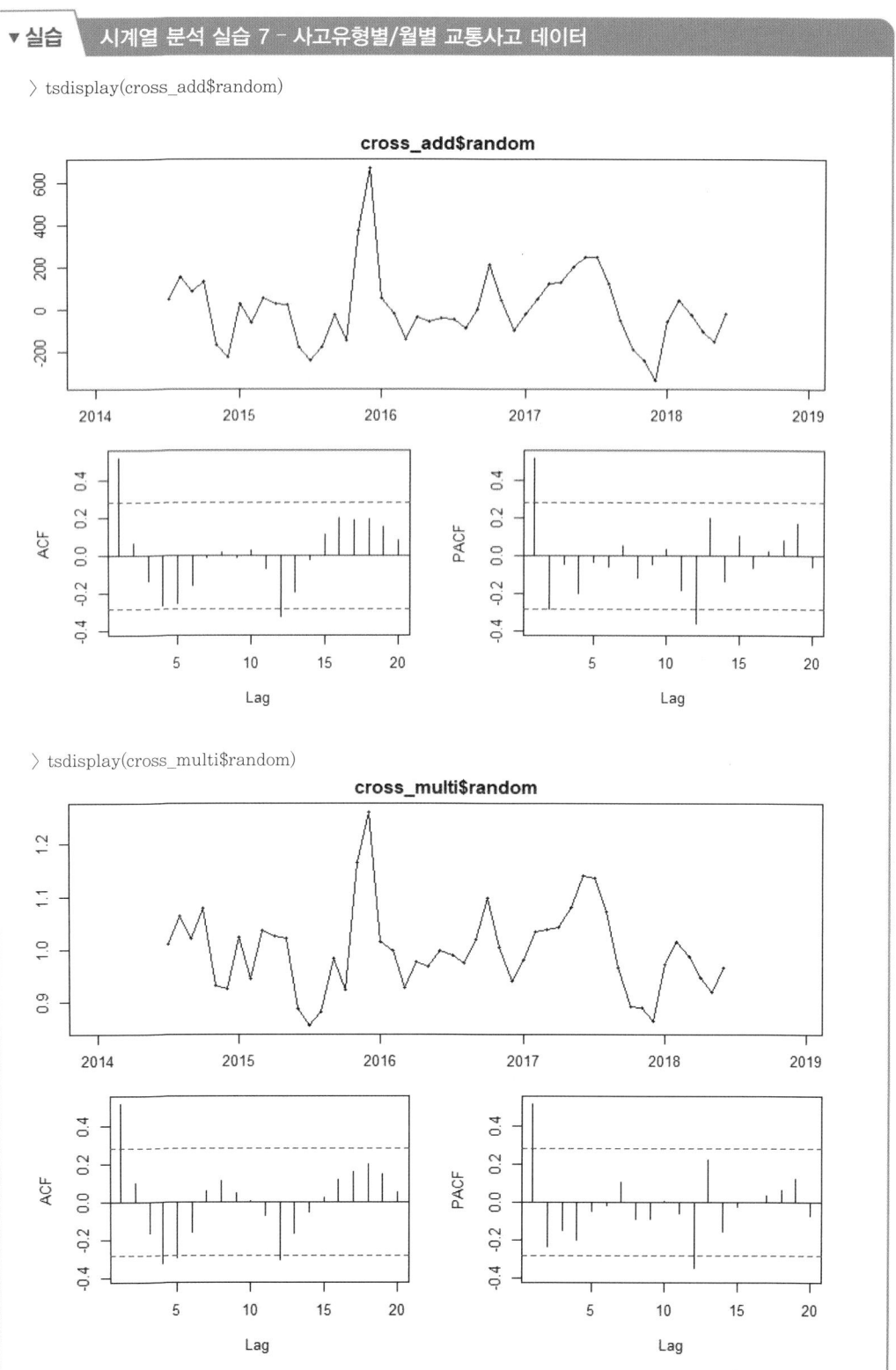

다음은 시계열의 여러 예측분석 기법들을 토대로 '횡단중'에 발생하는 교통사고 수를 예측을 확인하고자 한다. 예측 모형으로는 ARIMA, ETS, Neural, TBAT, BATS, STL, StructTS, NAIVE 등을 사용하였다. 예측 모형에서 사용한 매개변수값들은 시계열 실습1(항공기 탑승 승객수)과 동일한 속성값으로 분석을 진행하였다. 그리고 cross_forecasts <- lapply(cross_ts_models, forecast, 24) 명령문을 통해서 각 시계열 모형들의 24개월 예측치를 corss_forecasts 변수에 저장하였다. 그리고 Naive 모형의 예측치도 추가하기 위해서 cross_forecasts$naive <- naive(airpass_ts, 24) 명령문을 실행하여 24개월의 예측치를 across_forecasts$Naive_Model로 저장하였다.

print(cross_forecasts) 명령문을 실행하면, 모형별로 2년치(24개월)의 예측치 값을 확인할 수 있으며, 신뢰구간 80%, 95%에서의 수치도 함께 확인할 수 있다.

▼ 실습 시계열 분석 실습 8 – 사고유형별/월별 교통사고 데이터

```
> #시계열 분석모형
> cross_ts_models <- list (
+   ARIMA_Model = auto.arima(cross_ts, ic='aicc', stepwise=FALSE),
+   ETS_Model = ets(cross_ts, ic='aicc', restrict=FALSE, model = "ZZZ"),
+   Neural_Model = nnetar(cross_ts, p=12, size=6),
+   TBATS_Model = tbats(cross_ts, ic='aicc', seasonal.periods=12),
+   BATS_Model = bats(cross_ts, ic='aicc', seasonal.periods=12),
+   STL_Model = stlm(cross_ts, s.window=12, ic='aicc', robust=TRUE, method='ets'),
+   StructTS_Model = StructTS(cross_ts)
+ )
> cross_forecasts <- lapply(cross_ts_models, forecast, 24)
> cross_forecasts$Naive_Model <- naive(cross_ts, 24)
> print(cross_forecasts)

$ARIMA_Model
         Point Forecast    Lo 80      Hi 80      Lo 95      Hi 95
Jan 2019       1612.424  1324.68796  1900.161  1172.36947  2052.479
Feb 2019       1561.093  1154.17240  1968.014   938.76153  2183.425
Mar 2019       1590.049  1091.67510  2088.423   827.85174  2352.247
Apr 2019       1571.952   996.47880  2147.425   691.84183  2452.062
May 2019       1555.828   912.43017  2199.227   571.83568  2539.821
Jun 2019       1510.420   805.61257  2215.228   432.51000  2588.330
Jul 2019       1502.194   740.91480  2263.473   337.91797  2666.470
Aug 2019       1515.685   701.84320  2329.526   271.02147  2760.348
Sep 2019       1558.790   695.58049  2421.999   238.62503  2878.955
                              … 〈생략〉 …
```

▼ 실습 시계열 분석 실습 9 – 사고유형별/월별 교통사고 데이터

```
> TBATS_Model_residuals <- cross_ts_models$TBATS_Model$y -
  cross_ts_models$TBATS_Model$fitted.values
> BATS_Model_residuals <- cross_ts_models$BATS_Model$y -
  cross_ts_models$BATS_Model$fitted.values

> library(forecast)
> Box.test(cross_ts_models$ARIMA_Model$residuals, t="L")

        Box-Ljung test

data: cross_ts_models$ARIMA_Model$residuals
X-squared = 0.060681, df = 1, p-value = 0.8054

> Box.test(cross_ts_models$ETS_Model$residuals, t="L")

        Box-Ljung test

data: cross_ts_models$ETS_Model$residuals
X-squared = 0.0057395, df = 1, p-value = 0.9396

> Box.test(cross_ts_models$Neural_Model$residuals, t="L")

        Box-Ljung test

data: cross_ts_models$Neural_Model$residuals
X-squared = 0.00038975, df = 1, p-value = 0.9842

> Box.test(TBATS_Model_residuals, t="L")

        Box-Ljung test

data: TBATS_Model_residuals
X-squared = 0.1314, df = 1, p-value = 0.717
```

여러 예측기법으로 만들어진 모형이 정상성을 가지는지 확인하기 위해서 Box.test( ) 함수를 이용하여 확인하였다. Box.test( ) 검정을 통해서 독립성(자기상관) 여부를 판단하였으며, ARIMA Model, ETS Model, Neural Model, TBATS Model의 검정 결과를 보면, p 값이 모두 0.05보다 높은 수치를 보여 자기상관이 없다는 귀무가설을 채택할 수 있었다.

> ▼ 실습 시계열 분석 실습 10 - 사고유형별/월별 교통사고 데이터

```
> Box.test(BATS_Model_residuals, t="L")

        Box-Ljung test

data: BATS_Model_residuals
X-squared = 0.24141, df = 1, p-value = 0.6232

> Box.test(cross_ts_models$STL_Model$residuals, t="L")

        Box-Ljung test

data: cross_ts_models$STL_Model$residuals
X-squared = 0.092782, df = 1, p-value = 0.7607

> Box.test(cross_ts_models$StructTS_Model$residuals, t="L")

        Box-Ljung test

data: cross_ts_models$StructTS_Model$residuals
X-squared = 1.6284, df = 1, p-value = 0.2019

> Box.test(cross_forecasts$Naive_Model$residuals, t="L")

        Box-Ljung test

data: cross_forecasts$Naive_Model$residuals
X-squared = 0.37737, df = 1, p-value = 0.539
```

또한, BAT Model, STL Model, StructTS Model, Naive_Model의 Box.test( ) 함수를 이용한 검정 결과를 보면, 모두 p 값이 모두 0.05보다 높은 수치를 보여 자기상관이 없다는 귀무가설을 채택할 수 있었다.

> ▼ 실습　시계열 분석 실습 11 – 사고유형별/월별 교통사고 데이터

```
> kpss.test(cross_ts_models$ARIMA_Model$residuals)

        KPSS Test for Level Stationarity

data: cross_ts_models$ARIMA_Model$residuals
KPSS Level = 0.098578, Truncation lag parameter = 3, p-value = 0.1

> kpss.test(cross_ts_models$ARIMA_Model$residuals, "Trend")

        KPSS Test for Trend Stationarity

data: cross_ts_models$ARIMA_Model$residuals
KPSS Trend = 0.053106, Truncation lag parameter = 3, p-value = 0.1

> kpss.test(cross_ts_models$ETS_Model$residuals)

        KPSS Test for Level Stationarity

data: cross_ts_models$ETS_Model$residuals
KPSS Level = 0.21698, Truncation lag parameter = 3, p-value = 0.1

> kpss.test(cross_ts_models$ETS_Model$residuals, "Trend")

        KPSS Test for Trend Stationarity

data: cross_ts_models$ETS_Model$residuals
KPSS Trend = 0.064697, Truncation lag parameter = 3, p-value = 0.1

> kpss.test(c(cross_ts_models$Neural_Model$residuals[-c(1:12)]))

        KPSS Test for Level Stationarity

data: c(cross_ts_models$Neural_Model$residuals[-c(1:12)])
KPSS Level = 0.087265, Truncation lag parameter = 3, p-value = 0.1

> kpss.test(c(cross_ts_models$Neural_Model$residuals[-c(1:12)]), "Trend")

        KPSS Test for Trend Stationarity

data: c(cross_ts_models$Neural_Model$residuals[-c(1:12)])
KPSS Trend = 0.052389, Truncation lag parameter = 3, p-value = 0.1
```

▼ 실습 | 시계열 분석 실습 12 - 사고유형별/월별 교통사고 데이터

```
> kpss.test(TBATS_Model_residuals)

        KPSS Test for Level Stationarity

data: TBATS_Model_residuals
KPSS Level = 0.23913, Truncation lag parameter = 3, p-value = 0.1

> kpss.test(TBATS_Model_residuals , "Trend")

        KPSS Test for Trend Stationarity

data: TBATS_Model_residuals
KPSS Trend = 0.079691, Truncation lag parameter = 3, p-value = 0.1

> kpss.test(BATS_Model_residuals)

KPSS Test for Level Stationarity

data: BATS_Model_residuals
KPSS Level = 0.22931, Truncation lag parameter = 3, p-value = 0.1

> kpss.test(BATS_Model_residuals , "Trend")

KPSS Test for Trend Stationarity

data: BATS_Model_residuals
KPSS Trend = 0.080967, Truncation lag parameter = 3, p-value = 0.1

> kpss.test(cross_ts_models$STL_Model$residuals)

        KPSS Test for Level Stationarity

data: cross_ts_models$STL_Model$residuals
KPSS Level = 0.27327, Truncation lag parameter = 3, p-value = 0.1

> kpss.test(cross_ts_models$STL_Model$residuals , "Trend")

KPSS Test for Trend Stationarity

data: cross_ts_models$STL_Model$residuals
KPSS Trend = 0.057035, Truncation lag parameter = 3, p-value = 0.1
```

> **실습** 시계열 분석 실습 13 - 사고유형별/월별 교통사고 데이터

```
> kpss.test(cross_ts_models$StructTS_Model$residuals)

    KPSS Test for Level Stationarity

data: cross_ts_models$StructTS_Model$residuals
KPSS Level = 0.14444, Truncation lag parameter = 3, p-value = 0.1

> kpss.test(cross_ts_models$StructTS_Model$residuals, "Trend")

    KPSS Test for Trend Stationarity

data: cross_ts_models$StructTS_Model$residuals
KPSS Trend = 0.042631, Truncation lag parameter = 3, p-value = 0.1

> kpss.test(c(cross_forecasts$Naive_Model$residuals[-1]))

        KPSS Test for Level Stationarity

data: c(cross_forecasts$Naive_Model$residuals[-1])
KPSS Level = 0.10975, Truncation lag parameter = 3, p-value = 0.1

> kpss.test(c(cross_forecasts$Naive_Model$residuals[-1]), "Trend")

        KPSS Test for Trend Stationarity

data: c(cross_forecasts$Naive_Model$residuals[-1])
KPSS Trend = 0.04476, Truncation lag parameter = 3, p-value = 0.1
```

kpss.test( ) 함수를 통해서 여러 시계열 모형들이 정상성을 보이는지를 확인하기 위해 추세를 고려하지 않은 정상성과 추세를 고려한 정상성을 검정하였다. 검정 결과를 살펴보면, 추세를 고려하지 않은 정상성과 추세를 고려한 정상성 모두에서 모든 예측모형의 p-value 값이 0.1로 나타나 시계열 데이터의 정상성을 가진다는 귀무가설을 채택하게 되었다.

> ▼ 실습   시계열 분석 실습 14 - 사고유형별/월별 교통사고 데이터

```
> adf.test(cross_ts_models$ARIMA_Model$residuals)

        Augmented Dickey-Fuller Test

data:  cross_ts_models$ARIMA_Model$residuals
Dickey-Fuller = -4.6243, Lag order = 3, p-value = 0.01
alternative hypothesis: stationary

> adf.test(cross_ts_models$ETS_Model$residuals)

        Augmented Dickey-Fuller Test

data:  cross_ts_models$ETS_Model$residuals
Dickey-Fuller = -4.1541, Lag order = 3, p-value = 0.01
alternative hypothesis: stationary

> adf.test(c(cross_ts_models$Neural_Model$residuals[-c(1:12)]))

        Augmented Dickey-Fuller Test

data:  c(cross_ts_models$Neural_Model$residuals[-c(1:12)])
Dickey-Fuller = -5.2317, Lag order = 3, p-value = 0.01
alternative hypothesis: stationary

> adf.test(TBATS_Model_residuals)

        Augmented Dickey-Fuller Test

data:  TBATS_Model_residuals
Dickey-Fuller = -4.1007, Lag order = 3, p-value = 0.01129
alternative hypothesis: stationary

> adf.test(BATS_Model_residuals)

        Augmented Dickey-Fuller Test

data:  BATS_Model_residuals
Dickey-Fuller = -4.2103, Lag order = 3, p-value = 0.01
alternative hypothesis: stationary

> adf.test(cross_ts_models$STL_Model$residuals)

        Augmented Dickey-Fuller Test

data:  cross_ts_models$STL_Model$residuals
Dickey-Fuller = -4.3426, Lag order = 3, p-value = 0.01
alternative hypothesis: stationary
```

> **실습** 시계열 분석 실습 15 - 사고유형별/월별 교통사고 데이터

```
> adf.test(cross_ts_models$StructTS_Model$residuals)

        Augmented Dickey-Fuller Test

data: cross_ts_models$StructTS_Model$residuals
Dickey-Fuller = -4.7802, Lag order = 3, p-value = 0.01
alternative hypothesis: stationary

> adf.test(c(cross_forecasts$Naive_Model$residuals[-1]))

        Augmented Dickey-Fuller Test

data: c(cross_forecasts$Naive_Model$residuals[-1])
Dickey-Fuller = -4.8138, Lag order = 3, p-value = 0.01
alternative hypothesis: stationary
```

adf.test( ) 함수를 이용하여 정상성(단위근) 검정을 실시하였을 때, 모든 시계열 모형에서 p-value 값이 0.01로 나타났다. 만약, p-value 값이 0.05 이상이면 시계열 데이터에 단위근이 존재한다는 귀무가설을 채택하고, 시계열 데이터를 차분해야 한다. 하지만 본 실습에서 사용된 모든 모형에서는 p-value 값이 0.05 이하인 0.01로 나타나 귀무가설을 기각하였다. 이에 모든 모형이 차분이 필요없는 정상 시계열로 판단할 수 있었다.

여러 예측기법으로 만들어진 시계열 모형들의 예측값을 시각화하고자 for( )문을 사용하였다. 시각화에서는 2014년~2018년까지의 데이터를 토대로 만들어진 2년의 예측치(2019~2020년)는 파란선으로 표현하였다. 그리고 검증용으로 확인하고자 하였던 2019년의 실제 관찰치인 cross_ts_test 변수는 빨강선으로 표현하였다. 그래서 파란색과 빨강색으로 예측치와 실제 관찰치를 겹쳐서 비교하였다.

▼ 실습 시계열 분석 실습 16 - 사고유형별/월별 교통사고 데이터

```
> par(mfrow=c(4, 2))
> par(mar=c(2, 2, 3, 2))
> k=1
> for(t in cross_forecasts){
+   plot(t, ylim=c(-100,4000), main=names(cross_forecasts[k]))
+   lines(cross_ts_test, col='red')
+   k=k+1
+ }
```

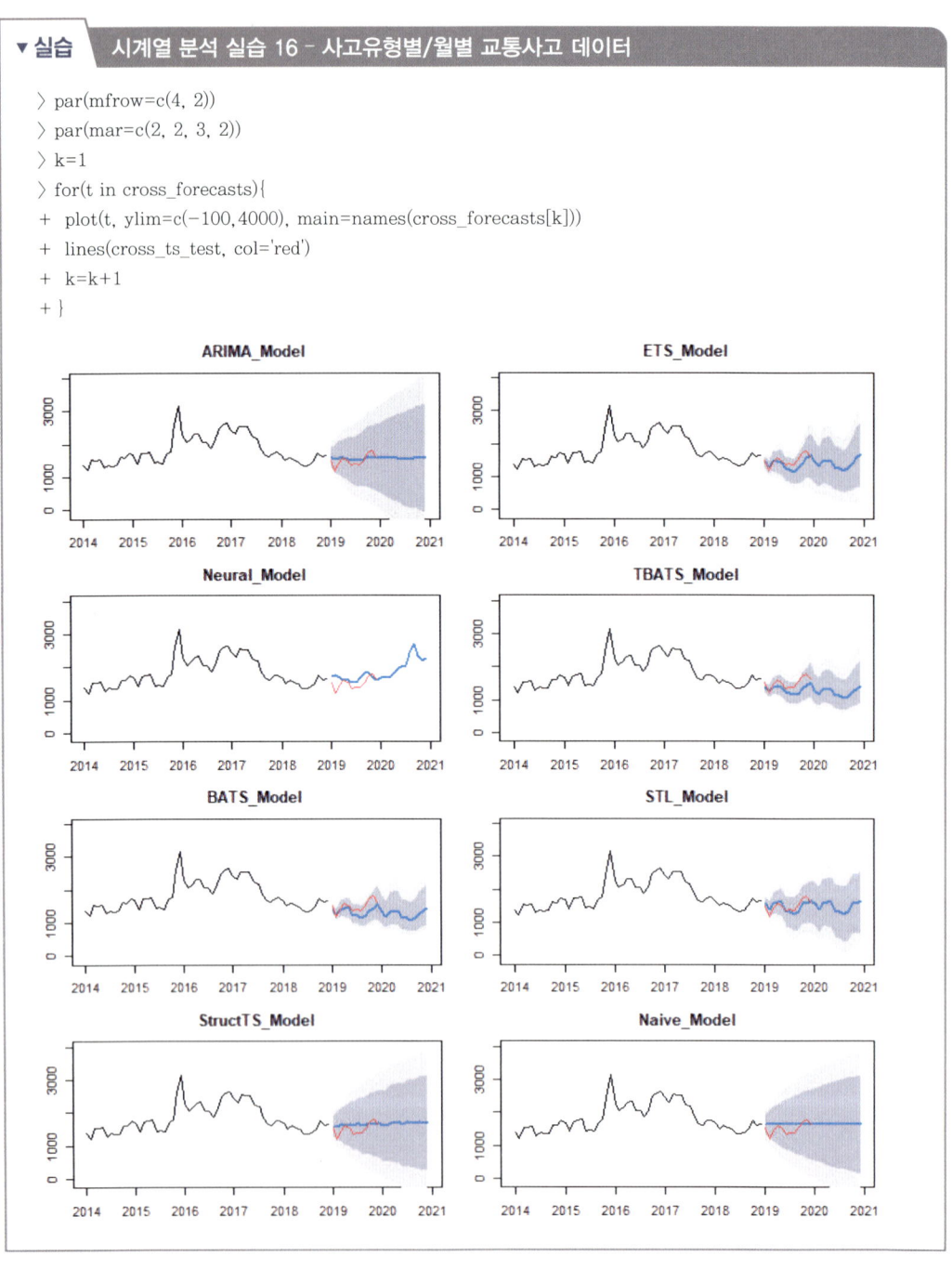

여러 예측기법으로 만들어진 시계열 모형 중 어떤 모형이 우수한지를 판단하고자 accuracy( ) 함수로 예측오차를 생성하였다. 그리고 model_est[order(model_est[,8]),] 명령문을 통해서 Theil's U 기준으로 정렬을 진행하였다.

Theil's U와 MASE, MAPE 등을 고려하였을 때, STL_Model이 조금 더 우수한 모형으로 나타났다. 그리고 STL_Model과 ARIMA_Model 중 어떤 모델이 더 우수한지 판단하기 위해서 dm.test( ) 함수를 이용하였고, 양측 검정을 실시하였다. 양측 검정의 결과에서는 검정통계량이 −1.7002이고 p 값이 0.1329로 나타나 두 모형의 우수성에서는 차이가 없다고 나타났다.

▼ **실습** 시계열 분석 실습 17 - 사고유형별/월별 교통사고 데이터

```
> model_est <- lapply(cross_forecasts, function(t){
+ accuracy(t, cross_ts_test)[2,,drop=F]
+ })

> model_est <- Reduce(rbind, model_est)
> row.names(model_est) <- names(cross_forecasts)
> model_est <- model_est[order(model_est[,8]),]
> round(model_est, 2)
```

	ME	RMSE	MAE	MPE	MAPE	MASE	ACF1	Theil's U
STL_Model	15.77	133.20	113.07	0.56	7.61	0.25	0.63	0.79
ARIMA_Model	−59.75	146.95	115.83	−4.95	8.16	0.25	0.41	0.85
ETS_Model	118.22	171.44	144.28	7.49	9.46	0.31	0.49	1.01
StructTS_Model	−123.12	189.18	159.12	−9.25	11.28	0.35	0.38	1.15
BATS_Model	159.55	200.34	170.08	10.09	10.97	0.37	0.54	1.15
Naive_Model	−136.58	209.05	173.92	−10.29	12.40	0.38	0.43	1.25
TBATS_Model	182.08	221.61	192.13	11.56	12.40	0.42	0.50	1.27
Neural_Model	−157.31	228.69	178.99	−11.56	12.79	0.39	0.31	1.37

```
> dm.test(model_est[1,], model_est[2,], alternative = "two.sided")

        Diebold-Mariano Test

data:  model_est[1, ]model_est[2, ]
DM = -1.7002, Forecast horizon = 1, Loss function power = 2, p-value = 0.1329
alternative hypothesis: two.sided
```

본 실습에서는 시계열 모형에서 가장 우수하게 나타난 STL_Model로 만들어진 시계열 모형을 4년의 예측치로 확인하기 위해 forecast(aa_air, h=48) 명령문을 실행하여 확인하였다. 그리고 이를 plot( ) 함수로 시각화하였다.

▼ 실습   시계열 분석 실습 18 - 사고유형별/월별 교통사고 데이터

```
> aa_cross <- stlm(cross_ts, s.window=12, ic='aicc', robust=TRUE, method='ets')
> forecast(aa_cross, h=48)
         Point Forecast      Lo 80        Hi 80      Lo 95       Hi 95
Jan 2019       1590.248  1410.677904  1769.819   1315.61903   1864.878
Feb 2019       1408.261  1153.953322  1662.569   1019.33087   1797.191
Mar 2019       1604.957  1292.892423  1917.021   1127.69545   2082.218
Apr 2019       1630.773  1269.686110  1991.859   1078.53851   2183.007
May 2019       1640.504  1235.939253  2045.068   1021.77577   2259.232
               … 〈생략〉 …
Jul 2022       1331.883    39.291705  2624.475   -644.96489   3308.731
Aug 2022       1248.711   -61.866204  2559.289   -755.64401   3253.067
Sep 2022       1326.460    -2.014904  2654.935   -705.26696   3358.187
Oct 2022       1574.134   227.845457  2920.422   -484.83647   3633.104
Nov 2022       1573.146   209.123132  2937.168   -512.94673   3659.238
Dec 2022       1645.078   263.395803  3026.760   -468.02239   3758.178

> par(mfrow = c(1,1))
> plot(forecast(aa_cross))
> lines(cross_ts_test, col='red')
```

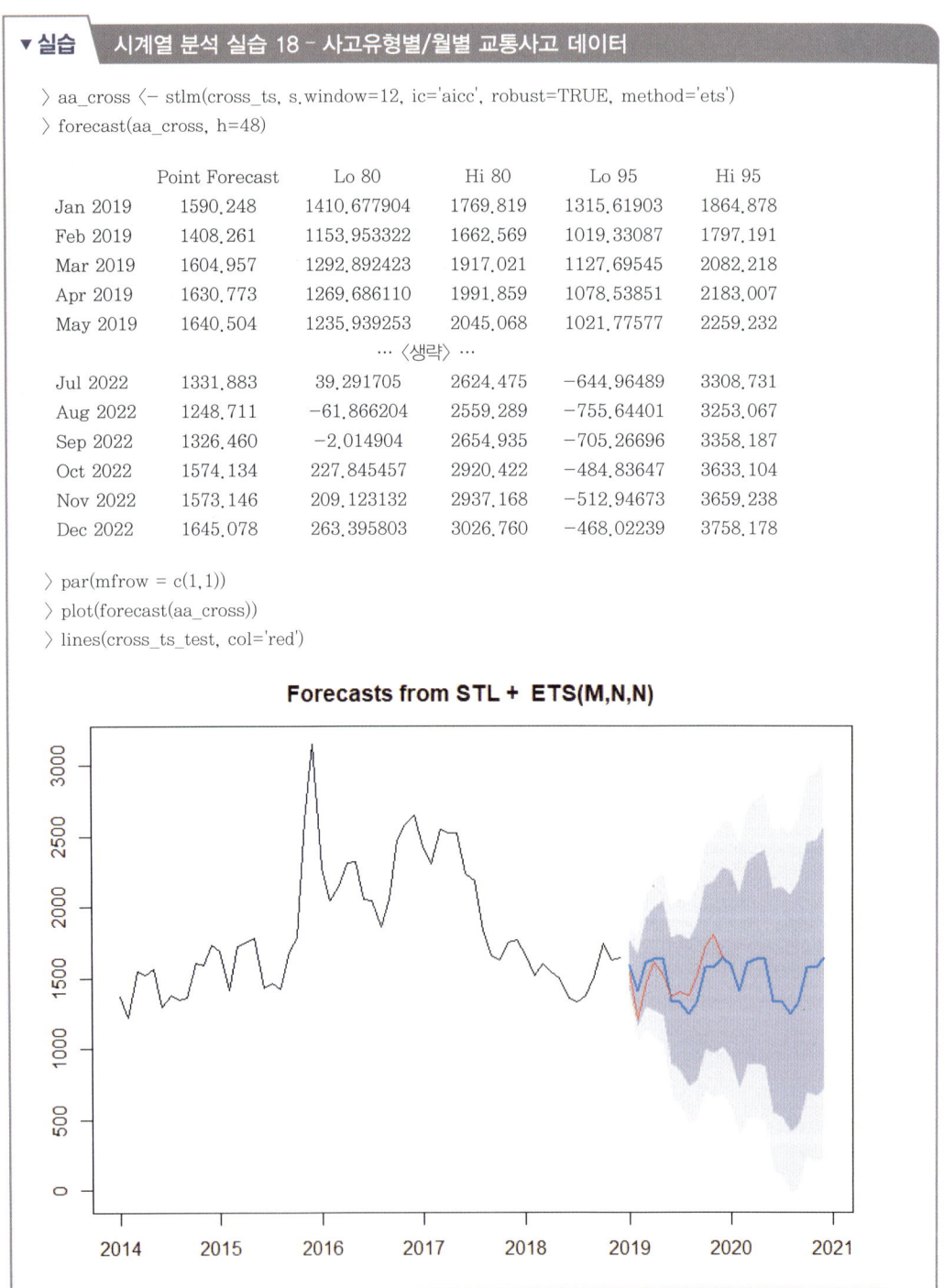

CHAPTER 5 종합 연습문제

01 대구도시철도공사_월별승차인원_20210731.csv 파일을 이용하여 '계명대역 월별승차인원'의 2022년까지의 예측치를 계산하시오. 단, 2019~2021년까지 실제 데이터는 예측치와 비교할 수 있도록 검증데이터로 활용하시오. 어떤 모형이 가장 긍정적으로 예측지와 실체치가 일치 하는지도 설명하시오.

02 도로교통공단_사고유형별 월별 교통사고(2014~2019).csv 파일을 이용하여 2022년까지 '차대사람(보도 통행중) 교통사고(중상자수)'의 예측치를 계산하시오. 단, 2019년도 실제 데이터는 예측치와 비교할 수 있도록 검증데이터로 활용하시오. 어떤 모형이 가장 긍정적 으로 예측치와 실제치가 일치하는지도 설명하시오.